Das elektrische Kochen

VWEW

Das elektrische Kochen

von Elisabeth Meyer-Haagen

Herausgegeben von der

Berliner Kraft- und Licht
(Bewag)-Aktiengesellschaft
und der

Hauptberatungsstelle für
Elektrizitätsanwendung — HEA — e.V.

Verlags-
und Wirtschaftsgesellschaft
der Elektrizitätswerke m. b. H.

Vorwort

Bewährtes bewahren, Neues dazu lernen

Dieser Grundsatz gilt auch für die 47. Auflage des Lehrkochbuches „Das elektrische Kochen“. Das „Blaue Kochbuch“, wegen der Farbe seines Einbandes so bezeichnet, wird seit über 50 Jahren in Haushalt und Schule als Grundlagenwerk für das elektrische Kochen eingesetzt.

Die bewährten und überarbeiteten Kapitel der 46. Auflage über die richtige Ernährung, den sinnvollen Einsatz von Elektrogeräten zur Nahrungszubereitung und die über 900 erprobten Rezepte, vermitteln auch in dieser Auflage Grundlagenwissen.

Wurden im Jahr 1989 bereits technische Neuerungen aufgenommen und eine noch bessere Abstimmung auf die Praxis erreicht, so sind in dieser Auflage zusätzlich Strom-Spar-Tips eingearbeitet, um das energiesparende und umweltbewußte Handeln im Haushalt zu fördern.

Die energiesparende Zubereitung der Rezepte wird durch die im Kochbuch vorhandene Tabelle mit den Angaben zu den Einstellbereichen der verschiedenen Kochstellen weiter unterstützt.

Für das immer häufiger im Haushalt anzutreffende Mikrowellengerät werden ebenfalls vertiefende Informationen und Rezepte angeboten.

Für die Bereitschaft und Mühe bei der Überarbeitung bedanken sich die Herausgeber bei den Mitarbeiterinnen des Arbeitskreises „Das elektrische Kochen“ und den zuständigen Unternehmen:

Elsbeth Blaser
Energieversorgung Weser-Ems AG (EWE), Oldenburg

Maria Dehling
RWE Energie AG, Essen

Monika Glück
Energie-Versorgung Schwaben AG (EVS), Stuttgart

Theresia Kaiser
Vereinigte Elektrizitätswerke Westfalen AG (VEW), Dortmund

Berlin und Frankfurt/Main, im Februar 1992

Die Herausgeber:

Berliner Kraft- und Licht (Bewag)-Aktiengesellschaft	Hauptberatungsstelle für Elektrizitätsanwendung — HEA — e.V.

Inhaltsübersicht

10 Punkte, die Sie wissen sollten

❶ „Das elektrische Kochen“ bietet Ihnen mehr als 900 erprobte Rezepte für den Elektroherd und das Mikrowellengerät.

❷ Zusätzlich finden Sie umfangreiche Informationen
— über die richtige gesunde Ernährung, Seite 1
— zu Elektrogeräten für die Nahrungsbereitung, Seite 18
— zur Vorratshaltung durch Wärme und Kälte, Seite 508
— sowie allgemeine Hinweise und Erläuterungen, Seite 38, u. a. zu kochtechnischen Begriffen, zu Kräutern und Gewürzen, zur richtigen Auswahl der verschiedenen Fleischstücke von Schlachttieren und zu Maßen und Gewichten.

❸ Das schnelle Auffinden des Gesuchten ermöglichen Ihnen
— die detaillierte Inhaltsübersicht, Seite II
— die Übersicht der mit Symbolen gekennzeichneten Rezeptgruppen, Seite 51
— das alphabetische Rezeptverzeichnis, Seite 529.

❹ Alles über das Garen mit Mikrowellen und die entsprechenden Rezepte sind in dem gleichlautenden Kapitel, Seite 464, zusammengefaßt. Dadurch wird Ihnen die Einarbeitung in diese neue Garmethode erleichtert.

❺ Jede Rezeptgruppe wird durch einen Vorspann eingeleitet. Er gibt Ihnen allgemeingültige Hinweise zur Vor- und Zubereitung, zu Arbeitsverfahren und sinnvollem, arbeitserleichterndem Einsatz der Elektrogeräte. Sie finden hier auch Warenkundliches und Vorschläge zum Anrichten.

❻ In zahlreichen Tabellen können Sie kurzgefaßte Informationen schnell nachschlagen.

❼ Auf den „gelben Seiten“ ist für Sie Wissenswertes zur vollwertigen Ernährung, zur richtigen Nutzung der einzelnen Elektrogeräte und zum Gebrauch des Buches in jeweils 10 Regeln oder Punkten zusammengefaßt.

❽ Über 40 Fotos angerichteter Speisen veranschaulichen Ihnen, wie das fertige Gericht aussehen soll.

❾ Rund 100 Fotos und Abbildungen demonstrieren Ihnen Arbeitsverfahren und -techniken. 20 schematische Darstellungen verdeutlichen u. a. Aufbau und Funktion von Elektrogeräten.

❿ „Das elektrische Kochen“ richtet sich an Anfänger und Könner. Der Aufbau dieses Buches, die Beschreibung der Rezepte und alle Sachinformationen sind methodisch aufbereitet, somit leicht verständlich und nachvollziehbar. Damit es weiterhin den Anforderungen von Haushalt und Schule entspricht, ist auch Ihr Urteil wichtig: Schreiben Sie uns!

Viel Freude beim elektrischen Kochen!

Wissenswertes über die richtige Ernährung

Allgemeines über die Ernährung

Jeder Mensch muß essen und trinken, um leben zu können, d. h. um die lebenswichtigen Organfunktionen aufrechtzuerhalten und um die Substanz fortlaufend zu erneuern.
Hunger und Durst mahnen den Menschen, *Nahrung* aufzunehmen.
Die Nahrung setzt sich aus verschiedenen *Nahrungsmitteln* zusammen, die uns Tiere und Pflanzen liefern. Manche Nahrungsmittel können unzubereitet verzehrt, andere dagegen müssen vor- und zubereitet werden.
Verarbeitete Nahrungsmittel ergeben *Speisen;* verschiedene Speisen passend zusammengestellt werden als *Mahlzeiten* bezeichnet.
Die dem Körper zugeführten Speisen werden verdaut und dabei in verwertbare und unverwertbare Bestandteile zerlegt.

Die verwertbaren Bestandteile sind:

- **Nährstoffe:** Eiweiß, Fett, Kohlenhydrate
- **Wirkstoffe:** Vitamine, Mineralstoffe
- **Wasser**

Die unverwertbaren Bestandteile sind:

- **Ballaststoffe**

Diejenigen Bausteine der Nährstoffe, die vom menschlichen Körper nicht hergestellt werden können, werden als lebensnotwendig (essentiell), solche, die durch andere vertreten werden können, als ersetzbare (nichtessentielle) Nährstoffe bezeichnet.

Energiebilanz des Menschen

Nährstoffe als Energiequellen

Zur Aufrechterhaltung der körperlichen Funktionen, der Leistungsbereitschaft und der Arbeitsleistung braucht der menschliche Organismus Energie.
Dieser Energiebedarf wird durch die Zufuhr von Nährstoffen, die in den Nahrungsmitteln enthalten sind, gedeckt.
Durch Verdauungs- und Stoffwechselvorgänge wird die in den Nährstoffen gebundene Energie freigesetzt und dem Körper nutzbar gemacht, d. h. in Arbeit bzw. Wärme umgewandelt.
Der Energiegehalt der Nährstoffe sowie der Energiebedarf des Menschen ist in Kilojoule (kJ) bzw. in Kilokalorien (kcal) angegeben:

4,18 Kilojoule = 4180 Joule = 1 Kilokalorie = 1000 Kalorien

Im Organismus liefern die Nährstoffe eine bestimmte Energiemenge:

1 g Fett	38 kJ ≈ 9 kcal
1 g Kohlenhydrate	17 kJ ≈ 4 kcal
1 g Eiweiß	17 kJ ≈ 4 kcal
1 g Alkohol	30 kJ ≈ 7 kcal

Energiebedarf des Menschen

Der tägliche Gesamtenergiebedarf des Menschen wird unterteilt in Grundumsatz und Arbeitsumsatz.

Grundumsatz ist die Energiemenge, die ein Mensch bei völliger Körperruhe im Liegen zwölf Stunden nach der letzten Nahrungsaufnahme in einem Raum mit einer Temperatur von 20 °C innerhalb 24 Stunden durchschnittlich benötigt.
Diese Energiemenge ist erforderlich zur Aufrechterhaltung lebenswichtiger Funktionen wie Atmung, Herztätigkeit, Blutkreislauf und Stoffwechsel.

Der Grundumsatz ist abhängig von:

Körpergewicht	Alter
Körpergröße	Geschlecht

Grundsätzlich gilt die Faustregel:
Grundumsatz pro kg Körpergewicht und pro Stunde: 4,2 kJ (1 kcal)

Bei Frauen liegt der Grundumsatz um etwa 10 % niedriger als bei Männern. Er nimmt mit zunehmendem Alter ab.

Beispiel:
Grundumsatz eines Erwachsenen mit 70 kg Körpergewicht pro Tag:

männlich	7100 kJ (1700 kcal)
weiblich	6300 kJ (1500 kcal)

Arbeitsumsatz ist die Energiemenge, die ein Mensch für zusätzliche Arbeitsleistungen über den Grundumsatz hinaus benötigt. Der Arbeitsumsatz ist abhängig von:

Arbeitsleistung
Verdauungstätigkeit
Klima

Der Arbeitsumsatz durch körperliche Arbeit pro kg Körpergewicht und pro Stunde beträgt beim:

Sitzen	1,7 kJ (0,4 kcal)
Stehen	2,1 kJ (0,5 kcal)
Gehen	6,3 kJ (1,5 kcal)
Tischtennis	18,5 kJ (4,4 kcal)
Schwimmen	33,3 kJ (7,9 kcal)

Beispiel:
Arbeitsumsatz eines Erwachsenen mit 70 kg Körpergewicht pro Stunde:

beim Sitzen	119 kJ (28 kcal)
beim Schwimmen	2324 kJ (553 kcal)

Der Arbeitsumsatz, der durch die Verdauungstätigkeit bedingt ist, beträgt bei einem Erwachsenen ca. 714 kJ (170 kcal).

Bei Kälteeinwirkung muß der Körper für eine Wärmeregulation sorgen. Die erforderliche Wärme entsteht durch unwillkürliche Steigerung des Arbeitsumsatzes, da die Muskeln stärker angespannt werden. Bei größeren Wärmeverlusten wird daraus Muskelzittern.
Höhere Umgebungswärme dagegen spart keine Energie ein, denn der Grundumsatz läßt sich nicht senken. Bei Temperaturen über +32 °C wird zusätzlich Energie durch vermehrte Schweißproduktion und der sich daraus ergebenden Verdunstung zur Abkühlung benötigt.

Energiereserven des Körpers

Bei einer ausgeglichenen Energiebilanz, d. h. wenn der Energiegehalt der Nahrung dem Energiebedarf des Körpers entspricht, ist das Körpergewicht gleichbleibend.
Sobald die Zufuhr den Bedarf übersteigt, wird die überschüssige Energie in Form von Fett im Körper gespeichert.
Ein Abbau der Fettspeicher erfolgt nur, wenn der Körper weniger Nährstoffe aufnimmt, als er zur Energieerzeugung benötigt.

Nährstoffe

Eiweiß

Eiweiß ist ein lebensnotwendiger Nährstoff und kann durch keinen anderen ersetzt werden. Eiweiß wird auch als **Protein** bezeichnet, d. h. an erster Stelle stehend.

Eiweißstoffe dienen zur Neubildung der Zell- und Gewebesubstanz. Der menschliche Körper verschleißt ständig arteigenes Eiweißgewebe, so daß nicht nur Heranwachsende Eiweiß zur Neubildung der Körperzellen benötigen, sondern auch Erwachsene als Ersatz für verbrauchte Zellen. Ferner müssen durch Verletzungen von Körperteilen verlorene Eiweißsubstanzen erneuert werden.

Eiweißstoffe sind hochmolekulare chemische Verbindungen, die aus den Hauptbestandteilen Kohlenstoff, Sauerstoff, Wasserstoff und Stickstoff bestehen. Sie werden in der Pflanze aus den Baustoffen Kohlendioxyd, Wasser und Stickstoff gebildet. Dem Menschen stehen je nach der Herkunft tierisches und pflanzliches Eiweiß zur Verfügung.
Die vom menschlichen Körper aufgenommenen Eiweißstoffe werden im Darm bis zu den Bausteinen, den sogenannten Aminosäuren zerlegt, von der Darmwand aufgenommen und in körpereigenes Eiweiß umgewandelt.

Nicht jedes Eiweiß hat für den Organismus den gleichen Wert oder die sogenannte biologische Wertigkeit. Die biologische Wertigkeit ist die Zahl, die angibt, wieviel Gramm Körpereiweiß durch 100 g Eiweiß des betreffenden Nahrungsmittels ersetzt werden können.

Besonders wichtig sind solche Eiweißstoffe, deren Aminosäuren der Körper nicht aus anderen Bausteinen aufbauen kann und die daher mit der Nahrung unbedingt zugeführt werden müssen. Sie werden als lebensnotwendige oder unentbehrliche oder essentielle Aminosäuren bezeichnet.
Tierisches Eiweiß hat insgesamt eine höhere biologische Wertigkeit als pflanzliches.

Verschiedene eiweißhaltige Nahrungsmittel können sich in der Kost ergänzen. Folgende Nahrungsmittel haben einen guten Ergänzungswert:

Mehl und Brot mit Fleisch, Fisch, Milch
Kartoffeln mit Ei, Milch, Quark, Käse
Hülsenfrüchte mit Ei, Weizen, Roggen

Der Bedarf eines Erwachsenen an Eiweiß sollte mit 0,8 g pro kg Körpergewicht gedeckt werden. Dabei ist eine gemischte Kost mit einem Nährstoffgehalt je zur Hälfte aus pflanzlichem und tierischem Eiweiß empfehlenswert.

Kohlenhydrate

Kohlenhydrate spielen in der menschlichen Ernährung hauptsächlich die Rolle des Energielieferanten; dagegen sind sie am Körperaufbau wenig beteiligt.

Kohlenhydrate sind chemische Verbindungen aus den Elementen Kohlenstoff, Wasserstoff und Sauerstoff. Sie entstehen in den grünen Pflanzen aus dem Kohlendioxid in der Luft und dem Wasser des Bodens. Unter Ausnutzung des Sonnenlichtes als Energiespender und unter der katalytischen Wirkung des grünen Blattfarbstoffes Chlorophyll bilden sich in den Pflanzenzellen Kohlenhydrate. Dabei entnehmen die grünen Pflanzen der Atmosphäre das Kohlendioxid und geben Sauerstoff ab. Dieser Vorgang wird als **Assimilation** bezeichnet.

Nimmt der Mensch Kohlenhydrate auf, so spielt sich beim Umsetzen im Körper der genau entgegengesetzte Vorgang ab: Der dafür notwendige Sauerstoff wird dem Körper durch Einatmen von Luft über die Lunge und den Blutkreislauf zugeführt, während das entstehende Kohlendioxid und das Wasser ausgeatmet werden. Die freigewordene Energie wird in Wärme und Arbeit umgewandelt. Dieser Vorgang der Verbrennung im Organismus wird als **Dissimilation** bezeichnet.

Kohlenhydrate sind aus verschiedenartigen Zuckern aufgebaut. Sie lassen sich einteilen in:

- Einfachzucker (Monosaccharide),
  z. B. Traubenzucker (Glucose)
  Fruchtzucker (Fructose)

  Einfachzucker ist enthalten in Obst, Honig, Möhren, Süßkartoffeln.

- Zweifachzucker (Disaccharide),
  z. B. Rohr- und
  Rübenzucker (Saccharose)
  Malzzucker (Maltose)
  Milchzucker (Lactose)

  Zweifachzucker ist enthalten in Haushaltszucker, Möhren, Milch.

- Vielfachzucker (Polysaccharide),
  z. B. Stärke
  Zellulose
  Glycogen

  Pflanzliche Stärke ist enthalten in Getreideerzeugnissen, Brot, Kartoffeln.

  Tierische Stärke ist enthalten in Zellen, Muskelgewebe, Leber.

  Zellulose ist enthalten in Obst, Gemüse.

Die wichtigsten Kohlenhydratträger sind Getreideerzeugnisse und Kartoffeln. Getreideerzeugnisse, die aus vollem Korn hergestellt werden, enthalten neben Stärke viel Zellulose; diese ist unverdaulich, aber als Ballaststoff für einen ungestörten Ablauf der Verdauungsvorgänge unentbehrlich.

Kohlenhydrate werden durch Speichelenzyme im Mund sowie im Dünndarm durch die Enzyme der Bauchspeicheldrüse und des Dünndarms in Zweifach- und Einfachzucker aufgespalten. Der menschliche Organismus nimmt die Kohlenhydrate im Laufe des Verdauungsprozesses in Form von Einfachzucker auf. Diese gelangen zur Leber, wo sie unter Einwirkung von Insulin zu Glycogen aufgebaut werden.
Im Bedarfsfall wird unter Einwirkung von Adrenalin das Glycogen wieder zu Traubenzucker (Glucose) abgebaut und den Körperzellen zur Verbrennung zugeführt.
Überschüssige Kohlenhydrate lassen sich jedoch nicht nur als Glycogen im Körper lagern, sondern auch in Fett umwandeln.

Kohlenhydrate dienen im menschlichen Organismus als:

- **Brennstoff,**
  weil sie wichtiger Energielieferant sind
- **Vorratsstoff,**
  weil sie in Form von Glycogen in Leber und Muskulatur gespeichert werden
- **Fettbildner,**
  weil überschüssige Kohlenhydrate in Fett umgewandelt werden
- **Fettsparer,**
  weil durch die Verbrennung im Organismus der Bedarf an Fett eingeschränkt werden kann
- **Eiweißsparer,**
  weil bei kohlenhydratreicher Ernährung das Stickstoffgleichgewicht gewährleistet ist
- **Ballaststoffträger,**
  weil sie für den Menschen unverwertbar, aber für die Verdauungsorgane unverzichtbar sind.

Fett

Fett ist in der menschlichen Ernährung wichtigster Energielieferant.
Fett hat einen hohen Energiegehalt:
1 g Fett liefert mehr als doppelt soviel Energie wie 1 g Eiweiß oder 1 g Kohlenhydrate.

Aus den Elementen Kohlenstoff, Wasserstoff und Sauerstoff werden Fette in der Pflanze gebildet. Durch Mithilfe von Blattgrün und Sonnenenergie entstehen zunächst Kohlenhydrate, die dann in Fett umgewandelt werden können.
Auch das Tier kann Fette aus Kohlenhydraten aufbauen.

Nach der Herkunft ergibt sich eine Einteilung in:

- **tierische Fette,**
  wie Butter, Sahne, Flomen, Schmalz, Speck, Talg, Lebertran
- **pflanzliche Fette,**
  welche aus Ölfrüchten wie Baumwollsaat, Kokosnüssen, Erdnüssen, Oliven, Palmenkernen, Mais, Raps, Sesam, Sojabohnen, Sonnenblumenkernen gewonnen werden.

Fette sind chemische Verbindungen aus dem dreiwertigen Alkohol Glyzerin und verschiedenen Fettsäuren. Dabei kann jedes Glyzerinmolekül drei Fettsäuren an sich binden. Die Art des Fettes ist abhängig von den Fettsäuren, mit denen sich das Glyzerin verbunden hat.

Die Fettsäuren unterscheiden sich untereinander durch:

- ihre Kettenlänge
- ihren Sättigungsgrad.

Fettsäuren können eine Kettenlänge von 4—24 Kohlenwasserstoffatomen aufweisen.
Sind alle Kohlenwasserstoffatome mit der höchstmöglichen Anzahl von Wasserstoffatomen verknüpft, handelt es sich um **gesättigte Fettsäuren.**
Fettsäuren, die dagegen 2 oder mehr Wasserstoffatome weniger besitzen, werden als **ungesättigte Fettsäuren** bezeichnet.
Das physikalische Verhalten, d. h. ob ein Fett bei Zimmertemperatur von +20 °C fest oder flüssig ist, hängt davon ab, ob die drei im Molekül enthaltenen Fettsäuren kurzkettig oder langkettig, gesättigt oder ungesättigt sind.
Flüssige Fette wie Öl enthalten viele ungesättigte Fettsäuren. Feste Fette bestehen vorwiegend aus gesättigten, langkettigen Fettsäuren.

In der Gruppe der ungesättigten Fettsäuren gibt es einige, die für den menschlichen Organismus lebensnotwendig, d. h. essentiell sind und folglich mit der Nahrung aufgenommen werden müssen. Aufgrund ihrer Doppelbindungen in der Kette kann z. B. Sauerstoff angelagert werden, der über den Blutkreislauf in die Körperzellen transportiert wird. Die wichtigste Fettsäure ist die Linolsäure.
Ferner nehmen essentielle Fettsäuren eine besondere Bedeutung bei Stoffwechselfunktionen ein und können eine Senkung des Blutfettspiegels bewirken. Der ernährungsphysiologische Wert von Fetten ergibt sich folglich aus dem hohen Energiegehalt sowie der Menge der in ihnen vorhandenen essentiellen Fettsäuren.

Das vom Körper aufgenommene Fett wird von der Bauchspeicheldrüse in die Bausteine Glyzerin und Fettsäuren zerlegt und von der Gallensäure in kleinste, wasserlösliche Tröpfchen verteilt. Diese werden von der Darmwand aufgenommen und erneut zu Fett zusammengeschlossen. Es gelangt mit den Lymphsäften über die Blutbahnen zur Leber und zu den Körperzellen. Dort erfolgt die Verbrennung von Fett.

Bei erhöhter Fettzufuhr, über den Energiebedarf des Menschen hinaus, lagert sich überschüssiges Fett im Fettgewebe ab und steht als Reserve für Bedarfsfälle zur Verfügung.
Wird dem Körper über einen längeren Zeitraum hinaus ein Überschuß an Energie durch Fett zugeführt, kann Übergewicht entstehen, da der Organismus auch Kohlenhydrate in Fett umwandelt und dieses abgelagert wird.

Fette dienen im menschlichen Organismus als:

- **Brennstoff,**
  weil sie wichtigster Energielieferant sind
- **Vorratsstoff,**
  weil sie überschüssiges Fett als Depotfett lagern
- **Schutzstoff,**
  weil sie die Haut vor äußeren Einflüssen wie Hitze, Kälte, Druck, Stoß schützen
- **Kohlenhydrat- und Eiweißsparer,**
  weil sie beide Nährstoffe als Energieträger ersetzen können
- **Träger essentieller Fettsäuren,**
  weil sie lebensnotwendige Fettsäuren liefern, die der Körper nicht selbst aufbauen kann
- **Träger fettlöslicher Vitamine,**
  weil im Fett fettlösliche Vitamine enthalten sind. Zu ihrer Resorption, d. h. zu ihrer Aufnahme in die Blutbahn, ist Fett erforderlich.

Wirkstoffe

Vitamine

Unter dem Begriff Vitamine werden eine Reihe von organischen Stoffen zusammengefaßt, die bereits in sehr kleinen Mengen zur Aufrechterhaltung der Gesundheit erforderlich sind. Sie regulieren die Verwertung der Nährstoffe des Körpers, wobei jedes einzelne Vitamin spezifische Funktionen übernimmt.

Vitamine können in unserem Körper nicht gebildet werden und müssen daher mit der Nahrung zugeführt werden. Neben den bereits voll ausgebildeten Vitaminen gibt es weitere Substanzen, sogenannte **Provitamine,** die der Organismus in fertige Vitamine umbaut. Da Vitamine und Provitamine lebensnotwendig sind, gehören sie zu den essentiellen Bestandteilen in der Ernährung.

Tabelle 1: Vitamine

Vitamine	Eigenschaften	Vorkommen	Wirkung	Mangel-erscheinungen
A	fettlöslich, empfindlich gegen Luft-sauerstoff und Licht	Lebertran, Butter, Margarine, Pflanzenöle, Leber, Milch, Grünkohl, Spinat, Kartoffeln, Kerbel, Tomaten; Provitamin A (Carotin): Gemüse, Kräuter	Verbesserung der Sehkraft; Verhinderung der Austrocknung von Haut und Schleimhäuten	Nachtblindheit, Entzündungen an Augenlidern; Austrocknung von Haut und Schleimhäuten; Entwicklungs-störungen im Wachstum, Haarausfall
B **B_1** **B_2** **B_6** **B_{12}** **Niacin**	wasserlöslich, empfindlich gegen Luft-sauerstoff, teils gegen Hitze und Licht	Getreideerzeug-nisse, Vollkorn-erzeugnisse, Hefe, Rosenkohl, Lauch, Spargel, Kartoffeln, Hülsenfrüchte, Vollmilch, Quark, Eigelb, Leber, Schweinefleisch, Rindfleisch, Fisch	Begünstigung der Schilddrüsen und Nerventätigkeit; günstiger Einfluß auf Stoffwechsel und Verdauung; Abwehr gegen Infektionen; Verhinderung der Blutarmut	Beri-Beri, d. h. nervöse Störungen, Lähmung, Abmagerung, Ermüdung, Muskel-schwäche, Entzündungen an Haut, Augen, Schleimhäuten, Blutarmut
C	wasserlöslich, empfindlich gegen Luft-sauerstoff und Hitze	Kartoffeln, Blumenkohl, Spinat, Tomaten, Sauerkraut, Zitronen, Orangen, Grapefruits, schwarze Johannisbeeren	Gewebedurch-blutung; Abwehr gegen Infektionen; Überwindung der Frühjahrsmüdig-keit	Skorbut, d. h. Mattheit, Gliederschmer-zen, Haarausfall, Entzündungen von Mund und Zahnfleisch, Tod
D	fettlöslich, empfindlich gegen Luft-sauerstoff und Licht	Lebertran, Butter, Margarine, Milch, Eigelb, Kakao, Schokolade, Pilze, Fisch, Rindfleisch	Aufbau des Knochengerüsts, Ausnutzung der Mineralstoffe	Rachitis, d. h. Veränderung des Knochenbaues wie Rückgrat-verkrümmung, O-Beine, eingefallener Brustkorb

Vitamine werden nach den Buchstaben des Alphabets benannt: Vitamin A, B, C, D, E, K. Sie lassen sich einteilen in:

- **fettlösliche Vitamine**
  Zu den wichtigsten fettlöslichen Vitaminen gehören:
  Vitamin A (Retinol)
  Provitamin A (ß-Carotin)
  Vitamin D (Calciferol)
  Provitamin D (Ergosterin)
  Vitamin E (Tocopherol)
  Vitamin K (Phyllochinon)

- **wasserlösliche Vitamine**
  Zu den wichtigsten wasserlöslichen Vitaminen gehören:
  Vitamin-B-Gruppe
  B_1 (Thiamin)
  B_2 (Riboflavin)
  B_6 (Pyridoxin)
  B_{12} (Cobalamine)
  Niacin
  Vitamin C (Ascorbinsäure)

Vitamine werden unter Mithilfe von Sonneneinwirkung in der Pflanze gebildet und kommen vor allem in Getreide, Kartoffeln, Obst und Gemüse vor.
Pflanzenfressende Tiere nehmen die Vitamine mit dem Futter auf, bauen sie ab, verbrauchen oder speichern sie.

Bei zu geringer Zufuhr von Vitaminen treten erhebliche Krankheitserscheinungen auf, die sich unterscheiden lassen in:

- Hypovitaminosen, d. h. Anfangsstadien der Vitaminverarmung
- Avitaminosen, d. h. ausgeprägte Vitaminmangelerscheinungen

Mineralstoffe

Mineralstoffe sind anorganische Stoffe aus der unbelebten Natur. Sie gelangen über Wasser, Pflanzen und tierische Lebensmittel in den menschlichen Körper und kommen dort in den Körperzellen und dem Blut vor.
Sie gehören wie die Vitamine zu den essentiellen Bestandteilen der Nahrung, da auch sie nicht vom Körper aufgebaut werden können.

Folgende Beispiele zeigen, welche vielfältigen Aufgaben Mineralstoffe im Organismus erfüllen, sie

- halten den osmotischen Druck in der Körperflüssigkeit aufrecht
- beeinflussen den störungsfreien Ablauf der Stoffwechselvorgänge
- ermöglichen die Reizbarkeit und das Beantworten von Reizen in den Zellen
- schaffen ein bestimmtes pH-Milieu durch Pufferung
- bauen die Knochen auf und schützen vor Zahnkrankheiten

Mineralstoffe werden nach vorhandener Menge im menschlichen Körper unterteilt in:

- **Mengenelemente,** wie z. B.
  Calcium
  Chlor
  Kalium
  Magnesium
  Natrium
  Phosphor

- **Spurenelemente,** wie z. B.
  Chrom
  Eisen
  Fluor
  Jod
  Kobalt
  Kupfer
  Mangan
  Molybdän
  Selen
  Zink

Spurenelemente kommen nur in sehr geringen Mengen im Organismus vor; sie erfüllen ebenso vielfältige Aufgaben wie die Mengenelemente. Spurenelemente müssen mit der Nahrung aufgenommen werden.
Spurenelemente sind vor allem in Fleisch, Innereien, Gemüse und Obst, aber auch in Fisch und Milch enthalten.
Einige Spurenelemente wie Quecksilber, Blei, Arsen, Antimon, Thallium sind für den Menschen giftig.

In welchen Lebensmitteln die wichtigsten Mineralstoffe vorkommen, welche Aufgaben sie haben und wie sich Mängel bemerkbar machen, zeigt Tabelle 2.

Tabelle 2: Mineralstoffe

Mineralstoffe	**Empfohlene Zufuhr*) pro Tag in mg**	**Vorkommen**	**Funktion**	**Mangelerscheinungen**
Calcium	Kinder 4—6/7—9 Jahre 700/ 800 Mädchen/Jungen 10—14 Jahre 900/1000 Mädchen/Jungen 15—18 Jahre 800/ 900 Erwachsene 800 Schwangere/ Stillende 1200	Milch und Erzeugnisse aus Milch wie Joghurt, Quark, Käse jeder Art, Gemüse, Obst, Brot, Haferflocken, Fisch, Hülsenfrüchte, Nüsse	Baustoff der Knochen und Zähne; leitet die Blutgerinnung ein; normale Erregbarkeit der Muskeln	Entkalkung von Knochen und Zähnen; Übererregbarkeit von Nerven und Muskeln
Phosphor	wie bei Calcium Schwangere/ Stillende 1000	Milch und Erzeugnisse aus Milch, Fleisch, Wurst, Fisch, Eier, Brot und andere Getreideerzeugnisse, Gemüse, Kartoffeln	Baustoff der Knochen; Energiegewinnung und Energieverwertung im Körper	Mangel an Phosphor bei uns nicht bekannt; **zuviel** Phosphor stört den Calciumstoffwechsel
Kalium	Kinder 4—9 Jahre 1—2 **g** Kinder 10—14 Jahre 1—3 **g** Jugendliche/ Erwachsene 3—4 **g**	Obst, Gemüse, Kartoffeln, Fleisch, Milch, Käse	Erhält die Gewebespannung, fördert den Wasserentzug aus dem Gewebe (Gegenspieler von Natrium); Muskelkontraktion	Muskelschwäche; Herzfunktionsstörungen
Magnesium	Kinder 4—6/7—9 Jahre 200/220 Mädchen/Jungen 10—12 Jahre 250/280 Mädchen/Jungen 13—14 Jahre 300/330 Jugendliche/ Erwachsene 400/300 Schwangere ab 4. Monat 400 Stillende 450	Vor allem in pflanzlichen Lebensmitteln sowie Fisch, Käse	Zusammen mit Calcium und Phosphor Aufbau von Knochen und Zähnen; Bestandteil von Enzymen; Erregbarkeit der Muskeln	Stoffwechselstörungen; Übererregbarkeit der Muskulatur

Fortsetzung nächste Seite

Tabelle 2: Mineralstoffe (Fortsetzung)

Mineral-stoffe	Empfohlene Zufuhr*) pro Tag in mg	Vorkommen	Funktion	Mangel-erscheinungen
Natrium	2—3 g Natrium entsprechen 5—7 g Kochsalz (NaCl)	Wurst, Käse, manche Mineralwässer, Backpulver	Erhält die Gewebespannung; hält zusammen mit Chlor das Wasser im Gewebe zurück; aktiviert Enzyme	Kopfschmerzen, Muskelkrämpfe, Kreislaufversagen nach starken Wasserverlusten durch Schwitzen, Erbrechen und Durchfälle
Chlor (Chlorid)		Natrium (Na) und Chlor (Cl) bilden zusammen Kochsalz (NaCl) und kommen in fast allen Lebensmitteln, besonders in gesalzenen Lebensmitteln und Speisen vor	Zusammen mit Natrium und Kalium Erhalt der Gewebespannung; Bestandteil der Salzsäure im Magen	wie bei Natrium; außerdem Magensaftverluste nach längerdauerndem Erbrechen
	Der Verbrauch an Kochsalz ist im allgemeinen zu hoch, 15—20 g pro Tag; etwa 5 g würden genügen!			
Eisen	Kinder 4—6/7—9 Jahre 8/10 Mädchen/Jungen 10—18 Jahre 18/12 Frauen/Männer 18/12 nichtmenstruierende Frauen 12 Schwangere 25 Stillende 22	Fleisch, Leber und andere Innereien, Wurst, Obst, Fruchtsäfte, Gemüse, Hülsenfrüchte, Brot, vor allem Vollkornbrot, Haferflocken, Kartoffeln	Baustein des roten Blutfarbstoffs	Blutarmut, Müdigkeit, Muskelschwäche, Störungen der Knochen-, Zähne- und Nägelbildung
Fluor (Fluorid)	Kinder ab 3 Jahre 0,750 Kinder ab 6 Jahre/ Jugendliche/Erwachsene 1	Seefisch, schwarzer Tee, Getreideerzeugnisse	Härtet den Zahnschmelz	Zahnschäden (Karies)
Jod	Kinder 4—6/7—9 Jahre 0,120 Kinder 10—12/ 13—14 Jahre 0,180/0,200 Jugendliche/Erwachsene 0,200/0,180 Schwangere 0,230 Stillende 0,260	Seefisch, Innereien, Eier, Milch	Baut das Schilddrüsenhormon auf	Vergrößerung der Schilddrüse, Kropfbildung

*) Quelle: Empfehlungen für die Nährstoffzufuhr, DGE, Umschau-Verlag, Frankfurt/M. (1985)

Entnommen aus: Mineralstoffe sind lebensnotwendig, AID Verbraucherdienst, 5300 Bonn 2, 1988

Wasser

Wasser besteht aus den Elementen Wasserstoff und Sauerstoff und gehört zu den einfachsten chemischen Verbindungen. Wasser ist für jede Form von Leben unentbehrlich.

Der menschliche Körper benötigt Wasser als:

- **Baustoff**
  Der Körper eines Erwachsenen besteht zu über 60 % aus Wasser, welches sich in Blut und allen Körperzellen und -flüssigkeiten befindet.
- **Lösungs- und Transportmittel**
  Wasser ist ein ausgezeichnetes Lösungsmittel für sehr viele Substanzen. Nur in gelöster Form können die Nährstoffe vom Körper verwertet und über den Blutkreislauf in die Körperzellen gelangen.
- **Wärmeregler**
  Die ständig unsichtbare Wasserabgabe durch die Haut und erst recht durch die sichtbare Transpiration bei schwerer körperlicher Tätigkeit sowie bei Sonnenstrahlung bewirken, daß der Körper seine Körpertemperatur auf +37 °C reguliert.

Der menschliche Organismus benötigt durch die tägliche Nahrung etwa soviel Wasser, wie er ausscheidet: 2—3 Liter.
Der Bedarf an Wasser kann gedeckt werden durch Trinkwasser und wasserhaltige Getränke, z. B. Kakao, Milch, Säfte, Kaffee, Tee, durch flüssige Speisen, z. B. Suppen, Soßen, Kompotte, durch wasserhaltige Nahrungsmittel, z. B. Obst, Gemüse.
Verliert der Körper viel Flüssigkeit, so macht sich ein Durstgefühl bemerkbar. Durst ist die Reaktion auf den durch Flüssigkeitsverlust ansteigenden Salzgehalt. Die gleiche Reaktion empfindet der Mensch bei Zufuhr übermäßig gesalzener Nahrung.

Eine Wasserverminderung im Körper von 15—20 % kann bereits den Tod durch „Verdursten“ zur Folge haben. Dieses ist auf die Eindickung des Blutes und damit auf Versagen des Blutkreislaufes zurückzuführen.

Ballaststoffe

Ballaststoffe sind Bestandteile pflanzlicher Zellen, die für den Menschen unverdaulich sind und keine Energie liefern. Deshalb galten sie früher als wertlose Inhaltsstoffe der Nahrung, die weitgehend aus den Lebensmitteln entfernt wurden. Inzwischen ist die Bedeutung der Ballaststoffe voll erkannt, denn auch sie erfüllen im menschlichen Körper wichtige Aufgaben.

Der Name „Ballaststoffe“ ist die Bezeichnung für eine bestimmte Gruppe von chemischen Verbindungen. Die wichtigsten Ballaststoffe sind:

- **Cellulose**
- **Hemicellulose**
- **Pektine**
- **Lignin**

Die Ballaststoffe gehören zu der Gruppe der Kohlenhydrate und werden im Gegensatz zur Stärke, einem verwertbaren Kohlenhydrat, als nicht verwertbare Kohlenhydrate bezeichnet.

Ballaststoffe haben für den Menschen folgende Bedeutung:

- Sie sättigen ohne kalorisch zu belasten, da aufgrund ihres Quellvermögens das Volumen des Speisebreis im Magen und das Volumen des Darminhalts zunimmt.
- Sie regen die Tätigkeit des Dickdarms an und verhindern Darmträgheit und Verstopfung.
- Sie verlangsamen die Aufnahme von Zucker im menschlichen Körper, so daß die Blutzuckerwerte geringer ansteigen, was sich vor allem bei der Vorbeugung und Behandlung von Zuckerkrankheiten günstig auswirkt.

Ballaststoffe sind in Getreide und Getreideprodukten sowie in Obst, Gemüse und Hülsenfrüchten enthalten. Pro Tag ist eine Menge von 40—50 g Gesamtballaststoffe empfehlenswert; davon sollte die Hälfte aus Getreide aufgenommen werden.

Beispiel:
200 g Roggenvollkornbrot (3—4 Scheiben) enthalten ca. 15 g Getreideballaststoffe.

Gesunde Ernährung

Eine vernünftige Ernährung gewährleistet dem Menschen seine Existenz. Sie dient zum Aufbau und zur Gesunderhaltung seines Organismus und verleiht ihm die Fähigkeit, alle von ihm geforderten Leistungen zu erfüllen.
Zur Aufrechterhaltung der organischen Funktionen ist nicht nur die Zufuhr der notwendigen Energiemenge, die die Nährstoffe liefern, maßgeblich, sondern ferner das ausgewogene Verhältnis der einzelnen Nahrungsmittelinhaltsstoffe. Mit abwechslungsreicher, gemischter Kost ist durchweg eine ausreichende Versorgung sichergestellt.

Ernährungsprobleme

Für die Ernährung des Menschen steht in den Industrieländern Nahrung in ausreichendem Maße zur Verfügung. Dennoch treten Ernährungsprobleme auf, weil der Mensch oft unbewußt Ernährungsfehler begeht: er ißt zu viel, zu fett und zu ballaststoffarm. Ein Mißverständnis zwischen Aufnahme von Nahrungsenergie und Arbeitsleistung sowie falsche Ernährungs- und Eßgewohnheiten führen zu den verschiedenen Gesundheitsstörungen und Erkrankungen.
Ein Ernährungsproblem ist das Übergewicht, denn trotz der veränderten Lebens- und Arbeitsbedingungen essen viele Menschen mehr, als ihr Körper an Energie benötigt. Übergewicht kann die Lebenserwartung verringern und bedeutet verstärktes Risiko bei verschiedenen Erkrankungen. Herz- und Gefäßleiden, Zuckerkrankheiten sowie Leber- und Gallenstörungen und Veränderungen an Gelenken können durch Übergewicht hervorgerufen und begünstigt werden.
Ein übermäßiger Süßwarenverzehr, vor allem bei Kleinkindern und Schülern, kann Zahnverfall zur Folge haben. Zuckerwaren und Süßgetränke zwischen den Mahlzeiten gefährden die Versorgung von lebensnotwendigen Nähr- und Wirkstoffen, weil der Appetit zu den Hauptmahlzeiten fehlt, und führen zu Fettsucht und Störungen der Appetitregulation.

Weitere Zivilisationskrankheiten, die häufig durch falsche Ernährungsgewohnheiten entstehen, sind Bluthochdruck, Magen-Darm-Beschwerden, Gicht, Verstopfung und Fettstoffwechsel-Störungen. Die nahrungsabhängigen Gesundheitsstörungen können durch richtiges Ernährungsverhalten vermieden oder deren Verlauf günstig beeinflußt werden.

Ausreichende Kenntnisse über den Energiegehalt der Nährstoffe und über die Bedeutung der Wirk- und Ballaststoffe, eine überlegte Zusammenstellung der Speisen unter Berücksichtigung von Grund- und Arbeitsumsatz sowie sinnvolle Eßgewohnheiten vermeiden Gewichtszunahme und Erkrankung des menschlichen Organismus.

Empfehlungen

Der Gesundheitswert der Nahrung ist um so größer, je vollwertiger die Ernährung ist. Vollwertige Kost kennt keine strikten Gebote und Verbote. Jeder kann unter Berücksichtigung weniger Empfehlungen essen und trinken, was Spaß macht.
Die Empfehlungen der Deutschen Gesellschaft für Ernährung lauten:

- Jeden Tag reichlich frisches Gemüse und Obst, bevorzugt als Rohkost, Milch, fettarme Milcherzeugnisse, Getreide bzw. Getreideerzeugnisse aus Vollkorn, Getränke,
- dafür weniger Fleisch und wenig Fleischwaren (vor allem fette Wurst),
- vor allem auch weniger Zucker bzw. Süßes, Fett, Salz und Alkohol.

Die Checkliste für jeden Tag: „Der Ernährungskreis"

Entnommen aus: „Der Mensch ist, was er ißt!" herausgegeben von der Deutschen Gesellschaft für Ernährung (DGE), Frankfurt/Main, 2. Auflage, Januar 1988

Der Ernährungkreis ordnet die Lebensmittel aufgrund gemeinsamer Eigenschaften in sieben Gruppen ein. Jede Lebensmittelgruppe liefert bestimmte lebensnotwendige Nahrungsmittelinhaltsstoffe in unterschiedlichen Mengen.
Tabelle 3 informiert über die Bedeutung einiger wichtiger Inhaltsstoffe wie Vitamine, Mineral- und Ballaststoffe, die in den Lebensmittelgruppen des Ernährungskreises enthalten sind. Die Nährstoffe Eiweiß, Fett und Kohlenhydrate sind nicht aufgeführt, da sie in fast allen genannten Lebensmitteln mehr oder weniger enthalten sind und bei normalen Eßgewohnheiten in ausreichender Menge aufgenommen werden.

Der tägliche Speiseplan ist abwechslungsreich und vollwertig, wenn aus allen 7 Gruppen des Ernährungskreises bzw. der Tabelle 3 Lebensmittel verzehrt und innerhalb der Gruppen möglichst täglich die Lebensmittel gewechselt werden.
Jeder Nährstoff, Wirkstoff, Ballaststoff und das Wasser erfüllen bestimmte wichtige Funktionen im menschlichen Körper und entscheiden mit über Gesundheit, Wohlbefinden, geistige und körperliche Leistungsfähigkeit.

Schonende Zubereitung und die Verteilung der Nahrung auf mehrere kleine Mahlzeiten (ca. 5) am Tag tragen dazu bei, vom Morgen bis zum Abend fit zu sein.
Ausgewogene Kost, zusammen mit maßvollem aber systematischem Körpertraining, erhalten Gesundheit und Lebensfreude.

Tabelle 3: Bedeutung einiger wichtiger Inhaltsstoffe

Lebensmittel	Wichtige Inhaltsstoffe	Bedeutung	Mangelerscheinungen	Verzehrs-empfehlungen
Gruppe 1: Milch/Milchprodukte (z. B. Käse, Quark, Joghurt)	Calcium	Festigung der Knochen und Zähne	Neigung zu Knochenbrüchen und Zahnschäden	Tägl. 1/4 l Milch und 2 Scheiben Käse
	Vitamin A	Sehvorgang, Erhaltung und Funktion der Schleimhäute	Nachtblindheit, Verhornung der Haut und Schleimhäute, Infektionsanfälligkeit,	
	Vitamin B_{12}	Blutbildung	Blutarmut	
Gruppe 2: Fleisch, Wurst	Eisen	Transport von Sauerstoff durch's Blut	Blutarmut	Höchstens 3—4 mal pro Woche 1 Portion Fleisch (max. 150 g) und nicht jeden Tag Wurst
	Vitamin A	s. Gruppe 1	s. Gruppe 1	
	Vitamin B_1	Energiegewinnung	Gewichtsabnahme, Muskelschwäche, Krämpfe, Lähmungen, Nerven- und Herzstörungen, Müdigkeit, Konzentrationsstörungen, Niedergeschlagenheit	
Innereien	Eisen	s. Gruppe 1	s. Gruppe 1	Nur alle 2—3 Wochen eine Portion Innereien (max. 150 g)
	Vitamin A	s. Gruppe 1	s. Gruppe 1	
	Vitamin B_{12}	s. Gruppe 1	s. Gruppe 1	
	Vitamin Folsäure	Zell- und Blutbildung	Blutarmut, Schleimhautentzündungen, Magen-Darmstörungen	
Seefisch	Jod	Bildung von Schilddrüsenhormonen	Schilddrüsenunterfunktion, Vergrößerung der Schilddrüse („Kropf")	Wöchentlich 1—2 Portionen Seefisch (à 150 g)
	Vitamin D	Festigung der Knochen	Vermindertes Knochengewebe, Knochenverbiegung und -brüche	
Eier	Vitamin A	s. Gruppe 1	s. Gruppe 1	Wöchentlich nur 3—4 Stück
Gruppe 3: Brot Vollkornreis oder -nudeln, Getreidekörner und -flocken	Eisen	s. Gruppe 2	s. Gruppe 2	Täglich 5—7 Scheiben Brot (ca. 200—350 g) 1 Portion Reis oder Nudeln (roh ca. 75—90 g, gekocht 150—200 g) oder . . .
	Magnesium	Aktivierung der Enzyme, Erregungsübertragung von Nerven auf Muskeln, Zusammenziehen der Muskeln	Krämpfe, Verkalkung der Blutgefäße, Nieren und Knorpel (Mangelerscheinungen durch falsche Ernährung sind beim Menschen bisher nicht bekannt)	
	Vitamin B_1	s. Gruppe 2	s. Gruppe 2	
	Vitamin Folsäure	s. Gruppe 2	s. Gruppe 2	
	Ballaststoffe	regen die Darmtätigkeit an	Verstopfungen, Darmerkrankungen	

Tabelle 3: Bedeutung einiger wichtiger Inhaltsstoffe (Fortsetzung)

Lebensmittel	Wichtige Inhaltsstoffe	Bedeutung	Mangelerscheinungen	Verzehrs-empfehlungen
Kartoffeln	Kalium Vitamin B_1 Vitamin C	Wasserverteilung im Körper s. Gruppe 2 beeinflußt verschiedene Stoffwechselvorgänge, verbessert die Eisenverwertung aus der Nahrung und blockiert die Bildung von Nitrosaminen	Muskelschwäche, Darmlähmung, Herzstörungen s. Gruppe 2 Müdigkeit, geistige und körperliche Leistungsminderung, Blutungen, Infektionsanfälligkeit	. . . 1 Portion Kartoffeln (ca. 250—300 g = 4—5 mittelgroße Kartoffeln)
Gruppe 4: Gemüse/Salat	Magnesium Kalium Vitamin A Vitamin C Vitamin Folsäure	s. Gruppe 3 s. Gruppe 3 s. Gruppe 1 s. Gruppe 3 s. Gruppe 2	s. Gruppe 3 s. Gruppe 3 s. Gruppe 1 s. Gruppe 3 s. Gruppe 2	Täglich mindestens 1 Portion Gemüse (ca. 200 g) und 1 Portion Salat (ca. 75 g)
Hülsenfrüchte	Magnesium Calcium Eisen Vitamin B_1 Vitamin Folsäure Ballaststoffe	s. Gruppe 3 s. Gruppe 1 s. Gruppe 2 s. Gruppe 2 s. Gruppe 2 s. Gruppe 3	s. Gruppe 3 s. Gruppe 1 s. Gruppe 2 s. Gruppe 2 s. Gruppe 2 s. Gruppe 3	1 Portion ca. 100 g roh bzw. 200 g gekocht
Gruppe 5: Obst	Kalium Vitamin C	s. Gruppe 3 s. Gruppe 3	s. Gruppe 3 s. Gruppe 3	Täglich mindestens 1 Stück oder 1 Portion Obst (ca. 150 g)
Gruppe 6: Fette (Butter, Pflanzenmargarine und -öle)	Vitamin A Vitamin E Linolsäure	s. Gruppe 1 verhindert die Zerstörung essentieller Fettsäuren reguliert den Fettstoffwechsel bzw. die Fettaufnahme aus dem Darm	s. Gruppe 1 Muskelschwund, Wachstums- und Entwicklungsstörungen, Sterilität (Mangelerscheinungen beim Menschen sind nicht bekannt) Gewichtsabnahme, Nierenblutung, Entwicklungsstörungen, Herz-, Kreislauferkrankungen	Täglich höchstens 40 g Streich- oder Kochfett z. B. 2 Eßlöffel Butter oder Margarine und 1 Eßlöffel hochwertiges Pflanzenöl
Gruppe 7: Getränke	Wasser	Transport-, Lösungs- und Quellmittel, Körperbestandteil	Bluteindickung, Kreislaufversagen, im Extremfall Tod	Täglich 1,5 Liter Flüssigkeit (z. B. Mineralwasser, Tee, Kaffee, verdünnte Obstsäfte, Gemüsesäfte)

Entnommen aus: „Richtig Essen", herausgegeben von der Deutschen Gesellschaft für Ernährung (DGE), Frankfurt/Main, 1. Auflage, 1988

10 Regeln für eine vollwertige Ernährung

❶ Vielseitig — aber nicht zuviel
Abwechslungsreiches Essen schmeckt und ist vollwertig

Je vielfältiger und sorgfältiger Sie ihren Speiseplan zusammenstellen, desto besser läßt sich eine mangelhafte Versorgung mit lebensnotwendigen Nährstoffen oder eine Belastung durch unerwünschte Stoffe in der Nahrung vermeiden. Und was die Nahrungsmenge bzw. die Joule oder Kalorien betrifft: Essen Sie gerade soviel, daß Sie kein Über- oder Untergewicht bekommen. Das erstrebenswerte Sollgewicht entspricht etwa dem Wert „Körpergröße in Zentimeter minus 100 (kg)". Wiegen Sie sich regelmäßig.

❷ Weniger Fett und fettreiche Lebensmittel
Zuviel Fett macht fett

Fett liefert doppelt so viele Joule bzw. Kalorien wie die gleiche Menge an Kohlenhydraten oder Eiweiß. Übergewicht und viele Krankheiten können die Folgen zu fettreicher Ernährung sein. Reduzieren Sie den Verzehr von Streichfetten und bevorzugen Sie fettarme Zubereitungsarten. Achten Sie nicht nur auf sichtbare Fette, sondern insbesondere auch auf die „unsichtbaren" Fette, z. B. in Fleisch, Wurst, Käse, Eiern, Sahne, Nüssen, Kuchen und Schokolade.

❸ Würzig aber nicht salzig
Kräuter und Gewürze unterstreichen den Eigengeschmack der Speisen

Zuviel Salz übertönt viele Geschmackseindrücke und kann zur Entstehung von Bluthochdruck beitragen. Bevorzugen Sie deshalb Kräuter und Gewürze. Wo Sie dennoch auf Salz nicht verzichten können, verwenden Sie Jodsalz, um dem weitverbreiteten Jodmangel vorzubeugen.

❹ Wenig Süßes
Zu süß kann schädlich sein

Zucker und Süßigkeiten können Karies verursachen. Zuviel Zucker wird vom Körper in Fett umgewandelt und in Form von Fettpolstern gespeichert. Zudem werden bei hohem Zuckerkonsum nährstoff- und ballaststoffreiche Lebensmittel vom Speiseplan verdrängt. Genießen Sie Süßes zwar ohne Reue, aber nur selten und in kleinen Mengen.

❺ Mehr Vollkornprodukte
Sie liefern wichtige Nährstoffe und Ballaststoffe

Vollkornprodukte, z. B. Vollkornbrot, Naturreis, Getreidegerichte, Vollkornnudeln, Haferflocken oder Müsli enthalten günstige Kohlenhydrate. Neben den für die Verdauung wichtigen Ballaststoffen liefern sie zusätzlich Vitamine, Mineralstoffe und Spurenelemente.

❻ **Reichlich Gemüse, Kartoffeln und Obst**
Diese Lebensmittel gehören in den Mittelpunkt Ihrer Ernährung

Essen Sie täglich Frischkost in Form von frischem Obst, Rohkost und Salaten, aber auch Gemüse und Kartoffeln. Wählen Sie auch öfter Hülsenfrüchte. Mit diesen Lebensmitteln erhalten Sie Vitamine, Mineralstoffe, Spurenelemente und Ballaststoffe.

❼ **Weniger tierisches Eiweiß**
Pflanzliches Eiweiß ist so wichtig wie tierisches Eiweiß

Pflanzliches Eiweiß in Kartoffeln, Hülsenfrüchten und Getreide ist günstig für eine vollwertige Ernährung. Auch Milch, fettarme Milchprodukte und vor allem Fisch sind wertvolle Eiweißlieferanten.
Es empfiehlt sich, den Verzehr weiterer tierischer Eiweißlieferanten wie Fleisch, Wurst und Eier, die relativ viel Fett, Cholesterin und Purine enthalten, zugunsten von Fisch und fleischlosen Speisen auf weniger Mahlzeiten pro Woche zu verringern.

❽ **Trinken mit Verstand**
Ihr Körper braucht Wasser, aber keinen Alkohol

Mindestens eineinhalb bis zwei Liter Flüssigkeit pro Tag benötigt Ihr Körper. Löschen Sie ihren Durst mit Wasser bzw. Mineralwasser, Gemüsesäften, ungesüßtem Früchtetee und verdünnten Obstsäften, in Maßen auch mit ungesüßtem schwarzen Tee oder Kaffee. Dagegen benötigt Ihr Körper nicht einen Tropfen Alkohol.
In größeren Mengen schadet Alkohol Ihrer Figur und Ihrer Leber und macht abhängig. Trinken Sie alkoholische Getränke daher allenfalls zum gelegentlichen Genuß aber nicht als alltäglichen Durstlöscher.

❾ **Öfter kleinere Mahlzeiten**
Das bringt Sie in Schwung und mindert Leistungstiefs

Essen Sie anstatt der üblichen drei Hauptmahlzeiten besser fünf kleinere Mahlzeiten. Große Mahlzeiten belasten die Verdauungsorgane und machen müde.

❿ **Schmackhaft und nährstoffschonend zubereiten**
Garen Sie kurz mit wenig Wasser und Fett

Durch zu lange Lagerung, falsche Vorbereitung, zu langes Kochen, Wiederaufwärmen und durch die Verwendung von zuviel Wasser beim Garen werden viele lebensnotwendige Nährstoffe zerstört und ausgelaugt. Garen Sie deshalb so kurz wie möglich und verwenden Sie dazu wenig Wasser oder Fett. So bleiben Nährstoffe und der Eigengeschmack der Speisen erhalten.

Herausgeber: Deutsche Gesellschaft für Ernährung e.V. — DGE, Feldbergstraße 28 · 6000 Frankfurt/Main 1

Elektrogeräte zur Nahrungsbereitung

Elektrogeräte sind unentbehrliche Helfer bei der sachgerechten Nahrungsvor- und -zubereitung. Ihr Einsatz spart Zeit und Arbeitskraft. Richtig genutzt helfen sie, Strom zu sparen.

Im Rahmen dieses Buches können nur die wichtigsten Elektrogeräte behandelt werden:

- **Elektroherd,** siehe Seite 18
- **Mikrowellengerät,** siehe Seite 465
- **Grillgeräte,** siehe Seite 33
- **Elektrische Kleingeräte zur Nahrungsbereitung**
  Küchenmaschinen und Getreidemühlen, siehe Seite 35 und 37

Elektroherd

Der Elektroherd erfreut sich seit Jahrzehnten großer Beliebtheit. Den Anwendern sind die Vorzüge des elektrischen Kochens gut bekannt:

- einfache Handhabung
- kurze Ankochdauer durch hohe Leistung
- schonende Nahrungszubereitung durch angepaßte Wärmezufuhr
- Sauberkeit und Sicherheit

Die Weiterentwicklung der technischen Ausstattung hat den Gebrauchswert der Herde immer wieder entscheidend gesteigert. Das Herdprogramm erfüllt durch ausgereifte Technik die Anforderungen nach Arbeitserleichterung und Vielseitigkeit in der Nahrungszubereitung. Die folgenden Informationen verstehen sich als Hilfe für die praktische Anwendung. Ausführliche technische Informationen enthält „HEA-Bilderdienst, Serie Elektroherd", zu beziehen bei den zuständigen Energieversorgungsunternehmen oder bei VWEW-Verlag, Stresemannallee 23, 6000 Frankfurt (Main) 70.

Aufstellung und Anschluß

Der arbeitstechnisch günstigste Platz für den Elektroherd in der Küche ist rechts von der Spüle. Zwischen Herd und Spüle sollte eine Arbeitsfläche von mindestens 60 cm, besser 90 cm Breite, vorhanden sein. An der rechten Seite des Herdes ist eine Abstellfläche von mindestens 30 cm empfehlenswert.
Der Anschluß eines Elektroherdes darf nur durch einen beim Elektrizitätsversorgungsunternehmen zugelassenen Elektroinstallateur erfolgen. Dabei sind die Bestimmungen des Verbandes Deutscher Elektrotechniker (VDE) und die Technischen Anschlußbedingungen (TAB) des jeweiligen Elektrizitätsversorgungsunternehmens (EVU) einzuhalten.

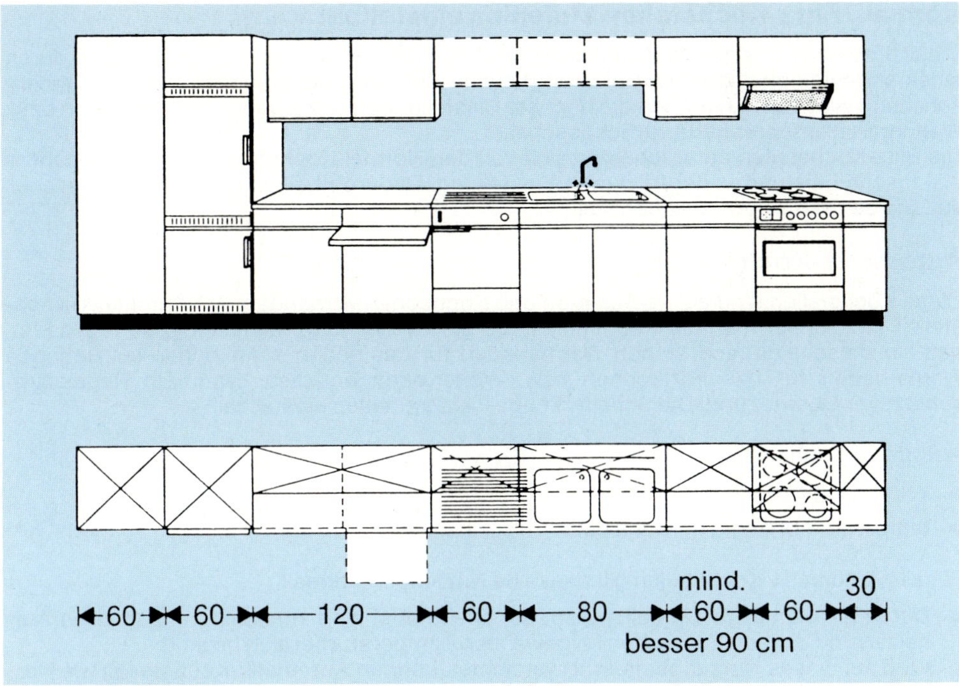

Bild 1: Funktionsbereich „Kochen“, rechts vom Funktionsbereich „Spülen“.

Kochstellen

Kochstellen unterteilt man nach Bauart und Material in **Kochplatten** und **Kochzonen.**

- **Kochplatten** bestehen aus Gußeisen und sind fest in eine Kochmulde eingebaut. Die als Mulde ausgebildete Mitte ist unbeheizt.
- **Kochzonen** nennt man die durch Dekor gekennzeichneten Stellen eines Kochfeldes aus Glaskeramik.

Elektro-Kochstellen werden nach der Art der Steuerung bzw. Regelung eingeteilt in:

Normal-/Blitz-Kochstellen mit Stufenschaltung

Diese Kochstellen sind ausschließlich als Kochplatten aus Gußeisen vorhanden. Sie werden durch einen Stufenschalter in Betrieb genommen. Die 6 Schaltstufen entsprechen dem Wärmebedarf der Garvorgänge und der unterschiedlichen Kochgutmenge.
Zum Ankochen wird die höchste Einstellung gewählt und zum Fortkochen bzw. zum Weitergaren entsprechend zurückgeschaltet.
Die Blitz-Kochplatten unterscheiden sich von den Normal-Kochplatten durch eine höhere elektrische Leistung in der höchsten Einstellung. Dadurch heizen sie besonders schnell auf, wie der Name verdeutlichen soll. Gekennzeichnet sind die Blitz-Kochplatten durch einen roten Punkt auf der Plattenmitte.

Normal-/Blitz-Kochstellen stufenlos einstellbar

Diese Kochstellen sind als Kochplatten und Kochzonen vorhanden. Sie werden durch einen stufenlos einstellbaren Schalterknebel in Betrieb genommen. Wie bei der Stufenschaltung wird zum Ankochen die höchste Einstellung gewählt und zum Fortkochen bzw. Weitergaren entsprechend zurückgeschaltet.
Die Blitz-Kochstellen unterscheiden sich von den Normal-Kochstellen durch eine höhere elektrische Leistung in der höchsten Einstellung. Dadurch heizen sie besonders schnell auf, wie der Name verdeutlichen soll.

Automatik-Kochstellen

Diese Kochstellen sind als Kochplatten und Kochzonen vorhanden. Als Automatik-Kochstellen bezeichnet man die Kochstellen, die die Heizleistung selbständig so regulieren, daß ein Umschalten vom hohen Wärmebedarf für das schnelle Ankochen auf geringen Wärmebedarf für das Fortkochen bzw. Weitergaren entfallen kann. Ein Regelorgan schützt vor Überhitzung. Die Schalterknebel sind stufenlos einstellbar.

Automatik-Kochstellen können

- zeitabhängig gesteuert oder
- temperaturabhängig geregelt sein.

Für alle Automatik-Kochstellen gilt dasselbe Nutzungsmerkmal:

- Durch die einmalige Einstellung am Schalterknebel wird zunächst ein schnelles Aufheizen und danach Verbleiben im gewählten Temperaturbereich bewirkt.
  Wird auf dieses Nutzungsmerkmal verzichtet, können Automatik-Kochstellen wie Normal- und Blitzkochstellen stufenlos einstellbar genutzt werden.

Ferner unterscheidet man:

Kochmulden

Kochmulden gibt es in den Materialien Edelstahl oder emailliertem Stahl mit 4 Kochplatten, bei Einbaugeräten auch mit zusätzlicher Warmhalte- bzw. Bratplatte oder Abstellfläche.

Kochfelder

Kochfelder bestehen aus Glaskeramik, unter der die Heizkörper für 4 Kochzonen installiert sind. Einbaugeräte können auch mit 5 Kochzonen sowie mit einer Warmhaltezone ausgestattet sein. Glaskeramik gibt es in verschiedenen Farbtönen und dauerhaften Dekoren. Sie ist temperaturwechselbeständig und stoßfest. Die Oberfläche ist porenfrei glatt, von hoher Kratzfestigkeit und guter chemischer Beständigkeit.
Da das Kochfeld außerhalb der Kochzeiten auch als Arbeits- und Abstellfläche genutzt werden kann, weist bei den meisten Modellen eine Restwärmeanzeige auf eventuell noch vorhandene Oberflächentemperatur hin. Die Restwärmeanzeige erlischt bei einer Oberflächentemperatur von etwa 60 °C.

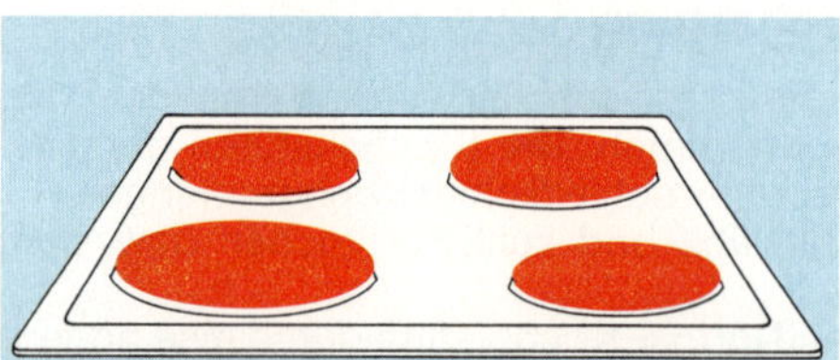

Bild 2: Einbau-Kochmulde mit Kochplatten.

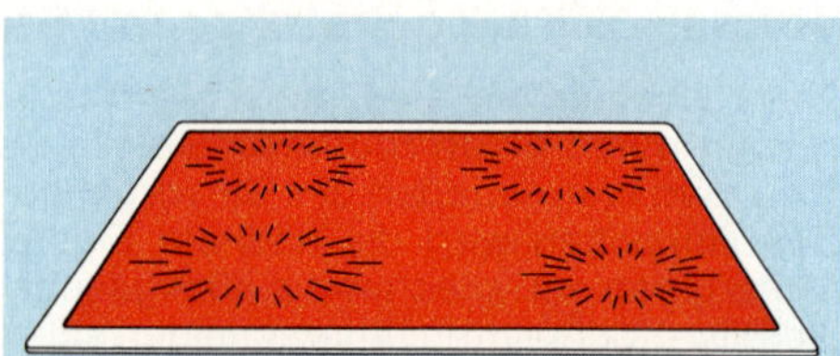

Bild 3: Einbau-Kochfeld mit Kochzonen.

Bei Kochfeldern befinden sich die Heizelemente unter der durchgehenden Glaskeramikfläche. Die entsprechenden Systeme sind Strahlungsheizkörper, Halogenstrahler oder Induktion.

Kochzonen mit Strahlungsbeheizung

Strahlungsheizkörper leuchten im Betriebszustand rotglühend durch die Glaskeramik. Die Wärmeübertragung erfolgt vorwiegend durch Strahlung.
Kochstellen mit Strahlungsheizkörpern können mit Zweikreisbeheizung ausgestattet sein. Sie lassen sich nach Wahl für kleinere oder größere Topfdurchmesser einstellen. Die kombinierte Koch- und Bratfläche ist wahlweise auf rundes Kochtopf- oder ovales Bräterformat einzustellen.

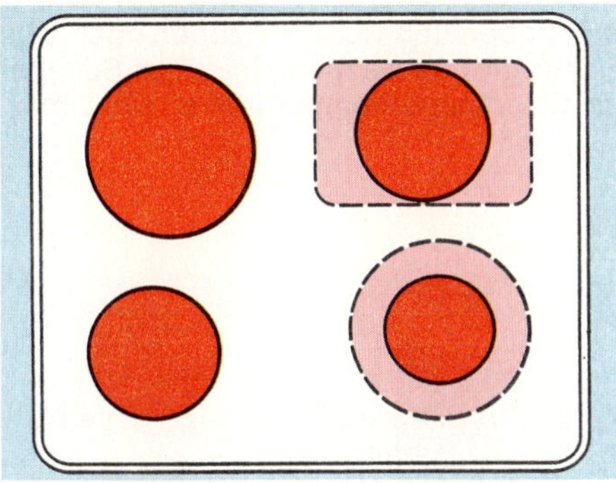

Bild 4: Einbau-Kochfeld mit Zweikreis-Kochzonen.

Kochzonen mit Halogenbeheizung

Hierbei werden Heizkörper mit einer besonders hohen Strahlungstemperatur verwendet. In einem langgestreckten Quarzrohr befindet sich ein doppelt gewendelter Wolframdraht in einem Gasgemisch mit einem geringen Anteil Brom. Beim Einschalten der Kochstelle glüht der Heizleiter sofort auf und erzeugt Strahlungsenergie. Infolge der guten Strahlungsdurchlässigkeit der Glaskeramik gelangt die Wärme unmittelbar an das Kochgeschirr, wodurch eine kürzere Ankochdauer erreicht wird.
Die Halogen-Kochstelle wird als Soloausführung oder als Kombinationsausführung mit Strahlungsheizkörpern angeboten.
Bei der Soloausführung sind drei Halogenstrahler im Dreieck angeordnet, die nach dem Einschalten sofort sichtbar sind. Bei der Kombinationsausführung sind zwei Halogenstrahler außerhalb der Mitte — neben den Strahlungsheizkörpern — angeordnet. Zum Ankochen wird die volle, zum Fortkochen die reduzierte Leistung der Halogenstrahler und der Strahlungsheizkörper eingesetzt.

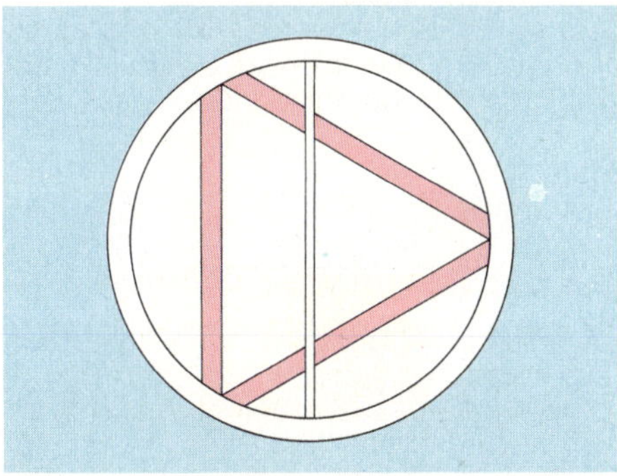

Bild 5a: Kochzonenbeheizung mit Halogenstrahlern.

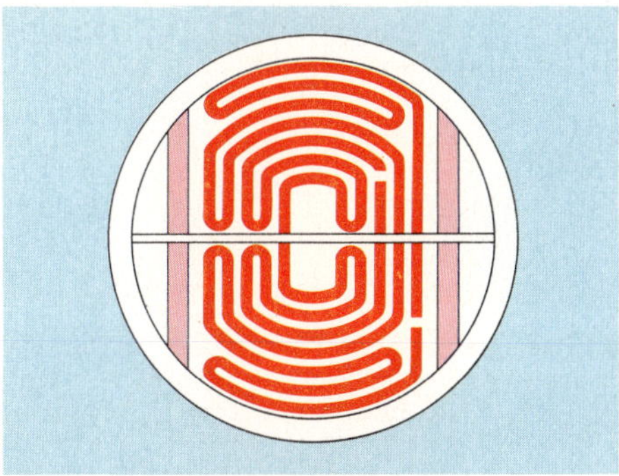

Bild 5b: Kochzonenbeheizung mit Halogenstrahlern und Strahlungsheizkörpern.

Kochzonen mit Induktion

Bei der Induktions-Kochstelle befindet sich statt eines Heizkörpers eine Kupferspule unter der Glaskeramik-Kochzone. Ein Wechselrichter erhöht die Frequenz des normalen Netzstromes von 50 Hz auf bis zu 25 000 Hz. Hiermit wird die Kupferspule gespeist, die dadurch ein elektromagnetisches Wechselfeld erzeugt. Dieses durchdringt verlustfrei die Glaskeramik-Kochzone und bewirkt im aufgestellten Kochgeschirr aus magnetischem Material, wie emailliertem Stahl oder Gußeisen, magnetische Wirbelströme. Diese setzen sich im Topfboden durch Molekülreibung direkt in Wärme um.
Die Glaskeramik-Kochzone wird lediglich durch den Kontakt mit dem Kochgeschirr von oben erwärmt.

Warmhaltezone

Kochfelder in der Größe von etwa 50 × 75 cm haben neben den vier Kochzonen noch eine Warmhaltezone. Den erforderlichen Ein-Aus-Schalter gibt es als mechanischen Schalter oder als elektronischen Berührungsschalter. Die Oberflächentemperatur erreicht max. 200 °C.

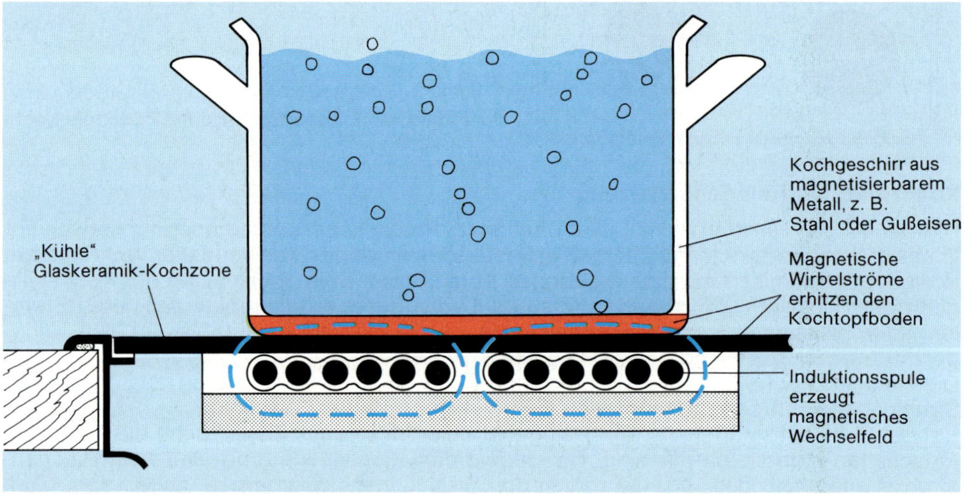

Bild 6: Kochzone mit Induktion.

Backofen

Der Backofen eignet sich zum Auftauen, Erwärmen, Backen, Dünsten, Braten, Garen eines Menüs, Sterilisieren, Grillen (wenn Grilleinrichtung vorhanden). Nach Art der Beheizung und Wärmeübertragung unterscheidet man

- Backofen mit Ober- und Unterhitze
- Backofen mit Umluft
- Backofen mit kombinierter Ausstattung
- Backofen mit integriertem Mikrowellenteil

Backofen mit Ober- und Unterhitze

Die Beheizung des Backofens erfolgt durch Heizwiderstände, die unter dem Backofenboden und innerhalb oder außerhalb des Backofens an der Decke angeordnet sind. Die elektrische Leistung der Heizung beträgt 2400 bis 3000 W auf Ober- und Unterhitze verteilt. Sie wird über einen Temperaturwähler mit den Temperaturbereichen 50 bis 275 °C eingestellt.
Parallel zum Stromkreis der Backofenbeheizung ist grundsätzlich eine rote Betriebsanzeige geschaltet. Sie ist auf der Schalterblende installiert und leuchtet auf, wenn der Backofen aufheizt. Das Erlöschen der Lampe zeigt an, daß die gewählte Temperatur erreicht ist. Der Temperaturregler schaltet die Gesamtheizung des Backofens, also Ober- und Unterhitze, gemeinsam.
Bei einigen Modellen ist es möglich, Ober- und Unterhitze getrennt in Betrieb zu nehmen. Ein Mehrzweckschalter vereinigt den stufenlosen Einstellbereich des Temperaturwählers und die Einschaltungen für Oberhitze, Unterhitze und Grill.

Die wesentlichen Nutzungsmerkmale dieses Backofens sind:
Die Wärmeübertragung erfolgt durch Wärmestrahlung und natürliche Luftbewegung. Daher darf beim Backen, Braten und Grillen nur eine Ebene beschickt werden, d. h. ein Backblech oder mehrere Formen nebeneinander auf dem Rost.

Backofen mit Umluft

An der Rückwand des Backofens befindet sich ein Radialventilator, der von einem Rohrheizkörper ringförmig umgeben ist. Ein Luftleitblech schirmt Ventilator und Heizung zum Innenraum ab.
Durch die in der Mitte liegenden Öffnungen des Luftleitbleches wird die Luft angesaugt und seitlich am Heizkörper vorbei erwärmt wieder in den Backofen geführt.
Die elektrische Leistung der Heizung beträgt 2500—2600 W, die des Ventilators 60 W. Die Temperaturregelung erfolgt vorwiegend stufenlos im Bereich 50—250 °C, bei einigen Modellen bis 200 °C. Der Schalterknebel ist mit Zahlen entsprechend der Temperatur in °C oder mit Merkzahlen gekennzeichnet.
Mit dem Temperaturwähler werden Heizung und Ventilator geschaltet. Nur bei einigen Fabrikaten läßt sich der Ventilator allein in Betrieb nehmen.
Eine rote Betriebsanzeige auf der Schalterblende leuchtet auf, wenn der Backofen aufheizt. Der Innenraum hat vier bis fünf Einschubleisten, von denen zwei bis vier gleichzeitig genutzt werden können. Da sich die Backöfen hinsichtlich Luftwechsel, Luftführung und Temperaturbereiche unterscheiden, ist die Gebrauchsanweisung unbedingt zu beachten.

Allgemein gelten folgende Nutzungsmerkmale für den Backofen mit Umluft:
Die Wärmeübertragung erfolgt durch erzwungene Luftbewegung und bewirkt eine schnellere Wärmeübertragung im gesamten Innenraum. Daraus ergibt sich:
Die jeweils erforderliche Temperatur liegt etwa 30 °C unter dem Wert für Backöfen mit Ober- und Unterhitze.
Es können mehrere Ebenen gleichzeitig beschickt werden.

Backofen mit kombinierter Ausstattung

Dieser Backofen läßt sich wahlweise mit Ober- und Unterhitze oder mit Umluft in Betrieb nehmen. Zum Teil bieten die Hersteller neue Verfahren für das Braten und Grillen an.

Die Nutzungsmerkmale dieses Backofens sind:
Es kann die für das jeweilige Rezept günstigste Beheizungsart gewählt werden, z. B. Ober- und Unterhitze für Biskuit oder Umluft für Windbeutel.
Die Kombination von Grillheizkörper und Ventilator ermöglicht ein neuartiges Umluftbraten und -grillen.

Backofen mit integriertem Mikrowellenteil

Der Backofen ist zusätzlich zur Beheizung — also Ober- und Unterhitze, Umluft oder kombinierte Ausstattung — mit einem Magnetron zur Erzeugung von Mikrowellen ausgerüstet. Beheizung und Mikrowellenteil können einzeln, aber auch gemeinsam in Betrieb genommen werden. Die Vorteile der Mikrowellenanwendung vermehren sich dadurch um das Backen und Braten mit verkürzter Dauer und geringerem Stromverbrauch.

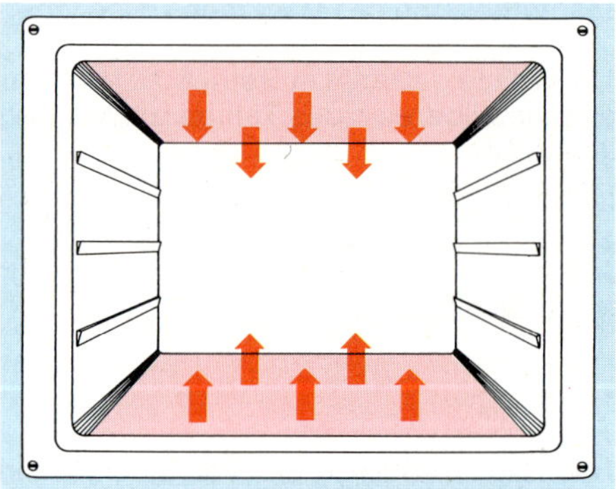

Bild 7: Backofen mit Ober- und Unterhitze.

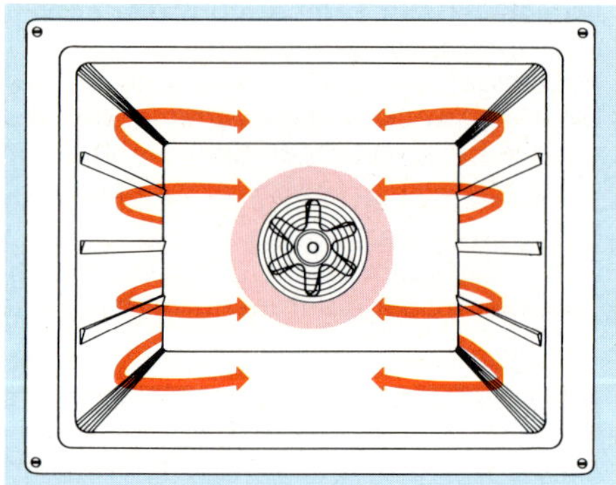

Bild 8: Backofen mit Umluft.

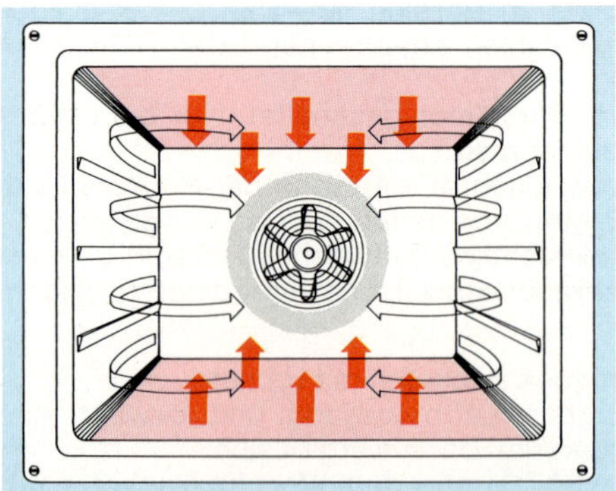

Bild 9: Backofen mit kombinierter Ausstattung (Ober- und Unterhitze und Umluft).

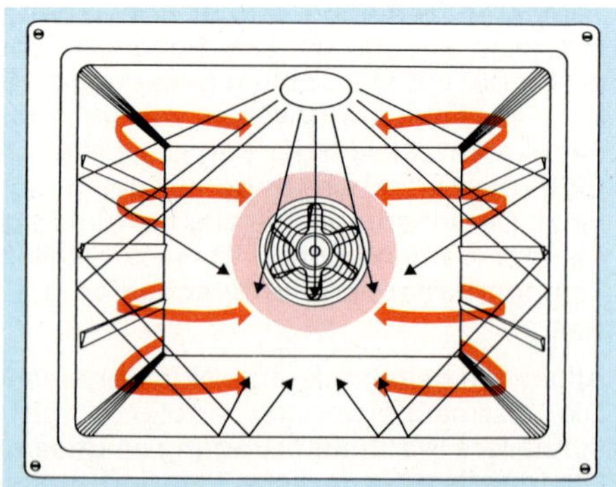

Bild 10: Backofen mit integriertem Mikrowellenteil.

Grilleinrichtung

Die für das Grillen erforderliche Wärmestrahlung erzeugt ein Grillheizkörper, der im Backofen unter der Decke angeordnet ist. Er ist fest eingebaut oder kann über eine Spezialsteckdose angeschlossen werden. Die elektrische Leistung des Grillheizkörpers beträgt 2000 bis 3000 W und wird mit dem Temperaturwähler des Backofens in Betrieb genommen.
Es gibt zweiteilige Grillheizkörper, mit denen sich unterschiedliche Leistungen und verschieden große Grillflächen in Betrieb nehmen lassen.

Grillen bei offener Backofentür
Hier hat der Temperaturregler nur für Sicherheitsabschaltung zu sorgen, z. B. bei versehentlich geschlossener Backofentür. Ein rotierender Spieß kann über einen Motor in der Seitenwand des Backofens in Betrieb genommen werden und ist dann immer gleichzeitig mit dem Grillheizkörper eingeschaltet. Oder er wird — als Sonderzubehör — über die Steckdose der Schalterblende betrieben.

Grillen bei geschlossener Backofentür
Hier ist ein temperaturgeregelter Grillheizkörper Voraussetzung. Backöfen mit kombinierter Ausstattung bieten z. T. die Möglichkeit des Umluftgrillens. Dabei sind der Grillheizkörper und der Ventilator gleichzeitig oder wechselweise in Betrieb. Das Umluftgrillen macht den Drehspieß überflüssig.

Bratautomatik

Die Bratautomatik ist eine Kombination von Temperatur- und Zeitschaltautomatik. Mit dem Bratautomatikwähler lassen sich Merkzahlen bzw. Gewicht, Fleischart und Zustand des Bratens — frisch oder gefroren — einstellen. Bei den meisten Fabrikaten beginnt das Bratprogramm mit etwa 250 °C zum Anbraten und schaltet selbsttätig je nach Einstellung zum Garen auf eine niedrigere Temperatur. Das Bratautomatik-Programm läßt sich bei einigen Geräten mit der Zeitschaltautomatik koppeln.

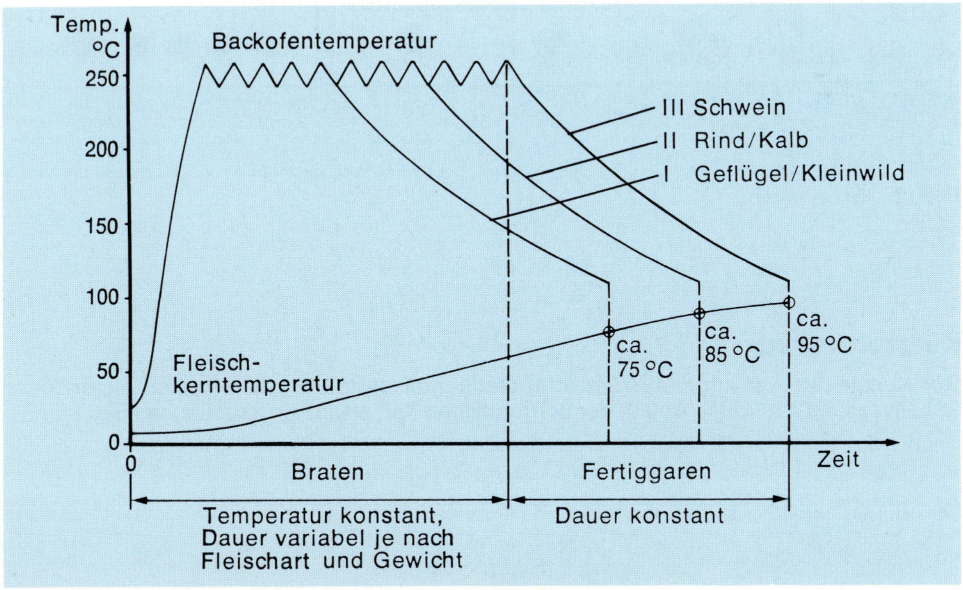

Bild 11: Bratautomatik — Beispiel für Zeit-Temperatur-Diagramm.

Bratthermometer

Einige Backöfen mit Elektronik sind mit einem Bratthermometer ausgestattet. Der in den Kern des Brat- oder Grillgutes eingesteckte Temperaturfühler mißt präzise die jeweilige Kerntemperatur. Bei Erreichen der festgelegten und an der Elektronikuhr eingestellten Kerntemperatur schaltet die Backofenbeheizung automatisch ab.

Zeitschaltautomatik

Elektroherde mit Zeitschaltautomatik werden entweder mit Schaltuhren oder Zeitschaltern angeboten.
Die **Schaltuhr** ist eine elektromotorisch angetriebene Tageszeituhr, die über ein synchron laufendes Schaltwerk nach einer vorgewählten Zeiteinstellung aus- bzw. ein- und ausschalten kann.
Diese Uhren gibt es mit herkömmlichem Zifferblatt (analog), als Digital- oder Elektronikuhr.
Der **Zeitschalter** ist ein elektromotorisch angetriebener Schalter, der nach vorgewählter Zeiteinstellung ausschalten kann.
Die Zeitschaltautomatik kann nur in Verbindung mit Automatik-Kochstellen und temperaturgeregeltem Backofen eingesetzt werden.

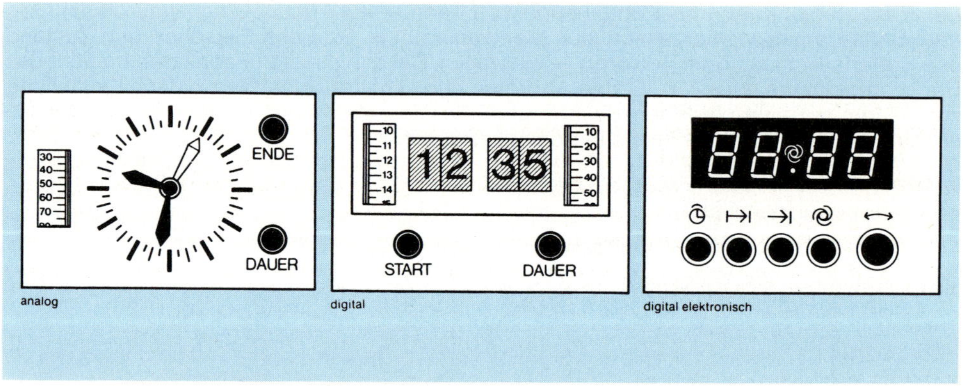

Bild 12: Schaltuhren.

Kurzzeitwecker

Der Kurzzeitwecker ist eine akustische Gedächtnisstütze. Er führt keinen elektrischen Schaltvorgang aus. Nach Ablauf der vorgewählten Zeit ertönt ein akustisches Signal.

Reinigung und Pflege

Jeder neue Elektroherd ist zum Schutz vor Schäden durch Feuchtigkeit eingefettet, die Kochplatten sind mit einem Schutzlack versehen. Bei der ersten Inbetriebnahme sind darum die Kochplatten etwa 3 Minuten auf höchster Einstellung ohne Kochgeschirr zu erhitzen und der Backofen auf höchste Temperatur aufzuheizen (je nach Hersteller bis zu 2 Stunden). Dabei verbrennt das Fett bzw. der Schutzlack härtet aus. Während dieses Vorgangs gut lüften, da Geruch und Dunst auftreten. Der Backofen sollte ausgewaschen und getrocknet werden.

Die weitere Reinigung und Pflege des Elektroherdes richtet sich nach den verwendeten Materialien. Emaillierte Flächen, solche aus Edelstahl und Glas, Kunststoffschalterknebel und verchromte Leisten werden mit warmem Wasser und Spülmittel gereinigt und anschließend trockengerieben. Edelstahl kann zusätzlich mit Metallputzmitteln behandelt werden. Hartnäckige Verschmutzungen auf der Herdmulde und im Backofeninneren beseitigt man mit feinen Scheuermitteln oder verseifter Stahlwolle. Bei Verwendung von Spezialmitteln und Backofensprays ist die Herstellerangabe zu beachten.

Den Backofenboden bei Herden mit Ober- und Unterhitze nicht mit Alufolie auslegen, da sonst durch den Wärmestau ungleichmäßige Backergebnisse und Emailleschäden entstehen können.

Die aus Gußeisen gefertigten Kochplatten müssen vor Rost und Korrosion geschützt werden. Dafür ist es wichtig, daß man Verschmutzungen baldmöglichst gründlich entfernt. Nach der feuchten Reinigung mit Spülwasser und evtl. verseifter Stahlwolle müssen die Kochplatten trockengerieben und anschließend dünn eingefettet werden. Zum Einfetten eignet sich nur reines, salz- und säurefreies Fett — Maschinenöl, Vaseline — und die handelsüblichen Pflegemittel für Kochplatten. Letztere enthalten außer Fett auch Graphit, durch das die Kochplatten schwarzglänzend aussehen.

Die Glaskeramik des Kochfeldes wird ebenfalls mit Wasser und Spülmittel gesäubert. Übergekochtes oder verschüttete Zutaten können leicht mit einem Rasierklingen-Schaber entfernt werden. Hartnäckige Flecken und metallische Verfärbungen lassen sich mit flüssigem Spezial- oder Edelstahlputzmittel beseitigen. Zum Abschluß jeder Reinigung sollte Glaskeramik mit klarem Wasser nachgewischt werden.

Backofenselbstreinigung

Beim Backen, Braten und Grillen im Backofen lassen sich Verschmutzungen nur bedingt vermeiden. Erleichterung bieten die veränderten Bratgewohnheiten: geschlossenes Geschirr, Bratfolie etc.
Hilfe bei der Reinigung schaffen die Backöfen mit Selbstreinigung, bei denen die Verschmutzungen chemisch beseitigt werden.

Katalytische Reinigungshilfe

Katalyse nennt man den chemischen Vorgang, der von einem Katalysator ausgelöst und beeinflußt wird. Der Katalysator verändert sich dabei nicht. Bei Backöfen mit katalytischer Reinigungshilfe enthält die Spezialemaille der Innenwände Katalysatoren, die in Verbindung mit Luftsauerstoff und bei Temperaturen von 200 bis 300 °C eine chemische Umwandlung von Fettverschmutzungen bewirken. Es werden die beim Braten und Grillen entstehenden Fettspritzer oxidiert und dadurch je nach Größe sofort oder langsam beseitigt. Bei großflächigen Verschmutzungen und solchen auf Zucker- und Säurebasis, z. B. beim Backen von Obstkuchen ist die Reinigungswirkung stark eingeschränkt.

Katalytische Spezialemaillierung muß sehr porös sein und ist deshalb wenig widerstandsfähig. Sie darf nicht mit Reinigungsmitteln und Bürste behandelt werden. Eine mechanische Abnutzung im Laufe der Zeit ist nicht zu vermeiden. Daher werden Backöfen mit katalytischer Ausrüstung mit auswechselbaren Innenwänden gefertigt.

Pyrolytische Selbstreinigung

Pyrolyse ist der chemische Begriff für die Zersetzung von Stoffen durch hohe Temperaturen. Bei der pyrolytischen Backofenselbstreinigung geschieht das bei etwa 500 °C in einem gesonderten Reinigungsvorgang. Dazu wird der Innenraum durch den Grillheizkörper und die Backofenbeheizung oder eine Zusatzheizung mit insgesamt 3 kW aufgeheizt. Die hohen Temperaturen machen folgende Sonderausrüstung des Backofens notwendig:

- verstärkte Wärmedämmung,
- gute Türabdichtung,
- Türverriegelung, die im Temperaturbereich über 300 °C wirksam ist,
- Querstromventilator zur Kühlung der den Backofen umgebenden Hohlräume.

Bei hoher Temperatur und relativ geringem Luftanteil verschwelt bzw. verascht die vorhandene Verschmutzung. Die entstehenden Gase und Dämpfe werden vor dem Wrasenaustritt im sog. Nachverbrenner durch einen speziellen Heizkörper und einen Katalysator oxidiert.
Das Reinigungsprogramm wird je nach Bedarf eingeschaltet und läuft automatisch ab.

Kochgeschirr für den Elektroherd

Kochgeschirr wie Töpfe und Pfannen wird in verwirrender Vielfalt angeboten. Formschön und mit ansprechendem Dekor versehen, ist es beliebter Mode- und Geschenkartikel geworden. Die Auswahl erfolgt daher häufig nach optischen Gesichtspunkten.
Für das wirtschaftliche, energiesparende Kochen auf dem Elektroherd aber ist geeignetes Kochgeschirr eine wichtige Voraussetzung.
Material, Ausführung und Form beeinflussen die optimale Ausnutzung der zugeführten Wärme. Die Eignung des Kochgeschirrs für den Elektroherd ist abhängig von

- Topfboden und Bodendurchmesser
- Art des Topfmaterials
- Form und Material der Griffe
- Form des Deckels
- Form und Material der Topfränder.

Topfboden und Bodendurchmesser

Die zum Garen benötigte Wärme wird durch Wärmeleitung von der Kochstelle auf den Topf- und Pfannenboden übertragen. Je besser der Kontakt zwischen Kochstelle und Kochgeschirr, desto schneller und verlustloser die Wärmeübertragung. Dies wird nur erreicht, wenn der Topf- und Pfannenboden eben und großflächig auf der Kochstelle aufliegt. Gutes Kochgeschirr zeichnet sich deshalb durch einen besonders sorgfältig hergestellten Topfboden aus. Er ist plangeschliffen und verstärkt, damit er sich auch bei starker Beanspruchung nicht verzieht.
Der Bodendurchmesser des Geschirrs sollte gleichgroß, besser noch etwas größer als der Durchmesser der Kochstelle sein. Entscheidend für die Abstimmung mit der Kochstelle ist der Bodendurchmesser und nicht der obere Durchmesser eines Topfes.

Kochstellendurchmesser	etwa:	14,5 cm	18 cm	22 cm
günstigster Bodendurchmesser	etwa:	16,0 cm	20 cm	24 cm

Durch günstiges Abstimmen von Kochgeschirr und Kochstelle verkürzt sich die Ankochdauer und der Stromverbrauch verringert sich.

Art des Topfmaterials

Geschirr aus **emailliertem Stahl mit plangedrehtem Boden** gewährleistet eine günstige Wärmeübertragung zwischen Kochstelle und Kochgut. Die glatte, emaillierte Oberfläche hat gute Pflegeeigenschaften. Innen dunkel emailliertes Geschirr besitzt bessere Brateigenschaften als hell emailliertes.

Geschirr aus **Aluminium** hat eine besonders gute Wärmeleitfähigkeit und ein geringes Gewicht. Die unbehandelte Oberfläche ist säureempfindlich und kann sich durch Oxidation verfärben. Deshalb wird das Geschirr innen mit einem Antihaftüberzug ausgerüstet und außen eloxiert. Damit weisen auch diese Kochtöpfe und Pfannen gute Pflegeeigenschaften auf.

Geschirr aus **Edelstahl** hat einen Wärmeleitboden aus Aluminium oder Kupfer, da Edelstahl ein schlechter Wärmeleiter ist. Dadurch wird die Wärmeenergie der Kochstelle gut ausgenutzt. Edelstahl hat ein gutes Aussehen, ist leicht zu reinigen und zeichnet sich durch eine lange Nutzungsdauer aus.
Geschirr aus **Gußeisen**, vorwiegend Pfannen und Bräter mit plangedrehten Böden, gewährleisten eine gute Wärmeübertragung. Infolge des dicken Materials ergibt sich eine hohe Wärmespeicherung, die sich beim Braten vorteilhaft auswirkt.
Die Reinigung dieses Geschirrs von Hand ist empfehlenswert, da sonst Rostgefahr besteht.
Geschirr aus Gußeisen mit innen und außen emailliertem Überzug ist pflegeleichter und auch in der Geschirrspülmaschine zu reinigen.

Geschirr aus **Glas und Keramik** eignet sich besonders für Garvorgänge im Backofen, unter dem Grillheizkörper sowie im Mikrowellengerät und wird gleichzeitig als Serviergeschirr verwendet. Auf der Kochstelle ist bei diesem Geschirr die Wärmeübertragung ungünstiger als bei Metallgeschirr. Dadurch bedingt ist die Ankochdauer länger. Das Geschirr weist gute Pflegeeigenschaften, auch in der Geschirrspülmaschine, auf.

Form und Material der Griffe

Griffe sollten hitzebeständig, nicht wärmeleitend und spülmaschinengeeignet sein. Diese Anforderungen werden von Kunststoffgriffen erfüllt, die den Vermerk „Backofenfest“ oder „Hitzebeständig bis 280 °C“ tragen, damit ausgestattete Geschirre können deshalb auch für Garvorgänge im Backofen verwendet werden.
Griffe aus Metall sind meist wärmeleitend. Griffe aus Holz sind nicht backofenfest und nicht spülmaschinengeeignet.
Die Griffe sollten in der Höhe nicht über den Topfrand hinausragen, damit die Töpfe zur Aufbewahrung aufeinander gestellt werden können.

Form des Deckels

Der Deckel sollte gut auf dem Topf aufliegen, damit möglichst wenig Dampf entweicht. Der Kochgeschirr-Deckelrand soll so ausgebildet sein, daß kein kondensiertes Wasser an der Außenseite des Kochgeschirrs herunterlaufen kann. Diese Forderung kann sowohl der aufliegende als auch der innenliegende Deckel sowie der Einsteckdeckel erfüllen. Letzterer schließt besonders gut.

Form und Material der Topfränder

Das Kochgeschirr sollte einen Schüttrand haben, damit Flüssigkeit ohne Herunterlaufen an der Außenseite ausgegossen werden kann.
Bei emailliertem Geschirr ist ein Edelstahlring an Topf-, Pfannen- und Deckelrand vorteilhaft, weil so die Emailränder nicht abgestoßen werden.

Schnellkochtöpfe und -bratpfannen

Schnellkochtöpfe sind aus emailliertem Stahl, Leichtmetall oder Edelstahl gefertigt und mit einem extra starken Boden ausgestattet. Der Deckel verschließt das Geschirr für den Garvorgang luftdicht. Das Sicherheitsventil am Deckel hat die Funktion einer Überdrucksicherung.

Das schnelle Kochen wird durch den erhöhten Dampfdruck erreicht, der beim Erhitzen automatisch im luftdicht verschlossenen Topf entsteht. Unter Druck werden höhere Kochtemperaturen erreicht (111 bis etwa 120 °C), die ein kürzeres Garen bewirken. So kann durch dieses Geschirr eine Verkürzung der Gardauer um 50 bis 80 % und bei Gerichten mit langer Gardauer eine Stromersparnis bis zu 40 % erreicht werden.

Vorschlag zur Grundausstattung mit Kochgeschirr

2-Personen-Haushalt	Inhalt/ Liter etwa	Boden Ø cm	4-Personen-Haushalt	Inhalt/ Liter etwa	Boden Ø cm
1 Stieltopf	1,5	16	1 Stieltopf	1,5	16
1 Topf	2,2	16	1 Topf	2,2	16
1 Topf, flach	2,5	20	1 Topf, flach	2,5	20
1 Topf, hoch	5,0	20	1 Topf, hoch	5,0	20
1 Bratpfanne	—	16	1 Bratpfanne	—	20
1 Bratpfanne mit Deckel	—	20	1 Bratpfanne mit Deckel	—	24
1 Auflaufform mit Deckel	—	20	1 Auflaufform mit Deckel	—	20
1 Bräter mit Deckel	—	—	1 Bräter mit Deckel	—	—
			1 Milchtopf	1,5	14,5
			1 Schnell-kochtopf	5—7	20

Sparsames Kochen durch gutes Kochgeschirr und richtige Nutzung

Das ist der richtige Kochtopf. Er hat einen starken, plangedrehten Boden, nimmt die Wärme der Kochstelle gut auf und schützt sie daher vor Überhitzung.
Er ist gemäß DIN 44 904 größer als die Kochstelle und hält wie ein Schirm Überlaufgut von ihr fern.

Dieser Kochtopf ist zu klein und verursacht große Wärmeverluste. Außerdem brennt Überlaufgut auf der Kochstelle fest und kann nur schwer entfernt werden. Unter den salzhaltigen Krusten bilden sich im Laufe der Zeit tiefe Rostnarben.

Keine nassen Kochtöpfe aufsetzen oder angedampfte Kochtopfdeckel auf unbenutzten Kochstellen ablegen! Nässe und Dampf führen mit der Zeit immer zu Rostansatz.

Keine Geschirre mit dünnen, verbogenen Böden verwenden. Sie verursachen eine Überhitzung der Kochstellen.

10 Regeln für die richtige Nutzung des Elektroherdes

❶ Zum Garen auf dem Elektroherd geeignetes Kochgeschirr verwenden, dem Kochstellendurchmesser angepaßt, mit ebenem Boden und gut schließendem Deckel.

So verkürzt sich die Ankochdauer, und der Stromverbrauch ist geringer.

❷ Gemüse und Kartoffeln mit wenig Wasser im geschlossenen Kochtopf garen.

So werden Nährstoffe und Vitamine weitgehend erhalten, und der Stromverbrauch ist geringer.

❸ Kochstellen rechtzeitig auf „fortkochen/weitergaren“ umschalten.

So wird ein Ansetzen, Überkochen oder Anbrennen der Speisen vermieden und die Energie sinnvoll genutzt.

❹ Bei Benutzung der Automatik-Kochstelle von Anfang an die Einstellung zum „fortkochen/weitergaren“ mit der Ankochautomatik wählen. Die Automatik-Kochstelle reguliert die Wärmezufuhr selbsttätig.

So entfällt das Umschalten und somit die Beaufsichtigung.

❺ Bei Gerichten mit langer Gardauer den Schnellkochtopf einsetzen.

So werden Zeit und Strom gespart.

❻ Braten, Aufläufe und Kuchen in den kalten Backofen einsetzen.

So gibt es keine Wartezeiten, und die Energie wird sinnvoll genutzt.

❼ Kochstellen und Backofen 5 bis 10 Minuten vor Ende der Gardauer ausschalten.

So wird die Nachwärme gut ausgenutzt und energiebewußt gearbeitet.

❽ Backofen voll ausnutzen durch Einsetzen eines Menüs, mehrerer Gerichte und/oder Kuchen.

So wird die Energie sinnvoll genutzt.

❾ Kochstellen und Backofen regelmäßig mit Wasser und Spülmittel reinigen. Kochplatten nach dem Trocknen mit salz- und säurefreiem Fett, z. B. Vaseline, dünn einfetten. Backofen nur bei stärkeren Verschmutzungen mit Backofenspray säubern, dabei Gebrauchsanweisung beachten.

So bleibt der Elektroherd funktionstüchtig.

❿ Vor Inbetriebnahme des Elektroherdes die Gebrauchsanweisung lesen.

So werden Fehler und unnötige Kosten vermieden, und die Nutzungsdauer des Gerätes wird erhöht.

Grillgeräte

In Grillgeräten werden Lebensmittel durch Strahlungs- oder Kontaktwärme gegart und z. T. gebräunt — mit oder ohne Fettzugabe.

Strahlungswärme entsteht bei Stromfluß durch einen Grillheizkörper durch Schwingungen der Elektronen elektromagnetischer Wellen oder Strahlen, die im Infrarotbereich liegen.
Infrarotstrahlen werden an der oberen Schicht des Gargutes in Wärme umgewandelt. Der Wärmetransport in das Innere des Gargutes erfolgt durch Wärmeleitung.
Die Strahlungsintensität ist abhängig von der elektrischen Leistung, dem Material des Grillheizkörpers und der Reflexion des Innenraumes. Sie kann auch durch verschiedene Einschubhöhen bzw. durch Drehen des Grillgutes am Spieß beeinflußt werden.

Kontaktwärme entsteht durch Beheizung der Kontaktflächen und Wärmeleitung an das Grillgut.

Beim **Umluftgrillen** erfolgt die Wärmeübertragung auf Lebensmittel durch eine Kombination von Wärmestrahlung und erzwungener Konvektion.

Tischgrillgeräte

Strahlungsgrillgeräte bestehen aus einem Metallgehäuse und einer Fronttür aus hitzebeständigem Glas. Der Innenraum ist emailliert, lackiert, verchromt oder katalytisch beschichtet, bei einigen Geräten sind Decke und Rückwand mit Alufolie bespannt.
Der Grillheizkörper (Rohrheizkörper) ist an der Oberseite des Innenraumes angebracht. Die Wärmeübertragung auf das Grillgut erfolgt überwiegend durch Strahlung, daneben durch natürliche Konvektion.
Die Geräte sind in der Regel mit einem Motor für den Drehspieß ausgestattet. Die Bedienung erfolgt über den Leistungsschalter und Zeitschalter.
Zum Zubehör gehören: Grillrost mit Tragegriff, Fettpfanne und Drehspieß.
Ferner gehören zum Zubehör oder werden als Sonderzubehör angeboten: Drehkorb mit Schaschlikgarnitur.

Backgrillgeräte besitzen zusätzlich ein Heizelement am Boden des Gerätes für die Unterhitze. Ein Thermostat regelt die Temperaturbereiche von 40 bis max. 270 °C.
Zum Zubehör gehört ein Backblech.

Umluftgrillgeräte sind zusätzlich mit einem Ventilator ausgestattet. Die Wärmeübertragung erfolgt durch eine Kombination von Wärmestrahlung und erzwungener Konvektion. Eine Drehvorrichtung ist nicht erforderlich.

Kontaktgrillgeräte bestehen aus einem aufklappbaren Metallgehäuse. Zwei Kontaktflächen aus geriffeltem Gußeisen oder Aluminiumguß, häufig mit Kunststoff beschichtet, sind höhenverstellbar und evtl. auswechselbar.
Die Beheizung erfolgt durch Rohrheizkörper. Die Wärmeübertragung erfolgt durch Wärmeleitung, d. h. durch direkten Kontakt des Grillgutes zwischen den beheizten Flächen. Die Geräte sind überwiegend mit einem Temperaturregler ausgestattet.
Überwiegend als Sonderzubehör werden angeboten: Waffelplatten, Raclettepfännchen, Hamburger-Platte, Kasserolle, Crêpe-Pfanne.

Tischgrillgeräte bieten folgende Vorteile:

- Bedarfsgerechtes Geräteangebot
- Vielseitiger Einsatz durch Sonderzubehör
- Räumliche Unabhängigkeit (für Camping, Terrasse etc.)
- Steckerfertige Geräte

Elektrische Kleingeräte zur Nahrungsbereitung

Zu den elektrischen Kleingeräten zählen u. a. Wasserkocher, Toaster, Eierkocher, Zitruspressen, Saftzentrifugen, Kaffee- und Teeautomaten, Joghurtbereiter, Allesschneider, Küchenmaschinen und Getreidemühlen.
Sinnvoll eingesetzt, vereinfachen sie wesentlich die Nahrungsbereitung. Beim Vorbereiten und Zubereiten von Speisen und Getränken können sie folgenden Nutzen bringen:

- Zeitgewinn
- Arbeitskrafteinsparung
- schonende, dem Lebensmittel angepaßte Arbeitsweise
- große Sicherheit
- sinnvollen und sparsamen Stromeinsatz

Zuverlässigkeit bei bestimmungsgemäßem Gebrauch und Unfallsicherheit sind für den Benutzer gewährleistet.
Darüber geben Prüf- und Schutzzeichen Auskunft, die auf dem Typschild angebracht sind.

VDE-Zeichen

Dieses bekannte Zeichen ist eine Aussage über die gesamte Sicherheit eines technischen Arbeitsmittels im Sinne des Gerätesicherheitsgesetzes (GSG) in elektrischer, mechanischer, thermischer und sonstiger Hinsicht gemäß den einschlägigen Bestimmungen des Verbandes Deutscher Elektrotechniker.

VDE-GS-Zeichen

Führt die VDE-Prüfstelle die Prüfung durch, kann der Hersteller bei gleichen Prüfbedingungen wählen, ob er das VDE-Zeichen allein oder das VDE-GS-Zeichen (GS = geprüfte Sicherheit) auf seinen Erzeugnissen anbringen will.

Zeichen für Funkschutz

Dieses Zeichen garantiert, daß ein Gerät funkentstört ist.

Zeichen für Schutzisolierung

Mit diesem Zeichen sind schutzisolierte Geräte gekennzeichnet. Durch zusätzliche Isolierung, zur Betriebsisolierung, bedingt durch die Bauart einiger Kleingeräte, ist bei bestimmungsgemäßem Gebrauch ein optimaler Schutz der elektrischen Sicherheit gegeben.

KB 10 Zeichen für Kurzzeitbetrieb

Dieses Zeichen, z. B. KB 10, bedeutet, daß das Gerät nicht länger als 10 Minuten ohne Pause bei höchster Einstellung in Betrieb genommen werden sollte. Bei längerer Benutzung sollte das Gerät zwischendurch abgeschaltet werden, nach Abkühlung des Motors ist es wieder betriebsbereit.

Küchenmaschinen

Küchenmaschinen erleichtern die Arbeiten bei der Nahrungsvor- und -zubereitung. Sie verringern den Zeit- und Kraftaufwand z. B. beim Rühren, Kneten, Schlagen, Pürieren, Zerkleinern und Schneiden.
Nach Bauform und Einsatzmöglichkeit unterscheidet man:

Handküchenmaschine

Die Handküchenmaschine wird überwiegend während der Arbeit in der Hand gehalten. Sie ist leicht und nicht an einen festen Arbeitsplatz gebunden.
Das Gehäuse des Antriebsteiles besteht aus schlagfestem Kunststoff mit angeformtem Griff. Im Gehäuse befindet sich ein Universalmotor, Anschlußwert bis 180 W, mit zwei oder drei Antriebsstellen für den Anschluß verschiedener Arbeitswerkzeuge und Zusatzgeräte. Zwei Antriebsstellen sind in Form von Steckbuchsen für Rühr- und Knetwerkzeuge, die dritte als abdeckbarer Direktanschluß für Mixstab, Mixer und Zerkleinerer vorhanden.
Die Inbetriebnahme erfolgt über einen Stufenschalter mit überwiegend drei Betriebsstufen oder mit einem stufenlos einstellbaren Schalter. Solche Geräte sind mit einer elektronischen Drehzahlregelung ausgestattet, d. h. die Umdrehungszahl des Motors wird den jeweiligen Arbeitsgängen angepaßt. Der Schalter und die Taste zum Lösen der Rühr- und Knetwerkzeuge sind auf oder vor dem Griff angebracht und leicht mit dem Daumen zu betätigen.
Zur Grundausstattung gehören Antriebsteil, zwei Rühr- und Knetwerkzeuge und überwiegend die Wandhalterung. Je nach Hersteller werden weitere Arbeitswerkzeuge, Zusatzgeräte und Zubehör angeboten.

Vorteile der Handküchenmaschine

- nicht ortsgebunden
- schnell einsatzbereit, da Rüst- und Reinigungsarbeiten kurz sind
- die Grundausstattung benötigt wenig Platz
- mit einer Halterung an der Wand befestigt, ist sie stets griffbereit.

Standküchenmaschine

Die Standküchenmaschine hat zum Gebrauch und zur Aufbewahrung einen festen Standort am Arbeitsplatz.
Der Motorblock besteht aus einem Gehäuse aus schlagfestem Kunststoff mit einem eingebauten Universalmotor, Anschlußwert bis 600 W. Er besitzt eine oder mehrere Antriebsstellen, an denen verschiedene Zusatzgeräte angebracht werden. Die Antriebsstelle für den niedrigen Drehzahlbereich ist zum Schlagen, Rühren und Kneten notwendig, der Antrieb für den hohen Drehzahlbereich für den Gebrauch von Mixer und Entsafter.
Die Einstellung der Drehzahl für die nötige Anpassung an den Arbeitsvorgang erfolgt über einen Stufenschalter. Geräte mit elektronischer Drehzahlregelung können stufenlos in Betrieb genommen werden.
Zur Grundausstattung gehören der Motorblock, Rühr-, Knet- oder Schlagwerkzeug und eine Schüssel, manchmal der Mixer. Es gibt eine Vielzahl von Zusatzgeräten, z. B. Schneid- und Schnitzelwerk, Mixer, Fleischwolf mit Wurststopfer, Spritzgebäck-, Nudel-, Fruchtpressen- und Reibvorsatz, Entsafter, Zitruspresse, Getreidemühle, Kartoffelschälgerät, Eismaschine und Dosenöffner.

Vorteile der Standküchenmaschine

- selbsttätiges Arbeiten während des Betriebes
- der leistungsfähige Motor bringt große Kraft- und Zeitersparnis, besonders bei großen Mengen und schwerem Teig (Fassungsvermögen der Rührschüssel für die Teigbereitung von 750—1500 g Mehl)
- durch Zubehör ist ein vielseitiger Einsatz möglich.

Kompaktküchenmaschine

Die Kompaktküchenmaschine kann bei geringem Platzbedarf viele Funktionen der Standküchenmaschine übernehmen.
Sie besteht aus einem Motorblock, Anschlußwert bis 500 W, mit einer .Antriebsstelle. Auf den Motorblock wird die Rührschüssel mit den verschiedenen Zubehörteilen aufgesetzt.
Die für die einzelnen Arbeitsvorgänge benötigten unterschiedlichen Drehgeschwindigkeiten werden stufenlos geregelt oder in vier Stufen geschaltet.
Zur Grundausstattung gehören der Motorblock, eine Rührschüssel mit Messer, Knethaken, Schneid- und Reibscheiben und meist ein Rührbesen. Durch zusätzliche Zubehörteile wie Zitruspresse und Saftzentrifuge kann die Einsatzmöglichkeit erweitert werden.

Vorteile der Kompaktküchenmaschine

- geringer Platzbedarf
- schnell einsetzbar durch leicht zu montierende Zubehörteile
- zum Pürieren, Hacken, Schneiden und Zerkleinern auch bei kleinen Mengen geeignet.

Bild 13: Getreidemühle mit Stahl-Kegelmahlwerk.

Getreidemühlen

Getreide hat einen hohen Eiweißgehalt und eine Vielfalt von Mineralstoffen und Vitaminen. Den für den Kohlenhydratstoffwechsel unerläßlichen Vitamin-B-Komplex finden wir entscheidend nur beim Getreide. Genauso sind die Getreidearten die größten Lieferanten von Ballaststoffen.
Zur Erhaltung des vollen biologischen Wertes sollte Getreide erst unmittelbar vor der Verarbeitung gemahlen werden. Der ölhaltige Getreidekern wird sonst bei längerer Lagerung ranzig und die Vitamine werden durch Luftsauerstoff und Licht teilweise zersetzt.
Die Mahlleistung der Getreidemühlen ist abhängig von Motorstärke, Bauart, Mahlsystem und Material der Mahlwerke. Vor dem Kauf sollte man sich darüber informieren, welche Art von Mahlgut und welche Menge das Gerät verarbeiten kann, damit es den erwarteten Anforderungen entspricht.

Bauarten

Haushaltsgetreidemühlen werden als Einzelgerät, bei dem das Mahlwerk fest mit dem Motor verbunden ist, und als Zusatzgerät zur Stand- und Kompaktküchenmaschine angeboten.

Mahlsysteme

- **Kegelmahlwerk** mit überwiegend feststehendem Kegelring und umlaufendem Mahlring. Das Mahlen erfolgt durch Druck, Schneidwirkung und Reiben.
- **Scheibenmahlwerk** mit feststehender und rotierender Mahlscheibe. Das Mahlen erfolgt durch Druck und Reibung.

Materialien der Mahlwerke

- **Stahlmahlwerke** sind aus einem hochwertigen gehärteten Stahl mit hoher Abriebfestigkeit gefertigt. Alle Getreidearten, zum Teil sogar Mais, Ölsaaten, Gewürze und Hülsenfrüchte, können zu grießig, schrotartigem Mahlgut bis hin zu feinem Vollkornmehl gemahlen werden.
- **Steinmahlwerke** sind aus natürlich vorkommenden Materialien gefertigt. Feiner kristalliner Urgesteinsschmirgel wird mit gebranntem Magnesitgestein gebunden. Steinmahlwerke sind selbstnachschärfend. Alle Getreidearten, außer Mais, können gemahlen werden. Es kann ein flockiges, feines Mehl hergestellt werden, z. B. für die Zubereitung von Kuchenteigen.
  Zum Mahlen von Ölsaaten kann das Steinmahlwerk nicht eingesetzt werden, da die Steine verkleben.
- **Keramikmahlwerke** sind aus natürlicher Tonerde bei fast 2000 °C gebrannt und haben keinen Abrieb. Alle Getreidearten, außer Mais, Ölsaaten, Gewürze und Hülsenfrüchte, können geschrotet, aber auch zu leicht flockigem Mahlgut verarbeitet werden.

Allgemeine Hinweise und Erläuterungen

Erläuterungen kochtechnischer Begriffe

Die Garvorgänge aus den Rezepten und der Einstellungstabelle S. 527 sind hier blau unterlegt.

Abbrennen
Mehl- oder Grießbrei in der Nachwärme so lange rühren, bis sich die Masse als Kloß vom Boden des Kochtopfes löst.
Beispiel: Windbeutel, Grießklößchen

Ablöschen
Zugießen von heißer oder kalter Flüssigkeit.
Beispiel: Mehlschwitze, Bratenfond, Karamelsoße; siehe Karamelisieren

Abschlagen
Schlagen von rohen Zutaten unter Erwärmung bis zu einer dickflüssigen oder cremigen Konsistenz.
Beispiel: Cremes, Soßen

Abschrecken
Übergießen gegarter, heißer Lebensmittel mit kaltem Wasser.
Beispiel: Eier, zum Teil Reis, Nudeln

Abwällen (Überbrühen, Abbrühen)
Kurzfristiges Erwärmen roher Lebensmittel durch Übergießen mit siedender Flüssigkeit.
Beispiel: Tomaten, Pfirsiche, Mandeln

Auslassen
Ausbraten von überwiegend fetthaltigen, zerkleinerten Lebensmitteln.
Beispiel: Flomen, Speck

Backen
Garen und Bräunen von Teigen

- im Backofen in heißer Luft bei Temperaturen von 150 bis 225 °C.
  Beispiel: Gebäck
- auf der Kochstelle in der Pfanne in heißem Fett bei Temperaturen von 140 bis 200 °C.
  Beispiel: Pfannkuchen, Eierkuchen
- auf der Kochstelle im Fettbad bei Temperaturen von 175 bis 200 °C.
  Beispiel: Berliner Pfannkuchen, Pommes frites; siehe Fritieren

Binden
Andicken einer kochenden Flüssigkeit durch Zugabe von Bindemitteln.
Beispiel: Suppen, Soßen

Blanchieren

- kurzes Kochen roher Nahrungsmittel in reichlich siedendem Wasser (1 bis 4 Minuten).
  Beispiel: Gemüse für Gefrierlagerung
- kurzes Erhitzen roher Nahrungsmittel im Siebeinsatz über Wasserdampf.
  Beispiel: Gemüse für Gefrierlagerung.
- kurzes Erhitzen roher Nahrungsmittel im Siebeinsatz in heißem Fett.
  Beispiel: Pommes frites

Bräunen
Braun werden lassen in heißem Fett im offenem Gefäß.
Beispiel: Mehl für dunkle Grundsuppe und -soße, Zwiebel, Fleisch, Kartoffelbällchen

Braten
Bräunen und Garen im eigenen Fett oder in wenig heißem Fett

- auf der Kochstelle in der Pfanne oder im Bratgeschirr bei Temperaturen von 140 bis 200 °C.
- im Backofen in heißer Luft bei Temperaturen von 160 bis 275 °C:
  - im Bratgeschirr, offen oder geschlossen
  - in der Fettpfanne
  - auf dem Rost über der Fettpfanne ohne oder mit Bratfolie

Beispiel: Fleisch, Fisch, Kartoffeln

Das **Anbraten** ist ein kurzes Bräunen bei höheren Temperaturen.

Dämpfen
Garen in Wasserdampf im geschlossenen Gefäß bei einer Temperatur von etwa 100 °C

- im Siebeinsatz
- direkt im Topf mit wenig Wasser

Beispiel: Gemüse, Kartoffeln, Fisch, Eier

Dünsten
Garen im geschlossenen Gefäß bei einer Temperatur von etwa 100 °C

- im eigenen Saft
- in wenig Flüssigkeit, meist unter Zugabe von wenig Fett

Beispiel: Fisch, Gemüse, Obst

Das **Andünsten** ist ein kurzes Dünsten bei höheren Temperaturen.

Druckgaren
Garen im Spezialgefäß (Schnellkochtopf oder Schnellbratpfanne) bei einem Betriebsdruck von 1,5 bar und einer Temperatur bis 123 °C.
Beispiel: Brühsuppen, Hülsenfrüchte, Gulasch, Rouladen

Eindicken (Reduzieren)
Entziehen von Flüssigkeit aus Speisen durch längeres Erhitzen im offenen Kochgeschirr.
Beispiel: Mus, Bratenfond

Erhitzen
Heiß machen von Nahrungsmitteln
Beispiel: Fett, Flüssigkeiten

Erwärmen
Erneutes Warmmachen von fertig gegarten Speisen bei niedrigen Temperaturen.
Beispiel: Suppen, Eintöpfe, Gemüse in Soße

Flambieren
Übergießen von Speisen mit kleinen Mengen hochprozentigem evtl. erwärmtem Alkohol. Anzünden und abbrennen lassen oder brennend auftragen.
Beispiel: Fleisch, Obst, Eisspeisen, Plumpudding

Fritieren
Garen und Bräunen in heißem Fett schwimmend, je nach Fettart bei einer Temperatur von 175 bis 200 °C

- auf der Kochstelle im Kochtopf
- in der Friteuse

Beispiel: Fleisch-, Fisch-, Gemüse-, Kartoffel-, Obst-, Teigstücke wie Pommes frites, Kroketten, Spritzkuchen

Garziehen
Garen unterhalb des Siedepunktes bei Temperaturen von 75 bis 95 °C nach dem Einlegen der Lebensmittel in kochende Flüssigkeit.
Beispiel: Klöße, Fisch, pochierte Eier

Glacieren
Überziehen von Speisen

- mit eigenem Saft, meist unter Zusatz von Geliermitteln.
  Beispiel: Fleisch, Fisch, Gemüse, Eier, Früchte
- mit Zuckerglasur
  Beispiel: Gebäck, Früchte

Grillen
Garen ohne oder mit wenig Fettzusatz durch unmittelbare

- Strahlungswärme
  — im Backofen
  — im Tischgrill
  Beispiel: Steaks, Würstchen, Leber, Fisch, Früchte, Geflügel im ganzen, Rollbraten
- Kontaktwärme im Kontaktgrill
  Beispiel: Fleisch- und Fischscheiben, Würstchen

Karamelisieren
Schmelzen und Bräunen von Zucker unter ständigem Rühren, bei gewünschtem Bräunungsgrad mit heißer Flüssigkeit ablöschen.
Beispiel: Karamelsoße, Karamelflammeri

Kochen
Garen in viel Flüssigkeit im geschlossenen Gefäß bei einer Temperatur von etwa 100 °C.
Beispiel: Suppen

Der Garvorgang Kochen ist unterteilt in **ankochen** bei hoher Temperatur und **fortkochen** bei niedriger Temperatur. **Aufkochen** ist ein erneutes Ankochen.

Legieren
Verfeinern gegarter, nicht mehr kochender Speisen

- durch Einrühren von Sahne oder Butter
- durch Einrühren von Eigelb, verrührt mit Sahne oder anderer Flüssigkeit.

Beispiel: Suppen, Soßen, Süßspeisen

Quellen
Garen durch Aufnahme von Flüssigkeit unter Volumenzunahme bei einer Temperatur von etwa 100 °C oder etwas darunter.
Beispiel: Teigwaren, Hülsenfrüchte, Nährmittel

Rösten
Bräunen mit und ohne Fett

- in der offenen Pfanne
  Beispiel: Mehl, Paniermehl, Semmelbröckchen, Mandeln
- im Backofen auf dem Rost oder Backblech
  Beispiel: Brotscheiben, Eßkastanien
- im Toaster
  Beispiel: Brotscheiben

Schmelzen
Verflüssigen von festen Lebensmitteln bei niedrigen Temperaturen.
Beispiel: Fett, Schokolade

Schmoren
Bräunen in Fett im offenen Gefäß bei einer Temperatur von etwa 180 °C und anschließendem Garen unter Zugabe von wenig heißer Flüssigkeit bei etwa 100 °C auf der Kochstelle im geschlossenen Gefäß oder im Backofen.
Beispiel: Gulasch, Rouladen, Sauerbraten

Sterilisieren (Einkochen, Einmachen)
Erhitzen von Lebensmitteln in Gläsern, Flaschen oder Blechdosen auf Temperaturen von ca. 100°C über einen bestimmten Zeitraum im

- Einkochkessel
- Kochtopf auf der Kochstelle
- Schnellkochtopf
- Backofen

Beispiel: Obst, Gemüse, Fleisch

Stocken
Garen von Eiern oder Eimasse mit und ohne Fett in der Pfanne bei einer Temperatur von etwa 120 °C oder in Förmchen im Wasserbad.
Beispiel: Eierspeisen, Eierstich

Überbacken (Gratinieren)
Bräunen von Speisen evtl. bis zur Krustenbildung an der Oberfläche

- im Backofen bei Temperaturen von 225 bis 275 °C
- unter dem Grillheizkörper

Beispiel: Toast, Ragout fin

Im Buch verwendete Abkürzungen

In diesem Buch werden u. a. folgende Abkürzungen verwendet:

EL	gestrichener Eßlöffel
TL	gestrichener Teelöffel
g	Gramm
kg	Kilogramm
Bd	Bund (meist Kräuter)
Fl.	Flasche
Msp	gehäufte Messerspitze
f.	Seite ... und folgende Seite
ff.	Seite ... und folgende Seiten
l	Liter
ml	Milliliter
cm	Zentimeter
Std.	Stunde
Pck	Päckchen
Stg	Stange (meist Lauch)
TK	Tiefkühlkost
s.	siehe
s. S.	siehe Seite

1 Prise	Menge, die mit Daumen und Zeigefinger gefaßt werden kann
1 Gewürzdosis	1 kleines Lorbeerblatt, 3 Pfefferkörner, 4 Gewürzkörner (Pimentkörner)
1 Gewürzzwiebel	1 Zwiebel mit Nelken gespickt. Je nach Rezept wird zusammen mit den Nelken auch ein Lorbeerblatt festgesteckt
1 Suppengrün	1 Möhre, 1 Stück Sellerie, $1/4$ bis $1/2$ Stange Lauch, $1/2$ Petersilienwurzel

Anhaltspunkte für Maße und Gewichte

1 kg	≙ 1000 g	≙ 1 Liter	= 1000 ml*)	= 100 cl = 10dl	
3/4 kg	≙ 750 g	≙ 3/4 Liter	= 750 ml		
1/2 kg	≙ 500 g**)	≙ 1/2 Liter	= 500 ml		
1/4 kg	≙ 250 g	≙ 1/4 Liter	= 250 ml		
1/8 kg	≙ 125 g	≙ 1/8 Liter	= 125 ml	= 8 EL = 1 Tasse randvoll	
1/10 kg	≙ 100 g	≙ 1/10 Liter	= 100 ml	= Inhalt einer Sektschale	
			50 ml	= Inhalt eines Cocktailglases	
			20 ml	= Inhalt eines Likörglases	
			15 ml	= Inhalt eines Eßlöffels	
			5 ml	= Inhalt eines Teelöffels	

*) ml = bezogen auf Wasser

**) oder 1 Pfund (gebräuchliche, aber nicht genormte Mengenangabe für 0,5 kg)

Produkt	Eßlöffel gestrichen	Gewicht etwa	Teelöffel gestrichen	Gewicht etwa
Backpulver	1 EL	10 g	1 TL	3 g
Fett, fest	1 EL	15 g	1 TL	5 g
Gelatine, gemahlen	1 EL	10 g	1 TL	3 g
Grieß	1 EL	12 g	1 TL	3 g
Haferflocken	1 EL	5—15 g	—	—
Kaffee, gemahlen	1 EL	6 g	1 TL	2 g
Kakao	1 EL	6 g	1 TL	2 g
Mayonnaise	1 EL	15 g	1 TL	5 g
Mehl	1 EL	10 g	1 TL	3 g
Milchpulver	1 EL	8 g	1 TL	2 g
Öl	1 EL	12 g	1 TL	3 g
Paniermehl	1 EL	8 g	1 TL	2—3 g
Puderzucker	1 EL	10 g	1 TL	3 g
Reis	1 EL	15 g	1 TL	5 g
Salz	1 EL	15 g	1 TL	5 g
Speisestärke	1 EL	9 g	1 TL	3 g
Tee	1 EL	6 g	1 TL	2 g
Zucker	1 EL	15 g	1 TL	5 g

Unterschiedliche Bezeichnungen für Lebensmittel in verschiedenen Gegenden

Fleisch

Frikadelle Bulette Deutsches Beefsteak, Bratklops, Brisolette, Hacksteak, Hamburger

Gehacktes Hackfleisch, Faschiertes

Hackbraten Falscher Hase, Wiener Braten, Wiegebraten, Faschierter Braten

Kasseler Rippespeer Kasseler

Klops Fleischknödel, Fleischkloß

Mett Hackepeter, Brät

Schweinsrippchen Schälrippchen, Leiterchen, Spareribs

Selchfleisch Geselchtes

Tatar Schabefleisch, Beefsteak-Tatar

Fisch

Bückling Bücking, Pökling

Flunder Butt

Hecht Schnöck, Hengste

Kabeljau Dorsch

Karpfen Karpe

Plötze Rotauge, Weißfisch

Rotbarsch Goldbarsch, Seebarsch, Rotbars, Goldbars

Schleie Schlei, Schleihe, Schuster

Scholle Goldbutt, Rotzunge

Zander Schiel, Schill, Fogosch

Früchte

Aprikosen Marillen

Avocados Alligatorbirnen

Blaubeeren Heidelbeeren, Waldbeeren, Bickbeeren, Besinge, Schwarzbeeren

Holunderbeeren Fliederbeeren, Holler

Kiwis Chinesische Stachelbeeren

Litschis Lyschees, Litschipflaumen, Chinesische Haselnüsse

Papayas Baummelonen, Kressenfeigen

Preiselbeeren Kronsbeeren, Moosbeeren, Steinbeeren

Rote Johannisbeeren Träubele, Ribiseln

Schwarze Johannisbeeren Ahlbeeren, Gichtbeeren

Sauerkirschen Weichseln, Schattenmorellen

Zwetschen Zwetschgen, Bauernpflaumen

Gemüse

Auberginen Eierfrüchte, Eieräpfel, Melanzane, Melanganen

Blumenkohl Karfiol

Broccoli Spargelkohl

Chicorée Salatzichorien, Bleichzichorien, Witloof

Chinakohl Chinesischer Kohl, Pekingkohl, Selleriekohl

Dicke Bohnen Saubohnen, Puffbohnen, Pferdebohnen, große Bohnen

Endiviensalat Eskariol

Feldsalat Ackersalat, Rebkresse, Schafsmaul, Mausohr

Fenchel Knollenfenchel, Speisefenchel, Bologneser Fenchel

Grünkohl Braunkohl, Blattkohl, Winterkohl, Krauskohl

Junge Erbsen Brockele, Schoten

Kohlrabi Oberrübe, Oberkohlrabi, Rübkohl

Lauch Porree, Breitlauch

Mais Kukuruz, Welschkorn, türkischer Weizen

Meerrettich Kren

Mohrrüben Möhren, Wurzeln, gelbe Rüben, Karotten

Pilze Schwämme, Schwammerln

Radieschen Radies, Monatsrettich

Rettich Radi

Rosenkohl Sprossenkohl, Kohlsprossen

Rote Rüben Rote Bete, Rahne, Rohne, Salatrübe

Rotkohl Rotkraut, Blaukraut

Schwarzwurzeln Winterspargel, Falsche Haferwurzeln

Stangensellerie Stielsellerie, Staudensellerie, Bleichsellerie

Steckrüben Kohlrüben, Erdrüben, Wruken, Erdkohlrabi, Räben

Tomaten Paradiesäpfel, Paradeiser

Weißkohl Kraut, Weißkraut, Kappes

Wirsingkohl Wirsing, Welschkohl, -kraut, Savoyer-Kohl

Zucchini Zuchetti, Gurkenkürbis, Gourgetten

Milchprodukte

Schlagsahne süße Sahne, Rahm, Schmand, Schmetten, Obers

Dickmilch Saure Milch, Gestockte, Setzmilch

Saure Sahne Sauerrahm, Schmand, Crème fraîche

Quark Topfen, Glumse, Weißkäse

Verschiedenes

Brötchen Semmeln, Weck, Wecken, Schrippen

Eierkuchen Flädle, Fridatten, Pfannkuchen, Plinsen, Palatschinken

Eigelb Gelbei, Eidotter

Einbrenne Mehlschwitze, Buttermehl

Eiweiß Weißei, Eiklar

Hefe Bärme, Germ, Gest

Klöße Knödel

Kartoffelpuffer Reibekuchen, Kartoffelpfannkuchen, Reiberdatschi, Riewekauken

Mürbeteig Knetteig

Napfkuchen Rodonkuchen, Gugelhupf, Topfkuchen

Paniermehl Semmelbrösel, Semmelmehl, Weckmehl, geriebene Semmel

RIND

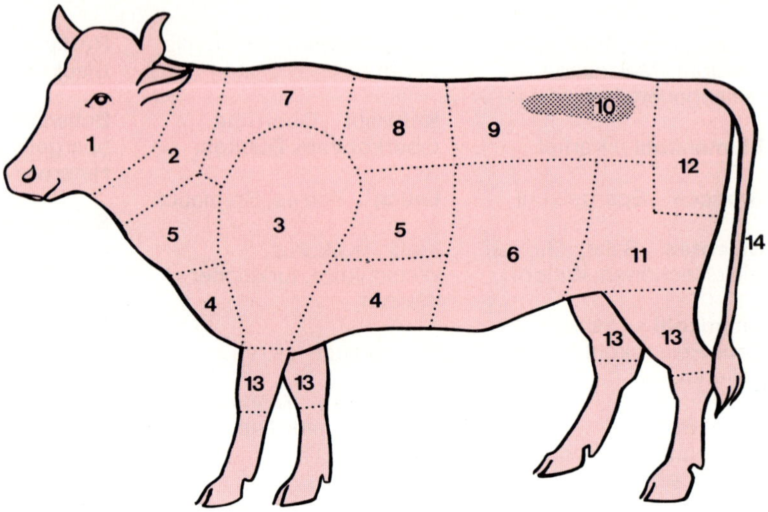

1 Kopf mit Maul und Backen **2** Hals, Kamm **3** Vorderkeule, Schulter, Bug, Blatt **4** Brust mit Spitze und Kern **5** Flachrippe **6** Querrippe, Flanke, Dicker Lappen **7** Nackenstück, Kamm **8** Hochrippe, Rostbraten **9** Flaches Roastbeef **10** Filet, Lende, Mürbbraten **11** Hüfte mit Kugel **12** Schwanzstück mit Blume **13** Bein, Beinrolle, Hesse **14** Schwanz

Verwendung der Fleischstücke

Kochen		Schmoren		Braten		Grillen	
Hals im Stück	2	Keule im Stück 11 und 12		Hals im Stück	2	Hochrippe	8
Brust im Stück	4	in Scheiben =		zerkleinert =		in Scheiben	
Flachrippe	5	Rouladen		Beefsteakhack		Rostbeef im Stück	9
Querrippe	6	Schulter	3	Hochrippe	8	in Scheiben =	
Hochrippe	8	im Stück		ohne Knochen		Rumpsteaks	
Beinrolle	13	in Würfeln		als Rostbraten		starke Scheibe =	
Kopf mit Maul	1	zu Gulasch		Bug	3	Entrecôte	
Schwanz	14	Nackenstück	7	von Vorderkeule		Filet im Stück	10
		Beinrolle	13	Roastbeef	9	Scheiben 2 cm stark	
		in Würfeln		im Stück		vom Filetkopf =	
		zu Gulasch		in Scheiben =		Beefsteaks	
		Schwanz, nur	14	Rumpsteaks		3 cm stark =	
		fleischige Stücke		starke Scheibe =		Tournedos	
				Entrecôte		4—6 cm =	
				Filet im Stück	10	Chateaubriand	
				in Scheiben =		2 cm stark von	
				Beefsteaks		Filetspitze =	
						Filets mignon	

Innereien	**Innereien**	**Innereien**	**Innereien**
Herz, Lunge	Herz, Leber,	Hirn = Bregen	Leber
Nieren, Magen,	Nieren	Leber	Nieren
Zunge		Nieren	

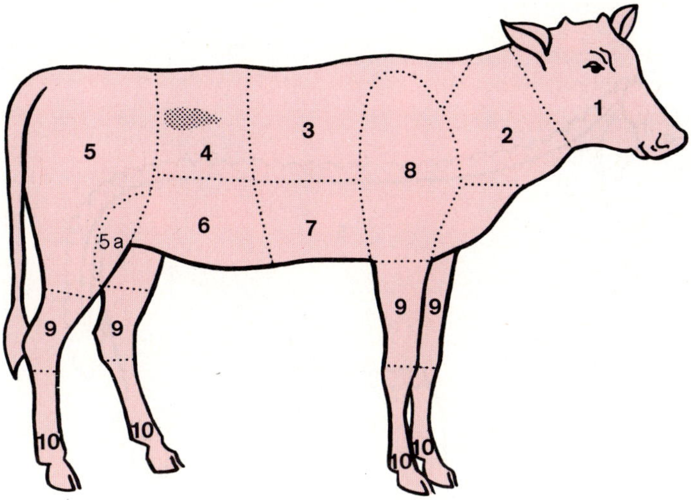

1 Kopf **2** Hals, Bruststpitze **3** Nacken, Kotelettstück, Karree **4** Rücken mit Nierenstück und Filet, Lende **5** Keule, Schlegel, Oberschale, Frikandeau **5a** Nuß **6** Flanke, Bauch **7** Brust **8** Schulter, Vorderkeule, Bug, Blatt **9** Haxen **10** Füße

Verwendung der Fleischstücke

Kochen		Schmoren		Braten		Grillen	
Bauch	6	Vorderkeule	8	Nacken im Stück	3	Filet im Stück	4
Brust	7	Brust	7	in Scheiben =		in Scheiben =	
Hals	2	Hals	2	Koteletts		Medaillons	
Kopf	1	Haxen	9	Nierenstück	4	Keule in Scheiben	5
Haxen	9			Filet im Stück	4	dünne Scheiben =	
Füße	10			in Scheiben =		Schnitzel	
				Medaillons		dicke Scheiben =	
				Keule im Stück	5	Steaks	
				dünne Scheiben =			
				Schnitzel			
				dicke Scheiben =			
				Steaks			
				Brust u. Bauch	7 u. 6		
				als Rollbraten			

Kochen	Schmoren	Braten	Grillen
Innereien			
Bries*), Herz	**Innereien**		
Hirn**), Leber	Herz		
Lunge	Hirn**)	**Innereien**	**Innereien**
Nieren	Leber	Bries*), Hirn**)	Bries*), Hirn**)
Magen	Nieren	Leber	
Zunge	Zunge	Nieren, Zunge	Leber, Nieren

*) Kalbsmilch
**) Bregen

LAMM

1 Kopf **2** Hals mit Nacken **3** Brust mit Brustspitze **4** Bauch, Dünnung, Flanke **5** Rücken, Kotelettstück mit Filet **6** Schulter, Vorderkeule, Bug, Blatt **7** Keule, Schlegel, Stolzen **8** Bein

Verwendung der Fleischstücke

Kochen		Schmoren		Braten		Grillen	
Hals im Stück	2	Hals im Stück	2	Rücken = Kotelett-		Filet im Stück	5
Brust im Stück	3	oder in Würfeln		stück mit Filet	5	in Scheiben =	
Bauch im Stück	4	Brust im Stück	3	in Scheiben =		mutton-chops	
Schulter	6	oder entknöchelt		Koteletts		Koteletts	5
im Stück		und		Filet in Scheiben =		Steaks	7
Kopf	1	gerollt oder in		mutton-chops		aus den Keulen	
Beine	8	Würfeln		Keule im Stück	7		
		Schulter	6	in Scheiben =			
		im Stück		Steaks			
		oder in Würfeln					
Innereien		**Innereien**		**Innereien**		**Innereien**	
Herz		Leber		Leber		Leber	
Zunge		Nieren		Nieren		Nieren	

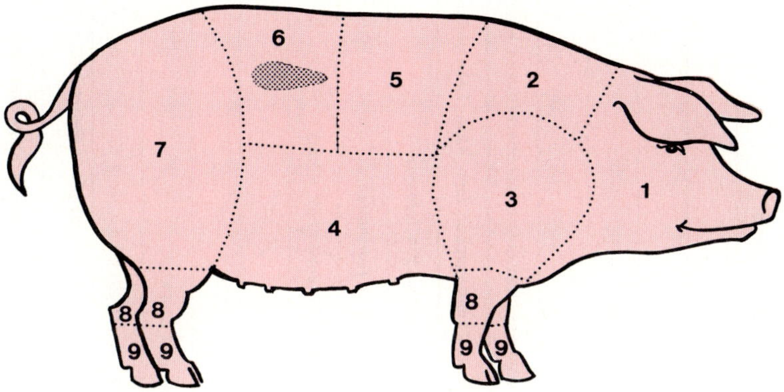

1 Kopf mit Backen, Ohren und Schnauze **2** Nacken, Hals, Kamm — gespritzt und geräuchert = Kasseler **3** Schulter, Vorderschinken, Schuft, Bug, Schäufele **4** Bauch, Bauchlappen, Dünnung **5** Rücken mit Kotelett- und Nierenstück, Karree — gespritzt und geräuchert = Kasseler **6** Kotelettstück mit Filet, Lende, Lummer **7** Keule, Schinken, Schlegel **8** Haxen, Dickbein — gepökelt = Eisbein **9** Füße, Stelzen — gepökelt = Spitzbein

Verwendung der Fleischstücke

Kochen		Schmoren		Braten		Grillen	
Kopf mit Backen, Ohren und Schnauze	1	Nacken	2	Nacken im Stück auch zu Rollbraten und in Scheiben	2	Rücken/Kasseler	5
Nacken im Stück	2	Kasseler	2	Rücken/Kasseler in Scheiben = Koteletts	5	Filet im Stück und Filetsteaks	6
Schulter	3	Filet	6	Filet im Stück in Scheiben = Filetsteaks	6	Keule in Scheiben dünn = Schnitzel dick = Steaks	7
Bauch mit Rippen	4	Keule	7	Keule im Stück in Scheiben = Schnitzel	7		
Eisbein	8	Schulter	3				
Spitzbein	9	Bauch	4				
		Eisbein	8				
Innereien Herz, Leber, Lunge, Magen, Nieren, Zunge		**Innereien** Herz Leber		**Innereien** Hirn = Bregen Leber, Nieren		**Innereien** Leber Nieren	

Verwendung von Küchenkräutern und Gewürzen im Haushalt

Küchenkraut, Gewürz zum Würzen von:	Fleisch	Fisch	Geflügel	Wild	Gemüse	Salat	Gebäck	Süßspeisen	und sonstigen Speisen
Anis ganze Körner oder gemahlen					×		×	×	Kompott, Grog, Punsch
Basilikum frisch oder getrocknet	×	×	×		×	×			Gemüsesuppen, Soßen, Essigkonserven, Kräuteressig
Beifuß, frisch oder getrocknet	×	×	×						Gemüsesuppen, Fleischbrühen, Schmalz
Bohnenkraut frisch oder getrocknet	×	×	×		×	×			vor allem Bohnen, Hülsenfrüchte
Borretsch, frisch	×	×			×	×			Kartoffelsuppe, -salat, Soßen, Kräuterbutter
Curry-Pulver	×	×	×	×					Suppen, Reis, Soßen, Quark
Dill, frisch oder getrocknet	×	×	×		×	×			Soßen, Eier-, Kartoffelgerichte, Quark, Essigkonserven, besonders Gurken, Kräuteressig
Dost (Oregano), getrocknet	×	×	×		×	×			besonders Tomaten, Bohnen, Erbsen, Gemüsesuppen, Eier-, Käse-, Lebergerichte, Pizza Napoli
Estragon frisch oder getrocknet	×	×	×	×	×	×			Suppen, Soßen, Essigkonserven, Kräuterbutter, Kräuteressig
Fenchel ganze Körner oder gemahlen		×				×	×		Soßen, Brot, Essigkonserven, ganze Körner zu Fencheltee
Ingwer, gemahlen	×		×				×	×	Gemüsesuppen, Getränke, in Stücken zu Birnenkompott, Kürbis
Kardamom ganze Körner oder gemahlen							×		Obstspeisen, Marinaden
Kerbel, frisch	×	×	×		×	×			Suppen, Soßen, Kräuterbutter
Knoblauch frisch oder getrocknet	×	×	×	×	×	×			Suppen, Fleischbrühe, Soßen, Fondues, Quark
Koriander ganze Körner oder gemahlen	×	×		×	×	×	×		besonders Gemüsesalate, Soßen, Kompott, Brot
Kresse, Brunnen- und Gartenkresse; frisch, ganz od. geschnitten						×			Suppen, Quark, Kräuterbutter; als Salat; als Beigabe zu kaltem Fleisch, Wurst, Käse, Eiergerichten; als Brotbelag; zum Garnieren
Kümmel ganze Körner oder gemahlen	×	×	×		×		×		Sülze; vor allem Weiß-, Rot-, Wirsingkohl, Sauerkraut; Quark, Käse, Kartoffeln, Brot
Liebstöckel frisch oder getrocknet	×	×	×		×	×			Suppen, Fleisch-, Fisch-, Gemüsebrühen, Kräutersoßen, Kräuterbutter

Meerrettich frisch oder konserviert	■	■				■			Fischsuppen, Soßen, Quark, Mayonnaisen, Apfel-, Sahnemeerrettich; frisch in Stücken zu Essigkonserven, Roten Beeten; frisch in dünnen Streifen als Beigabe zu kaltem Fleisch, Würstchen
Muskat, geriebene Nuß, Muskatblüte (Macis)	■	■	■		■	■	■		Suppen, Fleischbrühen, Kartoffel-, Reis-, Teigwaren-, Käsegerichte, Eierspeisen, Kochfisch, Kartoffelsuppe, -brei
Nelken, ganz oder gemahlen	■	■		■	■		■	■	vor allem Rotkohl, Sauerkraut, Rote Beete, Glühwein, Marinaden, Essigkonserven; ganz zum Kochen oder Marinieren; gemahlen zu Kompott, Süßspeisen, Gebäck, süßen Suppen
Paprika, gemahlen	■	■	■	■	■	■			vor allem Tomaten, Hülsenfrüchte, Suppen, Soßen, Speck, Eier-, Käse-, Quarkgerichte
Petersilie, frisch, auch getrocknet, Wurzelpetersilie	■	■	■		■	■			Suppen, Fleisch-, Geflügelbrühen, Eier-, Kartoffelgerichte, Kräuterbutter; ganz zum Garnieren; Bestandteil des Suppengemüses zum Kochen von Fleisch, Fisch, Geflügel
Pfeffer ganze Körner oder gemahlen	■	■	■	■	■	■			ganz zum Kochen und für Marinaden, Essigkonserven gemahlen zu allen Gerichten, außer Süßspeisen
Piment (Gewürzkörner) ganze Körner oder gemahlen	■	■			■	■	■	■	ganz zu Soßen, Marinaden gemahlen zu Fleisch, Fisch, Wurstsalat, Gemüse, Obstsalat, Kompott, Süßspeisen, Gebäck
Rosmarin, frisch oder getrocknet	■	■	■	■	■	■			Suppen, Eierspeisen, Soßen, Kartoffelgerichte, Fleischbrühen, Brot
Safran							■	■	Fleischbrühen, Fischsuppen (Bouillabaisse), Reisgerichte
Salbei, frisch oder getrocknet	■	■	■	■	■				Eierspeisen; als Aufguß zum Gurgeln
Sauerampfer, frisch						■			Suppen, Soßen; als Gemüse und Salat
Schnittlauch, frisch	■	■				■			Suppen, Fleisch-, Geflügelbrühen, Soßen, Kartoffel-, Eiergerichte, Quark, Kräuterbutter
Sellerie, Blätter, frisch, Knollen, roh oder gekocht	■	■	■						Suppen, Soßen, Fleisch-, Fisch-, Geflügelbrühen, Marinaden, Quark; als Gemüse, Salat, Suppeneinlage
Senfkörner, ganz	■	■		■					Pökelfleisch; Marinaden für Fleisch, Fisch, Wild; Essigkonserven
Thymian, frisch oder getrocknet	■	■	■		■				Innereien, Suppen, Soßen, Fleisch-, Geflügelbrühen, Kartoffelgerichte, Schmalz
Vanille, ganz oder als Vanille-, Vanillin-Zucker							■	■	Kompott, Milchmischgetränke, Speiseeis
Wacholder, getrocknet, ganze Beeren oder gemahlen	■	■	■	■	■	■			ganz zu Marinaden für Fleisch, Fisch, Wild; Fischsud; Rot-, Weißkohl, Sauerkraut gemahlen zu Fleisch, Geflügel, Wild, Salaten, vor allem aus Roten Beeten, Weißkohl
Zimt, ganz oder gemahlen							■	■	Kompott, Obst-, Milchsuppen, -brei; ganz zu Glühwein; gemahlen zu Süßspeisen, Gebäck
Zitronenmelisse frisch oder getrocknet	■	■		■	■				Soßen, Obstsuppen, Milch-, Eierspeisen, Essigkonserven, Kräuteressig getrocknet und geschnitten: Melissentee
Zitrusfrüchte-Schalen von Zitronen, Orangen			■			■	■	■	gerieben oder in Streifen geschnitten zu Mixgetränken, Obstsalaten, Soßen
Zwiebeln, frisch, geröstet, getrocknet und gemahlen	■	■	■	■	■	■			Suppen, Soßen, Marinaden, Kartoffel-, Quarkgerichte, Essigkonserven, salzige Gebäcke

Quelle: Auswertungs- und Informationsdienst für Ernährung, Landwirtschaft und Forsten e. V. (AID), Bonn

10 Punkte zur Erläuterung des Rezeptteils

❶ Alle Rezepte sind, sofern nicht anders angegeben, für 4 Personen berechnet.

❷ Die Zutaten sind in der Reihenfolge ihrer Verwendung aufgeführt. Empfohlene Zutaten erscheinen in **halbfetter** Schrift; in gewöhnlicher Schrift sind nähere Erläuterungen und Ergänzungen dazu oder Zutaten genannt, die ersatzweise verwendet werden können.

❸ Waagerechte Linien trennen die jeweiligen Zutaten nach Arbeitsvorgängen. In der Arbeitsanleitung werden die einzelnen Arbeitsvorgänge durch Absätze verdeutlicht.

❹ Die notwendigen Garvorgänge sind durch **halbfette** Schrift hervorgehoben.

❺ Die Erklärung der Garvorgänge ist im Kapitel „Erläuterungen kochtechnischer Begriffe", Seite 38, nachzulesen und dort, zum leichteren Auffinden, blau unterlegt.

❻ Die Schalterknebeleinstellung für die einzelnen Garvorgänge auf den unterschiedlichen Kochstellen ist der Tabelle auf Seite 527 zu entnehmen. Die Tabelle kann zu jeder Buchseite ausgeklappt und parallel zu jedem Rezept gelesen werden. Mit ihrer Hilfe ist die richtige Einstellung der Kochstellen schnell erlernbar.

❼ Unter den Punkten „Was ist zu beachten?", „Tip", „Veränderung" und „Anmerkung" sind nützliche Hinweise und gesammelte Erfahrungen zusammengefaßt, die zu gezieltem Einkauf der Zutaten, zur Arbeitserleichterung oder zur Veränderung von Geschmack und Aussehen der Gerichte und damit zu noch größerer Vielfalt beitragen.

❽ Viele Rezepte sind sowohl für das Garen mit dem Elektroherd als auch mit dem Mikrowellengerät geeignet und somit übertragbar.

❾ Rezepte für das Garen im Mikrowellengerät sowie Grundrezepte sind im alphabetischen Rezeptverzeichnis, Seite 529, besonders gekennzeichnet.

❿ Die Rezepturen sind mehrfach erprobt. Da das Ergebnis aber von Beschaffenheit und Qualität der Lebensmittel, von Material und Größe des Kochgeschirrs und vom Einsatz verschiedener Geräte abhängig ist, können sich trotzdem Unterschiede ergeben. Deshalb muß immer eine Garprobe gemacht werden.

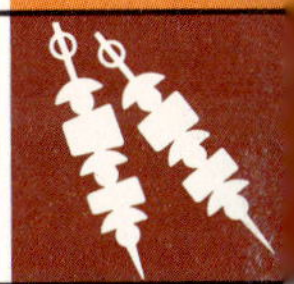

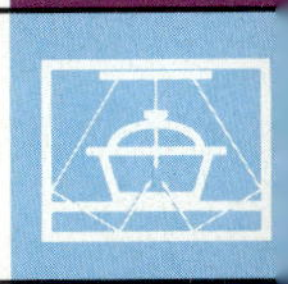

Suppen

Suppen sind bei der Erstellung des Speiseplanes unterschiedlich einzusetzen als

- appetitanregende Vorspeise
- sättigendes Hauptgericht
- ergänzende Zwischenmahlzeit
- nahrhafte Nachspeise
- kühlende Erfrischung

Auf dem Elektroherd kann die zum Garen erforderliche Temperatur den verschiedenen Suppen genau angepaßt werden.
Durch das gleichmäßige Kochen bei richtiger Einstellung der Kochstelle tritt auch während einer langen Siededauer bei gutschließendem Topfdeckel kaum Verdampfung ein.

Tip:

- Verschiedene Gemüsesorten, Suppengrün und Kräuter, selbst eingefroren oder aus der Tiefkühltruhe, geben Suppen einen natürlichen Geschmack, so daß die Salzzugabe verringert werden kann. Brühwürfel oder gekörnte Brühe sind ebenfalls eine Hilfe bei der Geschmacksgebung.
- Suppen mit zeitaufwendiger Vor- und Zubereitung oder mit jahreszeitlich gebundenen Zutaten können gleich in größeren Mengen zubereitet und portionsweise eingefroren werden.
- Bei Suppen mit langer Gardauer empfiehlt sich die Benutzung eines Schnellkochtopfes, man spart dadurch Zeit und Strom.

Suppen können auch im Mikrowellengerät zubereitet werden, siehe Seite 476.

Bild 14: Weinsuppe mit Schneeklößchen, Rezept Seite 76.

Grundsuppen

Grundsuppen werden aus Fleisch-, Knochen-, Gemüse- oder Fischbrühe bereitet. Sie entstehen meist auf der Grundlage einer hellen oder dunklen Mehlschwitze, auch Einbrenne oder Buttermehl genannt.

Zubereitung

- Fett — Margarine, Butter oder Öl — erhitzen, Mehl zugeben und unter ständigem Rühren andünsten:
  — Für eine helle Suppe das Mehl hellgelb andünsten.
  — Für eine dunkle Suppe das Mehl kräftig bräunen.
- Mit kalter oder heißer Flüssigkeit ablöschen, d. h. Flüssigkeit nach und nach unter ständigem Rühren mit dem Schneebesen in die Mehlschwitze gießen,
- Suppe aufkochen und 5 Minuten in der Nachwärme quellen lassen.
- Mit Salz und Gewürzen abschmecken. Nach Belieben verfeinern und zerkleinerte Kräuter zugeben.

Was ist zu beachten?
- Ist weniger Brühe vorhanden als insgesamt an Flüssigkeit gebraucht wird, kann die Brühe mit Wasser oder Milch, nach Belieben unter Zusatz von Brühwürfeln oder gekörnter Brühe, auf die benötigte Flüssigkeitsmenge aufgefüllt werden.
- Das Ablöschen wird erleichtert, wenn der Kochtopf dafür von der Kochstelle genommen wird.
- Nach Zugabe von Verfeinerungszutaten zur Geschmacksabrundung, wie Eigelb oder Sahne, die Suppe nicht mehr kochen lassen.

Helle Grundsuppe mit Mehlschwitze

30 g	**Fett**
40 g	**Mehl**
1 l	**Flüssigkeit** Brühe, Wasser oder Milch
	Salz · Gewürze

Fett **erhitzen,** Mehl zugeben und unter ständigem Rühren hellgelb **andünsten.**
Nach und nach mit Flüssigkeit unter Rühren ablöschen. Damit keine Klümpchen entstehen, nur wenig Flüssigkeit zugießen und so lange rühren, bis die Masse glatt ist; erst dann weitere Flüssigkeit zugeben.
Die Suppe **aufkochen** und **5 Minuten** in der **Nachwärme** quellen lassen.
Mit Salz und Gewürzen abschmecken.

Grundsuppe mit Fett-Mehl-Kloß
40 g Fett und 40 g Mehl mit einer Gabel vermengen und zu einem Kloß formen. Flüssigkeit, Salz, Gewürze und Kloß ankochen, auf 0 schalten und verrühren, bis die Suppe glatt ist.

Veränderung:
- Zwiebelwürfel zugeben: Diese vor dem Mehl in heißem Fett glasig andünsten.
- Mit Zitronensaft oder Wein abschmecken.
- Mit Eigelb legieren.
- Mit süßer oder saurer Sahne oder Crème fraîche verfeinern.
- Zerkleinerte Kräuter zugeben. →

Tip:

- Fett-Mehl-Klöße auf Vorrat bereiten: je 200 g Fett und Mehl mit den Knethaken einer elektrischen Stand- oder Handküchenmaschine vermengen, 5 Klöße daraus formen und im Kühlschrank oder Gefriergerät aufbewahren.

Helle Grundsuppe ohne Mehlschwitze

$^3/_4$ l	**Flüssigkeit** Brühe, Wasser oder Milch
40 g	**Speisestärke** oder 50 g Grieß
$^1/_4$ l	**Milch**
	Salz · Gewürze
30 g	**Fett**

Flüssigkeit **ankochen,** Speisestärke mit Milch verquirlen, einrühren und $^1/_2$ Minute in der **Nachwärme** fertig garen. Oder Flüssigkeit und Milch **ankochen,** Grieß einstreuen und **10 Minuten** in der **Nachwärme** quellen lassen.
Mit Salz und Gewürzen abschmecken, Fett unterrühren.

Tip:

- Da diese Suppe leicht bekömmlich ist, eignet sie sich für Diätkost.

Veränderung:

- Zwiebel- oder Gemüsewürfel in heißem Fett andünsten, mit Flüssigkeit auffüllen und Suppe binden.
- Mit Eigelb legieren.
- Mit süßer oder saurer Sahne oder Crème fraîche verfeinern.
- Zerkleinerte Kräuter zugeben.

Dunkle Grundsuppe mit Mehlschwitze

40 g	**Fett**
50 g	**Mehl**
1 l	**Flüssigkeit** Brühe oder Wasser
	Salz · Gewürze

Fett **erhitzen** und leicht **bräunen.** Mehl zugeben und unter ständigem Rühren kräftig **bräunen.**
Nach und nach mit Flüssigkeit unter Rühren ablöschen. Damit keine Klümpchen entstehen, nur wenig Flüssigkeit zugießen und so lange rühren, bis die Masse glatt ist; erst dann weitere Flüssigkeit zugeben.
Die Suppe **aufkochen** und **5 Minuten** in der **Nachwärme** quellen lassen.
Mit Salz und Gewürzen abschmecken.

Veränderung:

- Zwiebelwürfel zugeben, nachdem das Mehl gebräunt ist.
- Mit Rotwein oder Madeira abschmekken.
- Mit saurer Sahne oder Crème fraîche verfeinern.
- Zerkleinerte Kräuter zugeben.

STROM-SPAR-TIP **Kochgeschirr immer passend zur Kochstellengröße wählen**

Gebundene Suppen

Gebundene Suppen entstehen meist auf der Grundlage einer hellen oder dunklen Grundsuppe und können durch Zugabe verschiedener Zutaten wie Gemüse, Fleisch, Bindemittel — Grieß, Reis oder Haferflocken — verändert werden.

Was ist zu beachten?

- Zum Zerkleinern der Zutaten sowie zum Pürieren oder Passieren der Suppen die Zusatzgeräte der elektrischen Hand- oder Standküchenmaschine benutzen.
- Wird der Mixer zum Pürieren heißer Zutaten eingesetzt, den Behälter nur knapp zur Hälfte füllen.

Zutaten zur Verfeinerung und Geschmacksabrundung

- Süße oder saure Sahne, Crème fraîche; Wein, Sherry oder Cognac; 1 Prise Zucker; geriebener Käse oder zerkleinerte Kräuter.
- Zum Legieren Eigelb mit 2—3 EL Suppe oder mit der in den Rezepten angegebenen Flüssigkeit verrühren und in die nicht mehr kochende Suppe rühren.

Beilagen

- Geröstetes Weißbrot, erwärmtes Stangenbrot oder Blätterteiggebäck.

Bild 15: Tomatensuppe mit Basilikum garniert, Rezept Seite 56.

Pilzsuppe

300 g	**Pilze**
1	**kleine Zwiebel**
30 g	**Fett**
40 g	**Mehl**
1 l	**Wasser**
	Salz · Pfeffer
3—4 EL	**süße Sahne** oder saure Sahne
	Petersilie

Pilze putzen, waschen und feinblättrig schneiden. Zwiebel schälen und in Würfel schneiden.
Fett **erhitzen,** Zwiebel darin **andünsten.** Pilze zugeben und **5 Minuten andünsten.** Mehl zugeben und unter ständigem Rühren **andünsten.** Mit Wasser unter Rühren ablöschen, **aufkochen** und **5—10 Minuten** in der **Nachwärme** fertig garen.
Mit Salz und Pfeffer abschmecken, Sahne unterrühren.
Mit zerkleinerter Petersilie bestreuen.

Tomatensuppe

750 g	**Tomaten**
1	**Zwiebel**
30 g	**Fett**
1/8 l	**Wasser**
3/4 l	**Flüssigkeit** Wasser oder Brühe
40 g	**Mehl** oder Grieß
1 Prise	**Zucker**
	Paprika · Salz
	Basilikum oder Schnittlauch oder Petersilie

Tomaten waschen und in Viertel schneiden. Zwiebel schälen und in Würfel schneiden.
Fett **erhitzen,** Zwiebel darin **andünsten.** Tomaten zugeben, mit Wasser unter Rühren ablöschen, **aufkochen** und **10 Minuten** in der **Nachwärme** fertig garen.
Tomaten passieren, mit der Tomatenbrühe wieder in den Kochtopf geben, mit Flüssigkeit auffüllen und **aufkochen.** Mehl mit etwas Wasser verquirlen, einrühren oder Grieß einstreuen und **10 Minuten** in der **Nachwärme** quellen lassen.
Mit Zucker, Paprika und Salz abschmekken.
Mit Basilikumblättern garnieren.

Suppeneinlagen: Geröstete Semmelbröckchen; Käse-, Schinken- oder Fleischklößchen; Rezepte Seite 79, 78 und 80.

Veränderung:
- Anstelle von Tomaten 3—4 EL Tomatenmark verwenden.
- Mit süßer oder saurer Sahne, Crème fraîche oder geriebenem Käse verfeinern.

Falsche Krebssuppe

200 g	**Möhren**
100 g	**Sellerie**
1	**Kartoffel**
1/4 Stg	**Lauch**
200 g	**Tomaten** oder 1 EL Tomatenmark
30 g	**Fett**
1 l	**Flüssigkeit** Wasser oder Fischbrühe
	Salz
2 EL	**Weißwein** oder Rotwein
	Dill

Möhren, Sellerie und Kartoffel schälen, Lauch putzen. Vorbereitetes Gemüse, Kartoffel und Tomaten waschen und in Stücke schneiden.
Fett **erhitzen,** Gemüse und Kartoffel darin leicht **bräunen.** Mit Flüssigkeit unter Rühren ablöschen, **aufkochen, 20 Minuten fortkochen** und **5—10 Minuten** in der **Nachwärme** fertig garen.
Gemüse und Kartoffel passieren, mit der Flüssigkeit wieder in den Kochtopf geben, **aufkochen.**
Mit Salz und Wein abschmecken.
Mit zerkleinertem Dill bestreuen.

Anmerkung:
Die Suppe sieht durch die Tomaten rötlich aus und erinnert auch im Geschmack an echte Krebssuppe.

Spargelsuppe
oder Schwarzwurzelsuppe

250 g	**Spargel** oder Schwarzwurzeln
½ l	**Wasser**
	Salz
30 g	**Fett**
40 g	**Mehl**
1 l	**Flüssigkeit** Spargelbrühe und Wasser
1	**Eigelb**
3 EL	**Milch** oder süße Sahne
1 Prise	**Muskat**
1 Prise	**Zucker**
	Zitronensaft · Salz

Spargel waschen, von oben nach unten schälen, oder Schwarzwurzeln in Wasser bürsten, schaben, waschen und in schwaches Essigwasser legen, damit sie sich nicht verfärben. In 2—3 cm lange Stücke schneiden.
Spargel mit Wasser und Salz **ankochen, 10—15 Minuten fortkochen** und **5—10 Minuten** in der **Nachwärme** fertig garen. Spargelbrühe abgießen und auffangen.
Für die Suppe Fett **erhitzen,** Mehl zugeben und unter ständigem Rühren hellgelb **andünsten.** Mit Flüssigkeit unter Rühren ablöschen, **aufkochen** und **5 Minuten** in der **Nachwärme** quellen lassen.
Eigelb mit Milch verrühren und in die nicht mehr kochende Suppe rühren. Mit Muskat, Zucker, Zitronensaft und Salz abschmecken.
Spargel in die Suppe geben und **5—10 Minuten** in der **Nachwärme** erwärmen.

Selleriecremesuppe

375 g	**Sellerie**
1 l	**Wasser**
30 g	**Fett**
40 g	**Mehl**
⅛ l	**süße Sahne** oder Milch
1 Prise	**Zucker**
	Selleriesalz

Sellerie schälen, waschen, in Scheiben schneiden, sofort in 1 l Wasser legen, damit er sich nicht verfärbt.
In diesem Wasser **ankochen, 20—30 Minuten fortkochen** und **10 Minuten** in der **Nachwärme** fertig garen.
Sellerie pürieren oder mit Brühe passieren.
Für die Suppe Fett **erhitzen,** Mehl zugeben und unter ständigem Rühren hellgelb **andünsten.** Mit Selleriebrühe unter Rühren ablöschen, **aufkochen** und **5 Minuten** in der **Nachwärme** quellen lassen.
Sahne zugießen, mit Zucker und Salz abschmecken.

Blumenkohlsuppe

250 g	**Blumenkohl**
½ l	**Wasser**
	Salz
30 g	**Fett**
40 g	**Mehl**
1 l	**Flüssigkeit** Blumenkohlbrühe, Wasser und Milch
1	**Eigelb**
1 EL	**Wasser**
1 Prise	**Muskat**
	Zitronensaft · Salz

Blumenkohl putzen, in Röschen teilen, waschen.
Mit Wasser und Salz **ankochen, 5—10 Minuten fortkochen** und **10 Minuten** in der **Nachwärme** fertig garen. Blumenkohlbrühe abgießen und auffangen.
Für die Suppe Fett **erhitzen,** Mehl zugeben und unter ständigem Rühren hellgelb **andünsten.** Mit Flüssigkeit unter Rühren ablöschen, **aufkochen** und **5 Minuten** in der **Nachwärme** quellen lassen.
Eigelb mit Wasser verrühren und in die nicht mehr kochende Suppe rühren. Mit Muskat, Zitronensaft und Salz abschmecken.
Blumenkohlröschen in die Suppe geben und **5—10 Minuten** in der **Nachwärme** erwärmen.

Was ist zu beachten?
- Blumenkohl nach dem Putzen mit dem Strunk nach oben mindestens 15 Minuten in starkes Salzwasser legen. Eventuell vorhandene Raupen werden sichtbar und können entfernt werden.

Sellerie-Lauch-Suppe

250 g	**Sellerie**
250 g	**Lauch**
1	**kleine Zwiebel**
30 g	**Fett**
20 g	**Mehl**
1 l	**Wasser**
3—4 EL	**Milch** oder süße Sahne
1 EL	**geriebener Käse**
	Salz
	Petersilie

Sellerie schälen, in schwaches Essigwasser legen, damit er sich nicht verfärbt. In feine Scheiben oder Stifte schneiden.
Lauch putzen, waschen, in Stücke schneiden. Zwiebel schälen und in Würfel schneiden.
Fett **erhitzen,** Gemüse und Zwiebel darin **andünsten.** Mehl überstäuben und unter ständigem Rühren **andünsten.** Mit Wasser unter Rühren ablöschen, **aufkochen, 10 Minuten fortkochen** und **5 Minuten** in der **Nachwärme** fertig garen.
Gemüse pürieren oder passieren, mit der Sellerie-Lauchbrühe wieder in den Kochtopf geben und **aufkochen.**
Milch und Käse unterrühren. Mit Salz abschmecken.
Mit zerkleinerter Petersilie bestreuen.

Spinatsuppe
oder Sauerampfersuppe

250 g	**Spinat** oder 100 g Sauerampfer
1	**Zwiebel**
30 g	**Fett**
40 g	**Mehl**
1 l	**Wasser**
1	**Eigelb**
3 EL	**Milch** oder Sahne
1 TL	**Butter**
	Salz · Pfeffer

Spinat oder Sauerampfer waschen und fein schneiden. Zwiebel schälen und in Würfel schneiden.
Fett **erhitzen,** Spinat und Zwiebel darin **andünsten.** Mehl zugeben und unter ständigem Rühren **andünsten.** Mit Wasser unter Rühren ablöschen, **aufkochen** und **10 Minuten** in der **Nachwärme** fertig garen.
Spinat pürieren oder passieren, mit der Flüssigkeit wieder in den Kochtopf geben und **aufkochen.**
Eigelb mit Milch verrühren und in die nicht mehr kochende Suppe rühren. Mit Butter verfeinern. Mit Salz und Pfeffer abschmecken.

Suppeneinlagen: Geröstete Semmelbröckchen oder Scheiben von hartgekochten Eiern.

Veränderung:
- Suppe mit 100 g Spinat, 50 g Sauerampfer und 75 g Brennesseln zubereiten.

Tip:
- Statt frischem 150 g TK-Spinat nehmen, das spart Zeit und Arbeit.

Italienische Käsesuppe

1 l	**Brühe**
2	**Eier**
30—40 g	**grober Grieß**
50 g	**geriebener Parmesankäse** oder geriebener Käse
	Salz
	Schnittlauch

Brühe **ankochen.**
Eier verquirlen, mit Grieß und Käse vermischen, unter Rühren zufügen und **5 Minuten** in der **Nachwärme** fertig garen.
Mit Salz abschmecken. Mit zerkleinertem Schnittlauch bestreuen.

Was ist zu beachten?
- Während Grieß sonst trocken in die kochende Brühe gestreut wird, da er dann besser quillt und bindet, soll diese Suppe eine andere Beschaffenheit haben.
- Mit der Salzzugabe vorsichtig sein, da Brühe und Käse meist würzig genug sind.

Tip:
- Die Brühe aus Brühwürfeln bereiten.

Pariser Käsecremesuppe

1	**Zwiebel**
30 g	**Fett**
40 g	**Mehl**
1 l	**Flüssigkeit** Wasser oder Brühe
250 g	**Schmelzkäse**
	Weißwein · Salz · Zucker
	Schnittlauch

Zwiebel schälen und in Würfel schneiden. Fett **erhitzen,** Zwiebel darin glasig **andünsten.** Mehl zugeben und unter ständigem Rühren hellgelb **andünsten.** Mit Flüssigkeit unter Rühren ablöschen, **aufkochen,** Schmelzkäse unterrühren und **10 Minuten** in der **Nachwärme** fertig garen.
Mit Wein, Salz und Zucker abschmecken. Mit zerkleinertem Schnittlauch bestreuen.

Geröstete Grießsuppe

1	**Suppengrün**
40 g	**Fett**
60 g	**Grieß**
1 l	**Flüssigkeit** Wasser oder Brühe
	Salz
	Petersilie · Schnittlauch

Suppengrün putzen, waschen und fein schneiden.
Fett **erhitzen,** Grieß darin hellgelb **rösten.** Mit Flüssigkeit unter Rühren ablöschen.
Suppengrün und Salz in die Flüssigkeit geben, **aufkochen, 10 Minuten fortkochen** und **5 Minuten** in der **Nachwärme** fertig garen.
Mit Salz abschmecken.
Mit zerkleinerten Kräutern bestreuen.

Veränderung:

- Eine kleine, grüne Paprikaschote in Streifen schneiden und mitkochen.
- Suppengrün in Fett andünsten, in die Flüssigkeit geben und mitkochen.

Grünkernmehlsuppe

30 g	**Fett**
40 g	**Grünkernmehl**
1 l	**Flüssigkeit** Wasser oder Brühe **Salz**
1	**Eigelb**
2—3 EL	**Milch** oder saure Sahne
1 TL	**Butter**

Fett **erhitzen,** Grünkernmehl zugeben und unter ständigem Rühren **andünsten.** Mit Flüssigkeit unter Rühren ablöschen, **aufkochen** und **5—10 Minuten** in der **Nachwärme** quellen lassen. Mit Salz abschmecken.
Eigelb mit Milch verrühren und in die nicht mehr kochende Suppe rühren. Mit Butter verfeinern.

Kalbsbriessuppe

Kalbsmilchsuppe

1/2	**Kalbsbries**
1/2 l	**Wasser**
	Salz
30 g	**Fett**
40 g	**Mehl**
1 l	**Flüssigkeit** Kalbsbriesbrühe und Wasser
1	**Eigelb**
3 EL	**saure Sahne**
	Zitronensaft · Salz
	Petersilie

Kalbsbries längere Zeit wässern, damit es weiß wird. Mit kochendem Wasser überbrühen, kalt abschrecken, Haut und Adern entfernen.
Mit Wasser und Salz **ankochen, 10—15 Minuten fortkochen** und **5—10 Minuten** in der **Nachwärme** fertig garen. Kalbsbries herausnehmen, in Würfel schneiden und warm halten.
Für die Suppe Fett **erhitzen,** Mehl zugeben und unter ständigem Rühren hellgelb **andünsten.** Mit Flüssigkeit unter Rühren ablöschen, **aufkochen** und **5 Minuten** in der **Nachwärme** quellen lassen. →

Eigelb mit Sahne verrühren und in die nicht mehr kochende Suppe rühren. Kalbsbries zufügen, mit Zitronensaft und Salz abschmecken.
Mit zerkleinerter Petersilie bestreuen.

Ochsenschwanzsuppe

625 g—750 g	**Ochsenschwanz**
30 g	**Schinken**
1	**kleine Zwiebel**
1	**Suppengrün**
20 g	**Fett**
1 TL	**Mehl**
1½ l	**heißes Wasser**
	Salz
1	**Lorbeerblatt**
3	**Pfefferkörner**
4	**Gewürzkörner**
40 g	**Fett**
50 g	**Mehl**
1 ½ l	**Ochsenschwanzbrühe**
	Rotwein oder Sherry oder Madeira
	Salz
1 Prise	**Zucker**

Ochsenschwanz waschen und abtrocknen. Schinken in Würfel schneiden. Zwiebel schälen und in Viertel schneiden. Suppengrün putzen, waschen und zerkleinern.
Fett **erhitzen,** Fleisch und Schinken darin **anbraten.** Mehl überstäuben, mit heißem Wasser unter Rühren ablöschen und **aufkochen.**
Zwiebel, Suppengrün, Salz und Gewürze zufügen und **1 ½ —2 Stunden fortkochen,** bis das Fleisch weich ist.
Ochsenschwanz herausnehmen, Fleisch von den Knochen lösen, in Streifen schneiden und warm halten. Brühe durch ein Sieb gießen, wenn nötig entfetten.
Für die Suppe Fett **erhitzen,** Mehl zugeben und unter ständigem Rühren kräftig **bräunen.** Mit Brühe unter Rühren ablöschen und **aufkochen.** Fleisch einlegen und **10 Minuten** in der **Nachwärme** erwärmen.
Mit Wein, Salz und Zucker abschmecken.

Wildsuppe

1 kg	**Wildknochen und -fleisch**
40 g	**Speck**
1	**Suppengrün**
	Salz
3	**Gewürzkörner**
1	**Lorbeerblatt**
1 ½ l	**Wasser**
40 g	**Fett**
50 g	**Mehl**
1 ½ l	**Wildbrühe**
	Rotwein · Salz · Pfeffer

Wildknochen und -fleisch waschen. Speck in Würfel schneiden, **auslassen,** Knochen und Fleisch darin **anbraten.** Suppengrün putzen, waschen, zerkleinern, zu Knochen und Fleisch geben. Salz und Gewürze überstreuen, Wasser zugießen, **aufkochen** und **2 Stunden fortkochen.**
Fleisch und Knochen herausnehmen, Fleisch von den Knochen lösen, Fleisch kleinschneiden und warm halten. Brühe durch ein Sieb gießen.
Für die Suppe Fett **erhitzen,** Mehl zugeben und unter ständigem Rühren kräftig **bräunen.** Mit Brühe unter Rühren ablöschen und **aufkochen.** Fleisch einlegen und **10 Minuten** in der **Nachwärme** erwärmen.
Mit Wein, Salz und Pfeffer abschmecken.

STROM-SPAR-TIP

Nur Kochgeschirr mit ebenem und trockenem Boden und gut schließendem Deckel wählen

Brühsuppen

Brühsuppen sind klare Suppen, die vor dem Hauptgericht oder als Zwischenmahlzeit gereicht werden können. Die Brühe wird aus Fleisch, Knochen, Gemüse oder Fisch bereitet und mit einer Suppeneinlage, siehe Seite 77 serviert.

Was ist zu beachten?

- Damit die Brühe beim Erreichen des Siedepunktes hochsteigen kann, sollte ein hoher Kochtopf mit einem Fassungsvermögen von mindestens 4—5 Liter verwendet werden.
- Die Brühe gelingt in Geschmack und Aussehen am besten, wenn sie mit kaltem Wasser angesetzt wird, zum Kochen kommt und dann gleichmäßig schwach siedet.
- Werden Knochen mitgekocht, sollte die Brühe vor der Weiterverwendung durch ein feines Sieb gegossen werden.

Zutaten zur natürlichen Färbung und Geschmacksabrundung

- Eine kleine geriebene Möhre und einige Zwiebelringe, in erhitzter Butter oder Margarine gedünstet, mitkochen.
- Durch Zugabe einer Messerspitze Safran erhält die Suppe eine schönere Farbe.
- Eine Prise Zucker und etwas Cognac oder Sherry runden den Geschmack ab.

Tip:

- Brühe kann auch als schmackhafte Erfrischung eisgekühlt serviert werden. Dazu die fertige Brühe abkühlen lassen, in den Kühlschrank stellen und nach einigen Stunden das Fett restlos entfernen.

Gemüsebrühe

1	**kleine Zwiebel**
50 g	**Sellerie**
50 g	**Lauch**
1	**Petersilienwurzel**
150 g	**Gemüse der Jahreszeit**
100 g	**Möhren**
75 g	**Tomaten**
2	**getrocknete Pilze** oder einige frische
40 g	**Fett**
	Salz
1 ½ l	**Wasser**
	Petersilie · Schnittlauch

Zwiebel schälen und in Viertel schneiden. Gemüse putzen, waschen, fein schneiden oder grob raspeln.
Fett **erhitzen,** Gemüse darin **andünsten,** Salz überstreuen, Wasser zugießen, **ankochen, 45 Minuten fortkochen** und **10 Minuten** in der **Nachwärme** fertig garen.

Brühe durch ein Sieb gießen und abschmecken.
Mit zerkleinerten Kräutern bestreuen.

Suppeneinlagen: Reis, Nudeln, Eierstich, Flädle, Spätzle, Klößchen aller Art. Siehe Seite 77 ff.

Was ist zu beachten?

- Für die Brühe nicht zu viel süßliches Gemüse wie Möhren und Blumenkohl nehmen, da die Brühe sonst nicht kräftig genug schmeckt.

Tip:

- Diese vegetarische Brühe bietet einen Ersatz für Fleischbrühe und kann auch zum Auffüllen von Grundsuppen und -soßen sowie zu gebundenen Suppen und Soßen verwendet werden.

Bild 16: Auf der Rinderbrühe abgesetzten Schaum abnehmen, dann bleibt die Brühe klar; Rezept Seite 62.

Rinderbrühe

500 g	**Rindfleisch**
250 g	**Rindsknochen**
1	**Markknochen**
	Salz
1 1/2 l	**Wasser**
1	**Suppengrün**
1	**Tomate** oder Tomatenmark
	Petersilie · Schnittlauch

Fleisch und Knochen waschen. Beides mit Salz und Wasser **ankochen, 2 Stunden fortkochen** und **10 Minuten** in der **Nachwärme** fertig garen.
Suppengrün putzen, waschen, zerkleinern, Tomate waschen. Beides nach einer Stunde Gardauer in die Suppe geben.
Fleisch und Knochen aus der Brühe nehmen, Brühe durch ein Sieb gießen und wieder in den Kochtopf geben. Fleisch in Würfel schneiden, in die Brühe geben. Brühe **erhitzen** und abschmecken.
Mit zerkleinerten Kräutern bestreuen.

Suppeneinlagen: Reis, Nudeln, Eierstich, Eierflöckchen, Klößchen aller Art, Flädle. Siehe Seite 77 ff.

Was ist zu beachten?
Damit die Brühe nicht trübe wird:
- Den Schaum, der sich nach dem Ankochen auf der Brühe abgesetzt hat, abnehmen, siehe Bild 16, Seite 62.
- Kein kaltes Wasser nachgießen.
- Reis und Nudeln gesondert in Salzwasser garen.

Tip:
- Brühe, die aufgewärmt werden soll, nicht zum Kochen kommen lassen, da sie sonst an Geschmack verliert.
- Soll die Brühe als klare Bouillon in Tassen gereicht werden: erkalten lassen und das erstarrte Fett abnehmen. Brühe durch ein Sieb gießen, erneut erhitzen und mit zerkleinerten Kräutern bestreuen.
- Die Knochen werden voll ausgenutzt, wenn sie ein zweites Mal in Salzwasser mit frischem Suppengrün ausgekocht werden. Diese Brühe ist zum Auffüllen von Suppen und Soßen gut verwendbar.

Hühnerbrühe

oder Taubenbrühe

1	**Suppenhuhn** oder 2 Tauben
	Salz
1 1/2 l	**Wasser**
1	**Petersilienwurzel**
1	**Möhre** oder 1 Suppengrün
	Petersilie · Schnittlauch

Suppenhuhn und Innereien waschen. Mit Salz und Wasser **ankochen,** Huhn **1 1/2—2 Stunden,** Tauben **1 1/4—2 Stunden fortkochen** und **10 Minuten** in der **Nachwärme** fertig garen.
Petersilienwurzel und Möhre putzen, waschen und nach der halben Gardauer zufügen. Huhn herausnehmen, Brühe durch ein Sieb gießen und wieder in den Kochtopf geben.
Huhn enthäuten, zerlegen, Knochen herauslösen, Fleisch kleinschneiden und in die Brühe geben. Brühe **erhitzen** und abschmecken.
Mit zerkleinerten Kräutern bestreuen.

Suppeneinlagen: Reis, Nudeln, Eierstich, Eierflöckchen, Klößchen aller Art. Siehe Seite 77 ff.

Tip:
- Das Fleisch kann auch zu Hühnerfrikassee verwendet werden.
- Soll die Brühe als Bouillon in Tassen gereicht werden: erkalten lassen und das erstarrte Fett abnehmen. Brühe durch ein Sieb gießen, erhitzen und mit zerkleinerten Kräutern bestreuen.

Knochenbrühe

500 g	**Suppenknochen**
1—2	**Markknochen**
	Salz
1	**Gewürzdosis**
1 1/2 l	**Wasser**
1 Bund	**Petersilie**
1	**Suppengrün**

Knochen waschen. Mit Salz, Gewürzdosis und Wasser **ankochen, 2 Stunden fortkochen** und **10 Minuten** in der **Nachwärme** fertig garen.
Petersilie waschen, Suppengrün putzen, waschen und zerkleinern. Beides nach einer Stunde Gardauer in die Brühe geben.
Knochen herausnehmen, Brühe durch ein Sieb gießen und abschmecken.

Was ist zu beachten?
- Knochenbrühe für gebundene Suppen, Soßen und Eintöpfe verwenden, weil sie trübe ist.

Tip:
- Um eine besonders kräftige Knochenbrühe zu erhalten: Die Knochen vorher in 1 EL Fett, z. B. Rinderfett, anrösten; die Brühe bekommt dann ein bräunliches Aussehen.
- Die Knochen werden voll ausgenutzt, wenn sie ein zweites Mal in Salzwasser mit frischem Suppengrün ausgekocht werden. Diese Brühe ist zum Auffüllen von Suppen und Soßen gut verwendbar.

! STROM-SPAR-TIP

Automatik-Kochstelle benutzen oder rechtzeitig umschalten auf „fortkochen/weitergaren"

Sättigende Suppen

Sättigende Suppen werden als Hauptgericht serviert und gleichen dem Eintopf, nur werden sie flüssiger gehalten.

Zubereitungsarten

- Alle Zutaten zusammen ankochen, fortkochen und in der Nachwärme fertig garen.
- Ein Teil der Zutaten, vorwiegend Fleisch, Zwiebeln und Gemüse, in erhitztem Fett — Margarine, Butter, Speck oder Öl — bräunen oder andünsten. Die übrigen Zutaten zugeben, ankochen, fortkochen und in der Nachwärme fertig garen.

Was ist zu beachten?
- Zum Zerkleinern der Zutaten sowie zum Pürieren oder Passieren der Suppen die Zusatzgeräte der elektrischen Hand- oder Standküchenmaschine benutzen.
- Wird der Mixer zum Pürieren heißer Zutaten eingesetzt, den Behälter nur knapp zur Hälfte füllen.

Zutaten zur Verfeinerung und Geschmacksabrundung

- Süße oder saure Sahne, Crème fraîche; Wein, Cognac; Ketchup, Worcestersauce, Zwiebel- oder Knoblauchpulver, 1 Prise Zucker und zerkleinerte Kräuter.

Beilagen

- Geröstetes Brot jeder Art.

Kartoffelsuppe

1	**Suppengrün**
1	**Zwiebel**
50 g	**Speck** oder Öl oder Schweineschmalz
1 1/4 kg	**geschälte Kartoffeln**
	Salz
1	**Gewürzdosis**
1 1/2 l	**Wasser**
	Petersilie · Schnittlauch

Suppengrün putzen, waschen, zerkleinern. Zwiebel schälen, Zwiebel und Speck in Würfel, Kartoffeln in Stücke schneiden.
Speck **auslassen,** Zwiebel darin **andünsten.** Suppengrün, Kartoffeln, Salz, Gewürzdosis und Wasser zugeben, **ankochen, 20 Minuten fortkochen** und **10 Minuten** in der **Nachwärme** fertig garen.

Kartoffeln zerstampfen oder pürieren, mit der Flüssigkeit wieder in den Kochtopf geben, **aufkochen** und abschmecken.
Mit reichlich zerkleinerten Kräutern bestreuen.

Suppeneinlagen: Brüh- oder Kochwurst; Weißbrotwürfel, in Butter geröstet; Reste von Schinken und ausgelassenem Speck.

Tip:
- Anstelle von Wasser lassen sich sehr gut Reste von Brühe und Soßen verwenden.

Kartoffel-Zwiebelsuppe

500 g	**Zwiebeln**
50 g	**Speck**
1 kg	**geschälte Kartoffeln**
1	**Knoblauchzehe**
	Paprika · Salz · Majoran
2 l	**Wasser** oder Brühe
$\frac{1}{8}$ l	**Milch**
	Salz
	Petersilie

Zwiebeln schälen und in Scheiben schneiden. Speck in Würfel, Kartoffeln in Stücke schneiden. Knoblauchzehe schälen und zerkleinern.
Speck **auslassen,** Zwiebel darin **rösten.** Kartoffeln, Knoblauch, Paprika, Salz, Majoran und Wasser zugeben, **ankochen, 10—15 Minuten fortkochen** und **10 Minuten** in der **Nachwärme** fertig garen.
Gemüse pürieren oder passieren, mit der Flüssigkeit wieder in den Kochtopf geben. Milch unterrühren, Suppe **erhitzen** und mit Salz abschmecken.
Mit zerkleinerter Petersilie bestreuen.

Veränderung:
- Einen Teil Kartoffeln durch Kürbis ersetzen: $\frac{1}{2}$ kg geputzten Kürbis und $\frac{3}{4}$ kg Kartoffeln nehmen.

Frische grüne Erbsensuppe

2 kg	**frische Erbsen** mit Hülsen gerechnet
50 g	**Fett**
2 l	**Brühe**
	Salz
	Petersilie

Erbsen enthülsen und waschen.
Fett **erhitzen,** Erbsen darin **andünsten.** Mit etwas Brühe auffüllen, **ankochen** und **fortkochen,** bis die Erbsen fast weich sind. Salz und restliche Brühe zufügen und **aufkochen.**
Suppe abschmecken und mit zerkleinerter Petersilie bestreuen.

Suppeneinlage: Grießklößchen, Rezept Seite 78.

Was ist zu beachten?
- Wenn die Erbsen nicht mehr süß sind, 1 TL Zucker zugeben.

Tip:
- Bei Verwendung von 600 g gefrorenen grünen Erbsen entfällt die zeitaufwendige Vorbereitung und die Suppe kann schneller zubereitet werden.

Veränderung:
- In einigen Gegenden ist es üblich, zu dieser Suppe geschnittenen rohen Schinken — extra auf einem Teller angerichtet — zu essen, wodurch das Gericht kräftiger und sättigender wird.

Erbsensuppe

500 g	**ungeschälte Erbsen**
2 l	**Wasser** oder Brühe
1	**Suppengrün**
500 g	**Schweinefleisch** Rippchen, Bauch oder Eisbein
	Speckschwarten
	Salz
250 g	**geschälte Kartoffeln**
	Basilikum · Majoran
	Semmelbröckchen

Erbsen am Abend vor der Zubereitung in 2 l Wasser einweichen.
Suppengrün putzen, waschen, zerkleinern. Fleisch waschen. Erbsen im Einweichwasser mit Suppengrün, Fleisch, Speckschwarten und Salz **ankochen, 50—60 Minuten fortkochen.**
Kartoffeln in Stücke schneiden, zugeben, **10—15 Minuten fortkochen** und **10 Minuten** in der **Nachwärme** fertig garen.
Mit Gewürzen abschmecken und mit gerösteten Semmelbröckchen anrichten. Fleisch im ganzen reichen oder kleingeschnitten als Einlage in die Suppe geben.

Tip:
- Geschälte Erbsen verwenden, dann entfällt das Einweichen.

Veränderung:
- Suppe passieren, dazu Fleischeinlage vorher herausnehmen und nach dem Passieren wieder in die Suppe geben.

Linsensuppe

250 g	**Linsen**
1 ½ l	**Wasser**
1	**Suppengrün**
500 g	**Schweinefleisch** Rippchen, Bauch oder Eisbein **Speckschwarten** **Salz**
200 g	**geschälte Kartoffeln**
	Basilikum · Pfeffer

Linsen am Abend vor der Zubereitung in 1 ½ l Wasser einweichen.
Suppengrün putzen, waschen, zerkleinern. Fleisch waschen.
Linsen im Einweichwasser mit Suppengrün, Fleisch, Speckschwarten und Salz **ankochen, 20—30 Minuten fortkochen.**
Kartoffeln in Stücke schneiden, zugeben, **10—15 Minuten fortkochen** und **10 Minuten** in der **Nachwärme** fertig garen.
Mit Gewürzen abschmecken. Fleisch im ganzen reichen oder kleingeschnitten als Einlage in die Suppe geben.

Veränderung:
- Soll die Suppe sämig werden, einen Teil der Kartoffeln zerdrücken.
- Mit geräucherten Mettwürsten zubereiten.
- Spätzle dazu reichen.

Tip:
- Mit Essig und etwas Zucker kurz vor dem Servieren abschmecken, dadurch wird die Suppe bekömmlicher.

Weiße Bohnensuppe

250 g	**weiße Bohnen**
1 ½ l	**Wasser**
1	**Suppengrün**
500 g	**Schweinefleisch** Rippchen, Bauch oder Eisbein **Speckschwarten** **Bohnenkraut · Salz**
250 g	**geschälte Kartoffeln**
	Pfeffer · Petersilie

Bohnen am Abend vor der Zubereitung in 1 ½ l Wasser einweichen.
Suppengrün putzen, waschen, zerkleinern. Fleisch waschen.
Bohnen im Einweichwasser mit Suppengrün, Fleisch, Speckschwarten, Bohnenkraut und Salz **ankochen, 110 Minuten fortkochen.**
Kartoffeln in Stücke schneiden, zugeben, **10—15 Minuten fortkochen** und **10 Minuten** in der **Nachwärme** fertig garen.
Mit Pfeffer abschmecken, mit zerkleinerter Petersilie bestreuen. Fleisch im ganzen oder kleingeschnitten als Einlage in die Suppe geben.

Veränderung:
- Anstelle von Schweinefleisch mit geräucherten Mettwürsten oder Speck zubereiten.

Weiße Bohnensuppe mit Lammfleisch

375 g	**weiße Bohnen**
2 l	**Wasser**
	Salz · Bohnenkraut
375 g	**Lammrippchen**
3	**Möhren**
100 g	**Sellerie**
1	**Petersilienwurzel**
1 Stg	**Lauch**
250 g	**geschälte Kartoffeln**
	Petersilie

Bohnen am Abend vor der Zubereitung in 2 l Wasser einweichen.
Mit dem Einweichwasser, Salz und Bohnenkraut **ankochen, 60 Minuten fortkochen** und **10 Minuten** in der **Nachwärme** fertig garen.
Fleisch waschen und im ganzen oder geteilt zugeben.
Möhren und Sellerie schälen, Petersilienwurzel und Lauch putzen, alles waschen und kleinschneiden. Kartoffeln in Stücke schneiden. Gemüse und Kartoffeln in die Suppe geben, **aufkochen** und **fortkochen,** bis das Fleisch weich ist.
Mit zerkleinerter Petersilie bestreuen.

Russische Tomatensuppe

750 g	**Tomaten** oder 1 Dose geschälte Tomaten, Abtropfgewicht etwa 425 g **Flüssigkeit** Wasser oder Brühe
375 g	**Weißkohl**
1	**Suppengrün**
1	**Zwiebel**
50 g	**Fett**
	Salz
	Dill

Tomaten überbrühen, abschrecken, abziehen, halbieren, im eigenen Saft **andünsten** und **10—15 Minuten dünsten.** Mit Flüssigkeit bis zu 2 l auffüllen.
Weißkohl putzen, waschen und in feine Streifen schneiden. Suppengrün putzen, waschen, zerkleinern. Zwiebel schälen und in Würfel schneiden.
Fett **erhitzen,** Zwiebel darin **andünsten.** Weißkohl und Suppengrün zufügen, **andünsten,** Tomatenbrühe zugießen und etwa **30 Minuten fortkochen,** bis der Kohl weich ist. Mit Salz abschmecken.
Mit zerkleinertem Dill bestreuen.

Gemüsesuppe

750 g	**Gemüse** Möhren, Kohlrabi, Blumenkohl, Erbsen, Lauch
2	**Tomaten**
50 g	**Fett**
100 g	**Grieß** oder Reis oder Nudeln
2 l	**heißes Wasser** oder Brühe
	Salz
	Petersilie · Schnittlauch · Dill

Gemüse putzen, waschen, zerkleinern. Tomaten überbrühen, abschrecken, abziehen und in Viertel schneiden.
Fett **erhitzen,** Gemüse und Tomaten darin **andünsten.** Grieß zugeben. Mit heißem Wasser auffüllen, Salz zugeben, **ankochen, 15—25 Minuten fortkochen** und **10 Minuten** in der **Nachwärme** fertig garen.
Suppe abschmecken und mit zerkleinerten Kräutern bestreuen.

Zwiebelsuppe

500 g	**Zwiebeln**
50 g	**Fett**
1 l	**Fleischbrühe**
	Salz · Zucker · Pfeffer · **Paprika · Weißwein**
4—6	**Weißbrotscheiben**
100 g	**geriebener Käse**

Zwiebeln schälen und in feine Scheiben schneiden.
Fett **erhitzen,** Zwiebeln darin **andünsten.** Mit Brühe ablöschen, **aufkochen, 10 Minuten fortkochen** und **10 Minuten** in der **Nachwärme** fertig garen. Mit Salz, Zucker, Pfeffer und Paprika abschmecken. Mit Weißwein verfeinern.
Zwiebelsuppe entweder in eine Auflaufform, einen Steinguttopf oder Suppentassen füllen. Weißbrotscheiben dick mit Käse bestreuen und auf die Suppe legen. Sofort unter dem Grill etwa 3 Minuten oder im vorgeheizten Backofen bei 250 °C etwa 10 Minuten überbacken.

Borschtsch

1	**Suppengrün**
500 g	**Rindfleisch**
	Salz
5	**Pfefferkörner**
1 1/2 l	**Wasser**
1	**Zwiebel**
250 g	**Möhren**
250 g	**Rote Rüben**
250 g	**Kartoffeln**
375 g	**Weißkohl**
250 g	**Tomaten**
30 g	**Fett**
	Salz · Essig
1/4 l	**saure Sahne**
	Petersilie

Suppengrün putzen, waschen und zerkleinern. Fleisch waschen.
Beides mit Salz, Pfeffer und Wasser **ankochen,** etwa **90 Minuten fortkochen** und **10 Minuten** in der **Nachwärme** fertig garen. Fleisch herausnehmen, Brühe durch ein Sieb gießen. →

Zwiebel schälen und in Würfel schneiden. Möhren, Rote Rüben und Kartoffeln schälen, waschen und in feine Streifen schneiden. Weißkohl waschen, Strunk entfernen und fein schneiden. Tomaten überbrühen, abschrecken, abziehen und kleinschneiden.
Fett **erhitzen,** Gemüse darin **andünsten.** Brühe zugießen und **30 Minuten fortkochen.**
Fleisch kleinschneiden, dazugeben und mit Salz und Essig abschmecken.
Mit Sahne verfeinern und mit zerkleinerter Petersilie bestreuen.

Gulaschsuppe

375 g	**Rindfleisch**
150 g	**Zwiebeln**
30 g	**Speck**
2 EL	**Öl**
1 TL	**Paprika**
1	**Paprikaschote**
2 TL	**Tomatenmark**
	Salz
1/8 l	**Wasser**
1	**Lorbeerblatt**
1 l	**Wasser**
40 g	**Mehl**

Fleisch waschen, abtrocknen und in Würfel schneiden. Zwiebeln schälen, Zwiebeln und Speck in Würfel schneiden.
Speck **auslassen,** Öl zugeben und Zwiebeln darin **andünsten.** Fleisch zugeben und von allen Seiten **bräunen.** Paprika überstäuben.
Paprika halbieren, Kerne entfernen, Paprika waschen und in Streifen schneiden. Mit Tomatenmark zu dem Fleisch geben und **andünsten.** Salz überstreuen, 1/8 l Wasser zugießen, Lorbeerblatt zufügen, **ankochen** und **30 Minuten fortkochen.**
1 l Wasser zugießen, **ankochen,** etwa **30 Minuten fortkochen,** bis das Fleisch weich ist. Lorbeerblatt herausnehmen. Mehl mit etwas Wasser verquirlen, einrühren, **aufkochen** und **5 Minuten** in der **Nachwärme** quellen lassen.

Ungarische Gulaschsuppe

250 g	**Rindfleisch**
250 g	**Zwiebeln**
2—3	**Tomaten**
1—2	**Knoblauchzehen**
75 g	**Schmalz** oder Speck
2 EL	**Tomatenmark**
1 EL	**Paprika**
1 TL	**Kümmel**
1 TL	**Majoran**
	Salz
1 1/2 l	**Flüssigkeit** Brühe oder Wasser
2—3	**geschälte Kartoffeln**
	Rotwein

Fleisch waschen, abtrocknen und in Würfel schneiden. Zwiebeln schälen und in Würfel schneiden. Tomaten überbrühen, abschrecken, abziehen und in Scheiben schneiden. Knoblauch schälen und zerdrücken.
Schmalz **erhitzen,** Fleisch darin **bräunen.** Zwiebeln zugeben und **andünsten.** Tomaten, Knoblauch, Tomatenmark, Gewürze und Salz zufügen. Flüssigkeit zugießen, **aufkochen** und **1 1/4 Stunden fortkochen.**
Kartoffeln fein schneiden, in die Suppe geben, **15 Minuten fortkochen** und **10 Minuten** in der **Nachwärme** fertig garen.
Mit Rotwein abschmecken.

Bettelmannsuppe

250 g	**Rindfleisch**
	Salz
2	**Gewürzkörner**
2 l	**Wasser**
100 g	**Sellerie**
3	**Möhren**
2—3 Stg	**Lauch**
200 g	**geschälte Kartoffeln**
100 g	**Graupen**
1 TL	**Butter**
	Petersilie · Schnittlauch

Fleisch waschen, mit Salz, Gewürzkörnern und Wasser **ankochen** und **30 Minuten fortkochen.**
Gemüse putzen, waschen, zerkleinern.

Kartoffeln in Stücke schneiden. Beides mit Graupen zu dem Fleisch geben, **aufkochen, 30—45 Minuten fortkochen** und **10 Minuten** in der **Nachwärme** fertig garen.
Fleisch herausnehmen, in Stücke schneiden und als Einlage in die Suppe geben. Mit Butter verfeinern und mit zerkleinerten Kräutern bestreuen.

Brühkartoffeln

750 g	**Rinderbrust** oder hohe Rippe
	Salz
1 1/2 l	**Wasser**
1	**Suppengrün**
750 g	**geschälte Kartoffeln**
	Petersilie

Knochen aus dem Fleisch lösen, Knochen und Fleisch waschen und mit Salz und Wasser **ankochen.**
Suppengrün putzen, waschen, zerkleinern und zugeben, **90 Minuten fortkochen,** bis das Fleisch weich ist. Kartoffeln in Stücke schneiden, nach 60 Minuten Gardauer zugeben, mitkochen und **10 Minuten** in der **Nachwärme** fertig garen.
Fleisch herausnehmen, in Stücke schneiden und als Einlage in die Suppe geben.
Mit zerkleinerter Petersilie bestreuen.

Dicke Grünkernsuppe

250 g	**Rindfleisch**
	Salz
2 l	**Wasser**
750 g	**Suppengemüse**
250 g	**geschälte Kartoffeln**
125 g	**Grünkernschrot**
	Petersilie

Fleisch waschen, mit Salz und Wasser **ankochen** und **20—30 Minuten fortkochen.**
Suppengemüse putzen, waschen, kleinschneiden. Kartoffeln in Stücke schneiden. Gemüse, Kartoffeln und Grünkernschrot zu dem Fleisch geben, **aufkochen, 20—30 Minuten fortkochen** und **10 Minuten** in der **Nachwärme** fertig garen.
Fleisch herausnehmen, in Stücke schneiden und als Einlage in die Suppe geben.
Mit zerkleinerter Petersilie bestreuen.

Bouillabaisse

Marseiller Fischsuppe

750 g	**festfleischige Fische** Seeaal, Kabeljau, Steinbutt, Heilbutt, Seezunge
750 g	**weichfleischige Fische** Schellfisch, Weißfisch, Merlan
500 g	**Miesmuscheln**
3—4	**Zwiebeln**
500 g	**Tomaten**
3	**Knoblauchzehen**
1/2 TL	**Thymian**
1/2 TL	**Fenchel**
2	**Lorbeerblätter**
1/8 l	**Öl**
	Wasser
	Salz · Pfeffer
1 Msp	**Safran**

Fische säubern, häuten, entgräten und in große Stücke schneiden. Muscheln waschen und die anhängenden Fasern entfernen.
Zwiebeln schälen und in Scheiben schneiden. Tomaten überbrühen, abschrecken, abziehen und in Viertel schneiden.
Zwiebeln, Tomaten, zerkleinerten Knoblauch, Gewürze, Öl, festfleischige Fische und Muscheln in den Kochtopf geben. Mit Wasser auffüllen, bis die Zutaten bedeckt sind, **ankochen** und **5 Minuten fortkochen.**
Weichfleischige Fische zugeben, **aufkochen, 5 Minuten fortkochen** und **5 Minuten** in der **Nachwärme** fertig garen.
Suppe mit Salz und Gewürzen abschmecken und sofort servieren.
Dazu geröstete und mit halbierten Knoblauchzehen eingeriebene Weißbrotscheiben reichen.

Milch- und Wassersuppen

Milch- und Wassersuppen werden zum Frühstück oder vor einem Hauptgericht serviert, manche sind als Krankenkost geeignet.

Als **Bindemittel** eignen sich Grieß, Haferflocken, Hafer-, Weizen- oder Roggenmehl oder Speisestärke.

Zubereitungsarten

- Zutaten zusammen ankochen und in der Nachwärme fertig garen oder quellen lassen.
- Milch oder Wasser ankochen, Bindemittel einrühren und in der Nachwärme fertig garen oder quellen lassen.

Was ist zu beachten?

- Bei Verwendung von Milch einen hohen Kochtopf wählen, da Milch beim Kochen hochsteigt.
- Bei Suppen, die mit Speisestärke gebunden werden, folgendermaßen verfahren: Speisestärke mit etwas Flüssigkeit verquirlen und in die kochende Suppe rühren. Kochstelle ausschalten und Suppe ½ Minute in der Nachwärme fertig garen.
  Bei längerer Gardauer würde die Speisestärke ihre Bindefähigkeit verlieren und die Suppe wieder flüssig werden.

Zutaten zur Verfeinerung und Geschmacksabrundung

- Abgeriebene oder dünn abgeschälte Zitronenschale, herausgeschabtes Mark einer längs aufgeschnittenen Vanilleschote oder eine Zimtstange mitkochen.
- Mit süßer Sahne oder Butter verfeinern.
- Zum Legieren Eigelb mit 2—3 EL Suppe verquirlen und in die nicht mehr kochende Suppe rühren oder
  Eigelb mit Speisestärke und Flüssigkeit verquirlen und in die kochende Milch einrühren. Eigelb in dieser Verbindung gerinnt in der kochenden Suppe nicht.

Suppeneinlagen

- Suppenmakronen oder Schneeklößchen, Rezepte Seite 415/416 und 80
- Röstflocken, Krokant oder Schokoladenraspel.

Hafermehlsuppe

1 l	**Flüssigkeit**
	Wasser und Milch
1 Prise	**Salz**
60 g	**Hafermehl**
	Butter

Flüssigkeit mit Salz **ankochen,** Hafermehl unter ständigem Rühren zugeben, **aufkochen und 5 Minuten** in der **Nachwärme** quellen lassen.
Mit etwas Butter verfeinern.

Haferflockensuppe

50 g	**Haferflocken**
1 l	**Milch**
1 Prise	**Salz**
	Zucker
	abgeriebene Zitronenschale

Haferflocken mit Milch und Salz **ankochen.** Ab und zu umrühren, kurz vor dem Kochen ausschalten und **3—5 Minuten** in der **Nachwärme** quellen lassen. Dabei anfangs den Deckel etwas zur Seite schieben, da die Suppe leicht hochsteigt. Mit Zucker und Zitronenschale abschmecken.

Veränderung:
- Zum Servieren auf jeden Teller etwas Fruchtsaft oder Kompott füllen.

Haferschleim

50 g	**Haferflocken**
1 l	**Wasser**
1 Prise	**Salz**

Haferflocken mit Wasser und Salz **ankochen, 10—15 Minuten fortkochen** und **10 Minuten** in der **Nachwärme** quellen lassen.
Passieren und abschmecken.

Was ist zu beachten?
- Bei Verwendung von Schmelzflocken die Herstellerangabe beachten.

Veränderung:
Um den Haferschleim schmackhafter zu machen:
- Etwas Butter unterrühren.
- Mit einem Eigelb legieren.
- Gemüse- oder Fruchtsaft zugeben.

Grießsuppe

1 l	**Milch**
1	**Vanillezucker** oder 1/2 Vanilleschote oder abgeriebene Zitronenschale
1 Prise	**Salz**
50—60 g	**Grieß**
	Zucker

Milch mit Vanillezucker und Salz **ankochen,** unter Rühren Grieß einstreuen und **3—5 Minuten** in der **Nachwärme** quellen lassen.
Mit Zucker abschmecken.

Veränderung:
- Mit dem Grieß 2 EL Korinthen quellen lassen.
- Zum Servieren auf jeden Teller etwas Fruchtsaft oder Kompott füllen.

Semmelsuppe

100 g	**alte Brötchen** oder Weißbrot
1/2 l	**Wasser**
1/2	**Zimtstange**
1/2 l	**Milch**
1 Prise	**Salz**
	Zucker
	Butter

Brötchen in 1/2 l lauwarmem Wasser etwa 30 Minuten einweichen.
Mit dem Einweichwasser und Zimt **ankochen und 5—10 Minuten** in der **Nachwärme** fertig garen. Zimtstange herausnehmen, Suppe pürieren.
Milch zugießen und **erhitzen.**
Mit Salz und Zucker abschmecken und mit etwas Butter verfeinern.

Brotsuppe

100 g	**altes Brot**
1 l	**Wasser**
	Zitronenschale
1 Prise	**Salz**
1/2	**Zimtstange**
20 g	**Korinthen**
250 g	**Äpfel**
	Apfelwein oder Most
	Zucker

Brot eine Stunde in 1 l lauwarmem Wasser einweichen.
Mit dem Einweichwasser, Zitronenschale, Salz und Zimt **ankochen** und **10 Minuten** in der **Nachwärme** fertig garen.
Zitronenschale und Zimtstange herausnehmen, Suppe pürieren.
Korinthen waschen, Äpfel waschen, schälen, Kerngehäuse entfernen. Äpfel schnitzeln und mit Korinthen in die Suppe geben.
Apfelwein zugießen, Suppe **erhitzen.**
Mit Zucker abschmecken.

Veränderung:
- Brotsuppe mit Milch bereiten.

Vanillesuppe

1/2	**Vanilleschote** oder 1 Vanillezucker
1 l	**Milch**
	Zucker nach Geschmack
1 Prise	**Salz**
25 g	**Speisestärke**
1—2	**Eigelb**

Vanilleschote längs halbieren und Mark herausschaben.
Milch — etwas zum Anrühren der Speisestärke zurücklassen —, Vanillemark, Zucker und Salz **ankochen.**
Speisestärke und Eigelb mit Milch verquirlen, einrühren, **1/2 Minute** in der **Nachwärme** fertig garen und abschmecken.
Die Suppe schmeckt warm und kalt.

Suppeneinlagen: Schneeklößchen oder Suppenmakronen, Rezepte Seite 80 und 415/416; Röstflocken oder Schokoladenstreusel.

Schokoladensuppe

30 g	**Kakao**
1	**Vanillezucker**
60 g	**Zucker**
1 Prise	**Salz**
1 l	**Milch**
25 g	**Speisestärke**

Kakao mit Vanillezucker, Zucker und Salz im Kochtopf mischen. Milch — etwas zum Anrühren der Speisestärke zurücklassen —, unter Rühren zufügen und **ankochen.**
Speisestärke mit Milch verquirlen, einrühren, **1/2 Minute** in der **Nachwärme** fertig garen und abschmecken.
Die Suppe schmeckt warm und kalt.

Suppeneinlagen: Schneeklößchen oder Suppenmakronen, Rezepte Seite 80 und 415/416.

Roggenkliebensuppe

100 g	**Roggenmehl**
1 Prise	**Salz**
	Wasser nach Bedarf
1 l	**Milch**
1 Prise	**Salz**
	Butter

Mehl mit Salz und Wasser verkneten und zu Klümpchen oder Streuseln bröseln.
Milch **ankochen,** Streusel zugeben und **10 Minuten** in der **Nachwärme** quellen lassen.
Mit Salz abschmecken und mit etwas Butter verfeinern.

Buttermilchsuppe mit Backpflaumen

150 g	**Backpflaumen**
1/2 l	**Wasser**
1 l	**Buttermilch**
40 g	**Speisestärke**
1 Prise	**Salz**
	Zucker

Backpflaumen mit 1/2 l Wasser bedeckt über Nacht quellen lassen, am nächsten Tag weichkochen.
Buttermilch mit Speisestärke und Salz verquirlen, unter Rühren **ankochen.**
Pflaumen mit dem Saft zugeben und in der **Nachwärme** erwärmen.
Mit Zucker abschmecken.

STROM-SPAR-TIP
Nachwärme ausnutzen

Suppen von Obst, Bier und Wein

Diese Suppen sind in warmer Jahreszeit eine angenehme Erfrischung, besonders wenn sie gekühlt serviert werden.

Was ist zu beachten?

- Bei Suppen, die mit Speisestärke gebunden werden, folgendermaßen verfahren: Speisestärke mit etwas Flüssigkeit verquirlen und in die kochende Flüssigkeit rühren. Kochstelle ausschalten und Suppe ½ Minute in der Nachwärme fertig garen.
  Bei längerer Gardauer würde die Speisestärke ihre Bindefähigkeit verlieren und die Suppe wieder flüssig werden.

Zutaten zur Geschmacksabrundung

- Dünn geschälte Zitronenschale, herausgeschabtes Mark einer längs aufgeschnittenen Vanilleschote oder ein Stück Zimt mitkochen.
- Mit Zitronensaft, Wein, Rum, Kirschwasser oder Himbeergeist abschmecken.

Suppeneinlagen

- Suppenmakronen, Schneeklößchen oder Grießklößchen, Rezepte Seite 415/416, 80 und 78
- Röstflocken

Obstsuppe mit Beerenfrüchten

500 g	**Heidelbeeren** oder Preisel- oder Stachelbeeren
1 l	**Wasser**
	Zitronenschale oder ½ Zimtstange
	Zucker nach Geschmack
1 Prise	**Salz**
30 g	**Speisestärke** oder 40 g Grieß oder Sago

Heidel- oder Preiselbeeren verlesen, von Stachelbeeren Stiel und Blüte entfernen, waschen.
Mit Wasser, Zitronenschale, Zucker und Salz **ankochen** und **10—15 Minuten fortkochen.** Zitronenschale herausnehmen.
Speisestärke mit etwas Wasser verquirlen, einrühren, **½ Minute** in der **Nachwärme** fertig garen und abschmecken.

Was ist zu beachten?

- Grieß und Sago in die kochende Suppe streuen. Grieß 10 Minuten in der Nachwärme quellen lassen; Sago 15—20 Minuten auf niedriger Einstellung quellen lassen.

Tip:

- Preisel- und Stachelbeersuppen schmecken passiert oder püriert besser und sind bekömmlicher.

Veränderung:

- Obst nicht mitkochen, sondern roh pürieren und in die mit Speisestärke gebundene Flüssigkeit rühren; nicht mehr aufkochen.

Suppeneinlagen: Suppenmakronen, Schneeklößchen oder Grießklößchen, Rezepte Seite 415/416, 80 und 78, oder Zwieback.

Apfelsuppe

500 g	**Äpfel**
1 l	**Wasser**
	Zitronenschale
	oder ½ Stange Zimt
3 EL	**Speisestärke**
50 g	**Korinthen** oder Sultaninen
1 Prise	**Salz**
	Zitronensaft · Zucker

Äpfel waschen und in Viertel schneiden. Mit Wasser und Zitronenschale **ankochen, 10 Minuten fortkochen** und **5 Minuten** in der **Nachwärme** fertig garen.
Passieren, mit der Flüssigkeit wieder in den Kochtopf geben und **aufkochen.**
Speisestärke mit etwas Wasser verquirlen, einrühren und **½ Minute** in der **Nachwärme** fertig garen.
Korinthen waschen und zufügen.
Mit Salz, Zitronensaft und Zucker abschmecken.

Tip:
- Äpfel verwenden, die leicht musig werden.

Veränderung:
- Äpfel schälen, Kerngehäuse entfernen, Äpfel in Scheiben schneiden, weichkochen, einige Apfelscheiben herausnehmen, die anderen pürieren. Die Suppe mit angerührter Speisestärke binden und mit den Apfelscheiben als Einlage servieren.
- Wasser mit Gewürzen ankochen, mit angerührter Speisestärke binden, aufkochen, geschälte, roh geraspelte Äpfel hineingeben und in der Nachwärme fertig garen.

Apfelsuppe mit Haferflocken

250 g	**Äpfel**
50 g	**Haferflocken**
1 l	**Wasser**
	Zitronenschale
1 Prise	**Salz**
	Zucker

Äpfel waschen, schälen, Kerngehäuse entfernen und Äpfel in Scheiben schneiden. Mit Haferflocken, Wasser und Zitronenschale **ankochen** und **10—15 Minuten** in der **Nachwärme** quellen lassen. Zitronenschale herausnehmen.
Mit Salz und Zucker abschmecken.

Aprikosensuppe

150 g	**getrocknete Aprikosen**
1 l	**Wasser**
1 Prise	**Salz**
	Zucker nach Geschmack
	Zitronenschale
	oder 1 Vanillezucker
	oder ½ Vanilleschote
15 g	**Speisestärke**

Aprikosen waschen, eventuell kleinschneiden, einige Stunden in dem Wasser einweichen.
Mit Einweichwasser, Salz, Zucker und Zitronenschale **ankochen** und **10—15 Minuten fortkochen.** Zitronenschale herausnehmen.
Aprikosen pürieren oder passieren. Mit der Flüssigkeit wieder in den Kochtopf geben und **aufkochen.**
Speisestärke mit etwas Wasser verquirlen, einrühren, **½ Minute** in der **Nachwärme** fertig garen und abschmecken.
Die Suppe schmeckt warm und kalt.

Suppeneinlagen: Suppenmakronen, Schneeklößchen, Rezepte Seite 415/416 und 80, oder Zwieback.

Kirschsuppe
oder Pflaumensuppe

500 g	**Kirschen** oder Pflaumen
1 l	**Wasser**
½	**Zimtstange**
	oder 1 Vanillezucker
	oder ½ Vanilleschote
	oder Zitronenschale
	Zucker nach Geschmack
1 Prise	**Salz**
30 g	**Speisestärke**

Obst waschen und entsteinen. Mit Wasser, Zimt, Zucker und Salz **ankochen** und

8—10 Minuten fortkochen. Zimtstange herausnehmen.
Speisestärke mit etwas Wasser verquirlen, einrühren, ½ **Minute** in der **Nachwärme** fertig garen und abschmecken.
Die Suppe schmeckt warm und kalt.

Veränderung:

- Obst roh pürieren, mit den Zutaten ankochen, mit angerührter Speisestärke binden und in der Nachwärme fertig garen.

Suppeneinlagen: Suppenmakronen, Schneeklößchen oder Grießklößchen, Rezepte Seite 415/416, 80 und 78, oder Zwieback.

Holundersuppe

150 g	**abgestreifte Holunderbeeren**
½ l	**Wasser**
250 g	**geschälte Äpfel** oder entsteinte Pflaumen
½ l	**Wasser**
	Zitronenschale
1 Prise	**Salz**
20 g	**Speisestärke**
	Zucker · Zitronensaft

Holunderbeeren waschen, mit Wasser **ankochen, 5 Minuten** in der **Nachwärme** fertig garen und pürieren oder passieren.
Äpfel in feine Scheiben schneiden oder Pflaumen halbieren. Mit Wasser, Zitronenschale und Salz **ankochen** und **10 Minuten fortkochen,** Zitronenschale herausnehmen.
Speisestärke mit etwas Wasser verquirlen, einrühren und ½ **Minute** in der **Nachwärme** fertig garen.
Mit dem Holunderbrei vermischen, mit Zucker und Zitronensaft abschmecken.
Die Suppe schmeckt warm und kalt.

Suppeneinlagen: Suppenmakronen, Schneeklößchen oder Grießklößchen, Rezepte Seite 415/416, 80 und 78, oder Zwieback.

Hagebuttensuppe

375 g	**frische Hagebutten**
150 g	**Äpfel**
1 l	**Wasser**
30 g	**Speisestärke**
1 Prise	**Salz**
	Zitronensaft · Zucker

Hagebutten waschen, Blüten entfernen, Hagebutten halbieren, Kerne und Härchen entfernen. Äpfel waschen und ungeschält in Stücke schneiden.
Mit Wasser **ankochen, 1—1 ½ Stunden fortkochen** und **5 Minuten** in der **Nachwärme** fertig garen.
Passieren, mit der Flüssigkeit wieder in den Kochtopf geben und **aufkochen.**
Speisestärke mit etwas Wasser verquirlen, einrühren und ½ **Minute** in der **Nachwärme** fertig garen.
Mit Salz, Zitronensaft und Zucker abschmecken.

Zitronensuppe mit Schneeklößchen

1 l	**Wasser**
1	**Zitronenschale**
20 g	**Sultaninen** oder 1 Vanillezucker
75 g	**Zucker**
1 Prise	**Salz**
40 g	**Grieß**
⅛ l	**Zitronensaft**
	Zucker
1—2	**Eigelb**
1—2 EL	**Wasser**
Schneeklößchen:	
1—2	**Eiweiß**
1—2 EL	**Zucker**

Wasser und Zitronenschale **ankochen,** Schale herausnehmen.
Sultaninen waschen, mit Zucker und Salz in das Zitronenwasser geben, Grieß einstreuen und **10 Minuten** in der **Nachwärme** quellen lassen.
Zitronensaft zugeben, mit Zucker abschmecken. →

Eigelb mit Wasser und etwas heißer Suppe verrühren und in die nicht mehr kochende Suppe rühren.
Für die Schneeklößchen Eiweiß steif schlagen, Zucker einrieseln lassen. Mit einem Teelöffel Klößchen abstechen und auf die heiße Suppe geben. Im geschlossenen Kochtopf **5—10 Minuten** in der **Nachwärme** fertig garen.

Kürbissuppe

500 g	**Kürbis**
1 l	**Wasser**
1 Prise	**Salz**
	Zitronenschale · Zimt
20 g	**Speisestärke**
	Fruchtsaft oder Apfelwein
	Zucker

Kürbis schälen, halbieren, auskratzen, in kleine Stücke schneiden.
Mit Wasser, Salz, Zitronenschale und Zimt **ankochen** und **15—20 Minuten fortkochen.** Zitronenschale herausnehmen, Kürbis pürieren, mit der Flüssigkeit wieder in den Kochtopf geben und **aufkochen.**
Speisestärke mit etwas Wasser verquirlen, einrühren und ½ **Minute** in der **Nachwärme** fertig garen.
Mit Fruchtsaft und Zucker abschmecken.

Weinsuppe mit Schneeklößchen

½ l	**Weißwein** oder Apfelwein
½ l	**Wasser**
	abgeriebene Zitronenschale
	oder Zimt
	Zucker nach Geschmack
1 Prise	**Salz**
30 g	**Speisestärke**
	Zitronensaft
	oder 3 EL roter Fruchtsaft
Schneeklößchen:	
1—2	**Eiweiß**
1—2 EL	**Zucker**

Wein, Wasser, Zitronenschale, Zucker und Salz **ankochen.**
Speisestärke mit etwas Wasser verquirlen, einrühren und ½ **Minute** in der **Nachwärme** fertig garen. Mit Zitronensaft abschmecken.
Für die Schneeklößchen Eiweiß steif schlagen, Zucker einrieseln lassen. Mit einem Teelöffel Klößchen abstechen und auf die heiße Suppe geben. Im geschlossenen Kochtopf **5—10 Minuten** in der **Nachwärme** fertig garen.
Die Suppe schmeckt warm und kalt.

Veränderung:
- Suppe mit 1 Eigelb legieren.

Biersuppe mit Schneeklößchen

½ l	**Milch**
3 EL	**Zucker**
1	**Vanillezucker**
1 Prise	**Salz**
1	**Zimtstange**
2 EL	**Sultaninen**
1	**Vanille-Puddingpulver**
1	**Eigelb**
⅛ l	**Milch**
½ l	**helles Bier**
Schneeklößchen:	
1—2	**Eiweiß**
1—2 EL	**Zucker**
	Zucker · Zimt

Milch mit Zucker, Vanillezucker, Salz, Zimtstange und Sultaninen **ankochen.** Zimtstange herausnehmen.
Puddingpulver mit Eigelb und Milch verquirlen, einrühren und ½ **Minute** in der **Nachwärme** fertig garen.
Bier unter Rühren zugießen und **aufkochen.**
Für die Schneeklößchen Eiweiß steif schlagen, Zucker einrieseln lassen. Mit einem Teelöffel Klößchen abstechen und auf die heiße Suppe geben. Im geschlossenen Kochtopf **5—10 Minuten** in der **Nachwärme** fertig garen.
Zucker und Zimt mischen. Die Suppe damit bestreuen.

Suppeneinlagen

Suppeneinlagen wie Klößchen vervollständigen salzige oder süße Suppen; die Suppen werden dadurch sättigender und abwechslungsreicher.
Anstelle von selbst hergestellten Suppeneinlagen eignen sich je nach Suppenart in Butter geröstete Semmelbröckchen, Cornflakes, Makronen oder Hefeflocken.
Werden Nährmittel wie Teigwaren oder Reis als Suppeneinlage verwendet, rechnet man auf 1 l Flüssigkeit etwa 50 g.

Zubereitung

- Suppeneinlage in die schwach siedende Suppe geben und im geschlossenen Kochtopf garen. Da Suppeneinlagen im allgemeinen eine kurze Gardauer haben, kann die Kochstelle ausgeschaltet und die Nachwärme genutzt werden.

Was ist zu beachten?
- Suppeneinlagen für Brühsuppen gesondert in Salzwasser garen, da die Brühe sonst trübe wird.

Tip:
- Klößchen roh oder gegart einfrieren. Gefroren in der heißen Suppe garen oder darin nur auftauen.

Suppeneinlagen, die in anderen Kapiteln stehen:

Flädle, Rezept Seite 209.
Nudeln, Spätzle und **Maultaschen,** Rezepte Seite 118, 119, und 120.
Suppenmakronen, Rezept Seite 415/416.

Eierflöckchen

1	**Ei**
2 EL	**Wasser**
	Salz
1 Prise	**Muskat**
30 g	**Mehl**

Ei mit Wasser, Salz, Muskat verquirlen und mit dem Mehl zu einem glatten Teig verrühren.
Unter leichtem Rühren langsam in die schwach siedende Brühe einlaufen lassen.

Anmerkung:
Die Menge reicht für 1 1/4 l Brühe.

Veränderung:
- 1—2 Eier mit Salz und einer Messerspitze Speisestärke verquirlen und in dicken Tropfen in die schwach siedende Brühe geben.

Eierstich

2	**Eier**
1/8 l	**Milch**
1 Prise	**Muskat**
	Salz

Zwei Tassen einfetten.
Zutaten verquirlen und einfüllen.
Im Wasserbad **ankochen** und **20—30 Minuten stocken** lassen, bis die Masse fest ist.
Eimasse stürzen, in kleine Würfel schneiden und in die fertige Suppe geben.

Veränderung:
- Die Hälfte der Milch durch Brühe ersetzen.
- Anstelle von Muskat 1 TL Tomatenmark unterrühren.
- Zerkleinerte Kräuter oder in feine Würfel geschnittenen gekochten Schinken zugeben.

Schwemmklößchen

1/4 l	**Milch**
	Salz
25 g	**Butter** oder Margarine
125 g	**Mehl**
2	**Eier**
1 Prise	**Muskat**

Milch, Salz und Butter **ankochen** und auf 0 schalten. Mehl auf einmal hineinschütten und so lange rühren, bis sich der Teig kloßartig zusammenballt und vom Topfboden löst.
Kochtopf von der Kochstelle nehmen, in die heiße Masse nacheinander Eier und Muskat rühren und abschmecken.
Mit einem in kaltes Wasser getauchten Teelöffel von der Masse kleine Klöße abstechen, eventuell mit einem zweiten Teelöffel nachformen. In die schwach siedende Suppe geben und **10 Minuten** in der **Nachwärme** fertig garen.

Tip:
- Der Einsatz eines elektrischen Handrührgeräts mit Knethaken ist zu empfehlen.

Grießklößchen

1/8 l	**Flüssigkeit**
	Wasser und Milch
1 EL	**Butter** oder Margarine
	Salz
1 TL	**Zucker**
65 g	**grober Grieß**
1	**Ei**
	Petersilie

Flüssigkeit, Butter, Salz und Zucker **ankochen** und auf 0 schalten. Grieß einstreuen und so lange rühren, bis sich die Masse kloßartig zusammenballt und vom Topfboden löst. Kochtopf von der Kochstelle nehmen, Masse etwas abkühlen lassen, Ei und zerkleinerte Petersilie untermengen und abschmecken.
Mit einem in kaltes Wasser getauchten Teelöffel kleine Klöße abstechen, eventuell mit einem zweiten Teelöffel nachformen. In die schwach siedende Suppe geben und **10 Minuten** in der **Nachwärme** fertig garen.

Tip:
- Für Obstsuppen die Klößchen ohne Kräuter bereiten und in Salzwasser kochen, da sie sich sonst verfärben.

Grießnockerl

60 g	**Butter** oder Margarine
1	**Ei**
	Salz
65 g	**Grieß**

Zutaten mit einer Gabel verkneten, etwa 1 Stunde ruhen lassen und abschmekken.
Mit einem Teelöffel kleine Nockerl abstechen, in die schwach siedende Suppe geben und **10—15 Minuten** in der **Nachwärme** garen.

Veränderung:
- Zerkleinerten Schnittlauch und Petersilie oder 1 Prise Muskat zufügen.

Schinkenklößchen

1	**kleine Zwiebel**
	oder Zwiebelpulver
75 g	**roher Schinken**
	oder nicht zu fetter Schinkenspeck
	Schnittlauch
25 g	**Fett**
1	**Ei**
50 g	**Paniermehl**
	Paprika · Salz

Zwiebel schälen. Zwiebel und Schinken in feine Würfel schneiden. Mit zerkleinertem Schnittlauch, weichem Fett und den übrigen Zutaten vermengen und abschmecken.
Kleine Klöße formen, in die schwach siedende Suppe geben und **8—10 Minuten** in der **Nachwärme** garen.

Käseklößchen

60 g	**Butter** oder Margarine
100 g	**geriebener Käse**
1	**Ei**
60 g	**Mehl**
	Salz · Petersilie

Butter sahnig rühren, mit den übrigen Zutaten und zerkleinerter Petersilie zu einem glatten Teig verarbeiten und abschmecken.
Kleine Klöße formen, in die schwach siedende Suppe geben und **10 Minuten in der Nachwärme** garen.
Käseklößchen eignen sich für Brüh-, Gemüse-, Tomaten- oder Fischsuppe.

Markklößchen

50 g	**Rindermark** oder 20 g Fett und 30 g Rindermark
1	**Ei**
50 g	**Paniermehl**
	Salz · Petersilie

Rindermark wässern, abgießen und **erhitzen,** bis es geschmeidig ist.
Abkühlen lassen, sahnig rühren, mit den übrigen Zutaten und zerkleinerter Petersilie vermengen und abschmecken.
Kleine Klöße formen, in die schwach siedende Suppe geben und **5—6 Minuten** in der **Nachwärme** garen.

Bild 17: Eine Auswahl von Suppeneinlagen für Brühsuppen: Markklößchen, Leberreis und Eierstich, Rezepte Seite 79, 80 und 77 oder 478.

Fleischklößchen

1/2	**Brötchen**
150 g	**Hackfleisch** halb und halb
1	**Zwiebel**
1 TL	**Fett**
1	**Ei**
	Salz · Pfeffer · Paprika
1 Prise	**Muskat**
1 Msp	**abgeriebene Zitronenschale**

Brötchen in Wasser einweichen, ausdrücken und mit Hackfleisch vermengen. Zwiebel schälen und in Würfel schneiden. Fett **erhitzen,** Zwiebel darin **andünsten.** Mit der Hackfleischmasse und den übrigen Zutaten vermengen und abschmekken. Kleine Klöße formen, in die schwach siedende Suppe geben und **5—6 Minuten** in der **Nachwärme** garen.

Tip:

- Diese Klößchen eignen sich auch als Einlage in Frikassee oder Ragout.
- Wenn es mal schnell gehen soll: Aus einer ungebrühten Bratwurst kleine Klöße herausdrücken und in der Suppe ziehen lassen.

Leberreis

100 g	**Leber**
1	**kleine Zwiebel**
2 EL	**Fett**
	Salz · Majoran
3 EL	**Paniermehl**
1	**Ei**

Leber waschen, abtrocknen, enthäuten und pürieren.
Zwiebel schälen und in Würfel schneiden. Fett **erhitzen,** Zwiebel darin **andünsten.** Mit der Leber und den übrigen Zutaten vermengen und abschmecken. Die Masse durch ein Sieb mit großen Lochöffnungen in die schwach siedende Suppe drücken und **3—4 Minuten** in der **Nachwärme** garen.
Die Einlage hat die Form von Reiskörnern und erhält dadurch ihren Namen.

Leberklößchen

100 g	**Leber**
1	**Zwiebel**
30 g	**Speck** oder Öl
40 g	**Paniermehl**
	Salz · Pfeffer · Majoran
1	**Eigelb**

Leber waschen, abtrocknen, enthäuten und pürieren. Zwiebel schälen und Speck in Würfel schneiden.
Speck **auslassen,** Zwiebel darin **andünsten.** Mit der Leber und den übrigen Zutaten vermengen und abschmecken.
Mit dem Teelöffel kleine Klöße abstechen oder Bällchen formen. Wenn nötig, noch etwas Paniermehl zugeben. In die schwach siedende Suppe geben und **5—6 Minuten** in der **Nachwärme** garen.

Semmelklößchen

30 g	**Butter** oder Margarine
1	**Ei**
	Salz
50 g	**Paniermehl**
	Schnittlauch oder Petersilie

Butter sahnig rühren, mit den übrigen Zutaten und zerkleinertem Schnittlauch zu einem glatten Teig verarbeiten, 1/2 Stunde ruhen lassen und abschmecken.
Kleine Klöße formen, in die schwach siedende Suppe geben und **5—8 Minuten** in der **Nachwärme** garen.

Schneeklößchen

2	**Eiweiß**
2 EL	**Zucker**
	einige Tropfen Zitronensaft
	Vanillezucker oder Zimt oder Schokoladenraspel

Eiweiß steif schlagen, Zucker einrieseln lassen und Zitronensaft untermengen. Mit einem Teelöffel kleine Klöße abstechen und auf die nicht mehr kochende Suppe legen. Bei geschlossenem Topf **4—5 Minuten** in der **Nachwärme** garen.
Mit Vanillezucker bestreuen.

Soßen

Soßen werden stets in Verbindung mit anderen Speisen gereicht, sie ergänzen Geschmack und Nährwert eines Gerichtes. Soßen so auswählen und zubereiten, daß sie den Eigengeschmack einer Speise unterstreichen. Es gibt:

- warme, salzige Soßen zu Fleisch, Fisch, Gemüse und Eiern
- kalte, salzige Soßen zu Fleisch, Fisch, Eiern und Salaten
- süße Soßen zu Süßspeisen, Eis oder Früchten
- abgeschlagene Soßen: salzige zu Fleisch, Fisch, Gemüse; süße zu Mehlspeisen, Puddingen und Aufläufen.

Was ist zu beachten?

- Für die Soßenbereitung ist ein Schneebesen zu empfehlen, da sonst Klümpchen entstehen.
- Sollten bei der Herstellung doch Klümpchen entstanden sein, wird die Soße passiert, d. h. durch ein feines Sieb gestrichen.

Tip:

- Soßen können in größeren Mengen zubereitet und portionsweise eingefroren werden, auch Soßenreste sind dafür geeignet.

Soßen können auch im Mikrowellengerät zubereitet werden, siehe Seite 479.

Bild 18: Soße zu Pasta asciutta, Barbecue-Soße und Holländische Soße, Rezepte Seite 121, 85 und 96 oder 480.

Grundsoßen

Grundsoßen werden aus Fleisch-, Knochen- oder Gemüsebrühe bereitet. Sie entstehen meist auf der Grundlage einer hellen oder dunklen Mehlschwitze, auch Einbrenne oder Buttermehl genannt.

Zubereitung

- Fett — Margarine, Butter oder Öl — erhitzen, Mehl zugeben und unter ständigem Rühren andünsten:
  — Für eine helle Soße das Mehl hellgelb andünsten.
  — Für eine dunkle Soße das Mehl kräftig bräunen.
- Mit kalter oder heißer Flüssigkeit ablöschen, d. h. Flüssigkeit nach und nach unter ständigem Rühren mit dem Schneebesen in die Mehlschwitze gießen,
- Soße aufkochen und 5 Minuten in der Nachwärme quellen lassen.
- Mit Salz und Gewürzen abschmecken. Nach Belieben verfeinern und zerkleinerte Kräuter zugeben.

Was ist zu beachten?
- Ist weniger Brühe vorhanden als insgesamt an Flüssigkeit gebraucht wird, kann die Brühe mit Wasser oder Milch, nach Belieben unter Zusatz von Brühwürfeln oder gekörnter Brühe, auf die benötigte Flüssigkeitsmenge aufgefüllt werden.
- Das Ablöschen wird erleichtert, wenn der Kochtopf dafür von der Kochstelle genommen wird.
- Nach Zugabe von Verfeinerungszutaten zur Geschmacksabrundung, wie Eigelb oder Sahne, die Soße nicht mehr kochen lassen.

Helle Grundsoße ohne Mehlschwitze

3/8 l	**Flüssigkeit** Brühe, Wasser oder Milch
20 g	**Speisestärke**
1/8 l	**Milch**
25 g	**Fett** **Salz · Gewürze**

Flüssigkeit **ankochen,** Speisestärke mit Milch verquirlen, einrühren und 1/2 **Minute** in der **Nachwärme** fertig garen.
Fett unterrühren, mit Salz und Gewürzen abschmecken.

Tip:
- Da diese Soße leicht bekömmlich ist, eignet sie sich für Diätkost.

Veränderung:
- Zwiebelwürfel zugeben: Diese in heißem Fett andünsten, mit Flüssigkeit auffüllen und binden.
- Mit Eigelb legieren.
- Mit süßer oder saurer Sahne oder Crème fraîche verfeinern.
- Zerkleinerte Kräuter zugeben.

Bild 19: Für die Mehlschwitze Butter erhitzen, . . .

Helle Grundsoße mit Mehlschwitze

30 g	**Fett**
40 g	**Mehl**
½ l	**Flüssigkeit**
	Wasser, Brühe oder Milch
	Salz · Gewürze

Fett **erhitzen,** Mehl zugeben und unter ständigem Rühren hellgelb **andünsten.**
Nach und nach mit Flüssigkeit unter Rühren ablöschen. Damit keine Klümpchen entstehen, nur wenig Flüssigkeit zugießen und so lange rühren, bis die Masse glatt ist; erst dann weitere Flüssigkeit zugeben.
Die Soße **aufkochen** und **5 Minuten** in der **Nachwärme** quellen lassen.
Mit Salz und Gewürzen abschmecken.

Veränderung:
- Zwiebelwürfel vor dem Mehl in heißem Fett glasig andünsten.
- Mit Fett-Mehl-Kloß bereiten, siehe Rezept „Helle Grundsuppe"; Seite 53.
- Mit Zitronensaft oder Wein abschmecken.
- Mit Eigelb legieren.
- Mit süßer oder saurer Sahne oder Crème fraîche verfeinern.
- Zerkleinerte Kräuter zugeben.

Bild 20: ... Mehl unter ständigem Rühren andünsten, ...

Dunkle Grundsoße mit Mehlschwitze

40 g	**Fett**
50 g	**Mehl**
½ l	**Flüssigkeit**
	Brühe oder Wasser
	Salz · Gewürze

Fett **erhitzen** und leicht **bräunen.** Mehl zugeben und unter ständigem Rühren kräftig **bräunen.**
Nach und nach mit Flüssigkeit unter Rühren ablöschen. Damit keine Klümpchen entstehen, nur wenig Flüssigkeit zugießen und so lange rühren, bis die Masse glatt ist; erst dann weitere Flüssigkeit zugeben.
Die Soße **aufkochen** und **5 Minuten** in der **Nachwärme** quellen lassen.
Mit Salz und Gewürzen abschmecken.

Veränderung:
- Zwiebelwürfel zugeben nachdem das Mehl gebräunt ist.
- Mit Essig und Zucker, mit Senf, Madeira oder Sherry abschmecken.
- Mit süßer oder saurer Sahne oder Crème fraîche verfeinern.
- Zerkleinerte Kräuter oder Gurkenwürfel zugeben.

Bild 21: ... ablöschen, dazu Flüssigkeit nach und nach unter ständigem Rühren mit dem Schneebesen zugießen.

Salzige Soßen

Salzige Soßen entstehen meist auf der Grundlage einer hellen oder dunklen Grundsoße und können durch die Zugabe verschiedener Zutaten wie Gemüse und Fleisch verändert werden.

Was ist zu beachten?

- Zum Zerkleinern der Zutaten sowie zum Pürieren oder Passieren der Soßen die Zusatzgeräte der elektrischen Hand- oder Standküchenmaschine benutzen.
- Wird der Mixer zum Pürieren heißer Zutaten eingesetzt, den Behälter nur knapp zur Hälfte füllen.

Zutaten zur Verfeinerung und Geschmacksabrundung

- Süße oder saure Sahne, Crème fraîche oder Butter; Zitronensaft, Wein oder Cognac; 1 Prise Zucker; geriebener Käse oder zerkleinerte Kräuter.
- Zum Legieren Eigelb mit 2—3 EL Soße verrühren und in die nicht mehr kochende Soße rühren.

Holländische Soße mit Mehlschwitze

30 g	**Fett**
40 g	**Mehl**
$^{1}/_{2}$ l	**Flüssigkeit** Brühe, Gemüsewasser oder Milch
1	**Eigelb**
	Salz · Zucker · Zitronensaft
1 Prise	**Muskat**
1 EL	**Butter** oder Sahne

Fett **erhitzen,** Mehl zugeben und unter ständigem Rühren hellgelb **andünsten.** Mit Flüssigkeit unter Rühren ablöschen, **aufkochen** und **5 Minuten** in der **Nachwärme** quellen lassen.
Eigelb mit 1—2 EL Soße verquirlen und in die nicht mehr kochende Soße rühren. Mit Salz, Zucker, Zitronensaft und Muskat abschmecken und mit Butter verfeinern.
Zu Spargel, Blumenkohl oder Schwarzwurzeln reichen.

Champignonsoße

100 g	**Champignons**
1	**Zwiebel**
30 g	**Fett**
40 g	**Mehl**
$^{3}/_{8}$ l	**Brühe**
3 EL	**süße Sahne**
3 EL	**Weißwein**
	Weinbrand · Salz · Zucker

Champignons putzen, waschen und blättrig schneiden. Zwiebel schälen und in Würfel schneiden.
Fett **erhitzen,** Zwiebel darin glasig **andünsten,** Champignons zugeben und **5 Minuten dünsten.** Mehl zugeben und unter ständigem Rühren hellgelb **andünsten.** Mit Brühe unter Rühren ablöschen, **aufkochen** und **10 Minuten** in der **Nachwärme** fertig garen.
Mit Sahne und Wein verfeinern, mit Weinbrand, Salz und Zucker abschmecken.
Für Fleisch in Soße verwenden oder zu Fisch- oder Reisgerichten reichen.

Kräutersoße

30 g	**Fett**
40 g	**Mehl**
3/8 l	**Wasser**
1/8 l	**Dickmilch** oder saure Sahne
	Salz
1 TL	**Schnittlauch**
1 TL	**Basilikum**
1 Blatt	**Salbei**
	Petersilie · Dill · Kerbel

Fett **erhitzen,** Mehl zugeben und unter ständigem Rühren hellgelb **andünsten.** Mit Wasser und Milch unter Rühren ablöschen, **aufkochen** und **5 Minuten** in der **Nachwärme** quellen lassen. Mit Salz abschmecken, zerkleinerte Kräuter zugeben.
Zu Fleisch- und Eiergerichten, gekochtem Fisch oder salzigen Puddingen reichen.

Was ist zu beachten?

- Kräuter erst nach dem Kochen zugeben, da sie sonst an Aroma und Aussehen verlieren.

Kapernsoße

30 g	**Fett**
40 g	**Mehl**
1/2 l	**Flüssigkeit** Wasser, Brühe und saure Sahne
1	**Eigelb**
1 EL	**Kapern**
	Salz · Zitronensaft · Zucker

Fett **erhitzen,** Mehl zugeben und unter ständigem Rühren hellgelb **andünsten.** Mit Flüssigkeit unter Rühren ablöschen, **aufkochen** und **5 Minuten** in der **Nachwärme** quellen lassen.
Eigelb mit etwas Soße verquirlen, in die nicht mehr kochende Soße rühren, Kapern zugeben.
Mit Salz, Zitronensaft und Zucker abschmecken.
Zu Königsberger Klopsen, Fisch- oder Eiergerichten reichen.

Käsesoße

30 g	**Fett**
40 g	**Mehl**
1/4 l	**Wasser**
1/4 l	**Milch** oder Dickmilch
50—75 g	**geriebener Käse** oder Würfel von Schmelzkäse
	Salz · Paprika oder Muskat

Fett **erhitzen,** Mehl zugeben und unter ständigem Rühren hellgelb **andünsten.** Mit Wasser und Milch unter Rühren ablöschen, **aufkochen** und **5 Minuten** in der **Nachwärme** quellen lassen.
Käse unterrühren, mit Salz und Paprika abschmecken.
Zum Überbacken von Gemüse verwenden oder zu Fisch- oder Eiergerichten reichen.

Barbecue-Soße

für 10 Personen

500 g	**Zwiebeln**
500 g	**Tomaten**
1/8 l	**Öl**
1 Fl.	**Tomatenketchup** etwa 350 g
4 EL	**Wasser**
2 EL	**Essig**
1 EL	**Kapern**
1 TL	**abgeriebene Zitronenschale**
1 1/2 TL	**Pfeffer**
1/4 TL	**Cayennepfeffer**
1 TL	**Senf**
2 TL	**Zucker**
2 TL	**Worcestersoße**
	Tabasco

Zwiebeln schälen und in Würfel schneiden. Tomaten überbrühen, abschrecken, abziehen und in Viertel schneiden.
Mit den übrigen Zutaten **ankochen,** etwa **2 Stunden fortkochen** und **10 Minuten** in der **Nachwärme** fertig garen. Verrühren und abschmecken.
Zu gegrilltem und kurz gebratenem Fleisch reichen.

Tip:

- Die Soße eignet sich sehr gut zum Einfrieren.

Indische Currysoße

1	**kleine Zwiebel**
30 g	**Fett**
40 g	**Mehl**
½ l	**Wasser**
1	**rote Paprikaschote**
1	**grüne Paprikaschote**
	Salz
1 ½ TL	**Curry**
3—4 EL	**süße Sahne** oder saure Sahne

Zwiebel schälen und in feine Würfel schneiden.
Fett **erhitzen,** Zwiebel darin glasig **andünsten.** Mehl zugeben und unter ständigem Rühren hellgelb **andünsten.** Mit Wasser unter Rühren ablöschen und **aufkochen.**
Paprika halbieren, Kerne entfernen, Paprika waschen und in Streifen schneiden. In die kochende Soße geben, **10 Minuten fortkochen** und **10 Minuten** in der **Nachwärme** fertig garen.
Mit Salz abschmecken, Curry und Sahne unterrühren.
Zu Fisch- und Reisgerichten, gekochten Eiern oder gegrillten Bananen reichen.

Tomatensoße

375 g	**Tomaten** oder 2 EL Tomatenmark
1	**Zwiebel**
30 g	**Fett**
40 g	**Mehl**
½ l	**Flüssigkeit** Brühe oder Wasser
1 Prise	**Zucker**
	Salz · Paprika

Tomaten waschen, Zwiebel schälen, beides in Viertel schneiden, **andünsten** und **10—15 Minuten** in der **Nachwärme** fertig garen. Passieren.
Fett **erhitzen,** Mehl zugeben, unter ständigem Rühren hellgelb **andünsten.** Mit Flüssigkeit unter Rühren ablöschen, Tomaten-Zwiebelbrei zugeben, **aufkochen** und **5 Minuten** in der **Nachwärme** fertig garen.
Mit Zucker, Salz und Paprika abschmekken.
Zu Teigwaren, Reis-, Fisch-, Hackfleisch- oder Eiergerichten oder salzigen Puddingen reichen.

Was ist zu beachten?
Bei Verwendung von Tomatenmark dieses entweder
- mit dem Mehl zugeben und mitdünsten oder
- mit etwas Soße verquirlt unterrühren.

Veränderung:
- Zerkleinerten Schinken zugeben.
- Mit 2 EL süßer oder saurer Sahne oder Crème fraîche verfeinern.

Zwiebelsoße

150 g	**Zwiebeln**
30 g	**Fett**
40 g	**Mehl**
½ l	**Wasser**
	Salz · Paprika · Essig · Zucker süße Sahne

Zwiebeln schälen, in Ringe schneiden.
Fett **erhitzen,** Zwiebeln darin glasig **andünsten** und herausnehmen. Mehl zugeben und unter ständigem Rühren hellgelb **andünsten.** Mit Wasser unter Rühren ablöschen, **aufkochen,** Zwiebeln zugeben und **10 Minuten** in der **Nachwärme** fertig garen.
Mit Salz, Paprika, Essig und Zucker abschmecken und mit Sahne verfeinern.
Zu Frikadellen oder gekochtem Rindfleisch reichen.

Specksoße

1	**Zwiebel**
60 g	**Magerspeck**
50 g	**Mehl**
½ l	**Wasser**
	Salz · Essig · Zucker

Zwiebel schälen. Zwiebel und Speck in Würfel schneiden.

Speck **auslassen,** Mehl zugeben und unter ständigem Rühren kräftig **bräunen.** Zwiebel zugeben und **andünsten.** Mit Wasser unter Rühren ablöschen, **aufkochen** und **5 Minuten** in der **Nachwärme** fertig garen.
Mit Salz, Essig und Zucker abschmekken.
Zu Pellkartoffeln, Fleischklößchen, Eiergerichten oder Fisch reichen.

Was ist zu beachten?
- Zwiebel nach dem Mehl zugeben, da sie sonst schwarz wird und die Soße bitter schmeckt.

Meerrettichsoße mit Semmeln
Semmelkren

3	**altbackene Semmeln** oder 120 g Weißbrot
1/2 l	**Milch**
2—3 EL	**geriebener Meerrettich**
	Salz · Zucker
4 EL	**süße Sahne** oder etwas Butter

Rinde von den Semmeln entfernen, Semmeln in Milch einweichen, unter Rühren **ankochen** bis eine flockige Soße entsteht. Meerrettich zugeben und **aufkochen.**
Mit Salz und Zucker abschmecken, mit Sahne verfeinern
Zu Fisch, Fleisch oder Pellkartoffeln reichen.

Was ist zu beachten?
- So viel Milch nachgießen, bis die Soße die gewünschte Beschaffenheit hat.

Meerrettichsoße

30 g	**Fett**
40 g	**Mehl**
1/4 l	**Wasser**
1/4 l	**Milch**
2—3 EL	**geriebener Meerrettich**
	Salz · Zitronensaft
1 Prise	**Zucker**

Fett **erhitzen,** Mehl zugeben und unter ständigem Rühren hellgelb **andünsten.** Mit Wasser und Milch unter ständigem Rühren ablöschen, **aufkochen** und **5 Minuten** in der **Nachwärme** fertig garen.
Mit Meerrettich, Salz, Zitronensaft und Zucker abschmecken.
Zu gekochtem Rindfleisch, Zungenragout, gedünstetem Fisch, salzigen Puddingen oder Eiergerichten reichen.

Was ist zu beachten?
- Meerrettichstange abschaben, in Essigwasser waschen, schnell reiben oder im Mixer mit etwas Milch zerkleinern, sofort Essig oder Zitronensaft dazugeben, damit er sich nicht verfärbt.
- Bei Verwendung von geriebenem Meerrettich aus dem Glas mindestens 4 EL nehmen.

Béchamelsoße

1	**Zwiebel**
50 g	**Schinken**
30 g	**Fett**
40 g	**Mehl**
1/4 l	**Wasser** oder Brühe
1/4 l	**Milch** oder Sahne
	Salz

Zwiebel schälen. Zwiebel und Schinken in Würfel schneiden.
Fett **erhitzen,** Zwiebel und Schinken darin **andünsten.** Mehl zugeben und unter ständigem Rühren hellgelb **andünsten.** Mit Wasser und Milch unter Rühren ablöschen, **aufkochen** und **5 Minuten** in der **Nachwärme** quellen lassen.
Mit Salz abschmecken.
Zum Überbacken von Gemüse verwenden oder zu Fleisch, Fisch oder Pellkartoffeln reichen.

Veränderung:
- Mit Zitronensaft und Paprika abschmecken.
- Mit geriebenem Käse oder Crème fraîche verfeinern.
- Mit Eigelb legieren.
- 30 g zerkleinerte Champignons zugeben.
- 50 g gekochtes, feingewiegtes Hühner- oder Kalbfleisch und 3 frisch geriebene Mandeln zugeben.

Senfsoße

1	**Zwiebel**
40 g	**Fett**
50 g	**Mehl**
1/2 l	**Wasser**
2 EL	**Senf**
	Salz · Zucker · Paprika · Zitronensaft oder Essig

Zwiebel schälen und fein reiben.
Fett **erhitzen** und leicht **bräunen.** Mehl zugeben und unter ständigem Rühren kräftig **bräunen.** Zwiebel zufügen und **andünsten.** Mit Wasser unter Rühren ablöschen, **aufkochen** und **5 Minuten** in der **Nachwärme** fertig garen.
Senf mit etwas Soße verrühren und einrühren. Mit Salz, Zucker, Paprika und Zitronensaft abschmecken.
Zu Fisch, Eiergerichten, gekochtem Rindfleisch oder Frikadellen reichen.

Burgundersoße
oder Madeirasoße

1	**Zwiebel**
40 g	**Fett**
50 g	**Mehl**
3/4 l	**Fleischbrühe** oder Schinkenbrühe
	Salz · Pfeffer · Zucker
1/8 l	**Burgunder** oder 1/8 l Madeira und 1 TL Johannisbeergelee

Zwiebel schälen und in feine Würfel schneiden.
Fett **erhitzen** und leicht **bräunen.** Mehl zugeben und unter ständigem Rühren kräftig **bräunen.** Zwiebel zugeben und **andünsten.** Mit Brühe unter Rühren ablöschen, **aufkochen** und **5 Minuten** in der **Nachwärme** fertig garen.
Passieren, wieder in den Kochtopf geben, **aufkochen** und mit Salz, Pfeffer, Zucker und Burgunder abschmecken.
Zu Zungenragout und gekochtem Schinken reichen.

Tip:
- Bei Verwendung von Zwiebelpulver oder -würze entfällt das Passieren.

Sultaninensoße

40 g	**Fett**
50 g	**Mehl**
1/2 l	**Flüssigkeit** Brühe und Wasser
75 g	**Sultaninen**
5	**süße Mandeln**
1 Prise	**Zimt**
1 Prise	**Nelken**
1 Msp	**Zwiebelpulver**
1 Msp	**abgeriebene Zitronenschale**
	Salz · Zucker · Zitronensaft

Fett **erhitzen** und leicht **bräunen.** Mehl zugeben und unter ständigem Rühren kräftig **bräunen.** Mit Flüssigkeit unter Rühren ablöschen und **aufkochen.**
Sultaninen, unabgezogene gehackte Mandeln, Gewürze und Zitronenschale zufügen und **5 Minuten** in der **Nachwärme** fertig garen.
Mit Salz, Zucker und Zitronensaft abschmecken.
Zu gekochtem und gebratenem Fleisch reichen.

Heringsoße

30 g	**Fett**
75 g	**Mehl**
3/4 l	**Wasser**
1—2	**Salzheringe**
	Essig · Salz · Zucker

Fett **erhitzen** und leicht **bräunen.** Mehl zugeben und unter ständigem Rühren kräftig **bräunen.** Mit Wasser unter Rühren ablöschen, **aufkochen** und **5 Minuten** in der **Nachwärme** fertig garen.
Heringe wässern, abziehen und Gräten entfernen. Heringe sehr fein hacken oder pürieren. Heringmasse mit etwas Soße glattrühren und zu der übrigen Soße geben.
Mit Essig, Salz und Zucker abschmecken.
Zu Pellkartoffeln, Königsberger Klopsen und Eiergerichten reichen.

Kaltgerührte Soßen

Kaltgerührte Soßen, am bekanntesten ist die Mayonnaise, geben vielen Gerichten eine besondere Note. Die Herstellung ist mit Hilfe der elektrischen Hand- oder Standküchenmaschine oder eines Mixers kein Problem.

Tip:
- Mayonnaise und Remouladensoße sind bekömmlicher und werden in der Beschaffenheit lockerer, wenn geschlagene oder flüssige Sahne, Quark, Jogurt oder etwas Milch untergerührt wird.
- Mayonnaise kann auch auf Vorrat bereitet und im Kühlschrank längere Zeit aufbewahrt werden. So steht sie jederzeit für Salate aller Art bereit.
- Reste von Fleisch, Fisch, Gemüse, Kartoffeln, Reis und Nudeln lassen sich — mit Mayonnaise gemischt — schnell zu einem kalten Salat verwenden.

Zutaten zur Verfeinerung und Geschmacksabrundung

- Süße oder saure Sahne, Crème fraîche; Wein oder Cognac; Worcestersoße, Angostura oder Zitronensaft; 1 Prise Zucker.

Mayonnaise

Grundrezept

1	**Ei** oder 1 Eigelb
$^1/_2$ TL	**Salz**
1 TL	**Senf**
1 TL	**Zucker**
	Zitronensaft oder Essig
$^1/_4$—$^3/_8$ l	**Öl**

Maschinelle Zubereitung
Ei, Salz, Senf, Zucker und Zitronensaft mit den Rührbesen einer Handküchenmaschine oder im Mixer einer Standküchenmaschine auf höchster Einstellung vermischen.
Öl tropfenweise zugeben oder langsam durch die Deckelöffnung auf das laufende Messer zugießen. In Sekundenschnelle ist die Mayonnaise steif.

Manuelle Zubereitung
Eigelb mit Salz und Senf zu einer dicklichen Masse verrühren. Wenig Öl tropfenweise unterrühren, bis die Masse steif ist. Restliches Öl abwechselnd mit Zitronensaft nach und nach zugeben, mit Zucker abschmecken.

Zu Fischgerichten oder gegrilltem Fleisch reichen.

Was ist zu beachten?
- Voraussetzung für das Gelingen der Mayonnaise ist neben dem kräftigen Unterrühren des Öls auch die gleiche Temperatur aller Zutaten. Daher alle Zutaten wenigstens 2 Stunden in einem Raum von etwa 20 °C stehenlassen.
- Sollte die Mayonnaise durch zu schnelle Ölzugabe oder zu kaltes Öl geronnen sein, kann mit der Zubereitung erneut begonnen werden, indem die geronnene Masse tropfenweise unter ein frisches Eigelb gerührt wird.
- Die Masse ergibt mit $^1/_4$ l Öl etwa 200 g Mayonnaise, die sich spritzen läßt. Sie dient zum Füllen und Garnieren.

Veränderung:
- Mit 4 EL Joghurt, Sahne, Milch oder etwas Brühe vermischen, z. B. für Salate, Eiergerichte. →

- Mit 1—2 EL glattgerührtem Quark mischen, dadurch wird die Mayonnaise bekömmlicher.
- Zerkleinerte Kräuter, Tomatenmark, Tomatenketchup, Worcestersoße oder geriebenen Meerrettich zugeben.
- **Aspik-Mayonnaise**
  6 Blatt weiße Gelatine nach Herstellerangabe in 1/4 l entfetteter, heißer Brühe auflösen. Mit Weißwein, Salz und Madeira kräftig abschmecken und kühl stellen. Sobald die Flüssigkeit anfängt, dicklich zu werden, löffelweise unter 125 g Mayonnaise rühren. Weiterverarbeiten z. B. zu „Geflügel in Aspik-Mayonnaise", Rezept Seite 107.

Diät-Mayonnaise

1/8 l	**Wasser**
20 g	**Speisestärke**
1	**Ei**
	Salz · Zucker · weißer Pfeffer
	Senf · Zitronensaft oder Essig
1/8 l	**Öl**

Wasser und Speisestärke unter Rühren **ankochen,** erkalten lassen.
Aus den übrigen Zutaten eine Mayonnaise bereiten, siehe Grundrezept Mayonnaise, Seite 89.
Speisestärkebrei unterrühren. Mayonnaise abschmecken.
Zu kaltem Braten, kalten Eiergerichten, Salaten oder Vorspeisen reichen oder als Grundlage für pikante Soßen verwenden.

Rohe Tomatensoße

750 g	**reife Tomaten**
1—2	**Zwiebeln**
	Salz · Zucker · Pfeffer · Zitronensaft · saure Sahne · Petersilie · Schnittlauch · Basilikum
1/8 l	**Öl**

Tomaten überbrühen, abschrecken, abziehen und pürieren oder passieren. Zwiebeln schälen und fein reiben.
Zwiebeln, Salz, Zucker, Pfeffer, Zitronensaft, Sahne, zerkleinerte Kräuter und fein zerkrümeltes Basilikum zugeben.
Nach und nach Öl unterrühren, abschmecken.
Zu Teigwaren, Reis, gekochtem Fisch, hartgekochten Eiern oder Fondue reichen.

Teufelssoße

3 EL	**Öl**
4 EL	**Tomatenketchup**
1	**Zwiebel**
100 g	**Paprikaschoten** aus dem Glas
	Petersilie · Schnittlauch
	Salz · Cayennepfeffer · Zucker · Zitronensaft · Worcestersoße

Öl mit Tomatenketchup verrühren.
Zwiebel schälen, Zwiebel und Paprika in Würfel schneiden. Beides mit zerkleinerten Kräutern zugeben.
Mit Salz, Pfeffer, Zucker, Zitronensaft und Worcestersoße abschmecken.
Zu gegrilltem oder gebratenem Fleisch, Fisch, Schaschlik, Fondue oder Bratwurst reichen.

Quarkremoulade

1	**hartgekochtes Ei**
1	**rohes Ei**
2—3 EL	**Milch**
250 g	**Quark**
1 EL	**Essig**
1 TL	**Senf**
	Salz · Pfeffer
6 EL	**Öl**
1—2 EL	**Kräuter**
	Petersilie · Schnittlauch · Dill

Zutaten im Mixer einer Hand- oder Standküchenmaschine kurz pürieren.
Öl durch die Deckelöffnung auf das laufende Messer zugießen.
Zerkleinerte Kräuter zugeben und abschmecken.
Zu gekochtem Rindfleisch, Sülze, Fisch, Mischsalaten oder Pellkartoffeln reichen.

Remouladensoße

200 g	**Mayonnaise** Grundrezept Seite 89 oder Diät-Mayonnaise Seite 90 oder Fertigmayonnaise
½	**geriebene Zwiebel**
	Milch nach Bedarf
1	**Gewürzgurke**
1	**hartgekochtes Ei**
1 EL	**Kapern**
1 EL	**Kräuter** Petersilie · Schnittlauch · Dill · Estragon · Zitronenmelisse
	Salz · Pfeffer · Senf

Mayonnaise bereiten, siehe Seite 89.
Zwiebel zugeben, nach Bedarf mit Milch verdünnen. Gurke und Ei in Würfel schneiden, mit Kapern und zerkleinerten Kräutern unter die Mayonnaise mengen. Mit Salz, Pfeffer und Senf abschmecken.
Zu kaltem Braten, gebratenem Fisch oder hartgekochten Eiern reichen.

Grüne Soße

¼ l	**saure Sahne**
1–2 EL	**Öl**
1 EL	**Essig** oder Zitronensaft
	Salz
1 Prise	**Zucker**
1 Prise	**Pfeffer** oder Basilikum
2 EL	**Kräuter** Petersilie · Schnittlauch · Dill · Borretsch · Zitronenmelisse · Pimpinelle · Estragon

Zutaten schaumig schlagen und kühl stellen.
Zerkleinerte Kräuter kurz vor dem Servieren untermischen. 5 Minuten ziehen lassen, abschmecken.
Zu kaltem Braten, Fisch, Frikadellen und hartgekochten Eiern reichen.

Was ist zu beachten?
- Von den zuletzt genannten 4 Kräutern nur eine geringe Menge verwenden.

Veränderung:
- Joghurt anstelle von Sahne verwenden.

Cumberlandsoße

3 EL	**Johannisbeergelee**
1–2 TL	**Senf**
	Salz
1 Prise	**Paprika**
3–4 EL	**Rotwein**
	Saft von 1 Orange und ½ Zitrone
	Schale von ½ Orange und ½ Zitrone

Gelee und Senf glattrühren.
Salz, Paprika, Wein, Saft und fein geschnittene oder abgeriebene Fruchtschale zufügen, abschmecken.
Zu Wild- oder Lammbraten und Fleischpasteten reichen.

Sahnemeerrettich

4–6 EL	**geriebener Meerrettich**
	Zitronensaft · Salz
4 EL	**süße Sahne**

Meerrettich sofort mit Zitronensaft und Salz vermengen.
Sahne steif schlagen und zugeben. Abschmecken und kalt stellen.
Zu Fisch, gekochtem Rindfleisch oder Schinken und zu Grillgerichten reichen.

Tip:
- Sahnemeerrettich kann gefroren und angetaut verwendet werden.

Apfel-Meerrettich

1	**säuerlicher Apfel**
4–5 EL	**geriebener Meerrettich**
1 Prise	**Zucker**
	Salz · Pfeffer · Selleriesalz · Zitronensaft
1 EL	**Quark** nach Belieben

Apfel waschen, schälen, Kerngehäuse entfernen, Apfel reiben und sofort mit Meerrettich vermischen.
Mit Zucker, Salz, Pfeffer, Selleriesalz und Zitronensaft abschmecken. Nach Belieben glattgerührten Quark unterrühren.

Süße Soßen

Süße Soßen werden aus Milch, Fruchtsaft oder Wein hergestellt. Sie entsprechen in den Zutaten und der Zubereitungsart der Milchsuppe, jedoch ist die Flüssigkeitsmenge im Verhältnis zum Bindemittel reduziert. Als Bindemittel eignet sich Speisestärke.

Gekühlte süße Soßen zu Creme, Flammeri, Auflauf, im Wasserbad gekochten Pudding oder zu Klößen reichen.

Warme süße Soßen zu Eis, Creme oder Grießflammeri servieren.

Zubereitung

- Speisestärke mit etwas Flüssigkeit verquirlen,
- in die kochende Flüssigkeit rühren,
- Kochstelle ausschalten und
- Soße ½ Minute in der Nachwärme fertig garen.
  Bei längerer Gardauer würde die Speisestärke ihre Bindefähigkeit verlieren und die Soße wieder flüssig werden.

Was ist zu beachten?

- Bei Verwendung von Milch einen hohen Kochtopf wählen, da Milch beim Kochen hochsteigt.

Zutaten zur Verfeinerung und Geschmacksabrundung

- Herausgeschabtes Mark einer längs aufgeschnittenen Vanilleschote und 1 Prise Salz mitkochen.
- Mit süßer Sahne verfeinern.
- Zum Legieren Eigelb mit Speisestärke und Flüssigkeit verrühren und in die kochende Soße rühren. Eigelb in dieser Verbindung gerinnt in der kochenden Soße nicht.
- Steif geschlagenes Eiweiß locker unter die heiße Soße geben.
- Fruchtsoßen mit Zitronensaft oder Wein abschmecken.

Vanillesoße

½	**Vanilleschote**
½ l	**Milch**
30 g	**Zucker**
1 Prise	**Salz**
1—2 EL	**Speisestärke**
1	**Eigelb**

Vanilleschote längs halbieren und Mark herausschaben.
Milch — etwas zum Anrühren der Speisestärke zurücklassen — mit Vanillemark, Zucker und Salz **ankochen.**

Speisestärke mit Eigelb und Milch verquirlen, einrühren, **½ Minute** in der **Nachwärme** fertig garen und abschmecken.
Zu Flammeris, Cremespeisen, Kompott oder süßen Aufläufen reichen.

Veränderung:

- Eischnee in die heiße Soße geben.
- Mit ¼ l steif geschlagener süßer Sahne verfeinern.

Mandelsoße

¼	**Vanilleschote**
50 g	**Mandeln**
½ l	**Milch**
35 g	**Zucker**
1 Prise	**Salz**
1—2 EL	**Speisestärke**

Vanilleschote längs halbieren und Mark herausschaben. Mandeln überbrühen, abziehen und fein reiben.
Milch — etwas zum Anrühren der Speisestärke zurücklassen — mit Mandeln, Vanillemark, Zucker und Salz **ankochen.**
Speisestärke mit Milch verquirlen, einrühren, ½ **Minute** in der **Nachwärme** fertig garen und abschmecken.
Zu Flammeris, Cremespeisen oder süßen Aufläufen reichen.

Karamelsoße

100 g	**Zucker**
⅛ l	**kochendes Wasser**
½ l	**Milch**
1—2 EL	**Speisestärke**
1	**Eigelb**
1	**Vanillezucker**
1 Prise	**Salz**

Zucker im offenen Kochtopf **bräunen.** Kochtopf von der Kochstelle nehmen und Zucker mit kochendem Wasser ablöschen.
Milch — etwas zum Anrühren der Speisestärke zurücklassen — zufügen und **ankochen.**
Speisestärke mit Eigelb, Vanillezucker, Salz und Milch verquirlen, einrühren, ½ **Minute** in der **Nachwärme** fertig garen und abschmecken.
Zu Flammeris oder Cremespeisen reichen.

Was ist zu beachten?

- Den Zucker am besten in einem dunklen Geschirr karamelisieren, da er darin schneller bräunt. Er darf nicht zu dunkel werden, da er sonst bitter schmeckt, aber auch nicht zu hell bleiben, da die Soße sonst keinen kräftigen Geschmack bekommt.

Schokoladensoße

25—50 g	**Schokolade** oder Schokoladenpulver
1 TL	**Kakao**
1 Prise	**Salz**
30 g	**Zucker**
1	**Vanillezucker**
½ l	**Milch**
1—2 EL	**Speisestärke**

Schokolade reiben, mit Kakao, Salz, Zukker und Vanillezucker in den Kochtopf geben.
Milch — etwas zum Anrühren der Speisestärke zurücklassen — zugeben und **ankochen.**
Speisestärke mit Milch verquirlen, einrühren, ½ **Minute** in der **Nachwärme** fertig garen und abschmecken.
Warm oder kalt zu Flammeris, Cremespeisen oder gekochten Birnen reichen.

Veränderung:

- **Kakaosoße**
  20 g Kakao statt Schokolade und Kakao nehmen, und die Soße kalt zu Flammeris, Cremespeisen oder süßen Aufläufen reichen.

Kaffeesoße

¼	**Vanilleschote**
½ l	**Milch**
30 g	**Zucker**
1 Prise	**Salz**
1—2 EL	**Speisestärke**
1	**Eigelb**
3—4 TL	**Pulverkaffee**

Vanilleschote längs halbieren und Mark herausschaben.
Milch — etwas zum Anrühren der Speisestärke zurücklassen — mit Vanillemark, Zucker und Salz **ankochen.**
Speisestärke mit Milch und Eigelb verquirlen, einrühren und ½ **Minute** in der **Nachwärme** fertig garen. Pulverkaffee einrühren und abschmecken.
Zu Flammeris, Cremespeisen oder süßen Aufläufen reichen.

Preiselbeersoße

2 EL	**eingemachte Preiselbeeren**
3/8 l	**Wasser**
	Zimt · Zitronenschale · Zucker
2 EL	**Speisestärke**
1/8 l	**Rotwein**

Preiselbeeren mit Wasser, Zimt, Zitronenschale und Zucker **ankochen.** Zitronenschale herausnehmen.
Speisestärke mit etwas Wasser verquirlen, einrühren und 1/2 **Minute** in der **Nachwärme** fertig garen. Rotwein zugießen.
Nach Belieben passieren und abschmekken.
Zu Wildgerichten, Fleischpasteten, kaltem Braten sowie Flammeris oder süßen Puddingen reichen.

Hagebuttensoße

250 g	**Hagebutten**
1/2 l	**Wasser**
1 EL	**Speisestärke**
	Zitronensaft · Zucker

Hagebutten waschen, Blüten, Kerne und Härchen entfernen. Mit Wasser **ankochen** und etwa **1 Stunde fortkochen,** pürieren oder passieren, mit der Flüssigkeit wieder in den Kochtopf geben und **aufkochen.**
Speisestärke mit etwas Wasser verquirlen, einrühren und 1/2 **Minute** in der **Nachwärme** fertig garen.
Mit Zitronensaft und Zucker abschmekken.
Zu Flammeris oder süßen Grießklößen reichen.

Was ist zu beachten?
- Wer nicht empfindlich ist, braucht die Hagebutten nicht auszukratzen. Dadurch wird viel Arbeit erspart.

Veränderung:
- 50 g getrocknete Hagebutten mehrere Stunden einweichen, mit Zitronenschale und 1/2 Stange Zimt ankochen, 1 Stunde fortkochen, passieren und binden.

Erdbeersoße Melba

250 g	**Erdbeeren** frisch oder gefroren
150 g	**Zucker**

Erdbeeren waschen, Blätter entfernen und pürieren. Mit Zucker **ankochen** und **5 Minuten fortkochen.** Kühl stellen und bald verbrauchen.
Die Soße ist ein Bestandteil der Eisspeise „Pfirsich Melba", Rezept Seite 325, und hat daher ihren Namen.

Tip:
- Zur Erdbeerzeit kann man diese Soße auf Vorrat herstellen: Vorbereitete Erdbeeren pürieren, mit Zucker 5 Minuten kochen, zwischendurch den Schaum abschöpfen. Kochtopf von der Kochstelle nehmen, nach kurzem Stehen Soße nochmals abschäumen. Die Soße heiß in vorbereitete Gläser, Flaschen oder Becher füllen, sofort mit Schraubdeckel oder Einmach-Cellophan verschließen und kühl aufbewahren oder einfrieren.

Veränderung:
- Mit etwas steif geschlagener süßer Sahne verfeinern.

Aprikosensoße

100 g	**getrocknete Aprikosen**
1/2 l	**Wasser**
	Zucker
1 Prise	**Salz**
1 EL	**Speisestärke**
	Zucker · Zitronensaft

Aprikosen einen Tag vor der Zubereitung in Wasser mit etwas Zucker einweichen.
Am nächsten Tag im Einweichwasser mit Salz **ankochen,** pürieren oder passieren, mit der Flüssigkeit wieder in den Kochtopf geben und **aufkochen.**
Speisestärke mit etwas Wasser verquirlen, einrühren und 1/2 **Minute** in der **Nachwärme** fertig garen.
Mit Zucker und Zitronensaft abschmekken.
Zu Hefe- oder süßen Grießklößen, Flammeris, süßen Aufläufen oder Puddingen reichen.

Abgeschlagene Soßen

Abgeschlagene Soßen, warm oder kalt serviert, spielen in der feinen Küche eine große Rolle. Ihre Zubereitung erfordert besondere Sorgfalt und Aufmerksamkeit.
Bei abgeschlagenen Soßen wird die Bindung nur durch Eigelb oder wenig Speisestärke erreicht. Dadurch erhalten diese Soßen eine lockere Beschaffenheit.
Die Zusammensetzung der Zutaten erfordert ein mildes, schonendes Garen. Damit die Soße nicht gerinnt, muß sie abgeschlagen, d. h. mit einem Handrührgerät oder dem Schneebesen bei milder Wärmezufuhr ständig gerührt werden, bis die Soße hochsteigt und dicklich wird. Das Abschlagen im Kochtopf kann direkt auf der Kochstelle erfolgen.

Salzige Soßen zu gegrilltem Fleisch, gebratenen Fleischstücken, gegartem Fisch oder Gemüse servieren.

Süße Soßen zu Aufläufen, im Wasserbad gekochten Puddingen und warmen Mehlspeisen servieren.

Zubereitung

- Zutaten im Kochtopf kalt verrühren,
- auf der Kochstelle abschlagen, bis die Soße hochsteigt und dicklich wird.
- Soße verfeinern und abschmecken.

Was ist zu beachten?
- Bei der Zubereitung auf dem Elektroherd entfällt das Wasserbad.
- Abgeschlagene Soßen dürfen nicht in einem einfachen Aluminiumtopf bereitet werden, da sie darin grau werden und sich ihr Geschmack nachteilig verändern kann.
- Abgeschlagene Soßen dürfen nicht kochen, die Masse soll nur hochsteigen und dicklich werden.

Tip:
Da für abgeschlagene Soßen meist nur das Eigelb verwendet wird, hier einige Vorschläge für die Verwendung von Eiweiß:
- In ein Schraubdeckelglas geben — der Rand muß etwa 1 cm frei bleiben — und einfrieren. Bei Bedarf auftauen und wie frisches Eiweiß verwenden.
- 2—4 Eiweiß in eine gefettete Tasse oder in Spezial-Eierkochformen geben, abdecken und im Wasserbad stocken lassen. Rand lockern, Masse herausnehmen, in Würfel schneiden und als Einlage in eine Suppe oder Salatsoße geben oder mit Salz, Paprika und zerkleinerten Kräutern bestreut auf Butterbrot essen.
- Schneeklößchen bereiten, Rezept Seite 80.
- Baisers bereiten, Rezept Seite 422.

Sauce Béarnaise

1/8 l	**Wasser**
4 EL	**Kräuteressig**
1	**Zwiebelscheibe**
2	**Gewürzkörner**
1	**Pfefferkorn**
1	**Lorbeerblatt**

1/8 l	**milder Weißwein**
4	**Eigelb**
1 TL	**Speisestärke**
1 Prise	**Salz**
1 Prise	**Zucker**
60 g	**Butter**

1 TL	**Senf** nach Belieben
	Petersilie
	Salz · Zucker

Wasser, Essig, Zwiebel und Gewürze **ankochen** und erkalten lassen. Durch ein Sieb gießen, Flüssigkeit wieder in den Kochtopf geben.
Mit Wein, Eigelb, Speisestärke, Salz, Zukker und Butter kalt verrühren. **Abschlagen** bis die Masse hochsteigt und dicklich wird.
Kochtopf von der Kochstelle nehmen, Senf und zerkleinerte Petersilie zufügen. Mit Salz und Zucker abschmecken.
Warm oder kalt zu gegrilltem Fleisch oder Fisch reichen.

Was ist zu beachten?
- Die Soße beim Abschlagen nicht überhitzen, da sie sonst gerinnt.

Feine Holländische Soße

4	**Eigelb**
2 EL	**Wasser**
2 EL	**Wein**
	abgerieben Zitronenschale
	Salz
1 Prise	**Zucker**
1 Prise	**weißer Pfeffer**

100—150 g	**Butter**
	Zitronensaft

Eigelb, Wasser, Wein, Zitronenschale, Salz, Zucker und Pfeffer im Kochtopf kalt verrühren. **Abschlagen** bis die Soße dicklich wird.

Weiche Butter in Flöckchen zufügen und weiter schlagen, bis sich die Butter aufgelöst hat. Mit Zitronensaft abschmekken.
Zu gekochtem Fleisch oder Fisch, zu Reisgerichten und Gemüse, z. B. Spargel, Schwarzwurzeln oder Blumenkohl, reichen.

Veränderung:
- 2—3 EL süße Sahne — eventuell steif geschlagen — kurz vor dem Anrichten unterziehen.

Holländische Soße mit Stärkebindung

3/8 l	**Brühe** von Fleisch, Fisch oder Gemüse
2 EL	**Speisestärke**
2	**Eigelb**
	Salz
1 Prise	**Zucker**

65 g	**Butter**
1—2 EL	**Zitronensaft**
1 Prise	**Muskat**

Brühe, Speisestärke, Eigelb, Salz und Zucker im Kochtopf kalt verrühren. **Abschlagen** bis die Soße dicklich wird.
Weiche Butter in Flöckchen unterrühren, mit Zitronensaft und Muskat abschmekken.
Zu Fleisch, Fisch und Gemüse reichen.

Mousselinesoße

40 g	**Butter**
2	**Eigelb**
1 EL	**Wasser**

1 Prise	**Salz**
1 Prise	**Pfeffer**
1—2 TL	**Zitronensaft**

1/8 l	**süße Sahne**

Butter, Eigelb und Wasser im Kochtopf kalt verrühren. **Abschlagen** bis die Soße dicklich wird.
Mit Salz, Pfeffer und Zitronensaft abschmecken und kalt stellen.

Vor dem Anrichten Sahne steif schlagen und unterziehen.
Zu gekochtem Fisch und Gemüse reichen.

Mousselinesoße mit Stärkebindung

3/8 l	**Fleischbrühe**
2	**Eigelb**
2 EL	**Speisestärke**
30 g	**Butter**
	Salz · Zitronensaft
1 Prise	**weißer Pfeffer**
1 Prise	**Zucker**
1/8 l	**süße Sahne**

Brühe, Eigelb und Speisestärke im Kochtopf kalt verühren. **Abschlagen** bis die Soße dicklich wird.
Weiche Butter in Flöckchen unterrühren, mit Salz, Zitronensaft, Pfeffer und Zucker abschmecken und kalt stellen.
Vor dem Anrichten Sahne steif schlagen und unterziehen.
Zu gekochtem Fisch oder Gemüse reichen.

Maltasoße

3/8 l	**Fleischbrühe**
2	**Eigelb**
2 EL	**Speisestärke**
	Salz · Zucker
	abgeriebene Orangenschale
1/4 l	**Orangensaft**
1 EL	**Zitronensaft**
75–100 g	**Butter**

Brühe, Eigelb, Speisestärke, Salz, Zucker und Orangenschale im Kochtopf kalt verrühren. **Abschlagen** bis die Soße dicklich wird.
Obstsaft zufügen, weiche Butter in Flöckchen unterrühren, abschmecken und erkalten lassen.
Zu Wildfleisch, kaltem Braten, Fleischpasteten, Fisch, Spargel oder Chicorée reichen.

Senfsoße

1/4 l	**Wasser** oder Brühe
1/8 l	**Weißwein**
2	**Eigelb**
2 EL	**Speisestärke**
	Salz
1 Prise	**Zucker**
1–2 EL	**Senf**
50 g	**Butter**

Zutaten im Kochtopf kalt verrühren. **Abschlagen** bis die Soße dicklich wird, abschmecken.
Warm oder kalt zu gekochtem Fisch, Fleisch, hartgekochten oder verlorenen Eiern reichen.

Weinschaumsoße

2	**Eier**
100 g	**Zucker**
1/4 l	**Weißwein** oder Apfelwein
	abgeriebene Zitronenschale
2 EL	**Zitronensaft**
1 EL	**Speisestärke**

Zutaten in einem hohen Kochtopf kalt verrühren. **Abschlagen** bis die Soße hochsteigt und dicklich wird.
Warm oder kalt zu Mehlspeisen, süßen Puddingen oder süßen Aufläufen reichen.

Veränderung:
- Anstelle von Wein eignet sich auch Apfelsüßmost. Dann 3–4 EL Zitronensaft und nur 80 g Zucker nehmen.

Rumsoße

1/2 l	**Milch**
2 EL	**Speisestärke**
40 g	**Zucker**
2	**Eigelb**
2–3 EL	**Rum**

Milch, Speisestärke, Zucker und Eigelb im Kochtopf kalt verrühren. **Abschlagen** bis die Soße dicklich wird.
Rum nach Geschmack zugießen.
Warm oder kalt zu Mehlspeisen reichen.

Vorspeisen

Eine appetitlich angerichtete Vorspeise, warm oder kalt gereicht, vervollständigt eine Mahlzeit und gibt festlichen Anlässen die besondere Note. In Geschmack, Zusammensetzung und Farbe soll die Vorspeise — wie auch alle anderen Gänge einer Menüfolge — vom Hauptgericht abweichen.
Vorspeisen sind auch als Abendimbiß oder Zwischenmahlzeit geeignet.

Zutaten

Fleisch, Geflügel, Gemüse und Pilze in gegarter Form; Schinken, Aufschnitt, Tatar, Käse, gekochte Eier; Fischkonserven und Räucherfisch; Tomaten, Gurken, Mixed Pickles, Salat und Früchte.

Zubereitungsarten

Warme Vorspeisen

- in einer pikanten Soße bereiten und in erwärmte Blätterteigpasteten füllen
  oder
  in feuerfeste Förmchen, Muscheln oder ausgehöhlte Brötchen füllen oder auf Toastscheiben geben und überbacken.
  Das Überbacken oder Gratinieren geschieht auf dem Backblech oder dem Rost unter dem vorgeheizten Grill oder im vorgeheizten Backofen auf der oberen oder mittleren Einschubleiste bei etwa 250 °C.
- Portionsweise mit marinierten Salatblättern, Gurken und Kräutern garnieren und sofort servieren.
- Zitronensaft, pikante Soßen, z. B. Worcestersoße, oder Ketchup als Würze dazu reichen.

Tip:
- Eine besonders schöne braune Oberfläche wird erzielt, wenn die Vorspeise vor dem Einsetzen in den Backofen oder Grill mit einem Belag versehen wird: Vorspeise mit geriebenem Käse und Paniermehl bestreuen und Butter oder Margarine in Flöckchen darauf verteilen.
- Die Reinigung von Backblech oder Rost entfällt, wenn man Alufolie unter die Förmchen, Muscheln, Brötchen oder Toastscheiben legt.

Warme Vorspeisen können auch im Mikrowellengerät zubereitet werden, siehe Seite 482.

Kalte Vorspeisen

- Zutaten mit Mayonnaise, Marinade oder pikanten Soßen mischen und in Stielgläser oder Portionsschalen füllen oder auf Teller geben.
- Mit Tomaten-, Zitronen- oder Orangenscheiben, Mandarinen, Kirschen, Oliven, Cornichons, Paprikaschoten oder Mixed Pickles aus dem Glas sowie Kräutern, z. B. Petersilie, Schnittlauch, Dill oder Kresse garnieren.
- Erwärmtes Blätterteiggebäck oder frisch geröstetes Toastbrot mit Butter dazu reichen.

Tip:
- Geeiste Melonen- oder Ananasscheiben mit Schinken oder Grapefruits, die nach Geschmack gezuckert, mit Zitronensaft oder Alkohol beträufelt und eventuell mit Früchten garniert werden, sind als einfache und schnelle kalte Vorspeisen beliebt.

Warme Vorspeisen

Ragout fin

250 g	**Kalbfleisch**
1	**kleine Kalbszunge**
250 g	**Kalbsbries**
1/2 l	**Wasser**
	Salz
1	**Suppengrün**
1	**Gewürzdosis**
65 g	**Champignons** oder andere Pilze
10 g	**Fett**
	Zitronensaft
Soße:	
30 g	**Fett**
30 g	**Mehl**
1/4 l	**Brühe**
1	**Eigelb**
1 EL	**süße Sahne** oder saure Sahne
	Salz
1 Prise	**Zucker**
2—3 EL	**Weißwein**
	Zitronensaft
Belag:	**geriebener Käse · Butter**

Fleisch und Zunge waschen. Kalbsbries wässern, abgießen, mit kochendem Wasser überbrühen, in kaltem Wasser abschrecken. Haut und Adern entfernen. Wasser, Salz, Suppengrün und Gewürzdosis **ankochen.** Fleisch, Zunge und Kalbsbries einlegen. Kalbsbries **10 Minuten,** Zunge und Fleisch **1—1 1/4 Stunde fortkochen.** Herausnehmen.
Haut von der Zunge abziehen, Zunge, Fleisch, Kalbsbries in Würfel schneiden.
Champignons putzen, waschen, halbieren oder vierteln.
Fett **erhitzen,** Champignons darin **andünsten** und einige Tropfen Zitronensaft zugeben.
Für die Soße Fett **erhitzen,** Mehl zugeben und unter ständigem Rühren hellgelb **andünsten.** Mit Brühe unter Rühren ablöschen, **aufkochen** und **5 Minuten** in der **Nachwärme** quellen lassen. Die Soße muß dick sein.
Eigelb mit Sahne verquirlen, in die nicht mehr kochende Soße rühren. Fleisch und Pilze zugeben. Mit Salz, Zucker, Wein und Zitronensaft abschmecken.
Etwa 8 Förmchen einfetten. Masse einfüllen, mit Käse bestreuen, Butterflöckchen darauf verteilen. Im vorgeheizten Backofen überbacken, bis sich eine Kruste gebildet hat.

Einsetzen:
Auf dem Backblech,
obere Einschubleiste.

Überbacken:

250—275 °C	8—10 Minuten
0	3— 5 Minuten

Fischragout fin

500 g	**Fischfilet**
3 EL	**Zitronensaft**
	Salz
1	**Zwiebel**
1—2 EL	**Wasser**
Soße:	
60 g	**Fett**
60 g	**Mehl**
1/2 l	**Flüssigkeit** Fischbrühe, Wasser und Wein
1 EL	**Kapern**
1	**Eigelb**
Belag:	**geriebener Käse · Butter**

Fisch säubern, säuern, kurz vor der Zubereitung salzen. Zwiebel schälen und in Scheiben schneiden. Mit Wasser zu dem Fisch geben, **5 Minuten andünsten** und **5 Minuten** in der **Nachwärme** fertig garen. Fisch herausnehmen und in kleine Stücke teilen.
Für die Soße Fett **erhitzen,** Mehl zugeben und unter ständigem Rühren hellgelb **andünsten.** Mit Flüssigkeit unter Rühren ablöschen, **aufkochen,** Kapern zugeben und **5 Minuten** in der **Nachwärme** quellen lassen. Die Soße muß dick sein.

Eigelb mit etwas Soße verquirlen und in die nicht mehr kochende Soße rühren. Fisch zugeben und abschmecken.
Förmchen einfetten. Ragout einfüllen, mit Käse bestreuen, Butterflöckchen darauf verteilen. Im vorgeheizten Backofen überbacken, bis sich eine Kruste gebildet hat.

Einsetzen:
Auf dem Backblech,
obere Einschubleiste.

Überbacken:

250—275 °C	8—10 Minuten
0	3— 5 Minuten

Was ist zu beachten?
- Bei Verwendung eines Fischstücks mit Gräten müssen 750 g gerechnet werden.

Reste-Ragout fin

500 g	**gegarte Reste** von Fleisch, Fisch, Gemüse oder Pilzen
1—2 Tassen	**gegarter Reis**
¼ l	**Milch**
1	**Ei**
	Salz
	nach Belieben: **Paprika · Pfeffer · Zwiebelpulver · Curry**
Belag:	**geriebener Käse · Butter**

Fleisch-, Fisch-, Gemüse- oder Pilzreste — auch Mischungen daraus — mit gegartem Reis vermengen.
Förmchen einfetten und Masse einfüllen.
Milch mit Ei, Salz und Gewürzen verquirlen und darübergießen.
Mit Käse bestreuen, Butterflöckchen darauf verteilen. Im vorgeheizten Backofen überbacken, bis sich eine Kruste gebildet hat.

Einsetzen:
Auf dem Backblech,
obere Einschubleiste.

Überbacken:

250—275 °C	8—10 Minuten
0	3— 5 Minuten

Was ist zu beachten?
- Kleine Förmchen oder Muschelformen, in denen die Eiermilch schnell stockt, verwenden.

Überbackener Thunfisch

1	**kleine Zwiebel**
20 g	**Fett**
20 g	**Mehl**
1 TL	**Curry**
⅛ l	**Wasser**
1	**Eigelb**
⅛ l	**süße Sahne**
	Salz · Zitronensaft
1 EL	**Weißwein**
1 Prise	**Zucker**
1 Dose	**Thunfisch** Abtropfgewicht etwa 125 g
Belag:	**geriebener Käse**

Zwiebel schälen und in Würfel schneiden. Fett **erhitzen,** Zwiebel darin glasig **andünsten,** Mehl und Curry zugeben und unter ständigem Rühren hellgelb **andünsten.** Mit Wasser unter Rühren ablöschen, **aufkochen** und **5 Minuten** in der **Nachwärme** quellen lassen.
Eigelb mit Sahne verquirlen und in die nicht mehr kochende Soße rühren. Mit Salz, Zitronensaft, Wein und Zucker abschmecken.
Thunfisch abtropfen lassen, in Stücke zerpflücken und in die Soße geben.
Förmchen einfetten. Masse einfüllen, mit Käse bestreuen. Im vorgeheizten Backofen goldgelb überbacken.

Einsetzen:
Auf dem Backblech,
obere Einschubleiste.

Überbacken:

250—275 °C	8—10 Minuten
0	3— 5 Minuten

Bild 22: Durch das Gratinieren erhalten überbackene Krabben, Rezept Seite 101, ihr appetitliches Aussehen.

Überbackene Krabben

200 g	**Krabbenfleisch**
	Saft einer Zitrone
100 g	**Champignons**
30 g	**Fett**
20 g	**Mehl**
$^1/_8$ l	**Brühe**
2	**Eigelb**
	Salz · Zucker
Belag:	
	geriebener Käse · Butter

Krabben mit Zitronensaft beträufeln. Gefrorene Krabben antauen lassen. Champignons putzen, waschen, blättrig schneiden.
Fett **erhitzen,** Champignons darin **andünsten.** Mehl überstäuben, hellgelb **andünsten,** mit Brühe unter Rühren ablöschen, **aufkochen** und **5 Minuten** in der **Nachwärme** quellen lassen. Krabben zufügen.

Eigelb mit etwas Soße verquirlen und in die nicht mehr kochende Soße rühren.
Mit Salz und Zucker abschmecken.
Förmchen einfetten. Masse einfüllen, mit Käse bestreuen, Butterflöckchen darauf verteilen. Im vorgeheizten Backofen goldgelb überbacken.

Einsetzen:
Auf dem Backblech,
obere Einschubleiste.

Überbacken:

250—275 °C	8—10 Minuten
0	3— 5 Minuten

Überbackenes Eierhaschee

6	**hartgekochte Eier**
100 g	**gekochter Schinken**

Soße:

20 g	**Fett**
20 g	**Mehl**
¹/₄ l	**Brühe**
¹/₈ l	**saure Sahne** oder Milch
1 TL	**Kapern**
	Salz

Belag:

geriebener Käse · Butter

Gepellte Eier und Schinken in Würfel schneiden.
Für die Soße Fett **erhitzen**, Mehl zugeben und unter ständigem Rühren hellgelb **andünsten**. Mit der Brühe unter Rühren ablöschen, **aufkochen** und **5 Minuten** in der **Nachwärme** quellen lassen.
Eier, Schinken, Sahne und Kapern zufügen, mit Salz abschmecken.
Förmchen einfetten. Masse einfüllen, mit Käse bestreuen, Butterflöckchen darauf verteilen. Im vorgeheizten Backofen goldgelb überbacken.

Einsetzen:
Auf dem Backblech,
obere Einschubleiste.

Überbacken:

250—275 °C	8—10 Minuten
0	3— 5 Minuten

Überbackenes Pilzragout

250 g	**Champignons** oder andere Pilze
100 g	**roher Schinken**
20 g	**Fett**
	Salz · Zitronensaft
2	**Eier**
6 EL	**Milch**
15 g	**geriebener Käse**
	Salz · Paprika · Hefewürze oder 1 Prise Muskat
	Butter

Champignons putzen, waschen. Champignons und Schinken in Würfel schneiden.
Fett **erhitzen,** Champignons darin **andünsten,** Schinken zugeben und mit Salz und Zitronensaft abschmecken.
Förmchen einfetten und Masse einfüllen.
Eier mit Milch, Käse, Salz und Gewürzen verquirlen und über die Pilzmasse gießen. Butterflöckchen darauf verteilen. Im vorgeheizten Backofen goldgelb überbacken.

Einsetzen:
Auf dem Backblech,
obere Einschubleiste.

Überbacken:

250—275 °C	8—10 Minuten
0	3— 5 Minuten

Toast auf verschiedene Art

4 Toastbrotscheiben rösten. Jeweils eine Seite mit Butter bestreichen und die Toasts nach Belieben belegen:

Tomaten-Zwiebel-Toast
Tomatenscheiben, Salz, Zwiebelwürfel, Paprika, 4 Scheiben Käse.
Toast Gutsherrenart
Tomatenscheiben oder Tomatenmark, gewürztes Tatarfleisch, Speckstreifen, Preiselbeerkompott, 4 Scheiben Käse.
Toast Hawaii
4 Scheiben gekochten Schinken, 4 Scheiben Ananas, 4 Scheiben Käse.
Käse-Toast mit Schinken
4 Scheiben gekochten Schinken, Senf zum Bestreichen, 4 Scheiben Käse, Paprikapulver.
Husumer Toast
Rührei aus 2 Eiern und etwa 75 g Krabben.
Toast Max und Moritz
1—2 Brühwürstchen in Scheiben, 4 Scheiben Käse.
Feinschmecker-Toast
Eine dicke helle Grundsoße mit Ei legieren, zerkleinerte Kräuter, Salz, Paprika, Pilz-, Schinken-, Fleischwürfel oder Krabben unterheben. Auf 4 Toastbrotscheiben verteilen, geriebenen Käse überstreuen.

Auf dem Backblech oder dem Rost unter dem Grill oder im vorgeheizten Backofen goldgelb überbacken.

Einsetzen:
Auf dem Backblech oder Rost,
obere Einschubleiste.

Überbacken:

250—275 °C	8—10 Minuten
0	3— 5 Minuten

Tip:
- Das leere Backblech vorheizen, belegte Toastbrotscheiben darauf legen und überbacken. Damit entfällt das vorhergehende Rösten.

Toastschnitten mit Schinkencreme

Soße:

1	**kleine Zwiebel**
100 g	**gekochter Schinken**
20 g	**Fett**
20 g	**Mehl**
1/8 l	**Brühe**
1	**Eigelb** **Salz · Paprika**
4	**Toastbrotscheiben**
Belag:	**geriebener Käse**

Zwiebel schälen. Zwiebel und Schinken in Würfel schneiden.
Für die Soße Fett **erhitzen,** Zwiebel darin **andünsten.** Mehl zugeben und unter ständigem Rühren hellgelb **andünsten.** Mit Brühe unter Rühren ablöschen, **aufkochen** und **5 Minuten** in der **Nachwärme** quellen lassen.
Eigelb mit etwas Soße verquirlen und in die nicht mehr kochende Soße rühren. Schinken zugeben. Mit Salz und Paprika abschmecken.
Toastbrot einseitig rösten, die ungebräunte Seite mit der Schinkenmasse bestreichen und mit Käse bestreuen. Unter dem Grill oder im vorgeheizten Backofen goldgelb überbacken.

Einsetzen:
Auf dem Backblech,
obere Einschubleiste.

Überbacken:

250—275 °C	8—10 Minuten
0	3— 5 Minuten

Vollkorntoast mit Sojabohnenkeimen

1/2	**Knoblauchzehe** oder Knoblauchpulver
30 g	**Butter**
4	**Vollkorn-Toastbrotscheiben** oder Grahambrot
250 g	**Tomaten** **Salz · Pfeffer**
1 Bund	**Petersilie**
1 Bund	**Thymian**
200 g	**Sojabohnenkeime** frisch aus der Dose oder dem Glas
125 g	**geriebener Käse**

Knoblauchzehe schälen, zerdrücken und mit weicher Butter verrühren.
Toastbrotscheiben einseitig rösten, die ungebräunte Seite mit der Knoblauchbutter bestreichen.
Tomaten waschen, in Scheiben schneiden und darauf legen. Mit Salz und Pfeffer bestreuen.
Zerkleinerte Kräuter mit Sojabohnenkeimen und geriebenem Käse mischen und auf den Tomaten verteilen. Unter dem Grill oder im vorgeheizten Backofen goldgelb überbacken.

Einsetzen:
Auf dem Backblech oder Rost,
obere Einschubleiste

Überbacken:

250—275 °C	8—10 Minuten
0	3— 5 Minuten

STROM·SPAR·TIP

Backofentür nicht unnötig öffnen

Spargeltoast

4	**Toastbrotscheiben**
1 Dose	**Spargel** Abtropfgewicht etwa 250 g
100 g	**roher Schinken**
50 g	**Butter**
1	**Eigelb**
2—3 EL	**Milch**
	Petersilie
Belag:	**geriebener Käse · Paniermehl · Butter**

Toastscheiben einseitig rösten. Die ungebräunte Seite mit abgetropften Spargelstücken belegen.
Schinken in Würfel schneiden. Butter, Eigelb und Milch verrühren. Schinken und zerkleinerte Petersilie zugeben.
Die Masse über den Spargel verteilen. Mit Käse und Paniermehl bestreuen, Butterflöckchen darauf verteilen. Im vorgeheizten Backofen goldgelb überbacken.

Einsetzen:
Auf dem Backblech,
obere Einschubleiste.

Überbacken:

250—275 °C	8—10 Minuten
0	3— 5 Minuten

Käseleckerbissen

Welsh Rarebits

150 g	**Chesterkäse**
50 g	**Butter**
1	**Eigelb**
1 Prise	**Salz**
	Paprika · Senf
4	**Toastbrotscheiben**

Käse reiben oder in kleine Würfel schneiden. Mit weicher Butter verrühren, Eigelb, Salz, Paprika und Senf zufügen.
Toastbrot einseitig rösten, die ungebräunte Seite mit Käsemasse bestreichen.
Im vorgeheizten Backofen goldgelb überbacken.

Einsetzen:
Auf dem Backblech,
obere Einschubleiste.

Überbacken:

250—275 °C	8—10 Minuten
0	3— 5 Minuten

Zucchini mit Grünkernfüllung

125 g	**Grünkern**
1/4 l	**Wasser**
1/4 l	**Gemüsebrühe**
1	**Zwiebel**
	Petersilie · Schnittlauch · Dill
100 g	**Magerquark**
50 g	**geriebene Haselnüsse**
1	**Eigelb**
	Salz · Pfeffer
2	**mittelgroße Zucchini** oder Schmorgurken
5—6 EL	**Wasser**
50 g	**geriebener Käse**

Grünkern am Abend vor der Zubereitung in Wasser einweichen.
Gemüsebrühe zugießen, **ankochen, 75 Minuten fortkochen** und **15 Minuten** in der **Nachwärme** quellen lassen. Abkühlen lassen.
Zwiebel schälen und in Würfel schneiden, mit zerkleinerten Kräutern, Quark, Nüssen und Eigelb zu dem Grünkern geben. Mit Salz und Pfeffer abschmecken.
Zucchini waschen, längs halbieren, Kerne entfernen und Zucchini mit Grünkernmischung füllen.
Auflaufform einfetten, Zucchini hineingeben, Wasser zugeben und im Backofen garen.
Käse über die Zucchini streuen und überbacken.

Einsetzen:
Auf dem Rost, mittlere Einschubleiste

Garen:

200—225 °C	30—35 Minuten

Überbacken:

200—225 °C	5—10 Minuten
0	5 Minuten

Gefüllte Tomaten

2	**Brötchen**
1/8 l	**Milch**
1	**kleine Zwiebel**
40 g	**Fett**
	Salz · Paprika · geriebener Käse · Petersilie · Schnittlauch
8	**große Tomaten**
	Salz

Brötchen sehr klein schneiden und mit Milch übergießen, Zwiebel schälen und in feine Würfel schneiden.
Fett **erhitzen,** Zwiebel darin glasig **andünsten.** Aufgeweichte Brötchen mit der Milch zugeben und unter Rühren **dünsten.** Salz, Paprika, Käse und zerkleinerte Kräuter unterrühren.
Tomaten waschen, abtrocknen, Deckel abschneiden, Tomaten aushöhlen und mit Salz ausstreuen. Etwas von dem ausgehöhlten Tomatenmark in die Füllung rühren. Füllung in die Tomaten drücken, Deckel aufsetzen. Tomaten auf eine Servierplatte setzen und im vorgeheizten Backofen überbacken.

Einsetzen:
Auf dem Rost, mittlere Einschubleiste.

Überbacken:

225 °C	20—25 Minuten
0	5—10 Minuten

Veränderung:
Statt der Brötchenmasse andere Füllungen verwenden:

- 100 g gegarten Reis und angedünstete Pilze oder Zwiebelwürfel mit 1 EL zerkleinerten Kräutern, 2—3 EL geriebenem Käse, Salz und Pfeffer mischen.
- Kleingeschnittenen Chesterkäse in die Tomaten drücken, Paprika überstreuen. Der Käse zergeht beim Überbacken.
- 3 Eier, 2 EL Milch, Salz, Paprika, zerkleinerten Schnittlauch mit 2 EL geriebenem Käse verquirlen.
- 200 g Schinkenwürfel und 200 g Zwiebelwürfel andünsten, 1 TL Mehl mit 1/8 l Milch verquirlen, zugeben, mit Salz und Paprika abschmecken.

Sellerieschreiben in Erdnußpanade

2	**kleine Sellerie** à 400 g
	Zitronensaft
2	**Eier**
	Salz · Pfeffer
125 g	**Erdnußkerne**
3 EL	**Weizenvollkornmehl**
	Butter zum Backen
Soße:	
2 EL	**Weizenvollkornmehl**
1/4 l	**Milch**
1 TL	**Instant Hefebrühe** oder Gemüsebrühe
1	**Lorbeerblatt**
100 g	**geriebener Käse**
	Zitronensaft · Salz · Pfeffer · Butter

Sellerie schälen, waschen, in 1 cm dicke Scheiben schneiden und mit Zitronensaft beträufeln.
Eier mit Salz und Pfeffer verquirlen, Erdnüsse mahlen. Selleriescheiben nacheinander in Mehl, Ei und Erdnüssen wenden und Panade fest andrücken. Butter **erhitzen,** Selleriescheiben darin von beiden Seiten hellbraun **backen,** bis sie weich sind.
Für die Soße Mehl in eine trockene Pfanne geben und hellgelb **andünsten.** Milch nach und nach unter ständigem Rühren zugießen, Hefebrühe und Lorbeerblatt zugeben, **ankochen** und **5 Minuten** in der **Nachwärme** fertig garen. Lorbeerblatt herausnehmen.
Käse unterrühren, mit Zitronensaft, Salz und Pfeffer abschmecken und mit Butter verfeinern.
Die Soße zu den Selleriescheiben reichen.

STROM-SPAR-TIP
Nachwärme ausnutzen

Kalte Vorspeisen

Äpfel mit Sahne-Meerrettich

4	**mittelgroße Äpfel** feste Sorte
1/4—3/8 l	**Weißwein**
50—60 g	**Zucker**
1/8—1/4 l	**süße Sahne**
2—3 TL	**geriebener Meerrettich**

Äpfel waschen, schälen, Kerngehäuse ausstechen. Äpfel im ganzen in Weißwein mit Zucker **andünsten, 10—12 Minuten dünsten** und erkalten lassen.
Sahne steif schlagen, mit Meerrettich mischen und in die Apfelöffnungen, die mit einem kleinen Löffel erweitert werden können, hineinspritzen.

Geflügelcocktail

250 g	**gekochtes Hühnerfleisch**
2	**Ananasscheiben**
1 Dose	**Champignons** Abtropfgewicht etwa 125 g
1 Dose	**Mandarinen** Abtropfgewicht etwa 125 g
Soße:	
4 EL	**süße Sahne**
4 EL	**Mayonnaise**
2 EL	**Tomatenketchup**
2 EL	**Sherry**
	Zitronensaft · Worcestersoße · Salz · Zucker
	Salatblätter
	Cocktailkirschen
	Zitronenscheiben

Fleisch ohne Haut in Streifen, abgetropfte Ananas in kleine Stücke, Champignons blättrig schneiden. Mandarinen eventuell halbieren.
Für die Soße Sahne steif schlagen, mit Mayonnaise verrühren, Tomatenketchup, Sherry, Zitronensaft und Worcestersoße zugeben. Mit Salz und Zucker abschmekken.
Erst kurz vor dem Anrichten — die Soße wird sonst zu flüssig — mit Fleisch, Obst und Champignons vermengen. Cocktailgläser mit Salatblättern auslegen, Geflügelsalat bergartig einfüllen, mit Cocktailkirschen und Zitronenscheiben garnieren. Gekühlt servieren.

Krabben-Cocktail

200 g	**Krabbenfleisch**
	Zitronensaft · Salz · Paprika
1	**Orange** oder 100 g Ananas
Soße:	
1/8 l	**saure Sahne** oder süße Sahne
1—2 EL	**Tomatenketchup**
1 TL	**Tomatenmark**
	Weinbrand
	Salatblätter · Paprika

Krabben mit Zitronensaft, Salz und Paprika marinieren und 1 Stunde stehen lassen.
Orange schälen, weiße Haut entfernen und Orange in kleine Würfel schneiden. Mit marinierten Krabben mischen.
Für die Soße Sahne, Tomatenketchup und Tomatenmark verrühren, mit etwas Weinbrand abschmecken.
In 4—6 Cocktailgläser Salatblätter legen. Mischung darauf verteilen, Soße darübergießen und kaltstellen. Paprika überstäuben.

Veränderung:

- Anstelle der Früchte feine Erbsen und kleine Spargelstückchen oder Champignons verwenden.
- **Thunfisch-Cocktail**
  Thunfisch statt Krabben verwenden und mit Madeira statt mit Weinbrand abschmecken.

Geflügel in Aspik-Mayonnaise

300 g	**gegartes Geflügelfleisch**
2	**Scheiben Ananas**

Aspik-Mayonnaise:

6 Blatt	**Gelatine** weiß
¼ l	**heiße Brühe**
	Salz
	Weißwein oder Madeira
125 g	**Mayonnaise** Rezept Seite 89

	Ananas · Cocktail-Kirschen oder Eischeiben und Petersilie

Fleisch und Ananas in Stücke schneiden. Gelatine nach Herstellerangabe in der Brühe auflösen. Brühe mit Salz und Wein abschmecken. Sobald sie zu erstarren beginnt, nach und nach unter die Mayonnaise rühren. Fleisch und Ananas unterheben. In eine Schüssel füllen, erstarren lassen.
Schüssel kurz in heißes Wasser tauchen und Speise stürzen. Mit Ananas und Kirschen oder Eischeiben und Petersilie garnieren.

Veränderung:

- Statt Geflügelfleisch und Ananas 300—400 g gegartes Gemüse, gegartes Fleisch oder gegarten Fisch verwenden.

Bild 23: Geflügelcocktail, Rezept Seite 106, gekühlt servieren.

Eier-Cocktail

50—100 g	**gekochter Schinken**
3—4	**hartgekochte Eier**
1 Dose	**Champignons** Abtropfgewicht etwa 125 g

Soße:

4 EL	**Mayonnaise**
4 EL	**Joghurt**
	Salz · Zucker · Senf · Zitronensaft

	Salatblätter
	Petersilie · Schnittlauch

Schinken in feine Streifen, gepellte Eier und abgetropfte Champignons in Scheiben schneiden.
Für die Soße Mayonnaise mit Joghurt verrühren und mit Salz, Zucker, Senf und Zitronensaft abschmecken. Schinken, Eier und Champignons unterheben. Cocktailgläser mit Salatblättern auslegen, Speise einfüllen oder auf Tellern anrichten und mit zerkleinerten Kräutern bestreuen.

Matjes-Cocktail

2—3	**Matjesfilets**
1	**Ananasscheibe**
1 Dose	**Champignons** Abtropfgewicht etwa 65 g

Soße:

100 g	**Mayonnaise**
⅛ l	**süße Sahne** oder saure Sahne
2—3 EL	**Tomatenketchup**
½ TL	**geriebener Meerrettich**

	Zitronenscheiben

Matjesfilets, Ananas und abgetropfte Champignons kleinschneiden.
Für die Soße Mayonnaise mit Sahne, Tomatenketchup und Meerrettich verrühren.
Kleingeschnittene Zutaten unterheben. Cocktail in Gläser füllen und auf den Rand des Glases eine Zitronenscheibe stekken. Gekühlt servieren.

Klöße und Knödel

Klöße und Knödel sind beliebt als Beilage zu Fleischgerichten mit Soße. Sie können auch als salzige oder süße Hauptgerichte zu Gemüse oder Kompott oder als Nachspeise mit süßen Soßen gereicht werden.

Teigarten

Klöße und Knödel können je nach Verwendung aus folgenden Teigen hergestellt werden:

- Hefeteig
- Kartoffelteig von rohen und/oder gekochten Kartoffeln
- Semmelteig
- Quark-, Grieß- oder anderem Teig

Die Teigbereitung ist in den Rezepten ausführlich beschrieben.

Vorbereitung

- Kloßteig nach Rezeptangabe bereiten und gut vermengen,
- Klöße formen:
  weichen Kloßteig mit Löffeln abstechen, die vorher in das Kochwasser getaucht werden,
  festen Kloßteig auf einer bemehlten oder angefeuchteten Arbeitsfläche oder auf Folie zu einer Rolle formen, gleichmäßige Stücke abschneiden und mit bemehlten oder angefeuchteten Händen glatte Bällchen formen.

Was ist zu beachten?

- Kloßteig muß sorgfältig vermengt und geformt werden, damit die Masse beim Garen gut zusammenhält.

Tip:

- Bei der Bereitung von Kloßteigen ist der Einsatz einer elektrischen Hand- oder Standküchenmaschine zu empfehlen: die Reibscheibe zum Zerkleinern gegarter Kartoffeln, der Entsafter zum Reiben und Entwässern roher Kartoffeln und die Knethaken zum Vermengen der Zutaten.

Zubereitungsarten

- **Auf der Kochstelle**
  - In einem hohen Kochtopf — Bodendurchmesser 20 oder 24 cm — 2 l Salzwasser ankochen. Klöße oder Knödel so einlegen, daß sie nicht übereinander liegen. Kochstelle ausschalten und Topfdeckel so auflegen, daß ein Spalt offen bleibt. Klöße in der Nachwärme garziehen lassen, bis sie hochsteigen. Sie sind gar, wenn sie an der Oberfläche schwimmen. Klöße mit einem Schaumlöffel herausnehmen und dabei gut abtropfen lassen, siehe Bild 24, Seite 109.
  - In einem Kochtopf oder in der Deckelpfanne auf Backobst oder über Wasserdampf, z. B. Großer Semmelkloß auf Backobst oder Wiener Semmelkloß, Rezepte Seite 114 und 113.
  - In einem gefetteten großen Kochtopf mit Deckel oder einer großen Deckelpfanne, z. B. Dampfnudeln mit Kruste, Rezept Seite 110.
- **Im Backofen**
  Auf dem Rost über Wasserdampf, z. B. Hefeklöße, Rezept Seite 110.
- **Im Mikrowellengerät**
  In gefetteter Auflaufform, mit Wasserdampf, z. B. Germknödel, Rezept Seite 498.

Tip:

- Gegarte Klöße können kurzfristig im Kühlschrank gelagert und bei Bedarf in reichlich Wasser erwärmt werden.
  Für die langfristige Lagerung müssen sie eingefroren und bei Bedarf in kochendem Wasser aufgetaut und erwärmt werden.
- Scheiben von salzigen Klößen schmecken auch gut, wenn sie in erhitzter Butter oder Margarine — in der Pfanne nebeneinanderliegend — von beiden Seiten goldbraun gebacken werden.
- Reste von salzigen Klößen, in Scheiben oder Würfel geschnitten, eignen sich als Einlage in Gemüsesuppen.
- Scheiben von süßen Klößen sind als Nachtisch geeignet, wenn sie in erhitzter Butter oder Margarine — in der Pfanne nebeneinanderliegend — von beiden Seiten goldbraun gebacken werden. Mit Zucker und Zimt bestreuen oder mit Fruchtsaft oder Kompott servieren.
- Reste von süßen Klößen und ein Teil der Kochbrühe für eine Milchsuppe verwenden.

Bild 24: Klöße sind gar, wenn sie an der Oberfläche schwimmen. Klöße beim Herausnehmen mit dem Schaumlöffel gut abtropfen lassen, z. B. Semmelknödel Südtiroler Art, Rezept Seite 113.

Dampfnudeln mit Kruste

500 g	**Mehl**
40 g	**Hefe**
1/4 l	**Milch**
50 g	**Zucker**
1	**Ei**
	Salz
	abgeriebene Zitronenschale oder Anispulver
50 g	**Butter** oder Margarine
40 g	**Schmalz**
50 g	**Zucker**
1/4 l	**Wasser** knapp

Aus den Zutaten einen Hefeteig bereiten, siehe Seite 342/340.
Eine Rolle formen und in 12—14 Teile schneiden. Diese zu glatten Bällchen formen und an warmer Stelle gehen lassen.
Die Dampfnudeln in 2 Portionen in einem großen Kochtopf oder in einer großen Deckelpfanne herstellen.
Kochgeschirr je Füllung mit der halben Schmalzmenge ausstreichen, je die Hälfte von Zucker und Wasser zugeben. Je 6—7 Bällchen einsetzen, sofort den Deckel auflegen, der fest schließen muß, damit kein Dampf entweichen kann. **Ankochen, 10—20 Minuten fortkochen,** bis es prasselt und nach Karamel duftet, danach **10 Minuten** in der **Nachwärme** fertig garen.
Die Dampfnudeln müssen aufgegangen sein, alle Flüssigkeit aufgesogen und unten eine goldbraune Kruste haben.
Dampfnudeln vorsichtig lösen, mit der Kruste nach oben anrichten.
Die Dampfnudeln schmecken warm und kalt.

Was ist zu beachten?
- Während des Garens auf keinen Fall das Kochgeschirr vorzeitig öffnen.
- Nach dem Garen den Deckel vorsichtig abnehmen, damit kein Kondenswasser auf die Dampfnudeln tropfen kann, da sie sonst zusammenfallen.

Veränderung:
- **Salzige Dampfnudeln**
  Anstelle des Zuckers je Füllung 1 TL Salz mit dem Wasser in das mit Fett ausgestrichene Kochgeschirr geben.

Hefeklöße auf der Kochstelle

500 g	**Mehl**
40 g	**Hefe**
1/4 l	**Milch**
1 EL	**Zucker**
	abgeriebene Zitronenschale
	Salz
1	**Ei**
50 g	**Butter** oder Margarine
1/4 l	**Wasser**
	Butter · Paniermehl

Aus den Zutaten einen Hefeteig bereiten, siehe Seite 342/340.
Eine Rolle formen und in 12—14 Teile schneiden. Diese zu glatten Bällchen formen und an warmer Stelle gehen lassen.
Auf den Boden einer Deckelpfanne mit Einsatzrost gut 1/4 l Wasser gießen, es darf nicht an den Einsatzrost reichen. Rost mit Mulltuch oder mehrfach durchstochenem Butterbrotpapier bedecken. 5—6 Klöße darauflegen und Pfanne mit Deckel verschließen. **Ankochen, 10—15 Minuten fortkochen** und **5 Minuten** in der **Nachwärme** fertig garen.
Klöße herausnehmen und mit zwei Gabeln auseinanderreißen, damit der Dampf entweicht.
Butter **erhitzen.** Paniermehl darin **bräunen** und über die Klöße geben.

Veränderung:
- Den Teig ohne Zucker und Zitronenschale bereiten und die Klöße in einem breiten Topf über Gemüse garen. Es eignen sich Sauer- und Weinkraut dazu.

Hefeklöße im Backofen

500 g	**Mehl**
40 g	**Hefe**
1/4 l	**Milch**
1 EL	**Zucker**
	abgeriebene Zitronenschale
	Salz
1	**Ei**
50 g	**Butter** oder Margarine
	Butter · Paniermehl

Aus den Zutaten einen Hefeteig bereiten, siehe Seite 342/340.

Eine Rolle formen und in 12—14 Teile schneiden. Diese zu glatten Bällchen formen. Den Rost des Backofens mit einem Mulltuch bespannen, mit Mehl bestäuben, die Klöße darauflegen und an warmer Stelle gehen lassen.
Fettpfanne auf die untere Einschubleiste einsetzen, auf 200 °C vorheizen.
Rost mit den Klößen darübersetzen, 1 l kochendes Wasser in die Fettpfanne gießen, Backofentür sofort schließen und Hefeklöße backen.

Backen:

175 °C	15—20 Minuten
0	6— 8 Minuten

Nach dem Backen
Butter **erhitzen.** Paniermehl darin **bräunen** und über die Hefeklöße geben.

Mehl-Weißbrotklöße mit Hefe

250 g	**Mehl**
15 g	**Hefe**
1/8 l	**Milch**
300 g	**Weißbrot**
1/8 l	**Milch**
20 g	**Fett**
1	**Ei**
	Salz · Paprika · Petersilie
20 g	**Fett**
2 l	**Wasser**
	Salz
1	**Zwiebel**
50 g	**Speck**

Aus Mehl, Hefe und Milch einen Hefeteig bereiten, siehe Seite 342/340, und an warmer Stelle gehen lassen.
Kruste vom Weißbrot abschneiden und in Würfel schneiden. Übriges Weißbrot zerkleinern und in Milch einweichen.
Fett **erhitzen,** Kruste darin hellgelb **rösten.**
Wenn der Hefeteig gegangen ist, Ei, Salz, Paprika, zerkleinerte Petersilie, Fett und eingeweichtes Weißbrot gut unterkneten und Teig wieder gehen lassen.
Etwa 15 Klöße formen, in der Mitte mit gerösteter Kruste füllen, nochmals gehen lassen.
Wasser und Salz **ankochen,** Klöße einlegen. Topfdeckel spaltbreit öffnen und Klöße **10—15 Minuten garziehen** lassen, bis sie hochsteigen.
Zwiebel schälen. Zwiebel und Speck in Würfel schneiden. Speck **auslassen,** Zwiebel darin **andünsten.** Zu den gegarten Klößen reichen.

Veränderung:
- Angedünstete, abgekühlte Zwiebelwürfel unter den Hefeteig kneten.

Kartoffelklöße von gekochten Kartoffeln

1 kg	**Pellkartoffeln**
1—2	**Eier**
	Salz
1 Prise	**Muskat**
50 g	**Weizenmehl**
50 g	**Kartoffelmehl**
	oder nur 100 g Kartoffelmehl
1	**Semmel**
30 g	**Fett**
	Mehl
2 l	**Wasser**
	Salz

Pellkartoffeln pellen und heiß durchpressen oder die am Vortag gekochten kalten Kartoffeln reiben.
Mit Ei, Salz, Muskat und Mehl vermengen und abschmecken. Eine Rolle formen, in 12—14 Teile schneiden und Klöße formen.
Semmel in Würfel schneiden. Fett **erhitzen,** Semmel darin hellgelb **rösten** und in die Mitte der Klöße geben. Diese mit bemehlten Händen runden und in ein wenig Mehl wälzen.
Wasser und Salz **ankochen,** Klöße einlegen, Topfdeckel spaltbreit öffnen, Klöße **10—15 Minuten garziehen** lassen, bis sie hochsteigen.

Veränderung:
- **Kartoffel-Käseklöße**
  Nur 750 g gekochte Kartoffeln und 75 g Mehl nehmen. Die übrigen Zutaten und zusätzlich 125 g geriebenen Käse untermengen. →

- **Kartoffelklöße mit Meerrettich**
  Durch Untermengen von 125 g geriebenem Meerrettich erhalten die Klöße einen kräftigen Geschmack.
- **Kartoffelklöße mit Speck und Zwiebeln**
  Je 100 g gebräunte Speck- und Zwiebelwürfel unter die Kloßmasse kneten. Dazu schmeckt Backobst.

Kartoffelklöße von rohen und gekochten Kartoffeln

500 g	**Pellkartoffeln**
750 g	**rohe Kartoffeln**
	Salz
2	**Semmeln**
40 g	**Fett**
2 l	**Wasser**
	Salz

Pellkartoffeln pellen und heiß durchpressen.
Eine große Schüssel etwa zur Hälfte mit kaltem Wasser füllen und ein Leinentuch hineinlegen, das über den Schüsselrand hinaushängt. Rohe Kartoffeln schälen, waschen und direkt ins Wasser reiben. Das Tuch an den Rändern zusammenfassen, herausnehmen und die Kartoffelmasse darin fest auspressen. Das Wasser beiseite stellen, damit sich die Kartoffelstärke absetzt.
Die rohe Kartoffelmasse mit etwas kochendem Wasser überbrühen und mit den Pellkartoffeln und Salz vermengen. Vorsichtig das Wasser von der abgesetzten Stärke abgießen und etwa ein Drittel der Stärke dem Teig zusetzen. Den Teig kräftig durcharbeiten und mit nassen Händen gleichmäßig große Klöße formen.
Semmeln in Würfel schneiden. Fett **erhitzen,** Semmeln darin hellgelb **rösten** und in die Mitte der Klöße geben.
Wasser mit Salz **ankochen,** Klöße einlegen, Topfdeckel spaltbreit öffnen und Klöße **15—20 Minuten garziehen** lassen, bis sie hochsteigen.

Tip:
- Eine Saftzentrifuge erleichtert das Reiben und Entwässern roher Kartoffeln für den Kloßteig.

Thüringer Kartoffelklöße

2½ kg	**Kartoffeln**
¾ l	**Milch**
	Salz
1—2	**Semmeln**
40 g	**Fett**
2 l	**Wasser**
	Salz

Eine große Schüssel etwa zur Hälfte mit kaltem Wasser füllen und ein Leinentuch hineinlegen, das über den Schüsselrand hinaushängt. Kartoffeln schälen, waschen und direkt ins Wasser reiben. Das Tuch an den Rändern zusammenfassen, herausnehmen und die Kartoffelmasse darin fest auspressen. Das Wasser beiseite stellen, damit sich die Kartoffelstärke absetzt.
Die beim Reiben erhaltenen Kartoffelreste mit wenig Wasser **ankochen** und etwa **20 Minuten fortkochen,** bis sie breiig sind. Kochende Milch dazugießen, Brei glattrühren und Salz zufügen.
Mit dem Brei die rohen, ausgepreßten Kartoffeln überbrühen. Vorsichtig das Wasser von der abgesetzten Stärke abgießen und etwa ein Drittel der Stärke dem Teig zusetzen. Masse kräftig durcharbeiten und etwa 10 große Klöße formen. Zum Formen der Klöße die Hände immer wieder in kaltes Wasser tauchen.
Semmeln in Würfel schneiden. Fett **erhitzen,** Semmeln darin hellgelb **rösten** und in die Mitte der Klöße geben.
Wasser mit Salz **ankochen,** Klöße einlegen, Topfdeckel spaltbreit öffnen und Klöße **15—25 Minuten garziehen** lassen, bis sie hochsteigen.

Tip:
- Eine Saftzentrifuge erleichtert das Reiben und Entwässern roher Kartoffeln für den Kloßteig.

Veränderung:
- Statt des Kartoffelbreis eignet sich zum Überbrühen der Kartoffelmasse auch Grießbrei von ¾ l Milch und 65 g Grieß.

Leberknödel

600 g	**Semmeln**
¼ l	**Milch**
500 g	**Schweineleber** oder Rinderleber
3—5	**Knoblauchzehen**
150 g	**Öl**
2	**Eier**
2 TL	**Salz**
1 EL	**Majoran**
	Pfeffer oder Paprika
1 Msp	**abgeriebene Zitronenschale**
	Petersilie
2 l	**Wasser**
	Salz

Semmeln kleinschneiden, mit der Hälfte der Milch übergießen.
Leber waschen, abtrocknen, enthäuten und pürieren. Mit zerkleinertem Knoblauch zu den Semmeln geben. Masse mit Öl, Eiern, Salz, Majoran, Pfeffer, Zitronenschale und zerkleinerter Petersilie zu einem Teig verarbeiten. Nach Bedarf die restliche Milch zusetzen und die Masse 2—3 Stunden stehen lassen.
Einen Probekloß formen und kochen. Teig nach Bedarf nachwürzen. Mit angefeuchteten Händen 16 Knödel formen.
Wasser mit Salz **ankochen,** Knödel einlegen, Topfdeckel spaltbreit öffnen und Klöße **15 Minuten garziehen** lassen, bis sie hochsteigen.

Wiener Semmelkloß

4	**Semmeln**
¼ l	**Milch**
1	**Ei**
	Salz
1 Prise	**Muskat**
75 g	**Butter** oder Margarine
1	**Ei**
40 g	**Paniermehl**
25 g	**Mehl**
125 g	**Pökelfleisch** oder gekochter Schinken
	Petersilie
¼ l	**Wasser**

Alte, aber nicht zu harte Semmeln zerkleinern. Milch mit Ei, Salz und Muskat verquirlen und über die Semmelbröckchen gießen, die darin aufweichen müssen.
Weiche Butter sahnig rühren. Ei, Paniermehl und Mehl zugeben. Fleisch in Würfel schneiden und mit zerkleinerter Petersilie zufügen. Die Masse mit den eingeweichten Semmeln vermengen. Einen runden oder länglichen Laib daraus formen.
Auf das Sieb einer Deckelpfanne ein Mulltuch legen und den Kloß darauflegen. Pfanne mit Wasser füllen, Sieb mit dem Kloß einhängen und Deckel auflegen.
Wasser **ankochen** und Kloß **30—35 Minuten garziehen** lassen.
Den Kloß herausnehmen und in dicke Scheiben schneiden.

Semmelknödel Südtiroler Art

500 g	**Semmeln** oder Weißbrot
250 g	**Magerspeck und geräucherte Kochwurst**
½ l	**Milch**
3	**Eier**
	Salz · Pfeffer oder Paprika
	geriebene Zwiebel oder 2 Knoblauchzehen
2 EL	**Petersilie und Schnittlauch**
3 EL	**Öl**
3 EL	**Mehl**
2 l	**Wasser**
	Salz

Semmeln, Speck und Wurst klein schneiden und in eine große Schüssel geben. Milch mit Eiern, Salz, Pfeffer und Zwiebel verquirlen, zufügen, Masse durchmengen und ½ Stunde ziehen lassen.
Zerkleinerte Kräuter und Öl unterarbeiten, zuletzt das Mehl zugeben. Teig kräftig durchkneten und mindestens 3 Stunden ruhen lassen; die Semmeln müssen ganz aufgeweicht sein.
Einen kleinen Probekloß formen und kochen. Teig nach Bedarf nachwürzen oder noch Milch oder Mehl zufügen. Mit angefeuchteten Händen 15—16 Klöße formen.
Wasser mit Salz **ankochen,** Klöße einlegen, Topfdeckel spaltbreit öffnen und Klöße **15—20 Minuten garziehen** lassen, bis sie hochsteigen.

Großer Semmelkloß auf Backobst

500 g	**Backobst**
	Zucker
1¼ l	**Wasser**
500 g	**Weißbrot**
⅛ l	**Milch**
30 g	**Butter** oder Margarine
50 g	**Butter**
25 g	**Zucker**
4	**Eier**
	Salz

Backobst am Vortag mit Zucker im Wasser einweichen.
Kruste des Brotes abschneiden und in Würfel schneiden. Übriges Brot zerkleinern und in der Milch einweichen.
Butter **erhitzen,** Kruste darin hellgelb **rösten.**
Weiche Butter, Zucker, Eier und Salz verrühren. Brot und Kruste zugeben. Aus der Masse einen großen, glatten Kloß formen.
Backobst im Einweichwasser **ankochen** — die Flüssigkeit muß reichlich darüber stehen —, den Kloß darauflegen, Deckel auflegen, **50 Minuten fortkochen** und **10 Minuten** in der **Nachwärme** fertig garen.
Nach 30 Minuten Gardauer den Kloß vorsichtig wenden. Der Obstsaft zieht in den Kloß ein, so daß er besonders gut schmeckt.
Den Kloß herausnehmen, in dicke Scheiben schneiden und mit dem Backobst servieren.

Österreichische Topfenknödel

750 g	**Quark**
3	**Eier**
1 Prise	**Salz**
	abgeriebene Zitronenschale
200 g	**Mehl**
12	**kleine Aprikosen** oder 6 große oder 12 Zwetschen
2 l	**Wasser**
	Salz
50 g	**Butter**
	Paniermehl
	Zucker

Quark in einem Tuch im Sieb abtropfen lassen und auspressen. Mit Eiern, Salz, Zitronenschale und Mehl zu einem Teig verarbeiten und in 12 Stücke teilen.
Obst waschen, entsteinen, nur die großen Früchte einmal durchschneiden.
Ein Stück Teig auf die Handfläche legen, darauf in die Mitte ein Stück Obst. Den Teig mit nasser Hand um das Obst drükken und zum Kloß formen. Der Teig ist weich, hält aber beim Kochen gut zusammen.
Wasser mit Salz **ankochen,** Klöße einlegen, Topfdeckel spaltbreit öffnen und Klöße **10—15 Minuten garziehen** lassen, bis sie hochsteigen.
Butter **erhitzen,** Paniermehl darin **bräunen** und über die Klöße geben.
Klöße auf dem Teller mit zwei Gabeln auseinanderreißen und zuckern.

Bild 25: Österreichische Topfenknödel, Rezept Seite 114, auf dem Teller mit zwei Gabeln auseinanderreißen und zuckern.

Quarkklöße

500 g	**Quark**
100 g	**Zucker**
2	**Eier**
1 Prise	**Salz**
	abgeriebene Zitronenschale
50 g	**Speisestärke**
1 EL	**Grieß**
1 EL	**Korinthen**
2 l	**Wasser**
	Salz
30 g	**Butter**
	Paniermehl

Quark in einem Tuch im Sieb abtropfen lassen und auspressen. Mit den übrigen Zutaten verrühren, sofort etwa 14 kleine Klöße abstechen.
Wasser mit Salz **ankochen,** Klöße einlegen, Topfdeckel spaltbreit öffnen, Klöße **10—15 Minuten garziehen** lassen, bis sie hochsteigen.
Butter **erhitzen.** Paniermehl darin **bräunen** und über die Klöße geben.

Was ist zu beachten?
- Den Teig nicht stehen lassen, sondern sofort verarbeiten.

Tip:
- Quarkklöße mit Kompott als Nachtisch reichen.

Apfelklöße

30 g	**Butter** oder Margarine
25 g	**Zucker**
3	**Eier**
	Salz
1 Msp	**Zimt**
1/8 l	**Milch**
400 g	**Mehl**
1 Msp	**Backpulver**
500 g	**Äpfel**
2 l	**Wasser**
	Salz
30 g	**Butter**
	Zucker · Zimt

Für den Teig alle Zutaten verrühren.

Äpfel waschen, schälen, Kerngehäuse entfernen, Äpfel fein schneiden oder raspeln. Unter den Teig heben.
Wasser und Salz **ankochen.** Mit einem Teelöffel Klöße vom Teig abstechen, in das kochende Wasser legen, Topfdeckel spaltbreit öffnen und Klöße **10 Minuten garziehen** lassen, bis sie hochsteigen.
Butter **bräunen,** auf die Klöße gießen, Zucker und Zimt überstreuen.

Veränderung:
- Apfelklöße mit Vanillesoße, Rezept Seite 92, übergießen.

Grießklöße

1 l	**Milch**
40 g	**Butter** oder Margarine
	Salz
je 1 Prise	**Pfeffer · Muskat**
	geriebene Zwiebel
375 g	**Grieß**
1	**Ei**
2	**Eier**
1—2 EL	**Petersilie und Schnittlauch**
1—2 EL	**geriebener Käse**
2 l	**Wasser**
	Salz

Milch, Butter, Salz, Pfeffer, Muskat und Zwiebel **ankochen,** Grieß einstreuen, Kochstelle ausschalten und so lange rühren, bis sich der Teig kloßartig zusammenballt und vom Kochtopfboden löst.
In die heiße Masse 1 Ei rühren, die anderen Eier nacheinander unter den abgekühlten Teig geben. Zerkleinerte Kräuter und Käse zugeben. Die Masse gut durcharbeiten und mit angefeuchteten Händen 15—16 Klöße formen.
Wasser mit Salz **ankochen,** Klöße einlegen, Topfdeckel spaltbreit öffnen und Klöße **10—15 Minuten garziehen** lassen, bis sie hochsteigen.

Veränderung:
- **Süße Grießklöße**
  Anstelle von Pfeffer, Muskat, Zwiebel, Kräutern und Käse 30 g Zucker und abgeriebene Zitronenschale zugeben. Paniermehl in Butter bräunen und über die Klöße geben.

Quellgerichte

Quellgerichte werden aus Teigwaren und Körnerfrüchten hergestellt. Aufgrund ihrer Quellfähigkeit garen sie durch Aufnahme von Flüssigkeit unter Einwirkung von Wärme. Dabei nehmen sie um ein Mehrfaches an Volumen zu. Sie bedürfen keiner besonderen Vorbereitung und sind leicht zubereitet. Sie bringen Abwechslung in den Speisezettel durch ihre vielseitige Verwendung als

- Beilagen
- Suppeneinlagen
- Hauptgerichte
- Zwischenmahlzeiten
- Vorspeisen
- Nachspeisen

Teigwaren

Es sind meist sogenannte Mehlspeisen, die aus Nudelteig hergestellt werden.
Nudelteig ist ein fettfreier, gekneteter Teig, der nicht gelockert und nicht gebacken wird. Nudelteig wird zu einer dünnen Fläche ausgerollt oder zu Nudeln geformt und getrocknet. Die Teigbereitung ist im Rezept ausführlich beschrieben.

Nudeln werden ihrer Form nach unterschieden und verwendet:

- Makkaroni, Spaghetti, Zöpfli, Bandnudeln und ähnlich geformte Nudeln werden im allgemeinen als Beilage zu Soßengerichten oder für Eintöpfe, Aufläufe oder Pfannengerichte bevorzugt.
- Kleingeformte Nudeln sind vorwiegend für Suppeneinlagen, die mittelgroßen mehr für Salate geeignet.

Bezeichnungen für unterschiedliche Nudelformen sind z. B. Tagliatelle (schmale Bandnudeln), Rigatoni (linierte Röhren), Penne (schräge Röhrennudeln), Conchigliette (Muscheln), Spaghetti, Fusilli (korkenzieherähnlich oder in Spindelform), Farfalle (Schmetterlinge), Tripolini (kleine Schleifchen), Fettucine (breite Bandnudeln), siehe auch Bild 26, Seite 118.

Zubereitung

- In einem hohen Kochtopf 1 l Wasser mit 1 TL Salz und 1 TL Öl ankochen,
- 250 g Teigwaren hineinschütten und einmal umrühren,
- Kochstelle ausschalten, Topfdeckel auflegen und Teigwaren in der Nachwärme quellen lassen,
- Teigwaren abgießen und abtropfen lassen

oder

- Teigwaren nach Herstellerangabe bereiten.

Was ist zu beachten?

- Die Ölzugabe verhindert ein Verkleben der Teigwaren und das Kochwasser schäumt nicht so schnell über den Kochtopfrand.
- Kochtopf erst mit dem Deckel verschließen, wenn das Kochwasser nicht mehr hochsteigt.
- Die Quelldauer richtet sich nach der Sorte und dem individuellen Geschmack. Werden Nudeln bißfest gewünscht, genügen zum Quellen etwa 8 Minuten. Sollen sie weicher und in der Menge ergiebiger sein, rechnet man etwa 16 Minuten.
- Das früher übliche Abschrecken mit kaltem Wasser, um ein Verkleben zu verhindern, ist nicht mehr erforderlich.

Eine weitere Art von Teigwaren wird aus Spätzleteig hergestellt. Spätzleteig enthält die gleichen Zutaten wie der Nudelteig. Er ist jedoch durch die geringere Mehlzugabe flüssiger. Die Teigbereitung ist im Rezept ausführlich beschrieben.
Hausgemachte **Spätzle** gelten als Besonderheit der schwäbischen Küche. Sie werden handgeschabt oder mit Spatzenpresse oder -hobel hergestellt, in kochendes Wasser gegeben und gegart.

Körnerfrüchte

Zu den inländischen Körnerfrüchten, die vorwiegend für Suppen und Eintöpfe verwendet werden, zählen

- **Graupen** — meist geschälte und polierte Gerstenkörner — und
- **Grütze** — geschälte und zerschnittene Körner aus Hafer, Gerste und Buchweizen —.

Unter den ausländischen Körnerfrüchten ist das Reiskorn gewöhnlich der Favorit.
Reis wird nach dem Grad der Bearbeitung unterschieden:

— **Braunreis** ist das enthülste Reiskorn, das noch den Keimling enthält und von der Samenschale, dem Silberhäutchen, umgeben ist. Dieser Reis hat einen hohen Gehalt an Vitaminen, Mineral- und Ballaststoffen. Er sieht bräunlich aus und wird unter der Bezeichnung **Naturreis** angeboten. Er hat einen würzigen Geschmack, bleibt besonders körnig, quillt wenig auf und benötigt eine längere Gardauer.

— **Weißreis** ist geschälter, geschliffener und polierter Reis ohne Keimling und Silberhäutchen.

Reis ist im Handel erhältlich in den Grundsorten:

— **Langkornreis** oder Patna-Reis hat lange, schlanke Körner und bleibt beim Garen körnig und locker, besonders die Sorte mit der Aufschrift „parboiled".
Dieser Reis findet vorwiegend Verwendung als Suppeneinlage und Beilage zu Fleisch- und Fischgerichten, außerdem für Eintöpfe, Aufläufe, Salate, Nachspeisen und Reiskuchen.

— **Rundkornreis** hat runde Körner und wird beim Garen weich. Er wird unter der Bezeichnung **Milchreis** angeboten und ist besonders für Süßspeisen wie Auflauf, Flammeri und Obstreis geeignet.

— **Kochbeutelreis** wird meist als Langkornreis in verbrauchsgerechten Mengen in Kunststoffbeuteln verpackt angeboten. Dieser Reis wird im Wasserbad zubereitet.

Zubereitungsarten

- Flüssigkeit ankochen, Reis hineinschütten, umrühren und quellen lassen.
- Reis mit Flüssigkeit in den Kochtopf geben, umrühren, ankochen und quellen lassen.
- 2—3 EL Öl erhitzen, Reis zugeben und unter ständigem Rühren andünsten, bis er glasig aussieht. Heiße Flüssigkeit zugießen, umrühren und quellen lassen.

Tip:

- Für die Zubereitung von Reisgerichten kann die Tassen-Meßmethode angewendet werden. Man rechnet
  für 4 Personen: 2 Tassen Reis und 4 Tassen Wasser = etwa 250 g und 1/2 l.
  für 1 Person: 1/2 Tasse Reis und 1 Tasse Wasser = etwa 65 g und 1/8 l.

Bild 26: Vielgestaltig und phantasievoll: Nudeln in unterschiedlichen Formen, z. B. Tagliatelle (schmale Bandnudeln), Rigatoni (linierte Röhren), Penne (schräge Röhrennudeln), Conchigliette (Muscheln), Spaghetti, Fusilli (korkenzieherähnlich oder in Spindelform), Farfalle (Schmetterlinge), Tripolini (kleine Schleifchen), Fettuccine (breite Bandnudeln). Farbe erhalten sie, wenn dem Teig Spinat oder Tomatenmark zugesetzt wird.

Nudelteig

Grundrezept

500 g	**Mehl**
4	**Eier**
4—6 EL	**Wasser**
1 TL	**Salz**

Maschinelle Teigbereitung
Zutaten in die Rührschüssel einer elektrischen Hand- oder Standküchenmaschine geben und mit den Knethaken zunächst auf niedriger, dann auf höherer Einstellung zu einem glatten, geschmeidigen Teig verarbeiten.

Manuelle Teigbereitung
Mehl bergartig auf die Arbeitsfläche sieben, in die Mitte eine Vertiefung eindrükken. Eier mit etwas Wasser und Salz verquirlen, in die Vertiefung geben und mit einer Gabel nach und nach Mehl einrühren. Mit bemehlten Händen alles schnell durcharbeiten und tüchtig kneten oder schlagen, bis der Teig glatt ist und beim Durchschneiden keine Löcher zeigt.

Für die Herstellung von Bandnudeln Teig in 6 Teile schneiden, einen davon sofort auf der Arbeitsfläche dünn ausrollen, die anderen unter eine umgekehrte Schüssel legen, damit sie nicht zu trocken werden. Den ausgerollten Nudelteig zum Antrocknen auf ein sauberes Tuch legen und mit den anderen Teigteilen ebenso verfahren.

Bevor der Fladen ganz trocken ist, einmal teilen, übereinanderlegen, aufrollen und für Suppen in schmale, als Beilage für andere Gerichte in breitere Streifen schneiden. Auseinandergebreitet trocknen lassen, aber nicht im Backofen.

Tip:

- Mit den Vorsatzscheiben für den Fleischwolf lassen sich Nudeln verschiedener Art formen.

Gekochte Nudeln

Grundrezept

1 l	**Wasser**
1 TL	**Salz**
1 TL	**Öl**
250 g	**Nudeln** beliebiger Art

Wasser, Salz und Öl **ankochen.** Nudeln im ganzen oder gebrochen einlegen, gleich umrühren, damit sie nicht zusammenballen oder am Boden kleben bleiben. Je nach Sorte und Geschmack **8—16 Minuten** in der **Nachwärme** quellen lassen.
Nudeln abgießen und abtropfen lassen.
Als Beilage zu Fleisch oder mit einer beliebigen Soße reichen.

Tip:
- Um die Nudeln geschmacklich noch kräftiger zu machen, dem Kochwasser 1 Zwiebel und 1 Lorbeerblatt zusetzen.

Veränderung:
- Nudeln in heißem Fett schwenken.
- Mit Butterflöckchen belegen.
- Mit goldbraun geröstetem Paniermehl bestreuen.
- Mit geriebenem Käse oder Hefeflokken bestreuen.
- Mit zerkleinerten Kräutern bestreuen.
- Mit gebräunten Speck- und Zwiebelwürfeln anrichten.
- Als sättigenden Nachtisch mit Zimtzucker, gebräunter Butter und Kompott servieren.

Spätzle

Spätzleteig:

300 g	**Mehl**
4	**Eier**
1 TL	**Salz**
2—3 EL	**Mineralwasser**

2½ l	**Wasser**
2 EL	**Salz**
1 TL	**Öl**

Für den Teig Mehl, Eier, Salz und Mineralwasser mit den Knethaken eines Handrührgerätes zu einem dickflüssigen glatten Teig verarbeiten und so lange schlagen, bis er Blasen wirft. Teig 1—2 Stunden ruhen lassen.
Wasser, Salz und Öl **ankochen.** Vom Spätzleteig nach und nach einen Teil auf das angefeuchtete „Spatzenbrett" geben und mit einem langen Messer feine Streifen in das kochende Salzwasser schaben. **Aufkochen,** bis die Spätzle hochsteigen.
Spätzle mit einem Schaumlöffel herausnehmen, in einem Sieb unter kaltem Wasser kurz abspülen, abtropfen lassen und warm halten.
Den restlichen Teig ebenso verarbeiten.

Tip:
- Spatzenpresse oder Spatzenhobel erleichtern die Herstellung der Spätzle.

Veränderung:
- **Vollkornspätzle**
  Statt Mehl 300 g Weizenvollkornmehl und etwa ⅛ l Mineralwasser verwenden.
- **Geschmälzte Spätzle**
  Butter erhitzen, Paniermehl darin rösten und über die Spätzle geben.
- **Käsespätzle**
  Spätzle abtropfen lassen, sofort in eine angewärmte, eingefettete Schüssel schichtweise mit geriebenem Käse einfüllen. Butter erhitzen, Zwiebelringe darin rösten und darübergeben.
- **Leberspätzle**
  Für den Teig 250 g vorbereitete Leber pürieren. Mit 250 g Mehl, 20 g Grieß, 2 Eiern, Salz, Pfeffer, Muskat und etwas Wasser zu einem festen glatten Teig verarbeiten. 2 EL angedünstete Zwiebelwürfel und 2 EL zerkleinerte Petersilie untermengen.
- **Geröstete Spätzle/Leberspätzle**
  Butter erhitzen, Reste von Spätzle darin leicht rösten. 1—2 Eier mit Salz verquirlen, darübergießen und in der Nachwärme stocken lassen.

! STROM-SPAR-TIP

Kochgeschirr immer passend zur Kochstellengröße wählen

Bild 27: Maultaschen füllen und formen: Mit dem Teelöffel kleine Häufchen der Füllung in gleichmäßigen Abständen auf die Teigplatte setzen, . . .

Bild 28: . . . die zweite Teigplatte darüberlegen und um die Füllung herum ein wenig andrücken, . . .

Bild 29: . . . dann die Maultaschen mit dem Teigrädchen ausrädeln.

Maultaschen

Nudelteig:

250 g	**Mehl**
2	**Eier**
2—3 EL	**Wasser**
$^1/_2$ TL	**Salz**

Füllung:

4	**Brötchen**
1	**Zwiebel**
50 g	**Fett**
250 g	**roher Spinat** oder 125 g gefrorener Spinat
175 g	**Fleisch** Bratwurstmasse oder Hackfleisch oder 100 g geräucherte Wurst und 75 g Fleischreste
	Petersilie
3	**Eier**
	Salz · Pfeffer · Muskat
1—2 l	**Brühe**
	Petersilie · Schnittlauch

Aus den Zutaten einen Nudelteig bereiten, siehe Seite 118.
Für die Füllung Brötchen in Wasser einweichen und ausdrücken.
Zwiebel schälen und in Würfel schneiden. Fett **erhitzen,** Zwiebel darin **andünsten.** Spinat verlesen, waschen, hacken oder zusammen mit dem Fleisch pürieren. Brötchen, Zwiebel, zerkleinerte Petersilie, Eier, Salz, Pfeffer und Muskat zugeben und mit den Knethaken eines elektrischen Handrührgerätes verarbeiten.
Nudelteig dünn in zwei gleichmäßige Platten ausrollen. Auf die eine in gleichmäßigen Abständen kleine Häufchen der Fleisch-Spinat-Füllung setzen, zwischen denen so viel Platz bleiben muß, daß der Rand ringsherum mit Eiweiß bestrichen werden kann. Die zweite Platte darüberlegen, andrücken und den Teig mit dem Rädchen um die Füllung herum ausrädeln, so daß sich die Füllung in der Mitte der Maultaschen befindet.
Brühe **ankochen,** Maultaschen einlegen, **12—15 Minuten** schwach **fortkochen,** bis die Maultaschen hochsteigen.
Maultaschen mit Brühe in eine Suppenschüssel geben und mit zerkleinerten Kräutern bestreuen.

Veränderung:

- **Geschmälzte Maultaschen**
  Butter erhitzen, Paniermehl darin rö-

sten und über die abgetropften Maultaschen geben.

- **Geröstete Maultaschen**
  Maultaschen in Streifen schneiden. Fett erhitzen. Maultaschen von allen Seiten darin rösten. Eier mit Salz verquirlen, darübergießen und in der Nachwärme stocken lassen.

Pasta asciutta

Italienisches Nudelgericht

1—2	**Zwiebeln**
30 g	**Magerspeck**
1	**Knoblauchzehe**

3 EL	**Öl**
150 g	**Hackfleisch** halb und halb

1	**Möhre**
125 g	**Sellerie**
	Rosmarin oder Lorbeerblatt
100 g	**Tomatenmark**
	Salz · Paprika
1/8 l	**Wasser**
1/8 l	**Rotwein**

2 l	**Wasser**
2 TL	**Salz**
1 TL	**Öl**
400 g	**Nudeln**
	Spaghetti oder Bandnudeln

	geriebener Käse

Zwiebeln schälen, Zwiebeln und Speck in Würfel schneiden. Knoblauch schälen und zerkleinern.
Öl **erhitzen,** Zwiebeln und Knoblauch darin **andünsten.** Speck und Hackfleisch zugeben und **anbraten.**
Möhre und Sellerie schälen, waschen, zerkleinern und mit Rosmarin und Tomatenmark zu dem Hackfleisch geben. Salz und Paprika überstreuen, Wasser und Wein angießen, **ankochen, 15—20 Minuten fortkochen, 5—10 Minuten** in der **Nachwärme** fertig garen, abschmecken.
Wasser, Salz und Öl **ankochen,** Nudeln im ganzen oder gebrochen einlegen und gleich umrühren, damit sie nicht aneinanderkleben. Je nach Sorte und Geschmack 8—16 Minuten in der **Nachwärme** quellen lassen und abgießen.
Nudeln mit Soße übergießen und Käse überstreuen oder Soße getrennt dazu reichen.

Zwiebelnudeln

1 l	**Wasser**
1 TL	**Salz**
1 TL	**Öl**
250 g	**Nudeln**
	Zöpfli oder Bandnudeln

500 g	**Zwiebeln**
30 g	**Fett**
1/8 l	**süße Sahne** oder Milch

50 g	**geriebener Käse**
	Salz

Wasser, Salz und Öl **ankochen.** Nudeln im ganzen oder gebrochen einlegen und gleich umrühren, damit sie nicht aneinanderkleben. Je nach Sorte und Geschmack **8—16 Minuten** in der **Nachwärme** quellen lassen, abgießen und warm halten.
Zwiebeln schälen und in dünne Scheiben schneiden. Fett **erhitzen,** Zwiebeln darin glasig **andünsten**. Sahne zufügen und **10 Minuten** in der **Nachwärme** fertig garen.
Käse, Salz und Nudeln zugeben, durchmengen und abschmecken. Nach Bedarf noch etwas Sahne zufügen.

Mailänder Nudeln

1 l	**Wasser**
1 TL	**Salz**
1 TL	**Öl**
250 g	**Nudeln**
	Spaghetti oder Makkaroni

125 g	**Champignons**
125 g	**Schinken** roh oder gekocht
20 g	**Fett**

1/2 l	**Tomatensoße**
	Rezept Seite 86

	Salz

Wasser, Salz und Öl **ankochen,** Nudeln im ganzen oder gebrochen einlegen und gleich umrühren, damit sie nicht aneinanderkleben. Je nach Sorte und Geschmack **8—16 Minuten** in der **Nachwärme** quellen lassen, abgießen und warm halten.
Champignons putzen, waschen und in Scheiben schneiden. Schinken in Würfel schneiden. →

Fett **erhitzen,** Champignons darin **andünsten.** Schinken, Tomatensoße und Nudeln zufügen, unterrühren und mit Salz abschmecken.

Nudelpfanne

1 l	**Wasser**
1 TL	**Salz**
1 TL	**Öl**
250 g	**Nudeln** beliebiger Art
1	**Zwiebel**
200 g	**geräucherte Kochwurst**
40 g	**Fett**
2	**Eier**

Wasser, Salz und Öl **ankochen.** Nudeln im ganzen oder gebrochen einlegen und gleich umrühren, damit sie nicht aneinanderkleben. Je nach Sorte und Geschmack **8—16 Minuten** in der **Nachwärme** quellen lassen und abgießen.
Zwiebel schälen und in Würfel schneiden. Kochwurst kleinschneiden.
Fett **erhitzen,** Zwiebel darin **andünsten.** Nudeln und Wurst zufügen. Eier verquirlen, übergießen und in der **Nachwärme** stocken lassen.

Veränderung:
- Anstelle von Kochwurst können auch Bratenreste, Wurstenden, Räucherfisch wie z B. Schillerlocken, Gemüsereste oder ausgelassene Speckwürfel Verwendung finden.

STROM-SPAR-TIP

Nur Kochgeschirr mit ebenem und trockenem Boden und gut schließendem Deckel wählen

Brühreis
oder Wasserreis

1	**Zwiebel**
	nach Belieben:
2	**Nelken**
1	**Lorbeerblatt**
½ l	**Brühe** oder Wasser
1 EL	**Fett**
	Salz
250 g	**Reis**

Zwiebel schälen, nach Belieben mit Nelken und Lorbeerblatt spicken.
Brühe mit Fett, Salz und Zwiebel **ankochen,** Zwiebel herausnehmen. Reis in die Flüssigkeit schütten, umrühren und **20—25 Minuten quellen** lassen.

Was ist zu beachten?
- Reis während des Quellens nicht umrühren. Erst zum Schluß mit einer Gabel auflockern und vorgesehene Zutaten unterziehen.

Veränderung:
- **Naturreis**
  Statt Reis Naturreis verwenden; 20—30 Minuten fortkochen und 5—10 Minuten in der Nachwärme quellen lassen.
- **Butterreis**
  50 g Butter untermengen.
- **Curryreis**
  Fett erhitzen, 1 TL Curry darin verrühren, gegarten Reis zugeben und vermengen.
- **Risi-Bisi**
  Fett erhitzen, 500 g feine Erbsen darin dünsten, gegarten Reis und zerkleinerte Petersilie zugeben und vermengen.
- **Champignonreis**
  100 g Champignons blättrig schneiden. Fett erhitzen, Champignons darin dünsten. Gegarten Reis zugeben und vermengen. Mit Zitronensaft und zerkleinerter Petersilie würzen.
- **Paprikareis**
  200 g Paprikaschoten in Streifen schneiden. Fett erhitzen, Paprika darin dünsten. Gegarten Reis zugeben und vermengen oder Paprikamark unter den gegarten Reis rühren.

Risotto

1	**Zwiebel**
2—3 EL	**Öl**
250 g	**Reis**
1 TL	**Salz**
1/2 l	**Flüssigkeit** Brühe oder Wasser
	Butter nach Belieben
	Curry · Kräutersalz
	Petersilie oder geriebener Käse

Zwiebel schälen und in Würfel schneiden. Öl **erhitzen,** Zwiebel darin **andünsten.** Reis zugeben und unter Rühren glasig **andünsten.**

Salz überstreuen, Flüssigkeit angießen, **ankochen** und **25—30 Minuten quellen** lassen.

Nach Belieben Butterflöckchen darauf verteilen. Mit Curry und Kräutersalz abschmecken und zerkleinerte Petersilie überstreuen.

Tip:

- Wenn der Reis glasig ist, 2 EL Weißwein zugeben und verdunsten lassen.

Veränderung:

- **Geflügelrisotto**
  Fett erhitzen, 250 g gegartes, geschnittenes Hühnerfleisch, auch Herz und Magen, und Zwiebelwürfel darin dünsten. 1 EL Tomatenmark und 3 EL Brühe zugeben. Risotto damit vermengen.
- **Schinkenrisotto**
  150 g gekochter Schinken oder 100 g roher Schinken und 100 g Ananas in Würfel schneiden und unter den Risotto mischen.
- **Risotto mit Leber**
  Fett erhitzen, 200—250 g Leberstückchen und Zwiebelwürfel darin dünsten. Mit zerkleinerter Petersilie zu dem Risotto geben.

Weitere Veränderungsvorschläge siehe Brühreis Seite 122.

Bild 30: Reis als Beilage, einmal anders serviert: Für einen Reisrand den Reis fest in eine mit Wasser ausgespülte glatte Ringform drücken. Erst unmittelbar vor dem Servieren stürzen und die Mitte mit Ragout, Frikassee o. ä. füllen.

Gemüsereis

500 g	**Gemüse** Möhren, gefrorene Erbsen, Mais
1 EL	**Butter**
250 g	**Reis**
1 TL	**Salz**
$^1/_2$ l	**Wasser**
	Petersilie

Möhren putzen, waschen und fein zerkleinern. Butter **erhitzen,** Gemüse tropfnaß zugeben und **andünsten.** Reis zugeben, Salz überstreuen, Wasser zugießen, **ankochen** und **25—30 Minuten quellen** lassen.
Abschmecken und zerkleinerte Petersilie untermischen.

Milchreis

Reisbrei

1 l	**Milch**
20 g	**Zucker**
	abgeriebene Zitronenschale oder Vanillezucker
	Salz
250 g	**Rundkornreis**
	Butter · Zucker · Zimt

Milch, Zucker, Zitronenschale, Salz und Reis **ankochen, 20 Minuten quellen** lassen und etwa **15 Minuten** in der **Nachwärme** fertig garen. Etwas Butter **bräunen,** über den Reisbrei geben und mit Zimt und Zucker bestreuen.

Was ist zu beachten?

- Für die Zubereitung von Milchreis stets einen hohen Kochtopf wählen, damit die kochende Milch etwas hochsteigen kann.
- Wenn der Milchreis weniger breiig werden soll, erst die Milch mit den Gewürzen ankochen, dann den Reis hineingeben.

Tip:

- Apfelmus, Aprikosen- oder anderes Kompott dazu reichen.

Apfelreis

oder Aprikosenreis

750 g	**Musäpfel** oder 500 g Aprikosen
1 l	**Wasser**
2 EL	**Sultaninen**
	Zitronenschale · Salz
250 g	**Reis**
100 g	**Zucker**

Äpfel waschen, schälen, Kerngehäuse entfernen, Äpfel zerkleinern. Oder Aprikosen waschen, halbieren und entsteinen.
Mit Wasser, Sultaninen, Zitronenschale und Salz **ankochen.** Reis und Zucker zugeben und **25—30 Minuten quellen** lassen. Zitronenschale herausnehmen, Reis abschmecken.

Veränderung:

- Alle Zutaten kalt aufsetzen, dann wird der Reis musiger.
- Apfelreis mit gebräunter Butter übergießen.
- Apfelreis mit gebratenen Zwiebelringen reichen.
- **Apfelhirse**
  Anstelle von Reis Hirse verwenden.

Rhabarberreis

500 g	**Rhabarber**
$^3/_8$ l	**Wasser**
	Zitronenschale · Salz
200 g	**Reis**
100 g	**Zucker**

Rhabarberstangen waschen, beide Enden abschneiden, von dicken Stangen Haut abziehen, in kleine Stücke schneiden.
Mit Wasser, Zitronenschale und Salz **ankochen.** Reis und Zucker zugeben, **25—30 Minuten quellen** lassen. Zitronenschale herausnehmen, Reis abschmecken.

Veränderung:

- **Rhabarberhirse**
  Anstelle von Reis Hirse verwenden.

Würzige Reisküchlein

1	**Zwiebel**
20 g	**Butter**
250 g	**Naturreis**

1/2 l	**Gemüsebrühe**
1	**Lorbeerblatt**

2	**Eier**
100 g	**geriebener Sellerie**
100 g	**geriebene Haselnüsse**
	Petersilie · Schnittlauch
	Salz · Pfeffer · Curry
1 TL	**Majoran**
1	**Knoblauchzehe**
120 g	**geriebener Käse**

	Fett zum Backen

Zwiebel schälen und in Würfel schneiden. Butter **erhitzen,** Zwiebel darin **andünsten.** Reis zugeben und unter ständigem Rühren glasig **andünsten.**
Gemüsebrühe angießen, Lorbeerblatt zugeben, **20—25 Minuten fortkochen** und **15 Minuten** in der **Nachwärme** quellen lassen. Lorbeerblatt herausnehmen und Reis abkühlen lassen.
Eier mit Sellerie, Nüssen, zerkleinerten Kräutern, Salz, Pfeffer und Gewürzen verquirlen. Knoblauch schälen, zerdrükken und zugeben. Käse unterrühren. Zu dem Reis geben und vermengen. Aus dem Teig flache Küchlein formen.
Fett **erhitzen,** Reisküchlein darin von beiden Seiten goldgelb **backen.**

Buchweizengrütze

125 g	**Buchweizengrütze**

1 l	**Milch**
	Salz

40 g	**Butter** oder Margarine
	Zucker · Zimt oder Rübensirup

Buchweizengrütze im Sieb mit heißem Wasser überspülen.
Milch mit Salz **ankochen,** Grütze zugeben und **25—30 Minuten quellen** lassen.
Butter **erhitzen,** übergießen und mit Zukker und Zimt bestreuen.
In einigen Gegenden wird Rübensirup bevorzugt.

Graupen nach Risottoart

1	**Zwiebel**
2 EL	**Öl** oder 20 g Margarine
250 g	**Graupen**
	Curry nach Belieben
	Kräutersalz · Salz
3/4 l	**Wasser** oder Brühe

	nach Belieben:
	Butter · geriebener Käse

Zwiebel schälen und in Würfel schneiden. Fett **erhitzen,** Zwiebel darin **andünsten.** Graupen zugeben und unter Rühren **andünsten.** Nach Belieben Curry zugeben. Kräutersalz und Salz überstreuen, Wasser angießen, **15 Minuten quellen** lassen und **15 Minuten** in der **Nachwärme** fertig garen.
Butterflöckchen darauf verteilen und mit Käse bestreuen.

Polenta

Gebackener Maisbrei

1/2 l	**Wasser**
	Salz
200 g	**Maisgrieß**
	nach Belieben:
	Paprika · Muskat ·
	Rosmarin · Knoblauch

	Fett zum Backen

Wasser und Salz **ankochen,** Maisgrieß und Gewürze unter Rühren zugeben, **5 Minuten** unter Rühren **fortkochen** und **5 Minuten** in der **Nachwärme** quellen lassen.
Kastenform ausspülen und Brei hineindrücken. Nach dem Erkalten stürzen und in gleichmäßig dicke Scheiben schneiden. Fett in der Pfanne **erhitzen,** Scheiben von beiden Seiten darin hellbraun **backen.**

Gemüse

Gemüse mit seiner großen Produktvielfalt bietet sich das ganze Jahr über für eine ausgewogene und vollwertige Ernährung an.
Der ernährungsphysiologische Wert des Gemüses liegt in dem hohen Gehalt an Rohfasern, Mineralstoffen, Vitaminen, Eiweiß, Enzymen, Duft- und Aromastoffen, deren Umfang nicht zuletzt von Bodenbeschaffenheit, Klima, Reifegrad, Erntezeit, Transport, Lagerung und Verarbeitung bestimmt wird.
Die oft gering erscheinenden Anteile dieser Stoffe sind jedoch von größter Bedeutung; ihr Fehlen in der Ernährung bringt Störungen im Organismus oder Erkrankungen mit sich. Deshalb sollte Gemüse auf dem täglichen Speiseplan obenan stehen.
In der Regel werden als Beilage für eine Person 200—250 g frisches Gemüse benötigt. Ausnahmen sind Grünkohl, Gurken, Kürbis, Mangold, Spinat, Erbsen, Spargel, bei denen jeweils 250—375 g/Person gerechnet werden.
Bei gefrorenem und konserviertem Gemüse rechnet man 125—150 g pro Person, da der Abfall beim Putzen entfällt.
Um die wertvollen Bestandteile weitgehend zu erhalten, bedarf es einer sachgemäßen Vor- und Zubereitung.

Bild 31: Chicoréekern kegelförmig herausschneiden.

Bild 32: Tomaten abziehen.

Bild 33: Rosenkohlstrunk kreuzweise einschneiden.

Bild 34: Spargel schälen.

Frisches Gemüse

Vorbereitung

- Gemüse putzen, dabei schlechte Stellen und nicht eßbare Teile entfernen,
- Gemüse kurz aber gründlich in reichlich Wasser waschen und abtropfen lassen,
- Gemüse erst kurz vor der Zubereitung zerkleinern.

Was ist zu beachten?
- Zum Schälen von Gemüse, z. B. Möhren, einen Sparschäler benutzen.
- Zum Zerkleinern das Schnitzelwerk einer Hand- oder Standküchenmaschine einsetzen, siehe Bild 35, Seite 128.
- Zerkleinertes Gemüse nicht mehr waschen, sonst gehen wichtige Inhaltsstoffe verloren.

Zubereitungsarten

- Gemüse gedünstet, siehe Seite 129.
- Gemüse in Soße, siehe Seite 140.
- Gemüse überbacken, siehe Seite 144.

Gefrorenes Gemüse

Industriell oder nach Vorschrift selbst eingefrorenes Gemüse ist in Aussehen, Geschmack und Nährwert frischem Gemüse vergleichbar, teilweise sogar überlegen.
Der Eisengehalt von Spinat oder Bohnen wird durch das Einfrieren für den Körper besser verwertbar, Kohlgemüse für Galle- und Magenempfindliche bekömmlicher.
Die Lagerdauer im Verdampferfach des Kühlschrankes ist begrenzt, siehe Kapitel „Kurzfristiges Haltbarmachen durch Kühlen“. Angaben der Herstellerfirmen auf den Packungen müssen beachtet werden.

Zubereitungsarten

Gefrorenes Gemüse grundsätzlich unaufgetaut verwenden.

- Gemüse in heißem Fett andünsten, dünsten und fertig garen.
- Gemüse in wenig kochende Flüssigkeit mit etwas Fett geben, ankochen, fortkochen und fertig garen.
- Gemüse in einer Soße garen.

Was ist zu beachten?
- Wird gefrorenes Gemüse anstelle von frischem verwendet, verkürzt sich die Gardauer bei den nachfolgenden Rezepten etwa um ein Drittel.

Konservengemüse

Gemüse für Konserven werden im richtigen Reifezustand geerntet, sofort verarbeitet und sterilisiert.

Zubereitung

- Gläser oder Dosen erst kurz vor dem Verzehr öffnen. Gemüse mit wenig Gemüsewasser im Kochtopf erhitzen, eventuell etwas Fett zugeben, mit Salz und Gewürzen abschmecken,
- Gemüse zur Vitaminanreicherung mit frischen, zerkleinerten Kräutern anrichten.

Was ist zu beachten?

- Auf dem Etikett von Konserven steht u. a. „Abtropfgewicht" oder „Einwaage" mit Gramm-Angabe. In beiden Fällen ist darunter das Gewicht des abgetropften Gemüses zu verstehen.
- Konservengemüse ist in der Regel gesalzen, deshalb vor dem Würzen abschmecken.

Tip:

- Gemüsewasser kann zu Suppen und Soßen verwendet werden.

Gemüse kann auch im Mikrowellengerät zubereitet werden, siehe Seite 485.

Bild 35: Zeit- und kraftsparend mit der Küchenmaschine zerkleinert: geschnittener Rotkohl, grob geraspelter Sellerie, in Scheiben geschnittene Salatgurke, fein geraspelte Möhren.

Gemüse gedünstet

Eine besonders schonende Zubereitung von Gemüse ist das Dünsten im eigenen Saft oder mit Zugabe von wenig Wasser und Fett, denn so bleiben Vitamine, Mineralstoffe sowie Farbe, Form und Eigengeschmack weitgehend erhalten.

Zubereitungsarten

- Fett erhitzen, Gemüse darin andünsten, Salz und evtl. Wasser zugeben, dünsten und fertig garen.
- Gemüse mit Salz und Wasser ankochen, fortkochen und fertig garen. Butter oder Margarine untermengen oder Gemüse mit flüssigem Fett übergießen.

Was ist zu beachten?
- Die Wassermenge von 1/8 bis 1/4 l ist in jedem Fall ausreichend; bei zartem Sommmergemüse genügen 2—4 EL Wasser.
- Der Kochtopf muß einen gut schließenden Deckel haben, damit kein Dampf entweicht.
- Zerkleinerte Kräuter erst kurz vor dem Servieren über das Gemüse streuen oder untermengen.

Tip:
- Sollte zuviel Gemüsebrühe vorhanden sein, kann sie mit angerührtem Mehl oder etwas Kartoffelpüreepulver gebunden werden.
- Die Gemüsebrühe für Suppe oder Eintopf verwenden.
- Verschiedene Gemüsesorten können — durch Einmachfolie oder mehrfach durchstochene Alufolie getrennt — zusammen in einem Kochtopf gegart werden.

Spinat

1 kg	**Spinat**
1	**Zwiebel**
30 g	**Butter** oder Margarine
	Salz
	Paniermehl nach Bedarf
	Schnittlauch

Spinat verlesen, waschen, tropfnaß **erhitzen** und zusammenfallen lassen. Zerkleinern oder pürieren.
Zwiebel schälen und in Würfel schneiden. Butter **erhitzen,** Zwiebel darin **andünsten.** Spinat zufügen, **5 Minuten dünsten** und **5—10 Minuten** in der **Nachwärme** fertig garen. Mit Salz abschmecken. Wenn das Gericht zu flüssig ist, Paniermehl überstreuen.
Mit zerkleinertem Schnittlauch bestreuen.

Tip:
- Durch Zugabe von Milch oder süßer Sahne wird der Spinat milder.
- Der zarte, junge Spinat schmeckt sehr gut, wenn er nicht zerkleinert und nur mit in Butter geröstetem Paniermehl angerichtet wird.

Mangold auf Spinatart

1 kg	**Mangold**
1	**Zwiebel**
30 g	**Butter** oder Margarine
	Salz
	Paniermehl nach Bedarf
	Schnittlauch

Mangold-Blätter und -Stiele waschen, Mangold-Stiele in 3 cm lange Stücke schneiden. Entweder die Blätter allein oder zusammen mit den Stielen ohne Wasser **erhitzen** und zusammenfallen lassen. Zerkleinern oder pürieren.
Zwiebel schälen und in Würfel schneiden. Butter **erhitzen,** Zwiebel darin **andünsten.** Mangold zugeben, **5 Minuten dünsten** und **5—10 Minuten** in der **Nachwärme** fertig garen. Mit Salz abschmekken. Wenn das Gericht zu flüssig ist, Paniermehl überstreuen.
Mit zerkleinertem Schnittlauch bestreuen.

Tip:
- Durch Zugabe von Milch oder süßer Sahne wird der Mangold milder.
- Die zarten Stiele allein ergeben ein neues selbständiges Gericht, Rezept Seite 142. Es lohnt daher, eine größere Menge Mangold zu kaufen.

Chicorée nach Spargelart

750 g	**Chicorée**
	Salz
1/8—1/4 l	**Wasser**
30 g	**Butter** oder Margarine
2 EL	**Paniermehl**

Chicorée putzen, eventuell den bitteren Kern am Staudenende kegelförmig herausschneiden, waschen.
Salz überstreuen, Wasser angießen, **ankochen, 8—10 Minuten fortkochen** und **5—10 Minuten** in der **Nachwärme** fertig garen. Chicorée abtropfen lassen.
Butter **erhitzen,** Paniermehl darin **rösten** und über den Chicorée geben.

Veränderung:
- Chicorée in Käsesoße, Rezept Seite 141.

Blumenkohl

1	**Blumenkohl**
1/8—1/4 l	**Wasser**
	Salz
30 g	**Butter** oder Margarine
2 EL	**Paniermehl**

Von dem Blumenkohl die Blätter und den harten Strunk entfernen. In Salz- oder Essigwasser waschen.
Salz überstreuen, Wasser angießen, **ankochen, 15—20 Minuten fortkochen** und **5—10 Minuten** in der **Nachwärme** fertig garen. Blumenkohl abtropfen lassen.
Butter **erhitzen,** Paniermehl darin **rösten** und über den Blumenkohhl geben.

Was ist zu beachten?
- Um ein Braunwerden des Blumenkohls durch den Zutritt von Luft zu vermeiden, einen hohen Kochtopf nehmen und den Deckel nicht unnütz abheben.

Veränderung:
- Anrichten in Holländischer Soße:
  Blumenkohl abtropfen lassen und mit heißer Soße, Rezept Seite 84 oder 96, übergießen.
  Ist der Blumenkohl im Geschmack sehr streng, für die Soße halb Gemüsewasser und halb Milch verwenden.

Broccoli

1 kg	**Broccoli**
	Salz
1/8—1/4 l	**Wasser**
40 g	**Butter** oder Margarine

Broccoli putzen und waschen.
Salz überstreuen, Wasser angießen, **ankochen, 10—15 Minuten fortkochen, 5—10 Minuten** in der **Nachwärme** fertig garen. Broccoli abtropfen lassen.
Butter **erhitzen** und über den Broccoli geben.

Veränderung:
- Anrichten in Holländischer Soße:
  Broccoli abtropfen lassen und mit heißer Soße, Rezept Seite 84 oder 96, übergießen.

Chinakohl

3/4—1 kg	**Chinakohl**
30 g	**Butter** oder Margarine
	Salz
4—6 EL	**Wasser**

2 EL	**geriebener Käse**

Vom Chinakohl schlechte Stellen, bei älterem Kohl auch Strunk, entfernen, waschen. Den Kohl senkrecht in 3—4 Teile schneiden und diese in etwa 3 cm lange Stücke.
Butter **erhitzen,** Kohl darin **andünsten,** Salz überstreuen, Wasser angießen, **10—15 Minuten dünsten** und **5—10 Minuten** in der **Nachwärme** fertig garen.
Abschmecken und mit Käse bestreuen.

Veränderung:

- Zugabe von Zwiebel:
  Fett erhitzen, Zwiebelwürfel und Chinakohl darin dünsten, nach Belieben einige Möhren zugeben.
- Anrichten in Käse- oder Béchamelsoße:
  Chinakohl abtropfen lassen und mit heißer Soße, Rezepte Seite 85 und 87, übergießen.

Grünkohl

1 1/2 kg	**Grünkohl**
2	**Zwiebeln**

100 g	**Schmalz**
2 EL	**Haferflocken**
	Salz
3/8 l	**Wasser**

1 Prise	**Zimt**
1 Prise	**Nelken**
1 TL	**Zucker**
1 TL	**Senf**

Grünkohl abstreifen, mehrmals waschen, tropfnaß **erhitzen** und zusammenfallen lassen. Flüssigkeit abgießen, Grünkohl zerkleinern.
Zwiebeln schälen und in Würfel schneiden.
Schmalz **erhitzen,** Zwiebeln darin **andünsten.** Die Hälfte des Grünkohls, Haferflocken und den Rest des Kohls zugeben. Salz überstreuen, Wasser angießen, **ankochen, 50—60 Minuten fortkochen** und **5—10 Minuten** in der **Nachwärme** fertig garen.
Mit Gewürzen abschmecken.

Kohlrabi

1 kg	**Kohlrabi**
30 g	**Butter** oder Margarine
	Salz
1/8 l	**Wasser**
	Mehl

	Sahne oder Milch
	Muskat

Kohlrabi schälen, waschen und in feine Scheiben schneiden. Die zarten Blättchen waschen und zerkleinern.
Butter zugeben, Salz überstreuen. Wasser angießen, **ankochen** und **15—20 Minuten fortkochen.** Mehl überstäuben und **5—10 Minuten** in der **Nachwärme** fertig garen.
Sahne unterrühren und mit Muskat abschmecken.

Rosenkohl

1 kg	**Rosenkohl**
30 g	**Butter** oder Margarine
	Salz
4—8 EL	**Wasser**
	Mehl

	Sahne oder Brühe
1 Prise	**Muskat**

Rosenkohl putzen, Strunk kreuzweise einschneiden, waschen.
Butter zufügen, Salz überstreuen, Wasser angießen, **andünsten** und **15—20 Minuten dünsten.** Mehl überstäuben und **5—10 Minuten** in der **Nachwärme** fertig garen.
Sahne unterrühren und mit Muskat abschmecken.

Was ist zu beachten?

- Wenn der gekochte Rosenkohl zu lange steht, verliert er seine grüne Farbe und wird grau. →

Veränderung:

- Rosenkohl mit 250 g geschälten und in Scheiben geschnittenen Äpfeln in 1/8 l Wasser garen, zuletzt Fett, Salz und Muskat zugeben.

Rotkohl

1 kg	**Rotkohl**
3—4	**Äpfel**
1	**Zwiebel**
3	**Nelken**
40 g	**Schmalz**
	Salz · Zucker
1/8—1/4 l	**Wasser**
1 Prise	**Zimt**
	Essig

Rotkohl waschen, Strunk entfernen, Kohl hobeln oder fein schneiden. Äpfel waschen, schälen, Kerngehäuse entfernen und Äpfel in Scheiben schneiden. Zwiebel schälen und mit Nelken spicken.
Äpfel und Zwiebel mit Schmalz, Salz und Zucker in den Kochtopf zwischen den Rotkohl schichten. Wasser angießen, **ankochen, 35—45 Minuten fortkochen** und **5—10 Minuten** in der **Nachwärme** fertig garen.
Mit Zimt und Essig abschmecken.

Veränderung:

- Fett erhitzen, Rotkohl darin andünsten, übrige Zutaten zugeben, ankochen, 35—40 Minuten fortkochen und 5—10 Minuten fertig garen.

Sauerkraut

750 g	**Sauerkraut**
3—4	**Äpfel**
1	**Zwiebel**
40 g	**Schmalz** oder 3—4 EL Öl
	Salz · Wacholderbeeren · Zucker
1/8—1/4 l	**Wasser**
1	**Kartoffel** nach Belieben

Sauerkraut nicht waschen, da sonst die Inhaltsstoffe verlorengehen.
Äpfel waschen, schälen, Kerngehäuse entfernen und Äpfel klein schneiden. Zwiebel schälen und in Würfel schneiden. Schmalz **erhitzen,** Zwiebel darin **andünsten.** Kraut, Äpfel, Salz, Wacholderbeeren, Zucker und Wasser zugeben, **ankochen, 25—30 Minuten fortkochen** und **5—10 Minuten** in der **Nachwärme** fertig garen.
Nach Belieben mit geriebener Kartoffel binden.

Tip:

- Rohes Sauerkraut ist sehr gesund. Man kann 1/4 der Menge roh zurücklassen, zerkleinern und vor dem Anrichten unter das gegarte Kraut geben.

Veränderung:

- **Ananaskraut**
  Sauerkraut ohne Äpfel, aber mit Fett und 1/8 l Apfelwein dünsten. 1 gestrichenen EL Speisestärke mit Ananassaft verrühren, das Kraut damit binden und eine kleine Dose Ananasstücke untermischen.

Weißkohl

Schmorkohl auf bayrische Art

1 kg	**Weißkohl**
1	**Zwiebel**
40 g	**Schmalz** oder Speck
	Salz · Zucker
1/8—1/4 l	**Wasser**
	Essig
1	**Kartoffel** nach Belieben oder Mehl

Weißkohl waschen, Strunk entfernen und Kohl fein schneiden. Zwiebel schälen und in Würfel schneiden.
Schmalz **erhitzen,** Zwiebel darin **andünsten.** Kohl zugeben und darin **bräunen.** Salz und Zucker überstreuen, Wasser angießen, **ankochen, 35—45 Minuten schmoren** und **10 Minuten** in der **Nachwärme** fertig garen.
Mit Essig abschmecken, nach Belieben mit geriebener Kartoffel binden.

Weißkohl mit Kümmel

1 kg	**Weißkohl**
40 g	**Schmalz**
	Kümmel · Salz
1/8—1/4 l	**Wasser**
	Mehl

Weißkohl waschen, Strunk entfernen und Kohl fein schneiden.
Schmalz und Kümmel zugeben, Salz überstreuen, Wasser angießen, **ankochen** und **35—45 Minuten fortkochen,** Mehl überstäuben, **5—10 Minuten** in der **Nachwärme** fertig garen und abschmekken.

Veränderung:

- Fett erhitzen, Weißkohl darin andünsten, übrige Zutaten zugeben, ankochen, 35—45 Minuten fortkochen, Mehl überstäuben und 5—10 Minuten fertig garen.

Wirsingkohl

1 kg	**Wirsingkohl**
1	**Zwiebel**
30 g	**Butter** oder Margarine
	Salz
1/8—1/4 l	**Wasser**
	Mehl
	Milch oder süße Sahne
1 Prise	**Muskat**

Wirsingkohl putzen, Strunk entfernen, Kohl waschen und fein schneiden. Zwiebel schälen und in Würfel schneiden.
Butter **erhitzen,** Zwiebel und Wirsingkohl darin **andünsten.** Salz überstreuen, Wasser angießen und **20—30 Minuten dünsten.** Mehl überstäuben und **5—10 Minuten** in der **Nachwärme** fertig garen.
Milch unterrühren, mit Muskat abschmecken.

Weinkraut
Jägerkohl

1 kg	**Weißkohl** oder Wirsingkohl
3—4	**Äpfel**
40 g	**Schmalz**
	Salz
1/8—1/4 l	**Wasser**
	Weißwein · Zucker

Weißkohl waschen, Strunk entfernen und Kohl fein schneiden. Äpfel waschen, schälen, Kerngehäuse entfernen und Äpfel in Scheiben schneiden.
Schmalz **erhitzen,** Weißkohl und Äpfel darin **andünsten.** Salz überstreuen, Wasser angießen, **ankochen, 35—45 Minuten fortkochen** und **5—10 Minuten** in der **Nachwärme** fertig garen.
Mit Wein und Zucker abschmecken.

Veränderung:

- Zum Schluß 250 g halbierte, entkernte Weintrauben hinzufügen.

Kohlrüben
Steckrüben

1 kg	**Kohlrüben**
50 g	**Schmalz**
	oder durchwachsener Speck
	Salz
1/8—1/4 l	**Wasser** oder Brühe
	Mehl nach Bedarf
	Kümmel oder Majoran

Kohlrüben schälen, waschen und in Stifte schneiden.
Schmalz **erhitzen** und Kohlrüben darin **andünsten.** Mit Salz bestreuen, Wasser angießen, **ankochen, 25—30 Minuten fortkochen** und **5—10 Minuten** in der **Nachwärme** fertig garen.
Hat sich viel Saft gebildet, Gemüse **aufkochen** und mit angerührtem Mehl binden.
Mit Kümmel abschmecken.

Veränderung:

- Anrichten in Holländischer Soße: Kohlrüben abtropfen lassen und mit heißer Soße, Rezept Seite 84 oder 96, übergießen.

Schwarzwurzeln

750 g	**Schwarzwurzeln**
30 g	**Butter** oder Margarine
	Salz
1/8—1/4 l	**Wasser**
	Milch oder süße Sahne

Schwarzwurzeln in Wasser bürsten, schaben und in schwaches Essigwasser legen, damit sie sich nicht verfärben. In 2—3 cm lange Stücke schneiden, dicke Stangen längs halbieren.
Butter zugeben, Salz überstreuen, Wasser angießen, **ankochen, 20—25 Minuten fortkochen** und **5—10 Minuten** in der **Nachwärme** fertig garen.
Milch unterrühren und abschmecken.

Veränderung:
- 1/4 l Wasser ankochen, gründlich gewaschene Schwarzwurzeln zugeben und garen. Dann erst die Haut abschälen und in Stücke schneiden.
  Fett erhitzen, Schwarzwurzeln zugeben, Sahne zugießen und mit Salz abschmecken.

Möhren mit Lauch

1—2 Stg	**Lauch**
1 kg	**Möhren**
	Salz
1/8—1/4 l	**Wasser**
30 g	**Butter** oder Margarine
	Petersilie

Lauch putzen, waschen und in Ringe schneiden. Möhren schälen, waschen, in Würfel oder Stifte schneiden.
Salz überstreuen, Wasser angießen, **ankochen, 10—15 Minuten fortkochen** und **10—15 Minuten** in der **Nachwärme** fertig garen.
Butter zugeben, abschmecken.
Mit zerkleinerter Petersilie bestreuen.

Veränderung:
- Zusätzlich 250 g grob geraspelten Sellerie mitgaren.

Möhren

1 kg	**Möhren**
30 g	**Butter** oder Margarine
	Salz
4—6 EL	**Wasser**
1 Prise	**Zucker**
	Petersilie

Möhren schälen, waschen, in Würfel oder Stifte schneiden.
Butter **erhitzen** und Möhren darin **andünsten.** Salz überstreuen, Wasser angießen, **10—25 Minuten dünsten** und **10 Minuten** in der **Nachwärme** fertig garen.
Mit Zucker abschmecken.
Mit zerkleinerter Petersilie bestreuen.

Grüne Bohnen

oder Wachsbohnen

1 kg	**grüne Bohnen**
	Salz · Bohnenkraut
1/8—1/4 l	**Wasser**
30 g	**Butter** oder Margarine
	Salz
	Petersilie

Bohnen abfädeln, waschen und in Stücke brechen.
Salz überstreuen, Bohnenkraut zugeben, Wasser angießen, **ankochen** und **10—15 Minuten fortkochen.** Bohnenkraut herausnehmen. Bohnen abtropfen lassen, Butter zufügen, **3—5 Minuten** in der **Nachwärme** fertig garen und abschmekken.
Mit zerkleinerter Petersilie bestreuen.

Veränderung:
- Bohnen in Wasser mit Salz und Bohnenkraut garen und in Fett und Petersilie schwenken.
- Bohnen im ganzen wie Spargel- oder Lauchstangen garen, abtropfen lassen, mit Speckscheiben umwickeln und anbraten.
- Für grüne Bohnen 250 g Tomaten überbrühen, abschrecken, abziehen, in Viertel schneiden und in den letzten 10 Minuten mitkochen.

Dicke Bohnen

$2^1/_2$ kg	**Bohnen mit Hülsen** = etwa 750 g enthülste
40 g	**Butter** oder Margarine
	Salz · Bohnenkraut
$^1/_8$—$^1/_4$ l	**Wasser**
	Petersilie

Bohnen enthülsen und waschen.
Butter **erhitzen,** Bohnen darin **andünsten.** Salz überstreuen, Bohnenkraut zugeben, Wasser angießen, **ankochen, 15—20 Minuten fortkochen** und **5—10 Minuten** in der **Nachwärme** fertig garen. Bohnenkraut herausnehmen, Bohnen abschmecken.
Mit zerkleinerter Petersilie bestreuen.

Was ist zu beachten?
- Dicke Bohnen schmecken nur gut, wenn sie ganz jung und nicht so mehlig sind.

Veränderung:
- 150 g geräucherten durchwachsenen Speck in feine Würfel schneiden, auslassen und über die gegarten Bohnen geben.
- Bohnenkerne mit $^1/_4$ l Wasser und Salz ankochen und 20—25 Minuten dünsten. Mit der Gemüsebrühe eine Kräuter- oder Specksoße bereiten, Rezepte Seite 85 und 86. Bohnenkerne in die Soße geben und erwärmen. Nach Belieben mit Salz, Pfeffer, Zukker und Essig süß-sauer abschmekken.

Salz überstreuen, Wasser angießen, bei zarten, jungen Erbsen **5—10 Minuten,** bei weniger zarten **10—15 Minuten dünsten** und **5 Minuten** in der **Nachwärme** fertig garen. Sind die Erbsen nicht süß, mit Zucker abschmecken.
Mit zerkleinerter Petersilie bestreuen.

Erbsen und Möhren

1 kg	**Erbsen**
500 g	**Möhren**
	Salz
$^1/_8$—$^1/_4$ l	**Wasser**
30 g	**Butter** oder Margarine
1 Prise	**Zucker**
	Petersilie

Erbsen enthülsen. Möhren schälen, waschen, in Würfel oder Stifte schneiden. Salz überstreuen, Wasser angießen, **ankochen, 10—20 Minuten fortkochen** und **5—10 Minuten** in der **Nachwärme** fertig garen.
Butter zugeben und mit Zucker abschmecken.
Mit zerkleinerter Petersilie bestreuen.

Was ist zu beachten?
- Bei Verwendung gefrorener Erbsen die Möhren etwa 10 Minuten vorgaren. Erbsen zugeben, aufkochen und 5—10 Minuten fortkochen.

Junge grüne Erbsen

$1^1/_2$ kg	**Erbsen mit Hülsen** = knapp 500 g enthülste
30 g	**Butter** oder Margarine
	Salz
4—8 EL	**Wasser**
	Zucker nach Bedarf
	Petersilie

Erbsen enthülsen und waschen.
Butter **erhitzen,** Erbsen darin **andünsten.**

Gurkengemüse

$1^1/_2$ kg	**Gurken**
30 g	**Butter** oder Margarine
	Salz
$^1/_8$ l	**saure Sahne** oder Milch oder Buttermilch
	Mehl nach Bedarf
	Dill

Gurken waschen, schälen, längs halbieren, mit einem Löffel Kerne auskratzen, in 5—6 cm lange und 3 cm breite Stücke schneiden. →

Butter **erhitzen,** Gurken darin glasig **andünsten.** Salz und Sahne zufügen und **8—10 Minuten dünsten.**
Haben die Gurken viel Saft gezogen, Flüssigkeit **aufkochen,** mit angerührtem Mehl binden und abschmecken.
Zerkleinerten Dill untermengen.

Paprika-Tomaten-Gemüse

500 g	**Paprikaschoten**
500 g	**Tomaten**
1	**große Zwiebel**
40 g	**Speck** oder 2 EL Öl
	Salz
1 Prise	**Zucker**
	Mehl nach Bedarf
	Schnittlauch

Paprika halbieren, Kerne entfernen, Paprika waschen und in Streifen schneiden. Tomaten überbrühen, abschrecken, abziehen und in Scheiben schneiden. Zwiebel schälen. Zwiebel und Speck in Würfel schneiden.
Speck **auslassen,** Zwiebel und Paprika darin **andünsten.** Tomaten zugeben, Salz und Zucker überstreuen, **10—15 Minuten dünsten** und **5—10 Minuten** in der **Nachwärme** fertig garen.
Hat sich viel Saft gebildet, die Soße **aufkochen** und mit angerührtem Mehl binden.
Abschmecken und mit zerkleinertem Schnittlauch bestreuen.

Gurken-Tomaten-Gemüse

1 kg	**Gurken**
500 g	**Tomaten**
50 g	**Speck**
2 EL	**Essig**
	Salz · Paprika · Zucker
1 EL	**Mehl**
	saure Sahne

Gurken waschen, schälen, längs halbieren, mit einem Löffel Kerne auskratzen, in fingerlange und 3 cm breite Stücke schneiden.
Tomaten überbrühen, abschrecken, abziehen und in Viertel schneiden. Speck in Würfel schneiden.
Speck **auslassen,** Gurken darin glasig **andünsten.** Tomaten, Essig, Salz, Paprika und Zucker zugeben und **10 Minuten dünsten.**
Soße mit angerührtem Mehl binden, Sahne unterrühren und süß-sauer abschmecken.

Veränderung:
- Zwiebelwürfel zugeben und mitdünsten.
- Statt der Gurken Kürbis dünsten.
- Anstelle des Essigs 250 g Äpfel zugeben.

Zwiebelgemüse in Sahne

1 kg	**Zwiebeln**
40 g	**Butter** oder Margarine
	Salz
$^1/_8$ l	**saure Sahne**
	Petersilie

Kleine gleichmäßige Zwiebeln wählen, schälen.
Butter **erhitzen,** Zwiebeln unter Wenden darin **andünsten.** Salz überstreuen, Sahne zugeben, **10 Minuten dünsten** und **5 Minuten** in der **Nachwärme** fertig garen.
Mit zerkleinerter Petersilie bestreuen.

Lauch

1$^1/_4$ kg	**Lauch**
40 g	**Butter** oder Margarine
	Salz
$^1/_8$ l	**Wasser**
	Mehl
3 EL	**Milch** oder Brühe

Lauch putzen, waschen und in 3—4 cm lange Stücke schneiden.

Butter zugeben, Salz überstreuen, Wasser angießen, **ankochen** und **10 Minuten fortkochen.** Mehl überstäuben und **5—10 Minuten** in der **Nachwärme** fertig garen.
Milch unterrühren und abschmecken.

Was ist zu beachten?

- Lauchstangen müssen sehr gründlich gewaschen werden, da ihnen leicht Sand anhaftet.

Veränderung:

- Lauchstangen in je 1 Scheibe gekochten Schinken rollen und wie überbackene Zucchini in Käsesoße, Rezept Seite 145, zubereiten.

Spargel

1—1½ kg	**Stangenspargel**
	Salz
1 Prise	**Zucker**
⅛—¼ l	**Wasser**
	Butter

Spargel waschen, vom Kopf nach unten schälen und in gleichmäßig lange Stangen schneiden, so daß sie in den Kochtopf passen.
Salz und Zucker überstreuen, Wasser angießen, **ankochen, 10—15 Minuten fortkochen** und **5—10 Minuten** in der **Nachwärme** fertig garen. Spargel abtropfen lassen.
Butter **erhitzen** und darübergießen.

Was ist zu beachten?

- Für ein „Spargelessen" rechnet man 500 g Spargel pro Person.

Tip:

- Spargelenden und -reste zur Herstellung einer Suppe verwenden.
- Größere Mengen Spargel können in der Fettpfanne im Backofen gegart werden. Fettpfanne mit Alufolie abdecken, damit kein Dampf entweicht. Bei 180—200 °C ca. 45—60 Minuten dünsten.

Pilze

1 kg	**frische Pilze**
2	**Zwiebeln**
30 g	**Butter** oder Margarine oder 40 g Speck
	Salz · Pfeffer
3 EL	**saure Sahne** oder Milch
	Mehl nach Bedarf
	Zitronensaft · Petersilie

Pilze putzen, waschen, große etwas zerkleinern. Zwiebeln schälen und in Würfel schneiden.
Butter **erhitzen,** Zwiebeln darin **andünsten.** Pilze zufügen und **10 Minuten dünsten.** Salz und Pfeffer überstreuen, Sahne zugießen und **5 Minuten** in der **Nachwärme** fertig garen.
Haben die Pilze zuviel Saft gezogen, Flüssigkeit **aufkochen** und mit angerührtem Mehl binden.
Mit Zitronensaft abschmecken und mit zerkleinerter Petersilie bestreuen.

Fenchelgemüse

750 g	**Fenchel**
	Salz
⅛—¼ l	**Wasser**
	Butter · geriebener Käse · Fenchelkraut

Fenchelkraut abzupfen und waschen. Fenchelknollen putzen, holzige Teile entfernen, waschen. Kleine Knollen im ganzen verwenden, größere halbieren oder in Scheiben schneiden.
Salz überstreuen, Wasser angießen, **ankochen, 10—15 Minuten fortkochen** und **5—10 Minuten** in der **Nachwärme** fertig garen. Fenchel abtropfen lassen.
Butter **erhitzen,** mit Käse und zerkleinertem Fenchelkraut über das Gemüse geben.

Veränderung:

- Anrichten in heller Grundsoße:
  Fenchel abtropfen lassen und mit heißer Soße, Rezept Seite 82 oder 83, übergießen.

Bild 36: Ratatouille, Rezept Seite 138.

Ratatouille

4	**Zwiebeln**
250 g	**grüne Paprikaschoten**
375 g	**Auberginen**
250 g	**Zucchini**
500 g	**Tomaten**
3 EL	**Öl**
1	**Knoblauchzehe**
1 Bund	**Petersilie**
1 TL	**Kräuter der Provence**
	Salz · Pfeffer
1/8 l	**Wasser**
	Petersilie

Zwiebeln schälen und in Würfel schneiden. Paprika halbieren, Kerne entfernen, Paprika waschen und in Streifen schneiden. Auberginen und Zucchini waschen und in Scheiben schneiden. Tomaten überbrühen, abschrecken, abziehen und in Viertel schneiden.

Öl **erhitzen,** zerdrückte Knoblauchzehe und Gemüse darin **andünsten.** Grob zerkleinerte Kräuter zugeben, Salz und Pfeffer überstreuen, Wasser angießen, **20 Minuten dünsten** und **5—10 Minuten** in der **Nachwärme** fertig garen.

Abschmecken und mit zerkleinerter Petersilie bestreuen.

Auberginen mit Tomaten

750 g	**Auberginen**
500 g	**Tomaten**
1	**große Zwiebel**
3 EL	**Öl**
	Salz
	nach Bedarf
	Flüssigkeit
	Wasser, Sahne oder Milch
	Mehl
	Petersilie · Schnittlauch

Auberginen waschen, Stiel entfernen. Tomaten überbrühen, abschrecken, abziehen. Auberginen und Tomaten in Scheiben schneiden. Zwiebel schälen und in Würfel schneiden.
Öl **erhitzen,** Auberginen und Zwiebel darin **andünsten.** Tomaten und Salz zugeben, **10 Minuten dünsten** und **5—10 Minuten** in der **Nachwärme** fertig garen, abschmecken.
Nach Bedarf Flüssigkeit zufügen, **aufkochen** und Mehl überstäuben oder mit angerührtem Mehl binden.
Mit zerkleinerten Kräutern bestreuen.

Veränderung:

- **Gebratene Auberginen**
  Große Früchte nehmen und in dicke Scheiben schneiden. Öl in einer Pfanne erhitzen, Scheiben einlegen, Salz überstreuen und leicht braten. Scheiben wenden, Zwiebelwürfel, eventuell auch Tomatenscheiben zugeben und fertig garen.

Zucchini

750 g	**Zucchini**
1	**Zwiebel**
50 g	**durchwachsenen Speck**
2—3 EL	**Öl**
	Petersilie
	Salz · Majoran
3—4 EL	**Wasser**
	Knoblauch

Zucchini waschen, Stiel und Spitze entfernen und in ½ cm dicke Scheiben schneiden. Zwiebel schälen. Zwiebel und Speck in Würfel schneiden.
Öl **erhitzen,** Speck darin **auslassen.** Zwiebel, Zucchini und zerkleinerte Petersilie zugeben, **andünsten.** Salz und Majoran überstreuen, Wasser angießen, **10 Minuten dünsten** und **5—10 Minuten** in der **Nachwärme** fertig garen.
Mit Knoblauch abschmecken.

Bleichsellerie

1 kg	**Bleichsellerie**
50 g	**Butter** oder Schinkenwürfel
	Salz
⅛ l	**Wasser**
1—2 EL	**Crème fraîche**
	Pfeffer · Zitronensaft

Bleichsellerie putzen, waschen und in fingerlange Stücke schneiden.
Butter **erhitzen,** Sellerie darin **andünsten.** Salz überstreuen, Wasser angießen, **10—15 Minuten dünsten** und **5—10 Minuten** in der **Nachwärme** fertig garen.
Crème fraîche unterrühren und mit Pfeffer und Zitronensaft abschmecken.

! STROM-SPAR-TIP

Gemüse und Kartoffeln mit wenig Wasser garen

Gemüse in Soße

Einige Gemüsearten gewinnen an Geschmack, wenn sie in einer Soße serviert werden. Außerdem kann auf diese Weise jede Gemüsebeilage gestreckt und so der Sättigungswert gesteigert werden.

Geeignete Gemüsearten

Blumenkohl, Gurken, Kürbis, Mangold, Rote Rüben, Sellerie, Spargel, Schwarzwurzeln, Chicorée, Lauch, Fenchel, Zucchini, Auberginen und Kohlrabi.

Zubereitung

- Eine helle oder dunkle Grundsoße, Rezepte Seite 82 und 83, unter Verwendung der abgegossenen Gemüsebrühe herstellen, Soße über das gegarte Gemüse gießen oder Gemüse darin erwärmen.

Tip:
- Bekömmlicher ist es, das Gemüse in dem Kochwasser mit angerührtem Mehl zu binden; nach Belieben Milch, Sahne oder Brühe und kurz vor dem Anrichten Butter oder Margarine zufügen.

Schwarzwurzeln in Holländischer Soße

750 g	**Schwarzwurzeln**
	Salz
1/4 l	**Wasser**
Soße:	
30 g	**Fett**
40 g	**Mehl**
1/2 l	**Flüssigkeit**
	Schwarzwurzelbrühe und Milch
	Salz · Muskat · Zitronensaft
1	**Eigelb**
1 EL	**Wasser**

Schwarzwurzeln in Wasser bürsten, schaben und in schwaches Essigwasser legen, damit sie sich nicht verfärben. In 3—4 cm lange Stücke schneiden.
Salz überstreuen, Wasser angießen, **ankochen, 10—15 Minuten fortkochen** und **5—10 Minuten** in der **Nachwärme** fertig garen. Schwarzwurzelbrühe abgießen und auffangen, Schwarzwurzeln warm halten.

Für die Soße Fett **erhitzen,** Mehl zugeben und unter ständigem Rühren **andünsten.**
Mit Flüssigkeit unter Rühren ablöschen, **aufkochen.**
Mit Salz, Muskat und Zitronensaft abschmecken.
Schwarzwurzeln in die kochende Soße geben und **5—10 Minuten** in der **Nachwärme** erwärmen.
Eigelb mit Wasser und etwas heißer Soße verquirlen und in die nicht mehr kochende Soße rühren.

Veränderung:
- Fleischklößchen, Rezept Seite 80, in doppelter Menge, in der Soße mitgaren.
- Ungeschälte ganze Schwarzwurzeln wie Pellkartoffeln, Rezept Seite 165, garen, abziehen, in Stücke schneiden und in die Soße geben.

Chicorée in Käsesoße

750 g	**Chicorée**
	Salz
¼ l	**Wasser**
Soße:	
30 g	**Fett**
40 g	**Mehl**
½ l	**Flüssigkeit**
	Chicoréebrühe und Milch
50—75 g	**geriebener Käse**
	Salz · Muskat oder Paprika

Chicorée putzen, eventuell den bitteren Kern am Staudenende kegelförmig herausschneiden, Chicorée waschen.
Salz überstreuen, Wasser angießen, **ankochen, 8—10 Minuten fortkochen** und **5—10 Minuten** in der **Nachwärme** fertig garen. Chicoréebrühe abgießen und auffangen, Chicorée warm halten.
Für die Soße Fett **erhitzen,** Mehl zugeben und unter ständigem Rühren **andünsten.** Mit Flüssigkeit unter Rühren ablöschen, **aufkochen.**
Käse unterrühren, mit Salz und Muskat abschmecken.
Chicorée in die kochende Soße geben und **5—10 Minuten** in der **Nachwärme** erwärmen.

Gurken in Specksoße

1 kg	**Gurken**
	Salz
⅛ l	**Wasser**
Soße:	
1	**Zwiebel**
50 g	**Speck**
40 g	**Mehl**
½ l	**Flüssigkeit**
	Gurkenbrühe und Wasser
	Essig · Salz · Zucker

Gurken waschen, schälen, längs halbieren, Kerne mit einem Löffel herauskratzen, Gurken in 5—6 cm lange Stücke schneiden.
Salz überstreuen, Wasser angießen, **ankochen** und **fortkochen,** bis sie glasig aussehen. Gurkenbrühe abgießen und auffangen, Gurken warm halten.
Für die Soße Zwiebel schälen, Zwiebel und Speck in Würfel schneiden. Speck **auslassen,** Mehl zugeben und unter ständigem Rühren **andünsten.** Mit Flüssigkeit unter Rühren ablöschen, **aufkochen.**
Mit Essig, Salz und Zucker abschmecken.
Gurkenstücke in die kochende Soße geben und **5—10 Minuten** in der **Nachwärme** erwärmen.

Kürbis in Soße

1 kg	**Kürbis**
	Salz
¼ l	**Wasser**
Soße:	
1	**Zwiebel**
30 g	**Fett**
40 g	**Mehl**
½ l	**Flüssigkeit**
	Kürbisbrühe und Milch
	Salz · Paprika
	Dill

Kürbis schälen, Kerne mit einem Löffel herauskratzen, Kürbis in 4—5 cm lange Stücke schneiden.
Salz überstreuen, Wasser angießen, **ankochen** und **fortkochen,** bis er glasig aussieht. Kürbisbrühe abgießen und auffangen, Kürbis warm halten.
Für die Soße Zwiebel schälen und in Würfel schneiden. Fett **erhitzen,** Zwiebel darin **andünsten,** Mehl zugeben und unter ständigem Rühren **andünsten.** Mit Flüssigkeit unter Rühren ablöschen, **aufkochen.**
Mit Salz und Paprika abschmecken.
Kürbis in die kochende Soße geben und **5—10 Minuten** in der **Nachwärme** erwärmen.
Mit zerkleinertem Dill bestreuen.

Veränderung:

- Zubereitung wie Gurken in Specksoße, Rezept Seite 141.

Mangoldstiele

750 g	**Mangoldstiele**
	Salz
1/8 l	**Wasser**
Soße:	
1	**kleine Zwiebel**
30 g	**Fett**
40 g	**Mehl**
1/2 l	**Flüssigkeit** Mangoldbrühe und Milch oder Mangoldbrühe und Sahne
	Salz · Muskat · Pfeffer

Mangoldstiele waschen und in 3—4 cm lange Stücke schneiden.
Salz überstreuen, Wasser angießen, **ankochen** und **10 Minuten** in der **Nachwärme** fertig garen. Mangoldbrühe abgießen und auffangen, Mangoldstiele warm halten.
Für die Soße Zwiebel schälen und in Würfel schneiden. Fett **erhitzen,** Zwiebel darin **andünsten,** Mehl zugeben und unter ständigem Rühren **andünsten.** Mit Flüssigkeit unter Rühren ablöschen, **aufkochen.**
Mit Salz, Muskat und Pfeffer abschmekken.
Mangoldstiele in die kochende Soße geben und **5—10 Minuten** in der **Nachwärme** erwärmen.

Sellerie in Soße

750 g	**Sellerie**
	Salz
1 TL	**Essig**
1/4 l	**Wasser**
Soße:	
30 g	**Fett**
40 g	**Mehl**
1/2 l	**Flüssigkeit** Selleriebrühe und Milch
	Salz · Zitronensaft · Selleriegrün

Sellerie schälen und in schwaches Essigwasser legen, damit er sich nicht verfärbt. In feine Streifen oder Stifte schneiden.
Salz überstreuen, Essig und Wasser angießen, **ankochen, 10—15 Minuten fortkochen** und **5—10 Minuten** in der **Nachwärme** fertig garen. Selleriebrühe abgießen und auffangen, Sellerie warm halten.
Für die Soße Fett **erhitzen,** Mehl zugeben und unter ständigem Rühren **andünsten.** Mit Flüssigkeit unter Rühren ablöschen, **aufkochen.**
Mit Salz und Zitronensaft abschmecken und zerkleinertes Selleriegrün zugeben.
Sellerie in die kochende Soße geben und **5—10 Minuten** in der **Nachwärme** erwärmen.

Spargel in Soße

1 kg	**Spargel**
	Salz
1 Prise	**Zucker**
1/8 l	**Wasser**
Soße:	
30 g	**Fett**
40 g	**Mehl**
1/2 l	**Flüssigkeit** Spargelbrühe und Milch
1 Prise	**Zucker**
	Salz · Zitronensaft · Muskat
1—2	**Eigelb**
1—2 EL	**Wasser**

Spargel waschen, vom Kopf nach unten dünn schälen und in 3—4 cm lange Stücke schneiden.
Salz und Zucker überstreuen, Wasser angießen, **ankochen, 10 Minuten fortkochen** und **5—10 Minuten** in der **Nachwärme** fertig garen. Spargelbrühe abgießen und auffangen, Spargel warm halten.
Für die Soße Fett **erhitzen,** Mehl zugeben und unter ständigem Rühren **andünsten.** Mit Flüssigkeit unter Rühren ablöschen und **aufkochen.**
Mit Zucker, Salz, Zitronensaft und Muskat abschmecken.
Spargel in die kochende Soße geben und **5—10 Minuten** in der **Nachwärme** erwärmen.
Eigelb mit Wasser und etwas heißer Soße verquirlen und in die nicht mehr kochende Soße rühren.

Rote-Rüben-Gemüse mit saurer Sahne

1 kg	**Rote Rüben**
¼ l	**Wasser**
Soße:	
1	**kleine Zwiebel**
40 g	**Margarine** oder 3 EL Öl
⅛ l	**saure Sahne**
	Mehl nach Bedarf
	Salz · Zitronensaft
1 Prise	**Zucker**

Rote Rüben waschen, schälen und in 3—4 cm lange Stücke schneiden.
Wasser angießen, **ankochen, 10—15 Minuten fortkochen** und **5—10 Minuten** in der **Nachwärme** fertig garen. Rote Rübenbrühe abgießen, Rote Rüben warm halten.
Für die Soße Zwiebel schälen und in Würfel schneiden. Fett **erhitzen,** Zwiebel darin **andünsten.** Rote Rüben zugeben, **andünsten,** Sahne zugießen und **5—10 Minuten** in der **Nachwärme** erwärmen.
Sollte das Gemüse zu flüssig sein, etwas Mehl überstäuben und durchschwenken.
Mit Salz, Zitronensaft und Zucker abschmecken.

Rote-Rüben-Gemüse in Specksoße

1 kg	**Rote Rüben**
¼ l	**Wasser**
Soße:	
1	**kleine Zwiebel**
50 g	**Speck**
30 g	**Mehl**
¼ l	**Flüssigkeit** Rote-Rüben-Brühe und Wasser
	Salz · Zucker · Essig · Kümmel

Rote Rüben waschen, schälen und in 3—4 cm lange Stücke schneiden.
Wasser angießen, **ankochen, 10—15 Minuten fortkochen** und **5—10 Minuten** in der **Nachwärme** fertig garen. Rote Rübenbrühe abgießen und auffangen, Rote Rüben warm halten.
Für die Soße Zwiebel schälen, Zwiebel und Speck in Würfel schneiden. Speck **auslassen,** Zwiebel darin **andünsten.** Mehl zugeben und unter ständigem Rühren **andünsten.** Mit Flüssigkeit unter Rühren ablöschen, **aufkochen.**
Mit Salz, Zucker, Essig und Kümmel abschmecken.
Rote Rüben in die kochende Soße geben und **5—10 Minuten** in der **Nachwärme** erwärmen.

Kohlrabi in Sahnesoße

3—4	**Kohlrabi**
	Salz
¼ l	**Wasser**
Soße:	
30 g	**Fett**
40 g	**Mehl**
¼ l	**Kohlrabibrühe**
⅛ l	**süße Sahne**
⅛ l	**Milch**
	Salz · Pfeffer · Muskat
1	**Eigelb**
1 EL	**Wasser**

Kohlrabi schälen, waschen und in Streifen schneiden.
Salz überstreuen, Wasser angießen, **ankochen, 8—10 Minuten fortkochen** und **5—10 Minuten** in der **Nachwärme** fertig garen. Kohlrabibrühe abgießen und auffangen, Kohlrabi warm halten.
Für die Soße Fett **erhitzen,** Mehl zugeben und unter ständigem Rühren **andünsten.**
Mit Kohlrabibrühe, Sahne und Milch unter Rühren ablöschen, **aufkochen.**
Mit Salz, Pfeffer und Muskat abschmecken.
Kohlrabi in die kochende Soße geben und **5—10 Minuten** in der **Nachwärme** erwärmen.
Eigelb mit Wasser und etwas heißer Soße verquirlen und in die nicht mehr kochende Soße rühren.

Gemüse überbacken

Gegartes Gemüse kann in einer pikanten Soße, nach Belieben mit Fleisch, gekochtem Schinken oder Fisch in einer gefetteten Auflaufform überbacken werden, was auch als Gratinieren bezeichnet wird.
Überbackene Gemüse sind als Vorspeise, als Beilage zu gebratenem oder gegrilltem Fleisch oder Fisch und als sättigendes Gericht mit Kartoffeln und Reis geeignet.

Geeignete Gemüsearten

Blumenkohl, Spargel, Schwarzwurzeln, Chicorée, Lauch, Fenchel, Zucchini, Auberginen, Zwiebeln, Wirsing, Weiß- oder Rosenkohl.

Zubereitung

- Gegartes, abgetropftes Gemüse in eine gefettete Auflaufform geben und mit Soße übergießen,
- als Belag Paniermehl und geriebenen Käse überstreuen, Butter oder Margarine in Flöckchen darauf verteilen,
- in den kalten Backofen setzen und bei 225—250 °C goldbraun backen.

Tip:
- Falls alle Zutaten heiß sind, genügt auch ein kurzes Überbräunen, siehe Zubereitungsarten unter dem Grill, Seite 257.

Überbackener Blumenkohl in Béchamelsoße

1	**Blumenkohl**
1/4—1/2 l	**Wasser**
	Salz
Soße:	
1	**Zwiebel**
30 g	**Schinken**
30 g	**Fett**
40 g	**Mehl**
1/4 l	**Blumenkohlbrühe**
1/4 l	**Milch**
	Salz
15 g	**geriebener Käse**
Belag:	
	Paniermehl · geriebener Käse · Butter

Vom Blumenkohl die grünen Blätter und den Strunk entfernen, Blumenkohl in Salz- oder Essigwasser waschen.
Wasser und Salz **ankochen,** Blumenkohl hineinlegen, **5—8 Minuten fortkochen** und **5—8 Minuten** in der **Nachwärme** fertig garen. Blumenkohlbrühe abgießen und auffangen, Blumenkohl warm halten.

Für die Soße Zwiebel schälen. Zwiebel und Schinken in Würfel schneiden. Fett **erhitzen,** Zwiebel und Schinken darin **andünsten.** Mehl zugeben und unter Rühren **andünsten.** Mit Blumenkohlbrühe und Milch unter Rühren ablöschen, **aufkochen.**
Mit Salz und Käse abschmecken.
Auflaufform einfetten, Blumenkohl hineingeben, Soße darüberfüllen, Paniermehl und Käse überstreuen, Butterflöckchen darauf verteilen und überbacken.

Einsetzen:
Auf dem Rost, mittlere Einschubleiste.

Überbacken:

225—250 °C	20—25 Minuten
0	5—10 Minuten

Veränderung:
- Lauch, Weißkohl, Wirsing, China- oder Rosenkohl statt Blumenkohl verwenden.

Überbackene Zucchini in Käsesoße

$^3/_4$—1 kg	**Zucchini**
	Salz
$^1/_8$ l	**Wasser**
Soße:	
30 g	**Fett**
40 g	**Mehl**
$^1/_4$ l	**Flüssigkeit**
	Zucchinibrühe und Wasser
$^1/_8$ l	**saure Sahne**
	oder Crème fraîche
50 g	**geriebener Käse**
1 Prise	**Zucker**
	Salz · Paprika · Zitronensaft
1—2	**Eigelb**
1—2 EL	**Wasser**
1—2	**Eiweiß**
Belag:	
	Paniermehl · geriebener Käse · Butter

Zucchini waschen und in Scheiben schneiden. Salz überstreuen, Wasser angießen, **ankochen** und **5—10 Minuten** in der **Nachwärme** fertig garen. Zucchinibrühe abgießen und auffangen, Zucchini warm halten.
Für die Soße Fett **erhitzen,** Mehl zugeben und unter ständigem Rühren **andünsten.** Mit Flüssigkeit und Sahne unter Rühren ablöschen, **aufkochen.** Käse unterrühren.
Mit Zucker, Salz, Paprika und Zitronensaft abschmecken.
Eigelb mit Wasser und etwas heißer Soße verquirlen und in die nicht mehr kochende Soße rühren.
Eiweiß steif schlagen und locker unterheben.
Auflaufform einfetten, Zucchini hineingeben, Soße darüberfüllen, Paniermehl und Käse überstreuen, Butterflöckchen darauf verteilen und überbacken.

Einsetzen:
Auf dem Rost, mittlere Einschubleiste.

Überbacken:

225—250 °C	20—25 Minuten
0	5—10 Minuten

Tip:
- Wenn alle Zutaten heiß sind, genügt das Überbacken unter dem Grill.

Veränderung:
- Chicorée, Blumenkohl, Spargel, Lauch, Schwarzwurzeln, Fenchel oder Auberginen statt Zucchini verwenden.

Bild 37: Die Zucchini werden zum Überbacken in den kalten Backofen eingesetzt, Rezept Seite 145.

Überbackene Zwiebeln

$^3/_4$—1 kg	**Zwiebeln**
30 g	**Fett**
$^1/_8$ l	**süße Sahne** oder Milch
2	**Eier**
	Salz · Paprika
Belag:	
	Paniermehl · geriebener Käse · Butter

Zwiebeln schälen, größere durchschneiden.
Fett **erhitzen,** Zwiebeln darin **bräunen,** etwas Sahne zugießen und **10—15 Minuten fortkochen.**
Auflaufform einfetten, Zwiebeln hineingeben.
Die restliche Sahne mit Eiern, Salz und Paprika verquirlen, darüber gießen.
Paniermehl und Käse überstreuen, Butterflöckchen darauf verteilen und überbacken.

Einsetzen:
Auf dem Rost, mittlere Einschubleiste.

Überbacken:

225—250 °C	20—25 Minuten
0	5—10 Minuten

Salate

Nahezu alle Nahrungsmittel lassen sich für die Zubereitung von Salaten verwenden: Fleisch, Fisch, Eier, Käse, Reis, Nudeln, Kartoffeln, Gemüse, Obst und Kräuter. Die Grundzutaten werden, je nach Salatart und persönlichem Geschmack, mit einer Marinade, Salatsoße oder Mayonnaise vermischt. Salate können als Vorspeise, Beilage oder Hauptgericht serviert werden.

Rohkost, siehe Seite 149.

Blattsalate, siehe Seite 152.

Salate von gegartem Gemüse, siehe Seite 154.

Mischsalate, siehe Seite 158.

Obstsalate, siehe Seite 162.

Bild 38: Kleines Salatbuffet: links oben Sommersalat, rechts oben Matjes-Bohnen-Salat nach dänischer Art und unten Chicorée-Obst-Salat, Rezepte Seite 151, 160 und 153. Im Hintergrund Salatsoße mit Quark, Rezept Seite 148.

Marinaden und Salatsoßen

Milde **Essigarten** aus Weiß- oder Rotwein oder Obstessig, zum Teil aromatisiert oder mit Honig angereichert, sind zu bevorzugen.

Zwiebel schälen und in feine Würfel schneiden. Gleichmäßiger und intensiver durchzieht Zwiebelgeschmack die Soße, wenn die Zwiebel durch eine Presse gedrückt oder gerieben wird.

Knoblauchzehen schälen, durch eine Knoblauchpresse drücken oder mit einer Gabel direkt in der Schüssel zerdrücken oder in feine Würfel schneiden. Soll der Knoblauchgeschmack nicht durchdringen, nur die Salatschüssel mit einer halbierten Knoblauchzehe ausreiben.

Salatkräuter erst kurz vor der Verwendung waschen, abtropfen lassen und zerkleinern. So werden sie vor Luftsauerstoff geschützt und die Vitamine bleiben weitgehend erhalten. Für Salate eignen sich Petersilie, Schnittlauch, Dill, Kerbel, Borretsch, Pimpinelle, Estragon, Bohnenkraut, Basilikum, Zitronenmelisse und Kresse.

Zubereitung

- Zutaten miteinander verrühren und abschmecken,
- Öl oder ausgelassene Speckwürfel zum Schluß unterrühren.
- Eventuell mit zerkleinerten Kräutern vermengen.

Was ist zu beachten?
- Die Salatschüssel sollte groß genug sein, um die Zutaten gut vermischen zu können.
- Marinaden und Salatsoßen, die mit Öl bereitet werden, bereits vor der Ölzugabe abschmecken, da Öl sich an der Oberfläche absetzt und das Abschmecken erschwert.
- Salatsoße gut abschmecken, nachträgliches Würzen macht den Salat durch zusätzliches Rühren unansehnlich.

Tip:
- Für die Zubereitung aller Marinaden und Salatsoßen ist ein Schneebesen zu empfehlen, um alle Zutaten sorgfältig zu vermengen und Marinaden und Soßen sämiger zu machen.
- Frisch gemahlener Pfeffer würzt besser als bereits gemahlen gekaufter.
- Etwas Zucker rundet den Geschmack aller Marinaden und Salatsoßen ab.
- Fertige Salatsoßen können einige Tage im Kühlschrank aufbewahrt werden.

Salatsoßen, die in anderen Kapiteln stehen:

Mayonnaise, Rezept Seite 89.

Remouladensoße, Rezept Seite 91.

Essigmarinade

1—2 EL	**Essig**
2—3 EL	**Wasser** oder Gemüsebrühe
	Salz · Zucker
2—3 EL	**Öl**

Veränderung:

- Etwas Senf und Zwiebelwürfel unterrühren, z. B. für Kraut- oder Mischsalate.
- **Zitronenmarinade**
  Zitronensaft statt Essig verwenden.
- **Kräutermarinade**
  1—2 EL zerkleinerte Kräuter wie Borretsch, Dill, Petersilie, Schnittlauch zugeben.

Rotweinmarinade

1 EL	**Weinessig**
3 EL	**Rotwein**
	Salz · Zucker · Pfeffer
1 Prise	**Knoblauchpulver**
2—3 EL	**Öl**

Speck-Essigmarinade

2—3 EL	**Essig**
2—3 EL	**Gemüsebrühe**
	Salz · Zucker · Pfeffer
	zerkleinerte Kräuter
	Petersilie, Dill, Schnittlauch
	Zwiebelwürfel
40 g	**Speckwürfel** ausgelassen

Salatsoße mit Quark

100 g	**Quark**
	Salz · Zucker
2 EL	**Zitronensaft**
	etwas Milch
	zerkleinerte Kräuter
	Petersilie, Dill, Schnittlauch
2 EL	**Öl**

Salatsoße mit Sahne

1—2 EL	**Essig** oder Zitronensaft
	Salz · Zucker
	zerkleinerte Kräuter
	Petersilie, Dill, Schnittlauch
1/8 l	**Sahne** süß oder sauer oder gemischt

Veränderung:

- **Salatsoße mit Joghurt**
  Joghurt statt Sahne verwenden.

Salatsoße mit Meerrettich

2—3 EL	**Essig**
3 EL	**süße Sahne**
	Salz · Zucker
1 TL	**scharfer Senf**
1 TL	**geriebener Meerrettich**
2—3 EL	**Öl**
	zerkleinerter Schnittlauch nach Belieben

Anmerkung:
Die jeweils genannten Zutaten miteinander verrühren und abschmecken. Öl oder ausgelassene Speckwürfel immer erst nach dem Abschmecken zufügen.

Rohkost

Rohkost aus Gemüse und Obst liefert lebensnotwendige Vitamine, Mineral- und Ballaststoffe. Rohkost wird als Vorspeise, Beilage oder Hauptmahlzeit serviert.
Der Jahreszeit entsprechend können geeignete Sorten ausgewählt und in abwechslungsreicher Form sachgemäß zubereitet werden.

Vor- und Zubereitung

- Gemüse putzen, gründlich waschen und abtropfen lassen,
- Obst waschen, mit einem Sparschäler schälen oder ungeschält verwenden, Kerngehäuse oder Steine entfernen.
- Gemüse und Obst mit der Raspel- oder Schneidscheibe einer Hand- oder Standküchenmaschine zerkleinern, siehe Bild 35, Seite 128. Im allgemeinen gelten folgende Regeln:
  — feste Gemüsesorten fein raspeln
  — weiche Gemüsesorten grob raspeln
  — alle Kohlsorten fein schneiden
  — Obst grob raspeln.

Was ist zu beachten?

- Rohkost erst kurz vor dem Verzehr zubereiten.

Möhren-Rohkost mit Sonnenblumenkernen

1	**Zitrone**
150 g	**Crème fraîche**
1 Prise	**gemahlener Koriander**
1 Prise	**gemahlener Fenchel**
	Kräutersalz
1 EL	**Öl**
1 EL	**Sonnenblumenkerne**
500 g	**Möhren**
1	**Apfel**
	Petersilie

Zitronenschale abreiben, Zitrone auspressen.
Crème fraîche mit Zitronensaft und -schale, Gewürzen, Salz und Öl verrühren und abschmecken.
Sonnenblumenkerne trocken **rösten** und abkühlen lassen.
Möhren schälen und waschen, Apfel waschen. Möhren und Apfel raspeln, mit Sonnenblumenkernen in die Salatsoße geben und mit zerkleinerter Petersilie bestreuen.

Rote Rüben mit Äpfeln und Meerrettich

200 g	**Rote Rüben**
200 g	**Äpfel**
	Zitronenmarinade Rezept Seite 148 **geriebener Meerrettich**

Rote Rüben schälen und waschen. Äpfel waschen, vierteln und Kerngehäuse entfernen. Rote Rüben und Äpfel fein raspeln.
Zitronenmarinade mit Meerrettich abschmecken und alles sofort miteinander vermengen.

Veränderung:

- Geschälte Äpfel grob raspeln.

Rettich-Apfel-Salat

150 g **Rettich**
250 g **Äpfel**

Zitronenmarinade
Rezept Seite 148

Rettich schälen und waschen. Äpfel waschen, vierteln und Kerngehäuse entfernen. Rettich und Äpfel fein raspeln.
Sofort mit Zitronenmarinade vermengen und abschmecken.

- Marinade statt mit Senf mit etwas Meerrettich abschmecken.

Sellerie-Apfel-Salat

200 g **Sellerie**
200 g **Äpfel**
1 **Zwiebel**

Zitronenmarinade
Rezept Seite 148

Radieschen

Sellerie und Äpfel waschen, schälen, fein raspeln. Zwiebel schälen und reiben.
Sofort mit Marinade vermengen und abschmecken.
Mit Radieschen garnieren.

Veränderung:
- 100 g Sellerie und 100 g Möhren fein, 200 g geschälte Äpfel grob raspeln.

Krautsalat

500 g **Rotkohl** oder Weißkohl

Speck-Essig-Marinade
Rezept Seite 148
Senf

Kohl putzen, waschen, fein schneiden und mit dem Fleischklopfer in einer Schüssel kräftig stampfen, damit er mürbe wird.
Marinade mit etwas Senf abschmecken, mit dem Kohl vermengen und längere Zeit durchziehen lassen.

Veränderung:
- 300 g Rotkohl und 200 g Äpfel — fein oder grob geraspelt — mischen.

Sauerkrautsalat mit Äpfeln und Speck

375 g **Sauerkraut**
2 **Äpfel**
1 **Zwiebel**
40 g **Speck**

Sauerkraut auseinanderzupfen und kleinschneiden. Äpfel waschen, schälen, Kerngehäuse entfernen und Äpfel in Blättchen schneiden. Zwiebel schälen, Zwiebel und Speck in Würfel schneiden.
Speck **auslassen,** Zwiebel darin **andünsten,** zu Sauerkraut und Äpfeln geben. Vermengen und abschmecken.

Veränderung:
- 250 g Tomaten waschen, in Scheiben schneiden und zufügen.
- **Sauerkrautsalat mit Ananas**
  3 Scheiben Ananas in Streifen schneiden. Statt Äpfel, Zwiebel und Speck zu dem vorbereiteten Kraut geben. Nach Belieben mit etwas Honig und Ananassaft vermengen.

Paprika-Tomaten-Salat

250 g **grüne Paprikaschoten**
375 g **Tomaten**
1 **Zwiebel**

Essigmarinade
oder Salatsoße mit Sahne
Rezepte Seite 148

Schnittlauch

Paprika halbieren, Kerne entfernen, Paprika waschen, in Streifen schneiden. Tomaten überbrühen, abschrecken, abziehen und in Scheiben schneiden. Zwiebel schälen und in Würfel schneiden.
Mit Marinade vermischen und abschmecken.
Mit zerkleinertem Schnittlauch bestreuen.

Sommersalat

100 g	**Möhren**
1—2	**Kohlrabi**
½	**Salatgurke**
½	**saure Gurke**
2—3	**Tomaten**
1 Bund	**Radieschen**
1	**Zwiebel**
	Salatsoße mit Sahne Rezept Seite 148
	Gurken · Tomaten

Möhren und Kohlrabi schälen, waschen und fein raspeln. Salatgurke waschen und grob raspeln. Saure Gurke in Scheiben schneiden. Tomaten und Radieschen waschen und in Scheiben schneiden.
Zwiebel schälen und in Würfel schneiden. Zwiebel und Salatsoße zugeben, alles vermengen.
Mit Gurken- und Tomatenscheiben garnieren.

Kohlrabisalat

400 g	**Kohlrabi**
	Salatsoße mit Sahne Rezept Seite 148

Kohlrabi waschen, schälen und fein raspeln.
Mit Sahnesoße vermengen und abschmecken.

Veränderung:
- Grapefruit schälen, halbieren, Fruchtfleisch kleinschneiden und zufügen.

Gurkensalat

400 g	**Gurken** geschält oder ungeschält
	Essigmarinade oder Zitronenmarinade Rezepte Seite 148

Gurken waschen und Spitzen abschneiden. Fein schneiden oder hobeln.
Mit Marinade vermengen und abschmecken.

Was ist zu beachten?
- Gurkensalat darf nicht lange stehen, sonst verlieren die Gurken zuviel Flüssigkeit.

Tip:
- Marinade mit 1 TL Senf abschmecken, das macht den Salat bekömmlicher.

Veränderung:
- 1 Kopf vorbereiteter Salat und eine feingeschnittene Gurke mit Salatsoße mit Sahne oder Joghurt, Rezepte Seite 148, mischen.
  Borretsch, Dill und Petersilie zerkleinern und überstreuen.

Blattsalate

Blattsalate liefern lebensnotwendige Vitamine, Mineral- und Ballaststoffe. Frische Salate sollten deshalb auf dem Speiseplan nicht fehlen. Sie werden als Vorspeise oder Beilage serviert.

Geeignete Salatsorten

Kopf-, Endivien- und Friséesalat, Feld- oder Ackersalat, Rapunzel, Lollo rosso, Chicorée, Eichblatt- und Eisbergsalat, Kresse, Löwenzahn, Sauerampfer und Radicchio.

Vor- und Zubereitung

- Salat verlesen, schlechte Stellen entfernen, gründlich waschen, aber nicht im Wasser liegen lassen. In einem Sieb oder Drahtkorb abtropfen lassen und schwenken, größere Blätter etwas zerkleinern,
- kurz vor dem Anrichten oder erst bei Tisch mit Marinade oder Salatsoße vermischen, damit Geschmack und Aussehen nicht beeinträchtigt werden.

Was ist zu beachten?
- Blattsalate sollten schonend vorbehandelt und so frisch wie möglich serviert werden.
- Eine große Salatschüssel wählen, dann ist das Mischen mit der Marinade oder Salatsoße einfacher.
- Salate, die geschnitten werden, z. B. Chicorée oder Eisbergsalat, fein schneiden und gleich in die Marinade oder Salatsoße geben, um eine Zerstörung von Vitaminen durch den Luftsauerstoff zu verhindern.

Tip:
- Salatschüssel mit einer halbierten Knoblauchzehe ausreiben, um eine pikante Würze zu erzielen.

Kopfsalat

1—2	**Kopfsalat**
	Essigmarinade Rezept Seite 148 oder Salatsoße beliebiger Art

Vom Salat äußere Blätter entfernen, übrige Blätter vom Strunk lösen. Salat waschen, abtropfen lassen. Große Blätter etwas zerkleinern.
Marinade erst unmittelbar vor dem Anrichten mit dem Salat vermengen.

Kopfsalat mit Orange und Ananas

1—2	**Kopfsalat**
1	**Orange**
2	**Ananasscheiben** aus der Dose
je 1 EL	**Orangen- und Zitronensaft**
	Salz · Zucker
2—3 EL	**Öl**

Vom Salat äußere Blätter entfernen, übrige Blätter vom Strunk lösen. Salat waschen, abtropfen lassen. Große Blätter etwas zerkleinern. Orange schälen, Orange und Ananas in Würfel schneiden.

Orangen- und Zitronensaft mit Salz und Zucker vermengen und abschmecken, unter Rühren Öl zugießen.
Marinade und Fruchtstücke erst unmittelbar vor dem Anrichten mit den Salatblättern vermengen.

Endiviensalat

1 Kopf	**Endivie**
	Essigmarinade oder Salatsoße mit Sahne Rezepte Seite 148 **Senf** nach Belieben

Vom Endiviensalat die äußeren Blätter entfernen. Endivie waschen, abtropfen lassen und in sehr feine Streifen schneiden.
Kurz vor dem Anrichten mit Marinade vermengen. Nach Belieben mit einer Messerspitze Senf abschmecken.

Veränderung:

- 2 Tomaten und 2 Pfirsiche überbrühen, abschrecken, abziehen, in Streifen schneiden und mit dem Endiviensalat vermengen. Mit Rotweinmarinade anrichten.
- 1 Apfel und 1 Orange oder 1 Dose Mandarinen und 1 Banane kleingeschnitten mit dem Salat mischen. Nach Belieben 1 Eßlöffel gehackte Nüsse oder Leinsamen zufügen.

Chicoréesalat

3—4	**Chicorée**
	Salatsoße mit Sahne Rezept Seite 148 oder Marinade beliebiger Art

Chicorée putzen, eventuell den bitteren Kern am Staudenende kegelförmig herausschneiden. Chicorée waschen, abtropfen lassen. Stangen in feine Ringe schneiden.
Mit Salatsoße vermengen, durchziehen lassen und abschmecken.

Tip:

- Chicoréeringe eignen sich auch zum Vermengen mit jedem Blattsalat.

Chicorée-Obst-Salat

2	**Chicorée**
1—2	**Äpfel**
2	**Orangen**
	Zitronensaft
4 EL	**saure Sahne** oder Joghurt
	Paprika · Zucker
2 EL	**Öl**
	geriebene Nüsse

Chicorée putzen, eventuell den bitteren Kern am Staudenende kegelförmig herausschneiden. Chicorée waschen, abtropfen lassen. Äpfel waschen, Äpfel und Orangen schälen, Obst und Chicorée kleinschneiden, mit Zitronensaft beträufeln.
Restliche Zutaten verrühren und abschmecken. Mit dem Salat vermengen.

Feldsalat

Ackersalat

250 g	**Feldsalat**
	Essigmarinade Rezept Seite 148 oder Speck-Essigmarinade Rezept Seite 148 oder Salatsoße mit Quark Rezept Seite 148
	Tomaten · Radieschen · Rote Rüben
	Schnittlauch

Feldsalat verlesen, die schlechten Blätter und Wurzeln entfernen. Salat waschen, abtropfen lassen.
Mit Marinade vermengen und abschmecken.
Mit Tomatenachteln, Radieschen oder geraspelten Roten Rüben garnieren.
Mit zerkleinertem Schnittlauch bestreuen.

Salate von gegartem Gemüse

Es gibt viele Möglichkeiten, aus gegartem Gemüse appetitanregende, geschmacklich und farblich ansprechende Salate herzustellen.
Geeignet sind fast alle Gemüsesorten, frisch, gefroren oder aus der Konserve, auch Mischungen daraus.

Vorbereitung

Frisches Gemüse

- putzen und waschen,
- erst kurz vor dem Garen zerkleinern, am besten mit der Schneid- oder Raspelscheibe einer elektrischen Hand- oder Standküchenmaschine, siehe Bild 35, Seite 128,
- mit Salz und $^1/_8$—$^1/_4$ l Wasser ankochen, nur kurz fortkochen und in der Nachwärme fertig garen, damit das Gemüse nicht zerfällt,
- abtropfen lassen.

Gefrorenes Gemüse

- unaufgetaut in $^1/_8$—$^1/_4$ l kochendes Wasser mit Salz geben, aufkochen, nur kurz fortkochen und in der Nachwärme fertig garen,
- abtropfen lassen.

Konservengemüse

- aus der Dose oder dem Glas mit einem Teil der Gemüseflüssigkeit erhitzen,
- abtropfen lassen.

Tip:
- Die abgetropfte Gemüsebrühe enthält wertvolle Inhaltsstoffe, sie sollte für ein Eintopfgericht oder eine Suppe verwendet werden.

Zubereitung

- Marinade oder Salatsoße mit Zitronensaft oder Essig bereiten. Wein- oder Obstessig ist für einige Salate wegen des kräftigen Geschmacks dem Zitronensaft vorzuziehen,
- abgetropftes Gemüse mit der Marinade oder Salatsoße vermengen und durchziehen lassen.

Was ist zu beachten?
- Gemüsesalat mindestens eine Stunde in der Marinade oder Salatsoße durchziehen lassen, bevor er serviert wird.

Tip:
- 1 Prise Zucker rundet die Marinade oder Salatsoße geschmacklich ab.
- Durch reichliche Zugabe verschiedener Kräuter werden Geschmack und Vitamingehalt erhöht. Stehen keine frischen oder gefrorenen Kräuter zur Verfügung, gibt es getrocknete in reicher Auswahl. Auch Kräutersalz oder -essig können verwendet werden.

Spargelsalat
oder Schwarzwurzelsalat

750 g	**Spargel** oder Schwarzwurzeln
	Salz
1/4 l	**Wasser**
	Essigmarinade Rezept Seite 148 oder Salatsoße mit Sahne oder Quark Rezepte Seite 148
	Schnittlauch

Spargel waschen, vom Kopf nach unten dünn schälen. Schwarzwurzeln in Wasser bürsten, schaben und in schwaches Essigwasser legen, damit sie sich nicht verfärben. Gemüse in 3—4 cm lange Stücke schneiden.
Salz überstreuen, Wasser angießen, **ankochen, 8—10 Minuten fortkochen** und **5—10 Minuten** in der **Nachwärme** fertig garen. Abgießen, Gemüse abtropfen und abkühlen lassen.
Mit Marinade vermengen und abschmekken.
Mit zerkleinertem Schnittlauch bestreuen.

Bohnensalat

750 g	**grüne Bohnen** oder Wachsbohnen
	Salz
1/4 l	**Wasser**
	Bohnenkraut
	Essigmarinade Rezept Seite 148 oder Speck-Essigmarinade Rezept Seite 148
	Zwiebelwürfel **Petersilie und Dill** oder eine Kräutermischung

Bohnen abfädeln, waschen und in Stücke brechen.
Salz überstreuen, Wasser angießen, Bohnenkraut zugeben, **ankochen, 8—10 Minuten fortkochen** und **5—10 Minuten** in der **Nachwärme** fertig garen. Abgießen, Bohnen abtropfen und abkühlen lassen.
Mit Marinade vermengen.
Zwiebelwürfel und zerkleinerte Kräuter zufügen und abschmecken.

Lauchsalat

750 g	**Lauch**
	Salz
1/4 l	**Wasser**
	Essigmarinade Rezept Seite 148 oder Speck-Essigmarinade Rezept Seite 148

Lauch putzen, waschen und in 2—3 cm lange Stücke schneiden.
Salz überstreuen, Wasser angießen, **ankochen, 5—10 Minuten fortkochen** und **5 Minuten** in der **Nachwärme** fertig garen. Abgießen, Lauch abtropfen und abkühlen lassen.
Mit Marinade vermengen und abschmekken.

Weißkohlsalat

750 g	**Weißkohl**
	Salz
1/4 l	**Wasser**
	Kümmel nach Belieben
	Speck-Essigmarinade Rezept Seite 148 oder Salatsoße mit Joghurt oder Quark Rezepte Seite 148

Vom Weißkohl die äußeren welken Blätter entfernen. Weißkohl waschen, in 4 Teile schneiden und fein hobeln.
Salz überstreuen, Wasser angießen, nach Belieben Kümmel zufügen, **ankochen, 5—10 Minuten fortkochen** und **5—10 Minuten** in der **Nachwärme** fertig garen. Abgießen, Kohl abtropfen und abkühlen lassen.
Mit Marinade vermengen und abschmekken.

Veränderung:
- 1 Apfel, 100 g Mohrrüben und 100 g Sellerie fein geraspelt unter 500 g gegarten Weißkohl mischen.

Selleriesalat

1 kg	**Sellerie**
	Salz
1/4 l	**Wasser**
	Essigmarinade Rezept Seite 148 oder Salatsoße mit Sahne Rezept Seite 148
	Schnittlauch

Sellerie schälen, waschen, in Scheiben oder Streifen schneiden.
Salz überstreuen, Wasser angießen, **ankochen, 10—12 Minuten fortkochen** und **5—10 Minuten** in der **Nachwärme** fertig garen. Abgießen, Sellerie abtropfen und abkühlen lassen.
Mit Marinade vermengen und abschmecken.
Mit zerkleinertem Schnittlauch bestreuen.

Was ist zu beachten?

- Sellerie verträgt reichlich Zwiebeln, aber nur wenig Salz.

Rote-Rüben-Salat

750 g	**Rote Rüben**
	Salz
1/4 l	**Wasser**
	Kümmel nach Belieben
	Essigmarinade Rezept Seite 148 oder Salatsoße mit Sahne oder Quark Rezepte Seite 148

Rote Rüben waschen, dünn schälen, in feine Scheiben schneiden oder grob raspeln.
Salz überstreuen, Wasser angießen, **ankochen,** nach Belieben Kümmel zufügen, **10—12 Minuten fortkochen** und **5—10 Minuten** in der **Nachwärme** fertig garen. Abgießen, Rote Rüben abtropfen und abkühlen lassen.
Mit Marinade vermengen und abschmecken.

Veränderung:

- Der Essigmarinade rohen geriebenen Meerrettich und reichlich Zwiebelwürfel zufügen.

Fenchelsalat

500 g	**Fenchel**
	Salz
1/4 l	**Wasser**
	Essigmarinade Rezept Seite 148 oder Salatsoße mit Sahne Rezept Seite 148
	Fenchelkraut · Petersilie

Fenchel putzen, holzige Teile entfernen, das feine Kraut abschneiden und fein hacken. Knollen waschen und in dünne Scheiben schneiden.
Salz überstreuen, Wasser angießen, **ankochen, 8—10 Minuten fortkochen** und **5—10 Minuten** in der **Nachwärme** fertig garen. Abgießen, Fenchel abtropfen und abkühlen lassen.
Mit Marinade vermengen und abschmecken.
Mit Fenchelkraut und zerkleinerter Petersilie bestreuen.

Chicorée-Rüben-Salat

250 g	**Rote Rüben**
	Salz
1/4 l	**Wasser**
500 g	**Chicorée**
	Essigmarinade Rezept Seite 148 oder Salatsoße mit Sahne oder Quark Rezepte Seite 148

Rote Rüben waschen, schälen und in feine Scheiben schneiden.
Salz überstreuen, Wasser angießen, **ankochen, 10—12 Minuten fortkochen** und **5—10 Minuten** in der **Nachwärme** fertig garen. Abgießen, Rote Rüben abtropfen und abkühlen lassen.
Vom Chicorée die äußeren Blätter entfernen, eventuell den bitteren Kern am Staudenende kegelförmig herausschneiden, Chicorée waschen und in Ringe schneiden.

Beide Gemüsesorten mischen.
Mit Marinade vermengen und abschmecken.

Frankfurter Salat

250 g	**Rote Rüben**
250 g	**Sellerie**
	Salz
1/4 l	**Wasser**
250 g	**Äpfel**
250 g	**saure Gurken**
1—2	**Zwiebeln**
	Essigmarinade Rezept Seite 148
	Senf

Rote Rüben und Sellerie waschen und dünn schälen.
Salz überstreuen, Wasser angießen, **ankochen, 20—25 Minuten fortkochen** und **5—10 Minuten** in der **Nachwärme** fertig garen. Abgießen, Gemüse abtropfen und abkühlen lassen. In Würfel schneiden.
Äpfel waschen und schälen. Äpfel und Gurken in Würfel schneiden.
Zwiebel schälen und in Würfel schneiden.
Marinade mit Zwiebeln und Senf bereiten.
Gemüse und Obst damit vermengen und abschmecken.

Bunter Gemüsesalat

750 g	**Mischgemüse** Möhren, Blumenkohl, Erbsen
	Salz
1/8—1/4 l	**Wasser**
Soße:	
	Gemüsebrühe
1 TL	**Speisestärke**
2—3 EL	**Öl**
1 Prise	**Zucker**
	Salz · **Zitronensaft** oder Essig
	Petersilie · **Dill** · **Schnittlauch**

Gemüse putzen, waschen und seiner Art entsprechend kleinschneiden.
Salz überstreuen, Wasser angießen, **ankochen, 8—10 Minuten fortkochen** und **5 Minuten** in der **Nachwärme** fertig garen. Abgießen, Gemüsebrühe auffangen, Gemüse abtropfen und abkühlen lassen.
Gemüsebrühe **aufkochen,** Speisestärke mit etwas Wasser verquirlen, einrühren und erkalten lassen.
Öl zugeben. Mit Zucker, Salz und Zitronensaft abschmecken. Zerkleinerte Kräuter zufügen.
Soße über das erkaltete Gemüse gießen und wenigstens eine Stunde durchziehen lassen.

Blumenkohlsalat

1	**Blumenkohl**
	Salz
1/8 l	**Wasser**
	Essigmarinade oder Zitronenmarinade Rezepte Seite 148
	Petersilie

Blumenkohl putzen, waschen, in kleine Röschen teilen, Strunk in Würfel schneiden.
Salz überstreuen, Wasser angießen, **ankochen, 8—10 Minuten fortkochen** und **5—10 Minuten** in der **Nachwärme** fertig garen. Abgießen und Blumenkohl abtropfen lassen.
Marinade über das noch warme Gemüse geben, durchziehen lassen und abschmecken.
Den erkalteten Salat mit zerkleinerter Petersilie bestreuen.

STROM·SPAR·TIP

Automatik-Kochstelle benutzen oder rechtzeitig umschalten auf „fortkochen/weitergaren"

Mischsalate

Mischsalate entstehen auf der Grundlage von gegarten Kartoffeln, Nudeln, Reis, Fleisch oder Fisch.
Diese Salate werden gern als Abendessen gereicht und eignen sich außerdem für ein kaltes Buffet.

Was ist zu beachten?
- Mischsalate sollten vor dem Servieren mindestens 1 Stunde durchziehen.
- Vor dem Anrichten nochmals vermischen und abschmecken.

Kartoffelsalat

1½ kg	**Kartoffeln** festkochend
¼ l	**Wasser**
	Salz · Pfeffer oder Paprika
1 EL	**Zwiebelwürfel**
Marinade:	
¼ l	**heißes Wasser** oder Brühe
3—4 EL	**Weinessig** oder Kräuteressig
1 TL	**Senf** nach Belieben
1 Prise	**Zucker** nach Belieben
4—6 EL	**Öl**
	Petersilie · Schnittlauch · Dill
	Tomate · Gurke · Radieschen
1	**hartgekochtes Ei**

Kartoffeln waschen und bürsten. Wasser angießen, **ankochen, 10—15 Minuten fortkochen** und **5—10 Minuten** in der **Nachwärme** fertig garen.
Abgießen, Kartoffeln abgedeckt stehen lassen, bis sie lauwarm sind. Pellen und in Scheiben oder Würfel schneiden.
Mit Salz, Pfeffer und Zwiebeln bestreuen.
Für die Marinade Wasser und Essig mischen, nach Belieben mit Senf und Zukker verrühren und darübergießen. Salat durchschütteln, Öl zugeben, durchziehen lassen und abschmecken.
Vor dem Anrichten mit zerkleinerten Kräutern bestreuen.
Mit Tomaten-, Gurken- oder Radieschenscheiben und gehacktem Ei garnieren.

Was ist zu beachten?
- Das Öl stets zuletzt zufügen, weil es auf den Kartoffelscheiben haften bleibt und dadurch ein Eindringen der Gewürze verhindert.
- Kartoffelsalat möglichst nicht bis zum nächsten Tag aufbewahren, er ist dann schwer verdaulich.

Tip:
- Kartoffelsalat ist bekömmlicher, wenn er noch warm gereicht wird.

Veränderung:
- **Mit Speck:** Etwa 75 g Speckwürfel auslassen und statt Öl zuletzt über die Kartoffeln geben.
- **Mit Mayonnaise:** Warme Kartoffelscheiben mit Gewürzen bestreuen, ⅛ l heiße Marinade übergießen und mit verdünnter Mayonnaise vermengen.
- **Mit Gurken:** Feine Scheiben oder Würfel von 2—3 Gewürzgurken oder ½ Salatgurke, nach Belieben auch Apfelscheiben oder -raspel untermischen.
- **Mit Gemüse:** 250 g feine Chicoréestreifen oder 250 g gekochte Lauchringe oder feine Streifen von ½ Kopf Endivie zugeben.
- **Mit Gänseschmalz:** 1 saure Gurke und 2 Äpfel kleinschneiden und unter die mit heißer Essigmarinade übergossenen Kartoffeln mischen. Statt Öl warmes Gänseschmalz zufügen.

Westfälischer Kartoffelsalat

1 kg	**Kartoffeln** festkochend
1/4 l	**Wasser**
	Salz
1/8 l	**Wasser**
2—3 EL	**Weinessig**
Soße:	
1	**große Zwiebel**
65 g	**Speck**
25 g	**Mehl**
1/2 l	**Wasser** oder Brühe
1 TL	**Senf**
	Essig · Salz · Zucker
500 g	**Weißkohl**

Kartoffeln waschen und bürsten. Wasser angießen, **ankochen, 10—15 Minuten fortkochen** und **5—10 Minuten** in der **Nachwärme** fertig garen.
Abgießen, Kartoffeln abgedeckt stehenlassen, bis sie lauwarm sind. Pellen, in Scheiben schneiden, leicht salzen und mit heißem Essigwasser übergießen.
Zwiebel schälen, Zwiebel und Speck in feine Würfel schneiden. Speck **auslassen,** Zwiebel darin **andünsten,** Mehl zugeben und unter ständigem Rühren **andünsten.** Mit Flüssigkeit unter Rühren ablöschen, **aufkochen.** Soße mit Senf, Essig, Salz und Zucker abschmecken.
Weißkohl putzen, waschen und hobeln. Mit kochendem Wasser überbrühen und 5 Minuten darin stehenlassen, abgießen und abtropfen lassen oder den Kohl roh verwenden.
In die Soße geben, zusammen mit den Kartoffeln 1 Stunde durchziehen lassen, warm halten und abschmecken.

Was ist zu beachten?
- Wird der Weißkohl roh verwendet, ihn in einem Tuch kräftig stampfen, damit er mürbe wird.

Würziger Nudelsalat

3/4 l	**Wasser**
	Salz
1 TL	**Öl**
200 g	**kleine Nudeln**
375 g	**Tomaten**
1—2	**Paprikaschoten**
2—3	**Gewürzgurken**
Soße:	
125 g	**Mayonnaise** Rezept Seite 89
1 TL	**Senf**
	Dosenmilch · Essig · Salz · Zucker
1 EL	**Zwiebelwürfel**
	Knoblauch nach Belieben
	Petersilie · Schnittlauch

Wasser, Salz und Öl **ankochen,** Nudeln hineingeben und **8—10 Minuten** in der **Nachwärme** quellen lassen. Abgießen, Nudeln abtropfen und abkühlen lassen.
Tomaten überbrühen, abschrecken, abziehen und in Scheiben schneiden. Paprika halbieren, Kerne entfernen, Paprika waschen und in Streifen schneiden. Gurken in Würfel schneiden.
Mayonnaise mit Senf, Dosenmilch, Essig, Salz, Zucker und Zwiebel verrühren, nach Belieben Knoblauch zufügen.
Mit Nudeln, Tomaten, Paprika und Gurken vermengen. Durchziehen lassen und abschmecken.
Mit zerkleinerten Kräutern bestreuen.

Veränderung:
- **Dänischer Nudelsalat**
  125 g Nudeln und 500 g Erbsen garen. 200—250 g Schinken oder Fleischwurst in Würfel schneiden. Mit 125 g Mayonnaise und zerkleinerter Petersilie mischen.

STROM-SPAR-TIP **Gemüse und Kartoffeln mit wenig Wasser garen**

Matjes-Bohnen-Salat nach dänischer Art

500 g	**grüne Bohnen**
	Salz
1/4 l	**Wasser**
4	**kleine Pellkartoffeln**
1—2	**Zwiebeln**
4	**Matjesfilets**
	Pfeffer
	Mayonnaise Rezept Seite 89 oder Quarkremoulade Rezept Seite 90

Bohnen abfädeln, waschen und in Stücke brechen.
Salz überstreuen, Wasser angießen, **ankochen, 10—15 Minuten fortkochen** und **5—10 Minuten** in der **Nachwärme** fertig garen. Abgießen und Bohnen abtropfen lassen.
Kartoffeln pellen, Zwiebeln schälen. Kartoffeln, Zwiebeln und Matjesfilets in Streifen oder Würfel schneiden.
Alle Zutaten mit Pfeffer und Mayonnaise mischen, Salat kalt stellen und abschmecken.

Heringssalat

3—4	**Salzheringe**
375 g	**Pellkartoffeln**
2—3	**Äpfel**
1	**große Zwiebel**
250 g	**eingelegte Rote Rüben**
1—2	**saure Gurken**
100 g	**Mayonnaise** Rezept Seite 89
1—2 EL	**Wasser**
1—2 EL	**Essig**
	Salz · Senf · Zucker
	Petersilie

Salzheringe wässern, abziehen und ausnehmen.
Kartoffeln pellen, Äpfel waschen, schälen, vierteln und Kerngehäuse entfernen. Zwiebel schälen. Alle Salatzutaten in kleine gleichmäßige Würfel schneiden.
Mayonnaise mit Wasser und Essig verrühren, über die Salatzutaten geben, vermengen und mit Salz, Senf und Zucker abschmecken.
Salat mindestens 1 Stunde durchziehen lassen. Mit zerkleinerter Petersilie bestreuen.

Was ist zu beachten?
- Vorsicht mit der Zugabe von Salz!

Fisch-Gemüse-Salat

500 g	**Möhren**
375 g	**Sellerie**
	Salz
1/8 l	**Wasser**
2	**Äpfel**
500 g	**Fischfilet** gedünstet
Marinade:	
4—5 EL	**Essig**
	Salz · Zucker
2—3 EL	**Öl**

Möhren und Sellerie schälen, waschen und in Würfel schneiden.
Salz überstreuen, Wasser angießen, **ankochen, 10—15 Minuten fortkochen** und **5—10 Minuten** in der **Nachwärme** fertig garen. Abgießen, Gemüse abtropfen und abkühlen lassen.
Äpfel waschen, schälen, vierteln, Kerngehäuse entfernen und Äpfel in Würfel schneiden. Fisch zerpflücken und mit Gemüse und Äpfeln mischen.
Mit Marinade vermengen, abschmecken und durchziehen lassen.

Fisch-Obst-Salat

1/4 l	**Wasser**
	Salz
1 TL	**Öl**
65 g	**kleine Nudeln**
2	**Orangen**
2	**Äpfel**
1	**Gewürzgurke**
500 g	**Fischfilet** gedünstet
150—200 g	**Mayonnaise** Rezept Seite 89

Wasser, Salz und Öl **ankochen,** Nudeln hineingeben und **8—10 Minuten** in der **Nachwärme** quellen lassen. Abgießen, Nudeln abtropfen und abkühlen lassen.
Obst schälen, von den Äpfeln Kerngehäuse entfernen. Obst und Gewürzgurke in Würfel schneiden, Fisch zerpflücken.
Alle Zutaten mit der Mayonnaise vermengen und abschmecken.

Käse-Wurst-Salat

1—2	**Äpfel**
1	**Zwiebel**
125 g	**Fleischwurst** oder Mortadella
125 g	**Käse**
1—2	**Gewürzgurken**
100 g	**Mayonnaise** Rezept Seite 89 oder Essigmarinade Rezept Seite 148
	Senf
	Petersilie

Äpfel und Zwiebel schälen. Alle Salatzutaten in Würfel schneiden.
Mayonnaise mit Senf verrühren, mit den Salatzutaten vermengen. Durchziehen lassen und abschmecken.
Mit zerkleinerter Petersilie bestreuen.

Tip:
- Geeignete Käsesorten: Edamer, Gouda, Chester.

Reis-Gurken-Salat

1	**Zwiebel**
1 EL	**Öl**
250 g	**Reis**
1/2 l	**heißes Wasser**
	Salz
1	**Salatgurke**
1	**Gewürzgurke**
1 EL	**Kapern**
Soße:	
	Essig · Salz · Zucker · Öl
	Schnittlauch
	Petersilie · Dill reichlich

Zwiebel schälen und in Würfel schneiden.
Öl **erhitzen,** Zwiebel und Reis darin unter Rühren **andünsten.** Wasser angießen, Salz zufügen, **15—20 Minuten quellen** und anschließend abkühlen lassen.
Salat- und Gewürzgurke in Würfel schneiden, mit Reis und Kapern mischen.
Salatsoße bereiten, mit zerkleinerten Kräutern vermengen, abschmecken und mit den Salatzutaten vermischen.

STROM-SPAR-TIP
Nachwärme ausnutzen

Obstsalate

Obstsalate werden aus verschiedenen Obstarten bereitet und gekühlt als Nachspeise serviert. Frische Früchte eignen sich dazu am besten, da Geschmack, Aussehen und Vitamine weitgehend erhalten bleiben. Sind nicht ausreichend frische Früchte verfügbar, können auch gefrorene Früchte oder Früchte aus dem Glas oder der Dose zugemischt werden.

Geeignete Obstarten

- Äpfel, Birnen, Orangen, Bananen, Weintrauben und exotische Früchte wie Kiwis, Kakis, Avocados, Chirimoyas — frisch —
- Erdbeeren, Himbeeren, Brombeeren — frisch oder gefroren —
- Ananas, Pfirsiche, Aprikosen, Mandarinen, Kirschen — frisch, aus der Dose oder dem Glas —

Was ist zu beachten?
- Zitronensaft verhindert das Braunwerden von Äpfeln, Birnen und Bananen.
- Je aromatischer und saftreicher die Früchte sind, desto sparsamer sollte man süßen, denn Zucker benötigt Flüssigkeit, um sich zu lösen und entzieht sie den Früchten; das kann Aussehen und Aroma beeinträchtigen.
- Saftreiches Obst erst kurz vor dem Servieren mit Honig, feinem Zucker, Puderzucker oder flüssigem Süßstoff süßen.

Tip:
- Gehackte Nüsse, Mandeln oder Sultaninen unter die Früchte mischen.
- Ein Schuß Alkohol oder Rumfrüchte geben dem Obstsalat einen besonders aromatischen, kräftigen Geschmack.

Garnierung

Süße geschlagene Sahne, Borkenschokolade, Schokoladenraspel, Früchte und Waffeln.

Obstsalat

750 g	**vorbereitete Früchte** Orangen, Bananen, Äpfel, Früchte der Jahreszeit
	Honig oder Zucker
	Zitronensaft
	Kirschwasser oder Weinbrand
	Nüsse
	süße Sahne nach Belieben

Früchte in Würfel oder Scheiben schneiden. Mit Honig mischen, mit Zitronensaft und Kirschwasser abschmecken. Nüsse grob zerkleinern, zugeben und Obst abgedeckt im Kühlschrank durchziehen lassen.
Nach Belieben geschlagene oder ungeschlagene Sahne dazu reichen.

Obstsalat mit Quarksahne

750 g	**vorbereitete Früchte** Orangen, Bananen, Äpfel, Früchte der Jahreszeit
	Zitronensaft
1 EL	**Maraschino**
200 g	**Quark**
4 EL	**süße Sahne**
75—100 g	**Zucker** oder Honig
2 EL	**geriebene Nüsse**
	Schokolade nach Belieben

Früchte in Würfel oder Scheiben schneiden. Mit Zitronensaft und Maraschino vermischen und etwa 30 Minuten durchziehen lassen.

Quark mit Sahne, Zucker und dem Saft, der sich von den Früchten gebildet hat, verrühren. Nüsse unterrühren, Früchte unterheben und abschmecken.
Nach Belieben mit geraspelter Schokolade bestreuen und gut gekühlt servieren.

Obstsalat in Grapefruit mit Baiserhaube

2	**Grapefruits**
1	**Orange**
1	**Banane**
2	**Äpfel**
1—2 EL	**Zucker**
	Saft von 1 Orange
1 EL	**Apricot Brandy**
Baisermasse:	
2	**Eiweiß**
1 TL	**Zitronensaft**
100 g	**Zucker**

Grapefruits waschen, halbieren, Fruchtfleisch glatt herauslösen. Orange, Banane und Äpfel schälen, aus den Äpfeln Kerngehäuse entfernen. Obst in Würfel schneiden.
Zucker in Orangensaft auflösen, Obst damit übergießen, Apricot Brandy zugeben und abschmecken.
Obstsalat in die Grapefruithälften füllen und kalt stellen.
Für die Baisermasse Eiweiß mit Zitronensaft steif schlagen, nach und nach den Zucker einrieseln lassen und kurz weiterschlagen.
Die Baisermasse mit dem Spritzbeutel in Tupfen auf die Grapefruithälften setzen und im Backofen bei 250 °C oder unter dem Grill überbacken, bis sie gebräunt ist.

Veränderung:

- Grapefruits nur mit dem Grapefruitfleisch und Baisertupfen überbacken. Dazu das Obstfleisch mit dem gebogenen Grapefruitmesser am Rand der Frucht vorsichtig lösen, damit sich der Inhalt leicht auslöffeln läßt.

Festlicher Obstsalat

750 g	**gemischte, vorbereitete Früchte**
Soße:	
50 g	**Butter**
4	**Eigelb**
100 g	**Zucker**
3 EL	**Ananassaft**
	Zitronensaft
1 Prise	**Salz**
1/4 l	**süße Sahne**
1	**Sahnefestiger**
65 g	**Nüsse**
1—2 EL	**Rum** nach Belieben

Früchte in Würfel oder Scheiben schneiden.
Für die Soße Butter **schmelzen,** mit Eigelb, Zucker, Saft und Salz **abschlagen,** bis die Masse hochsteigt. Unter gelegentlichem Umrühren abkühlen lassen und mit den Früchten vermischen.
Sahne mit Sahnefestiger steif schlagen, Nüsse zerkleinern, zufügen und unter das Obst heben.
Nach Belieben Rum zugeben und abschmecken. Mindestens 12 Stunden kalt stellen.
Mit einigen Früchten garnieren.

STROM-SPAR-TIP

Kochgeschirr immer passend zur Kochstellengröße wählen

Kartoffeln als Beilage

Kartoffeln zählen zu den universellen Nahrungsmitteln; sie sind preiswert, stehen das ganze Jahr zur Verfügung und bieten abwechslungsreiche Verwendungsmöglichkeiten. Sie enthalten biologisch hochwertiges Eiweiß, Vitamine und Mineralstoffe sowie Stärke und Zellulose. Dadurch sind sie für die Ernährung von besonderer Bedeutung.
Um diese lebensnotwendigen Stoffe zu erhalten, bedarf es einer sachgemäßen Vor- und einer schonenden Zubereitung. Kartoffeln können geschält oder ungeschält verwendet, als Salz- oder Pellkartoffeln gereicht oder durch Braten, Backen, Fritieren weiter verarbeitet werden.
Kartoffeln unterscheidet man nach den Kocheigenschaften in:

- **festkochende Sorten** für Salz- und Pellkartoffeln, Bratkartoffeln und Salate
- **vorwiegend festkochende Sorten** für Salz-, Pell- und Bratkartoffeln
- **mehligkochende Sorten** für Suppen, Eintöpfe, Kartoffelpüree, Kartoffelpuffer und -klöße

Vor- und Zubereitung

Salzkartoffeln

- Kartoffeln unmittelbar vor der Zubereitung dünn schälen und waschen,
- Kartoffeln in gleich große Stücke schneiden.
- Kartoffeln mit Salz bestreuen,
- eine geringe Wassermenge — $1/8$ bis $1/4$ l — angießen,
- im geschlossenen Topf garen.
- Kartoffelwasser abgießen, Kartoffeln im offenen Topf abdämpfen.

Tip:
- Das abgegossene Kartoffelwasser von geschälten, gekochten Kartoffeln wie Salzkartoffeln zur Verlängerung von Suppen, Soßen oder Eintöpfen verwenden. Es enthält wertvolle Inhaltsstoffe.

Pellkartoffeln

Pell- oder Schalkartoffeln sind besonders gehaltvoll, da das Garen in der Schale den geringsten Verlust an wertvollen Nährstoffen mit sich bringt.

- Kartoffeln waschen,
- eine geringe Wassermenge — $1/8$ bis $1/4$ l — angießen,
- im geschlossenen Topf garen.
- Kartoffelwasser abgießen, Kartoffeln im offenen Topf abdämpfen.

Tip:
- Im Backofen können Pellkartoffeln ohne Wasser gegart werden. In den ersten Monaten nach der Ernte sind sie für diese Zubereitungsart am geeignetsten und für Diätkost geradezu ideal.

Kartoffeln können auch im Mikrowellengerät zubereitet werden, siehe Seite 502.

Kartoffeln als Beilage und Kartoffelgerichte, die in anderen Kapiteln stehen:

Kartoffelsalat, Rezepte Seite 158.
Kartoffelpuffer, Rezepte Seite 206.
Kartoffelklöße, Rezepte Seite 111 und 112.

Salzkartoffeln

3/4—1 kg Kartoffeln
Salz
1/8—1/4 l Wasser

Kartoffeln kurz vor der Zubereitung dünn schälen, waschen und in gleich große Stücke schneiden.
Salz überstreuen, Wasser 1—2 cm hoch angießen, **ankochen** bis ein Dampffähnchen sichtbar wird, **10—15 Minuten fortkochen** und **5—10 Minuten** in der **Nachwärme** fertig garen. Kartoffelwasser abgießen, Kartoffeln im offenen Kochtopf abdämpfen.

Was ist zu beachten?
- Den Deckel des Kochtopfs zwischendurch nicht abheben, da sonst der Garvorgang unterbrochen wird.
- Müssen die Kartoffeln noch einige Zeit warm gehalten werden, sollte zwischen Topf und Deckel ein trockenes Tuch oder Küchenpapier geklemmt werden. Es nimmt den sich bildenden Dampf auf, und die Kartoffeln behalten das appetitliche Aussehen.

Pellkartoffeln
Schalkartoffeln

3/4—1 kg Kartoffeln
1/8—1/4 l Wasser

Gleichmäßig große Kartoffeln waschen und bürsten.
Wasser 1—2 cm hoch angießen, **ankochen** bis ein Dampffähnchen sichtbar wird, **15—20 Minuten fortkochen** und **5—10 Minuten** in der **Nachwärme** fertig garen. Kartoffelwasser abgießen.

Tip:
- Eine Beigabe von Kümmel unterstützt die Verdaulichkeit, besonders bei jungen Kartoffeln.

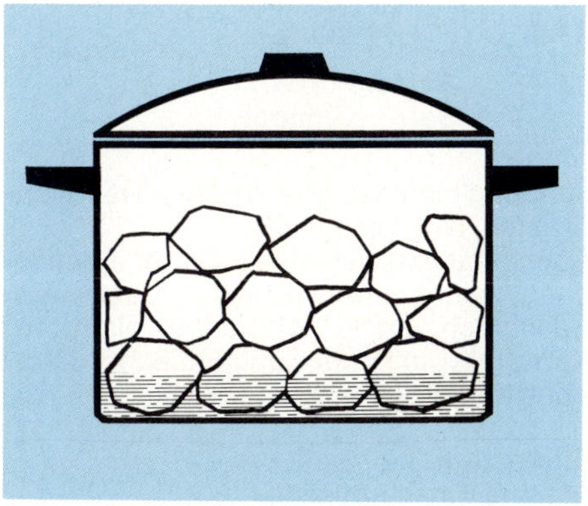

Bild 39: Kartoffeln sollen mehr gedämpft als gekocht werden, deshalb nur eine geringe Wassermenge angießen.

Kartoffelbrei
Kartoffelpüree

3/4—1 kg Kartoffeln
1/8—1/4 l Wasser

1/4 l Milch
30 g Butter
1 TL Salz

Kartoffeln schälen, waschen und zerkleinern.
Wasser angießen, **ankochen** bis ein Dampffähnchen sichtbar wird, **10—15 Minuten fortkochen** und **5—10 Minuten** in der **Nachwärme** fertig garen. Kartoffelwasser abgießen und auffangen. Kartoffeln zerstampfen, durchpressen oder pürieren.
Milch **ankochen,** nach und nach unter Rühren an die Kartoffeln gießen, auch das Kartoffelwasser verwenden. Butter und Salz zugeben, den Kartoffelbrei schaumig rühren und abschmecken.

Was ist zu beachten?
- Heiße Milch verwenden, da kalte das Püree bröckelig macht.
- Je nach Beschaffenheit der Kartoffeln wird mehr oder weniger Milch benötigt.

Tip:
- Kartoffelbrei läßt sich mühelos mit den Rührbesen des elektrischen Handrührgerätes schaumig rühren.

Veränderung:
- Geriebenen Käse unterrühren.
- Speckwürfel auslassen, Zwiebelwürfel darin andünsten und unterrühren.

Kartoffelrand zum Füllen

1 kg	**Kartoffeln**
1/8—1/4 l	**Wasser**
50 g	**Butter**
2	**Eier**
50 g	**geriebener Käse**
1 Prise	**Muskat**
	Salz

Kartoffeln schälen, waschen und zerkleinern.
Wasser angießen, **ankochen, 10—15 Minuten fortkochen** und **5—10 Minuten** in der **Nachwärme** fertig garen. Kartoffelwasser abgießen, Kartoffeln abdämpfen, durchpressen oder pürieren.
Mit Butter, Eiern und Käse vermengen und mit Muskat und Salz abschmecken.
Rand- oder Kranzkuchenform einfetten, Kartoffelteig fest eindrücken und goldbraun backen.

Einsetzen:
Auf dem Rost, untere Einschubleiste.

Backen:

225 °C	20—25 Minuten
0	5—10 Minuten

Nach dem Backen
Die Masse am Rand mit dem Messer lokkern, auf eine runde angewärmte Platte stürzen und mit einem Ragout aus Fisch, Fleisch oder Geflügel, feinem Gemüse oder Pilzen füllen.

Kümmelkartoffeln
Junge Schalkartoffeln

1 kg	**Kartoffeln**
	Butter oder Öl
	Salz · Kümmel

Junge, gleichmäßige Kartoffeln waschen, bürsten, längs halbieren.
Schnittflächen mit etwas Butter bestreichen, mit Salz und Kümmel bestreuen. Backblech oder Fettpfanne einfetten, Kartoffeln mit der Schnittfläche nach oben aufsetzen und backen.

Einsetzen:
Mittlere Einschubleiste.

Backen:

180—200 °C	25—30 Minuten
0	5—10 Minuten

Nach dem Backen
Durch Hineinstechen mit einem Hölzchen oder Messer prüfen, ob die Kartoffeln gar sind. Sie können mit der Schale gegessen werden.

Tip:
- Eine kleine Menge Kümmelkartoffeln in der Deckelpfannne auf der Automatik-Kochstelle bereiten. Den Boden der Pfanne mit Öl bestreichen, Kümmel überstreuen und die durchgeschnittenen Kartoffeln mit der Schnittfläche nach unten einsetzen, Deckel auflegen und 30—35 Minuten dünsten.

Himmel und Erde
Äpfel und Kartoffeln

1 kg	**Kartoffeln**
750 g	**Äpfel**
3/8 l	**Wasser**
	Salz · Zucker
1—2	**Zwiebeln**
100 g	**Speck**

Kartoffeln schälen, waschen und zerkleinern. Äpfel schälen, Kerngehäuse entfernen und Äpfel in Scheiben schneiden.
Kartoffeln und Äpfel in den Kochtopf geben, Wasser angießen, **ankochen, 15—20 Minuten fortkochen** und **5—10 Minuten** in der **Nachwärme** fertig garen.
Kartoffeln und Äpfel zerstampfen oder pürieren, mit Salz und Zucker abschmekken.
Zwiebeln schälen, Zwiebeln und Speck in Würfel schneiden. Speck **auslassen,** Zwiebel darin **andünsten.**
Das Gericht damit anrichten.

Veränderung:
- Feiner im Geschmack ist das Gericht, wenn man Äpfel und Kartoffeln getrennt gart. Den Apfelbrei von ungeschälten entkernten Früchten herstellen und unter die zerstampften Kartoffeln mengen.
- Statt Äpfel Birnen verwenden.

Bild 40: Kümmelkartoffeln, Rezept Seite 166, können z. B. zu angemachtem Quark oder Heringssalat gereicht werden.

Béchamelkartoffeln

1 kg	**Pellkartoffeln**
1	**große Zwiebel**
30 g	**roher Schinken**
40 g	**Fett**
40 g	**Mehl**
$^1/_2$ l	**Brühe**
$^1/_4$ l	**Milch** oder süße oder saure Sahne
	Salz · Pfeffer
	Essig nach Belieben
1 Prise	**Zucker** nach Belieben

Kartoffeln pellen und warm halten.
Zwiebel schälen. Zwiebel und Schinken in Würfel schneiden.
Fett **erhitzen,** Schinken und Zwiebel darin **andünsten,** Mehl zugeben, unter ständigem Rühren **andünsten.** Mit Brühe und Milch unter Rühren ablöschen und **aufkochen.** Salz und Pfeffer zugeben und **2—3 Minuten** in der **Nachwärme** fertig garen.
Kartoffeln noch warm in Scheiben oder Würfel schneiden, in die heiße Soße geben, **5—10 Minuten** in der **Nachwärme** erwärmen. Nach Belieben mit Essig und Zucker abschmecken.

Sahnekartoffeln

$^3/_4$—1 kg	**Kartoffeln** mehligkochend
	Salz · Pfeffer · Muskat
$^1/_4$ l	**Milch**
$^1/_4$ l	**süße Sahne**
	Butter

Kartoffeln schälen, waschen und in dünne Scheiben schneiden.
Auflaufform einfetten, Kartoffeln hineingeben, schichtweise mit Salz, Pfeffer und Muskat bestreuen.
Milch und Sahne verquirlen und darübergießen. Butterflöckchen darauf verteilen und backen.

Einsetzen:
Auf dem Rost, mittlere Einschubleiste.

Backen:

250—275 °C	35—40 Minuten
0	5—10 Minuten

Was ist zu beachten?

- Die Auflaufform nicht bis zum Rand füllen, damit die Flüssigkeit beim Backen nicht überläuft.

Englische Kartoffeln

1	**Zwiebel**
1 kg	**Kartoffeln**
40 g	**Fett**
3/8 l	**Brühe**
1/8 l	**saure Sahne** oder Dickmilch
	Salz · Muskat nach Belieben
	Petersilie

Zwiebel schälen und in Würfel schneiden. Kartoffeln schälen, waschen und in Würfel schneiden.
Fett **erhitzen,** Zwiebel darin **andünsten.** Kartoffeln zugeben und **andünsten.** Nur so viel Brühe zugeben, daß die Kartoffeln nicht bedeckt sind. **Ankochen, 10—15 Minuten fortkochen** und **5—10 Minuten** in der **Nachwärme** fertig garen.
Sahne angießen und mit Salz abschmekken. Nach Belieben mit Muskat würzen. Mit zerkleinerter Petersilie bestreuen.

Dünstkartoffeln

1	**Zwiebel**
1 kg	**Kartoffeln**
3—5 EL	**Öl** oder 100 g Speckwürfel
	Curry oder Kräutersalz
	Kümmel · Salz
4—6 EL	**Wasser**

Zwiebel schälen und in Würfel schneiden. Kartoffeln schälen, waschen und in Würfel schneiden.
Öl **erhitzen,** Zwiebel mit Curry darin **andünsten,** Kartoffeln zugeben und unter Wenden **andünsten.** Kümmel und Salz überstreuen, Wasser angießen, **10—15 Minuten fortkochen** und **5—10 Minuten** in der **Nachwärme** fertig garen, abschmecken.

Kartoffelbällchen

3/4—1 kg	**Pellkartoffeln**
30 g	**Butter**
2	**Eigelb**
30 g	**Mehl**
1 Prise	**Muskat**
20 g	**geriebener Käse**
	Salz
2	**Eiweiß**
	Paniermehl oder Mandeln
	Fett zum Braten

Kartoffeln pellen, abkühlen lassen und reiben. Mit Butter, Eigelb, Mehl, Muskat, Käse und Salz vermengen und abschmecken. Aus dem Teig kleine gleichmäßige Bällchen formen und in verquirltem Eiweiß, danach in Paniermehl wenden.
Fett **erhitzen,** Kartoffelbällchen darin von allen Seiten **bräunen** oder **fritieren.**

Veränderung:

- **Kartoffelkroketten**
  Für Kroketten den Teig zu 5—6 cm langen und 1—2 cm dicken Stangen formen, ebenso panieren und in Fett goldbraun backen.

Pommes frites

1 kg	**Kartoffeln**
	Fett zum Fritieren
	Salz

Kartoffeln schälen, waschen und in 1 cm dicke Scheiben schneiden, dann in 4—5 cm lange Stäbchen. Zum Abtrocknen bis zum Gebrauch in ein Tuch einschlagen.
Fett **erhitzen.**
Nicht mehr als 250 g Kartoffeln auf einmal im Einsatz in das Fett tauchen. Die Stäbchen **2—3 Minuten fritieren,** bis die Spitzen hellgelb sind. Fritierkorb herausheben, Kartoffeln zum Abtropfen auf ein Sieb oder Küchenkrepp schütten. Fett erneut **erhitzen** und die nächste Portion Kartoffeln einlegen und **fritieren.**
Kurz vor dem Essen die Stäbchen in heißem Fett **4—6 Minuten fritieren,** bis sie

braun sind. Herausnehmen, abtropfen lassen und leicht salzen.
Alles über das Fritieren im Fettbad, siehe Seite 399.

Was ist zu beachten?

- Pommes frites müssen außen knusprig, innen aber weich sein.
- Gefrorene Pommes frites sind bereits fritiert und brauchen nur noch nach Vorschrift gebräunt zu werden.

Tip:

- Eine dünne Orangenschale in das Fettbad geben. Die Pommes frites erhalten dadurch einen besonders delikaten Geschmack.

Bratkartoffeln

3/4—1 kg	**Pellkartoffeln**
1	**Zwiebel**
100 g	**geräucherter Magerspeck**
50 g	**Schmalz** oder Margarine
	Salz

Kartoffeln pellen, erkalten lassen und in Scheiben schneiden. Zwiebel schälen. Zwiebel und Speck in Würfel schneiden.
Fett **erhitzen,** Speck darin **auslassen.** Zwiebel darin **andünsten.** Kartoffeln zugeben und von allen Seiten goldbraun **braten.**
Kartoffeln mit Salz abschmecken.

Bild 41: Delikat zu feinen Braten: Kroketten, Mandel- und Kartoffelbällchen, Rezepte Seite 168.

Eintöpfe

Eintopfgerichte bieten durch verschiedene Zusammensetzung von Zutaten und vielfältige Zubereitungsarten eine große Auswahl und Abwechslung. Sie sind kräftig und wohlschmeckend, da sich die Geschmacksstoffe der einzelnen Zutaten beim Garen gut miteinander verbinden. Eintöpfe sind preiswert, sättigend und lassen sich gut warm halten oder aufwärmen.

Vorbereitung

- Gemüse und Kartoffeln schälen, waschen und gleichmäßig zerkleinern. Größere Mengen Gemüse und Kartoffeln mit der Schneid- oder Raspelscheibe einer elektrischen Hand- oder Standküchenmaschine schneiden, siehe Bild 35, Seite 128.

Zubereitungsarten

- Fett — Öl, Margarine, Butter oder Speckwürfel — und das in Würfel oder Portionsstücke geschnittene Fleisch in einen Kochtopf geben. Dann abwechselnd die anderen Zutaten, Salz, Gewürze und Flüssigkeit zugeben, ankochen, fortkochen und in der Nachwärme fertig garen.
- Zerkleinertes Fleisch mit den anderen Zutaten und der Flüssigkeit in einen Kochtopf geben. Fett obenauf in Flöckchen verteilen — es sickert dann allmählich durch das Gericht —, ankochen, fortkochen und in der Nachwärme fertig garen.
- Das in Würfel geschnittene Fleisch in Fett — bei fettem Fleisch erübrigt sich ein Fettzusatz — unter mehrmaligem Wenden bräunen. Die übrigen Zutaten und heiße Flüssigkeit zugeben, ankochen, fortkochen und in der Nachwärme fertig garen.

Was ist zu beachten?
- Mengenangaben für Gemüse und Kartoffeln beziehen sich auf ungeschälte Ware.
- Gleichmäßig zerkleinerte Zutaten ergeben eine gleiche Gardauer.
- $^1/_8$—$^1/_4$ l Flüssigkeit zugeben. Im allgemeinen genügt diese Menge; für suppige Eintöpfe Flüssigkeitsmenge aber erhöhen.
- Bei Verwendung von Hülsenfrüchten und Nährmitteln ist mehr Flüssigkeit erforderlich, da sie zum Quellen gebraucht wird.
- Bei Eintöpfen, die anstelle von Kartoffeln Nährmittel enthalten, wird das Fleisch fast gar gekocht, ehe Nudeln oder Reis zugegeben werden.
- Zerkleinerte Kräuter erst kurz vor dem Servieren überstreuen oder unter den Eintopf mengen.

Tip:
- Am einfachsten ist es, alle Zutaten zusammen aufzusetzen.
- Anstelle des angegebenen Frischgemüses kann gefrorenes Gemüse — dann aber unaufgetaut — verwendet werden.
- Auch Konservengemüse ist geeignet. Die abgegossene Brühe mitkochen, Gemüse kurz vor der Fertigstellung des Eintopfes zugeben und erhitzen.
- Zeit- und Stromersparnis bringt bei Gerichten mit langer Gardauer die Zubereitung im Schnellkochtopf.

Pichelsteiner

375 g	**Schweinefleisch** oder halb Rind-, halb Schweinefleisch
375 g	**Möhren**
125 g	**Sellerie**
500—750 g	**Kartoffeln**
1	**Petersilienwurzel**
125 g	**Lauch**
375 g	**grüne Bohnen**
	Salz
$^1/_4$—$^3/_8$ l	**Wasser**
	Petersilie
	Basilikum nach Belieben

Fleisch waschen und in Würfel schneiden.
Möhren, Sellerie, Kartoffeln und Petersilienwurzel schälen, waschen und in Stücke schneiden. Lauch putzen, waschen und in Ringe schneiden. Bohnen abfädeln, waschen und in Stücke brechen.
Fleisch auf dem Kochtopfboden verteilen. Gemüse und Kartoffeln zugeben, Salz überstreuen, Wasser angießen, **ankochen, 35—45 Minuten fortkochen** und **5—10 Minuten** in der **Nachwärme** fertig garen.
Abschmecken und mit zerkleinerten Kräutern bestreuen.

Pichelsteiner mit Mark

125 g	**Sellerie**
625 g	**Möhren**
250 g	**Lauch**
500—750 g	**Kartoffeln**
150 g	**Rindfleisch**
150 g	**Schweinefleisch**
100 g	**geräucherter Magerspeck**
	Paprika
	Salz
$^1/_8$—$^1/_4$ l	**Wasser**
50 g	**Rindermark**
	Petersilie · Schnittlauch

Sellerie und Möhren schälen, waschen und in Stücke schneiden. Lauch putzen, waschen und in Ringe schneiden. Kartoffeln schälen, waschen und in Würfel schneiden.
Fleisch waschen, abtrocknen und in Würfel schneiden. Speck in Würfel schneiden, **auslassen** und Fleisch darin **bräunen.** Paprika überstäuben.
Gemüse abwechselnd mit Kartoffeln auf das Fleisch in den Kochtopf schichten, Salz überstreuen und Wasser angießen. Rindermark in feine Streifen schneiden und obenauf verteilen, **ankochen, 40—50 Minuten fortkochen** und **5—10 Minuten** in der **Nachwärme** fertig garen.
Abschmecken und mit zerkleinerten Kräutern bestreuen.

Schweinefleisch mit Möhren und Äpfeln

500 g	**Schweinefleisch** Nacken oder Kasseler
750 g	**Möhren**
500—750 g	**Kartoffeln**
250 g	**Äpfel**
1	**Zwiebel**
	Salz
1 Prise	**Zucker**
$^1/_4$—$^3/_8$ l	**Wasser**
	Essig nach Belieben · **Petersilie**

Fleisch waschen und in große Würfel schneiden.
Möhren und Kartoffeln schälen und waschen. Äpfel waschen und Kerngehäuse entfernen. Zwiebel schälen. Alles in Würfel schneiden.
Fleisch auf dem Kochtopfboden verteilen, darüber Möhren, Kartoffeln, Äpfel und Zwiebel. Salz und Zucker überstreuen, Wasser angießen, **ankochen, 35—40 Minuten fortkochen** und **5—10 Minuten** in der **Nachwärme** fertig garen.
Nach Belieben mit Essig abschmecken und mit zerkleinerter Petersilie bestreuen.

Veränderung:
- Fleisch in Würfel schneiden, anbraten, dann weiter verfahren wie oben angegeben.

Schusterpfanne

500 g	**Schweinekamm**
375 g	**Möhren**
500—750 g	**Kartoffeln**
750 g	**Birnen**
	Salz · Zucker
$^1/_4$—$^3/_8$ l	**Wasser**
	Petersilie

Fleisch waschen, in Würfel schneiden. Möhren und Kartoffeln schälen, waschen und in Scheiben schneiden. Von Birnen Stiel und Blüte entfernen und schälen.
Fleisch auf dem Kochtopfboden verteilen, darüber Möhren und Kartoffeln und darauf die Birnen im ganzen oder zerteilt geben. Salz und Zucker überstreuen, Wasser angießen, **ankochen, 45—50 Minuten fortkochen** und **5—10 Minuten** in der **Nachwärme** fertig garen.
Abschmecken und mit zerkleinerter Petersilie bestreuen.

Schmurks

375 g	**geräucherter Magerspeck**
750 g	**grüne Bohnen**
500—750 g	**Kartoffeln**
750 g	**Birnen**
	Salz · Bohnenkraut
$^3/_8$ l	**Wasser**
	Essig · Zucker

Speck in Würfel oder Scheiben schneiden.
Bohnen abfädeln, waschen und in Stücke brechen. Kartoffeln schälen, waschen und in Würfel schneiden. Von Birnen Stiel und Blüte entfernen und waschen.
Speck auf dem Kochtopfboden verteilen. Bohnen, Kartoffeln und Birnen zugeben. Mit Salz und Bohnenkraut bestreuen. Wasser angießen, **ankochen, 40—50 Minuten fortkochen** und **5—10 Minuten** in der **Nachwärme** fertig garen.
Mit Zucker und Essig abschmecken.

Bild 42: Schusterpfanne, Rezept Seite 172.

Schweinerippchen mit Möhren und Kartoffeln

1 kg	**Möhren**
500—750 g	**Kartoffeln**
750 g	**Schweinerippchen** frisch oder geräuchert
	Salz
1/4—3/8 l	**Wasser**
	Petersilie

Möhren und Kartoffeln schälen, waschen und in Scheiben schneiden.
Rippchen waschen, zerteilen und im eigenen Fett **bräunen.**
Möhren und Kartoffeln zugeben, Salz überstreuen, Wasser angießen, **ankochen, 30—40 Minuten fortkochen** und **5—10 Minuten** in der **Nachwärme** fertig garen.
Abschmecken und mit zerkleinerter Petersilie bestreuen.

Holländischer Eintopf

4	**Mettwürstchen** Rauchenden
500 g	**Möhren**
500—750 g	**Kartoffeln**
500 g	**Zwiebeln**
1 EL	**Fett**
	Salz
1/4 l	**Brühe**
	Petersilie

Mettwürstchen waschen, in Scheiben schneiden und auf dem Kochtopfboden verteilen.
Möhren und Kartoffeln schälen und waschen, Zwiebeln schälen, alles in Scheiben schneiden und auf die Mettwürstchen geben.
Fett zufügen, Salz überstreuen, Brühe angießen, **ankochen, 20—25 Minuten fortkochen** und **5—10 Minuten** in der **Nachwärme** fertig garen.
Abschmecken und mit zerkleinerter Petersilie bestreuen.

Spanischer Eintopf

125 g	**weiße Bohnen**
1/2 l	**Wasser**
250 g	**Schweinefleisch** oder Lammfleisch
1 Stg	**Lauch**
625 g	**Weißkohl**
375 g	**Möhren**
500—750 g	**Kartoffeln**
	Salz · Kümmel nach Belieben
	Petersilie

Bohnen am Abend vor der Zubereitung in 1/2 l Wasser einweichen.
Fleisch waschen und in Würfel schneiden.
Lauch und Weißkohl putzen, Möhren und Kartoffeln schälen, alles waschen und zerkleinern.
Fleisch, Gemüse, Salz und nach Belieben Kümmel zu den Bohnen mit dem Einweichwasser geben, **ankochen, 50—60 Minuten fortkochen** und **5—10 Minuten** in der **Nachwärme** fertig garen. Kartoffeln 30 Minuten vor Ende der Gardauer zugeben.
Abschmecken und mit zerkleinerter Petersilie bestreuen.

Westfälisches Blindhuhn

250 g	**weiße Bohnen**
3/4 l	**Wasser**
375 g	**geräucherter Magerspeck**
250—500 g	**grüne Bohnen**
250 g	**Möhren**
250 g	**Kartoffeln**
2	**große Äpfel**
2—3	**Birnen**
	Salz
	Essig und Zucker nach Belieben
	Petersilie

Weiße Bohnen am Abend vor der Zubereitung in 3/4 l Wasser einweichen. →

Speck in Würfel schneiden. Grüne Bohnen abfädeln, waschen und in Stücke brechen. Möhren und Kartoffeln schälen und waschen. Äpfel und Birnen schälen und Kerngehäuse entfernen. Alles in Würfel schneiden.
Speck, grüne Bohnen, Möhren und Obst zu den weißen Bohnen geben, Salz überstreuen, **ankochen, 80—90 Minuten fortkochen** und **5—10 Minuten** in der **Nachwärme** fertig garen. Kartoffeln 30 Minuten vor Ende der Gardauer zugeben.
Nach Belieben mit Essig und Zucker abschmecken. Mit zerkleinerter Petersilie bestreuen.

Was ist zu beachten?

- Bei weißen Bohnen mit der Bezeichnung „weichkochend" erübrigt sich das Einweichen.

Wirsing-Eintopf mit Fleischklößchen

1	**Brötchen**
1	**Zwiebel**
375 g	**Hackfleisch** halb und halb
1	**Ei**
	Salz · Paprika
1 kg	**Wirsing**
500—750 g	**Kartoffeln**
	Salz
1/4—3/8 l	**Wasser**
30 g	**Butter** oder Margarine
	Salz · Pfeffer

Brötchen in Wasser einweichen und ausdrücken. Zwiebel schälen und in feine Würfel schneiden.
Beides zum Hackfleisch geben und mit Ei, Salz und Paprika zu einem glatten Teig verarbeiten. Gleichmäßig große Klöße formen.
Wirsing putzen, waschen und kleinschneiden. Kartoffeln schälen, waschen und in Würfel schneiden.
Gemüse und Kartoffeln in den Kochtopf geben, Salz überstreuen, Wasser angießen, Butter in Flöckchen darauf verteilen, Fleischklöße obenauflegen, **ankochen, 25—30 Minuten fortkochen** und **5—10 Minuten** in der **Nachwärme** fertig garen.
Mit Salz und Pfeffer abschmecken.

Bunter Eintopf

500 g	**Möhren**
1	**Gemüsezwiebel**
500 g	**Rosenkohl**
500 g	**Schweinenacken**
50 g	**Fett**
200 g	**Reis**
	Salz · Pfeffer · Paprika
1/4 l	**Wasser**
	Petersilie

Möhren schälen, waschen und in Scheiben schneiden. Zwiebel schälen und in Streifen schneiden. Rosenkohl putzen und waschen. Fleisch waschen, abtrocknen und in Würfel schneiden.
Fett **erhitzen,** Fleisch darin **anbraten.** Gemüse und Reis zugeben, **andünsten.** Salz und Gewürze überstreuen, Wasser angießen, **ankochen, 40—50 Minuten fortkochen** und **5—10 Minuten** in der **Nachwärme** fertig garen.
Abschmecken und mit zerkleinerter Petersilie bestreuen.

Paprikaschoten-Eintopf

1	**Brötchen**
1	**Zwiebel**
375 g	**Hackfleisch** halb und halb
1	**Ei**
	Salz · Pfeffer
750 g	**grüne und rote Paprikaschoten**
2	**Zwiebeln**
500—750 g	**Kartoffeln**
	Salz
1/4 l	**Wasser**
	Petersilie

Brötchen in Wasser einweichen und ausdrücken. Zwiebel schälen und in feine Würfel schneiden.

Beides zum Hackfleisch geben und mit Ei, Salz und Pfeffer zu einem glatten Teig verarbeiten. Gleichmäßig große Klöße daraus formen.
Paprika halbieren, Kerne entfernen, Paprika waschen und in Würfel schneiden. Zwiebeln schälen, Kartoffeln schälen und waschen, beides in Würfel schneiden.
Paprika, Zwiebeln und Kartoffeln abwechselnd in einen Kochtopf schichten, Salz überstreuen, Wasser angießen, Hackfleischklöße obenauf legen, **ankochen, 25—30 Minuten fortkochen** und **5—10 Minuten** in der **Nachwärme** fertig garen.
Abschmecken und mit zerkleinerter Petersilie bestreuen.

Veränderung:

- Einen Teil der Paprikaschoten durch Tomaten ersetzen.
- Zwiebelwürfel für das Hackfleisch vorher in Fett andünsten.

Gemüseeintopf mit Fleischklößchen

1	**Brötchen**
1	**Zwiebel**
375 g	**Hackfleisch** halb und halb
1	**Ei**
	Salz · Pfeffer
500 g	**Möhren**
500 g	**Kartoffeln**
	Salz
$^1/_4$ l	**Wasser** oder Brühe
20 g	**Butter** oder 2 EL Sahne
450 g	**gefrorene Erbsen**
	Petersilie

Brötchen in Wasser einweichen und ausdrücken. Zwiebel schälen und in feine Würfel schneiden.
Mit Hackfleisch, Ei, Salz und Pfeffer zu einem glatten Teig verarbeiten. Kleine Klöße daraus formen.
Möhren und Kartoffeln schälen, waschen und in Würfel schneiden. In einen Kochtopf schichten, Salz überstreuen, Flüssigkeit angießen, Klößchen obenauflegen, **ankochen** und **30—40 Minuten fortkochen.**
Butter und Erbsen unterrühren, **aufkochen** und **5—10 Minuten** in der **Nachwärme** fertig garen.
Abschmecken und mit zerkleinerter Petersilie bestreuen.

Gemüse-Weizen-Topf mit Kräutersoße

150 g	**Weizenkörner**
$^1/_4$ l	**Gemüsebrühe**
3	**Frühlingszwiebeln**
2 Stg	**Porree**
1	**Knoblauchzehe**
250 g	**Möhren**
1	**Kohlrabi**
$^1/_2$	**Sellerieknolle**
50 g	**Butter**
	Kräutersalz · Pfeffer · Petersilie
Soße:	
2 Bund	**Kräuter** Schnittlauch, Dill, Zitronenmelisse, Pimpinelle
150 g	**saure Sahne**
100 g	**Crème fraîche**
	Kräutersalz · Pfeffer · Zitronensaft

Weizen abspülen und über Nacht in kaltem Wasser einweichen.
Wasser abgießen, Weizen und Gemüsebrühe **ankochen** und **50—60 Minuten fortkochen.**
Zwiebeln und Porree putzen, waschen und in Ringe schneiden. Knoblauchzehe schälen und durch die Presse drücken. Möhren, Kohlrabi und Sellerie schälen, waschen und in Würfel schneiden.
Butter **erhitzen,** Gemüse darin **andünsten,** zu den Weizenkörnern geben und **10—15 Minuten dünsten.** Mit Salz und Pfeffer abschmecken und mit zerkleinerter Petersilie bestreuen.
Für die Soße Kräuter waschen und klein schneiden. Sahne mit Crème fraîche verrühren, Kräuter zugeben und mit Salz, Pfeffer und Zitronensaft abschmecken. Soße getrennt zum Gemüse-Weizen-Topf reichen.

Vegetarischer Eintopf

375 g	**Möhren**
200 g	**Sellerie**
375 g	**Blumenkohl**
250 g	**Tomaten**
750 g	**Kartoffeln**
4—6 EL	**Öl** oder 50 g Margarine
	Salz
1/8—1/4 l	**Brühe**
	Salbei · Thymian · Petersilie · Rosmarin · Basilikum

Möhren und Sellerie schälen, waschen und in Würfel schneiden. Blumenkohl putzen, waschen und in Röschen teilen. Tomaten überbrühen, abschrecken, abziehen und in Viertel schneiden. Kartoffeln schälen, waschen und in Würfel schneiden.
Die Hälfte des Öls in den Kochtopf geben. Gemüse und Kartoffeln abwechselnd mit Salz einschichten, Brühe angießen. Das restliche Öl obenauf geben, **ankochen, 20—25 Minuten fortkochen** und **5—10 Minuten** in der **Nachwärme** fertig garen.
Abschmecken und mit zerkleinerten Kräutern bestreuen.

Linseneintopf

1	**Möhre**
1 Stg	**Lauch**
1	**Zwiebel**
1	**Lorbeerblatt**
2	**Nelken**
250—375 g	**geräucherter Magerspeck**
250 g	**Linsen**
1 1/4 l	**Wasser**
	Salz
500—750 g	**Kartoffeln**
	Essig · saure Sahne · Petersilie

Möhre schälen, waschen und in Würfel schneiden. Lauch putzen und in Ringe schneiden. Zwiebel schälen, mit Lorbeerblatt und Nelken spicken. Speck in Würfel schneiden.
Alles mit Linsen, Wasser und Salz **ankochen, 60—70 Minuten fortkochen** und **5—10 Minuten** in der **Nachwärme** fertig garen. Kartoffeln schälen, waschen, in Würfel schneiden und 30 Minuten vor Ende der Gardauer zugeben.
Gewürzzwiebel entfernen. Eintopf mit Essig und Sahne abschmecken und mit zerkleinerter Petersilie bestreuen.

Tip:
- Die Gardauer verkürzt sich, wenn die Linsen einen Tag vor der Zubereitung eingeweicht werden oder wenn vorbehandelte Linsen verwendet werden.

Rheinischer Eintopf

500 g	**grüne Bohnen**
250 g	**Tomaten**
500—750 g	**Kartoffeln**
2	**Zwiebeln**
250 g	**geräucherter Magerspeck**
1 EL	**Fett**
	Salz · Paprika
1/8—1/4 l	**Wasser**
	Petersilie

Bohnen abfädeln, waschen und in Stücke brechen. Tomaten überbrühen, abschrecken, abziehen und in Viertel schneiden. Kartoffeln schälen, waschen und in Stücke schneiden. Zwiebeln schälen, Zwiebeln und Speck in Würfel schneiden.
Fett **erhitzen,** Speck und Zwiebeln darin **bräunen.** Gemüse und Kartoffeln schichtweise auf den Speck geben, mit Salz und Paprika bestreuen, Wasser angießen, **ankochen, 20—25 Minuten fortkochen** und **5—10 Minuten** in der **Nachwärme** fertig garen.
Abschmecken und mit zerkleinerter Petersilie bestreuen.

STROM-SPAR-TIP

Bei Gerichten mit langer Gardauer Schnellkochtopf oder -bratpfanne einsetzen

Bild 43: Bigosch, Rezept Seite 177.

Bigosch

250 g	**Möhren**
250 g	**Kohlrabi**
250 g	**Sellerie**
500—750 g	**Kartoffeln**
250 g	**Zwiebeln**
250 g	**geräucherter Magerspeck**
	Salz
$^{1}/_{4}$—$^{3}/_{8}$ l	**Wasser**
	Petersilie

Gemüse und Kartoffeln schälen, waschen und in gleichmäßig große Stücke schneiden. Zwiebeln schälen. Zwiebeln und Speck in Würfel schneiden.
Speck auf dem Kochtopfboden verteilen, darüber Gemüse, Zwiebeln und Kartoffeln geben, Salz überstreuen, Wasser angießen, **ankochen, 20—30 Minuten fortkochen** und **5—10 Minuten** in der **Nachwärme** fertig garen.
Abschmecken und mit zerkleinerter Petersilie bestreuen.

Kartoffel-Tomatengericht

250 g	**Zwiebeln**
1—2	**grüne Paprikaschoten**
500 g	**Tomaten** oder 1 Dose geschälte Tomaten
$^{3}/_{4}$—1 kg	**Kartoffeln**
25 g	**Fett**
375 g	**Hackfleisch**
	Salz · Paprika
$^{3}/_{8}$ l	**Flüssigkeit** Wasser oder Brühe
	Basilikum · Petersilie

Zwiebeln schälen und in feine Würfel schneiden. Paprika halbieren, Kerne entfernen, waschen und in Streifen schneiden. Tomaten überbrühen, abschrecken, abziehen und in Viertel schneiden. Kartoffeln schälen, waschen und in Stücke schneiden.
Fett **erhitzen,** Fleisch darin **anbraten,** Zwiebeln und Paprika zugeben und **andünsten.** Tomaten und Kartoffeln zugeben, Salz und Paprika überstreuen, Flüs-

sigkeit angießen, **ankochen, 20—25 Minuten fortkochen** und **5—10 Minuten** in der **Nachwärme** fertig garen.
Abschmecken und mit zerkleinerten Kräutern bestreuen.

Was ist zu beachten?
- Nicht zu mehlig kochende Kartoffeln verwenden, da das Gericht sonst zu musig wird.

Mangoldeintopf

1 kg	**Mangold**
500 g	**Kartoffeln**
50 g	**Fett**
	Salz
1/8 l	**Wasser**
250 g	**Bratwurstmett**
2 EL	**süße Sahne**
	Salz · Muskat

Mangold verlesen, Blätter von den Stengeln trennen, beides waschen und fein schneiden. Kartoffeln schälen, waschen und in Scheiben schneiden.
Fett **erhitzen,** Mangold und Kartoffeln lagenweise in den Kochtopf geben, Salz überstreuen und Wasser angießen.
Bratwurstmett zu Klößchen formen, auf das Gemüse legen, **ankochen, 30—35 Minuten fortkochen** und **5—10 Minuten** in der **Nachwärme** fertig garen.
Sahne unterrühren und mit Salz und Muskat abschmecken.

Gurken-Eintopf mit Pilzen und Tomaten

1 kg	**Gurken**
250 g	**Pilze**
375 g	**Tomaten**
500 g	**Kartoffeln**
3—4 EL	**Öl** oder 100 g Magerspeck
	Salz · Pfeffer · Paprika
2—3	**geriebene Kartoffeln**
	Petersilie · Schnittlauch

Gurken waschen, schälen, längs halbieren, die Kerne mit einem Löffel herauskratzen und Gurken in 4—5 cm lange Stücke schneiden. Pilze putzen, waschen und in Stücke schneiden. Tomaten überbrühen, abschrecken, abziehen und in Viertel schneiden. Kartoffeln schälen, waschen und in Stücke schneiden.
Öl **erhitzen.** Gemüse, Kartoffeln, Salz und Gewürze zugeben, **ankochen, 10—15 Minuten fortkochen,** roh geriebene Kartoffeln zum Sämigmachen zufügen und **5—10 Minuten** in der **Nachwärme** fertig garen.
Abschmecken und mit zerkleinerten Kräutern bestreuen.

Veränderung:
- Statt Gurken Kürbisstücke verwenden.
- Anstelle der Pilze grüne Paprikaschoten verwenden.

Kohlrüben mit Schweinebauch

375—500 g	**Schweinebauch**
1 1/4 kg	**Kohlrüben**
500—750 g	**Kartoffeln**
	Salz · Pfeffer · Kümmel oder Majoran
1/4—3/8 l	**Wasser**
	Schnittlauch

Schweinebauch waschen und in Scheiben oder Würfel schneiden.
Kohlrüben und Kartoffeln schälen, waschen und in Würfel schneiden.
Fleisch auf dem Kochtopfboden verteilen, darüber Kohlrüben und Kartoffeln. Salz, Pfeffer und Kümmel überstreuen, Wasser angießen, **ankochen, 40—45 Minuten fortkochen** und **5—10 Minuten** in der **Nachwärme** fertig garen.
Abschmecken und mit zerkleinertem Schnittlauch bestreuen.

Was ist zu beachten?
- Gelbe Kohlrüben sind im allgemeinen milder als weiße.

Veränderung:
- Statt Schweinebauch anderes Schweinefleisch oder Lammfleisch verwenden.

Grünkohl-Eintopf

$1^1/_4$ kg	**Grünkohl**
375 g	**Kartoffeln**
1—2	**Zwiebeln**
50 g	**Schweineschmalz**
375 g	**geräucherte Kochwurst**
	Nelken · Salz
50 g	**Haferflocken**
$^1/_2$ l	**Flüssigkeit**
	Gemüsebrühe oder Wasser
1 Msp	**Zimt**
1 TL	**Zucker**
1 TL	**Senf**

Grünkohl abstreifen, mehrmals waschen. In zwei Portionen tropfnaß im Kochtopf **erhitzen,** aber nicht kochen lassen.
Kohl grob oder fein zerkleinern.
Kartoffeln schälen, waschen und in Würfel schneiden. Zwiebeln schälen und in Würfel schneiden.
Auf den Kochtopfboden die Hälfte des Schmalzes geben und abwechselnd Kartoffeln, Kochwurst und Kohl einschichten. Zwiebeln, Nelken, Salz und Haferflocken zugeben, Flüssigkeit angießen und das restliche Schmalz in Flöckchen aufsetzen, **ankochen, 60—70 Minuten fortkochen** und **5—10 Minuten** in der **Nachwärme** fertig garen.
Mit Zimt, Zucker und Senf abschmecken.

Was ist zu beachten?
- Kochwurst mit einem Hölzchen mehrmals einstechen, damit das Fett ausläuft.

Veränderung:
- Statt Kochwurst Kasseler Rippchen verwenden.
- Statt Schweineschmalz Gänseschmalz verwenden.

Tip:
- Grünkohl gewinnt an Wohlgeschmack, wenn er Frost bekommen hat.
- Bei Verwendung von gefrorenem Grünkohl entfällt die Vorbereitung und die Gardauer verringert sich.

Balkantopf

500 g	**Auberginen**
500 g	**Paprikaschoten**
500 g	**Tomaten**
500 g	**Zwiebeln**
750 g	**Schweinefleisch**
3 EL	**Öl**
	Salz · Zucker · Knoblauch
	Pfeffer · Paprika
	Petersilie · Basilikum · Salbei

Auberginen waschen und in Scheiben schneiden. Paprika halbieren, Kerne entfernen, Paprika waschen und in Streifen schneiden. Tomaten überbrühen, abschrecken, abziehen und in Viertel schneiden. Zwiebeln schälen und in Würfel schneiden.
Fleisch waschen, abtrocknen und in Würfel schneiden.
Öl **erhitzen,** Fleisch und Zwiebeln darin **anbraten,** Gemüse zugeben und **andünsten.** Salz, Zucker, zerdrückten Knoblauch, Pfeffer und Paprika überstreuen, **40—50 Minuten fortkochen** und **5—10 Minuten** in der **Nachwärme** fertig garen.
Abschmecken und mit zerkleinerten Kräutern bestreuen.

Türkischer Pilaw

500 g	**Lammfleisch**
1	**Zwiebel**
20 g	**Fett**
$^3/_4$ l	**Wasser**
500 g	**Tomaten** oder 2—3 EL Tomatenmark und $^1/_4$ l Wasser
250 g	**Reis**
	Salz · Paprika
	Rosmarin nach Belieben

Fleisch waschen, abtrocknen und in Portionsstücke schneiden.
Zwiebel schälen und in Würfel schneiden.
Fett **erhitzen,** Fleisch darin **bräunen.** Zwiebel zugeben und **andünsten.** Wasser angießen, **ankochen** und **35—45 Minuten fortkochen.**
Tomaten überbrühen, abschrecken, abziehen und in Viertel schneiden. Toma-

ten, Reis, Salz und Paprika zufügen, **aufkochen, 15—20 Minuten fortkochen** und **5—10 Minuten** in der **Nachwärme** fertig garen.
Abschmecken und nach Belieben Rosmarin zufügen.

Lammgemüsetopf

500 g	**Lammfleisch**
625 g	**Weißkohl**
125 g	**Lauch**
125 g	**Sellerie**
500—750 g	**Kartoffeln**
250 g	**Tomaten** oder 1 EL Tomatenmark
1	**Zwiebel**
	Salz
$^1/_4$—$^3/_8$ l	**Wasser**
	Petersilie

Fleisch waschen und in Würfel schneiden.
Weißkohl und Lauch putzen und waschen. Sellerie und Kartoffeln schälen und waschen. Tomaten überbrühen, abschrecken, abziehen. Zwiebel schälen, Zwiebel, Gemüse und Kartoffeln kleinschneiden.
Die Hälfte des Fleisches auf dem Kochtopfboden verteilen, abwechselnd Gemüse, Kartoffeln, Zwiebel und restliches Fleisch darüber verteilen.
Salz überstreuen, Wasser angießen, **ankochen, 40—50 Minuten fortkochen** und **5—10 Minuten** in der **Nachwärme** fertig garen.
Abschmecken und mit zerkleinerter Petersilie bestreuen.

Veränderung:
- **Irish-Stew**
  1 kg Weißkohl statt Sellerie, Lauch und Tomaten verwenden.

STROM-SPAR-TIP
Bei Gerichten mit langer Gardauer Schnellkochtopf oder -bratpfanne einsetzen

Lammfleisch mit grünen Bohnen

500 g	**Lammfleisch**
750 g	**grüne Bohnen**
500—750 g	**Kartoffeln**
	Salz · Bohnenkraut
$^1/_4$—$^3/_8$ l	**Wasser**
	Petersilie

Fleisch waschen und in Würfel schneiden.
Bohnen abfädeln, waschen und in Stücke brechen. Kartoffeln schälen, waschen und in Würfel schneiden.
Fleisch auf dem Kochtopfboden verteilen, Bohnen und Kartoffeln darübergeben. Mit Salz und Bohnenkraut bestreuen, Wasser angießen, **ankochen, 40—50 Minuten fortkochen** und **5—10 Minuten** in der **Nachwärme** fertig garen.
Bohnenkraut herausnehmen, Gericht abschmecken und mit zerkleinerter Petersilie bestreuen.

Veränderung:
- Statt Lammfleisch Rindfleisch verwenden.
- Statt Bohnen und Bohnenkraut 1 kg Lauch verwenden.

Lammfleisch mit Tomaten

500 g	**Lammfleisch**
2—3	**Zwiebeln**
$^3/_4$—**1 kg**	**Tomaten**
500—750 g	**Kartoffeln**
	Salz · Paprika
$^1/_8$ l	**Sauermilch** oder Buttermilch **Mehl** nach Bedarf
	Schnittlauch

Fleisch waschen, abtrocknen und in Würfel schneiden.
Zwiebeln schälen und in Würfel schneiden. Tomaten überbrühen, abschrecken, abziehen und in Viertel schneiden. Kartoffeln schälen, waschen und in Würfel schneiden.

Fleisch im eigenen Fett **anbraten,** Zwiebeln zugeben und **andünsten,** Tomaten und Kartoffeln zugeben, mit Salz und Paprika bestreuen, **ankochen, 40—50 Minuten fortkochen** und **5—10 Minuten** in der **Nachwärme** fertig garen.
Sauermilch unterrühren. Nach Bedarf **aufkochen** und mit angerührtem Mehl binden.
Abschmecken und mit zerkleinertem Schnittlauch bestreuen.

Veränderung:
- Paprikaschote in Streifen schneiden und mitgaren.

Wildfleisch-Eintopf

500 g	**Wildfleisch**
50 g	**durchwachsener, geräucherter Speck**
1	**große Zwiebel**
500—750 g	**Kartoffeln**
375 g	**Suppengrün**
	Salz
1/2	**Lorbeerblatt**
2	**Wacholderbeeren**
3/8 l	**Wasser**
1 Dose	**Pilze** Abtropfgewicht etwa 250 g
2 EL	**Rotwein**
	Rosmarin · Thymian · Oregano
	Pfeffer nach Belieben

Fleisch waschen und abtrocknen. Fleisch und Speck in Würfel schneiden.
Zwiebel schälen. Kartoffeln schälen und waschen und beides in Würfel schneiden. Suppengrün putzen, waschen und kleinschneiden.
Speck **auslassen,** Fleisch und Zwiebel darin **anbraten.** Kartoffeln und Suppengrün zugeben, Salz überstreuen, Lorbeerblatt und Wacholderbeeren zugeben. Wasser angießen, **ankochen, 30—40 Minuten fortkochen.** Pilze zugeben und **5—10 Minuten** in der **Nachwärme** fertig garen.
Mit Rotwein, Gewürzen und nach Belieben auch mit Pfeffer abschmecken.

Rindfleisch mit Kohlrabi

500 g	**Rindfleisch**
750 g	**Kohlrabi**
500—750 g	**Kartoffeln**
20—30 g	**Fett**
	Salz
1/4—3/8 l	**Wasser**
	Petersilie

Fleisch waschen und in Würfel schneiden.
Kohlrabi schälen, waschen und in Scheiben schneiden, zarte Kohlrabiblätter waschen und hacken. Kartoffeln schälen, waschen und in Stücke schneiden.
Die Hälfte des Fettes auf den Kochtopfboden streichen. Abwechselnd Fleisch, Kohlrabischeiben und -blätter und Kartoffeln einschichten, Salz überstreuen und Wasser angießen. Das restliche Fett in Flöckchen darauf verteilen, **ankochen, 45—60 Minuten fortkochen** und **5—10 Minuten** in der **Nachwärme** fertig garen.
Abschmecken und mit zerkleinerter Petersilie bestreuen.

Bayerischer Topf

125 g	**Zwiebeln**
500 g	**Möhren**
500—750 g	**Kartoffeln**
750 g	**Weißkohl**
65 g	**Rindermark**
	Salz
1 TL	**Kümmel**
1/4—1/2 l	**Flüssigkeit** Brühe und Wasser
	Petersilie

Zwiebeln schälen und in Würfel schneiden. Möhren und Kartoffeln schälen, waschen und in Würfel schneiden. Weißkohl putzen, waschen und in Streifen schneiden.
Rindermark im Kochtopf **auslassen,** Zwiebeln darin **andünsten.** Die Hälfte des Gemüses, die Kartoffeln und den Rest des Gemüses mit Salz und Kümmel ein-

schichten. Flüssigkeit angießen, **ankochen, 35—40 Minuten fortkochen** und **5—10 Minuten** in der **Nachwärme** fertig garen.
Abschmecken und mit zerkleinerter Petersilie bestreuen.

Labskaus

1	**große Zwiebel**
400 g	**Corned beef**
1 kg	**Kartoffeln**
50 g	**Fett**
1/4 l	**Wasser**
	Salz
6	**Gewürzkörner**
1	**Lorbeerblatt**
2	**Gewürzgurken**
	Zucker · Essig · Senf
2	**Matjesfilets**
	Rote-Bete-Salat
4	**Spiegeleier**

Zwiebel schälen und in feine Würfel, Corned beef in große Würfel schneiden.
Kartoffeln schälen, waschen und in Würfel schneiden.
Fett **erhitzen,** Zwiebel und Corned beef darin **bräunen.** Wasser, Kartoffeln, Salz und Gewürze zugeben, **ankochen, 15 Minuten fortkochen** und **5—10 Minuten** in der **Nachwärme** fertig garen. Alles zerstampfen.
Gurken in Würfel schneiden und unterheben.
Mit Zucker, Essig und Senf abschmekken und bergartig anrichten.
Matjesfilets in Streifen schneiden und darüberlegen. Labskaus mit Rote-Bete-Salat und Spiegeleiern reichen.

Veränderung:

- Fett erhitzen, Corned beef und Zwiebeln darin anbräunen. 1/8 l Wasser mit Gewürzen dazugeben und 10 Minuten fortkochen. Dann anstatt Kartoffeln 1 Paket Kartoffelpüreepulver — 4 Portionen — nach Vorschrift bereiten und daruntermischen.

Fisch-Eintopf

3/4—1 kg	**Kartoffeln**
1	**große Zwiebel**
65 g	**geräucherter Magerspeck**
2 EL	**Öl**
	Salz
1	**Lorbeerblatt**
5	**Gewürzkörner**
1/4 l	**Wasser**
500—750 g	**Fischfilet**
1	**Gewürzgurke**
1 TL	**Senf**
	Petersilie

Kartoffeln schälen, waschen und in Würfel schneiden. Zwiebel schälen, Zwiebel und Speck in Würfel schneiden.
Öl **erhitzen,** Speck darin **auslassen,** Zwiebel zugeben und **andünsten.** Kartoffeln mit Salz und Gewürzen zugeben, Wasser angießen, **ankochen** und **10 Minuten fortkochen.**
Fisch waschen, Fisch und Gewürzgurke in Würfel schneiden. Beides zu den übrigen Zutaten geben, **aufkochen** und **10 Minuten** in der **Nachwärme** fertig garen.
Mit Senf abschmecken und mit zerkleinerter Petersilie bestreuen.

Grünkerneintopf

75 g	**Grünkern**
3/4 l	**Wasser**
1	**Gemüsebrühwürfel**
1 Bund	**Frühlingszwiebeln**
2	**Kohlrabi**
50 g	**Zuckererbsenschoten**
20 g	**Butter**
1	**Möhre**
3 EL	**saure Sahne**
	Meersalz · Pfeffer · Muskat · Petersilie

Grünkern mittelfein mahlen, mit Wasser und Brühwürfel **ankochen** und **10 Minuten fortkochen.**
Frühlingszwiebeln putzen, waschen und in Ringe schneiden. Kohlrabi schälen,

waschen und in Stifte schneiden. Zuckererbsenschoten abziehen und waschen.
Butter **erhitzen,** Zwiebeln und Kohlrabi darin **andünsten.**
Erbsen, Zwiebeln und Kohlrabi in die Brühe geben und **10 Minuten fortkochen.**
Möhre schälen, waschen, fein raspeln und mit Sahne in die Suppe geben. Mit Salz, Pfeffer und Muskat abschmecken und mit zerkleinerter Petersilie bestreuen.

Nudeleintopf

250 g	**Zwiebeln**
30 g	**Fett**
375 g	**Hackfleisch** halb und halb
1 Dose	**Tomatenmark** etwa 70 g
	Salz · Paprika
1 l	**Flüssigkeit**
	Wasser oder Brühe
250 g	**Nudeln**
	Petersilie · Schnittlauch

Zwiebeln schälen und in feine Würfel schneiden.
Fett **erhitzen,** Hackfleisch darin **anbraten,** Zwiebeln zufügen und darin **andünsten.** Tomatenmark zufügen, Salz und Paprika überstreuen, Flüssigkeit angießen, Nudeln einstreuen, **ankochen** und **15—20 Minuten** in der **Nachwärme** fertig garen.
Abschmecken und mit zerkleinerten Kräutern bestreuen.

Veränderung:

- Statt Hackfleisch 250 g Räucherspeck oder 300 g Fleischwurst verwenden.
- Statt Tomatenmark 250 g abgezogene Tomaten verwenden. Flüssigkeitsmenge dann auf $^3/_4$ l verringern.

Weizentopf mit Frühlingsgemüse und Kräutersoße

175 g	**Weizenkörner**
$^3/_8$ l	**Gemüsebrühe**
2	**Zwiebeln**
2	**Frühlingszwiebeln**
1 Stg	**Lauch**
1	**Knoblauchzehe**
1	**Bleichsellerie**
250 g	**Möhren**
1	**Kohlrabi**
50 g	**Butter**
	Kräutersalz · Pfeffer
	Petersilie
Kräutersoße:	
2 Bund	**Kräuter**
	Schnittlauch · Borretsch · Zitronenmelisse · Pimpinelle
150 g	**Joghurt**
100 g	**Crème fraîche**
	Kräutersalz · Pfeffer
	Zitronensaft

Weizen abspülen und über Nacht in kaltem Wasser einweichen. Wasser abgießen, Weizen in der Brühe **ankochen** und **50—60 Minuten fortkochen.**
Zwiebeln schälen, Frühlingszwiebeln und Lauch putzen, waschen und alles in kleine Würfel oder Ringe schneiden. Knoblauchzehe schälen und durch die Presse drücken. Bleichsellerie waschen und in kleine Stücke schneiden. Möhren und Kohlrabi schälen, waschen und in Scheiben schneiden.
Butter **erhitzen,** Gemüse darin **andünsten,** zu den Weizenkörnern geben und **10—15 Minuten dünsten.** Mit Salz und Pfeffer abschmecken und mit zerkleinerter Petersilie bestreuen.
Für die Soße Kräuter waschen und zerkleinern, Joghurt mit Crème fraîche verrühren, Kräuter unterheben und mit Salz, Pfeffer und Zitronensaft abschmecken.
Soße getrennt zum Weizentopf reichen.

STROM-SPAR-TIP

Nur Kochgeschirr mit ebenem und trockenem Boden und gut schließendem Deckel wählen

Fisch

Fisch ist eines der gesündesten Nahrungsmittel. Fische enthalten biologisch hochwertiges Eiweiß, außerdem lebenswichtige Mineralstoffe wie Jod, Eisen und Phosphor, sowie die Vitamine A, B und D.
Im Vergleich zu Fleisch ist der Fettanteil bei den meisten Fischarten wesentlich geringer. Fisch ist besonders leicht verdaulich und damit für Schonkost sehr geeignet. Dies ergibt sich aus dem geringen Gehalt an Bindegewebe, was man an der lockeren Struktur erkennt.
Fisch läßt sich vielfältig und abwechslungsreich zubereiten. Pro Person rechnet man 200—250 g Fisch.

Das vielseitige Angebot frischer und gefrorener Fische umfaßt:

- **Meeres- oder Seefische** wie Rotbarsch, Kabeljau, Schellfisch, Scholle, Heilbutt, Hering und Makrele
- **Fluß- oder Süßwasserfische** wie Forelle, Hecht, Karpfen, Zander, Schleie, Barsch und Aal
- **Krebs- und Weichtiere** wie Muscheln, Austern, Hummer, Scampi, Krabben

Was ist zu beachten?
- Fisch muß frisch zubereitet werden, weil er durch die lockere Beschaffenheit und den hohen Eiweißgehalt leicht verdirbt.

Vorbereitung nach der 3-S-Regel

- **Säubern**
  Fisch gegebenenfalls schuppen, ausnehmen, dunkle Häute aus dem Fischinneren entfernen. Kurz waschen, aber nicht im Wasser liegen lassen.
- **Säuern**
  Mit Essig oder Zitronensaft beträufeln und kurze Zeit durchziehen lassen. Durch Säure wird die Struktur gefestigt und der Fischgeruch gemindert.
- **Salzen**
  Kurz vor der Zubereitung mit Salz bestreuen.

Was ist zu beachten?
- „Fisch blau" darf nicht nach der 3-S-Regel vorbereitet werden, siehe Seite 196.

Zubereitungsarten

- Dünsten auf der Kochstelle, siehe Seite 185.
- Dünsten im Backofen, siehe Seite 187.
- Braten auf der Kochstelle, siehe Seite 190.
- Braten im Backofen, siehe Seite 192.
- Fisch blau, siehe Seite 196.
- Garen in Soße, siehe Seite 198.
- Fritieren, siehe Seite 399.

Fisch kann auch im Mikrowellengerät zubereitet werden, siehe Seite 488.

Fischgerichte, die in anderen Kapiteln stehen:

Fischeintopf, Rezept Seite 182.

Fischauflauf, Rezept Seite 290.

Fisch auf der Kochstelle dünsten

Zum Dünsten auf der Kochstelle eignen sich alle Fischarten: Kleine Fische im ganzen wie grüne Heringe, Makrelen und Forellen, Stücke von größeren Fischen wie Schellfisch oder Kabeljau und Fischfilets.

Vorbereitung

- Fisch nach der 3-S-Regel säubern, säuern, salzen, siehe Seite 184.

Zubereitungsarten

- Fisch im eigenen Saft andünsten, bis zwischen Kochgeschirr und Deckel ein Dampffähnchen sichtbar wird. Kochstelle ausschalten und Fisch in der Nachwärme 15—20 Minuten fertig garen.
- Butter, Margarine oder Öl erhitzen, vorbereitetes Gemüse darin andünsten, etwas Flüssigkeit — etwa $^1/_8$ l —, Salz und Gewürze zugeben und 10—20 Minuten dünsten. Fisch auf das Gemüse legen, andünsten bis ein Dampffähnchen sichtbar wird. Kochstelle ausschalten und Fisch in der Nachwärme 15—20 Minuten fertig garen.

Aus dem Fischsaft kann eine Soße bereitet werden

- ungebundene Soße: Butter oder Sahne zugeben und nach Belieben abschmecken.
- gebundene Soße: Fischsaft eventuell mit Wasser auffüllen, aufkochen, mit angerührtem Mehl binden und saure Sahne zugeben. Nach Belieben abschmecken.

Zum Abschmecken der Soße eignen sich z. B. geriebener Meerrettich, Senf, Curry oder zerkleinerte Kräuter.

Was ist zu beachten?
- Die Zugabe von Fett oder Wasser ist nicht oder nur in geringen Mengen erforderlich.
- Fisch im gut schließenden Kochgeschirr dünsten. →

Bild 44: Das spart Zeit und Arbeit: Fischgerichte gleich im hitzebeständigen Serviergeschirr dünsten.

Tip:

- Kochgeschirr aus feuerfestem Glas, Porzellan oder Glaskeramik wählen, um das Fischgericht darin gleich servieren zu können.
- Fisch im eigenen Saft gedünstet ist schmackhafter; außerdem entwickeln sich weniger Fischdämpfe.
- Im eigenen Saft gedünsteter Fisch eignet sich ausgezeichnet für einen Salat: Abkühlen lassen, Haut und Gräten entfernen, Fisch locker zerpflücken, mit beliebigen Zutaten — Gemüse, Obst, Nudeln, Reis — und Salatsoße mischen.

Gedünsteter Fisch mit Äpfeln und Tomaten

1 kg	**Fisch** oder 800 g Fischfilet, z. B. Seelachs, Rotbarsch, Kabeljau
	Zitronensaft oder Essig
4	**Tomaten**
1	**Zwiebel**
2	**Äpfel**
	Salz · Senf · Tomatenmark · Butter
	Petersilie

Fisch säubern und säuern.
Tomaten überbrühen, abschrecken, abziehen, in dicke Scheiben schneiden. Zwiebel schälen, in dünne Scheiben schneiden. Äpfel waschen, schälen, Kerngehäuse entfernen und Äpfel grob raspeln.
Auflaufform einfetten, Tomaten, Zwiebeln und Äpfel einschichten. Fisch mit Salz bestreuen, mit Senf und Tomatenmark bestreichen. Auf das Gemüse geben und Butterflöckchen darauf verteilen. Im geschlossenen Gefäß **andünsten** und **15—20 Minuten** in der **Nachwärme** fertig garen.
Fisch mit zerkleinerter Petersilie bestreuen.
Als Beilage Salzkartoffeln und Kopfsalat reichen.

Kräuterfisch

1 kg	**Seeaal** oder Dornhai
	Zitronensaft
1 Stg	**Lauch**
2	**Möhren**
1/4	**Sellerieknolle**
2	**Tomaten**
40 g	**Fett**
6 EL	**Wasser**
	Salz · Selleriegrün · Dill · Petersilie · Schnittlauch · Basilikum
50 g	**Butter**

Seeaal säubern und in Stücke schneiden. Mit Zitronensaft beträufeln.
Lauch putzen, Möhren und Sellerie schälen, alles waschen und kleinschneiden. Tomaten überbrühen, abschrecken, abziehen und in Scheiben schneiden.
Fett **erhitzen,** Gemüse darin **andünsten,** Wasser angießen und etwa **10 Minuten** im geschlossenen Gefäß **dünsten.**
Fisch mit Salz bestreuen, auf das Gemüse legen, zerkleinerte Kräuter überstreuen und Butterflöckchen darauf verteilen. Abgedeckt **andünsten** und **15—20 Minuten** in der **Nachwärme** fertig garen.
Als Beilage Salzkartoffeln und Kopfsalat reichen.

Fisch im Backofen dünsten

Zum Dünsten im Backofen eignen sich alle Fischarten: Ganze Fische wie Karpfen, Forellen, Makrelen und grüne Heringe, Stücke von größeren Fischen wie Schellfisch oder Kabeljau und Fischfilets. Die Fischmenge sollte mindestens 1 kg betragen.

Vorbereitung

- Fisch nach der 3-S-Regel säubern, säuern, salzen, siehe Seite 184.
- Bei ganzen Fischen die Augenlöcher durch ein Stück Zwiebel mit einem Gewürzkorn ausfüllen; bei Flußfischen entfernt man die Augen nicht.
- Fisch auf eine Porzellan-, Keramik- oder Glasplatte legen, auf der er nach dem Garen serviert wird.
  Ganze Fische bekommen den nötigen Halt, wenn man $^{1}/_{2}$ Zitrone oder 1 kleine Tasse auf die Platte setzt und den Fisch in Schwimmstellung darauflegt.

Zubereitung

- Fisch in den kalten Backofen setzen und im eigenen Saft bei 180—200 °C dünsten.
- Der Fisch ist gar, wenn sich etwas Fischsaft auf der Platte gebildet hat; es darf nur wenig sein, sonst ist der Fisch zu trocken.
- Ganze Fische sind gar, wenn sich die Rückenflosse leicht lösen läßt; bei Flußfischen treten die Augen weiß und kugelrund hervor.

Aus dem Fischsaft kann eine Soße bereitet werden

- ungebundene Soße: Fischsaft mit erhitzter Butter oder Sahne verrühren und nach Belieben abschmecken.
- gebundene Soße: Fischsaft in einen Kochtopf gießen, eventuell mit Wasser auffüllen, aufkochen, mit angerührtem Mehl binden und saure Sahne zugeben. Nach Belieben abschmecken.

Zum Abschmecken eignen sich z. B. geriebener Meerrettich, Senf, Curry oder zerkleinerte Kräuter.

Was ist zu beachten?
- Die Zugabe von Fett oder Flüssigkeit ist nicht oder nur in geringer Menge erforderlich.

Tip:
- Große Fischmengen in der Fettpfanne zubereiten, siehe Bild 49, Seite 193.
- Mit gefetteter Alufolie locker abgedeckt, bleibt der gedünstete Fisch noch saftiger.
- Um den Platz im Backofen auszunutzen und Strom zu sparen, kann man gleichzeitig mit dem Fisch dazu passende Beilagen wie Kartoffeln und Gemüse garen.
  Auch süßer oder salziger Auflauf oder Pudding, der sonst im Wasserbad gekocht wird, kann gleichzeitig gegart werden. Zuerst Auflauf oder Pudding einsetzen, da er eine längere Gardauer benötigt. Dann den Fisch dazusetzen, nach etwa 30 Minuten Gardauer Fisch sofort herausnehmen und servieren. Auflauf oder Pudding bleiben bis zur Fertigstellung im Backofen. Die Gerichte beeinflussen sich gegenseitig nicht im Geschmack.

Gedünsteter Fisch

1 kg	**Fisch** oder 800 g Fischfilet, z. B. Kabeljau, Schellfisch oder Steinbutt **Zitronensaft** oder Essig
2	**Tomaten**
2	**Zwiebeln**
	Salz

Fisch säubern und säuern.
Tomaten überbrühen, abschrecken, abziehen und in Scheiben schneiden. Zwiebeln schälen und in Ringe schneiden. Fisch mit Salz bestreuen. Auf eine Porzellanplatte legen oder in die gefettete Auflaufform geben und mit Tomaten- und Zwiebelscheiben belegen, im Backofen dünsten.
Als Beilage Salzkartoffeln und Kopfsalat reichen.

Einsetzen:
Auf dem Rost, untere Einschubleiste.

Dünsten:

180—200 °C	25—30 Minuten
0	5—10 Minuten

Was ist zu beachten?
- Für größere Fische 5—10 Minuten längere Gardauer rechnen.

Fisch auf Chinagemüse

50 g	**getrocknete Morcheln**
1 kg	**Kabeljau** Schwanzstück **Zitronensaft**
1	**kleiner Chinakohl**
1—2 Stg	**Lauch**
200 g	**Champignons**
	Salz
1 Dose	**Bambussprossen** Abtropfgewicht etwa 300 g **Salz · Sojasoße · Chinagewürz · Pfeffer · Curry**
3 EL	**Öl**

Morcheln 1/2 Stunde in Wasser einweichen.
Fisch säubern und säuern.
Chinakohl, Lauch und Champignons putzen, waschen und in Scheiben oder Streifen schneiden.
Fisch mit Salz bestreuen und in die Fettpfanne geben. Gemüse mit Morcheln, Bambussprossen, Salz, Gewürzen und Öl vermengen, alles um den Fisch verteilen und im Backofen dünsten. Gemüse nach 30 Minuten wenden.

Einsetzen:
Mittlere Einschubleiste.

Dünsten:

180—200 °C	40—50 Minuten
0	5—10 Minuten

Gedünstete Makrelen auf pikante Art

4	**frische Makrelen** oder Heringe
30 g	**Butter**
1 Prise	**Muskat**
	Salz · geriebene Zwiebel · Paprika · Basilikum · Schnittlauch · Petersilie Zitronensaft
4	**Tomaten**

Fische ausnehmen und waschen.
Butter verrühren, mit Muskat, Salz, Zwiebel, zerkleinerten Kräutern und etwas Zitronensaft vermengen.
Kräuterbutter in die Fische streichen, Fische auf eine Porzellan- oder feuerfeste Glasplatte legen, mit Zitronensaft beträufeln.
Tomaten waschen, in Scheiben schneiden, zwischen die Fische legen und im Backofen dünsten.

Einsetzen:
Auf dem Rost, untere Einschubleiste.

Dünsten:

180—200 °C	20—30 Minuten
0	5—10 Minuten

Champignonfilet

750 g	**Fischfilet**
	Zitronensaft · Salz ·
	Sardellenpaste ·
	Tomatenmark
1	**Zwiebel**
30 g	**Speck**
250 g	**Champignons**
50 g	**Butter**
	oder Margarine
100 g	**geriebener Käse**
	Paniermehl
	saure Sahne
	oder Crème fraîche

Fisch säubern, in Streifen schneiden, säuern, salzen und abwechselnd mit Sardellenpaste und Tomatenmark bestreichen.
Zwiebel schälen. Zwiebel und Speck in Würfel schneiden. Champignons putzen, waschen und blättrig schneiden.
Speck **auslassen,** Zwiebel und Champignons darin **andünsten.** Masse auf den Fischstreifen verteilen.
Auflaufform einfetten und Fischstreifen schuppenförmig hineinlegen.
Butterflöckchen darauf verteilen, Käse und Paniermehl überstreuen und im Backofen dünsten. 10 Minuten vor Ende der Gardauer Sahne über den Fisch gießen.

Einsetzen:
Auf dem Rost, mittlere Einschubleiste.

Dünsten:

180—200 °C	25—30 Minuten
0	10—15 Minuten

Beim Dünsten mit Umluft die Temperatur um etwa 30 °C niedriger einstellen

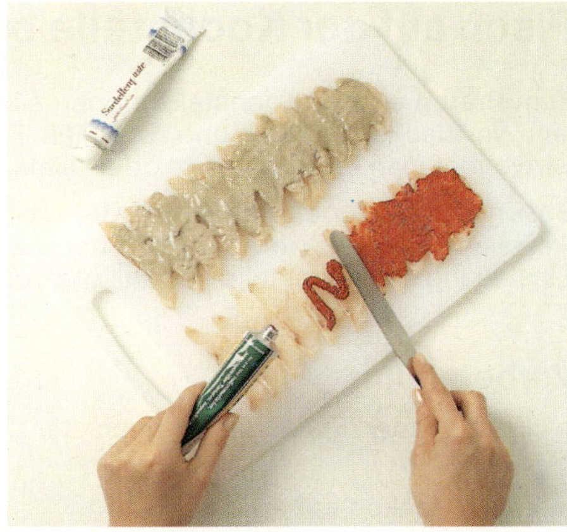

Bild 45: Die Fischfiletstreifen werden zuerst mit Sardellenpaste und Tomatenmark bestrichen, . . .

Bild 46: . . . dann wird die gedünstete Zwiebel-Champignon-Masse darauf verteilt und . . .

Bild 47: . . . die Fischstreifen schuppenförmig in die gefettete Auflaufform gelegt.

Fisch auf der Kochstelle braten

Zum Braten auf der Kochstelle eignen sich kleine Fische im ganzen wie Heringe, Makrelen, Weißfische, Goldbarsche, Schollen, Rotzungen oder ähnliche. Von größeren Fischen verwendet man Fischkoteletts oder -filets.

Besonders geeignet sind **Bratfette,** die höhere Temperaturen vertragen, z. B. Öl oder weiße Spezialfette. Wird der Fisch mit Butter oder Margarine gebraten, muß eine niedrige Einstellung der Kochstelle gewählt werden, um eine zu starke Bräunung zu verhindern.

Vorbereitung

- Fische oder Fischstücke nach der 3-S-Regel säubern, säuern und salzen, siehe Seite 184.
- Fisch trocken tupfen und würzen,
- in Mehl oder Paniermehl wenden oder

  Fisch **panieren,** siehe Bild 48, Seite 191:
  — Fisch in Mehl wenden,
  — in verrührtem Ei, das nach Belieben mit Milch oder Wasser vermischt ist, wenden,
  — in Paniermehl wenden, bis das Stück gleichmäßig bedeckt ist,
  — Panade leicht andrücken.
  — Vor dem Einlegen in die Pfanne überschüssiges Paniermehl abklopfen.

Zubereitung

- Pfanne mit ausreichender Fettmenge etwa 2 Minuten erhitzen,
- vorbereiteten Fisch in das heiße Fett legen,
- nach ausreichender Bräunung vorsichtig wenden.
- Kochstelle ausschalten, Fisch in der Nachwärme fertig braten.

Was ist zu beachten?
- Werden mehrere Pfannenfüllungen hintereinander gebraten, Kochstelle erst ausschalten, nachdem die letzte Pfannenfüllung gewendet wurde.

Nach dem Braten

Den von beiden Seiten goldbraun gebratenen Fisch auf eine angewärmte Servierplatte legen und mit Zitronenscheiben, Tomaten und Petersilie garnieren.

Rotbarsch mit Bananen und Weintrauben

4	**Rotbarschfilets** je etwa 200 g **Zitronensaft · Salz · Pfeffer**
	Mehl
1	**Ei**
	Paniermehl
	Öl
2	**Bananen**
125 g	**Weintrauben**

Fisch säubern, säuern, mit Salz und Pfeffer bestreuen.
Nacheinander in Mehl, verquirltem Ei und Paniermehl wenden.
Öl **erhitzen,** Fisch einlegen, etwa **5 Minuten braten,** wenden.
Bananen schälen, in Scheiben schneiden, in die Pfanne legen und etwa **5 Minuten** in der **Nachwärme** fertig braten.
Fisch mit Bananenscheiben und halbierten, entkernten Weintrauben garnieren.

Fischfrikadellen

375 g	**Fischfilet**
1	**kleine Zwiebel**
2	**Brötchen**
1	**Ei**
1 EL	**geriebener Käse**
	Salz · Paprika
	Paniermehl
	Fett

Fischfilet säubern. Zwiebel schälen. Brötchen in Wasser einweichen und ausdrükken.
Alles pürieren oder durch den Fleischwolf geben. Mit Ei, Käse, Salz und Paprika vermengen.
Flache Frikadellen formen, in Paniermehl wenden.
Fett **erhitzen,** Frikadellen einlegen, etwa **5 Minuten braten,** wenden und etwa **5 Minuten** in der **Nachwärme** fertig braten.

Veränderung:

- Anstelle von geriebenem Käse zerkleinerte Kräuter verwenden.

Heilbutt auf amerikanische Art

4	**Heilbuttkoteletts** je etwa 250 g **Zitronensaft · Salz**
100 g	**Speck**
200 g	**Krabben**
1 Dose	**Maiskörner** Abtropfgewicht etwa 285 g
2 EL	**Sojasoße** **Salz · Pfeffer**

Fisch säubern, säuern und mit Salz bestreuen.
Speck in Würfel schneiden, **auslassen.** Koteletts einlegen, **5—6 Minuten braten,** wenden, **5—6 Minuten** in der **Nachwärme** fertig braten, herausnehmen und warm halten.
Krabben und Maiskörner im Bratfett **erhitzen,** mit Sojasoße, Salz und Pfeffer abschmecken. Heilbuttkoteletts damit anrichten.

Bild 48: Fisch panieren: gewürzte Fischstücke nacheinander in Mehl, verrührtem Ei und Paniermehl wenden.

Fisch im Backofen braten

Zum Braten im Backofen eignen sich große unzerteilte Fische, Schwanzenden und Fischfilet jeder Art oder Hackmasse daraus. Die Fischmenge sollte mindestens 1 kg betragen.
Bei kleineren Fischmengen ist es zur besseren Ausnutzung des Backofens und damit zur Stromersparnis günstig, gleichzeitig passende Beilagen wie Gemüseauflauf, Folien- oder Sahnekartoffeln zuzubereiten. Es muß vorher ausprobiert werden, welche Formen oder Töpfe nebeneinander im Backofen Platz haben.

Vorbereitung

- Fisch nach der 3-S-Regel säubern, säuern, salzen, siehe Seite 184.
- Fisch auf eine feuerfeste Glas- oder Porzellanplatte legen, große Fischmengen in die Fettpfanne geben.
  Ganze Fische bekommen den nötigen Halt, wenn man ½ Zitrone oder 1 kleine Tasse auf die Platte setzt und den Fisch in Schwimmstellung darauflegt.
- Fisch mit Speckstreifen oder Fettflöckchen belegen oder mit flüssiger Butter übergießen, um eine Bräunung und leichte Krustenbildung auf der Oberfläche zu erzielen und den Fisch saftig zu erhalten.
- Fisch mit Zutaten wie Zwiebel- und Tomatenstücken umlegen, sie geben der Soße Farbe und Würze.

Zubereitung

- Fisch in den kalten Backofen setzen, bei 225—240 °C braten und nicht zu stark bräunen.
- Der Fisch ist gar, wenn sich Fischsaft auf der Platte oder in der Fettpfanne gebildet hat, bei ganzen Fischen muß sich die Rückenflosse leicht lösen lassen.

Nach dem Braten

- Fisch auf eine Servierplatte legen und warm halten.
- Aus dem Fischsaft, dem Soßenfond, kann eine Soße bereitet werden
  - ungebundene Soße: Fischsaft mit erhitzter Butter oder Sahne verrühren und nach Belieben abschmecken.
  - gebundene Soße: Fischsaft in einen Kochtopf gießen, eventuell mit Wasser auffüllen, aufkochen, mit angerührtem Mehl binden und saure Sahne zugeben. Nach Belieben abschmecken.

  Zum Abschmecken der Soße eignen sich z. B. geriebener Meerrettich, Senf, Curry oder zerkleinerte Kräuter.
- Fisch mit Zitronenscheiben und Petersilie garnieren, Soße getrennt dazu reichen.

Fisch im ganzen

1 1/4— 2 kg	**Seefisch** Kabeljau, Schellfisch oder Rotbarsch **Zitronensaft · Senf**
	Speckstreifen
25 g	**geriebener Käse**
15 g	**Butter** oder Margarine
1	**Zwiebel**
1	**Tomate** oder einige Pilze **saure Sahne** oder Crème fraîche
	Mehl
	Zitronenscheiben · Petersilie

Fisch säubern, säuern und mit Senf bestreichen. Fisch in Schwimmstellung in die Fettpfanne oder auf eine Porzellan- oder feuerfeste Glasplatte setzen.
Mit Speckstreifen belegen, Käse überstreuen und mit flüssiger Butter übergießen.

Zwiebel schälen und in Ringe schneiden, Tomate waschen und in Scheiben schneiden, zugeben und im Backofen braten. 10 Minuten vor Ende der Gardauer einen Teil der Sahne übergießen.

Einsetzen:
In der Fettpfanne oder auf dem Rost, mittlere Einschubleiste.

Braten:

225—240 °C	30—35 Minuten
0	10—15 Minuten

Nach dem Braten
Fisch warm halten.
Soßenfond in den Kochtopf passieren, eventuell mit Wasser auffüllen, **aufkochen,** mit angerührtem Mehl binden, Rest der Sahne zugeben und abschmecken.
Fisch mit Zitronenscheiben und Petersilie garnieren.
Soße getrennt dazu reichen.
Als Beilage Salzkartoffeln und Kopfsalat reichen.

Bild 49: Ganze Fische oder große Fischstücke mit mindestens 1 kg Gewicht können im Backofen gedünstet oder gebraten werden, hier z. B. Fisch auf Chinagemüse, Rezept Seite 188.

Gefüllter Hecht
oder gefüllter Zander

1	**Hecht** oder Zander
	Zitronensaft · Salz
50 g	**Speckstreifen**

Füllung:

1	**Brötchen**
250 g	**Fischfilet**
1	**Zwiebel**
65 g	**Pilze**

20 g	**Fett**
	Tomatenmark
3 EL	**Sahne**
1 EL	**zerkleinerte Petersilie**
	Salz · Pfeffer

	Butter

	Mehl · saure Sahne oder Crème fraîche

	Zitronenscheiben · Petersilie

Fisch säubern, säuern und innen salzen, den Rücken häuten und mit Speckstreifen spicken.
Für die Füllung Brötchen in Wasser einweichen und ausdrücken. Mit Fischfilet im Mixer pürieren oder durch den Fleischwolf drehen. Zwiebel schälen und in Würfel schneiden. Pilze putzen, waschen und in Stücke schneiden.
Fett **erhitzen,** Zwiebel und Pilze darin **andünsten.** Mit Tomatenmark, Sahne und Petersilie unter den Brei mischen, mit Salz und Pfeffer abschmecken und in den Fisch füllen. Die Öffnung zustecken.
Fisch in die Fettpfanne oder auf eine Porzellanplatte legen, mit Butter bestreichen und im Backofen braten.

Einsetzen:
In der Fettpfanne oder auf dem Rost, mittlere Einschubleiste.

Braten:

225—240 °C	30—35 Minuten
0	10—15 Minuten

Nach dem Braten
Fisch warm halten.
Soßenfond in einen Kochtopf gießen, evtl. mit Wasser auffüllen, **aufkochen,** mit angerührtem Mehl binden, Sahne zugeben und abschmecken.
Fisch mit Zitronenscheiben und Petersilie garnieren.
Soße getrennt dazu reichen.
Als Beilage Salzkartoffeln und Kopfsalat reichen.

Grüne Heringe auf dem Rost

8—12	**grüne Heringe**
	Essig oder Zitronensaft
	Salz

	Fett

Heringe säubern, Köpfe daranlassen, säuern und salzen.
Rost mit Alufolie belegen, Heringe darauflegen, mit Fett bestreichen und im Backofen braten.
Als Beilage Kartoffelsalat oder Kartoffeln in Soße reichen.

Einsetzen:
Auf dem Rost, obere Einschubleiste.

Braten:

225—240 °C	25—30 Minuten
0	5—10 Minuten

Beim Braten mit Umluft die Temperatur um etwa 30 °C niedriger einstellen

Thunfischbraten

3/4—1 kg	**Thunfisch** **Essig** oder Zitronensaft **Salz** · **Senf** oder Tomatenmark
50 g 1—2	**Speck** **Zwiebeln**
 25 g	**Butter** oder Margarine **geriebener Käse**
	Mehl · **saure Sahne** oder Crème fraîche
	Zitronenscheiben · **Petersilie**

Fisch säubern, säuern und salzen, mit Senf bestreichen.
Speck in Streifen schneiden, Zwiebeln schälen und in Scheiben schneiden. Den Fischrücken mit Speck und Zwiebeln belegen.
Einen Bräter oder eine Auflaufform einfetten, Fisch hineinlegen und im Backofen braten.
Nach 20 Minuten mit weicher Butter bestreichen und mit Käse bestreuen.

Einsetzen:
Auf dem Rost, mittlere oder untere Einschubleiste.

Braten:

225—240 °C	30—35 Minuten
0	10—15 Minuten

Nach dem Braten
Fisch warm halten.
Soßenfond in einen Kochtopf passieren, evtl. mit Wasser auffüllen, **aufkochen,** mit angerührtem Mehl binden, Sahne zugeben und abschmecken.
Fisch mit Zitronenscheiben und Petersilie anrichten.
Soße getrennt dazu reichen.
Als Beilage Salzkartoffeln und Kopfsalat reichen.

Fisch-Hackbraten

750 g	**Fischfilet** **Zitronensaft**
2 2 2 EL 2 EL	**Brötchen** **Zwiebeln** **Dosenmilch** **Salz** · **Paprika** oder Pfeffer **Sardellenpaste** **zerkleinerte Kräuter** Petersilie und Schnittlauch
	Speckstreifen
	saure Sahne oder Milch **Mehl**
	Zitronenscheiben · **Petersilie**

Fisch säubern und säuern.
Brötchen in Wasser einweichen und ausdrücken, Zwiebeln schälen. Beides mit dem Fisch im Mixer pürieren oder zweimal durch den Fleischwolf drehen. Mit Milch, Salz, Gewürzen und Kräutern vermengen und abschmecken.
Fischmasse länglich formen, mit Speckstreifen belegen. Auflaufform einfetten, Hackbraten hineinlegen und im Backofen braten. 10 Minuten vor Ende der Gardauer Sahne über den Fisch gießen.

Einsetzen:
Auf dem Rost, mittlere Einschubleiste.

Braten:

225—240 °C	30—35 Minuten
0	10—15 Minuten

Nach dem Braten
Fisch warm halten.
Soßenfond in einen Kochtopf gießen, evtl. mit Wasser auffüllen, **aufkochen,** mit angerührtem Mehl binden, Sahne zugeben und abschmecken.
Fisch mit Zitronenscheiben und Petersilie anrichten.
Soße getrennt dazu reichen.
Als Beilage Salzkartoffeln und Kopfsalat reichen.

STROM-SPAR-TIP **Nachwärme ausnutzen**

Fisch blau

Zum Dünsten von Fisch nach der Methode „Fisch blau" eignen sich Karpfen, Brasse, Forelle, Schleie, Aal und Lachs.
Die Haut dieser Fische enthält einen Farbstoff, der durch die Behandlung mit heißem Essig die Blaufärbung bewirkt. Bei Fischen, die nach dieser Methode zubereitet werden, darf die schleimige Haut nur mit nassen Händen angefaßt und beim Säubern nicht verletzt werden.

Vorbereitung

- Fisch ausnehmen und säubern,
- nur innen salzen, nicht außen, da sonst an diesen Stellen keine Blaufärbung eintreten würde.
- Etwa $^1/_4$ l Essig und $^1/_2$ l Wasser aufkochen, heiß über den Fisch gießen und Fisch 5 bis 10 Minuten stehen lassen.

Zubereitungsarten

- im geschlossenen Kochtopf im kochenden Sud, der aus Essigwasser mit Gewürzen bereitet wird
- in der Deckelpfanne über Dampf
- im Backofen auf einer feuerfesten Porzellan- oder Glasplatte:
  Platte auf den Rost setzen, den man über die mit Essigwasser gefüllte Fettpfanne stellt. Durch die aufsteigenden Essigdämpfe bleibt die blaue Farbe des Fisches erhalten. Kurz vor Ende der Gardauer den Fisch vorsichtig mit zerlassener Butter bestreichen, wodurch die Blaufärbung begünstigt wird.
- im Backofen in der Fettpfanne:
  Große Fische wie Karpfen in dünne, geölte Alufolie locker einschlagen.

Was ist zu beachten?

- Bei der Zubereitung im Backofen darf die Nachwärme nur kurze Zeit einwirken, da die Fischhaut sonst grau und unansehnlich wird.

Nach dem Garen

„Fisch blau" mit Petersilie, Salatblättern, Tomaten- und Zitronenscheiben garnieren. Dazu reicht man nach Belieben:

- frische oder geschmolzene Butter oder Margarine und geriebenen Meerrettich
- Sahnemeerrettich oder Meerrettichsoße, Rezepte Seite 91 und 87
- Holländische Soße, Rezepte Seite 84 oder 96
- Champignonsoße, Rezept Seite 84.

Forelle blau

oder Schleie blau

4—6	**Forellen** oder Schleien
	Salz
$\frac{1}{4}$ **l**	**Essig**
$\frac{1}{2}$ **l**	**Wasser**
	Zitronenscheiben · Petersilie

Fische vorsichtig innen säubern, waschen und nur innen salzen. An der Kopfspitze sowie am Schwanzende mit einer Stopfnadel durchstechen, einen Faden hindurchziehen, Kopf und Schwanz zusammenbinden.
Essig und Wasser **erhitzen,** Fische damit übergießen und 5—10 Minuten stehen lassen. Anschließend auf eine Porzellanplatte geben und im Backofen dünsten. An den wie weiße Perlen herausquellenden Augen und am leichten Herausziehen der Rückenflosse ist zu erkennen, daß der Fisch gar ist.
Mit Zitronenscheiben und Petersilie garnieren.
Als Beilage Salzkartoffeln, Kopfsalat und Meerrettichsahne reichen.

Einsetzen:
Fettpfanne mit $\frac{3}{4}$ l heißem Essigwasser, untere Einschubleiste, darüber Rost mit Fischplatte.

Dünsten:

180—200 °C	20—25 Minuten
0	3— 5 Minuten

Tip:
- Gefrorene Forellen können in gefrorenem Zustand im Topf in kochendem Sud oder über Dampf in der Deckelpfanne oder in Alufolie im Backofen bereitet werden.

Karpfen blau

1	**Karpfen** etwa $1\frac{1}{2}$ kg
	Salz
$\frac{1}{4}$ **l**	**Essig**
$\frac{1}{2}$ **l**	**Wasser**
	Zitronenscheiben · Petersilie

Karpfen vorsichtig innen säubern, waschen und nur innen salzen.
Essig und Wasser **erhitzen,** Fisch damit übergießen und 5—10 Minuten stehen lassen. Auf eine Porzellanplatte geben, siehe Bild 50, Seite 197, und im Backofen dünsten, bis sich die Rückenflosse lösen läßt.
Mit Zitronenscheiben und Petersilie garnieren.

Einsetzen:
Fettpfanne mit $\frac{3}{4}$ l heißem Essigwasser, untere Einschubleiste, darüber Rost mit Fischplatte.

Dünsten:

180—200 °C	30—40 Minuten
0	5—10 Minuten

Tip:
- Rogen und Milch des Karpfens mit Zwiebelwürfeln in Fett etwa 10 Minuten dünsten. Auf Toast geben, eventuell mit Käse bestreuen und überbakken.
- Gefrorene Karpfen aufgetaut am besten in kochendem Essigsud oder in Alufolie im Backofen bereiten.

Bild 50: Der mit heißem Essigwasser übergossene Karpfen wird auf einer Porzellanplatte im Backofen gedünstet.

Fisch in Soße garen

Zum Garen von Fisch in einer Soße eignen sich viele Fischarten, frisch oder gefroren. Der Fisch wird direkt in der Soße gegart. Auf diese Weise bleiben alle wertvollen Inhaltsstoffe des Fisches weitgehend erhalten.

Vorbereitung

- Fisch nach der 3-S-Regel säubern, säuern, salzen, siehe Seite 184.

Zubereitung

- Eine salzige Soße bereiten, Rezepte Seite 84 ff.
  Die Soße muß dicker als sonst üblich sein, da der Fisch während des Garvorganges Saft abgibt.
- Fisch in die kochende Soße geben und damit bedecken,
- sobald die Soße an einigen Stellen sichtbar aufkocht, Deckel auflegen, Kochstelle ausschalten und den Fisch in der Nachwärme fertig garen,
- Fisch in der abgeschmeckten Soße servieren.

Heringsröllchen in Tomatensoße

6—8	**grüne Heringe**
	Essig oder Zitronensaft
	Senf oder Sardellenpaste
Soße:	
1—2	**Zwiebeln**
375 g	**Tomaten**
30 g	**Fett**
40 g	**Mehl**
¼ l	**Wasser**
	Salz · Zucker · Paprika
	Schnittlauch

Heringe entgräten, säubern, säuern, mit Senf bestreichen, aufrollen und mit einem Hölzchen zusammenhalten.
Für die Soße Zwiebeln schälen und in Würfel schneiden. Tomaten waschen, klein schneiden.
Tomaten und Zwiebeln ohne Wasser **ankochen, 5—10 Minuten fortkochen** und **5—10 Minuten** in der **Nachwärme** fertig garen. Im Mixer pürieren oder passieren.

Fett **erhitzen,** Mehl zugeben und unter ständigem Rühren **andünsten.** Mit Wasser unter Rühren ablöschen. Tomaten-Zwiebelbrei zugeben, **aufkochen,** mit Salz, Zucker und Paprika abschmecken. Fischröllchen in die kochende Soße geben und **10—12 Minuten** in der **Nachwärme** fertig garen.
Mit zerkleinertem Schnittlauch bestreuen.
Als Beilage Salzkartoffeln und Kopfsalat reichen.

Veränderung:
- Speckwürfel auslassen, Zwiebelwürfel darin andünsten und Fisch damit füllen.
- Fisch mit Tomatenmark füllen, im Sud garen und kalt mit Mayonnaise reichen.
- Fisch mit gewürztem Tomatenmark füllen und in Kräutersoße garen.
- Beliebig gefüllte Röllchen in Senfsoße, Rezept Seite 88, garen.

Fisch in grüner Soße

1 kg	**Fisch** oder 800 g Fischfilet **Zitronensaft · Salz**
Soße:	
60 g	**Fett**
80 g	**Mehl**
$^3/_4$ l	**Flüssigkeit** Wasser und saure Sahne
	Kräuter Dill, Petersilie, Schnittlauch **Zitronensaft · Salz · Pfeffer**

Fisch säubern, in Portionsstücke schneiden, säuern und salzen.
Für die Soße Fett **erhitzen,** Mehl zugeben und unter ständigem Rühren **andünsten.** Mit Flüssigkeit unter Rühren ablöschen, **aufkochen.**
Fisch in die kochende Soße legen und **15—20 Minuten** in der **Nachwärme** fertig garen.
Zerkleinerte Kräuter untermengen und Soße mit Zitronensaft, Salz und Pfeffer abschmecken.
Als Beilage Salzkartoffeln und Paprika-Tomatensalat reichen.

Tip:
- Soße mit Wein oder Eigelb verfeinern.

Aal in grüner Soße

750 g	**frischer Aal** **Salz**
Soße:	
50 g	**Fett**
80 g	**Mehl**
$^3/_4$ l	**Flüssigkeit** Wasser und saure Sahne **Suppengrün** nach Belieben
	Dill · Salz · Pfeffer

Aal säubern, die schleimige Haut außen mit Salz abreiben, Aal waschen, einen sehr dicken Aal am besten häuten. In Portionsstücke schneiden.
Für die Soße Fett **erhitzen,** Mehl zugeben und unter ständigem Rühren **andünsten.** Mit Flüssigkeit unter Rühren ablöschen, **aufkochen.**
Fisch in die kochende Soße geben, nach Belieben geputztes Suppengrün zufügen, **20—25 Minuten fortkochen** und **5—10 Minuten** in der **Nachwärme** fertig garen. Suppengrün herausnehmen.
Zerkleinerten Dill untermengen und mit Salz und Pfeffer abschmecken.
Als Beilage Salzkartoffeln und Kopfsalat reichen.

Was ist zu beachten?
- Bei dicken Stücken und größeren Mengen den Aal im Sud von $^3/_4$—1 l garen und Sud zur Soße verwenden.

Tip:
- Soße mit Wein oder Eigelb verfeinern.

Indisches Fischfrikassee

750 g—1000 g	**Fischfilet** Seehecht oder Seelachs **Zitronensaft · Meersalz**
Soße:	
1 Stg	**Porree**
40 g	**Butter**
40 g	**gehackte Mandeln**
1—2 EL	**Curry**
40 g	**Vollkornmehl**
$^3/_8$ l	**Flüssigkeit** Brühe oder Wasser
$^1/_8$ l	**saure Sahne**
	Meersalz · Pfeffer · Zitronensaft

Fisch säubern, in Portionsstücke schneiden, säuern und salzen.
Für die Soße Porree putzen, waschen und in feine Ringe schneiden. Butter **erhitzen,** Porree, Mandeln und Curry darin **andünsten.** Mehl zugeben und unter ständigem Rühren **andünsten.** Mit Flüssigkeit und Sahne unter Rühren ablöschen, **aufkochen.**
Fisch in die kochende Soße geben und **15—20 Minuten** in der **Nachwärme** fertig garen.
Mit Salz, Pfeffer und Zitronensaft abschmecken.
Als Beilage Curry-Vollreis und Chicoreesalat reichen.

Schollenrouladen
oder Rotzungenrouladen

4	**Schollenfilets** oder Rotzungenfilets **Zitronensaft · Salz · Sardellenpaste · Senf** oder Tomatenmark
30 g	**Fett**
	Wasser · Rotwein · Mehl · Salz · Pfeffer

Fisch säubern, säuern, salzen und mit Sardellenpaste und Senf bestreichen, aufrollen und mit einem Hölzchen zusammenhalten.
Fett **erhitzen,** Fischrouladen darin **braten,** etwas Wasser und Rotwein angießen. Soßenfond **aufkochen**, mit angerührtem Mehl binden und mit Salz und Pfeffer abschmecken. Den Fisch darin **5—10 Minuten** in der **Nachwärme** fertig garen.
Als Beilage Salzkartoffeln und Kopfsalat reichen.

Schollen in Wein

4	**Schollen**
	Zitronensaft · Salz
1	**Zwiebel**
30 g	**Fett**
1/4 l	**Weißwein**
	Wasser nach Belieben
	Mehl
1 Prise	**Zucker**
	Salz · Kapern
	Petersilie · Dill

Schollen säubern, säuern und salzen. Zwiebel schälen und in Würfel schneiden. Fett **erhitzen,** Zwiebel darin **andünsten.** Schollen hineinlegen, mit Wein begießen, **aufkochen** und etwa **5 Minuten** in der **Nachwärme** fertig garen. Schollen herausnehmen und warmstellen.
Fischsud nach Belieben mit Wasser auffüllen, **aufkochen** und mit angerührtem Mehl binden. Mit Zucker, Salz und Kapern abschmecken.
Mit zerkleinerten Kräutern bestreuen.

Seezunge „Marguery"

Sud:

1 Stg	**Porree**
2	**Zwiebeln**
1/8 l	**Weißwein**
1/4 l	**Wasser**
	Salz · Pfeffer
1	**Lorbeerblatt**
1	**Nelke**
750—1000 g	**Seezungenfilet**
1 Dose	**Muscheln** Abtropfgewicht etwa 80 g
100 g	**Krabben**
1 EL	**Butter**
1 EL	**Mehl**
2	**Eigelb**
4 EL	**süße Sahne**
	Salz · Pfeffer · Petersilie

Für den Sud Porree putzen und waschen, Zwiebeln schälen, beides kleinschneiden. Mit Weißwein und Wasser **ankochen.** Salz und Gewürze zugeben, **10—15 Minuten fortkochen** und durch ein Sieb gießen.
Fisch säubern. Auflaufform einfetten, Fisch hineinlegen, mit heißem Weinsud übergießen. Abgetropfte Muscheln und Krabben auf dem Fisch verteilen.
Butter und Mehl verkneten und in kleinen Flocken auf dem Fisch verteilen.
Eigelb, Sahne, Salz, Pfeffer und zerkleinerte Petersilie verquirlen, über den Fisch geben und im Backofen dünsten.

Einsetzen:
Auf dem Rost, untere Einschubleiste.

Dünsten:

180—200 °C	20—25 Minuten
0	5—10 Minuten

STROM-SPAR-TIP
Nachwärme ausnutzen

Muscheln

Muschelgerichte werden überwiegend aus Mies- oder Pfahlmuscheln bereitet. Für Muscheln, die mit der Schale in Brühe serviert werden, rechnet man 500 g pro Person, für Muschelfleisch in Soße 250 g Muscheln pro Person.

Was ist zu beachten?

- Muscheln müssen am Tag des Einkaufs verarbeitet werden!
  Bei abgepackten Muscheln Verfalldatum beachten.
- **Rohe offene** Muscheln sind ungenießbar und müssen weggeworfen werden!
- **Gegarte geschlossene** Muscheln sind ungenießbar und müssen weggeworfen werden!
- Gegarte Muscheln nicht länger als 1 Tag im Kühlschrank aufbewahren, besser das ausgelöste Muschelfleisch kurzfristig einfrieren und für ein Ragout verwenden.

Miesmuscheln

2 kg	**Miesmuscheln**
Sud:	
1	**Suppengrün**
2	**Zwiebeln**
½ l	**Wasser**
½ l	**Weißwein**
	Salz · Pfeffer

Muscheln etwa ½ Stunde in kaltes Wasser legen, damit sie Sand absondern. Muscheln gründlich waschen und die anhängenden Fasern entfernen.
Suppengrün putzen, waschen und zerkleinern. Zwiebeln schälen und in Würfel schneiden.
Für den Sud alle Zutaten **ankochen** und **15 Minuten fortkochen.** Muscheln portionsweise hineingeben, **ankochen** und **fortkochen,** bis sie sich öffnen.
Muscheln heiß in Brühe servieren.
Dazu Vollkornbrot, Stangenweißbrot oder Roggentoast reichen.

Veränderung:

- **Muschelragout**
  Gegarte Muscheln aus dem Sud herausschöpfen, aufbrechen und das Muschelfleisch auslösen. Eine Soße bereiten: 2 EL Zwiebelwürfel in 40 g Butter andünsten, 50 g Mehl zugeben, andünsten und mit ½ l Muschelsud ablöschen. Aufkochen, mit Salz, Kapern, Zitronensaft und saurer Sahne abschmecken. Das Muschelfleisch darin 10—15 Minuten in der Nachwärme erwärmen.
- **Miesmuscheln in Rot**
  Suppengrün und Zwiebeln in 30 g Butter andünsten, 1 zerdrückte Knoblauchzehe dazugeben. Mit Wein und 1 Flasche Tomatenketchup ablöschen und mit Salz und Pfeffer kräftig abschmecken. Muscheln portionsweise darin garen.

Pfannengerichte

Gerichte, die in der Bratpfanne auf der Kochstelle in wenig heißem Fett gebraten oder gebacken werden, sind schnell zubereitet und bringen Abwechslung in den Speiseplan. Sie sind als Vorspeise, Beilage, Hauptgericht und Nachspeise zu servieren.

Für die Zubereitung in der Pfanne eignen sich besonders:
- Fleischscheiben wie Koteletts, Schnitzel und Steaks
- Fischfilets oder -schnitten und Fische im ganzen wie Schollen und grüne Heringe
- Fleisch- oder Fischfrikadellen
- Bratwürste und Leberscheiben
- Eier für Spiegel- oder Rühreier und Omeletts
- Kartoffeln für Bratkartoffeln oder für Reibekuchen
- Teige für Pfannkuchen, Plinsen und Flädle

Als **Bratfett** eignen sich besonders Fette, die höhere Temperaturen vertragen, z. B. weiße Spezialfette, Schmalz oder Öl. Wird mit Butter oder Margarine gebraten, muß eine niedrige Einstellung der Kochstelle gewählt werden, um eine zu starke Bräunung zu verhindern.

Vorbereitung

- Bratgut erst kurz vor dem Bräunen und Garen nach Rezeptangabe vorbereiten
- nach Bedarf Bratgut **panieren:**
  - Bratgut trocken tupfen und von beiden Seiten würzen,
  - in Mehl wenden,
  - in verrührtem Ei, das nach Belieben mit Milch oder Wasser vermischt ist, wenden,
  - in Paniermehl wenden, bis das Bratgut gleichmäßig bedeckt ist,
  - Panade leicht andrücken.
  - Vor dem Einlegen in die Pfanne überschüssiges Paniermehl abklopfen.

Was ist zu beachten?
- Unpanierte Fleischstücke erst nach dem Braten salzen, damit der Fleischsaft nicht austritt und das Bratgut saftig bleibt.

Zubereitung

- Pfanne mit ausreichender Fettmenge etwa 2 Minuten erhitzen,
- vorbereitetes Bratgut in das heiße Fett legen und braten.
- Bratgut nach ausreichender Bräunung wenden und
  - bei festem Bratgut wie z. B. Schnitzel oder Bratwurst: bei unveränderter Einstellung fertig braten
  - bei weichem Bratgut wie z. B. Pfannkuchen, Plinsen oder Eiern oder bei Bratgut mit sehr kurzer Bratdauer wie z. B. Leber: Kochstelle ausschalten und Bratgut in der Nachwärme fertig braten.
    Werden mehrere Pfannenfüllungen hintereinander gebraten, Kochstelle erst ausschalten, nachdem die letzte Pfannenfüllung gewendet wurde.

Was ist zu beachten?
- Gleich zu Anfang genügend Fett in die Pfanne geben. Wird zwischendurch kaltes Fett nachgegeben, wird der Bratvorgang unterbrochen und das Pfannengericht benötigt eine längere Zubereitungsdauer.
- Nach Möglichkeit den Eigenfettanteil der Lebensmittel ausnutzen.

- Gutes Gelingen von Pfannengerichten ist abhängig vom richtigen Erhitzen der Pfanne und des Fettes. Das Braten in der Pfanne erfolgt bei Temperaturen von 140—200 °C. Bei zu hohen Temperaturen entsteht durch das überhitzte Fett eine zu starke Bräunung und das Gericht kann unbekömmlich werden. Bei zu niedrigen Temperaturen klebt das Bratgut in der Pfanne und bräunt schwer.
- Fertiges Bratgut, z. B. Schnitzel, Steaks, Leberscheiben, aus der Pfanne nehmen, damit es durch die Nachwärme nicht trocken und zäh wird.

Tip:
- Schnitzel und Koteletts sind leichter verdaulich, wenn sie ungewürzt und ohne Panade mit sehr wenig Fett gebraten werden.
- Kurzgebratenes, vor allem Leber, Bratwurst oder Beefsteak, wird besonders zart, wenn man nach dem Wenden die Pfanne abdeckt.

Pfannengerichte, die in anderen Kapiteln stehen:

Spiegeleier, siehe Seite 213.
Rühreier, siehe Seite 212.
Omelett, siehe Seite 213.
Bratkartoffeln, siehe Seite 169.
Fisch, siehe Seite 190 ff.

Naturschnitzel

4	**Kalbsschnitzel** oder Schweineschnitzel **Pfeffer**
	Fett zum Braten
	Salz

Schnitzel trocken tupfen, mit Pfeffer bestreuen.
Fett **erhitzen,** Schnitzel einlegen, sofort wenden, **braten,** wenden und fertig **braten.**
Schnitzel mit Salz bestreuen.

Veränderung:
- **Sahneschnitzel**
  Fertig gebratene Naturschnitzel aus der Pfanne nehmen. Bratensatz mit 2 EL Wasser oder Brühe lösen, aufkochen, nach Belieben mit angerührtem Mehl binden, 6 EL saure Sahne zugeben. Schnitzel in der Soße erwärmen.
- **Parmesanschnitzel**
  Zubereitung wie Sahneschnitzel, jedoch nur 3 EL saure Sahne und geriebenen Käse, Menge nach Geschmack, zugeben.
- **Paprikaschnitzel**
  Gebratene Naturschnitzel aus der Pfanne nehmen. Im Bratensatz Zwiebelwürfel andünsten. Mehl überstäuben, 1 TL Paprikapulver darin aufschäumen lassen. Fond mit etwas Wasser lösen, aufkochen, 3 EL saure Sahne zugeben und abschmecken. Schnitzel in der Soße erwärmen.

Wiener Schnitzel

4	**große, dünne Kalbsschnitzel**
	Salz · Pfeffer
	Mehl
1	**Ei**
	Paniermehl
	Fett zum Braten
	Zitronenscheiben · Petersilie

Schnitzel leicht klopfen, trocken tupfen, mit Salz und Pfeffer bestreuen. Nacheinander in Mehl, verrührtem Ei und Paniermehl wenden.
Fett **erhitzen,** Schnitzel einlegen, **braten,** wenden und fertig **braten.**
Mit Zitronenscheiben und Petersilie garnieren.

Veränderung:

- **Holsteiner Schnitzel**
  Wiener Schnitzel mit Spiegelei und Sardellenstreifen belegen und mit Kapern garnieren.
- **Pariser Schnitzel**
  Kalbsschnitzel nur in Mehl wenden und in verquirltes Ei tauchen statt sie zu panieren.

Koteletts von Schwein, Kalb und Lamm

4	**Koteletts**
1	**Knoblauchzehe** nach Belieben
	Pfeffer
	Fett zum Braten
	Salz

Von Koteletts Fett entfernen, den Rand einige Male einschneiden, damit die Stücke glatt liegen und sich beim Braten nicht wölben. Bei Lamm- und Kalbskoteletts das Fleisch ein Endchen vom Knochen lösen und zurückschieben. Koteletts mit einem großen Messer flachdrükken und trocken tupfen.
Lammfleisch nach Belieben mit einer Knoblauchzehe einreiben.
Koteletts mit Pfeffer bestreuen.
Fett **erhitzen,** Koteletts einlegen. Pfanne schütteln, damit das heiße Fett gleich über die Oberseite fließt und das Eiweiß an der Oberfläche gerinnt, so daß kein Saft austreten kann. Koteletts **braten,** wenden und fertig **braten.**
Bratdauer von jeder Seite etwa **4 Minuten für Schweinekoteletts,** etwa **2 1/2—3 Minuten für Kalbs-** und **Lammkoteletts.**
Koteletts mit Salz bestreuen.

Veränderung:

- **Kotelett paniert**
  Vorbereitete Schweine- oder Kalbskoteletts mit Salz und Pfeffer bestreuen und nacheinander in Mehl, verrührtem Ei und Paniermehl wenden.

Rumpsteaks

4	**Rumpsteaks**
	Pfeffer
	Fett zum Braten
	Salz

Fleisch trocken tupfen, mit Pfeffer bestreuen.
Fett **erhitzen,** Steaks einlegen, sofort wenden, **braten,** wenden und fertig **braten.** Bratdauer insgesamt etwa **8—10 Minuten.** Sollen die Steaks innen rosa sein, verkürzt sich die Bratdauer.
Nach dem Wenden die gebratene Seite mit Salz bestreuen, später auch die andere Seite.

Leber

500 g	**Leber**
	Pfeffer nach Belieben
	Mehl
	Fett zum Braten
	Salz
	nach Belieben:
	Zwiebelringe
	Apfelscheiben

Von der Leber Häute und Sehnen entfernen, Leber in nicht zu dünne Scheiben schneiden. Kurz vor dem Braten abtrocknen, eventuell mit Pfeffer bestreuen, in Mehl wenden, nicht übereinanderlegen.

Fett **erhitzen,** Leber einlegen, **braten,** wenden und in der **Nachwärme** fertig braten. Bratdauer insgesamt **4—6 Minuten.**
Leber erst nach dem Braten mit Salz bestreuen, da sie sonst hart wird.
Nach Belieben mit gebratenen Zwiebelringen und Apfelscheiben garnieren.

Tip:
- Am zartesten sind Kalbs- und Geflügelleber; Gänseleber gilt als Delikatesse.
- Um Rinderleber mild und zart zu machen, sie vor dem Braten etwa 15 Minuten in Mineralwasser legen.

Bild 51: Die bemehlte Leber, Rezept Seite 204, wird nach dem Wenden bei ausgeschalteter Kochstelle in der Nachwärme fertig gebraten.

Bratwurst

4	**Bratwürste**
	Fett zum Braten

Bratwürste mit kochendem Wasser überbrühen oder in kalte Milch legen, damit sie beim Braten nicht platzen, abtrocknen. Fett **erhitzen,** Bratwürste einlegen und braun **braten.** Wenden, mit Deckel abdecken, und fertig **braten.**

Was ist zu beachten?
- Bratwurst darf nicht zu fest gestopft sein.
- Enden umdrehen, damit keine Füllung austritt.

Tip:
- Zwei- bis dreifache Menge Bratwurst auf dem Rost im Backofen braten, mittlere Einschubleiste, 225 °C—250 °C, 30—35 Minuten, 5—10 Minuten 0.
  In der Fettpfanne darunter Bratkartoffeln braten.

Deutsche Beefsteaks
Frikadellen

1—2	**Brötchen**
1	**Zwiebel**
1 TL	**Butter** oder Margarine
500 g	**Hackfleisch** halb und halb
1	**Ei**
	Salz · Paprika · Pfeffer
	nach Belieben:
	Mehl oder Mehl und Paniermehl
	Fett zum Braten

Brötchen in Wasser einweichen und ausdrücken. Zwiebel schälen und in feine Würfel schneiden.
Fett **erhitzen,** Zwiebel darin **andünsten.** Zwiebel mit Brötchen, Fleisch, Ei, Salz und Gewürzen vermengen. Gleichmäßige Klöße formen und auf einer bemehlten Arbeitsfläche flachdrücken. Die Ränder glätten und die Oberseite mit dem Messerrücken leicht einkerben. Nach Belieben in Mehl wenden.
Fett **erhitzen,** Beefsteaks einlegen, braun **braten,** wenden und fertig **braten.**

Veränderung:
- Nur Rinderhackfleisch nehmen.
- Frikadellen mit rohen Zwiebeln herstellen.

Tip:
- Zwei- bis dreifache Menge in der gefetteten Fettpfanne im Backofen braten. Mittlere Einschubleiste, 225 bis 250 °C, 30—35 Minuten, 5—10 Minuten 0.

Brisoletten

500 g	**Schweinehackfleisch** oder Kalbshackfleisch
	Salz · Paprika
3—4 EL	**Paniermehl**
1	**Zwiebel**
1 TL	**Butter** oder Margarine
	Zitronensaft
	Mehl
	Fett zum Braten

Fleisch mit Salz, Paprika und Paniermehl vermengen.
Zwiebel schälen und in Würfel schneiden. Butter **erhitzen,** Zwiebel darin **andünsten,** zum Fleisch geben und mit Zitronensaft abschmecken. Längliche flache Fleischplätzchen formen, leicht in Mehl wenden.
Fett **erhitzen,** Brisoletten einlegen, **braten,** wenden und fertig **braten.**

Bild 52: Rohe Kartoffeln für Kartoffelpuffer, Rezept Seite 206, werden schnell und einfach mit Hilfe der Küchenmaschine zerkleinert.

Kartoffelpuffer
Reibekuchen

2	**Pellkartoffeln**
2 kg	**rohe Kartoffeln**
1	**große Zwiebel**
	Salz
2—3	**Eier**
2—3 EL	**Paniermehl**
	Fett zum Backen Schweineschmalz, Pflanzenfett oder Öl

Kartoffeln pellen. Rohe Kartoffeln schälen, waschen. Zwiebel schälen.
Zuerst gekochte, dann rohe Kartoffeln und Zwiebel reiben oder pürieren. Mit Salz, Eiern und Paniermehl vermengen.
Fett **erhitzen,** Puffer von 2—3 EL Teig darin von beiden Seiten goldbraun **backen.**

Was ist zu beachten?
- Für die Kartoffelpuffer muß das Fett beim Hineingeben des Teiges besonders heiß sein, da sie sich sonst nicht gut von der Pfanne lösen.
- Je weniger der Teig gebunden ist, desto lockerer werden die Kartoffelpuffer, Paniermehl also sparsam zugeben.

Veränderung:
- Gekochte Kartoffeln weglassen und 2—3 EL saure Sahne unterrühren.

Kartoffelpuffer mit Hefe

30 g	**Hefe**
3—4 EL	**Milch**
1 Prise	**Zucker**
750 g	**Kartoffeln**
1—2	**Eier**
150 g	**Mehl**
	Salz
20 g	**Zucker**
30 g	**Sultaninen**
	Fett zum Backen

Hefe mit Milch und Zucker verrühren und gehen lassen.
Kartoffeln schälen, waschen, fein reiben oder pürieren.

Mit Eiern und Mehl vermengen. Hefebrei, Salz, Zucker und Sultaninen unterheben. Den Teig etwa 45 Minuten an warmer Stelle gehen lassen.
Fett **erhitzen,** Puffer von je 2—3 EL Teig darin von beiden Seiten goldbraun **backen.**

Was ist zu beachten?

- Den Teig weich halten, um so lockerer werden die Puffer.

Kartoffelpfannkuchen mit Äpfeln

100 g	**Mehl**
25 g	**Zucker**
1 Prise	**Salz**
	abgeriebene Zitronenschale
1—2	**Eier**
¹/₄ l	**Milch**
250 g	**gekochte und geriebene Kartoffeln**
200 g	**dünne Apfelschnitzel**
	Fett zum Backen
	Zucker und Zimt

Mehl mit Zucker, Salz, Zitronenschale, Eiern und Milch zu einem Eierkuchenteig verrühren. Kartoffeln und Apfelschnitzel unterheben.
Fett **erhitzen,** kleine Pfannkuchen von je 2—3 EL Teig darin von beiden Seiten goldbraun **backen.**
Mit Zucker und Zimt bestreuen.

Hefepfannkuchen

Hefeplinsen

250 g	**Mehl**
25 g	**Hefe**
¹/₂ l	**Milch**
50 g	**Zucker**
	abgeriebene Zitronenschale
1 Prise	**Salz**
2	**Eier**
	Fett zum Backen
	Konfitüre

Hefeteig bereiten, siehe Seite 342/340, und gehen lassen.
Fett **erhitzen,** 6 große Pfannkuchen oder kleine Plinsen von je 2—3 EL Teig darin von beiden Seiten goldbraun **backen.**
Mit Konfitüre bestreichen.

Apfelplinsen

250 g	**Mehl**
25 g	**Hefe**
¹/₂ l	**Milch**
50 g	**Zucker**
	abgeriebene Zitronenschale
1 Prise	**Salz**
2	**Eier**
500 g	**Äpfel**
	Fett zum Backen
	Zucker und Zimt

Hefeteig bereiten, siehe Seite 342/340, und gehen lassen.
Äpfel waschen, schälen, Kerngehäuse entfernen, Äpfel in dünne Scheiben oder Spalten schneiden und unter den Teig mengen.
Fett **erhitzen,** Plinsen von je 1—2 EL Teig darin von beiden Seiten goldgelb **backen.**
Mit Zucker und Zimt bestreuen.

Buchweizenplinsen

250 g	**Buchweizenmehl**
20 g	**Hefe**
¹/₂ l	**Milch** knapp
2 EL	**Honig**
1 Prise	**Meersalz**
	abgeriebene Zitronenschale
2	**Eigelb**
30 g	**Butter**
	Butterschmalz zum Backen
	Ahornsirup und Zimt

Hefeteig bereiten, siehe Seite 342/340, und gehen lassen.
Butterschmalz **erhitzen,** Plinsen von je 1—2 EL Teig darin von beiden Seiten goldgelb **backen.**
Mit Ahornsirup übergießen und mit Zimt bestreuen.

Quarkplinsen

50 g	**Butter** oder Margarine
20 g	**Zucker**
	abgeriebene Zitronenschale
1 Prise	**Salz**
2	**Eier**
500 g	**Quark**
150 g	**Mehl**
	Fett zum Backen
	Zucker und Zimt oder gedünstetes Obst

Fett, Zucker, Zitronenschale, Salz und Eier schaumig rühren. Quark und Mehl untermengen.
Fett **erhitzen,** Plinsen von je 1—2 EL Teig darin von beiden Seiten goldgelb **backen.**
Mit Zucker und Zimt bestreuen.

Apfelpfannkuchen mit Sesam

2	**Eier**
¼ l	**Milch**
1 Prise	**Meersalz**
2 EL	**Honig**
150 g	**Weizenvollkornmehl**
3 EL	**flüssige Butter**
2—3	**Äpfel** Boskop oder Cox Orange
4 EL	**Butterschmalz**
4 EL	**Sesam**
	Ahornsirup

Eier mit etwas Milch, Salz und Honig verrühren. Mehl nach und nach mit dem Rest der Milch unterrühren und Butter zufügen.
Äpfel schälen, in Viertel schneiden, Kerngehäuse entfernen, Äpfel in feine Scheiben schneiden.
1 EL Butterschmalz **erhitzen,** ein Viertel der Apfelscheiben darin **andünsten,** mit 1 EL Sesam bestreuen und ein Viertel des Teiges einfüllen. Pfannkuchen von beiden Seiten goldbraun **backen.** Auf diese Weise drei weitere Pfannkuchen backen.
Pfannkuchen mit Ahornsirup beträufeln.

Quarkkeulchen

125 g	**Mehl**
30 g	**Hefe**
¼ l	**Milch**
50 g	**Butter** oder Margarine
65 g	**Zucker**
1 Prise	**Salz**
	abgeriebene Zitronenschale
2	**Eier**
250 g	**Quark**
125 g	**Mehl**
75 g	**Korinthen**
	Fett zum Backen
	Zucker und Zimt

Hefeteig bereiten, siehe Seite 342/340, und gehen lassen.
Fett, Zucker, Salz, Zitronenschale, Eier und Quark verrühren, Mehl und Hefeteig zugeben und alles gut durcharbeiten. Korinthen zufügen, Teig nochmals etwas gehen lassen.
Fett **erhitzen,** Keulchen von je 1—2 EL Teig darin von beiden Seiten goldbraun **backen.**
Mit Zucker und Zimt bestreuen.

Mehlpfannkuchen

250 g	**Mehl**
1 TL	**Backpulver**
⅜ l	**Flüssigkeit** Milch oder Wasser
2—3	**Eier**
	Salz
	Fett zum Backen

Mehl mit Backpulver mischen, mit Flüssigkeit, Eiern und Salz glatt rühren.
Fett **erhitzen,** einen Schöpflöffel Teig gleichmäßig darin verteilen und zuerst auf der einen, danach unter Zugabe von etwas Fett auf der anderen Seite hellbraun **backen.** Je nach Pfannengröße ergibt die Masse 8—10 Pfannkuchen.
Pfannkuchen zur Hälfte zusammenlegen.

Tip:
- Eier trennen, Eigelb zum Teig geben, Eiweiß steif schlagen und locker unterheben.

Veränderung:

- **Gefüllte Mehlpfannkuchen**
  Pfannkuchen mit gedünstetem Spinat oder Fleisch- oder Pilzhaschee bestreichen und die Seiten zur Mitte übereinanderschlagen.
- **Speckpfannkuchen**
  Als Bratfett Speckwürfel verwenden.
- **Obstpfannkuchen**
  Teig einfüllen, 500 g vorbereitetes Obst — Blaubeeren, Apfelscheiben, Kirschen, Pflaumen — darauf verteilen und mitbacken. Mit Zucker bestreuen und übereinanderschlagen.

Eierkuchen

2	**Eier**
1/8 l	**Milch**
1/8 l	**Wasser**
1 Prise	**Salz**
100 g	**Mehl**
1 Msp	**Backpulver**
	Fett zum Backen

Eier mit etwas Flüssigkeit und Salz verrühren. Mehl mit Backpulver mischen, nach und nach mit dem Rest der Flüssigkeit zugeben.
Fett **erhitzen,** Teig einfüllen und dünne Eierkuchen von beiden Seiten goldbraun **backen** und aufrollen. Die Masse ergibt 4—5 Stück.

Tip:

- Eierkuchen werden lockerer, wenn man dem Teig 1 EL Rum zugibt oder ihn nur mit Wasser statt mit Milch und Wasser bereitet.

Veränderung:

- Eierkuchen mit Konfitüre, Fleisch oder Gemüse füllen.
- **Obsteierkuchen**
  Teig einfüllen, leicht anbacken lassen. 500 g vorbereitetes Obst — Heidelbeeren, Kirschen, Pflaumen — darauflegen und noch etwas Teig überfüllen. Die Eierkuchen von beiden Seiten backen, aber erst wenden, wenn sie obenauf trocken sind. Mit Zucker und Zimt bestreuen.

Eierkuchen mit Eischnee

3	**Eigelb**
1/4 l	**Wasser** oder Milch
	Salz
	abgeriebene Zitronenschale
125 g	**Weizenmehl**
3	**Eiweiß**
	Fett zum Backen
	Zucker und Zimt

Eigelb, Wasser, Salz, Zitronenschale verquirlen und nach und nach das Mehl unterrühren. Der Teig muß glatt sein.
Eiweiß steif schlagen, locker unterheben.
Fett **erhitzen,** Teig einfüllen und dünne Eierkuchen von beiden Seiten goldbraun **backen.** Die Masse ergibt 4—5 Stück.
Mit Zucker und Zimt bestreuen.

Flädle

250 g	**Mehl**
1/2 l	**Milch**
1 TL	**Salz**
1 Prise	**Muskat**
2—3	**Eier**
	Fett zum Backen

Mehl, Milch, Salz, Muskat und Eier zu einem Teig verrühren.
Fett **erhitzen,** Teig einfüllen und sehr dünne Flädle von beiden Seiten goldbraun **backen** und aufrollen.

Tip:

- Einen Teil der Milch durch Wasser ersetzen.

Veränderung:

- Mit gedünstetem Gemüse, gedünsteten Pilzen oder Hühner- oder Kalbsfrikassee füllen.
- In Streifen schneiden und als Suppeneinlage verwenden.

Kaiserschmarrn

250 g	**Mehl**
3/8 l	**Milch**
	Salz
1 TL	**Zucker**
4	**Eier**
20 g	**Butter**
50—75 g	**Sultaninen**
	Fett zum Backen
	Zucker

Mehl mit Milch, Salz, Zucker und Eiern glattrühren.
Zerlassene, aber nicht heiße Butter und Sultaninen untermengen.
Fett **erhitzen,** Teig 1/2 cm hoch einfüllen und von beiden Seiten goldbraun **backen.** Mit zwei Gabeln zerteilen und die Stückchen weiter in der **Nachwärme** leicht rösten.
Mit Zucker bestreuen.

Tip:
- Eier trennen, Eigelb zum Teig geben, Eiweiß steif schlagen und locker unterheben.

Veränderung:
- Statt Zucker und Sultaninen Schinkenwürfel oder Bratenreste untermengen.

Arme Ritter

1/2 l	**Milch**
2	**Eier**
1 EL	**Zucker**
1 Prise	**Salz**
	abgeriebene Zitronenschale
12	**Weißbrotscheiben**
	Paniermehl
	Fett zum Backen
	Zucker und Zimt

Milch, Eier, Zucker, Salz und Zitronenschale verquirlen.
Weißbrot darin eintauchen, in Paniermehl wenden.
Fett **erhitzen,** Brot einlegen, von beiden Seiten goldgelb **backen.**
Mit Zucker und Zimt bestreuen.

Reiche Ritter

1 Prise	**Salz**
1/8 l	**Milch**
10	**Weißbrotscheiben**
100 g	**Mehl**
2	**Eigelb**
1 EL	**Zucker**
	Salz
1/4 l	**Milch**
2	**Eiweiß**
	Fett zum Backen
	Zucker und Zimt

Salz in Milch auflösen, Weißbrot darin einweichen.
Mehl mit Eigelb, Zucker, Salz und Milch zu einem Eierkuchenteig verrühren.
Eiweiß steif schlagen und locker unterheben. Weißbrot vorsichtig im Teig wenden.
Fett **erhitzen,** Brot einlegen, noch etwas Teig darüberfüllen und von beiden Seiten goldbraun **backen.**
Mit Zucker und Zimt bestreuen.

Gebackene Karthäuserklöße

6—8	**Brötchen** vom Vortag
3/8 l	**Milch** knapp
1—2	**Eier**
1 EL	**Zucker**
1 Prise	**Salz**
1	**Vanillezucker**
	Paniermehl
	Fett zum Backen
	Zucker und Zimt

Brötchen abreiben und halbieren.
Milch, Eier, Zucker, Salz und Vanillezucker verquirlen und über die Brötchen gießen, Brötchen ab und zu wenden, damit sie gut durchziehen.
Auf dem Sieb abtropfen lassen, in Paniermehl wenden.
Fett **erhitzen,** Klöße von beiden Seiten goldbraun **backen.**
Mit Zucker und Zimt bestreuen.

Eierspeisen

Das Hühnerei ist eines der nährstoffreichsten Nahrungsmittel. Es enthält hochwertiges Eiweiß, fein emulgiertes Fett, Lezithin, lebenswichtige Mineralstoffe und wertvolle Vitamine. Der Eidotter ist reicher an diesen wichtigen Inhaltsstoffen als das Eiklar.

Eier werden in verschiedenen Güte- und Gewichtsklassen angeboten:

Güteklasse

Extra	Luftkammer kleiner als 4 mm, höchstens 7 Tage alt
Klasse A	oder „frisch“ Schale normal, sauber, Luftkammer nicht über 6 mm, nicht gewaschen oder gereinigt
Klasse B	oder „2. Qualität oder haltbar gemacht“ Schale normal, unverletzt, Luftkammer nicht über 9 mm
Klasse C	oder „aussortiert“, für die Nahrungsmittelindustrie bestimmt

Gewichtsklasse

Klasse 1	70 g und darüber
Klasse 2	65 g bis unter 70 g
Klasse 3	60 g bis unter 65 g
Klasse 4	55 g bis unter 60 g
Klasse 5	50 g bis unter 55 g
Klasse 6	45 g bis unter 50 g
Klasse 7	unter 45 g

Die Qualität und Bekömmlichkeit der Eier sind abhängig von ihrer Frische.

- Frische Eier haben einen hochgewölbten kugeligen Eidotter, der von dickflüssigem Eiklar umgeben ist. Bei alten Eiern ist der Eidotter flach und das Eiklar dünnflüssig.
- Eier sind im Kühlschrank bei der Lagertemperatur von 8—10 °C etwa 3 Wochen haltbar.

Eier können in der Nahrungszubereitung vielseitig verwendet werden, z. B. als

- Bindemittel für alle Arten von Teigen und Mehlspeisen
- Lockerungsmittel bei der Herstellung von Schaummassen
- Verfeinerungszutat zum Legieren von Suppen und Soßen
- Emulgator zur Herstellung von Mayonnaisen

oder als

- Schnellgericht, z. B. Spiegel- oder Rühreier oder Omelett
- Suppeneinlage, z. B. Eierstich oder Eieinlauf
- gekochte Eier, die warm oder kalt gereicht werden. Ergänzt durch warme oder kalte Soßen und Beilagen ergeben sie eine vollständige Mahlzeit.

Was ist zu beachten?
- Möglichst frische Eier verwenden.
- Eier einzeln über einer Tasse aufschlagen.
- Eier sorgfältig trennen, sofern Eidotter und Eiklar getrennt verwendet werden. Eiweiß wird nur steif, wenn kein Eigelb hineingerät.
- Eiklar zur Herstellung von Eischnee kalt stellen und in einem fettfreien Gefäß unter Zugabe von einigen Tropfen Zitronensaft steif schlagen, bis der Eischnee schnittfest ist. Eischnee sofort verwenden.

Gekochte Eier

4	**Eier**
1/8 l	**Wasser**

Stumpfe Seite der Eier mit einem Pieker anstechen, um ein Platzen der Schale zu verhindern. Eier im Wasser **ankochen,** bis ein Dampffähnchen sichtbar wird, dann in der **Nachwärme** je nach gewünschtem Härtegrad fertig garen:

weich = 3— 4 Minuten
mittelhart = 5— 6 Minuten
hart = 8—10 Minuten

Eier sofort herausnehmen und mit kaltem Wasser abschrecken, damit sie nicht nachgaren und sich besser pellen lassen.

Tip:

- Eier können auch im beheizten Wasserkocher, direkt auf dem Boden oder in einem Eiereinsatz oder im Eierkocher nach Gebrauchsanweisung gekocht werden.

Veränderung:

- **Eier mit kalter Soße**
  Gekochte, halbierte Eier auf geröstete Weißbrotscheiben legen. Eier mit einer abgeschlagenen Senfsoße, Käsesoße oder mit einer Mayonnaise oder Remouladensoße überziehen.
- **Eier mit warmer Soße**
  Gekochte, halbierte Eier noch warm mit heißer Kapernsoße, Kräutersoße, Specksoße oder Tomatensoße übergießen.

Bild 53: Eier mit 1/8 l Wasser im geschlossenen Kochtopf kochen.

Pochierte Eier

Verlorene Eier

1 l	**Wasser**
1 EL	**Salz**
2 EL	**Essig**
4—6	**Eier**

Wasser mit Salz und Essig **ankochen.** Eier einzeln in eine Tasse schlagen, vorsichtig in das Wasser gleiten lassen und **3—4 Minuten stocken** lassen.
Mit dem Schaumlöffel herausnehmen und das anhängende gestockte Weiße des Eies gleichmäßig abschneiden.

Veränderung:

- **Überbackene Eier**
  Béchamelsoße, Rezept Seite 87, bereiten. Auflaufform einfetten, die Hälfte der Soße hineingeben, pochierte Eier einlegen, den Rest der Soße auffüllen. Geriebenen Käse überstreuen, Butterflöckchen darauf verteilen und auf der mittleren Einschubleiste bei 225—250 °C 25—30 Minuten überbacken.

Rühreier

4—8	**Eier**
4—8 EL	**Wasser** oder Milch
	Salz
	Butter oder Margarine oder Speck

Eier mit Wasser und Salz verquirlen.
Butter **erhitzen,** Eimasse hineingießen. Wenn der Rand beginnt fest zu werden, Kochstelle ausschalten. Die Masse strichweise vom Boden lösen und in der **Nachwärme** großflockig stocken lassen.

Tip:

- Das Anrühren mit Wasser macht die Rühreier lockerer.

Veränderung:

- Eimasse mit Schnittlauch, Schinken- oder Wurstwürfeln, entgräteten Bücklingen oder Krabben oder geriebenem Käse mischen.
- Die Masse in gefettete Förmchen oder Tassen füllen und im Wasserbad 12—15 Minuten stocken lassen.

Spiegeleier

	Butter oder Margarine
4—8	**Eier**
	Salz

Butter **erhitzen,** Eier aufschlagen, hineingeben, Salz überstreuen und **braten.**
Bei kleiner Menge genügt die Nachwärme.

Veränderung:

- **Diätspiegeleier**
  Für 2—3 Eier ohne Bräunung und Kruste die dünn mit Butter ausgestrichene Pfanne nur 2 Minuten erhitzen. Eier aufschlagen, hineingeben und 5—7 Minuten in der Nachwärme stokken lassen.

Eierkäsebecher

30 g	**Butter** oder Margarine
30 g	**Mehl**
3/8 l	**Milch**
	Salz
1 Msp	**Paprika**
30 g	**Paniermehl**
50 g	**geriebener Käse**
2—3	**Eier**

Butter **erhitzen,** Mehl zugeben und unter ständigem Rühren **andünsten.** Mit Milch unter Rühren ablöschen, **aufkochen.**
Salz, Paprika, Paniermehl und Käse hineinstreuen, etwa **3 Minuten fortkochen.**
Eier verquirlen, mit wenig Soße verrühren, in die nicht mehr kochende Soße geben.
Feuerfeste Förmchen oder kleine Tassen einfetten, Masse einfüllen. Förmchen in einen Kochtopf mit kochendem Wasser stellen, **12—15 Minuten fortkochen** und **3 Minuten** in der **Nachwärme** stocken lassen.
Den Rand mit einem Messer lockern und den Inhalt stürzen.

Omelett
für 1—2 Personen

3	**Eier**
1 Prise	**Salz**
1 EL	**Milch** oder Wasser
	Butter oder Öl

Eier, Salz und Milch verquirlen, aber nicht schaumig rühren.
Butter **erhitzen,** Teig einfüllen und in der **Nachwärme** stocken lassen.
Von beiden Seiten zur Mitte überschlagen.

Was ist zu beachten?

- Das Omelett soll von unten lichtgelb gebacken sein und oben weich, jedoch nicht flüssig bleiben.

Veränderung:

- Gedünstete Champignons oder Ragout fin auf das Omelett geben und übereinanderschlagen.
- **Kräuteromelett**
  1 EL zerkleinerte Petersilie, Schnittlauch oder Dill unterrühren.
- **Käseomelett**
  1 EL geriebenen Käse unterrühren.

Schaumomelett
für 1—2 Personen

3	**Eiweiß**
1 Prise	**Salz**
15 g	**Zucker**
	abgeriebene Zitronenschale
3	**Eigelb**
1 TL	**Zitronensaft**
	Butter oder Öl
	Puderzucker nach Belieben

Eiweiß mit Salz steif schlagen, unter Schlagen Zucker und Zitronenschale einstreuen.
Eigelb mit Zitronensaft verrühren, leicht unter den Eischnee ziehen.
Deckelpfanne dünn mit Butter ausstreichen. Pfanne **erhitzen,** bis der Deckel heiß ist. Kochstelle ausschalten, Teig einfüllen und glattstreichen. Omelett abgedeckt etwa **12 Minuten** in der **Nach-**

wärme stocken lassen, nochmals **2 Minuten erwärmen** und **2—3 Minuten** wieder in der **Nachwärme** stocken lassen.
Die eine Hälfte über die andere schlagen und Omelett nach Belieben mit Puderzucker bestäuben.

Was ist zu beachten?
- Omeletteig darf nicht stehen.
- Pfannen mit gut wärmeleitendem Deckel verwenden.
- Das Omelett muß unten goldbraun und oben hell, aber trocken sein.

Veränderung:
- Eiweiß steifschlagen, 20 g Speisestärke übersieben und unter den Teig heben.
- Omelett vor dem Zusammenschlagen mit Konfitüre bestreichen oder mit Obst belegen.
- **Salziges Schaumomelett**
  Paprika statt Zucker und Zitronenschale unter den Teig rühren. Auf den eingefüllten Teig entweder Schinken-, Braten- oder Mortadellawürfel, eine Scheibe Schmelzkäse und gehackten Schnittlauch oder gedünstete Champignons oder Spargelstücke und Schinkenwürfel geben und backen.

Bild 54: Schaumomelett, Rezept Seite 213, mit Erdbeeren gefüllt.

Omelette soufflée

für 1—2 Personen

4	**Eiweiß**
75 g	**Zucker**
4	**Eigelb**
	abgeriebene Zitronenschale
1 EL	**Zitronensaft**
	Butter oder Öl

Backofen vorheizen.
Eiweiß steif schlagen, Zucker unter Schlagen zufügen.
Eigelb mit Zitronenschale und -saft verrühren und unter das Eiweiß heben.
Auflaufform nur am Boden einfetten, Masse einfüllen und sofort in dem vorgeheizten Backofen backen.

Einsetzen:
Auf dem Rost, untere Einschubleiste.

Backen:
200 °C 15—18 Minuten

Nach dem Backen
Das aufgegangene Soufflée sofort aus dem Backofen nehmen. Es muß gut gebräunt sein.

Was ist zu beachten?
- Das Soufflée darf keine Nachwärme bekommen und muß sofort serviert werden, da es sonst zusammenfällt.

Veränderung:
- **Salziges Omelett**
  Statt Zitronenschale und -saft und Zucker 30—40 g geriebenen Käse unter den Teig rühren.

Schmorgerichte

Schmoren ist eine Verbindung von Bräunen und anschließendem Garen unter Flüssigkeitszugabe. Das Lebensmittel wird in heißem Fett im offenen Gefäß bei einer Temperatur von etwa 200 °C gebräunt und anschließend unter Zusatz von wenig heißer Flüssigkeit im geschlossenen Gefäß bei einer Temperatur von etwa 100 °C geschmort.
Schmorgerichte können zeit- und energiesparend im Schnellkochtopf oder bei Mengen ab 1 kg im Backofen, siehe „Braten im geschlossenen Gefäß“ Seite 236, bereitet werden.
Geeignet zum Schmoren sind alle Fleischsorten sowie einige Gemüsearten, z. B. Gurken, Paprikaschoten, Kohl und Zwiebeln.

Vorbereitung

- Fleisch waschen und abtrocknen, damit es schneller und besser bräunt,
- Gemüse je nach Art vorbereiten.

Zubereitung

- Fett — weißes Pflanzenfett, Margarine oder Öl — im Kochtopf erhitzen.
  Bei fettem Fleisch genügt es, den erwärmten Kochtopf mit einer Speckschwarte auszustreichen, um ein Ankleben der Fleischfasern zu vermeiden,
- Fleisch oder Gemüse hineingeben und unter Wenden von allen Seiten gleichmäßig bräunen,
- $\frac{1}{8}$ l heißes Wasser zugießen. Eine größere Flüssigkeitsmenge würde sich ungünstig auf Farbe und Geschmack der Soße auswirken,
- Salz und Gewürze nach Rezeptangabe zugeben,
- Deckel auflegen und das Gericht schmoren.

Tip:
- Besonders zart wird das Fleisch, wenn man nach dem Bräunen 2—3 EL Rum oder Weinbrand darüber gibt; geschmacklich macht sich die Zugabe wenig bemerkbar.
- Zutaten wie Zwiebeln und Tomaten erst zugeben, wenn der Bräunungsvorgang abgeschlossen ist. Sie könnten sonst zu dunkel werden und der Soße einen bitteren Geschmack geben.

Soßenbereitung

- Gegartes Gericht oder Soßenfond mit Flüssigkeit auffüllen und aufkochen,
- mit angerührtem Weizenmehl oder mit angerührter Speisestärke binden,
- in der Nachwärme fertig garen,
- saure Sahne und Geschmackszutaten zufügen und abschmecken.

Was ist zu beachten?
- Die Flüssigkeitsmenge richtet sich nach der gewünschten Soßenmenge. Als Flüssigkeit kann Wasser, Brühe oder Mischungen daraus zugegeben werden.
- Zum Binden werden für $\frac{1}{2}$ l Soße 30—40 g Mehl oder 20—30 g Speisestärke benötigt, die mit Wasser oder Sahne angerührt werden.
- Zum Verfeinern der Soße kann saure Sahne oder Crème fraîche zugegeben werden.
- Soll die Soße ganz glatt sein, muß sie passiert, d. h. durch ein Sieb gegeben werden.

Tip:
- 1 Prise Zucker rundet den Geschmack jeder Soße ab.
- Als Geschmackszutat je nach Fleischart Rotwein, Madeira oder Sherry zugeben.

Rinderschmorbraten

¾—1 kg	**Rindfleisch** ohne Knochen
	Salz
50 g	**Speckstreifen**
30 g	**Fett**
50 g	**Speckwürfel**
1	**Zwiebel**
1	**Tomate**
	nach Belieben:
½	**Apfel und**
½	**Gewürzgurke**
1	**dunkle Brotscheibe**
	Pfeffer · Paprika
⅛ l	**Wasser**
	Mehl · saure Sahne
	oder Buttermilch

Fleisch waschen, abtrocknen, mit Salz einreiben und mit Speckstreifen belegen.
Fett **erhitzen,** Speckwürfel darin **auslassen** und Fleisch darin von allen Seiten **bräunen.**
Zwiebel schälen, Tomate überbrühen, abschrecken, abziehen. Beides in Viertel schneiden, zum Fleisch geben und mit **bräunen.** Apfel waschen, schälen, Kerngehäuse entfernen, Apfel und Gewürzgurke in Würfel schneiden, mit dem Brot hinzufügen und **andünsten.**
Gewürze und Wasser zugeben. Fleisch **1½—2 Stunden schmoren.** Herausnehmen und warm halten.
Soßenfond mit Wasser auffüllen, **aufkochen,** mit angerührtem Mehl binden, Sahne zufügen und abschmecken.

Tip:
- Um das Fleisch mürbe zu machen, es einen Tag vorher mit Senf bestreichen oder zwei Tage in Buttermilch legen.

Veränderung:
- 150—250 g frische oder einige getrocknete, eingeweichte Steinpilze oder Pfifferlinge mit schmoren.

STROM-SPAR-TIP

Bei Gerichten mit langer Gardauer Schnellkochtopf oder -bratpfanne einsetzen

Lammschmorbraten

1 kg	**Lammfleisch**
	Keule oder Blatt
	Salz
1	**Knoblauchzehe**
50 g	**Speckwürfel**
1	**Zwiebel**
1	**Tomate**
	nach Belieben:
	Würfel von ½ Apfel und
	½ Gewürzgurke
	Pfeffer · Paprika
⅛ l	**Wasser**
	Mehl · saure Sahne
	oder Buttermilch

Fleisch waschen, abtrocknen und mit Salz einreiben.
Knoblauchzehe schälen, halbieren. Bratentopf damit ausstreichen.
Speck **auslassen** und das Fleisch darin von allen Seiten **bräunen.**
Zwiebel schälen, Tomate überbrühen, abschrecken, abziehen, beides in Viertel schneiden, zum Fleisch geben und mit **bräunen.** Nach Belieben Apfel- und Gurkenwürfel zugeben und **andünsten.**
Gewürze zugeben, Wasser angießen. Fleisch **1½—2 Stunden schmoren.** Herausnehmen und warm halten.
Soßenfond mit Wasser auffüllen, **aufkochen,** mit angerührtem Mehl binden, Sahne zufügen und abschmecken.

Schweineschmorbraten

¾—1 kg	**Schweinefleisch**
	Nacken oder Vorderkeule
	Salz
30 g	**Fett**
1	**Zwiebel**
1	**Tomate**
	Paprika · Pfeffer
⅛ l	**Wasser**
	Mehl

Fleisch waschen, abtrocknen und mit Salz einreiben.

Fett **erhitzen,** Fleisch darin von allen Seiten **bräunen.**
Zwiebel schälen, Tomate überbrühen, abschrecken, abziehen, beides in Viertel schneiden, zum Fleisch geben und mit **bräunen.**
Gewürze zufügen und mit heißem Wasser angießen. Fleisch **1—1½ Stunden schmoren.** Herausnehmen und warm halten.
Soßenfond mit Wasser auffüllen, **aufkochen,** mit angerührtem Mehl binden und abschmecken.

Veränderung:

- 4 Gewürzkörner und 1 Lorbeerblatt; 1 TL Kümmel; 1 Stengel Beifuß; 2 Nelken; etwas Rosmarin, Basilikum oder Majoran mit schmoren.

Sauerbraten

¾—1 kg Rindfleisch ohne Knochen

Marinade:	
⅜ l	**Essig**
⅜ l	**Wasser**
1	**Gewürzdosis**
1	**kleine Möhre**
1 Stg	**Lauch**
	Salz
30 g	**Fett**
50 g	**Speckwürfel**
1	**Zwiebel**
1	**Tomate**
⅛ l	**Wasser**
1	**dunkle Brotscheibe** nach Belieben
	Marinade oder Wasser
	Mehl

Fleisch waschen und in ein Gefäß legen. Zutaten für die Marinade **aufkochen,** abkühlen lassen und über das Fleisch gießen. Das Fleisch ganz bedeckt 2—3 Tage darin liegen lassen. Vor der Zubereitung herausnehmen und abtrocknen.
Fett **erhitzen,** Speckwürfel darin **auslassen** und Fleisch darin von allen Seiten **bräunen.**
Zwiebel schälen, Tomate überbrühen, abschrecken, abziehen. Beides in Viertel schneiden, zum Fleisch geben und mit **bräunen.**
Wasser und nach Belieben Brot zugeben, Fleisch **1¼—1½ Stunden schmoren.** Herausnehmen und warm halten.
Soßenfond mit Marinade auffüllen, **aufkochen,** mit angerührtem Mehl binden und abschmecken.

Kalbshaxe

oder Schweinshaxe

1—2	**Kalbshaxen** oder Schweinshaxen
	Salz
50 g	**Fett**
1	**Zwiebel**
1	**Tomate**
	Suppengrün
⅛ l	**Wasser** oder Brühe
6	**Gewürzkörner**
2	**Lorbeerblätter**
	Mehl · Madeira nach Belieben

Die eingeschlagene Haxe waschen, abtrocknen und mit Salz einreiben.
Fett **erhitzen,** Fleisch darin von allen Seiten **bräunen.**
Zwiebel schälen, Tomate überbrühen, abschrecken, abziehen, beides in Viertel schneiden. Suppengrün putzen, waschen, zerkleinern. Alles zum Fleisch geben und mit **bräunen.**
Wasser angießen, Gewürze zufügen. Fleisch **1—1¼ Stunden schmoren.** Herausnehmen und warm halten.
Soßenfond mit Wasser auffüllen, **aufkochen,** mit angerührtem Mehl binden, nach Belieben mit Madeira abschmekken.

Veränderung:
Das Fleisch kann glaciert oder überglänzt werden. Es gibt 2 Möglichkeiten:

- 25 g Butter erhitzen, mit 3—4 EL Bratensaft verrühren, aufkochen und eindicken lassen. Fleisch auf eine Platte legen, mit dem Sud bestreichen und sofort im vorgeheizten Backofen auf der mittleren Einschubleiste 5—6 Minuten bei 250—275 °C glacieren, oder unter den vorgeheizten Grill stellen bis zur gewünschten Bräunung. Zwischendurch nochmals mit der abgetropften Flüssigkeit bestreichen, bis eine schöne braune Kruste entsteht.

- 25 g Butter erhitzen, 50 g Zucker darin karamelisieren lassen und mit 4 EL Bratensaft ablöschen. Mit diesem Sud den Braten bestreichen und, wie vorher beschrieben, ebenfalls glacieren. Bei dieser Methode wirkt das Fleisch glänzender, und die Kruste bekommt einen lieblichen Geschmack.

Rouladen

Rinderrouladen

4	**Rouladen** **Salz · Pfeffer · Paprika · Senf**
2 **50 g**	**Zwiebeln** **Speckwürfel**
30 g **1/8 l**	**Fett** **Wasser**
	Mehl · saure Sahne oder Crème fraîche

Fleischscheiben waschen, abtrocknen, mit Salz, Pfeffer und Paprika bestreuen, mit Senf bestreichen.
Zwiebeln schälen und in Würfel schneiden. Speck **auslassen,** Zwiebeln darin **andünsten** oder beides roh verwenden. Fleischscheiben damit belegen, aufrollen, mit Rouladennadeln oder Holzspießchen zusammenstecken.
Fett **erhitzen,** Rouladen darin von allen Seiten **bräunen,** Wasser angießen und **50—70 Minuten schmoren.** Herausnehmen und warm halten.
Soßenfond mit Wasser auffüllen, **aufkochen,** mit angerührtem Mehl binden, Sahne zufügen und abschmecken.

Was ist zu beachten?

- Eine größere Anzahl Rouladen günstiger in 2 Portionen anbraten, damit sie schneller braun werden.

Veränderung:

- Zusätzliche Füllung: 1—2 saure Gurken in Streifen geschnitten oder Hackfleischmasse oder gedünstete Pilze.

Schweinenackenrouladen

4	**Schweinefleischscheiben** Nacken **Pfeffer · Paprika · Salz**
150— **250 g** **1**	 **Sauerkraut** **Zwiebel**
30 g	**Fett**
1 **1 EL** **1/8 l**	**Zwiebel** **Tomatenmark** **Wasser**
	Mehl · saure Sahne oder Crème fraîche

Dünne, aber große Scheiben vom Schweinenacken waschen, abtrocknen, mit Pfeffer, Paprika und Salz bestreuen. Sauerkraut auseinanderzupfen, kleinschneiden. Zwiebel schälen, in feine Würfel schneiden und zugeben. Fleischscheiben damit belegen, aufrollen und mit Holzspießchen oder Rouladennadeln zusammenhalten.
Fett **erhitzen,** Rouladen darin von allen Seiten **bräunen.**
Zwiebel schälen, in Würfel schneiden und mit **bräunen.**
Tomatenmark mit Wasser anrühren, zugeben und Rouladen **25—30 Minuten schmoren.** Herausnehmen und warm halten.
Soßenfond mit Wasser auffüllen, **aufkochen,** mit angerührtem Mehl binden, Sahne zufügen und abschmecken.

Gulasch

750 g	**Fleisch** Rind-, Schweine-, Kalb- oder Lammfleisch
30 g **50 g**	**Fett** **Speckwürfel**
3 **2**	**Zwiebeln** **Tomaten**
    1/8—1/4 l	**Paprika · Salz** nach Belieben: **Würfel von 1/2 Apfel und 1/2 Gewürzgurke** **Wasser**
	Mehl · saure Sahne

Fleisch waschen, abtrocknen und in Würfel schneiden.
Fett **erhitzen,** Speckwürfel darin **auslassen** und Fleisch darin von allen Seiten **bräunen.**
Zwiebeln schälen, in Würfel schneiden, Tomaten überbrühen, abziehen, abschrecken, in Viertel schneiden und beides mit **bräunen.**
Paprika und Salz, nach Belieben auch Gurken- und Apfelwürfel, zufügen, Wasser angießen und je nach Fleischart **60—80 Minuten schmoren.**
Mit Wasser auffüllen, **aufkochen,** mit angerührtem Mehl binden, Sahne zufügen und abschmecken.

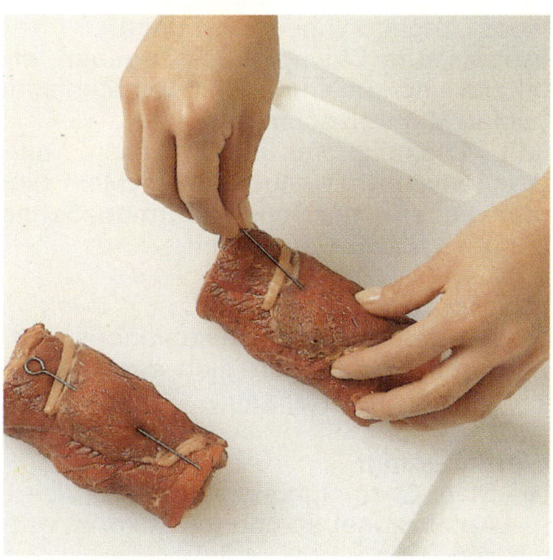

Was ist zu beachten?

- Falls das Fleisch zuviel Saft zieht, abgießen und später zum Schmoren wieder angießen.
- Bei einer größeren Menge Gulasch ist es günstiger, in zwei Portionen anzubraten, da es dann schneller bräunt.

Tip:

- Rindfleisch wird eher weich, wenn man nach dem Bräunen 1 EL Rum oder Weinbrand zufügt.

Gulasch mit Zwiebeln und Tomaten

500 g	**Fleisch** Rind-, Schweine-, Kalb- oder Lammfleisch
2 EL	**Öl** oder 50 g Speckwürfel
500 g	**Zwiebeln**
500 g	**Tomaten** oder 100 g Tomatenmark **Salz · Paprika**
	Mehl · saure Sahne

Fleisch waschen, abtrocknen und in Würfel schneiden.
Öl **erhitzen,** Fleisch darin von allen Seiten gut **bräunen.**
Zwiebeln schälen, in Scheiben schneiden und mit **bräunen.**
Tomaten überbrühen, abschrecken, abziehen, in Viertel schneiden und mit Salz und Paprika zugeben, **andünsten** und **50—60 Minuten schmoren.**
Mit Wasser auffüllen, **aufkochen,** mit angerührtem Mehl binden, Sahne zufügen und abschmecken.

Was ist zu beachten?

- Bei Verwendung von Tomatenmark etwa 1/8 l heißes Wasser angießen.

Bild 55 und 56: Die mit Zwiebeln und Speck belegten Rouladen, Rezept Seite 218, werden aufgerollt und mit Rouladennadeln zusammengesteckt.

Debresziner Bohnengulasch

375–500 g	**Schweinefleisch**
30 g	**Fett**
2	**Zwiebeln**
1/4 l	**Wasser**
1–2 TL	**Paprika**
	Salz
500 g	**grüne Bohnen**
	Bohnenkraut frisch oder getrocknet
	Mehl
1/8 l	**saure Sahne**
	Petersilie

Fleisch waschen, abtrocknen, in 2 cm große Würfel schneiden.
Fett **erhitzen,** Fleisch darin von allen Seiten **bräunen.**
Zwiebeln schälen, in Würfel schneiden und mit **bräunen.**
Wasser, Paprika und Salz zugeben und **30 Minuten schmoren.**
Bohnen waschen, abfädeln, in Stücke brechen und mit dem Bohnenkraut zu dem Fleisch geben. Alles **aufkochen** und weitere **30 Minuten schmoren.**
Mit Wasser auffüllen, **aufkochen,** mit angerührtem Mehl binden, Sahne zufügen, abschmecken und Gulasch mit zerkleinerter Petersilie bestreuen.

Szegediner Gulasch

375–500 g	**Schweinebauch**
2 EL	**Öl**
1	**Zwiebel**
500 g	**Sauerkraut**
2	**Äpfel**
	Salz
1 Prise	**Zucker**
1 TL	**Tomatenmark**
	Paprika
1/4 l	**Wasser**
	Weißwein · saure Sahne

Fleisch waschen, abtrocknen und in Würfel schneiden.
Öl **erhitzen,** Fleisch darin von allen Seiten **bräunen.**
Zwiebel schälen, in Würfel schneiden und mit **bräunen.**
Sauerkraut auseinanderzupfen, obenauf legen. Äpfel waschen, schälen, Kerngehäuse entfernen, Äpfel kleinschneiden und mit Salz, Zucker, Tomatenmark und Paprika zufügen. Wasser angießen und **30–40 Minuten schmoren.**
Mit Wein und Sahne abschmecken.

Feines Lebergulasch

375 g	**Kalbsleber** oder Schweineleber
50 g	**Fett**
2	**Zwiebeln**
75 g	**Schinkenspeck**
1 Dose	**Champignons** Abtropfgewicht etwa 250 g
2 EL	**Tomatenmark**
1/4 l	**Champignonbrühe**
	Mehl
1/8 l	**saure Sahne**
	Salz

Leber waschen, abtrocknen und in walnußgroße Stücke schneiden.
Fett **erhitzen,** Leber darin von allen Seiten **bräunen,** herausnehmen und warm halten.
Zwiebeln schälen. Zwiebeln und Schinkenspeck in Würfel schneiden. In dem Bratfett Zwiebeln **andünsten,** Schinkenspeck zugeben und mit **bräunen.**
Abgetropfte Champignons zugeben, **erhitzen** und zusammen mit Tomatenmark **einige Minuten schmoren.**
Mit Champignonbrühe auffüllen, **aufkochen** und mit angerührtem Mehl binden. Leber in der Soße **erwärmen,** Sahne zufügen und abschmecken.

Was ist zu beachten?

- Werden frische Champignons verwendet, verlängert sich das Schmoren um 5–10 Minuten.

Veränderung:

- Statt Champignons Achtel von 2–3 Äpfeln zugeben und mit Majoran würzen.

- Anstelle von Tomatenmark und Champignonbrühe Rotwein verwenden.

Gulasch mit Möhren

500 g	**Rindfleisch**
30 g	**Fett**
1	**große Zwiebel**
	Salz
1/8 l	**Wasser**
500 g	**Möhren**
	Mehl · saure Sahne

Fleisch waschen, abtrocknen und in Würfel schneiden.
Fett **erhitzen,** Fleisch darin von allen Seiten **bräunen.**
Zwiebel schälen, in Würfel schneiden und mit **bräunen.**
Salz zugeben, Wasser angießen und **30—35 Minuten schmoren.**
Möhren schälen, waschen, in Würfel schneiden, zu dem Fleisch geben und so viel Wasser zufügen, daß alles knapp bedeckt ist. Gulasch **20—30 Minuten** weiter **schmoren.**
Mit angerührtem Mehl binden, Sahne zufügen und abschmecken.

Lammpaprika

500 g	**Lammfleisch**
30 g	**Fett**
500 g	**Zwiebeln**
1	**Knoblauchzehe** oder -pulver
1 TL	**Paprika**
3	**grüne Paprikaschoten**
3	**Tomaten**
1/4 l	**Wasser** oder Brühe
	Salz
	Mehl
1/8 l	**saure Sahne**

Fleisch waschen, abtrocknen und in Würfel schneiden.
Fett **erhitzen,** Fleisch darin von allen Seiten **bräunen.**
Zwiebeln schälen, grob schneiden, Knoblauchzehe schälen, zerkleinern. Beides zu dem Fleisch geben, **bräunen,** mit Paprika überstäuben.
Paprikaschoten halbieren, Kerne entfernen, Paprika waschen und in Streifen schneiden. Tomaten überbrühen, abschrecken, abziehen und in Scheiben schneiden. Beides unter das Fleisch mengen. Wasser und Salz zufügen und **50—60 Minuten schmoren.**
Mit Wasser auffüllen, **aufkochen,** mit angerührtem Mehl binden, Sahne zufügen und abschmecken.

Tip:
- Knoblauchzehe mit einer Gabel in etwas Salz zerdrücken.

Wildgulasch Windsor

750 g	**Wildfleisch** Hals, Blatt, Rippenstücke vom Rot- oder Damwild
30 g	**Fett**
1/8 l	**Rotwein**
	Salz
2	**Wacholderbeeren**
1	**Lorbeerblatt**
4	**Pfefferkörner**
	etwas Thymian · Paprika
1 Prise	**Muskat**
2 EL	**Tomatenketchup**
	Worcestersoße
	Champignonbrühe
1/8 l	**süße Sahne**
2 EL	**Johannisbeergelee**
	Zitronensaft
1 Dose	**Champignons** Abtropfgewicht etwa 100 g
	Mehl

Fleisch waschen, abtrocknen und in Würfel schneiden.
Fett **erhitzen,** Fleisch darin von allen Seiten **bräunen.**
Mit Rotwein ablöschen, Salz, Gewürze, Tomatenketchup, Worchestersoße und Champignonbrühe zugeben und je nach Wildart **60—90 Minuten schmoren.**
Sahne und die restlichen Zutaten zugeben, kurze Zeit durchziehen lassen, **aufkochen,** mit angerührtem Mehl binden und abschmecken, Bild Seite 222.

Filet Stroganoff

500 g	**Rinderfilet**
30 g	**Butter**
125 g **1** **1 Dose**	**Zwiebelwürfel** **Gewürzgurke** **Pilze** Abtropfgewicht etwa 250 g
¼ l **2 TL**	**saure Sahne** **Speisestärke** **Salz · Pfeffer · Zitronensaft** oder Weinbrand

Filet waschen, abtrocknen und in 3 cm lange feine Scheibchen schneiden.
Butter **erhitzen,** Fleisch darin von allen Seiten **bräunen,** herausnehmen und warm halten.
Gewürzgurke in kleine Würfel schneiden.
Im Bratfett Zwiebel **anbraten,** Gurke und abgetropfte Pilze zugeben und **aufkochen.**
Speisestärke mit Sahne verrühren und zugeben.
Fleisch in der Soße **erwärmen,** mit Salz, Pfeffer und Zitronensaft abschmecken.

Geschnetzeltes

50 g **500 g**	**Fett** **Geschnetzeltes**
40 g **⅜ l**	**Mehl** **Wasser** **Salz · Pfeffer**
	saure Sahne **Weißwein** oder Rotwein

Fett **erhitzen,** Geschnetzeltes darin von allen Seiten kurz **bräunen.**
Mehl überstäuben, **bräunen** lassen und mit Wasser unter Rühren ablöschen, **aufkochen,** Salz und Pfeffer überstreuen. Nur **einige Minuten** im geschlossenen Kochtopf **schmoren.**
Mit Sahne und Wein abschmecken.

Anmerkung:
Unter „Geschnetzeltes“ versteht man in feine Scheibchen oder Streifen geschnittenes Bratfleisch, das besonders in Süddeutschland und der Schweiz unter diesem Namen angeboten wird. Es stammt meist vom Kalb, aber auch das zarte

Bild 57: Wildgulasch Windsor, Rezept Seite 221.

Bratfleisch vom Rind und Schwein, wie Filet, Roastbeef, Steakfleisch aus der Keule sowie Putenbrust eignet sich dazu.

Matrosenfleisch

750 g	**mageres Rindfleisch**
1	**große Zwiebel**
200 g	**Möhren**
50 g	**Sellerie**
50 g	**Fett**
$\frac{1}{8}$ l	**Rotwein**
$\frac{1}{8}$—$\frac{1}{4}$ l	**Wasser**
	Salz · Pfeffer
1	**Lorbeerblatt**
2	**zerdrückte Knoblauchzehen** oder Knoblauchpulver
	Majoran · Thymian
	Mehl
	nach Belieben: **Essig · süße Sahne**

Fleisch waschen, abtrocknen und in 3 cm lange Streifen schneiden. Zwiebel schälen und in Würfel schneiden. Gemüse schälen, waschen und in Stücke schneiden.
Fett **erhitzen,** Zwiebel und Gemüse darin **andünsten,** Fleisch zugeben und kurz von allen Seiten **bräunen.**
Wein, Wasser, Salz und Gewürze zufügen und **60—70 Minuten schmoren.**
Mit angerührtem Mehl binden und nach Belieben mit Essig und Sahne abschmecken.

Saure Nieren

500 g	**Schweinenieren**
1	**Zwiebel**
50 g	**Fett** oder Speck
	Wasser oder Brühe
	Mehl
	Essig oder Wein
	saure Sahne
	Salz

Nieren halbieren, wässern, Haut und Röhren entfernen, abtrocknen und in Scheiben schneiden. Zwiebel schälen und in Würfel schneiden.
Fett **erhitzen,** Nieren und Zwiebel unter Wenden etwa **5 Minuten bräunen,** nicht länger, da die Nieren sonst hart werden.
Mit Wasser auffüllen, **aufkochen,** mit angerührtem Mehl binden. Essig und Sahne zugeben, **5 Minuten** in der **Nachwärme** fertig garen und abschmecken.

Veränderung:

- Auf 500 g Nieren 250—375 g Pilze zugeben. Nieren nach dem Bräunen herausnehmen, warm halten und die vorbereiteten Pilze in dem Bratfett andünsten. Nieren wieder zugeben.

Gefülltes Kalbsherz

2	**Kalbsherzen**
1 l	**Buttermilch**
Füllung:	
	Inneres der Herzen
1	**große Zwiebel**
40 g	**Fett**
20 g	**Paniermehl**
2 EL	**zerkleinerte Petersilie**
1	**Ei**
	Salz · Paprika
30 g	**Fett**
	einige Pilze
	Tomatenmark
	Mehl · saure Sahne

Kalbsherzen waschen, halbieren, Häute und Knorpel entfernen und 2—3 Tage in Buttermilch legen.
Herausnehmen, abtrocknen und etwas Fleisch herausschneiden, so daß genügend Platz für die Füllung entsteht.
Für die Füllung dieses Fleisch fein hakken oder durch den Fleischwolf drehen. Zwiebel schälen und in Würfel schneiden. Fett **erhitzen,** Zwiebel darin **andünsten.** Mit den anderen Zutaten vermengen und mit Salz und Paprika abschmecken. In die Herzhälften füllen, diese zusammensetzen und zunähen oder -binden.
Fett **erhitzen,** Fleisch darin **bräunen.** Pilze putzen, waschen und mit etwas Tomatenmark zugeben. Von der Buttermilch, in der das Fleisch eingelegt war, knapp $\frac{1}{2}$ l zugießen und **$1\frac{1}{4}$—$1\frac{1}{2}$ Stunden schmoren.** →

Mit angerührtem Mehl binden, Sahne zufügen und abschmecken.

Veränderung:
- Rinderherz ebenso oder auch ungefüllt zubereiten, aber etwa 30 Minuten länger schmoren lassen.

Gefüllte Paprikaschoten

Füllung:	
1	**Zwiebel**
1 EL	**Öl**
1	**Brötchen**
500 g	**Schweinehackfleisch** oder halb und halb
	abgeriebene Zitronenschale
	Salz
1	**Ei**
	Petersilie
Soße:	
500 g	**Tomaten** oder 2—3 EL Tomatenmark
1	**Zwiebel**
40 g	**Magerspeck**
4—6	**grüne Paprikaschoten**
	Mehl · Zucker · süße Sahne oder Crème fraîche

Für die Füllung Zwiebel schälen und in Würfel schneiden. Öl **erhitzen,** Zwiebel darin **andünsten.**
Brötchen in Wasser einweichen, ausdrücken, Zwiebel zugeben, mit Hackfleisch, Zitronenschale, Salz, Ei und zerkleinerter Petersilie vermengen und abschmecken.
Für die Soße Tomaten überbrühen, abschrecken, abziehen, kleinschneiden. Ohne Wasser **ankochen** und **10—15 Minuten fortkochen.** Pürieren, mit heißem Wasser bis zu ½ l auffüllen. Oder Tomatenmark mit ½ l Wasser anrühren.
Zwiebel schälen, Zwiebel und Speck in Würfel schneiden, zugeben und **aufkochen.**
Von den Paprikaschoten einen Deckel abschneiden, Kerne auskratzen, Paprika waschen. Schoten mit Hackfleischmasse füllen, in die Tomatensoße geben, **ankochen** und **30—45 Minuten schmoren.** Herausnehmen und warm halten.
Soßenfond **aufkochen** und mit angerührtem Mehl binden. Die Soße muß recht sämig sein. Mit Zucker abschmecken und Sahne unterrühren.
Als Beilage Reis oder Kartoffelbrei reichen.

Tip:
- Nicht zu große Paprikaschoten wählen, damit sie im Kochtopf Platz haben.
- Eine größere Menge Paprikaschoten in die Fettpfanne setzen. Mit Alufolie abdecken und im Backofen, untere Einschubleiste, 40—50 Minuten bei 225 °C schmoren. Anschließend die Soße auf der Kochstelle bereiten.

Gefüllte Schmorgurken

4	**Gemüsegurken**
	Essig · Salz
Füllung:	
2	**Brötchen**
1	**Zwiebel**
375 g	**Hackfleisch** halb und halb
1	**Ei**
	Salz · Paprika
1	**Zwiebel**
30 g	**Fett**
2—3	**Tomaten**
	Wasser nach Bedarf
	Mehl · saure Sahne · Dill

Gurken schälen, Enden entfernen, längs halbieren und die Kerne mit einem Löffel herauskratzen. Die Hälften mit Essig beträufeln, mit Salz bestreuen und 10 Minuten ziehen lassen.
Für die Füllung Brötchen in Wasser einweichen, ausdrücken. Zwiebel schälen und in Würfel schneiden. Beides mit Hackfleisch, Ei, Salz und Paprika vermengen und abschmecken.
Gurken trockentupfen, mit der Hackfleischmasse füllen und die Hälften zusammenbinden. Größere Gurken in Portionsgröße schneiden.
Zwiebel schälen und in Würfel schneiden. Fett **erhitzen,** Gurken und Zwiebel darin **bräunen.** Tomaten überbrühen, abschrecken, abziehen, halbieren und zu den Gurken geben. Nach Bedarf etwas

Wasser zufügen und Gurken **30—35 Minuten schmoren.** Herausnehmen und warm halten.
Soßenfond **aufkochen,** mit angerührtem Mehl binden, Sahne zufügen, abschmekken und mit zerkleinertem Dill bestreuen.

Tip:

- Eine größere Menge in mehreren Portionen nacheinander bräunen und im Backofen schmoren. Sobald die Gurken leicht gebräunt sind, mit dem Bratenfond und den Tomaten in die Fettpfanne geben und auf der mittleren Einschubleiste 40—50 Minuten bei 225—250 °C schmoren, 10 Minuten auf 0.
  Für die Soße den Bratenfond mit heißem Wasser lösen und nach Belieben durch ein Sieb gießen. In einen Kochtopf geben, aufkochen, mit angerührtem Mehl binden, Sahne zufügen und mit zerkleinertem Dill abschmecken.

Kohlrouladen mit Fleischfüllung

$1\frac{1}{2}$—2 kg	**Weißkohl** oder Wirsing
2—3 l	**Wasser**
Füllung:	
1	**Brötchen**
1	**Zwiebel**
500 g	**Gehacktes** halb und halb
1	**Ei**
	Salz · Paprika
50 g	**Fett**
$\frac{1}{8}$ l	**Wasser**
	Mehl
	saure Sahne
	oder Crème fraîche

Kohl putzen und den Strunk trichterförmig herausschneiden. Kohl in Wasser **ankochen,** etwa **10 Minuten fortkochen,** damit sich die Blätter besser lösen lassen. Kohl herausnehmen, Blätter lösen, die dicken Rippen flach abschneiden. Den restlichen Kohl kleinhacken und mit zur Füllung verwenden.
Für die Füllung Brötchen in Wasser einweichen und ausdrücken. Zwiebel schälen, in Würfel schneiden. Beides mit Hackfleisch, gehacktem Kohl, Ei, Salz und Paprika vermengen, abschmecken und auf die Blätter verteilen. Diese fest aufrollen, so daß das Fleisch gut eingehüllt ist, Rouladen abtrocknen.
Fett **erhitzen,** Kohlrouladen darin von allen Seiten **bräunen,** Wasser zufügen und Rouladen **35—40 Minuten schmoren.** Herausnehmen und warmhalten.
Soßenfond mit Wasser auffüllen, **aufkochen,** mit angerührtem Mehl binden, Sahne zufügen und abschmecken.

Was ist zu beachten?

- Möglichst einen großen Kohlkopf verwenden, um große Blätter zum Einwickeln zu erhalten.

Tip:

- Größere Mengen Kohlrouladen mit Speckscheiben belegen und in der Fettpfanne im Backofen auf der mittleren Einschubleiste 50—60 Minuten bei 225 °C, 10 Minuten bei 0 bräunen und schmoren. Nach Bedarf etwas heißes Wasser zugießen.

! STROM-SPAR-TIP

Nur Kochgeschirr mit ebenem und trockenem Boden und gut schließendem Deckel wählen

Fleisch in Soße

Für diese Zubereitungsart wird das Fleisch gebraten, gekocht oder geschmort. In Würfel geschnitten oder fein zerkleinert — haschiert — wird es in Soße serviert. Die Soße ist häufig eine helle oder dunkle Grundsoße, die mit Fleischbrühe, Fleischsaft und/oder Wein und Wasser aufgefüllt wird.

Bezeichnung

Je nach Zubereitungsart werden die Gerichte bezeichnet als:

- **Frikassee**
  Frikassee wird aus gekochtem hellen Fleisch wie Huhn, Pute, Kalb und Lamm bereitet und in einer hellen Soße serviert. Das Gericht ist in Süddeutschland als „eingemachtes Fleisch" bekannt.
- **Ragout**
  Ragout wird vorwiegend aus gekochtem, gebratenem oder geschmortem dunklen Fleisch wie Rind und Wild bereitet und in einer dunklen Soße serviert.
  Ausnahme: Ragout fin, das meist als Pastetenfüllung verwendet wird, wird aus hellem Fleisch bereitet und in einer hellen Soße serviert.
- **Haschee**
  Haschee wird aus beliebigem Fleisch oder Innereien wie Lunge, Hirn oder Kalbsbries bereitet. Nach dem Garen wird das Fleisch haschiert, d. h. fein zerkleinert oder durch einen Fleischwolf gegeben, und in einer beliebigen Soße serviert.

Zutaten zur Verfeinerung und Geschmacksabrundung

- Weißwein, Zitronensaft, Salz und etwas Zucker für Frikassee, Rotwein oder Essig und je nach Fleischart passende Gewürze für Ragout.
- Champignons, Spargel und Kapern für Frikassee, Pilze, Gurken, Äpfel und Sultaninen für Ragout.
- Zum Legieren Eigelb mit 2—3 EL Soße verquirlen und in die nicht mehr kochende Soße rühren.
- Fleischklößchen für Frikassee und Ragout.

Tip:
- Fleischreste, gefroren oder vom Vortag, und Dosenfleisch eignen sich gut für die Zubereitung von Fleisch in Soße.
- Fleisch in Soße kann auch im Reisrand angerichtet werden, siehe Bild 30, Seite 123.

Hühnerfrikassee

1	**Suppenhuhn**
1 l	**Wasser**
	Salz
1	**Suppengrün**
Soße:	
45 g	**Fett**
60 g	**Mehl**
$^3/_4$ l	**Hühnerbrühe**
	Salz
1 Prise	**Zucker**
	Kapern · Zitronensaft · Weißwein
1 Dose	**Champignons** Abtropfgewicht etwa 100 g
250 g	**gegarte Spargelstücke** oder Blumenkohlröschen
1—2	**Eigelb**

Ausgenommenes Huhn und Innereien waschen. Mit Wasser und Salz **ankochen** und **1—1$\frac{1}{2}$ Stunden fortkochen.**
Suppengrün putzen, waschen, kleinschneiden und nach der halben Gardauer zufügen. Huhn herausnehmen, enthäuten, zerlegen, Knochen herauslösen und das Fleisch kleinschneiden. Hühnerbrühe durch ein Sieb gießen.
Für die Soße Fett **erhitzen,** Mehl zufügen und unter ständigem Rühren **andünsten.** Mit Brühe unter Rühren ablöschen, **aufkochen** und mit Salz, Zucker, Kapern, Zitronensaft und Wein abschmecken. Fleisch, abgetropfte Champignons und Spargel in die Soße geben und **aufkochen.**
Eigelb mit etwas heißer Soße verquirlen und in die nicht mehr kochende Soße rühren.

Veränderung:

- Zusammen mit den Champignons gegarte Fleischklößchen, Rezept Seite 80, zugeben und aufkochen.

Kalbsfrikassee

750 g	**Kalbfleisch** Brust, Blatt oder Schlegel
1	**Suppengrün**
1 l	**Wasser**
	Salz
5	**Pfefferkörner**
Soße:	
45 g	**Fett**
60 g	**Mehl**
$^3/_4$ l	**Kalbfleischbrühe**
	Salz
1 Prise	**Zucker**
	Kapern · Zitronensaft · Weißwein
1 Dose	**Champignons** Abtropfgewicht etwa 100 g
250 g	**gegarte Spargelstücke** oder Blumenkohlröschen
1—2	**Eigelb**

Fleisch waschen. Suppengrün putzen, waschen und kleinschneiden. Beides mit Wasser, Salz und Pfefferkörnern **ankochen** und **50—60 Minuten fortkochen.**
Fleisch herausnehmen, vom Knochen lösen und in Würfel schneiden. Kalbfleischbrühe durch ein Sieb gießen.
Für die Soße Fett **erhitzen,** Mehl zufügen und unter ständigem Rühren **andünsten.** Mit Brühe unter Rühren ablöschen, **aufkochen** und mit Salz, Zucker, Kapern, Zitronensaft und Wein abschmecken.
Fleisch, abgetropfte Champignons und Spargel in die Soße geben, **aufkochen.**
Eigelb mit etwas heißer Soße verquirlen und in die nicht mehr kochende Soße rühren.

Veränderung:

- 250 g Kalbsbries 10 Minuten mit dem Fleisch kochen, in Stücke schneiden und zum Frikassee geben. Vorbereitung des Kalbsbries siehe Seite 228.
- Zusammen mit den Champignons gegarte Fleischklößchen, Rezept Seite 80, zugeben und aufkochen.

STROM·SPAR·TIP **Bei Gerichten mit langer Gardauer Schnellkochtopf oder -bratpfanne einsetzen**

Kalbsbries in Soße
Kalbsmilch

500 g	**Kalbsbries**
1	**Zwiebel**
½ l	**Wasser**
	Salz

Soße:

45 g	**Fett**
60 g	**Mehl**
¾ l	**Flüssigkeit** Kalbsbriesbrühe und Wasser
	Salz · Pfeffer
1 Prise	**Muskat**
	Zitronensaft · Weißwein

Kalbsbries längere Zeit wässern, damit es weiß wird. Abgießen, mit kochendem Wasser überbrühen und kalt abschrekken, herausnehmen, Haut und Adern entfernen.
Zwiebel schälen, halbieren, mit Wasser und Salz **ankochen,** Kalbsbries einlegen und **10 Minuten fortkochen.** Bries herausnehmen und in Würfel oder Scheibchen schneiden.
Für die Soße Fett **erhitzen,** Mehl zugeben und unter ständigem Rühren **andünsten.** Mit Flüssigkeit unter Rühren ablöschen, **aufkochen** und mit Salz, Gewürzen, Zitronensaft und Wein abschmecken.
Kalbsbries in die kochende Soße geben und kurz in der **Nachwärme** erwärmen.

Veränderung:
- Kalbsbries mit Champignon- oder Béchamelsoße bereiten, Rezepte Seite 84 und 87.
- **Kalbsbries gebraten**
  Das gekochte Kalbsbries in Scheiben schneiden, Scheiben panieren und in der Pfanne wie Schnitzel braten.

STROM-SPAR-TIP

Automatik-Kochstelle benutzen oder rechtzeitig umschalten auf „fortkochen/weitergaren"

Geflügelfleisch in Dillsoße

800—1000 g	**Geflügelfleisch**
¼ l	**Weißwein**
½ TL	**Salz**
	Pfeffer
	abgeriebene Zitronenschale
2—3 EL	**Mehl**
150 g	**saure Sahne**
75 g	**geriebener Käse**
4 EL	**Dill**
	Zitronensaft · Salz · Pfeffer
1	**Eigelb**
1 EL	**Dill**

Fleisch waschen und in Würfel schneiden.
Wein mit Salz, Pfeffer und Zitronenschale **ankochen,** Fleisch zugeben und **40—50 Minuten fortkochen.**
Mehl mit Sahne verquirlen, einrühren, Käse und zerkleinerten Dill zufügen.
Mit Zitronensaft, Salz und Pfeffer abschmecken.
Eigelb mit etwas heißer Soße verquirlen und in die nicht mehr kochende Soße rühren. Mit zerkleinertem Dill bestreuen.

Königsberger Klopse
Fleischklöße in Kapernsoße

1	**Brötchen**
1	**Zwiebel**
500 g	**Hackfleisch** halb und halb
1	**Ei**
3	**zerkleinerte Sardellen**
	Salz · Paprika oder Pfeffer
	Kapernsoße Rezept Seite 85
	Zitronensaft · Weißwein
	Salz · Zucker

Brötchen in Wasser einweichen, ausdrücken. Zwiebel schälen und in Würfel schneiden. Beides mit Hackfleisch, Ei, Sardellen, Salz und Paprika zu einem glatten Teig verarbeiten, abschmecken und gleichmäßig große Klopse daraus formen.
Kapernsoße bereiten, Klopse in die kochende Soße legen und **15—20 Minuten garziehen** lassen.

Mit Zitronensaft, Wein, Salz und Zucker abschmecken.
Als Beilage Salzkartoffeln und Rote-Rüben-Salat reichen.

Tip:
- Wenn man die Zwiebelwürfel vorher in wenig Fett goldgelb dünstet, schmekken die Klopse kräftiger.

Veränderung:
- Anstelle der Kapernsoße Heringssoße, Rezept Seite 88, bereiten.

Hasenragout

1 kg	**Hasenklein** Kopf, Bauchlappen, Brust- und Halsknochen, Herz, Lunge
1 l	**Wasser**
	Salz
1	**Gewürzdosis**
3	**Zwiebeln**
75 g	**Speck**
60 g	**Mehl**
$^1/_2$ l	**Hasenkleinbrühe**
$^1/_4$ l	**Rotwein**
	Salz · Pfeffer · Nelken · Thymian Rosmarin · Zitronensaft
1 EL	**Johannisbeergelee**

Den Kopf spalten, Kopf und restliches Hasenklein gründlich waschen. Mit Wasser, Salz und der Gewürzdosis **ankochen** und **1—1$^1/_2$ Stunden fortkochen.**
Fleisch herausnehmen, von den Knochen lösen, Lunge und Herz in Würfel schneiden.
Zwiebeln schälen, Zwiebel und Speck in Würfel schneiden. Speck **auslassen,** Fleisch und Zwiebel darin **anbraten.** Mehl überstäuben, **bräunen,** mit Brühe und Rotwein unter Rühren ablöschen, **aufkochen.**
Salz, Gewürze, Zitronensaft und Gelee zugeben und abschmecken.

Veränderung:
- **Hasenpfeffer**
  Der Soße auch Hasenblut zusetzen. Kann es nicht gleich frisch verwendet werden, rührt man einen Schuß Essig hinein und gießt es durch ein Sieb an das Gericht.

Kaninchenragout

1	**Kaninchen**
50 g	**Speck**
20 g	**Mehl**
$^1/_2$ l	**Flüssigkeit** Brühe und Wasser
1	**Zwiebel**
	Salz
1	**Lorbeerblatt**
2—3	**Gewürzkörner**
40 g	**Mehl**
	Rotwein · Zitronensaft
1 Prise	**Zucker**

Vorbereitetes Kaninchen waschen, in Portionsstücke zerlegen.
Speck in Würfel schneiden, **auslassen** und Fleisch darin **bräunen.** Mehl überstäuben, **bräunen,** mit heißer Flüssigkeit unter Rühren ablöschen, **aufkochen.**
Zwiebel schälen, in Würfel schneiden und mit Salz und Gewürzen zu dem Fleisch geben, **40—60 Minuten schmoren.**
Mit angerührtem Mehl binden und mit Rotwein, Zitronensaft und Zucker abschmecken.
Als Beilage Salzkartoffeln, Gemüse oder Blattsalat reichen.

Türkisches Lammragout

500 g	**Lammfleisch**
50 g	**Magerspeck**
$^1/_4$ l	**Wasser**
10 g	**Trockenpilze** oder 1 kleine Dose Pilze
	Salz
1	**Apfel**
1 EL	**Sultaninen**
1 TL	**Curry**
	Speisestärke

Fleisch waschen, abtrocknen und in Würfel schneiden. Speck in Würfel schneiden und **auslassen.** Fleisch darin von allen Seiten **bräunen.**
Wasser, eingeweichte Trockenpilze und Salz zufügen, etwa **1 Stunde schmoren.**
Apfel waschen, schälen. Kerngehäuse entfernen und Apfel in Scheiben schneiden. Apfel, Sultaninen und Curry zum Ra-

gout geben, **10 Minuten fortkochen.** Speisestärke mit etwas Wasser verrühren, $^1/_2$ **Minute** in der **Nachwärme** fertig garen und abschmecken.

Zungenragout

1	**Rinderzunge** etwa 1$^1/_2$ kg
1—1$^1/_2$ l	**Wasser**
	Salz
1	**Gewürzdosis**
1	**Suppengrün**
Soße:	
1—2	**Zwiebeln**
80 g	**Fett**
100 g	**Mehl**
1 l	**Zungenbrühe**
	Salz · Pfeffer · Zitronensaft
1 EL	**Madeira** oder Rotwein
1 Prise	**Zucker**
	gegarte Fleischklößchen Rezept Seite 80
1 Dose	**Champignons** Abtropfgewicht etwa 100 g

Rinderzunge mit warmem Wasser waschen. Mit Wasser, Salz und Gewürzdosis **ankochen** und **2$^1/_2$—3 Stunden fortkochen.**
Suppengrün putzen, waschen und nach 2 Stunden Gardauer zufügen. Rinderzunge herausnehmen und von der Spitze aus die Haut abziehen, Knorpel und Fett entfernen. Zunge in Scheiben schneiden.
Für die Soße Zwiebeln schälen und in Würfel schneiden. Fett **erhitzen,** Zwiebeln zufügen und unter ständigem Rühren **bräunen.** Mehl zufügen und mit **bräunen.** Mit Brühe unter Rühren ablöschen, **aufkochen** und mit Salz, Pfeffer, Zitronensaft, Madeira und Zucker abschmekken.
Zunge, Fleischklößchen und abgetropfte Champignons in der Soße **garziehen** lassen.

Was ist zu beachten?

- Eine Pökelzunge muß immer mehrere Stunden wässern und wird dann ohne Salz gegart; die Gardauer ist etwas kürzer.
- Bei Verwendung von Kalbs- oder Schweinezungen beträgt die Gardauer 1$^1/_2$—2 Stunden.

Tip:

- Da es sich bei der Zunge um eine große Fleischmenge handelt, einen Teil kalt als Aufschnitt reichen oder paniert und gebraten zu Gemüse geben oder einfrieren.

Ragout für Pasteten

500 g	**gekochtes Fleisch** Huhn, Kalb, Kalbszunge, Kalbsmilch oder Fleischreste
375 g	**Champignons**
1	**kleine Zwiebel**
30 g	**Fett**
	Salz · Pfeffer
Soße:	
45 g	**Fett**
60 g	**Mehl**
$^3/_4$ l	**Flüssigkeit** Brühe oder Wasser
	Salz
1 Prise	**Zucker**
	Weißwein · Zitronensaft
1	**Eigelb**
	saure Sahne nach Belieben

Fleisch, am besten verschiedenes, in Würfel schneiden.
Champignons putzen, waschen, blättrig schneiden. Zwiebel schälen und in Würfel schneiden.
Fett **erhitzen,** Champignons und Zwiebel darin **5—10 Minuten andünsten.** Mit Salz und Pfeffer würzen und mit dem Fleisch mischen.
Für die Soße Fett **erhitzen,** Mehl zufügen und unter ständigem Rühren **andünsten.** Mit Flüssigkeit unter Rühren ablöschen, **aufkochen.** Mit Salz, Zucker, Weißwein und Zitronensaft abschmecken.
Fleisch, Champignons und Zwiebel in die kochende Soße geben und **erwärmen.**
Eigelb mit etwas heißer Soße verquirlen und in die nicht mehr kochende Soße rühren und nach Belieben mit Sahne verfeinern.
Das heiße Ragout sofort in heiße Pasteten füllen.

Ragout von Fleischresten

oder von Dosenfleisch

375— 500 g	**Fleischreste** gebraten oder gekocht
60 g	**Fett**
75 g	**Mehl**
¾ l	**Brühe**
1	**Apfel**
1 EL	**Sultaninen** oder 1 saure Gurke
	Essig · Salz · Zucker · Rotwein

Fleisch in Würfel schneiden.
Fett **erhitzen,** Fleisch darin von allen Seiten **anbraten.** Mehl überstäuben, **bräunen,** mit Brühe unter Rühren ablöschen, **aufkochen.**
Apfel waschen, schälen, Kerngehäuse entfernen, Apfel in dünne Scheiben scneiden, mit den Sultaninen zu dem Ragout geben und **5—10 Minuten** in der **Nachwärme** fertig garen.
Mit Essig, Salz, Zucker und Rotwein abschmecken.

Westfälischer Pfeffer-Potthast

500 g	**Zwiebeln**
30—40 g	**Fett**
500 g	**Rindfleisch** mager
⅜ l	**Wasser**
	Salz
½ TL	**Pfeffer**
1 Prise	**Nelkenpfeffer**
6—8	**Gewürzkörner**
1—2	**Lorbeerblätter**
2	**Zitronenscheiben**
	nach Bedarf: **etwas geriebener Zwieback**

Zwiebeln schälen, in feine Würfel schneiden.
Fett **erhitzen,** Zwiebel darin glasig **dünsten.**
Fleisch waschen, abtrocknen, in 3 cm große Stücke schneiden, zugeben, kurz **andünsten,** aber nicht bräunen. Wasser angießen, Salz, Gewürze und Zitronenscheiben dazugeben, **ankochen** und **1¼—1½ Stunden fortkochen.** Lorbeerblätter und Zitrone herausnehmen.
Falls die Soße nicht sämig genug ist, mit geriebenem Zwieback andicken und abschmecken.

Lungenhaschee

Lungenmus

1	**Kalbslunge** etwa 750 g
1	**Suppengrün**
1 l	**Wasser**
	Salz
1	**Gewürzdosis**
Soße:	
40 g	**Fett**
40—50 g	**Mehl**
½ l	**Lungenbrühe**
1	**Gewürzgurke** **Salz · Zucker · Pfeffer · Zitronensaft**

Luftröhre aus der Lunge auslösen, Lunge säubern, kurz wässern.
Suppengrün putzen, waschen, kleinschneiden. Lunge mit Wasser, Salz, Suppengrün und Gewürzdosis **ankochen** und **50—60 Minuten fortkochen.** Lunge herausnehmen, in kleine Würfel schneiden oder durch den Fleischwolf drehen.
Für die Soße Fett **erhitzen,** Mehl zufügen und unter ständigem Rühren **bräunen.** Mit Brühe unter Rühren ablöschen, **aufkochen.**
Gurke in Würfel schneiden, Gurke und Lunge zufügen, **5—10 Minuten** in der **Nachwärme** erwärmen und mit Salz, Zukker, Pfeffer und Zitronensaft abschmekken.

STROM·SPAR·TIP
Bei Gerichten mit langer Gardauer Schnellkochtopf oder -bratpfanne einsetzen

Braten von Schlachttieren, Wild und Geflügel im Backofen

Das Braten im Backofen ist eine fettarme Zubereitung, die kaum Überwachung erfordert. Dazu geeignet ist das Fleisch von Schlachttieren, Wild und Geflügel.
Um den Backofen voll auszunutzen, sollte mindestens 1 kg Fleisch gebraten werden. Kleinere Braten werden im Backofen nur dann wirtschaftlich zubereitet, wenn gleichzeitig andere Gerichte, z. B. Aufläufe, Sahne- oder Folienkartoffeln, Kompott oder Bratäpfel, mitgegart werden.

Vorbereitung

- Fleisch von Sehnen befreien, waschen und abtrocknen, damit es schneller bräunt,
- erst kurz vor dem Einsetzen salzen und würzen.
  Salz und Gewürze müssen in das Fleisch eingerieben werden, da sie sonst nur an der Oberfläche haften.
  Ausnahme: Geflügel wird nur innen gewürzt und erst kurz vor Ende der Bratdauer mit etwas kaltem Salzwasser übergossen, wodurch eine besonders krosse Haut erzielt wird.

Zubereitungsarten

- Braten auf dem Rost oder im offenen Gefäß, siehe Seite 235.
- Braten im geschlossenen Gefäß auf dem Rost, siehe Seite 236.
- Braten mit Bratthermometer:
  Einige Backöfen mit Elektronik sind mit einem Bratthermometer mit spießförmigem Temperaturfühler ausgestattet. Der Temperaturfühler wird in das Fleisch gesteckt und mißt die Temperatur im Innern des Bratens, die sogenannte Kerntemperatur. Ist die festgelegte und vorab eingestellte Kerntemperatur erreicht, schaltet die Backofenbeheizung automatisch ab.

Kerntemperatur-Tabelle für Fleischbraten

<table>
<tr><th>Braten</th><th>Kerntemperatur bei Garende in °C</th><th>Bemerkungen</th></tr>
<tr><td rowspan="3">Rinderfilet
Roastbeef</td><td>45—55</td><td>englisch gebraten</td></tr>
<tr><td>55—65</td><td>rosa gebraten</td></tr>
<tr><td>65—75</td><td>durchgebraten</td></tr>
<tr><td>Rinderbraten</td><td>80—90</td><td rowspan="7">Die geringere Kerntemperatur wird vorwiegend für festes, saftiges Fleisch gewählt.
Die höhere Kerntemperatur wird für mürbes, trockenes Fleisch gewählt und für Braten, die bis zum Inneren gegart werden sollen.</td></tr>
<tr><td>Schweinebraten</td><td>80—90</td></tr>
<tr><td>Kasseler</td><td>70—80</td></tr>
<tr><td>Hackbraten</td><td>80—90</td></tr>
<tr><td>Kalbsbraten</td><td>70—90</td></tr>
<tr><td>Lammbraten</td><td>70—85</td></tr>
<tr><td>Wildbraten</td><td>70—85</td></tr>
</table>

- Braten mit Bratautomatik:
  Es werden Fleischart, -gewicht und -zustand, z. B. frisch oder gefroren, eingestellt. Der Braten wird im geschlossenen Gefäß in den kalten Backofen eingesetzt, und das Bratprogramm läuft, den eingegebenen Daten entsprechend, automatisch ab. Das Bratautomatikprogramm läßt sich mit der Zeitschaltautomatik koppeln. Die Gebrauchsanweisung des Herstellers ist zu beachten.
- Braten in Bratfolie nach Herstellerangabe.
- Fleisch, Wild und Geflügel kann auch im Mikrowellengerät zubereitet werden, siehe Seite 490f. und 499ff.

Zutaten zur Geschmacksabrundung

- Zwiebeln, Tomaten, Pilze, Paprika oder Möhren
  — bei Braten mit weniger als 1 Stunde Gardauer von Anfang an zufügen
  — bei Braten mit längerer Gardauer erst nach etwa einer Stunde Bratdauer zufügen, da sie sonst dunkel werden und der Soße einen bitteren Geschmack geben.
- Wacholderbeeren, Knoblauch, Senf, Paprikapulver, Thymian oder Oregano zum Bestreichen oder Einreiben des Bratens.

Einsetzen

Braten je nach Höhe des Fleischstückes auf die untere oder mittlere Einschubleiste setzen. Da Fleisch beim Braten aufgeht, einen Abstand von 10 cm zur Backofendecke berücksichtigen.

Brattemperatur

Die in den Rezepten angegebene Gardauer bezieht sich auf das Einsetzen in den kalten Backofen.

Beim Braten mit Umluft, siehe Seite 23, kann die Temperatur um etwa 30 °C niedriger als in den Rezepten angegeben, eingestellt werden. Die Gebrauchsanweisung des Herstellers ist zu beachten.

Garprobe

Ob der Braten gar ist, stellt man durch Drücken mit einem Löffel oder Bratenwender fest. Das Hineinstechen mit einer Gabel sollte vermieden werden, da dadurch Fleischsaft ausläuft.
Durchgebratenes Fleisch soll beim Druck nicht nachgeben, während sich englisch gebratenes Roastbeef oder Filet mit einem Löffel eindrücken läßt.
Der Fleischsaft von durchgebratenem Fleisch ist grau, von halb durchgebratenem rosa und der Saft von innen noch rohem Braten sieht rot aus.

Nach dem Braten

- Den Braten mit zwei Bratenwendern oder Löffeln auf eine Platte legen und in den ausgeschalteten Backofen setzen. So kann sich der Fleischsaft gleichmäßig verteilen, und beim Aufschneiden läuft nicht soviel Saft heraus.
- Aus dem Bratensatz eine Soße bereiten, siehe Seite 234.
- Das Fleisch aufschneiden oder tranchieren, siehe Seite 234 und 250, und zusammen mit der Soße servieren.

→

Was ist zu beachten?

- Roastbeef oder Filet darf nicht zu lange heiß gehalten werden, da das aufgeschnittene Fleisch sonst grau aussieht.

Tip:

- Zum Aufwärmen von Fleischresten empfiehlt sich, die aufgeschnittenen Bratenstücke in der heißen Soße nur ziehen zu lassen.

Soßenbereitung

- Den Bratenfond, d. h. den Bratensatz, der sich in der Fettpfanne oder dem Bräter gebildet hat, und alle Krusten mit etwas heißem Wasser und einer Bratenbürste sorgfältig lösen,
- Fond in einen Kochtopf füllen, falls der Braten in der Fettpfanne oder auf dem Rost zubereitet wurde; oder mit dem Bräter auf die Kochstelle setzen,
- mit Flüssigkeit auffüllen und aufkochen,
- mit angerührtem Mehl oder mit angerührter Speisestärke binden,
- in der Nachwärme fertig garen,
- Sahne, saure Sahne oder Crème fraîche und Geschmackszutaten zufügen und abschmecken.

Was ist zu beachten?

- Die Flüssigkeitszugabe richtet sich nach der gewünschten Soßenmenge. Als Flüssigkeit kann Wasser, Brühe, Dick- oder Buttermilch oder Mischungen daraus zugegeben werden.
- Zum Binden für ½ l Soße werden 30—40 g Mehl oder 20—30 g Speisestärke benötigt, die mit Wasser oder Sahne verrührt werden.
- Zum Verfeinern der Soße kann saure Sahne oder Crème fraîche zugegeben werden.
- Soll die Soße ganz glatt sein, muß sie passiert, d. h. durch ein Sieb gegeben werden.

Tip:

- 1 Prise Zucker rundet den Geschmack jeder Soße ab.
- Als Geschmackszutat eignen sich je nach Fleischart Rotwein, Madeira oder Sherry.

Aufschneiden und Tranchieren

Ein scharfes Messer verwenden, damit glatte Schnittflächen an den Fleischstücken entstehen.

- Den Braten zum Festhalten nie mit einer Gabel einstechen, sondern Alufolie oder Küchenpapier benutzen; so wird ein Auslaufen von Fleischsaft verhindert.
- Die Fasern des Fleisches glatt durchschneiden, und zwar nicht der Länge nach, sondern stets quer zur Faser.
- Gleichmäßige Scheiben schneiden.
  Bei Kalbs-, Lamm- und Rehrücken die Rückenfilets vorsichtig vom Knochen lösen, schräg in Scheiben schneiden, nach Belieben in die ursprüngliche Lage zurückschieben oder
- Scheiben auf einer vorgewärmten Platte anrichten und nach Belieben vor dem Servieren mit heißer Soße übergießen.

Tranchieren von Geflügel siehe Seite 250.

Tip:

- Braten, der kalt serviert werden soll, läßt sich besser aufschneiden, wenn er ausgekühlt ist.

Braten auf dem Rost oder im offenen Gefäß

Geeignet sind Bratenstücke von frischem oder gefrorenem Fleisch, das an- oder aufgetaut verwendet wird.

Als **Bratgeschirr** eignen sich Fettpfannen oder Gefäße aus dunkel emailliertem Stahl, Gußeisen, Stahl, Glas, Glaskeramik oder Ton. Die Griffe müssen hitzebeständig sein, siehe Bild 58, Seite 235.

Zubereitung

- Fettes Fleisch wie Schweinebraten oder Gans auf dem Rost über der mit wenig Wasser gefüllten Fettpfanne oder im offenen Bratgeschirr bereiten.
  Magere Braten mit Fettzusatz direkt in der Fettpfanne oder im offenen Bratgeschirr, das auf den Rost gesetzt wird, bereiten.
- Sobald der Bratenfond und die Zutaten gut gebräunt sind, nach Bedarf heißes Wasser oder Brühe zugießen.

Was ist zu beachten?
- Auf das früher übliche Begießen des Bratens kann verzichtet werden.
- Für das Aussehen, den Geschmack und die Bekömmlichkeit des Fleisches ist es günstiger, bei nicht zu hohen Temperaturen zu braten.
- Kleine Braten und solche mit kurzer Bratdauer bei höherer Temperatur bereiten.
- Große Braten mit langer Bratdauer bei niedriger Temperatur bereiten. Durch die längere Zeit wird trotzdem eine gute Bräunung von Braten und Fond erzielt.
- Zu stark gebräunter Bratensaft macht die Soße bitter, ungenügende Bräunung gibt der Soße zu wenig Geschmack und Farbe.

Bild 58: Für das Braten im Backofen kann jedes Geschirr verwendet werden, dessen Griffe hitzebeständig sind und dessen Deckel fest aufliegt.

Braten im geschlossenen Gefäß auf dem Rost

Geeignet sind Bratenstücke von frischem oder gefrorenem Fleisch, das an- oder aufgetaut verwendet wird.

Vorteile dieser Bratmethode:

- Der Backofen bleibt sauber.
- Die Soßenbereitung kann direkt im Bratgeschirr auf der Kochstelle durchgeführt werden, während der Braten auf einer Platte im Backofen warm gestellt wird.
- Besonders günstig für einen Bratvorgang in Verbindung mit der Zeitschaltautomatik oder Bratautomatik.

Als **Bratgeschirr** eignen sich Fettpfannen oder Gefäße aus dunkel emailliertem Stahl, Gußeisen, Glas, Glaskeramik oder Ton. Sie müssen hitzebeständige Griffe und festaufliegende Deckel haben, siehe Bild 58, Seite 235.

Zubereitung

- Fettes Fleisch mit wenig Wasser und Zutaten wie Zwiebeln und Tomaten in das Bratgeschirr geben.
  Mageres Fleisch mit Zutaten in das mit Wasser ausgespülte Bratgeschirr legen. Butter oder Margarine dazugeben oder Fleisch mit Speckstreifen belegen.
- Das geschlossene Gefäß mit dem Rost auf die untere oder mittlere Einschubleiste setzen.
- Temperatur etwas höher einstellen als beim Braten im offenen Gefäß und eine etwas längere Bratdauer wählen.

Was ist zu beachten?

- Flüssigkeitsverdampfung und Bräunung sind je nach dem verwendeten Geschirr unterschiedlich.
  In einer Tonform ist die Bräunung am schwächsten. Daher sollte man bei den ersten Versuchen nach etwa $^3/_4$ der Bratdauer nachsehen, um festzustellen, ob Flüssigkeit zugesetzt oder die Temperatureinstellung geändert werden muß.
- Falls die Bräunung nicht ausreichend ist, den Deckel abnehmen.
  Eine besonders starke Bräunung ist zu erzielen, wenn in den letzten 5—10 Minuten der Backofengrill eingeschaltet wird.

Tip:

- Auch Schmorgerichte wie Gulasch, Rouladen, gefüllte Paprikaschoten oder Kohlrouladen können — besonders größere Mengen — nach dieser Methode bereitet werden. Dabei entfällt das sonst übliche Anbraten.

Beim Braten mit Umluft die Temperatur um etwa 30 °C niedriger einstellen

Schweinebraten pikant

1 kg	**Schweinefleisch**
	Salz · Pfeffer
1 Msp	**Thymian**
4—6 EL	**Wasser**
2 EL	**Essig**
1 EL	**Zucker**
1 EL	**Speisestärke**
	Saft von 2 Orangen
2	**Orangen**

Fleisch waschen, abtrocknen, mit Salz und Gewürzen einreiben, Wasser zugeben und braten. Nach Bedarf heißes Wasser angießen.

- Geschlossenes Gefäß auf dem Rost
  Einsetzen:
  Untere oder mittlere Einschubleiste.

  Braten:

240—250 °C	100—120 Minuten
0	10— 20 Minuten

- Offenes Gefäß auf dem Rost
  Einsetzen:
  Untere oder mittlere Einschubleiste.

  Braten:

220—225 °C	80—90 Minuten
0	10—20 Minuten

Essig und Zucker hellbraun **ankochen** und dem gelösten Bratensatz zufügen. Speisestärke mit Orangensaft verrühren. Bratenfond **aufkochen,** binden und abschmecken.
Braten mit filetierten Orangenspalten garnieren.

Bild 59: Schweinekeule mit Kruste, Rezept Seite 237, im offenen Gefäß auf dem Rost zubereitet.

Schweinekeule mit Kruste

1½ kg	**Schweinekeule**
	Salz · Pfeffer · Paprika
⅛ l	**Wasser**
1	**Zwiebel**
1	**Möhre**
1	**Tomate**
	Mehl

Fleisch waschen und abtrocknen. In die Schwarte kleine Vierecke einschneiden, mit Salz und Gewürzen einreiben, Wasser zufügen und braten, mit der Schwarte nach oben. Nach einer Stunde, wenn nötig, Fett abschöpfen und nach Bedarf heißes Wasser angießen.
Zwiebel schälen, halbieren. Möhre putzen, waschen und in kleine Würfel schneiden. Tomate überbrühen, abschrecken, abziehen und in Viertel schneiden. Zwiebel, Möhre und Tomate nach 40 Minuten Bratdauer zugeben.

- Offenes Gefäß auf dem Rost oder Fettpfanne
  Einsetzen:
  Untere Einschubleiste.

  Braten:

200—225 °C	110—120 Minuten
0	10— 15 Minuten

Bratenfond entfetten, **aufkochen,** mit angerührtem Mehl binden, abschmecken.

Was ist zu beachten?

- Für jedes weitere ½ kg Fleisch 20 Minuten längere Bratdauer rechnen.
  Eine Keule von 5 kg braucht 3½—4 Stunden Bratdauer.

Schweine-Rollbraten

1 kg	**Schweinerücken** oder -nacken
	Salz · **Paprika** oder Pfeffer
4—6 EL	**Wasser**
1	**Zwiebel**
1	**Tomate**
	Mehl

Knochen auslösen. Fleisch waschen, abtrocknen, mit Salz und Paprika einreiben, aufrollen und zusammenschnüren. Ausgelöste Knochen und Wasser zugeben, braten.
Zwiebel schälen und halbieren. Tomate überbrühen, abschrecken, abziehen, in Viertel schneiden und beides nach 30 Minuten Bratdauer zum Fleisch geben. Nach Bedarf heißes Wasser angießen.

- Geschlossenes Gefäß auf dem Rost
  Einsetzen:
  Untere oder mittlere Einschubleiste.

  Braten:
  240—250 °C   90—110 Minuten
  0   10— 20 Minuten

- Offenes Gefäß auf dem Rost
  Einsetzen:
  Untere oder mittlere Einschubleiste.

  Braten:
  200—225 °C   70—80 Minuten
  0   10—20 Minuten

Bratenfond **aufkochen,** mit angerührtem Mehl binden und abschmecken.

Schweinefilet

1 kg	**Schweinefilet**
	Salz
20 g	**Fett** oder Speckstreifen
1	**Zwiebel**
1	**Tomate**
	Mehl
	saure Sahne

Filet häuten, wenn nötig Fett abschneiden, Filet waschen, abtrocknen, mit Salz einreiben, mit Fett bestreichen oder mit Speckstreifen belegen.
Zwiebel schälen und halbieren. Tomate überbrühen, abschrecken, abziehen, in Viertel schneiden und beides mit dem Fleisch braten.

- Geschlossenes Gefäß auf dem Rost
  Einsetzen:
  Untere oder mittlere Einschubleiste.

  Braten:
  240—250 °C   25—30 Minuten
  0   5—10 Minuten

- Offenes Gefäß auf dem Rost
  Einsetzen:
  Untere oder mittlere Einschubleiste.

  Braten:
  225—250 °C   20—25 Minuten
  0   5—10 Minuten

Bratenfond mit Wasser auffüllen, **aufkochen,** mit angerührtem Mehl binden, Sahne zugeben und abschmecken.

Veränderung:
- Schweinefilet wie Kasseler im Teigmantel, Rezept Seite 279, zubereiten.

Kasseler Rippespeer

1 kg	**Kasseler Rippespeer**
4—6 EL	**Wasser**
1	**Zwiebel**
1	**Tomate**
	Mehl
	saure Sahne oder Rotwein

Knochen auslösen, Fleisch waschen, abtrocknen. Ausgelöste Knochen und Wasser zufügen und braten.
Zwiebel schälen und halbieren. Tomate überbrühen, abschrecken, abziehen, in Viertel schneiden und beides nach 15 Minuten Bratdauer zum Fleisch geben.

- Geschlossenes Gefäß auf dem Rost
  Einsetzen:
  Untere oder mittlere Einschubleiste.

  Braten:
  225—250 °C   50—60 Minuten
  0   10—15 Minuten

- Offenes Gefäß auf dem Rost
  Einsetzen:
  Untere oder mittlere Einschubleiste.

  Braten:

225—240 °C	30—45 Minuten
0	10—15 Minuten

Bratenfond mit Wasser auffüllen, **aufkochen,** mit angerührtem Mehl binden und mit Sahne abschmecken.

Schinken nach Prager Art

1	**Schweineschinken** 5—6 kg, gepökelt und geräuchert

Knochen auslösen. Fleisch waschen, abtrocknen und zusammenschnüren.
Fettpfanne mit Wasser ausspülen, Fleisch mit der Schwarte nach unten hineinlegen, aber kein Wasser angießen. Der Schinken soll nicht bräunen, sondern bei niedriger Temperatur gar werden.

Einsetzen:
In der Fettpfanne, untere Einschubleiste.

Braten:

160—175 °C	4½—5 Stunden
0	30 Minuten

Bild 60: Kasseler Special, Rezept Seite 239, in der Fettpfanne zubereitet.

Roastbeef special

oder Kasseler special

750 g	**Kartoffeln**
	Salz
⅛—¼ l	**Wasser**
375 g	**Zwiebeln**
2	**grüne Paprikaschoten**
750 g	**Roastbeef** oder Kasseler
	Salz · Pfeffer
⅛ l	**Öl**
6	**Tomaten**
1 Dose	**Champignons** Abtropfgewicht etwa 250 g
	Petersilie

Kartoffeln schälen, waschen, in große Würfel schneiden, Salz überstreuen, Wasser angießen, **ankochen** und 5 Minuten **fortkochen.** Wasser abgießen.
Zwiebeln schälen und in Ringe schneiden. Paprika halbieren, Kerne entfernen, Paprika waschen und in Streifen schneiden.
Fleisch waschen, abtrocknen, mit Salz und Pfeffer einreiben und in die Mitte einer feuerfesten Form oder Fettpfanne legen. Kasseler nicht mit Salz und Pfeffer einreiben. Ringsherum Kartoffeln, Zwiebeln und Paprika verteilen, das Öl über das Fleisch gießen und braten. Tomaten überbrühen, abschrecken, abziehen, in Viertel schneiden. Zusammen mit abgetropften Champignons nach 30 Minuten Bratdauer zugeben.

- Offenes Gefäß auf dem Rost oder Fettpfanne
  Einsetzen:
  Mittlere Einschubleiste.

  Braten:

225—240 °C	45 Minuten
0	5 Minuten

Gemüse mit zerkleinerter Petersilie bestreuen.

Roastbeef

1 kg	**Roastbeef**
	Salz
100 g	**fetter Speck**
1	**Zwiebel**
2—3 EL	**Wasser**
	Mehl
	saure Sahne

Roastbeef waschen und abtrocknen. Kurz vor dem Braten die Haut einritzen, mit Salz einreiben.
Fleisch mit Speckstreifen belegen und mit der Fettschicht nach oben in den Bräter geben. Zwiebel schälen, halbieren, mit dem Wasser zugeben und braten.

- Geschlossenes Gefäß auf dem Rost
  Einsetzen:
  Untere oder mittlere Einschubleiste.

  Braten:

250—270 °C		35—40 Minuten
0	offen	5—10 Minuten

- Offenes Gefäß auf dem Rost
  Einsetzen:
  Untere oder mittlere Einschubleiste.

  Braten:

230—250 °C	30—40 Minuten
0	5—10 Minuten

Bratenfond mit Wasser auffüllen, **aufkochen,** mit angerührtem Mehl binden und mit Sahne abschmecken.

Was ist zu beachten?
- Für jedes weitere ½ kg Fleisch etwa 5 Minuten längere Bratdauer rechnen. Roastbeef ist bei der angegebenen Bratdauer innen rosa bis rot.
- Roastbeef wird nur zart, wenn es lange genug abgehangen ist.

Tip:
- Falls das Roastbeef kalt aufgeschnitten werden soll, brät man es bei geringer Temperatur, dafür aber länger, dann wird es besonders saftig.

Rinderfilet

1 kg	**Rinderfilet**
	Salz
20 g	**Fett**
100 g	**fetter Speck**
1	**Zwiebel**
1	**Tomate** oder Pilze
	Mehl
	saure Sahne

Filet häuten, Fett und den sehnigen Strang entfernen, waschen und abtrocknen. Kurz vor dem Braten mit Salz einreiben, mit Fett bestreichen und mit Speckstreifen belegen oder spicken.
Zwiebel schälen und halbieren. Tomate überbrühen, abschrecken, abziehen, in Viertel schneiden. Beides zum Fleisch geben und braten.

- Geschlossenes Gefäß auf dem Rost
  Einsetzen:
  Untere oder mittlere Einschubleiste.

  Braten:

250—275 °C		35—40 Minuten
0	offen	5—10 Minuten

- Offenes Gefäß auf dem Rost
  Einsetzen:
  Untere oder mittlere Einschubleiste.

  Braten:

225—250 °C	25—35 Minuten
0	5—10 Minuten

Bratenfond mit Wasser auffüllen, **aufkochen,** mit angerührtem Mehl binden, Sahne zufügen und abschmecken.

Was ist zu beachten?
- Jedes weitere ½ kg Fleisch etwa 5 Minuten länger braten.
- Rinderfilet ist bei der angegebenen Bratdauer innen rosa bis rot. Wird das Filet durchgebraten gewünscht, längere Zeit rechnen.

Tip:
- Durch Zugabe von Burgunder oder Madeira die Soße verfeinern.

Beim Braten mit Umluft die Temperatur um etwa 30 °C niedriger einstellen

Gefüllte Kalbsbrust

Füllung:

1	**kleine Zwiebel**
150 g	**Weißbrot** ohne Rinde
20 g	**Fett**
1 EL	**Kräuter**
150 g	**Hackfleisch** halb und halb
	Salz · Pfeffer
1 Prise	**Muskat**
1 Msp	**abgeriebene Zitronenschale**
1	**Ei**
$1^1/_4$ kg	**Kalbsbrust**
	Salz
	Fett
4—6 EL	**Wasser**
	Mehl
	saure Sahne

Für die Füllung Zwiebel schälen, in kleine Würfel schneiden. Weißbrot in Wasser einweichen und ausdrücken.
Fett **erhitzen,** Zwiebel und zerkleinerte Kräuter darin **andünsten.** Mit Weißbrot, Hackfleisch, Salz, Gewürzen und Ei vermengen und abschmecken.
Kalbsbrust entknöcheln, waschen, abtrocknen und mit Salz einreiben.
In die Fleischtasche die Füllung geben und zustecken oder -binden. Mit der Nahtseite nach oben in das Bratgeschirr legen, mit Fett bestreichen, Wasser zufügen und braten.
Nach 50 Minuten wenden.

- Geschlossenes Gefäß auf dem Rost
  Einsetzen:
  Untere oder mittlere Einschubleiste.

  Braten:

240—250 °C	100—120 Minuten
0	5— 10 Minuten

- Offenes Gefäß auf dem Rost
  Einsetzen:
  Untere oder mittlere Einschubleiste.

  Braten:

210—225 °C	80—90 Minuten
0	5—10 Minuten

Bratenfond mit Wasser auffüllen, **aufkochen,** mit angerührtem Mehl binden, Sahne zufügen und abschmecken.

Kalbsbraten

1 kg	**Kalbskeule**
	Salz
10 g	**Fett**
	Speckstreifen nach Belieben
4—6 EL	**Wasser**
1	**Zwiebel**
1	**Tomate**
1	**Möhre** oder Pilze
	Mehl
	saure Sahne

Fleisch häuten, waschen, abtrocknen und kurz vor dem Braten mit Salz einreiben. Mit Fett bestreichen, nach Belieben Speckstreifen auflegen. Wasser zufügen und braten.
Zwiebel schälen und halbieren. Tomate überbrühen, abschrecken, abziehen, in Viertel schneiden. Möhre putzen, waschen und in kleine Würfel schneiden.
Gemüse nach 30 Minuten Bratdauer zum Fleisch geben und nach Bedarf heißes Wasser angießen.

- Geschlossenes Gefäß auf dem Rost
  Einsetzen:
  Untere oder mittlere Einschubleiste.

  Braten:

240—250 °C	90—110 Minuten
0	5— 10 Minuten

- Offenes Gefäß auf dem Rost
  Einsetzen:
  Untere oder mittlere Einschubleiste.

  Braten:

210—230 °C	70—80 Minuten
0	5—10 Minuten

Bratenfond mit Wasser auffüllen, **aufkochen,** mit angerührtem Mehl binden, Sahne zufügen und abschmecken.

Was ist zu beachten?

- Für jedes weitere $^1/_2$ kg Fleisch 10 Minuten längere Bratdauer rechnen.
  Ein Kalbsschlegel von $7^1/_2$ kg benötigt $3—3^1/_2$ Stunden Bratdauer.

Lammkeule

1¼— 1½ kg	**Lammkeule**
Zum Bestreichen:	
2	**Zwiebeln**
1 EL	**Senf**
1 EL	**Öl**
	Salz · Salbei · Pfeffer · Knoblauch
4—6 EL	**Wasser**
	Mehl **saure Sahne**

Lammkeule häuten, eventuell Fett entfernen, Lammkeule waschen und abtrocknen.
Zwiebeln schälen und zerkleinern. Mit Senf, Öl, Salz und Gewürzen zu einem Brei verrühren.
Fleisch damit bestreichen, Wasser zufügen und braten.

- Geschlossenes Gefäß auf dem Rost
  Einsetzen:
  Untere oder mittlere Einschubleiste.

  Braten:

250—275 °C	120—140 Minuten
0	5— 10 Minuten

- Offenes Gefäß auf dem Rost
  Einsetzen:
  Untere oder mittlere Einschubleiste.

  Braten:

225—250 °C	110—120 Minuten
0	5— 10 Minuten

Bratenfond mit Wasser auffüllen, **aufkochen,** mit angerührtem Mehl binden, Sahne zufügen und abschmecken.

Bild 61: Lammkeule, Rezept Seite 242.

Lammrücken

3 kg	**Lammrücken**
	Pfeffer · Paprika · Rosmarin
4—6 EL	**Wasser**
3 EL	**Paniermehl**
	Salz · Pfeffer · Paprika
2	**zerdrückte Knoblauchzehen**
	Petersilie
2 EL	**Öl**
2 EL	**Wasser**
	Mehl

Fleisch waschen, abtrocknen, mit Gewürzen einreiben, Wasser zufügen und braten.
Paniermehl, Salz, Gewürze, zerkleinerte Petersilie, Öl und Wasser zu einem Brei verrühren und nach 30 Minuten Bratdauer auf den Lammrücken streichen. Nach Bedarf heißes Wasser angießen.

- Geschlossenes Gefäß auf dem Rost
  Einsetzen:
  Untere oder mittlere Einschubleiste.

  Braten:
  250—275 °C 55—60 Minuten
  0 5—10 Minuten

- Offenes Gefäß auf dem Rost
  Einsetzen:
  Untere oder mittlere Einschubleiste.

  Braten:
  225—250 °C 50—55 Minuten
  0 5—10 Minuten

Bratenfond mit Wasser auffüllen, **aufkochen,** mit angerührtem Mehl binden und abschmecken.
Fleisch vom Knochen lösen, in Scheiben schneiden und in der ursprünglichen Form auf dem Knochen anrichten.

STROM-SPAR-TIP

Platz im Backofen sinnvoll ausnutzen

Falscher Hase

Hackbraten

2	**Brötchen**
1	**Zwiebel**
30 g	**Fett**
500 g	**Rinderhack**
250 g	**Schweinehack**
1—2	**Eier**
	abgeriebene Zitronenschale
1 TL	**Senf**
	Salz · Paprika · Pfeffer · Majoran
1 Prise	**Muskat**
30 g	**Fett**
	Speckstreifen · Paniermehl
1	**Zwiebel**
1	**Tomate**
4—6 EL	**Wasser**
	Mehl
	saure Sahne

Brötchen in Wasser einweichen und ausdrücken. Zwiebel schälen und in kleine Würfel schneiden.
Fett **erhitzen,** Zwiebel darin **andünsten.** Brötchen, Zwiebel, Fleisch, Eier, Zitronenschale, Senf, Salz und Gewürze vermengen und abschmecken.
Mit nassen Händen die Masse länglich formen, mit Fett bestreichen, Speckstreifen eindrücken und mit Paniermehl bestreuen.
Zwiebel schälen, Tomate überbrühen, abschrecken, abziehen und beides in Viertel schneiden. Mit Wasser zum Fleisch geben und braten.

- Geschlossenes Gefäß auf dem Rost
  Einsetzen:
  Untere oder mittlere Einschubleiste.

  Braten:
  240—250 °C 35—45 Minuten
  0 5—10 Minuten

- Offenes Gefäß auf dem Rost
  Einsetzen:
  Untere oder mittlere Einschubleiste.

  Braten:
  225—240 °C 25—30 Minuten
  0 5—10 Minuten

Bratenfond mit Wasser auffüllen, **aufkochen,** mit angerührtem Mehl binden, Sahne zufügen und abschmecken.

Wild

Wildfleisch ist reich an wertvollem Eiweiß, fettarm und leicht verdaulich. Es zeichnet sich durch den hohen Gehalt an Geschmacksstoffen aus, die dem Fleisch das charakteristische kräftige Aroma geben. Frisches Wildfleisch ist nur in den Herbst- und Wintermonaten, also während der Abschußzeiten, zu bekommen. Es muß gut abgehangen sein, damit es zart wird. Tiefgefrorenes Wildfleisch wird zu jeder Jahreszeit angeboten.

Was ist zu beachten?
- Tiefgefrorene, große Bratenstücke vor der Zubereitung auftauen. Kurzbratstücke angetaut zubereiten.

Vorbereitung

- Fleisch sorgfältig häuten und Sehnen entfernen,
- Fett entfernen, da es einen unangenehmen Geschmack abgibt. Besonders wichtig ist dies bei Reh-, Hirsch- und Wildschweinbraten.
- Fleisch schnell waschen oder mit einem feuchten Tuch abwischen und abtrocknen.
- Salz und Gewürze erst kurz vor dem Braten in das Fleisch einreiben.
- Fleisch nach Bedarf mit gleichmäßig geschnittenen, bis zu 1 cm breiten Speckscheiben belegen oder
  Fleisch spicken:
  — gleich lange und gleich dicke Speckstreifen schneiden. Die Streifen müssen etwas dicker als der Durchmesser der Spicknadel sein, damit der Speckstreifen den Einstich ausfüllt. So kann beim Braten der Fleischsaft nicht so stark auslaufen.
  — Mit Hilfe der Spicknadel die Speckstreifen quer zur Faser durch das Fleisch ziehen.
  Bilder 62 und 63, Seite 244.

Tip:
- Wildfleisch mit sehr intensivem Geruch mit einer schwach rosa Lösung von übermangansaurem Kali oder mit rohen Kartoffelscheiben abreiben.
- Braten von Reh, Hirsch oder Wildschwein gewinnen an Zartheit, wenn sie 2—3 Tage vor der Zubereitung in eine Beize oder Marinade gelegt werden. Buttermilchbeize, siehe Rezept Wildschweinbraten Seite 247; Essigmarinade, siehe Rezept Sauerbraten Seite 217.

Bild 62: Fleisch mit Speckscheiben belegen

Bild 63: . . . oder mit Speckstreifen spicken.

Zubereitung

- Bratgeschirr mit Wasser ausspülen und nach Bedarf mit Speckscheiben auslegen,
- vorbereitetes Fleisch in das Bratgeschirr geben,
- je nach Höhe des Fleischstückes Bratgeschirr auf die mittlere oder untere Einschubleiste einsetzen und Fleisch braten.

Was ist zu beachten?

- Wild benötigt verhältnismäßig viel Fettzugabe beim Braten, vorwiegend in Form von Speckscheiben.
- Wild am besten im geschlossenen Gefäß braten, da es darin am saftigsten bleibt. Steht kein großer Bräter zur Verfügung, den Braten in die Fettpfanne legen und mit Alufolie abdecken, die locker über das Fleisch und die Fettpfanne gelegt und am Rand festgedrückt wird.
- Zu hohe Temperaturen sind nicht günstig, weil das Fleisch dann leicht trocken wird. Besser ist es, eine etwas geringere Temperatur und eine etwas längere Bratdauer zu wählen.

Geschmackszutaten

- Wacholderbeeren, Thymian, Gewürzkörner und Lorbeerblätter.

Nach dem Braten

- Fleisch warm stellen und aus dem Bratensatz eine Soße bereiten, siehe Seite 234.
- Fleisch aufschneiden oder tranchieren, siehe Seite 234, und mit der Soße servieren.

Hasenbraten

1	**Hase** etwa 2 kg **Salz**
50 g	**Fett**
125 g	**fetter Speck** in Streifen
	Crème fraîche oder süße Sahne
	Mehl

Hasen abziehen, ausnehmen, waschen und gut häuten.
Hals, Bauchlappen und Vorderläufe abtrennen. Rückenwirbel von unten etwas einknicken, damit sich der Rücken nicht krümmt und der Hase besser zerteilt werden kann.
Hasen mit Salz einreiben, mit Fett bestreichen und mit Speckstreifen belegen oder spicken. Speckscheiben um die Enden der Hinterläufe, das Schwanzende und den Halsansatz wickeln und festbinden.
Fettpfanne oder Bräter mit Wasser ausspülen, dünne Speckstreifen hineinlegen, Hasen darauflegen und braten.
In den letzten 15—20 Minuten Crème fraîche über den Braten gießen.

- Geschlossenes Gefäß auf dem Rost oder Fettpfanne mit Alufolie bedeckt.
  Einsetzen:
  Mittlere Einschubleiste.

  Braten:

200—225 °C	50—60 Minuten
0	5—10 Minuten

Bratenfond mit Wasser auffüllen, **aufkochen,** mit angerührtem Mehl binden und abschmecken.

Hasenrücken

1	**Hasenrücken**
	Salz
30 g	**Fett**
60 g	**fetter Speck**
	Mehl
	saure Sahne
	oder Crème fraîche

Hasenrücken häuten, waschen, abtrocknen und mit Salz einreiben. Um zu vermeiden, daß sich der Rücken beim Braten krümmt, die Wirbelsäule einknicken. Fleisch mit Fett bestreichen und mit Speckstreifen belegen oder spicken. Fettpfanne oder Bräter mit Wasser ausspülen, Hasenrücken hineinlegen und braten.

- Geschlossenes Gefäß auf dem Rost
  Einsetzen:
  Mittlere Einschubleiste.

  Braten:
  230—250 °C 40—50 Minuten
  0 5—10 Minuten

- Offenes Gefäß auf dem Rost
  Einsetzen:
  Mittlere Einschubleiste.

  Braten:
  220—230 °C 35—40 Minuten
  0 5—10 Minuten

Bratenfond mit Wasser auffüllen, **aufkochen,** mit angerührtem Mehl binden, Sahne zufügen und abschmecken.
Fleisch vom Knochen lösen, in Scheiben schneiden und in der ursprünglichen Form auf dem Knochen anrichten.

Beim Braten mit Umluft die Temperatur um etwa 30 °C niedriger einstellen

Kaninchenbraten

1	**Kaninchen**
	Buttermilch
	Salz
	Wacholderbeeren
30 g	**Fett**
100 g	**fetter Speck**
	Crème fraîche
	oder süße Sahne
	Mehl

Kaninchen abziehen, ausnehmen, waschen und häuten.
Hals, Bauchlappen und Vorderläufe abtrennen. Rückenwirbel von unten etwas einknicken, damit das Kaninchen besser zerteilt werden kann. Kaninchen 2—3 Tage in Buttermilch einlegen und täglich wenden.
Kaninchen abtrocknen, mit Salz und zerstoßenen Wacholderbeeren einreiben, mit Fett bestreichen und mit Speckstreifen belegen oder spicken. Hinterläufe an den Enden mit Speckscheiben umwickeln, ebenso Schwanzende und Halsansatz.
Fettpfanne oder Bräter mit Wasser ausspülen, dünne Speckstreifen hineinlegen, Kaninchen darauflegen und braten. Nach Bedarf heißes Wasser angießen.
In den letzten 15—20 Minuten Crème fraîche über den Braten gießen.

- Offenes Gefäß auf dem Rost oder Fettpfanne
  Einsetzen:
  Mittlere Einschubleiste.

  Braten:
  225—250 °C 45—50 Minuten
  0 10—15 Minuten

Bratenfond mit Wasser auffüllen, **aufkochen,** mit angerührtem Mehl binden und abschmecken.

Was ist zu beachten?
- Bevor Crème fraîche über den Braten gegossen wird, den Speck abstreifen, damit das Fleisch noch bräunt.
- Bei jungen Kaninchen tritt viel Saft aus, er verhindert das Bräunen. Darum abschöpfen und später zur Soße geben.

Rehrücken

für 6—8 Personen

2—3 kg	**Rehrücken**
	Salz
	Wacholderbeeren
50 g	**Fett**
125 g	**fetter Speck**
	süße Sahne oder Crème fraîche
	Mehl

Rehfleisch waschen, abtrocknen, mit Salz und zerstoßenen Wacholderbeeren einreiben, mit Fett bestreichen und mit Speckstreifen belegen oder spicken.
Zum Braten im geschlossenen Gefäß: Rehrücken von Anfang an mit der Oberseite nach oben in den Bräter legen, das Wenden erübrigt sich dann. Wasser erst zugießen, wenn der Bratensatz recht braun ist.
Zum Braten im offenen Gefäß auf dem Rost oder in der Fettpfanne: Bräter oder Fettpfanne mit Wasser ausspülen und dünne Speckstreifen einlegen. Rehrükken mit der Oberseite nach unten auf die Speckstreifen legen und braten. Nach etwa 45 Minuten wenden.
45 Minuten vor Ende der Gardauer Speckstreifen herunterstreifen, damit sie noch mitbraten, und Sahne über den Rehrücken gießen.

- Geschlossenes Gefäß auf dem Rost
  Einsetzen:
  Untere oder mittlere Einschubleiste.

  Braten:
  230—240 °C 70—90 Minuten
  0 10—20 Minuten

- Offenes Gefäß auf dem Rost oder Fettpfanne
  Einsetzen:
  Untere oder mittlere Einschubleiste.

  Braten:
  225 °C 60—75 Minuten
  0 5—10 Minuten

Bratenfond mit Wasser auffüllen, **aufkochen,** mit angerührtem Mehl binden und abschmecken.

Veränderung:
- **Rehkeule**
  2 kg Rehkeule vom Knochen lösen und wie Rehrücken zubereiten. Im geschlossenen Gefäß 20—30 Minuten, im offenen Gefäß 35—40 Minuten länger als Rehrücken braten.

Wildschweinbraten

1 kg	**Wildschweinrücken** oder Wildschweinkeule
Beize:	
	Buttermilch · Thymian · Wacholderbeeren
1	**Gewürzdosis**
	Salz
50 g	**Fett**
100 g	**fetter Speck**
1	**Zwiebel**
	Mehl
	saure Sahne
	Rotwein

Fleisch waschen. Für 3—4 Tage in eine Beize aus Buttermilch mit Gewürzen legen und Fleisch täglich wenden. Aus der Beize nehmen, abtrocknen, mit Salz einreiben, mit Fett bestreichen, mit Speckscheiben belegen oder spicken. Fettpfanne oder Bräter mit Wasser ausspülen, dünne Speckstreifen hineinlegen, Wildschweinbraten daraufgeben.
Zwiebel schälen, in Viertel schneiden, dazugeben und braten. Nach Bedarf Beize und Wasser zufügen.

- Geschlossenes Gefäß auf dem Rost
  Einsetzen:
  Untere oder mittlere Einschubleiste.

  Braten:
  200—225 °C 110—120 Minuten
  0 5 Minuten

- Offenes Gefäß auf dem Rost oder Fettpfanne
  Einsetzen:
  Untere oder mittlere Einschubleiste.

  Braten:
  200 °C 90—120 Minuten
  0 5 Minuten

→

Bratenfond mit Wasser auffüllen, **aufkochen,** mit angerührtem Mehl binden, Sahne zufügen und mit Rotwein abschmecken.

Was ist zu beachten?

- Wildschweinkeule nach der Hälfte der Gardauer wenden.

Hirschbraten

2 kg	**Hirschrücken** oder Hirschkeule
	Salz
	Wacholderbeeren
50 g	**Fett**
125 g	**fetter Speck**
	süße Sahne oder Crème fraîche
	Mehl
	nach Belieben: **Johannisbeergelee** **Rotwein**

Hirschfleisch waschen, abtrocknen, mit Salz und zerstoßenen Wacholderbeeren einreiben, mit Fett bestreichen und mit Speckstreifen belegen oder spicken.
Zum Braten im geschlossenen Gefäß: Hirschbraten von Anfang an mit der Oberseite nach oben in den Bräter legen, das Wenden erübrigt sich dann. Wasser erst zugießen, wenn der Bratensatz recht braun ist.
Zum Braten im offenen Gefäß auf dem Rost oder in der Fettpfanne: Bräter oder Fettpfanne mit Wasser ausspülen und dünne Speckstreifen einlegen. Hirschbraten mit der Oberseite nach unten auf die Speckstreifen legen und braten. Nach etwa 45 Minuten wenden.
45 Minuten vor Ende der Gardauer Speckstreifen herunterstreifen, damit sie noch mitbraten, und Sahne über den Hirschbraten gießen.

- Geschlossenes Gefäß auf dem Rost
  Einsetzen:
  Untere oder mittlere Einschubleiste.

  Braten:
  230—240 °C 120—150 Minuten
  0 15 Minuten

- Offenes Gefäß auf dem Rost oder Fettpfanne
  Einsetzen:
  Untere oder mittlere Einschubleiste.

  Braten:
  190—200 °C 110—125 Minuten
  0 10 Minuten

Bratenfond mit Wasser auffüllen, **aufkochen,** mit angerührtem Mehl binden und abschmecken.
Nach Belieben Gelee und Rotwein an die Soße geben.

Was ist zu beachten?

- Jedes 1/2 kg Fleisch mehr oder weniger etwa 15 Minuten länger oder kürzer braten.

Tip:

- Keule zuerst vom Knochen lösen und dann wie beschrieben zubereiten.

STROM-SPAR-TIP
Nachwärme ausnutzen

Geflügel

Das Angebot an Geflügelfleisch ist heute reichhaltig. Es wird meist brat- und kochfertig, d. h. geschlachtet, gerupft und ausgenommen, frisch oder gefroren angeboten. Die Verwendung von Geflügel ist so zu jeder Jahreszeit möglich.
Geflügelfleisch hat einen hohen Nähr- und Geschmackswert. Hähnchen, junge Hühner, Tauben und Puten haben ein zartfaseriges, leicht bekömmliches Fleisch.

Vorbereitung

- Tiefgefrorenes Geflügel vor der Zubereitung aus der Verpackung nehmen und in einem Gefäß auftauen lassen. Die entstandene Auftauflüssigkeit weggießen. Suppenhühner und Geflügelteile können angetaut zubereitet werden.
- Innereien (Leber, Herz und Magen), die meist gesondert in der Bauchhöhle verpackt sind, dem frischen oder aufgetauten Geflügel entnehmen.
- Eventuell noch vorhandene Federkiele auszupfen, wozu eine Pinzette besonders geeignet ist.
- Falls das Geflügel nicht sorgfältig gerupft wurde, sollte es über einer offenen Flamme (Spiritus, Gas) gesengt werden. Die Stoppeln sind dann leicht mit einem spitzen Messer herauszuziehen.
- Geflügel innen und außen sorgfältig waschen, abtropfen lassen und trockentupfen.
- Nur innen salzen und würzen, da die Haut knusprig und nicht ledern werden soll.
- Geflügel nach Belieben füllen und verschließen, dazu die Bauchlappen mit mehreren Hölzchen zusammenstecken oder zusammennähen.

Füllungen

Unterschiedliche Füllungen geben Geflügel eine zusätzliche Geschmacksnote. Für jedes Geflügel eignet sich eine Füllung aus den zerkleinerten Innereien, siehe Rezept Gefüllte Tauben, Seite 254. Besonders für Gans oder Ente eignen sich:

Apfelfüllung
1 kg ungeschälte Äpfel waschen, Stiel und Blüte entfernen. Die Äpfel im ganzen in das Geflügel geben.

Kastanienfüllung
1 kg Eßkastanien kreuzweise einschneiden, im Backofen auf dem Backblech rösten und schälen. 1 TL Butter oder Margarine mit 1 TL Zucker in einem Kochtopf unter Rühren bräunen. $^1/_8$ l Brühe, Salz und Kastanien zugeben, ankochen und in der Nachwärme etwa 10 Minuten fertig garen. Masse abkühlen lassen und in das Geflügel geben.

Fleischfüllung
Zwiebelwürfel in Fett andünsten. 500 g Hackfleisch, 1 eingeweichtes, ausgedrücktes Brötchen, 2 Eier und 2 EL Sherry zugeben und vermengen. Mit Salz, Pfeffer, Majoran und Beifuß abschmecken und in das Geflügel geben.

Obstfüllung
750 g Apfelscheiben, 250 g entsteinte Trockenpflaumen, 3 EL Rum, abgeriebene Schale einer halben Zitrone und 4—5 EL geriebenes Schwarzbrot mischen. Mit Zucker abschmecken und in das Geflügel geben.
→

Bild 64: Gänsebraten, Rezept Seite 252, wird im Elektrobackofen auch ohne Begießen knusprig braun.

Zubereitung

- Geflügel kann im Bräter, auf dem Rost oder direkt in der Fettpfanne bereitet werden. Besonders große fette Braten am besten auf dem Rost bereiten, damit das Fett in die Fettpfanne tropfen kann. Der Braten ist dann weniger fett und damit leichter verdaulich. Vor der Soßenbereitung das Fett vorsichtig abgießen; es kann für andere Gerichte oder als Brotaufstrich verwendet werden.
- Wasser angießen und Geflügel braten.

Was ist zu beachten?
- Die Wasserzugabe ist abhängig von der Größe und dem Fettgehalt des Geflügels.
- Das Begießen während des Bratens kann im Elektrobackofen entfallen.

Tip:
- Eine besonders knusprige Haut erhalten Gans, Ente oder Pute, wenn der gegarte Braten kurz vor Ende der Bratdauer mit etwas kaltem Salzwasser übergossen und im offenen Gefäß etwa 10 Minuten bei 250 °C oder kurz unter dem Backofengrill gebräunt wird.
- Falls aus Diätgründen mehr Wert auf saftiges als auf gebräuntes und knuspriges Fleisch gelegt wird, kann man — vor allem kleines — Geflügel in gefettete Alufolie einwickeln; die Bratdauer verlängert sich dann um etwa 15 Minuten. In den letzten 10 Minuten die Folie entfernen und den Backofen auf 250 °C einstellen, damit das Fleisch etwas Farbe annimmt.

Nach dem Braten

- Geflügel warm stellen und aus dem Bratensatz eine Soße bereiten, siehe Seite 234.
- Geflügel aufschneiden und tranchieren und mit Soße servieren.

Aufschneiden und Tranchieren, siehe Abbildung Seite 251

Ein scharfes Messer und eine Geflügelschere verwenden, damit das Geflügel sachgerecht zerlegt und portioniert werden kann.

- Kleines Geflügel halbieren oder vierteln.
- Bei großem Geflügel wie Gans, Ente, Poularde oder Pute zuerst die Keulen und die Flügel abtrennen: dazu das Fleisch um das Keulengelenk im Bogen einschneiden, die Keule oder den Flügel abbiegen und im Gelenk durchtrennen.
  Brust und Rücken halbieren, vierteln oder in Scheiben schneiden.
- Geflügelteile auf einer vorgewärmten Platte anrichten und vor dem Servieren mit heißer Soße übergießen.

Tranchieren von Geflügel

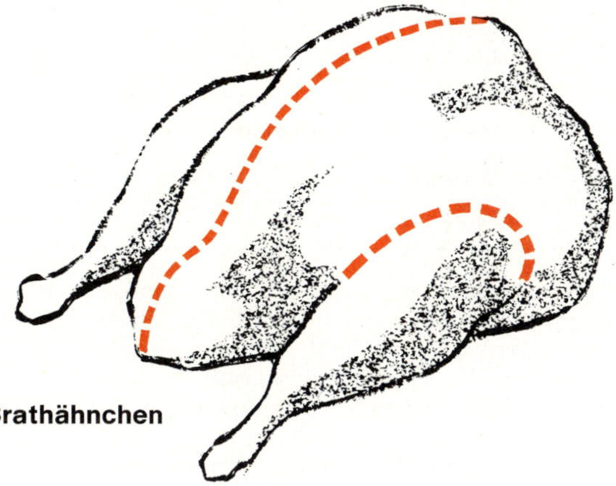

Brathähnchen

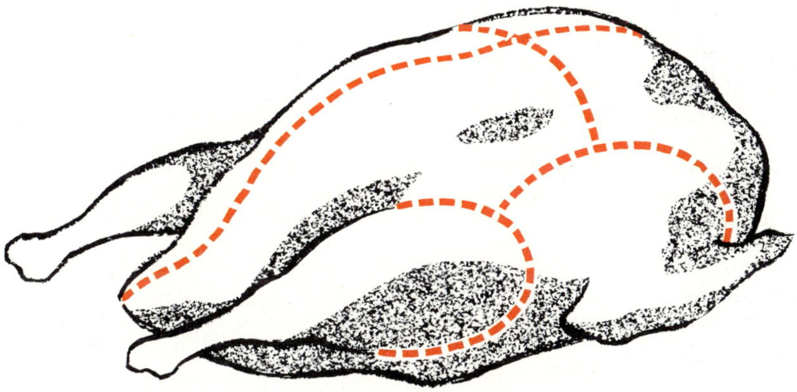

Ente

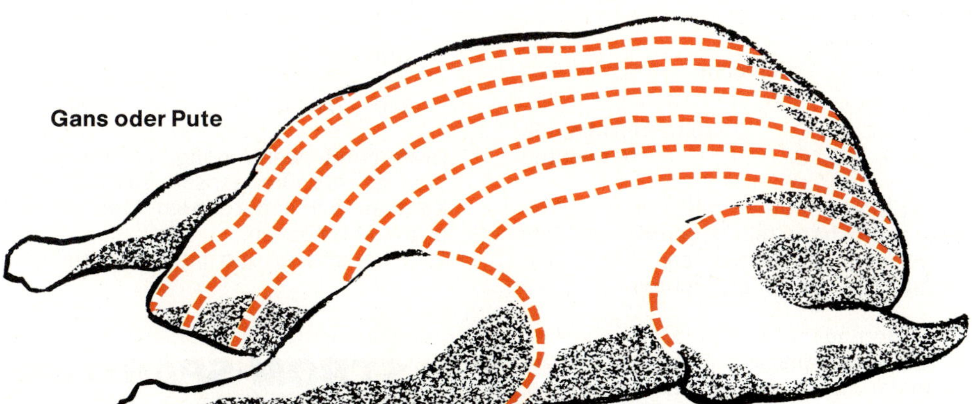

Gans oder Pute

Gänsebraten

1	**Gans** etwa 4—5 kg
	Salz **Beifuß** nach Belieben
1/8—1/4 l	**Wasser**
	Mehl

Gans waschen, abtrocknen und innen salzen, nach Belieben einen Stengel Beifuß hineinstecken. Gans mit der Brust nach unten in die Fettpfanne oder in den Bräter legen, Wasser zufügen und braten.
Gans nach einer Stunde wenden und mit einem Hölzchen an den Seiten und unterhalb der Keulen in die Haut stechen, damit das Fett heraustritt. Darauf achten, daß nur die Haut angestochen wird, nicht das Fleisch, da es sonst trocken wird.
Fett, wenn nötig, abschöpfen und nach Bedarf Wasser zugeben.
10 Minuten vor Ende der Gardauer Gans mit Salzwasser oder Bratenfond bestreichen und bei erhöhter Temperatur knusprig braten.

- Geschlossenes Gefäß auf dem Rost
  Einsetzen:
  Untere Einschubleiste.

  Braten:
  210—220 °C 150—180 Minuten
  240—250 °C offen 10 Minuten

- Offenes Gefäß auf dem Rost oder Fettpfanne
  Einsetzen:
  Untere Einschubleiste.

  Braten:
  190—210 °C 150—180 Minuten
  240—250 °C 10 Minuten

Bratenfond entfetten, mit Wasser auffüllen, **aufkochen,** mit angerührtem Mehl binden und abschmecken. Gans tranchieren und mit Soße anrichten.

Veränderung:
- **Gefüllte Gans**
  In die vorbereitete Gans eine Füllung, siehe Seite 249, geben. Gans zustekken oder zunähen und braten. Nach dem Braten die Gans tranchieren und zusammen mit der Füllung servieren.

Entenbraten

1	**Ente** etwa 1 1/2—2 kg **Salz**
	nach Belieben: **Apfelfüllung** oder Kastanienfüllung, Rezepte Seite 249
1/8 l	**Wasser**
	Saft von 1 Orange **Mehl**

Ente waschen, abtrocknen und innen salzen.
Ente nach Belieben füllen und zustecken.
Ente mit der Brustseite nach unten in die Fettpfanne oder in den Bräter geben, Wasser zufügen und braten.
Ente nach 50 Minuten wenden. Fett, wenn nötig, abschöpfen und nach Bedarf Wasser zugeben.
10 Minuten vor Ende der Gardauer Ente mit Salzwasser bestreichen und bei erhöhter Temperatur knusprig braten.

- Geschlossenes Gefäß auf dem Rost
  Einsetzen:
  Untere oder mittlere Einschubleiste.

  Braten:
  200—230 °C 100—120 Minuten
  240—250 °C offen 10 Minuten

- Offenes Gefäß auf dem Rost oder Fettpfanne
  Einsetzen:
  Untere oder mittlere Einschubleiste.

  Braten:
  190—210 °C 80—90 Minuten
  240—250 °C 10 Minuten

Bratenfond, wenn nötig, entfetten, mit Wasser und Orangensaft auffüllen, **aufkochen,** mit angerührtem Mehl binden und abschmecken.
Ente tranchieren und mit Soße anrichten.

STROM·SPAR·TIP
Backofentür nicht unnötig öffnen

Wildentenbraten

1—2	**Wildenten**
1	**Zwiebel**
	Salz
6—8	**Wacholderbeeren**
1 Blatt	**Salbei**
50 g	**Fett**
100 g	**fetter Speck**
	Rotwein
	Mehl
	saure Sahne

Enten rupfen, sengen und 1—2 Tage abhängen lassen.
Talgdrüse am Schwanz herausschneiden. Zwiebel schälen, fein reiben. Enten waschen, abtrocknen, innen mit Salz, Zwiebel, zerstoßenen Wacholderbeeren und Salbei einreiben, mit Fett bestreichen, um Keulen und Brust dünne Speckscheiben legen und festbinden.
Fettpfanne oder Bräter mit Wasser ausspülen, Ente mit der Brust nach unten hineinlegen und braten.
Nach 45 Minuten wenden. Nach Bedarf Wasser angießen. Speck 10 Minuten vor Bratende abstreifen.

- Geschlossenes Gefäß auf dem Rost
  Einsetzen:
  Untere oder mittlere Einschubleiste.

  Braten:

225—240 °C	100—120 Minuten
0	10— 15 Minuten

- Offenes Gefäß auf dem Rost oder Fettpfanne
  Einsetzen:
  Untere oder mittlere Einschubleiste.

  Braten:

200—210 °C	90—100 Minuten
0	10— 15 Minuten

Bratenfond mit Wasser und Rotwein auffüllen, **aufkochen,** mit angerührtem Mehl binden, Sahne zufügen und abschmekken.
Enten tranchieren und mit Soße anrichten.

Was ist zu beachten?
- Wildenten sind von August bis Ende Januar am besten.
- Ältere Tiere 2—3 Tage in eine Beize legen.

Brathähnchen

1—2	**Hähnchen**
	etwa je 1—1,2 kg
	Salz
1 Bund	**Petersilie**
30 g	**Butter**
100 g	**fetter Speck**
	Mehl
	saure Sahne

Hähnchen waschen, abtrocknen, innen mit Salz einreiben und Petersilie hineinstecken.
Hähnchen mit Butter bestreichen, auf Brust und Keulen Speckstreifen legen.
Fettpfanne oder Bräter mit Wasser ausspülen, Hähnchen mit der Brustseite nach unten hineinlegen und braten.
Nach 30 Minuten wenden. Nach Bedarf Wasser angießen und Speck abstreifen.

- Geschlossenes Gefäß auf dem Rost
  Einsetzen:
  Mittlere Einschubleiste.

  Braten:

240—250 °C		60—75 Minuten
0	offen	5—10 Minuten

- Offenes Gefäß auf dem Rost oder Fettpfanne
  Einsetzen:
  Mittlere Einschubleiste.

  Braten:

225—240 °C	50—60 Minuten
0	5—10 Minuten

Bratenfond mit Wasser auffüllen, **aufkochen,** mit angerührtem Mehl binden, Sahne zufügen und abschmecken.
Hähnchen tranchieren und mit Soße anrichten.

Was ist zu beachten?
- 1 kleines Hähnchen brät man günstiger auf der Kochstelle.

STROM·SPAR·TIP

Platz im Backofen sinnvoll ausnutzen

Poularden

1—2	**Poularden** etwa je 1,2 kg **Salz**
1 Bund	**Petersilie**
30 g	**Fett**
100 g	**fetter Speck**
	Mehl
	saure Sahne

Poularde waschen, abtrocknen, innen salzen und Petersilie hineinstecken.
Poularde mit Fett bestreichen und auf Brust und Keulen Speckscheiben legen.
Fettpfanne oder Bräter mit Wasser ausspülen, Poularde mit der Brustseite nach unten hineinlegen und braten. Nach etwa 30 Minuten wenden. Nach Bedarf Wasser angießen, Speck abstreifen.

- Geschlossenes Gefäß auf dem Rost
  Einsetzen:
  Mittlere Einschubleiste.

  Braten:
  240—250 °C 75—90 Minuten
  0 offen 5—10 Minuten

- Offenes Gefäß auf dem Rost oder Fettpfanne
  Einsetzen:
  Mittlere Einschubleiste.

  Braten:
  225—240 °C 60—70 Minuten
  0 5—10 Minuten

Bratenfond mit Wasser auffüllen, **aufkochen,** mit angerührtem Mehl binden, Sahne zufügen und abschmecken.
Poularde tranchieren und mit Soße anrichten.

Tip:
- Junge Poularden sind an hellroten Kämmen und leicht einknickbaren Fuß- und Brustknochen zu erkennen.

Beim Braten mit Umluft die Temperatur um etwa 30 °C niedriger einstellen

Gefüllte Tauben

4	**junge Tauben** **Salz**
Füllung:	
2	**Brötchen**
1	**Zwiebel**
20 g	**Fett**
	Petersilie
1—2	**Eier**
	Magen · Herz · Leber
	Salz · Pfeffer
1 Prise	**Muskat**
1 Msp	**abgeriebene Zitronenschale**
100 g	**fetter Speck**
30 g	**Fett**
	Mehl
	saure Sahne

Tauben rupfen, ausnehmen. Magen, Herz und Leber aufbewahren. Tauben 1—2 Tage abhängen lassen.
Sengen, waschen, abtrocknen, innen mit Salz einreiben.
Für die Füllung Brötchen in Wasser einweichen, ausdrücken, auseinanderzupfen. Zwiebel schälen und in Würfel schneiden. Fett **erhitzen,** Zwiebel und zerkleinerte Petersilie darin **andünsten,** Brötchen dazugeben, in der **Nachwärme** abbrennen.
Die ausgekühlte Masse mit Ei, feingehacktem Magen, Herz und Leber, Salz und Gewürzen vermengen, abschmekken.
Tauben damit füllen, zustecken oder zunähen, die Brust mit Speckscheiben belegen. Die übrigen Stellen mit Fett bestreichen.
Fettpfanne oder Bräter mit Wasser ausspülen, Tauben hineinlegen und braten. Nach Bedarf Wasser angießen. Speck 10 Minuten vor Bratende abstreifen.

- Geschlossenes Gefäß auf dem Rost
  Einsetzen:
  Mittlere Einschubleiste.

  Braten:
  240—250 °C 45—55 Minuten
  0 offen 5—10 Minuten

- Offenes Gefäß auf dem Rost oder Fettpfanne
  Einsetzen:
  Mittlere Einschubleiste.

Braten:

230—240 C		35—45 Minuten
0		5—10 Minuten

Bratenfond mit Wasser auffüllen, **aufkochen,** mit angerührtem Mehl binden, Sahne zufügen und abschmecken.
Tauben tranchieren, mit Soße anrichten.

Putenbraten

1	**Pute** etwa 4—4½ kg **Salz**

Kropffüllung:

1	**Zwiebel**
1	**Brötchen**
125 g	**Kalbfleisch**
125 g	**Schweinefleisch**
	Leber · Herz · Magen
	einige Pilze
	Salz · Paprika

50 g	**Fett**
100 g	**Speck**
⅛ l	**Wasser**
	Mehl

Die Sehnen unten am Knochen der Keule lösen, mit einem spitzen Messer das Fleisch zurückstreifen und mit einem Ruck jede Sehne einzeln herausziehen.
Pute waschen, abtrocknen und innen salzen. Brustbein eindrücken, Keulen und Flügelstummel am Rumpf festbinden, damit sie nicht hochragen.
Für die Kropffüllung Zwiebel schälen, Brötchen in Wasser einweichen und ausdrücken. Zwiebel, Brötchen, Fleisch und Innereien zweimal durch den Fleischwolf drehen oder im Mixer pürieren. Pilze putzen, waschen und zerkleinern. Pilze, Salz und Paprika zufügen und abschmecken. Den Kropf damit füllen und zustecken oder -nähen.
Pute mit Fett bestreichen und auf die Keulen Speckstreifen legen. In die Fettpfanne oder den Bräter legen, Wasser zufügen und braten.
10 Minuten vor Bratende Speckstreifen abstreifen und die Haut mit Salzwasser bestreichen.

- Geschlossenes Gefäß auf dem Rost
  Einsetzen:
  Untere Einschubleiste.

  Braten:

175—200 °C		180—220 Minuten
240—250 °C	offen	10 Minuten

- Offenes Gefäß auf dem Rost oder Fettpfanne
  Einsetzen:
  Untere Einschubleiste.

  Braten:

175—200 °C	175—200 Minuten
240—250 °C	10 Minuten wenn nötig

Bratenfond mit Wasser auffüllen, **aufkochen,** mit angerührtem Mehl binden und abschmecken.
Pute tranchieren und mit Soße anrichten.

Putenrollbraten

1 kg	**Putenrollbraten**
	Salz · Pfeffer · Paprika
100 g	**fetter Speck**
4—6 EL	**Wasser**
	Mehl
	saure Sahne oder Rotwein

Putenfleisch waschen, abtrocknen, mit Salz und Gewürzen einreiben, mit Speckscheiben belegen, in die Fettpfanne oder in den Bräter geben, Wasser zufügen und braten.

- Geschlossenes Gefäß auf dem Rost
  Einsetzen:
  Untere oder mittlere Einschubleiste.

  Braten:

225—250 °C		80—100 Minuten
0	offen	5— 10 Minuten

- Offenes Gefäß auf dem Rost oder Fettpfanne
  Einsetzen:
  Untere oder mittlere Einschubleiste.

  Braten:

200—225 °C	60—75 Minuten
0	5—10 Minuten

Bratenfond mit Wasser auffüllen, **aufkochen,** mit angerührtem Mehl binden, Sahne zufügen und abschmecken.
Fleisch in Scheiben schneiden und mit Soße anrichten.

Fasan

2—3	**junge Fasane**
	Salz
20 g	**Butter**
100 g	**fetter Speck**
	süße Sahne oder Crème fraîche
	Mehl

Fasane rupfen, sengen, ausnehmen, waschen und abtrocknen. Innen salzen und Butter hineingeben. Um Brust und Keulen Speckscheiben legen und festbinden. Fettpfanne oder Bräter mit Wasser ausspülen, Fasane hineinlegen und braten. Nach Bedarf Wasser angießen. 10 Minuten vor Bratende Speck abstreifen, Sahne übergießen und noch bräunen lassen.

- Geschlossenes Gefäß auf dem Rost
  Einsetzen:
  Mittlere Einschubleiste.

  Braten:
  225—250 °C 80—90 Minuten
  0 offen 5—10 Minuten

- Offenes Gefäß auf dem Rost oder Fettpfanne
  Einsetzen:
  Mittlere Einschubleiste.

  Braten:
  220—225 °C 50—60 Minuten
  0 5—10 Minuten

Bratenfond mit Wasser auffüllen, **aufkochen,** mit angerührtem Mehl binden und abschmecken.
Fasane tranchieren und mit Soße anrichten.

Was ist zu beachten?
- Fasane sind in der Zeit von August bis September am besten.
- Junge Tiere sind an grauen Füßen und der Elastizität der Brustknochenspitze zu erkennen.

Rebhühner

4—6	**Rebhühner**
	Salz
50 g	**Butter**
	Petersilie
	Weinblätter
125 g	**fetter Speck**
	süße Sahne oder Crème fraîche **einige Weintrauben**
	Mehl

Rebhühner rupfen, sengen, ausnehmen, waschen und abtrocknen. Innen salzen, Butter und Petersilie hineingeben. Auf den Rücken Weinblätter, auf Brust und Keulen Speckscheiben legen und beides festbinden.
Fettpfanne oder Bräter mit Wasser ausspülen, Rebhühner hineinlegen und braten. Nach Bedarf Wasser angießen.
10 Minuten vor Bratende Speck abstreifen, Sahne übergießen und noch bräunen lassen. Weintrauben abziehen, halbieren, entkernen und zugeben.

- Geschlossenes Gefäß auf dem Rost
  Einsetzen:
  Mittlere Einschubleiste.

  Braten:
  225—250 °C 40—50 Minuten
  0 offen 5—10 Minuten

- Offenes Gefäß auf dem Rost oder Fettpfanne
  Einsetzen:
  Mittlere Einschubleiste.

  Braten:
  225—250 °C 30—40 Minuten
  0 5—10 Minuten

Bratenfond mit Wasser auffüllen, **aufkochen,** mit angerührtem Mehl binden und abschmecken.
Rebhühner tranchieren und mit Soße anrichten.

Was ist zu beachten?
- Rebhühner sind in der Zeit von August bis September am besten.
- Junge Tiere sind an hellgelben Füßen, spitzen Krallen und weichen, hellen Schnäbeln zu erkennen.

Grillen

Grillen ist ein Garen durch unmittelbare Strahlungs- oder Kontaktwärme bei hohen Temperaturen.
Gegrillte Lebensmittel wie Fisch, Fleisch, Geflügel, Innereien, Würstchen und Früchte sorgen für einen abwechslungsreichen Speiseplan und sind beliebte Gerichte in einer gesunden Ernährung.

Grillen bietet folgende Vorteile:

- ein fettarmes bzw. fettloses Garen ist möglich,
- es kann salzarm oder salzlos gegrillt werden,
- der Eigengeschmack bleibt weitgehend erhalten,
- Nährstoffe werden weitgehend geschont,
- im allgemeinen kommt es zu keiner stärkeren Krustenbildung; gegrillte Lebensmittel eignen sich daher besonders für Diät- und Reduktionskost.

Elektroherde mit Grillbeheizung, siehe Seite 25, sowie das vielfältige Angebot an Strahlungs- und Kontaktgrillgeräten, siehe Seite 33, ermöglichen das Grillen fast überall (Küche, Balkon, Eßzimmer) und zu jeder Zeit.
Ausführliche Anweisungen für das Grillen finden sich in der Lehrschrift „ABC des Grillens", zu beziehen bei Energie-Verlag GmbH, Blumenstr. 13, 6900 Heidelberg.

Zubereitungsarten unter dem Grillheizkörper

Es eignen sich für das

- **Grillen auf dem Rost:**
  — flache Fleischstücke wie unpanierte Koteletts, Schnitzel, Steaks — auch von Hackmasse —, Innereien wie Leber und Nieren, Würstchen sowie halbe Hähnchen,
  — kleine Fische oder Fischscheiben,
  — verschiedene Obst- und Gemüsesorten im ganzen oder zerteilt,
  — Grillspieße, mit Fleisch- und Gemüsestücken besteckte Spieße, sogenannte Schaschlikspieße.
- **Grillen mit dem rotierenden Drehspieß oder Drehkorb:**
  — größere Fleischstücke von zarter Beschaffenheit wie Filet, Rollbraten, Geflügel,
  — Grillspieße.
- **Toasten:**
  — Größere Mengen von Weiß- und Graubrotscheiben. Sie werden auf dem Rost oder dem Backblech unter einmaligem Wenden geröstet.
- **Überbräunen:**
  — Toastschnitten, Rezepte Seite 102 ff.,
  — Gerichte, die mit einer Baiserhaube zubereitet werden, z. B. Obstsalat, Rezept Seite 163, oder Zitronenpie, Rezept Seite 280.
- **Gratinieren oder Überbacken:**
  — Gerichte, die in einer hitzebeständigen Form überbacken werden. Sie bestehen aus bereits gegarten, möglichst heiß eingefüllten Zutaten wie Fleisch, Fisch, Gemüse, Nährmitteln oder Kartoffeln, die meist mit einer pikanten Soße vermischt werden. Sie sollen nochmals kurz erhitzt werden und eine goldbraune Kruste bekommen, Bild 22, Seite 101.
- **Backen:**
  — Spezialgebäck wie z. B. Baumkuchen, der aus vielen nur 2—3 mm dicken Teigschichten besteht und in einer Kasten- oder Tortenform unter dem Grill gebacken wird, Rezept und Bild 67, Seite 267.

- **Dünsten in Alufolie:**
  — Fische im ganzen oder Fischfilets,
  — Fleischscheiben,
  — kleine Kartoffeln, Tomaten,
  — Früchte.
  Das Grillgut wird locker in Alufolie eingepackt und unter dem Grillheizkörper gegart, Bild 66, Seite 265.

Was ist zu beachten?
- Kontaktgrillgeräte sind besonders für flache Fleisch-, Leber- und Fischstücke sowie für Würstchen geeignet. Außerdem können Brotscheiben getoastet und Sandwiches gebräunt werden. Die Gebrauchsanweisung des Herstellers ist zu beachten, sie enthält genauere Angaben über die möglichen Zubereitungsarten.
- Schaschlikgarnituren erleichtern die Zubereitung von Grillspießen. Die Zutaten nach Rezeptangabe auf die Spieße stecken und die Spieße in die dafür vorgesehene Halterung einhängen. Grillspieße während des Grillens mehrmals mit Öl bestreichen. Als Tropfschutz die Fettpfanne in die untere Einschubleiste setzen.

Vorbereitung

- Grillgut wie Fleisch oder Fisch waschen und abtrocknen,
- nach Belieben Paprika, Pfeffer oder andere Gewürze überstreuen und einreiben
  oder
  magere Fleisch- und Fischstücke in eine Ölmarinade einlegen,
- falls ein Fettzusatz erforderlich oder erwünscht ist, Grillgut mit Öl bestreichen.

Was ist zu beachten?
- Salz erst nach dem Grillen überstreuen, da es sonst zu unerwünschter Saftbildung kommt und das Grillgut austrocknet.

Ölmarinaden für Fleisch- und Fischstücke

Durch Ölmarinaden werden Fleisch- und Fischstücke besonders saftig, zart und schmackhaft. Mageres Grill- und Bratgut, das leicht trocken wird, wie Filet, Roastbeef, Leber-, Reh-, Hirsch- und Wildschweinfleisch und Fisch, wird deshalb vor der Zubereitung mindestens 1—2 Stunden in eine der folgenden Ölmarinaden eingelegt:

Öl-Kräuter-Marinade
1 Zwiebel schälen und in Würfel schneiden oder Zwiebelpulver verwenden. Mit zerkleinerten Kräutern — Petersilie, Dill, Schnittlauch, Estragon, Zitronenmelisse —, Salz, Pfeffer, 1 Prise Zucker und 3—4 EL Öl gut verrühren.

Öl-Gewürz-Marinade
1 Zwiebel schälen und in Würfel schneiden oder Zwiebelpulver verwenden. Mit zerkleinerten Kräutern — Petersilie, Thymian —, 1 TL Tomatenmark, Salz, Pfeffer, Zucker und 3—4 EL Öl gut verrühren.

Öl-Wein-Marinade
1 TL Streuwürze, 1 TL Ingwerpulver, 2 EL Sojasoße, 4—6 EL Sherry und 3—4 EL Öl gut verrühren.

Zubereitung

- Grillheizkörper vorheizen,
- vorbereitetes Grillgut auf den Rost oder in eine Alu-Grillschale legen und einsetzen,
- die Einschubhöhe richtet sich nach der Art des Grillgutes und der Zubereitungsart. Im allgemeinen gilt:
  - Flache Stücke mit kurzer Gardauer auf dem Rost auf die obere Einschubleiste setzen,
  - dickere Stücke und alle Grilladen mit längerer Gardauer mit dem Rost auf die mittlere Einschubleiste setzen. Dadurch wird vermieden, daß die Krustenbildung zu schnell erfolgt und das Innere des Grillgutes roh bleibt.
- Grillgut nur mit stumpfen Gegenständen wie Grillzange oder Bratenwender wenden. Durch Einstechen mit einer Gabel verliert das Grillgut Saft und wird trocken. Bei Umluftgeräten entfällt das Wenden.
- Grillen, bis die Oberfläche leicht gebräunt und glänzend ist. Bei richtig gegrillten Fleisch- oder Fischstücken zeigen sich kleine Saftperlen auf der Oberfläche.

Was ist zu beachten?

- Eingelegtes Grillgut etwas abtropfen lassen, bevor es unter den vorgeheizten Grillheizkörper eingesetzt wird.
- Der Grillraum muß während der Grilldauer teilweise oder ganz geöffnet bleiben, damit die Feuchtigkeit abziehen kann. Ausnahme: Geräte in besonderer Bauweise und Backofen mit Umluft. Die Gebrauchsanweisung des Herstellers ist zu beachten.
- Beim Grillen von Speck oder fetthaltigen Wurstsorten können sich Fettspritzer am Grillheizkörper entzünden. Das Gerät sofort ausschalten, das Grillgut tiefer einsetzen und den Grillvorgang fortsetzen.
- Rauchentwicklung ist ein Zeichen für zu hohe Temperatur. In diesem Fall genügt es, den Rost mit dem Grillgut tiefer einzusetzen.

Tip:

- Rost mit Alufolie belegen und diese an den Rändern hochziehen; auf diese Weise wird der Grillraum vor Fettspritzern geschützt.
- Grillgut, bei dem aus Diätgründen eine Bräunung vermieden werden soll, in eine mit Butter oder Öl gefettete Alufolie locker einpacken. Damit kein Saft auslaufen kann, die Ränder der Folie fest verschließen. Die Gardauer verlängert sich.

Nach dem Grillen

- Fleisch oder Fisch mit etwas Salz bestreuen.
- Grillgut auf eine vorgewärmte Platte legen, nach Belieben mit Salatblättern, Tomaten- oder Zitronenscheiben garnieren und sofort heiß servieren.

Beilagen

- Scheiben pikanter Butter, siehe Seite 260.
- salzige Soßen, z. B. Barbecue-Soße, siehe Seite 85.
- kaltgerührte Soßen, z. B. Cumberland-, Rohe Tomaten- oder Teufelssoße, Sahne- oder Apfelmeerrettich, siehe Seite 90 und 91.
- abgeschlagene Soßen, siehe Seite 95 ff.
- frischer Salat jeder Art oder feines Gemüse.
- Reis, Pommes frites oder ein Kartoffelgericht.

Pikante Buttermischungen

Frische Butter verfeinert durch ihr Aroma den Geschmack jeder Speise. Pikante Buttermischungen passen besonders gut zu gegrilltem Fleisch oder Fisch oder zu Kurzgebratenem. Sie lassen sich leicht und schnell mit einem Handrührgerät selbst herstellen. Die Buttermischung auf Folie geben, zu einer Rolle von etwa 3 cm Durchmesser formen und im Kühlschrank fest werden lassen. Bei Bedarf in Scheiben schneiden und auf dem Gegrillten anrichten.

Kräuterbutter
125 g weiche Butter sahnig rühren. 1 zerdrückte Knoblauchzehe, zerkleinerte Kräuter — Petersilie und Kräuter der Provence — Salz, Pfeffer, Paprika und Zitronensaft unterrühren. Mit einigen Spritzern Worcestersauce und Angostura abschmecken.
Anmerkung: Kräuter der Provence gibt es als Fertigmischung — getrocknet, tiefgekühlt oder in Dosen — zu kaufen. Sie bestehen aus einer Vielzahl von Gewürzen und Kräutern wie Rosmarin, Thymian, Basilikum, Majoran, Estragon, Bohnenkraut, Kerbel, Liebstöckel und Oregano in einem bestimmten Mischungsverhältnis.

Meerrettichbutter
125 g weiche Butter sahnig rühren. 1 EL frischen geriebenen Meerrettich oder 1—2 EL Meerrettich aus dem Glas unterrühren und mit 1 Prise Zucker und Zitronensaft abschmecken.

Senfbutter
125 g weiche Butter sahnig rühren. 1 EL Senf unterrühren, mit Zitronensaft und Zucker abschmecken.

Paprikabutter
125 g weiche Butter sahnig rühren. Paprika und nach Belieben 1 EL Tomatenketchup unterrühren und mit Worcestersauce abschmecken.

Bild 65: Am Drehspieß werden Hähnchen, Rezept Seite 263, gleichmäßig gegrillt.

Filetsteaks

4 **Filetsteaks**
jeweils etwa 3 cm dick

Pfeffer
Öl oder Butter

Salz
pikante Butter
siehe Seite 260

Fleisch waschen und abtrocknen. Fett, Häute und Sehnen entfernen, Steaks flach drücken, mit Pfeffer bestreuen und mit Öl bestreichen.
Auf dem Rost unter dem Grill, obere Einschubleiste, grillen. Nach der Hälfte der Grilldauer wenden.
Mit Salz bestreuen.
Steaks mit Scheiben von pikanter Butter belegen oder mit Sauce Béarnaise, Rezept Seite 96, servieren.
Beilage: Kartoffelkroketten oder Pommes frites und feines Gemüse wie Spargel, Pilze, Prinzeßbohnen, Erbsen und Karotten oder Salat.

Was ist zu beachten?

- Die Grilldauer richtet sich nach Art und Höhe der Filets sowie nach dem gewünschten Garzustand:

  durchgebraten: etwa 12 Minuten
  englisch: well done
  französisch: bien cuit

  innen rosa: etwa 10 Minuten
  englisch: medium
  französisch: demi anglais

  innen rosa mit rotem Kern:
  etwa 8 Minuten
  englisch: medium
  französisch: à point

  innen roh: etwa 6 Minuten
  englisch: blue
  französisch: saignant

Anmerkung:
Filetsteaks sind Scheiben aus dem Filet von allen Fleischarten, auch vom Wild. Beim Rind werden sie als Filetbeefsteaks oder Lendenschnitten, beim Lamm als mutton-chops bezeichnet.
Kleine, meist ovale Scheiben aus dem dünnen Ende des Filets sind Medaillons. Da sie, bis auf Rinderfiletsteaks, klein sind, werden sie etwas dicker geschnitten.

Rumpsteaks

Roastbeefscheiben

4 **Rumpsteaks**
jeweils etwa 2 cm dick
Pfeffer
nach Belieben:
Öl oder Butter

Salz
pikante Butter
siehe Seite 260

Fleisch waschen und abtrocknen. Fett, Häute und Sehnen entfernen, Steaks mit Pfeffer bestreuen und nach Belieben mit Öl bestreichen.
Auf dem Rost unter dem Grill, obere Einschubleiste, 8—12 Minuten grillen. Nach der Hälfte der Grilldauer einmal wenden.
Mit Salz bestreuen.
Steaks mit Scheiben von pikanter Butter belegen.
Beilage: Kroketten, Pommes frites oder Reis und Pilzgemüse oder Salat.

Tip:

- 4 kleine Tomaten waschen, abtrocknen und den Stielansatz keilförmig herausschneiden. Tomaten auf der Oberseite kreuzweise einritzen und die Haut etwas zurückziehen. Nach Belieben obenauf würzen, Butterflöckchen darauf verteilen.
  2 Zwiebeln schälen und in ½ cm dicke Scheiben schneiden. Mit heißem Wasser überbrühen, abtropfen lassen, mit Öl beträufeln. Tomaten und Zwiebelscheiben zusammen mit den Steaks grillen. Mit Salz bestreuen.

Steaks oder Nüßchen

4	**Steaks** oder Nüßchen jeweils etwa 2 cm dick **Pfeffer** nach Belieben: **Öl** oder Butter
	Salz

Fleisch waschen und abtrocknen. Fett, Häute und Sehnen entfernen. Steaks mit Pfeffer bestreuen und nach Belieben mit Öl bestreichen.
Auf dem Rost unter dem Grill, obere Einschubleiste, 10—12 Minuten grillen. Nach der Hälfte der Grilldauer wenden.
Mit Salz bestreuen.
Steaks mit Scheiben von pikanter Butter belegen oder Sauce Béarnaise, Rezept Seite 96, dazu reichen.
Beilage: Reis oder Kartoffelkroketten, Gemüse oder Salat.

Anmerkung:
Steaks sind Fleischscheiben aus der Keule oder dem Rücken von Kalb, Rind, Schwein, Lamm, Reh, Hirsch, Hase oder Pute.
Nüßchen sind Fleischscheiben aus dem Kalbsfrikandeau, dem Fleischmuskel der Keule.

Hacksteaks

1	**Brötchen**
1	**Zwiebel** oder Zwiebelpulver
400 g	**Rinderhackfleisch**
1	**Ei**
	Salz · Pfeffer
	Öl

Brötchen in Wasser einweichen und ausdrücken, Zwiebel schälen und in Würfel schneiden. Beides mit Hackfleisch, Ei, Salz und Pfeffer vermengen.
Aus der Masse mit angefeuchteten Händen Bällchen formen, flach drücken und mit Öl bestreichen.
Auf dem Rost unter dem Grill, obere Einschubleiste, 8—10 Minuten grillen. Nach der Hälfte der Grilldauer wenden.
Beilage: Gemüse und Kartoffeln in Soße oder Mischsalat.

Koteletts

4	**Koteletts** jeweils etwa 2 cm dick **Pfeffer** **Öl** nach Belieben
	Salz

Knochen eventuell herauslösen. Fleisch waschen, abtrocknen, Fettränder einschneiden.
Mit Pfeffer bestreuen und nach Belieben mit Öl bestreichen.
Auf dem Rost unter dem Grill, obere Einschubleiste, 8—12 Minuten grillen. Nach der Hälfte der Grilldauer wenden.
Mit Salz bestreuen.
Beilage: Butterkartoffeln und Gemüse oder Salat.

Anmerkung:
Koteletts sind Fleischscheiben mit Knochen von Kalb, Schwein oder Lamm.

Grillbratwurst

4	**Bratwürste** oder Brühwürste

Würste mit heißem Wasser überbrühen, abgießen und abtrocknen. Grobe, feste Würste mehrmals anstechen, damit sie nicht platzen.
Auf dem Rost unter dem Grill, mittlere Einschubleiste, 6—10 Minuten grillen. Nach der Hälfte der Grilldauer wenden.
Beilage: Kartoffelsalat oder Englische Kartoffeln oder frischer Salat und getoastetes Brot.

Veränderung:
- **Gefüllte Würstchen**
  Ungebrühte, nicht zu dünne Würstchen längs aufschneiden und zwischen die Hälften ein Stück Schmelzkäse in entsprechender Größe legen. Die Würstchen zusammenklappen, mit dünnen Räucherspeckstreifen umwickeln und mit einem Hölzchen feststecken. Auf dem Rost unter dem Grill, mittlere Einschubleiste, so lange grillen, bis der Käse schmilzt.

Hähnchen oder Poularden

1	**Hähnchen** oder 1 Poularde **Geflügelgewürz** **Öl** nach Belieben
	Salz

Geflügel halbieren oder in Viertel schneiden, waschen und abtrocknen. Mit Gewürz einreiben, nach Belieben mit Öl bestreichen.
Auf dem Rost unter dem Grill, mittlere Einschubleiste, 25—30 Minuten grillen. Nach der Hälfte der Grilldauer wenden. Mit Salz bestreuen.
Beilage: Pommes frites und gemischter Salat.

Was ist zu beachten?
- Zum Grillen eignet sich nur junges Geflügel.

Tip:
- Ist ein Drehspieß vorhanden, das unzerteilte, innen und außen gewürzte Geflügel auf den Spieß stecken und befestigen. Unter Drehen 40—50 Minuten grillen, ab und zu mit Öl bestreichen. Nach dem Grillen mit Salz bestreuen.

Braten am Drehspieß

1 kg	**Rollbraten** oder andere Bratenstücke **Grillgewürz** **Öl** nach Bedarf
	Salz

Fleisch waschen, abtrocknen und mit Gewürz einreiben. Den Spieß durch das Fleisch stecken, mit den Klammern befestigen und in die dafür vorgesehene Halterung legen.
Fettpfanne in die untere Einschubleiste setzen. Braten 60—70 Minuten grillen, dabei mageres Fleisch mehrmals mit Öl bestreichen.
Mit Salz bestreuen.
Beilage: Mischsalat oder gemischte Salatplatte und erwärmtes Roggenbrot.

Anmerkung:
Geeignetes Fleisch: Schweine- oder Putenrollbraten, Schweine- oder Lammkotelettstück, Kalbsnierenbraten und Rinderlende.

Schaschlik

500 g	**Filet** von Schwein, Rind oder Lamm **Pfeffer**
4	**Zwiebeln**
1	**grüne Paprikaschote**
1	**rote Paprikaschote**
2—4	**Räucherspeckscheiben**
	Öl

Fleisch waschen, abtrocknen, in 2 cm dicke und 3—4 cm große Stücke schneiden und mit Pfeffer bestreuen. Zwiebeln schälen, in Viertel schneiden. Paprika putzen, waschen und abtropfen lassen. Paprika und Speck in 3—4 cm große Stücke schneiden.
Fleisch, Gemüse und Speck abwechselnd auf 4 Spieße stecken, mit Öl bestreichen und auf dem Rost unter dem Grill, obere Einschubleiste, 8—10 Minuten grillen. Nach der Hälfte der Gardauer wenden.
Beilage: Reis und Salat.

Tip:
- Bei Einsatz einer Schaschlikgarnitur Spieße 10—12 Minuten grillen, dabei mehrmals mit Öl bestreichen.

Lammspieße auf türkische Art

500 g	**Lammfleisch**
Marinade:	
	Petersilie · Pfefferminze · Pfeffer · Salz · Öl
4	**Zwiebeln**
200 g	**Räucherspeck**
	Curry

Fleisch waschen, abtrocknen, in 2 cm dicke und 3—4 cm große Stücke schneiden.
Für die Marinade Kräuter zerkleinern, mit Pfeffer, Salz und Öl verrühren, Fleisch etwa 2 Stunden darin einlegen.
Zwiebeln schälen, in Viertel schneiden, Speck in 1 cm dicke und 3—4 cm große Stücke schneiden.
Fleisch, Zwiebeln und Speck abwechselnd auf 4 Spieße stecken, mit Öl bestreichen und auf dem Rost unter dem Grill, obere Einschubleiste, 6—8 Minuten grillen. Nach der Hälfte der Gardauer wenden.
Mit Curry bestreuen.
Beilage: Reis und Balkangemüse oder Curryreis und Salat.

Tip:
- Bei Einsatz einer Schaschlikgarnitur Spieße 8—10 Minuten grillen, dabei mehrmals mit Öl bestreichen.

Leberspieße

500 g	**Leber** von Schwein, Rind, Geflügel oder Wild
8	**Schinkenspeckscheiben**
4	**Zwiebeln**
2	**Äpfel**
	Öl
	Pfeffer

Leber waschen, abtrocknen, Haut und Sehnen entfernen, Leber in 2 cm dicke und 3—4 cm große Stücke schneiden.
Speck zu Röllchen formen und halbieren.
Zwiebeln schälen und in Viertel schneiden. Äpfel waschen, schälen, Kerngehäuse entfernen, Äpfel halbieren und in Scheiben schneiden.
Leber, Speck, Zwiebeln und Äpfel abwechselnd auf 4 Spieße stecken, mit Öl bestreichen und auf dem Rost unter dem Grill, obere Einschubleiste, 6—8 Minuten grillen. Nach der Hälfte der Gardauer wenden.
Spieße mit Pfeffer bestreuen.
Beilage: Reis und Salat

Veränderung:
- **Nierenspieße**
  500 g Nieren von Schwein oder Lamm halbieren, Röhren entfernen. Nieren mindestens 30 Minuten wässern. In Stücke schneiden, abwechselnd mit Zwiebelvierteln, Salbeiblättern und Schinkenspeckröllchen auf 4 Spieße stecken. Mit Öl bestreichen und wie Leberspieße grillen.

Tip:
- Bei Einsatz einer Schaschlikgarnitur Spieße 8—10 Minuten grillen, dabei mehrmals mit Öl bestreichen.

Leberscheiben

4	**Leberscheiben** jeweils etwa 1 cm dick **Öl**
	Salz · Pfeffer · Butter

Leber waschen, abtrocknen, Haut und Sehnen entfernen, Leber mit Öl bestreichen. Auf dem Rost unter dem Grill, obere Einschubleiste, 6—8 Minuten grillen. Nach der Hälfte der Grilldauer wenden.
Leber mit Salz und Pfeffer bestreuen, etwas Butter auflegen.
Beilage: Kartoffelbrei und Salat

Tip:
- 2 Zwiebeln schälen und in $1/2$ cm dicke Scheiben schneiden. Mit heißem Wasser überbrühen, abtropfen lassen und mit Öl beträufeln. Zusammen mit der Leber grillen. Nach dem Grillen mit Salz bestreuen.

Gegrillte Fische

4 **Fische**
Zitronensaft
Öl

Salz

---

nach Belieben:
pikante Butter, siehe Seite 260

Fische säubern, waschen, abtrocknen, innen und außen mit Zitronensaft beträufeln, mit Öl bestreichen.
Auf dem Rost unter dem Grill, obere Einschubleiste, je nach Fischart 8—15 Minuten grillen. Nach der Hälfte der Grilldauer wenden.
Mit Salz bestreuen.
Nach Belieben Fische mit Scheiben von pikanter Butter belegen oder mit Holländischer Soße, Rezepte Seite 84 oder 96, reichen.
Beilage: Kartoffeln und Salat.

Anmerkung:
Geeignete Fische: Forellen, Blaufelchen, Scholle, Grüne Heringe, Makrelen.

Fischschnitten

1 kg **Fischschnitten** oder Fischfilet
Zitronensaft

Marinade:
Petersilie
Salz · Pfeffer · Zwiebelpulver
oder Knoblauchpulver
4 EL **Öl**

Fisch waschen, abtrocknen und mit Zitronensaft beträufeln.
Für die Marinade zerkleinerte Petersilie, Salz, Pfeffer, Zwiebelpulver und Öl verrühren. Fisch darin $1^1/_2$—2 Stunden einlegen. Marinade abgießen.
Auf dem Rost unter dem Grill, obere Einschubleiste, 10—12 Minuten grillen. Nach der Hälfte der Grilldauer wenden.
Beilage: Butterkartoffeln und Salat.

Anmerkung:
Geeignete Fische: Kabeljau, Schellfisch, Seehecht, Zander, Stein- oder Heilbutt sowie Schollenfilets.

Gefüllte Fische in Alufolie

4 **Fische**
Zitronensaft · Salz

Füllung:
Petersilie · Dill
oder Schnittlauch
2 EL **Butter**
Salz

Öl

Fische säubern, waschen, abtrocknen, innen und außen mit Zitronensaft beträufeln und mit Salz bestreuen.
Für die Füllung Kräuter zerkleinern, mit weicher Butter und Salz verrühren, die Fische damit füllen.
4 Alufolienstücke dünn einölen und die Fische einzeln locker darin einpacken. Beide Enden locker über dem Fisch zusammennehmen und zwei- bis dreimal falzen, die Seiten ebenfalls gut schließen.
Auf dem Rost unter dem Grill, obere Einschubleiste, 15—20 Minuten grillen. Nach der Hälfte der Grilldauer wenden.
Beilage: Kartoffelbrei oder Reis und Möhren mit Lauch oder Salat.

Anmerkung:
Geeignete Fische: Grüne Heringe, Schleien, Forellen oder Felchen.

Bild 66: Grillgut wird locker in Alufolie eingepackt, hier gefüllte Fische, Rezept Seite 265.

Gefüllte Pilze

250 g	**große Pilze** Champignons oder Egerlinge **Zitronensaft · Öl**

Füllung:

1	**Zwiebel**
	Petersilie
100 g	**Camembert**
1 EL	**Butter**
1—2 EL	**saure Sahne**
	Salz · Pfeffer

Pilze putzen, waschen, abtropfen lassen und Stiele herausdrehen. Pilzköpfe mit Zitronensaft und Öl beträufeln.
Für die Füllung Zwiebel schälen, Zwiebel, Pilzstiele und Petersilie zerkleinern, Käse mit einer Gabel zerdrücken. Zwiebel, Petersilie und Käse vermischen, weiche Butter, Sahne, Salz und Pfeffer untermengen und abschmecken, Pilzköpfe damit füllen.
Auf dem Rost unter dem Grill, mittlere Einschubleiste, 10—12 Minuten grillen.
Beilage: Gegrilltes oder kurzgebratenes Fleisch oder Fisch und Reis.

Muscheln in Speckhülle

16	**gegarte Muscheln** aus Dose oder Glas **Zitronensaft**
8	**Frühstücksspeckscheiben** oder Schinkenspeckscheiben
	Pfeffer

Muscheln abtropfen lassen und mit Zitronensaft beträufeln. Speckscheiben halbieren, Muscheln einzeln darin einhüllen und mit einem Hölzchen feststecken.
Auf dem Rost unter dem Grill, obere Einschubleiste, 6—8 Minuten grillen. Nach der Hälfte der Grilldauer wenden.
Mit Pfeffer bestreuen.
Als Cocktailhappen zum Aperitif reichen.

Backpflaumen in Speckhülle

16	**Kurpflaumen** ohne Stein
8	**Frühstücksspeckscheiben** oder Schinkenspeckscheiben

Pflaumen mit Wasser bedecken, 2—3 Stunden quellen lassen, dann abgießen. Speckscheiben halbieren, Pflaumen einzeln darin einhüllen und mit einem Hölzchen feststecken.
Auf dem Rost unter dem Grill, obere Einschubleiste, 6—8 Minuten grillen. Nach der Hälfte der Grilldauer wenden.
Als Cocktailhappen zum Aperitif servieren oder als Beilage zu Schweinebraten.

Ananasscheiben

4	**Ananasscheiben** frisch oder aus der Dose **Butter**
	nach Belieben: **Himbeergeist** oder Angostura

Ananas abtropfen lassen und dünn mit Butter bestreichen.
Auf dem Rost unter dem Grill, obere Einschubleiste, 4—6 Minuten grillen. Nach der Hälfte der Grilldauer wenden.
Nach Belieben mit Alkohol beträufeln und als Garnierung auf Steaks oder Wildbraten legen.

Veränderung:
- Pfirsich- oder Aprikosenhälften anstelle von Ananasscheiben grillen.

Apfelscheiben

4	**Äpfel** **Zitronensaft · Butter**

Äpfel waschen, Kerngehäuse ausstechen, Äpfel schälen, in etwa 1 cm dicke Ringe schneiden, mit Zitronensaft beträufeln und dünn mit Butter bestreichen.
Auf dem Rost unter dem Grill, obere Ein-

schubleiste, 4—6 Minuten grillen. Nach der Hälfte der Grilldauer wenden.
Als Garnierung für Steaks, Leber, Nieren und Wild- oder Gänsebraten geeignet.

Anmerkung:
Geeignet sind Apfelsorten, die nicht so leicht musig werden, z. B. Cox orange.

Bananen

4	**Bananen**
	Zitronensaft · Hagelzucker · gehackte Mandeln · Butter
	nach Belieben:
	Rum oder Cognac

Bananen schälen, längs halbieren und mit Zitronensaft beträufeln. Mit Zucker und Mandeln bestreuen, etwas Butter auflegen.
Auf dem Rost unter dem Grill, obere Einschubleiste, 4—5 Minuten grillen.
Nach Belieben mit Alkohol beträufeln.
Als Dessert oder als Beilage zu Gegrilltem oder Kurzgebratenem servieren.

Bild 67: Baumkuchentorte, Rezept Seite 267, wird schichtweise unter dem Grill gebacken.

Baumkuchentorte

Rührteig:

250 g	**Butter** oder Margarine
150—200 g	**Zucker**
5	**Eier**
1	**Prise Salz**
	abgeriebene Zitronenschale
125 g	**Mehl**
125 g	**Speisestärke**
2 EL	**Sahne**
$^1/_4$ TL	**Zimt**
1 Msp	**Kardamom**
50 g	**geriebene Mandeln**
3—4	**Tropfen Bittermandelöl**
1 EL	**Rum**

Guß:

100—200 g	**Kuvertüre**
100 g	**Schokoladen-Fettglasur** oder Zitronen-Zuckerguß, Rezept Seite 455

Weiche Butter zusammen mit den übrigen Zutaten zu einem cremigen Teig verrühren.
Den Boden einer Spring- oder Kastenform einfetten oder mit Backpapier auslegen.
2 EL Teig einfüllen und zu einer gleichmäßig dünnen Schicht verstreichen.
Auf dem Rost unter dem Grill so hoch wie möglich einsetzen und 1—2 Minuten hellbraun backen. Form herausnehmen, erneut 2 EL Teig über den ersten Teig füllen und ebenso backen. Vorgang wiederholen, bis der Teig verarbeitet ist.
Nach dem Backen für den Guß Kuvertüre und Fettglasur nach Herstellerangabe schmelzen und das noch warme Gebäck damit überziehen.

Tip:
- Es ist günstig, den Teig in 2 kleinen Formen zu backen. Während die eine Form unter dem Grill steht, wird die andere gefüllt.
- Nach Belieben jede zweite oder dritte Schicht mit Aprikosenkonfitüre bestreichen.

Pudding im Wasserbad

Ein Pudding kann aus einer süßen oder salzigen Masse bestehen. Er ist leicht bekömmlich und darum für einige Diätformen besonders geeignet.
Pudding wird in einer Spezialform aus Aluminium, Weißblech oder Steingut gegart. Meist geschieht dies im Wasserbad auf der Kochstelle; ohne Wasserbad kann Pudding im Backofen oder im Mikrowellengerät zubereitet werden. Die Zubereitung im Schnellkochtopf oder im Mikrowellengerät spart Zeit und Strom.
Nach dem Stürzen serviert man süßen Pudding mit Soße oder Kompott, salzigen Pudding mit Soße, Salat oder Gemüse.

Vorbereitung

- Zutaten zu einer Puddingmasse vermengen,
- Puddingform und -deckel sorgfältig mit Butter oder Margarine einfetten, besonders am Zapfen, und mit Paniermehl oder Grieß ausstreuen,
- Masse fest einfüllen, d. h. so einfüllen, daß keine Hohlräume entstehen. Dazu die Form einige Male auf die Arbeitsfläche aufstoßen und Masse glattstreichen,
- Puddingform mit dem Deckel fest verschließen.

Was ist zu beachten?
- Da der Pudding während des Garens aufgeht, darf die Form nur zu dreiviertel gefüllt werden.
- Die Rezepte sind für eine Form mit 1 l Fassungsvermögen berechnet. Wird eine kleinere Form benutzt, muß die Rezeptmenge entsprechend verringert werden.

Tip:
- Zum Zerkleinern, Schlagen und Kneten der Zutaten ist der Einsatz einer elektrischen Küchenmaschine zu empfehlen.

Zubereitungsarten im Wasserbad

- Auf der Kochstelle im Kochtopf: Geschlossene Puddingform in einen hohen Kochtopf stellen. Vorsichtig so viel Wasser angießen, daß es etwa 2 cm unter dem Rand der Puddingform steht. Kochtopf mit Deckel verschließen. Pudding ankochen, fortkochen und in der Nachwärme fertig garen.
- Auf der Kochstelle im Schnellkochtopf: Geschlossene Puddingform auf den Bodeneinsatz des Schnellkochtopfes stellen. So viel Wasser angießen, daß die Puddingform zu einem Drittel im Wasser steht. Pudding ankochen, fortkochen und in der Nachwärme fertig garen.
  Die Gardauer verringert sich um etwa die Hälfte der in den Rezepten angegebenen Zeit.

Zubereitungsarten ohne Wasserbad

- Im Backofen: Geschlossene Puddingform auf den Rost stellen und bei 200 °C garen, siehe Kapitel „Garen mit Hilfe der Zeitschaltautomatik“, Seite 457. Um den Backofen voll auszunutzen, den Pudding zusammen mit anderen Gerichten oder Kuchen einsetzen, siehe Bild 70, Seite 271.
- Im Mikrowellengerät: Pudding in eine gefettete Kranzkuchen- oder Auflaufform aus Glas oder Keramik füllen, abdecken und garen, siehe Rezept „Grüner Hackfleischpudding“ Seite 493.

Nach dem Garen

- Puddingform aus dem Wasserbad, Backofen oder Mikrowellengerät nehmen. Form kurze Zeit stehen lassen, damit sich die Masse absetzen kann.
- Deckel vorsichtig abnehmen, die Masse mit einem Messer vom Formenrand lösen.
- Pudding auf eine Servierplatte stürzen und garnieren, siehe Bilder 68 und 69, Seite 269.

Bild 68: Die Puddingmasse wird mit dem Messer vom Formenrand gelöst.

Bild 69: Gestürzter Schinken-Kartoffelpudding, Rezept Seite 269, mit Tomaten und Petersilie garniert.

Salzige Puddinge

Schinken-Kartoffelpudding

750 g	**Kartoffeln**
	Salz
1/8—1/4 l	**Wasser**
1	**Zwiebel**
200 g	**roher Schinken**
50 g	**Butter** oder Margarine
	Petersilie · Schnittlauch
125 g	**Grieß**
2	**Eier**
1/8 l	**Milch**
50 g	**geriebener Käse**
	Salz · Paprika
	Paniermehl

Kartoffeln schälen, waschen, in Stücke schneiden, Salz überstreuen, Wasser angießen, **ankochen, 10—15 Minuten fortkochen** und **5—10 Minuten** in der **Nachwärme** fertig garen. Kartoffelwasser abgießen, Kartoffeln im Kochtopf mit den Rührbesen eines Handrührgerätes zerdrücken.
Zwiebel schälen, Zwiebel und Schinken in Würfel schneiden.
Butter **erhitzen,** Zwiebel darin **andünsten.** Zwiebel, Schinken, zerkleinerte Kräuter und übrige Zutaten unter die Kartoffeln rühren. Abschmecken.
Puddingform einfetten und mit Paniermehl ausstreuen. Masse fest einfüllen.
Im Wasserbad **ankochen, 60—75 Minuten fortkochen** und **15 Minuten** in der **Nachwärme** fertig garen.
Pudding am Rand lösen und auf eine Servierplatte stürzen.
Beilage: Gemüse oder Soße und Salat.

Käsepudding

80 g	**Butter** oder Margarine
4	**Eigelb**
150 g	**geriebener Käse**
$^1/_8$ l	**saure Sahne** oder Milch
	Paprika
125 g	**Mehl**
50 g	**Speisestärke**
2 TL	**Backpulver**
	Schnittlauch · Salz
4	**Eiweiß**
	Paniermehl
	nach Belieben:
	Schinkenröllchen

Weiche Butter mit den übrigen Zutaten verrühren.
Zerkleinerten Schnittlauch untermengen und mit Salz abschmecken.
Eiweiß steif schlagen und locker unterheben.
Puddingform einfetten und mit Paniermehl ausstreuen. Masse fest einfüllen.
Im Wasserbad **ankochen, 60 Minuten fortkochen** und **15 Minuten** in der **Nachwärme** fertig garen.
Pudding am Rand lösen und auf eine Servierplatte stürzen. Nach Belieben mit Schinkenröllchen umlegen.
Mit Tomaten-, Pilz- oder Kräutersoße oder mit Gemüse in Holländischer Soße reichen, z. B. Spargel, Blumenkohl, Chicorée, Schwarzwurzeln.
Beilage: Salat.

Kohlpudding

1 kg	**Weißkohl** oder Wirsing
1	**Brötchen**
1	**Zwiebel**
250 g	**Rinderhack**
125 g	**Schweinehack**
	Salz · Paprika oder Pfeffer

Kohlblätter ablösen und mit kochendem Wasser überbrühen. Oder Kohlblätter 5 Minuten vorkochen, damit sie geschmeidig werden. Abtropfen lassen, Kohlrippen flachschneiden.
Puddingform einfetten und mit großen Blättern auslegen. Restlichen Kohl zerkleinern.
Brötchen in Wasser einweichen und ausdrücken. Zwiebel schälen und in Würfel schneiden. Brötchen und Zwiebel mit zerkleinertem Kohl, Hackfleisch, Salz und Paprika vermengen und abschmecken.
Die Masse fest in die Puddingform einfüllen.
Im Wasserbad **ankochen, 60 Minuten fortkochen** und **15 Minuten** in der **Nachwärme** fertig garen.
Pudding am Rand lösen und auf eine Servierplatte stürzen.
Mit Tomatensoße und Kartoffeln reichen.

Was ist zu beachten?

- Kohl zieht viel Saft. Deshalb entweder der rohen Puddingmasse 1 EL trockenen Reis zufügen, der den Saft bindet, oder nach dem Garen den Saft, vor dem Stürzen des Puddings, abgießen und ihn zu einer Soße verwenden.

Grießpudding mit Kräutern

$^1/_2$ l	**Milch**
	Salz
175 g	**Grieß**
1	**Eigelb**
1	**Zwiebel**
50 g	**Butter** oder Margarine
	Petersilie · Schnittlauch · Dill
50 g	**geriebener Käse**
2	**Eigelb**
	Paprika
3	**Eiweiß**
	Paniermehl
	nach Belieben:
	Schinkenröllchen

Milch mit Salz **ankochen,** Grieß einrühren und **5—10 Minuten** in der **Nachwärme** quellen lassen.
Eigelb nach und nach mit etwa 2 EL heißem Grießbrei verrühren und unter die heiße Masse mengen. Etwas abkühlen lassen.
Zwiebel schälen und in Würfel schneiden.
Butter **erhitzen,** Zwiebel und zerkleinerte Kräuter darin **andünsten.** Mit Käse, Eigelb, Paprika und Grießbrei vermengen und abschmecken.
Eiweiß steif schlagen und locker unterheben.

Puddingform einfetten, mit Paniermehl ausstreuen, Masse fest einfüllen.
Im Wasserbad **ankochen, 60 Minuten fortkochen** und **15 Minuten** in der **Nachwärme** fertig garen.
Pudding am Rand lösen und auf eine Servierplatte stürzen. Nach Belieben mit Schinkenröllchen umlegen.
Mit Tomaten- oder Pilzsoße und Salat oder mit Gemüse in Soße reichen.

Nudelpudding mit Schinken

1 l	**Wasser**
1 TL	**Salz**
1 TL	**Öl**
250 g	**Nudeln**
150 g	**roher Schinken**
	Petersilie · Schnittlauch
50 g	**Butter** oder Margarine
65 g	**geriebener Käse**
2	**Eier**
3 EL	**Milch** oder Sahne
	Salz · Paprika
	Paniermehl

Wasser mit Salz und Öl **ankochen,** Nudeln einlegen, einmal umrühren, und etwa **8 Minuten** in der **Nachwärme** quellen lassen. Abgießen, abtropfen und erkalten lassen.
Schinken in Würfel schneiden, mit zerkleinerten Kräutern, weichem Fett und den übrigen Zutaten verrühren. Nudeln untermengen und abschmecken.
Puddingform einfetten, mit Paniermehl ausstreuen, Masse fest einfüllen.
Im Wasserbad **ankochen, 60 Minuten fortkochen** und **15 Minuten** in der **Nachwärme** fertig garen.
Pudding am Rand lösen und auf eine Servierplatte stürzen.
Mit Kräuter-, Tomaten- oder Kapernsoße reichen.
Beilage: Gemüsesalat oder Gemüse in Soße oder Blattsalat.

Süße Puddinge

Grießpudding

½ l	**Milch**
1 Prise	**Salz**
175 g	**grober Grieß**
1	**Eigelb**
2	**Eigelb**
60 g	**Zucker**
	abgeriebene Zitronenschale
30 g	**gehackte Mandeln**
2—3	**Tropfen Bittermandelöl**
3	**Eiweiß**
	Paniermehl

Milch mit Salz **ankochen,** Grieß einrühren und **5—10 Minuten** in der **Nachwärme** quellen lassen.
Eigelb nach und nach mit etwas heißem Grießbrei verrühren, unter die heiße Masse mengen und kalt stellen.
Eigelb und Zucker schaumig rühren, Zitronenschale, Mandeln, Bittermandelöl und löffelweise Grießbrei zufügen und abschmecken.
Eiweiß steif schlagen und locker unterheben.
Puddingform einfetten, mit Paniermehl ausstreuen, Masse fest einfüllen.
Im Wasserbad **ankochen, 60 Minuten fortkochen** und **15 Minuten** in der **Nachwärme** fertig garen.
Pudding am Rand lösen und auf eine Servierplatte stürzen.
Mit Fruchtsaft oder Kompott reichen.

Bild 70: Im Backofen kann Pudding ohne Wasserbad gegart werden. Um den Backofen voll auszunutzen, gleichzeitig andere Speisen mit einsetzen.

Reispudding
oder Hirsepudding

½ l	**Milch**
1 Prise	**Salz**
150 g	**Reis** oder gebrühte Hirse
50 g	**Zucker**
3	**Eigelb**
	abgeriebene Zitronenschale
30 g	**gehackte Mandeln**
50 g	**Sultaninen**
3	**Eiweiß**
	Paniermehl

Milch mit Salz **ankochen,** Reis einrühren und **15—20 Minuten** in der **Nachwärme** quellen, dann erkalten lassen.
Zucker und Eigelb schaumig rühren, Zitronenschale, Mandeln, den Brei und zuletzt die Sultaninen untermengen und abschmecken.
Eiweiß steif schlagen und locker unterheben.
Puddingform einfetten, mit Paniermehl ausstreuen, Masse fest einfüllen.
Im Wasserbad **ankochen, 60 Minuten fortkochen** und **15 Minuten** in der **Nachwärme** fertig garen.
Pudding am Rand lösen und auf eine Servierplatte stürzen.
Mit Fruchtsaft oder Kompott von Aprikosen, Kirschen oder Pflaumen reichen.

Hefepudding

250 g	**Mehl**
15 g	**Hefe**
⅛ l	**Milch**
50 g	**Zucker**
1	**Ei**
1 Prise	**Salz**
	abgeriebene Zitronenschale
2—3	**Tropfen Bittermandelöl**
30 g	**geriebene Mandeln**
50 g	**Butter** oder Margarine
	Paniermehl
2 EL	**Butter** oder Margarine oder Rum

Hefeteig bereiten, siehe Seite 342/340.
Puddingform einfetten, mit Paniermehl ausstreuen, Teig einfüllen und im Backofen bei 50 °C gehen lassen.
Im Wasserbad **ankochen, 60 Minuten fortkochen** und **15 Minuten** in der **Nachwärme** fertig garen.
Pudding am Rand lösen und auf eine Servierplatte stürzen.
Mit einem Hölzchen an verschiedenen Stellen einstechen und heiße, leicht gebräunte Butter darübergießen oder mit Rum beträufeln.
Mit Fruchtsaft, Weinschaumsoße oder Kompott reichen.

Was ist zu beachten?
- Die Form nur gut zur Hälfte mit Teig füllen, da die Masse beim Kochen hochsteigt.

Semmelpudding

250 g	**Semmeln** oder Gebäckreste
⅜ l	**Milch**
80 g	**Butter** oder Margarine
80 g	**Zucker**
2	**Eier**
30 g	**gehackte Mandeln** oder Nüsse
1 Prise	**Salz**
	abgeriebene Zitronenschale
2—3	**Tropfen Bittermandelöl**
50 g	**Korinthen**
80 g	**Paniermehl**
	Paniermehl

Semmeln grob zerkleinern und in Milch einweichen.
Weiche Butter, Zucker und Eier schaumig rühren. Semmeln mit Milch, Mandeln und übrige Zutaten untermengen und abschmecken.
Puddingform einfetten, mit Paniermehl ausstreuen, Masse fest einfüllen.
Im Wasserbad **ankochen, 60 Minuten fortkochen** und **15 Minuten** in der **Nachwärme** fertig garen.
Pudding am Rand lösen und auf eine Servierplatte stürzen.
Mit Weinschaumsoße, Fruchtsaft oder Kompott reichen.

Was ist zu beachten?
- Bei Verwendung von Gebäckresten, die schon gesüßt und gewürzt sind, entsprechend weniger Zucker und geschmackgebende Zutaten nehmen.

Quarkpudding

75 g	**Butter** oder Margarine
100 g	**Zucker**
1 Prise	**Salz**
3	**Eier**
500 g	**Quark**
75 g	**Grieß** oder Paniermehl
5 EL	**Milch**
30 g	**gehackte Mandeln**
	abgeriebene Zitronenschale
	Paniermehl

Weiche Butter mit Zucker, Salz und Eiern schaumig rühren, Quark, Grieß, Milch, Mandeln und Zitronenschale zufügen und abschmecken.
Puddingform einfetten, mit Paniermehl ausstreuen, Masse fest einfüllen.
Im Wasserbad **ankochen, 60 Minuten fortkochen** und **15 Minuten** in der **Nachwärme** fertig garen.
Pudding am Rand lösen und auf eine Servierplatte stürzen.
Mit Fruchtsaft oder Kompott reichen.

Plumpudding

2	**Brötchen**
100 g	**Rindernierenfett** oder Butter
150 g	**Paniermehl**
	Salz
100 g	**Zucker**
65 g	**Zitronat**
65 g	**Korinthen**
85 g	**Sultaninen**
	abgeriebene Zitronenschale
½ TL	**Zimt**
1 Prise	**Muskat**
1 Msp	**gemahlene Nelken**
3—4 EL	**Milch**
1 EL	**Rum**
4	**Eier**
75 g	**gehackte Mandeln**
2	**Äpfel**
	Paniermehl
	Zucker
⅛ l	**Rum** 54 % Vol.

Brötchen in Wasser einweichen und ausdrücken.
Rinderfett **schmelzen,** mit Brötchen verkneten und übrige Zutaten unterarbeiten.
Äpfel waschen, schälen, Kerngehäuse entfernen, Äpfel grob raspeln und untermengen.
Abgedeckt bis zum anderen Tag kalt stellen.
Teig nochmals durchmengen und abschmecken.
Puddingform einfetten, mit Paniermehl ausstreuen, Masse fest einfüllen.
Im Wasserbad **ankochen, 100 Minuten fortkochen** und **15 Minuten** in der **Nachwärme** fertig garen.
Pudding am Rand lösen und auf eine Servierplatte stürzen.
Mit etwas Zucker bestreuen, mit Rum begießen, anzünden und brennend servieren.
Mit Weinschaumsoße reichen.

Nußpudding

4	**Eigelb**
80 g	**Zucker**
1	**Vanillezucker**
1 Prise	**Salz**
200 g	**geriebene Nüsse**
4 EL	**Milch** oder Sahne
40 g	**Paniermehl**
4	**Eiweiß**
	Paniermehl

Eigelb mit Zucker und Vanillezucker schaumig rühren, Salz, Nüsse, Milch und Paniermehl unterrühren und abschmekken.
Eiweiß steif schlagen und locker unterheben.
Puddingform einfetten, mit Paniermehl ausstreuen, Masse fest einfüllen.
Im Wasserbad **ankochen, 60 Minuten fortkochen** und **15 Minuten** in der **Nachwärme** fertig garen.
Pudding am Rand lösen und auf eine Servierplatte stürzen.
Mit Vanille- oder Weinschaumsoße oder leicht gesüßter ungeschlagener Sahne reichen.
Der Pudding schmeckt auch kalt sehr gut.

Pasteten und ähnliche Spezialitäten

Pastete, Pie, Pain, Pirogge und Pizza sind Spezialitäten aus süßen oder salzigen Teigen. Durch unterschiedliche Füllungen und Beläge bringen sie Vielfalt und Abwechslung in den Speisezettel. Sie werden je nach Art warm oder kalt als Hauptgericht, Beilage oder Nachtisch gereicht.

Bezeichnung, Herkunftsland und typische Merkmale:

- **Pastete**
  abgeleitet von dem italienischen „pasta“ = Teig, Paste, Masse. Ein vieldeutiger Begriff, da es Pasteten verschiedener Art gibt, z. B.
  - Küchenpasteten
    Die salzige Füllung wird auf einen Blätter- oder Mürbeteigboden gestrichen, eventuell mit Teig abgedeckt und gebacken oder die Füllung wird in einen Mantel aus Blätter- oder Mürbeteig gehüllt und gebacken. Sie werden als sättigendes Gericht mit Salat serviert, z. B. Schinken-, Champignon- oder Leberpastete, Rezepte Seite 276 und 278, Festtagspastete, Seite 503.
    Eine Sonderform ist die Königinpastete, Rezept Seite 275, die aus Blätterteig gebacken, mit einem heißen Ragout gefüllt und warm als Vorspeise serviert wird.
  - Wurstpasteten
    Zu ihnen zählen auch Wild-, Geflügel-, Fleisch- und Gänseleberpasteten. Sie bestehen aus einer feinen pastenähnlichen Masse aus Fleisch oder Wurst bester Qualität. Sie werden abgedeckt in einer kleinen Terrine gebacken, um eine unerwünschte Bräunung und Krustenbildung zu vermeiden. Diese Pasteten werden immer kalt serviert, z. B. Gänseleberpastete, Rezept Seite 279.
  - süße Pasteten
    Diese feinen Konditoreiwaren ähneln großen Konfektstücken. Typische Füllungen sind Marzipan, Nougat, Krokant oder Gelee. Sie werden kalt zum Kaffee gereicht.

- **Pie**
  Englische und amerikanische Bezeichnung für feine Backwaren vorwiegend aus Mürbeteig, die süß oder salzig gefüllt oder belegt werden. Eine salzige Pie wird heiß serviert, z. B. Fleisch-Gemüsepie, Rezept Seite 281, eine süße Pie heiß oder kalt als Nachtisch oder zum Kaffee, z. B. Apfel- oder Zitronenpie, Rezepte Seite 280.

- **Pain**
  Französische Bezeichnung für eine mit Eiern und Semmeln gestreckte pastenähnliche Fleischmasse, die in der Konsistenz den Wurstpasteten ähnelt. Ein Pain wird in einer mit Speck, Alufolie oder Backpapier ausgelegten Form gebacken, gestürzt und heiß oder kalt mit süßer oder salziger Soße und Beilagen wie Salat oder Gemüse und Brot gereicht, z. B. Leber-, Kaninchen- oder Fleischpain, Rezepte Seite 282 und 281.

- **Pizza**
  Ein ursprünglich italienisches Fladengebäck mit einem Belag aus Tomaten. Pizza wird aus Hefeteig bereitet und mit beliebigen Zutaten, wie z. B. Tomaten, Schinken, Sardellen, Zwiebeln, Oliven, Pilzen, in beliebiger Zusammenstellung und Käse belegt. Pizza schmeckt am besten, wenn sie sofort heiß serviert wird, Rezepte Seite 282 und 503.

- **Pirogge**
  Russische Bezeichnung für Hefeteiggebäcke, die mit Fleisch, Fisch, Gemüse oder Eiern gefüllt werden. Sie werden in der Auflaufform, auf dem Backblech oder in der Fettpfanne gebacken. Eine Pirogge wird als sättigendes Gericht mit Salat als Beilage gereicht oder als Beilage zu einer Brühe serviert, z. B. Krautpirogge mit Eiern, Fleischpirogge oder Kasseler Pirogge, Rezepte Seite 285 und 284.

Tip:

- Bei der Zubereitung ist der Einsatz einer elektrischen Küchenmaschine zu empfehlen: Der Messereinsatz oder Fleischwolf zum Pürieren, d. h. Zerkleinern der Zutaten, die Rührbesen und Knethaken zum Vermengen der Zutaten und für die Teigbereitung.
- Es ist zu empfehlen, jeweils die doppelte Rezeptmenge herzustellen, da alle genannten Spezialitäten eine gute Gefriereigenschaft haben. Ausnahme: Bereits gefüllte Königin-Pasteten und Zitronenpie.
- Pasteten und anderen Spezialitäten können in Aluschalen gebacken, darin eingefroren, wieder aufgetaut und erwärmt werden.

Pasteten und ähnliche Spezialitäten können auch im Mikrowellengerät zubereitet werden, siehe Seite 503.

Königin-Pasteten

600 g	**TK-Blätterteig** oder Blätterteig Seite 386
1	**Eiweiß**
1 **1 EL**	**Eigelb** **Wasser**
Füllung:	**Ragout für Pasteten** Seite 230, Zungenragout, Seite 230 oder Ragout fin, Seite 99

Einen Teil des Teiges ½ cm dick ausrollen und 8—12 runde Plätzchen von etwa 8 cm Durchmesser ausstechen.
Restlichen Teig 1 cm dick ausrollen, Plätzchen in gleicher Form, Größe und Anzahl ausstechen.
Die dickeren Plätzchen in der Mitte nochmals ausstechen, so daß ein Ring und ein kleines rundes Stück entstehen, das letztere ergibt den Pastetendeckel.
Die Ringe vorsichtig mit Eiweiß bestreichen und mit dieser bestrichenen Seite auf die runden Plätzchen legen, damit die Teile zusammenhalten.
Eigelb mit Wasser verrühren, Ringe und kleine Teigplätzchen damit bestreichen. Darauf achten, daß nichts am Rand herunterläuft, da die Pasteten dann nicht aufgehen.
Alle Teile auf ein mit Wasser angefeuchtetes Backblech setzen und backen.

Einsetzen:
Mittlere Einschubleiste.

Backen:

200—225 °C	20—30 Minuten
0	5—10 Minuten

Nach dem Backen
Die Pasteten mit heißem Ragout füllen, den kleinen Deckel obenauf legen, mit Zitronenachteln garnieren und heiß servieren.
Als Würze Zitronensaft und Worcestersauce bereitstellen.

Was ist zu beachten?

- Sollten die Pasteten nicht genug Füllmasse aufnehmen, kann der Rest in einer extra Schüssel dazu gereicht werden.

Tip:

- Aus Resten von Blätterteig **Fleurons** herstellen: Teigreste übereinanderlegen, 1 cm dick ausrollen und Halbmonde ausstechen. Mit verdünntem Eigelb bestreichen, auf ein mit Wasser angefeuchtetes Backblech legen und auf der mittleren Einschubleiste bei 225°C etwa 10 Minuten backen. Eventuell einfrieren, bei Bedarf erwärmen und zu Ragout oder Suppe servieren.
- Bereits gebackene Pasteten sind im Handel erhältlich. Sie sind im Backofen zu erwärmen und danach zu füllen.
- Gefrorene Pasteten nach Herstellerangabe backen.

STROM-SPAR-TIP

Backofentür nicht unnötig öffnen

Schinkenpastete

300 g	**TK-Blätterteig** oder 1/2 Rezept Blätterteig, Seite 386

Füllung:

1	**Zwiebel**
250 g	**gekochter Schinken**
250 g	**Gehacktes** halb und halb
	Petersilie · Salz · Paprika
1 Prise	**Muskat**
1 Msp	**abgeriebene Zitronenschale**
4 EL	**Weißwein**

1	**Eigelb**
1 EL	**Wasser**

Auflaufform einfetten.
Blätterteig 1/2 cm dick ausrollen. Zuerst eine Teigdecke für die Auflaufform ausschneiden, mit dem restlichen Teig die Form auslegen.
Für die Füllung Zwiebel schälen, Zwiebel und Schinken in Würfel schneiden. Mit Hackfleisch, zerkleinerter Petersilie, Salz, Gewürzen und Wein vermengen und abschmecken.
Masse in die Form füllen, Teigdecke auflegen, mehrmals einstechen und mit aus Teigresten geschnittenen Streifen oder Plätzchen belegen und backen.
Eigelb mit Wasser verrühren und nach etwa 40 Minuten Backdauer Pastete damit bestreichen.
Nach dem Herausnehmen die Pastete etwa 10 Minuten ruhen lassen.
Beilage: Salat

Einsetzen:
Auf dem Rost, untere Einschubleiste.

Backen:

200—210 °C	45—55 Minuten
0	5—10 Minuten

Leberpastete

300 g	**TK-Blätterteig** oder 1/2 Rezept Blätterteig, Seite 386

Füllung:

1	**Zwiebel**
400 g	**Rinderleber** oder 300 g Rinder- und 100 g Kalbsleber
125 g	**durchwachsener Speck**
4	**Sardellenfilets**
3	**Eier**
	Salz · Pfeffer
1 TL	**Majoran**

1	**Eigelb**
1 EL	**Wasser**

Auflaufform einfetten.
Blätterteig 1/2 cm dick ausrollen. Zuerst eine Teigdecke für die Auflaufform ausschneiden, mit dem restlichen Teig Boden und Rand der Form auslegen.
Für die Füllung Zwiebel schälen und Zwiebel, Leber, Speck und Sardellenfilets pürieren. Eier, Salz und Gewürze untermengen und abschmecken.
Masse in die Form füllen, Teigdecke auflegen. Mit Teigresten garnieren und backen.
Eigelb mit Wasser verrühren und nach der Hälfte der Backdauer Pastete damit bestreichen.
Beilage: Salat

Einsetzen:
Auf dem Rost, untere Einschubleiste.

Backen:

210—220 °C	40—50 Minuten
0	5—10 Minuten

Veränderung:
- Die Pastete mit Mürbeteig, siehe Seite 381/379, statt Blätterteig bereiten.

Beim Backen mit Umluft die Temperatur um etwa 30 °C niedriger einstellen

Kalbfleischpastete

Mürbeteig:	
300 g	**Mehl**
	Salz
2	**Eigelb** oder 1 Ei
3 EL	**Wasser**
150 g	**Butter** oder Margarine
Einlage:	
150 g	**Kalbsleber**
1 EL	**Schweineschmalz**
	Salz · Zwiebelpulver · Majoran
125 g	**gekochter Schinken**
1 EL	**Madeira** oder Weinbrand
Farce:	
1	**Semmel**
1	**kleine Zwiebel**
400 g	**Kalbfleisch**
200 g	**Speck** oder Schweinebauch
1	**Ei**
½ TL	**Salz**
	Pfeffer
½ TL	**Majoran**
1 Msp	**abgeriebene Zitronenschale**
1 TL	**Zitronensaft**
2 EL	**Madeira** oder Weinbrand
1	**Eigelb**
1 EL	**Wasser**

Mürbeteig bereiten, siehe Seite 381/379, und kalt stellen.
Für die Einlage Leber waschen, abtrocknen und in Würfel schneiden.
Schmalz **erhitzen,** Leber darin 2 Minuten unter Wenden **anbraten,** von der Kochstelle nehmen und mit Salz und Gewürzen bestreuen.
Schinken in Streifen schneiden, zur Leber geben, Madeira überträufeln und Leber bis zur weiteren Verarbeitung abgedeckt stehen lassen.
Für die Farce Semmel in Wasser einweichen und ausdrücken. Zwiebel schälen, und zusammen mit Semmel, Fleisch und Speck fein pürieren. Ei, Salz und Geschmackszutaten untermengen und abschmecken.
Auflaufform einfetten.
Mürbeteig ausrollen, zuerst eine Teigdecke für die Auflaufform ausschneiden, mit dem restlichen Teig Boden und Rand der Form auslegen.
Abwechselnd Farce und Einlage einfüllen, aber nur bis 1 cm unter den Teigrand. Aus der Teigdecke vor dem Auflegen 2 Plätzchen von etwa 2 cm Durchmesser ausstechen. Je einen Streifen Butterbrotpapier oder Alufolie zu einem Zylinder von etwa 5 cm Höhe formen und in die Öffnung stecken, siehe Bild 71, Seite 277, damit der Dampf aus der feuchten Masse entweichen kann, und backen.
Eigelb mit Wasser verrühren und nach der Hälfte der Backdauer die Teigdecke damit bestreichen.
Pastete in der Form erkalten lassen.
Mit Cumberlandsoße servieren.
Beilage: Blatt- oder Mischsalat

Einsetzen:
Auf dem Rost, untere Einschubleiste.

Backen:

170—180 °C	60—70 Minuten
0	5—10 Minuten

Was ist zu beachten?

- Sind Hohlräume in der gebackenen Pastete entstanden, diese mit Aspik ausfüllen. Dazu 3 EL Brühe erhitzen, 1 Blatt weiße Gelatine nach Herstellerangabe darin auflösen, mit 1 Prise Salz und 1—2 EL Madeira abschmecken. Langsam in die Öffnungen füllen und im Kühlschrank erstarren lassen.

Bild 71: Damit der Dampf entweichen kann, werden Zylinder aus Butterbrotpapier in die ausgestochenen Öffnungen der Pastete gesteckt.

Champignonpastete

Mürbeteig:

125 g	**Mehl**
½ TL	**Backpulver**
75 g	**Butter** oder Margarine
1 Prise	**Salz**
1	**Ei**

Füllung:

1	**Zwiebel**
100 g	**gekochter Schinken**
250 g	**Käse** Gouda oder Edamer
250 g	**Champignons**
50 g	**Butter** oder Margarine

Guß:

2	**Eier**
⅛ l	**Sahne**
⅛ l	**Milch**
	Salz · Pfeffer
1 Prise	**Muskat**

Mürbeteig bereiten, siehe Seite 381/379, und kalt stellen.
Auflaufform einfetten.
Teig ausrollen, Boden und Rand der Form damit auslegen und Teig vorbacken.

Einsetzen:
Auf dem Rost, mittlere Einschubleiste.

Vorbacken:
200—225 °C 10—12 Minuten

Für die Füllung Zwiebel schälen. Zwiebel, Schinken und Käse in Würfel schneiden.
Champignons putzen, waschen und blättrig schneiden.
Butter **erhitzen,** Zwiebel darin **andünsten,** Champignons zugeben, **andünsten** und abkühlen lassen.
Mit Schinken und Käse mischen und auf den Teigboden geben.
Für den Guß Eier mit den übrigen Zutaten verquirlen, darüber füllen und sofort backen.
Warm servieren.
Beilage: Salat

Einsetzen:
Auf dem Rost, unter Einschubleiste.

Backen:
180—200 °C 35—45 Minuten
0 5—10 Minuten

Rinderfilet im Teigmantel

1 kg	**Rinderfilet**
2 EL	**Öl**
300 g	**TK-Blätterteig** oder ½ Rezept Blätterteig, Seite 386
2 EL	**Tomatenmark**
	Salz · Zwiebelpulver · Paprika
100 g	**Champignons**
1	**Eiweiß**
1	**Eigelb**
1 EL	**Wasser**

Fleisch häuten, waschen und abtrocknen. Öl **erhitzen,** Fleisch darin von allen Seiten **anbraten** und abkühlen lassen.
Teig etwa ½ cm dick ausrollen, die Teigfläche muß etwas länger als das Fleischstück sein. Fleisch darauflegen.
Tomatenmark mit Salz und Gewürzen verrühren und auf das Fleisch streichen.
Pilze putzen, waschen, blättrig schneiden und darüber verteilen.
Teigränder mit Eiweiß bestreichen, Teig locker überschlagen, Ränder leicht andrücken.
Fettpfanne anfeuchten, Rinderfilet im Teigmantel darauflegen und backen.
Eigelb mit Wasser verrühren und nach der Hälfte der Backdauer Teig damit bestreichen.
Nach Fertigstellung 10 Minuten ruhen lassen, dann vorsichtig in dicke Scheiben schneiden.
Beilage: Gemüse und Pommes frites oder Reis und Salat.

Einsetzen:
In der Fettpfanne, obere Einschubleiste.

Backen:
200—210 °C 35—45 Minuten
0 5—10 Minuten

Veränderung:
- Rinderfilet nach dem Häuten mit Pfeffer und Salz bestreuen und mit dünnen Speckstreifen belegen. Bei dieser Zubereitungsart entfallen das Anbraten, Tomatenmark und Pilze.

Kasseler im Teigmantel

oder Schweinefilet im Teigmantel

300 g	**TK-Blätterteig** oder ½ Rezept Blätterteig, Seite 386
750 g	**Kasseler ohne Knochen** oder Schweinefilet
1	**Eiweiß**
1 **1 EL**	**Eigelb** **Wasser**

Blätterteig etwa ½ cm dick ausrollen, die Teigfläche muß etwa länger als das Fleischstück sein.
Kasseler waschen und abtrocknen oder Filet häuten, waschen, abtrocknen und beliebig würzen.
Fleisch auf den Teig legen, Teigränder mit Eiweiß bestreichen, Teig locker überschlagen, Ränder leicht andrücken.
Fettpfanne anfeuchten, Kasseler im Teigmantel darauflegen und backen.
Eigelb mit Wasser verrühren und Teig nach der Hälfte der Backdauer damit bestreichen.
Nach Fertigstellung 10 Minuten ruhen lassen, dann vorsichtig in dicke Scheiben schneiden.
Beilage: Gemüsesalat oder Englische Kartoffeln und Blattsalat.

Einsetzen:
Mittlere Einschubleiste.

Backen:

200—210 °C	40—50 Minuten
0	5 Minuten

Was ist zu beachten?

- Schweinefilet benötigt eine etwas kürzere Gardauer als Kasseler.

Gänseleberpastete

125 g **125 g** **1** **2** **50 g** **1** **½ TL** **2 EL**	**Gänseleber** **Kalbsschnitzel** **kleine Zwiebel** **Semmeln** **fetter Speck** **Ei** **Pastetengewürz** **Majoran** **Madeira**
	Trüffeln aus der Dose
65 g	**fetter Speck**

Von Leber und Fleisch Häute und Sehnen entfernen, Fleisch und Leber waschen und abtrocknen. Zwiebel schälen, Semmeln in Wasser einweichen und ausdrükken. Fleisch, Leber, Zwiebel, Semmeln und Speck fein pürieren. Mit Ei, Gewürzen und Madeira vermengen.
Trüffeln in Stifte schneiden, untermengen und abschmecken.
Speck in feine Scheiben schneiden und 2—3 Steingutförmchen damit auslegen. Masse einfüllen, Förmchen mit Alufolie lose abdecken und backen.
Nach Fertigstellung Folie abnehmen und die Pastete in der Nachwärme ausdünsten lassen.
Die Pastete schmeckt kalt zu Brot.

Einsetzen:
Auf dem Rost, untere Einschubleiste.

Backen:

175—200 °C	30—45 Minuten
0	5—10 Minuten

Was ist zu beachten?

- Das Abdecken mit Alufolie ist erforderlich, da die Pastete keine Bräunung oder Kruste bekommen soll.

Beim Backen mit Umluft die Temperatur um etwa 30 °C niedriger einstellen

Zitronenpie

Mürbeteig:

200 g	**Mehl**
½ TL	**Backpulver**
1 Prise	**Salz**
100 g	**Butter** oder Margarine
2—3 EL	**Wasser**

Zitronencreme:

4	**Eigelb**
100 g	**Zucker**
1 Prise	**Salz**
	abgeriebene Zitronenschale
	Saft von 2 Zitronen
¼ l	**Weißwein**

1	**Gelatinepulver** weiß

2	**Eiweiß**

Baisermasse:

2	**Eiweiß**
1 TL	**Zitronensaft**
100 g	**Zucker**
50 g	**gehackte Mandeln**

Mürbeteig bereiten, siehe Seite 381/379, und kalt stellen.
Auflaufform einfetten.
Teig ausrollen, Boden und Rand einer Auflaufform damit auslegen und backen.

Einsetzen:
Auf dem Rost, untere Einschubleiste.

Backen:

210—225 °C	15—25 Minuten
0	5 Minuten

Für die Zitronencreme Eigelb mit Zucker, Salz, Zitronenschale und -saft, Weißwein schaumig schlagen.
Gelatine nach Herstellerangabe auflösen, unterrühren und die Creme kalt stellen.
Wenn die Creme dicklich wird, Eiweiß steif schlagen und locker unterheben. Creme auf den gebackenen Mürbeteig füllen und glattstreichen.
Für die Baisermasse Eiweiß mit Zitronensaft und Zucker steif schlagen, auf die Creme füllen, glattstreichen, mit der Gabel ein Muster ziehen und Pie mit Mandeln bestreuen. Unter dem Grill oder im Backofen leicht bräunen.
Die Pie schmeckt warm und kalt.

Baisermasse trocknen:
Im Backofen, mittlere Einschubleiste.

150—175 °C	12—15 Minuten

Unter dem Grill, untere Einschubleiste.
3—5 Minuten

Apfelpie

Mürbeteig:

300 g	**Mehl**
3 EL	**Wasser**
1 Prise	**Salz**
200 g	**Butter** oder Margarine

Füllung:

500 g	**Äpfel**
100 g	**Zucker**
½ TL	**Zimt**
50 g	**Sultaninen**

30 g	**Butter**
	Milch

Mürbeteig bereiten, siehe Seite 381/379, und kalt stellen.
Für die Füllung Äpfel waschen, schälen, Kerngehäuse entfernen. Äpfel in feine Stücke schneiden oder grob raspeln. Mit Zucker, Zimt und Sultaninen mischen und abgedeckt stehen lassen.
Auflaufform einfetten.
Teig ausrollen, zuerst eine Decke in der Größe der Auflaufform ausschneiden, daraus 7 kleine Teilchen ausstechen, damit beim Backen die Feuchtigkeit entweichen kann. Mit dem restlichen Teig Boden und Rand der Form auslegen und mehrmals mit der Gabel einstechen.
Füllung auf den Teigboden geben und Butterflöckchen darauf verteilen. Teigdecke auflegen, etwas andrücken, mit Milch bestreichen und backen.
Die Pie warm mit Vanillesoße oder kalt servieren.

Einsetzen:
Auf dem Rost, untere Einschubleiste.

Backen:

210—220 °C	35—45 Minuten
0	5—10 Minuten

Veränderung:

- **Rhabarberpie**
  Anstelle der Äpfel 500 g Rhabarberstücke verwenden, mit etwa 150 g Zucker und etwas Zimt vermengt.

Fleisch-Gemüsepie

Mürbeteig:

250 g	**Mehl**
1/2 TL	**Backpulver**
125 g	**Butter** oder Margarine
1	**Ei**
1 Prise	**Salz**

Füllung:

1	**kleine Zwiebel**
250 g	**gegartes Fleisch**
125 g	**Schweinehack**
	Salz · Paprika
500 g	**gegartes Gemüse**
	Bratensoße nach Belieben

Mürbeteig bereiten, siehe Seite 381/379, und kalt stellen.
Auflaufform einfetten.
Teig ausrollen, zuerst eine Decke in der Größe der Auflaufform ausschneiden, mit dem restlichen Teig Boden und Rand der Form auslegen.
Für die Füllung Zwiebel schälen, Zwiebel und Fleisch in Würfel schneiden. Beides mit Hackfleisch, Salz und Paprika vermengen und abschmecken.
Abgetropftes Gemüse abwechselnd mit Fleisch auf dem Teigboden verteilen, nach Belieben etwas Bratensoße übergießen. Teigdecke auflegen und mit einem Hölzchen mehrmals einstechen, damit die Feuchtigkeit entweichen kann, und backen.
Warm servieren.
Beilage: Blatt- oder Mischsalat

Einsetzen:
Auf dem Rost, untere Einschubleiste.

Backen:

210—225 °C	35—45 Minuten
0	5—10 Minuten

Tip:

- Verschiedene Gemüsesorten mischen, z. B. Blumenkohl, Spargel, Erbsen, Bohnen, Pilze, Paprikaschoten, oder Gemüsereste verwenden.

Fleischpain

2	**Semmeln**
1	**große Zwiebel**
150 g	**Rinderleber**
250 g	**Rinderhack**
250 g	**Schweinehack**
100 g	**durchwachsener Speck** oder Kalbsleber
1	**Ei**
	Salz · Pfeffer
	nach Belieben: **Knoblauch · Nelken · Majoran Thymian**
	nach Belieben: **Speckstreifen**

Semmeln in Wasser einweichen und ausdrücken. Zwiebel schälen. Von Leber Häute und Sehnen entfernen, Leber waschen und abtrocknen. Leber, Semmeln, Zwiebel, Hackfleisch und Speck fein pürieren.
Ei, Salz und Gewürze untermengen und abschmecken.
Eine Kastenform mit Alufolie oder Backpapier auslegen. Masse einfüllen, festdrücken, nach Belieben mit dünnen Speckstreifen belegen und backen.
In der Form erkalten lassen, auf eine Servierplatte stürzen.
Nach Belieben mit Gurken, Tomaten und Petersilie garnieren.
Beilage: Gemüsesalat und Brot.

Einsetzen:
Auf dem Rost, untere Einschubleiste.

Backen:

180—200 °C	35—45 Minuten
0	5—10 Minuten

Tip:

- Reste in etwa 1 cm dicke Scheiben schneiden, in der Pfanne in heißem Fett von beiden Seiten bräunen. Mit Spiegeleiern reichen.

Beim Backen mit Umluft die Temperatur um etwa 30 °C niedriger einstellen

Leberpain

2	**Semmeln**
1	**Zwiebel**
500 g	**Rinderleber** oder Kalbsleber
100 g	**durchwachsener Speck**
	Salz · Paprika
	nach Belieben: **Knoblauch · Majoran**
125 g	**fetter Speck**

Semmeln in Wasser einweichen und ausdrücken, Zwiebel schälen.
Von Leber Häute und Sehnen entfernen, Leber waschen, abtrocknen und in grobe Stücke schneiden.
Leber, Semmeln, Zwiebel und Speck fein pürieren, Salz und Gewürze untermengen und abschmecken.
Speck in dünne Scheiben schneiden, Boden und Seiten einer Kastenform damit auslegen. Masse einfüllen, festdrücken und backen.
Etwa 15 Minuten ruhen lassen und auf eine Servierplatte stürzen.
Warm mit Preiselbeersoße und Toast oder mit Gemüse oder Mischsalat reichen oder kalt auf Brot servieren.

Einsetzen:
Auf dem Rost, untere Einschubleiste.

Backen:

180—200 °C	40—50 Minuten
0	5—10 Minuten

Kaninchenpain

oder Wildfleischpain

1	**Semmel**
1	**Zwiebel**
500 g	**gegartes Kaninchenfleisch** oder Wildfleisch
125 g	**Schweinehack** oder Mettwurst
2	**Eier**
	abgeriebene Zitronenschale
1 EL	**Zitronensaft**
4 EL	**Madeira**
	Salz · Pfeffer · Petersilie
	Thymian nach Belieben
125 g	**durchwachsener Speck**

Semmel in Wasser einweichen und ausdrücken, Zwiebel schälen. Beides zusammen mit Fleisch und Schweinehack fein pürieren.
Eier, Zitronenschale und -saft, Madeira, Salz, Pfeffer, zerkleinerte Petersilie und nach Belieben Thymian untermengen und abschmecken.
Speck in feine Scheiben schneiden, Boden und Seiten einer Kastenform damit auslegen. Masse einfüllen, festdrücken, obenauf mit etwas Speck belegen und backen.
In der Form erkalten lassen, stürzen und längere Zeit in den Kühlschrank stellen, damit das Pain Festigkeit bekommt.
Mit Cumberland- oder Maltasoße oder mit Preiselbeerkompott und Toast reichen oder zu Mischsalat servieren.

Einsetzen:
Auf dem Rost, untere Einschubleiste.

Backen:

180—200 °C	50—60 Minuten
0	5—10 Minuten

Pizza

300 g	**Mehl**
20 g	**Hefe**
1 Prise	**Zucker**
1/8 l	**Wasser**
1/2 TL	**Salz**
3 EL	**Öl**
Belag:	
200 g	**Salami** in Scheiben
500 g	**Tomaten**
2 TL	**Oregano**
	Salz · Pfeffer
375 g	**geriebener Käse** Gouda oder Emmentaler

Aus den angegebenen Zutaten einen Hefeteig bereiten und gehen lassen, siehe Seite 342/340.
Backofen auf 250 °C vorheizen. Fettpfanne einfetten, Teig gleichmäßig darauf verteilen.

Für den Belag Salami auf dem Teig verteilen. Tomaten waschen, in Scheiben schneiden und darauf verteilen. Mit Oregano, Salz und Pfeffer bestreuen und Käse darübergeben. In den Backofen setzen und backen.

Einsetzen:
Mittlere Einschubleiste

Backen:
250 °C 15—20 Minuten

Veränderung:
- Anstelle der frischen Tomaten 1 Dose Tomaten — Abtropfgewicht 480 g — abgetropft auf dem Teig verteilen.
- **Champignonpizza**
  500 g Tomaten, 200 g Champignons, 100 g geriebenen Käse und 4 EL gehackte Petersilie auf dem Teig verteilen.
- **Pizza „Vier Jahreszeiten"**
  2 EL Tomatenmark, 2 EL Ketchup, Oregano und Basilikum verrühren und auf dem Teig verteilen. Teig belegen: ein Viertel mit 6 Scheiben Salami und Streifen einer grünen Paprika, ein Viertel mit 1 Dose Thunfisch, ein Viertel mit 2 Scheiben gekochtem Schinken und Scheiben von 2 Tomaten, ein Viertel mit 100 g Champignons und Scheiben einer Gemüsezwiebel. Alles mit 375 g geriebenem Käse überstreuen.

Bild 72: Pizza „Vier Jahreszeiten", Rezept Seite 283.

Zwiebelkuchen

250 g	**Mehl**
20 g	**Hefe**
6 EL	**Milch**
1	**Ei**
½ TL	**Salz**
50 g	**Butter** oder Margarine
Belag:	
500 g	**Zwiebeln**
125 g	**durchwachsener Speck**
30 g	**Butter** oder Margarine
3	**Eier**
150 g	**saure Sahne**
½ TL	**Salz**
2 EL	**Paniermehl**

Aus den angegebenen Zutaten einen Hefeteig bereiten und gehen lassen, siehe Seite 342/340.
Für den Belag Zwiebeln schälen. Zwiebeln und Speck in Würfel schneiden.
Butter **erhitzen,** Zwiebeln und Speck darin **andünsten** und **10 Minuten dünsten.** Die Masse abkühlen lassen und Eier, Sahne und Salz unterrühren.
Springform einfetten, Teig hineindrücken und einen 2 cm hohen Rand formen. Teigboden mit Paniermehl bestreuen und die Zwiebelmasse darauf verteilen. Teig gehen lassen und backen.

Einsetzen:
Auf dem Rost, untere Einschubleiste.

Backen:
190—200 °C 25—35 Minuten
0 5—10 Minuten

Kasseler Pirogge

Hefeteig:

250 g	**Mehl**
25 g	**Hefe**
1/8 l	**Milch**
	Salz
1 Prise	**Zucker**
1	**Ei**
60 g	**Butter** oder Margarine

Füllung:

1	**Semmel**
1	**Zwiebel**
500 g	**Kasseler ohne Knochen**
	Salz · Paprika

Guß:

1/4 l	**Buttermilch**
2	**Eier**
	Salz · Paprika · Petersilie

Hefeteig bereiten und gehen lassen, siehe Seite 342/340.
Auflaufform einfetten.
Teig ausrollen, eine Decke in Größe der Auflaufform ausschneiden, mit dem restlichen Teig Boden und Rand der Form auslegen.
Für die Füllung Semmel in Wasser einweichen und ausdrücken. Zwiebel schälen. Beides zusammen mit dem Fleisch pürieren. Mit Salz und Paprika würzen und abschmecken.
Auf den Teig streichen, Teigdecke auflegen und mit einer Gabel mehrmals einstechen.
Für den Guß Buttermilch mit Eiern, Salz, Paprika und zerkleinerter Petersilie verrühren, über die Pirogge gießen und backen.
Heiß in der Form servieren.
Beilage: Salat.

Einsetzen:
Auf dem Rost, untere Einschubleiste.

Backen:

200—225 °C	35—45 Minuten
0	5—10 Minuten

Tip:

- Kasseler Pirogge in Portionsformen backen und einfrieren. Dazu eignen sich kleine Aluschalen mit Deckel.
  Auftauen und Erwärmen im Backofen: Auf dem Rost, mittlere Einschubleiste, 200—225 °C etwa 30 Minuten und 5—10 Minuten auf 0.

Fleischpirogge

Hefeteig:

250 g	**Mehl**
25 g	**Hefe**
1/8 l	**Milch**
	Salz
1 Prise	**Zucker**
1	**Ei**
60 g	**Butter** oder Margarine

Hackfleischfüllung:

1	**Semmel**
1	**Zwiebel**
250 g	**Hackfleisch** halb und halb
1	**Ei**
	Salz · Pfeffer

Sauerkrautfüllung:

3	**Äpfel**
1	**Zwiebel**
250 g	**Sauerkraut**
1/8 l	**Wasser**
1 EL	**Schmalz**
2	**Wacholderbeeren**
	Zucker · Salz

Butter oder Margarine

Hefeteig bereiten und gehen lassen, siehe Seite 342/340.
Für die Hackfleischfüllung Semmel in Wasser einweichen und ausdrücken, Zwiebel schälen und in Würfel schneiden. Beides mit Hackfleisch, Ei, Salz und Pfeffer vermengen und abschmecken.
Für die Sauerkrautfüllung Äpfel waschen, schälen, Kerngehäuse entfernen. Zwiebel schälen. Zwiebel und Äpfel in Würfel schneiden. Beides mit Sauerkraut, Wasser, Schmalz, Wacholderbeeren, Zucker und Salz **ankochen** und **15 Minuten fortkochen.**
Auflaufform einfetten.
Teig ausrollen, eine Decke in Größe der Auflaufform ausschneiden, mit dem restlichen Teig Boden und Rand der Form auslegen.
Abwechselnd Sauerkraut- und Hackfleischfüllung einfüllen. Teigdecke auflegen. Mit weicher Butter bestreichen und mit einem Hölzchen mehrmals einstechen, damit beim Backen die Feuchtigkeit entweichen kann. Pirogge backen.
Heiß in der Form servieren.
Beilage: Salat.

Einsetzen:
Auf dem Rost, untere Einschubleiste.

Backen:

200—210 °C	30—40 Minuten
0	5—10 Minuten

Veränderung:

- **Fischpirogge**
  500 g Fischfilet säubern, säuern, in Stückchen teilen, salzen, mit Paprika und Zwiebelpulver würzen und anstellte der Hackfleischfüllung auf dem Sauerkraut verteilen.

Krautpirogge mit Eiern

Hefeteig:

375 g	**Mehl**
40 g	**Hefe**
1/8 l	**Milch**
1 Prise	**Zucker**
1 Prise	**Salz**
1	**Ei**
100 g	**Butter** oder Margarine
	Butter

Füllung:

1	**Zwiebel**
50 g	**Speck** oder 2 EL Öl
500 g	**Sauerkraut**
1/8 l	**Wasser**
3	**Wacholderbeeren**
2 EL	**Weißwein**
	Salz · Zucker
4	**hartgekochte Eier**
	Pfeffer oder Paprika
1	**Eigelb**
1 EL	**Wasser**

Hefeteig bereiten und gehen lassen, siehe Seite 342/340.
Backblech einfetten.
Die größere Teighälfte auf dem Backblech ausrollen, seitlich am Blechrand andrücken und mit weicher Butter bestreichen.
Für die Füllung Zwiebel schälen, Zwiebel und Speck in Würfel schneiden.
Speckwürfel **auslassen,** Zwiebel darin **andünsten.** Sauerkraut, Wasser, Wacholderbeeren, Wein, Salz und Zucker zugeben, **ankochen** und **15 Minuten fortkochen.**
Füllung etwas abkühlen lassen, auf dem Teigboden verteilen.
Eier pellen, grob hacken, überstreuen und mit Pfeffer bestreuen.
Teigdecke auflegen und an den Seiten andrücken.
Eigelb mit Wasser verrühren. Teigdecke damit bestreichen und mit einem Hölzchen mehrmals einstechen. Pirogge backen.
Warm in Portionsstücke teilen und mit Tomatensoße und Salat oder zu einer Tasse Brühe reichen.

Einsetzen:
Mittlere Einschubleiste.

Backen:

200—210 °C	30—40 Minuten
0	5—10 Minuten

Veränderung:

- Sauerkrautfüllung anstelle von Wein mit 2—3 EL Ananassaft garen. 3—4 Ringe Ananas in Würfel schneiden und untermischen.

STROM·SPAR·TIP
Backofentür nicht unnötig öffnen

Beim Backen mit Umluft die Temperatur um etwa 30 °C niedriger einstellen

Aufläufe

Ein Auflauf kann aus einer süßen oder salzigen Masse bestehen. Er wird in einer feuerfesten Auflaufform aus Glas, Glaskeramik, Steingut oder Porzellan im Backofen gebacken und in der Form serviert.

- **Salzige Aufläufe** werden heiß als Vorspeise, als Hauptgericht mit Salat oder als Beilage zu Braten gereicht.
- **Süße Aufläufe** werden als Hauptgericht oder als sättigende Nachspeise, nach Belieben mit Soße, Fruchtsaft oder Kompott, gereicht. Reste können kalt gegessen werden, da sie kuchenähnlich sind.

Vor- und Zubereitung

- Zutaten nach Rezeptangabe verarbeiten, am besten mit der elektrischen Küchenmaschine,
- Boden der Auflaufform mit Butter bestreichen. Der Rand soll nicht gefettet werden, da der Teig dadurch zu schnell hochsteigen und später zusammenfallen würde.
- Auflaufmasse sauber in die Form einfüllen und die Oberfläche glätten.
- Für die bessere Krustenbildung einen Belag daraufgeben:
  — Für salzige Aufläufe Paniermehl, geriebenen Käse und Butterflöckchen.
  — Für süße Aufläufe Paniermehl, Zucker und Butterflöckchen.
- Form auf dem Rost in den kalten Backofen setzen.
  Die Einschubhöhe ist im allgemeinen:
  — Mittlere Einschubhöhe für salzige Aufläufe, da die Zutaten meist vorgegart sind.
  — Untere Einschubleiste für süße Aufläufe, da die Zutaten teigähnlich sind.

Was ist zu beachten?

- **Die in den Rezepten angegebene Backdauer bezieht sich auf das Einsetzen in den kalten Backofen.**
- Bei Umluftbacköfen muß die Temperatur um etwa 30 °C niedriger eingestellt werden als in den Rezepten angegeben ist. Die Gebrauchsanweisung des Herstellers ist zu beachten.

Tip:

- Reste von Aufläufen können eingefroren werden.
- Aufläufe, auch halbe Rezeptmengen für 2 Personen, können gleichzeitig mit geeignetem Braten, Fisch oder Kuchen oder mit anderen Gerichten im Backofen bereitet werden, siehe Bild 138, Seite 463, und Kapitel „Garen mit Hilfe der Zeitschaltautomatik“, Seite 457.
- Zur Versorgung eines größeren Personenkreises empfiehlt es sich, die doppelte Rezeptmenge in einer gefetteten Fettpfanne zu backen.
  Einsetzen: Mittlere Einschubleiste.
  Backen: 30—45 Minuten 200—225 °C und 5—10 Minuten 0.
  In rechteckige Stücke schneiden und auf einer angewärmten Platte servieren.

Aufläufe können auch im Mikrowellengerät zubereitet werden, siehe Seite 493.

Salzige Aufläufe

Spargelauflauf mit Kartoffeln

750 g	**Spargel**
	Salz
1 Prise	**Zucker**
$^1/_4$ l	**Wasser**

Soße:	
30 g	**Butter** oder Margarine
40 g	**Mehl**
$^1/_2$ l	**Flüssigkeit**
	Spargelbrühe und Milch

1 EL	**geriebener Käse**
1	**Eigelb**
1 EL	**Wasser**
	Salz
1 Prise	**Muskat**

750 g	**gegarte Kartoffeln**
250 g	**roher Schinken**

Belag:	
	Paniermehl · geriebener Käse
	Butter

Spargel waschen, schälen, in Stücke schneiden, Salz und Zucker überstreuen, Wasser angießen, **ankochen** und **15 Minuten fortkochen.** Spargelbrühe abgießen und auffangen.
Für die Soße Butter **erhitzen,** Mehl zugeben und unter ständigem Rühren **andünsten.** Mit Flüssigkeit unter Rühren ablöschen, **aufkochen** und Käse unterrühren.
Eigelb mit Wasser verrühren, in die nicht mehr kochende Soße rühren und mit Salz und Muskat abschmecken.
Kartoffeln in Scheiben, Schinken in Würfel schneiden.
Auflaufform einfetten und abwechselnd Kartoffeln, Spargel und Schinkenwürfel einschichten, als letzte Schicht Kartoffeln. Mit Soße übergießen.
Paniermehl und Käse überstreuen, Butterflöckchen darauf verteilen und backen.

Einsetzen:
Auf dem Rost, mittlere Einschubleiste.

Backen:

225—250 °C	25—35 Minuten
0	5—10 Minuten

Veränderung:

- Statt Spargel anderes Gemüse, z. B. Schwarzwurzeln, Blumenkohl oder Broccoli verwenden.

Weißkohlauflauf mit Fleisch

$1^1/_4$ kg	**Weißkohl**
40 g	**Butter** oder Schmalz
	Kümmel · Salz
$^1/_8$ l	**Wasser**

Füllung:	
1	**Brötchen**
1	**Zwiebel**
375 g	**Hackfleisch**
	Salz
1	**Ei**
1 TL	**Senf**

Belag:	
1—2	**Zwiebeln**
	Paniermehl · Butter

Weißkohl putzen, waschen, zerkleinern. Butter zugeben, Kümmel und Salz überstreuen, Wasser angießen, **ankochen** und **10—15 Minuten fortkochen.** Weißkohl abtropfen lassen.
Für die Füllung Brötchen in Wasser einweichen und ausdrücken. Zwiebel schälen und in Würfel schneiden. Beides mit Hackfleisch, Salz, Ei und Senf vermengen.
Auflaufform einfetten, zuerst die Hälfte des Kohls hineingeben, dann die Fleischmasse und als Abschluß wieder Kohl.
Für den Belag Zwiebel schälen und in dünne Scheiben schneiden. Auf den Kohl Paniermehl streuen, Zwiebel darübergeben, Butterflöckchen darauf verteilen und backen.
Beilage: Kümmelkartoffeln

Einsetzen:
Auf dem Rost, mittlere Einschubleiste.

Backen:

225—250 °C	25—35 Minuten
0	5—10 Minuten

Zucchini-Auflauf

1	**Gemüsezwiebel**
2 EL	**Öl**
500 g	**Hackfleisch** halb und halb
1 Dose	**Tomaten** Abtropfgewicht etwa 425 g
2 EL	**Tomatenmark**
	Salz · Pfeffer · Oregano · Thymian
500 g	**Zucchini**
	Salz
Soße:	
20 g	**Butter** oder Margarine
20 g	**Mehl**
1/8 l	**Brühe**
1/8 l	**Milch**
200 g	**Schmelzkäse**
	Salz · Pfeffer
1 Prise	**Muskatnuß**
Belag:	
5—6	**Käsescheiben**

Zwiebel schälen und in feine Würfel schneiden. Öl **erhitzen,** Zwiebel und Hackfleisch darin **anbraten.**
Tomaten mit Flüssigkeit, Tomatenmark, Salz und Gewürzen zugeben und so lange **dünsten,** bis die Flüssigkeit fast völlig verdampft ist.
Zucchini waschen, in ½ cm dicke Scheiben schneiden und mit Salz bestreuen.
Für die Soße Butter **erhitzen,** Mehl zugeben und unter ständigem Rühren **andünsten.** Mit Brühe und Milch unter Rühren ablöschen, **aufkochen.** Käse zugeben und schmelzen, mit Salz und Gewürzen abschmecken.
Auflaufform einfetten, mit der Hälfte der Zucchini auslegen, Hackmasse zugeben und restliche Zucchini darauf verteilen. Soße darüberfüllen.
Käsescheiben in Streifen darauflegen und backen.

Einsetzen:
Auf dem Rost, mittlere Einschubleiste.

Backen:

200—210 °C	35—40 Minuten
0	5—10 Minuten

Veränderung:
- Statt Zucchini gebratene Auberginenscheiben verwenden.

Linsenauflauf

1	**Zwiebel**
1	**Lorbeerblatt**
2	**Nelken**
50 g	**geräucherter Magerspeck**
250 g	**Linsen**
3/4 l	**Wasser**
	Salz
500 g	**Kartoffeln**
1—2	**Möhren**
350 g	**Lauch**
30 g	**Butter** oder Margarine
250 g	**Mettwürstchen** Rauchenden
1/8 l	**Schlagsahne**
2	**Eier**
100 g	**geriebener Käse**
	Salz · Pfeffer · Basilikum
1 Bd.	**Schnittlauch**

Zwiebel schälen, mit Lorbeerblatt und Nelken spicken. Speck in Würfel schneiden.
Linsen mit Wasser, Speck, Gewürzzwiebel und Salz **ankochen** und **60—70 Minuten fortkochen.** Gewürzzwiebel herausnehmen und Linsen abtropfen lassen.
Kartoffeln und Möhren schälen und waschen. Lauch putzen und waschen. Kartoffeln und Möhren in Scheiben, Lauch in Ringe schneiden. Butter **erhitzen,** Gemüse darin **andünsten** und **10 Minuten dünsten.**
Auflaufform einfetten.
Mettwürstchen in Scheiben schneiden, mit Gemüse und Linsen vermengen und einfüllen.
Sahne, Eier, Käse, Salz und Gewürze verrühren, darübergießen und backen.
Zerkleinerten Schnittlauch überstreuen.

Einsetzen:
Auf dem Rost, mittlere Einschubleiste.

Backen:

200—225 °C	30—35 Minuten
0	5—10 Minuten

Tip:
- Linsen über Nacht einweichen. Die Gardauer verkürzt sich auf etwa 45 Minuten.
- Linsen im Schnellkochtopf garen. Die Gardauer verkürzt sich auf etwa 10 Minuten.

Bild 73: Gefüllter Blumenkohl, Rezept Seite 289.

Gefüllter Blumenkohl

1	**Blumenkohl**
	Salz
¼ l	**Wasser**
1	**Brötchen**
375 g	**Hackfleisch**
1 EL	**Wasser**
	Salz
	abgeriebene Zitronenschale
Soße:	
30 g	**Butter** oder Margarine
40 g	**Mehl**
⅜ l	**Flüssigkeit**
	Blumenkohlbrühe und Milch
2 EL	**geriebener Käse**
	Salz · Zitronensaft
1	**Eigelb**
1 EL	**Wasser**
1	**Eiweiß**
Belag:	**geriebener Käse · Butter**

Vom Blumenkohl Blätter entfernen und Blumenkohl in Salz- oder Essigwasser waschen.
Salz überstreuen, Wasser angießen, **ankochen, 10—15 Minuten fortkochen** und **5 Minuten** in der **Nachwärme** fertig garen.

Blumenkohl herausnehmen und Strunk kegelförmig herausschneiden, so daß die Röschen zusammenbleiben.
Brötchen in Wasser einweichen und ausdrücken. Mit Hackfleisch, Wasser, Salz und Zitronenschale vermengen. Die Masse von allen Seiten in die Hohlräume zwischen den Röschen drücken.
Auflaufform einfetten und Blumenkohl hineinlegen.
Für die Soße Butter **erhitzen,** Mehl zugeben und unter ständigem Rühren **andünsten.** Mit Flüssigkeit unter Rühren ablöschen, **aufkochen,** mit Käse, Salz und Zitronensaft abschmecken.
Eigelb mit Wasser verrühren und in die nicht mehr kochende Soße rühren. Eiweiß steif schlagen und locker unterheben. Soße über den Blumenkohl füllen.
Käse überstreuen, Butterflöckchen darauf verteilen und backen.
Beilage: Salz- oder Pellkartoffeln.

Einsetzen:
Auf dem Rost, mittlere Einschubleiste.

Backen:

225—250 °C	25—35 Minuten
0	5—10 Minuten

Tomatenauflauf mit Weißbrot

750 g	**Tomaten**
250 g	**Weißbrot**
50 g	**Butter** oder Margarine
1	**Zwiebel**
	Salz · Paprika · Oregano · Petersilie
½	**Brötchen**
375 g	**Rinderhack**
	Salz · Paprika
1 Msp	**abgeriebene Zitronenschale**
1	**Ei**
⅛ l	**Sahne** oder Milch
	Salz
Belag:	
	Paniermehl · geriebener Käse
	Butter

Tomaten überbrühen, abschrecken, abziehen und in dicke Scheiben schneiden. Nicht zu frisches Weißbrot in Scheiben schneiden. Gut die Hälfte des Brotes mit Butter bestreichen, Scheiben nochmals teilen.
Auflaufform einfetten, Boden mit den Brotscheiben auslegen, mit der gefetteten Seite nach oben. Die Hälfte der Tomatenscheiben auflegen.
Zwiebel schälen und in Würfel schneiden. Mit Salz, Gewürzen und zerkleinerter Petersilie über die Tomaten streuen.
Brötchen in Wasser einweichen und ausdrücken. Mit Hackfleisch, Salz, Gewürzen und Ei vermengen. Die restlichen Weißbrotscheiben damit bestreichen und in die Form schichten, mit der bestrichenen Seite nach oben. Restliche Tomatenscheiben darauflegen.
Sahne mit Salz verrühren, übergießen.
Paniermehl und Käse überstreuen. Butterflöckchen darauf verteilen und backen.
Beilage: Salat.

Einsetzen:
Auf dem Rost, mittlere Einschubleiste.

Backen:

225—250 °C	25—35 Minuten
0	5—10 Minuten

Fischauflauf mit Blumenkohl

1	**Blumenkohl**
	Salz
¼ l	**Wasser**
500 g	**Fischfilet**
	Zitronensaft · Salz
1—2	**Zwiebeln**
375 g	**Pilze**
30 g	**Butter** oder Margarine
2—3	**Tomaten**
	Salz · Paprika
	Blumenkohlbrühe
1 EL	**Mehl**
1	**Ei**
	Salz
Belag:	
	Paniermehl · geriebener Käse
	Butter

Blumenkohl putzen, in Röschen zerteilen und waschen.
Salz überstreuen, Wasser angießen, **ankochen, 5—10 Minuten fortkochen** und **5 Minuten** in der **Nachwärme** fertig garen. Blumenkohlwasser abgießen und auffangen.
Fisch säubern, in 4—5 Stücke teilen, säuern und mit Salz bestreuen.
Zwiebel schälen und in Würfel schneiden.
Pilze putzen, waschen und zerkleinern.
Butter **erhitzen,** Zwiebel darin **andünsten,** Pilze zugeben und **10 Minuten dünsten.**
Tomaten überbrühen, abschrecken, abziehen und in Scheiben schneiden.
Auflaufform einfetten, Tomaten hineingeben, Salz und Paprika überstreuen.
Darauf Fisch, Pilze und Blumenkohl verteilen.
Blumenkohlbrühe mit Mehl, Ei und Salz verquirlen und darübergießen.
Paniermehl und Käse überstreuen, Butterflöckchen darauf verteilen und backen.
Beilage: Sahnekartoffeln oder Reis.

Einsetzen:
Auf dem Rost, mittlere Einschubleiste.

Backen:

225—250 °C	25—35 Minuten
0	5—10 Minuten

Überbackener Fisch

750 g	**Fischfilet**
	Zitronensaft · Salz
Soße:	
40 g	**Butter** oder Margarine
50 g	**Mehl**
¼ l	**Flüssigkeit**
	Fischbrühe und Milch
2 EL	**geriebener Käse**
1 Prise	**Zucker**
	Salz · Zitronensaft
1	**Eigelb**
1 EL	**Wasser**
1	**Eiweiß**
Belag:	
	Paniermehl · geriebener Käse
	Butter

Fisch säubern, säuern, mit Salz bestreuen und in kleine Stücke zerteilen. Ohne Wasserzugabe **andünsten** und etwa **10 Minuten** in der **Nachwärme** fertig garen.
Für die Soße Butter **erhitzen,** Mehl zugeben und unter ständigem Rühren **andünsten.** Mit Flüssigkeit unter Rühren ablöschen und **aufkochen.** Mit Käse, Zucker, Salz und Zitronensaft würzen und abschmecken.
Eigelb mit Wasser verrühren, in die nicht mehr kochende Soße rühren. Eiweiß steif schlagen und locker unterheben.
Auflaufform einfetten, etwas Soße hineingeben. Fisch darauflegen, übrige Soße darüberfüllen.
Paniermehl und Käse überstreuen, Butterflöckchen darauf verteilen und backen.
Beilage: Reis oder Kartoffeln und Salat oder Gemüse.

Einsetzen:
Auf dem Rost, mittlere Einschubleiste.

Backen:

225—250 °C	25—35 Minuten
0	5—10 Minuten

Nudelauflauf mit Schinken

1	**Zwiebel**
1 l	**Wasser**
	Salz
1 TL	**Öl**
250 g	**Nudeln**
	beliebiger Art
200 g	**gekochter Schinken**
¼ l	**Milch**
2	**Eier**
	Salz
1 Prise	**Muskat**
1 Msp	**Speisestärke**
Belag:	
	Paniermehl · geriebener Käse
	Butter

Zwiebel schälen. Wasser mit Salz, Öl und Zwiebel **ankochen,** Nudeln einlegen, umrühren und etwa **10 Minuten** in der **Nachwärme** quellen lassen. Zwiebel herausnehmen, Nudeln abgießen und abtropfen lassen.
Auflaufform einfetten. Die Hälfte der Nudeln einfüllen, Schinken in Würfel schneiden, auf den Nudeln verteilen, dann den Rest der Nudeln daraufgeben.
Milch, Eier, Salz, Muskat und Speisestärke verquirlen und über die Nudeln gießen.
Paniermehl und Käse überstreuen, Butterflöckchen darauf verteilen und backen.
Beilage: Salat.

Einsetzen:
Auf dem Rost, mittlere Einschubleiste.

Backen:

225—250 °C	25—35 Minuten
0	5—10 Minuten

Veränderung:
- Anstelle von Schinken geräucherte Kochwurst, gegartes Kasseler oder Pökelfleisch verwenden.

Beim Backen mit Umluft die Temperatur um etwa 30 °C niedriger einstellen

Resteauflauf

	Kartoffelbrei
	gegarte Gemüsereste
	gegarte Fleischreste
	oder Fischreste
	nach Belieben:
	Speckwürfel · Zwiebelwürfel
	Bratensoße
	oder saure Sahne
Belag:	
	geriebener Käse · Butter

Auflaufform einfetten. Die Hälfte vom Kartoffelbrei einfüllen, glattstreichen. Gemüse und zerkleinertes Fleisch darüber verteilen.
Nach Belieben Speckwürfel **auslassen,** Zwiebelwürfel zugeben und **dünsten.** Speck- und Zwiebelwürfel über die eingefüllte Masse streuen.
Darüber Bratensoße gießen. Restlichen Kartoffelbrei daraufgeben oder mit einer Spritztülle aufspritzen.
Käse überstreuen, Butterflöckchen darauf verteilen und backen.
Beilage: Rohkost oder Salat.

Einsetzen:
Auf dem Rost, mittlere Einschubleiste.

Backen:

225—250 °C	25—35 Minuten
0	5—10 Minuten

Käse-Weißbrot-Auflauf

6	**Weißbrotscheiben**
150 g	**Schmelzkäse**
$^1/_2$ l	**Milch**
	Salz · Paprika · Curry
2	**Eigelb**
2	**Eiweiß**
	Butter

Eine breite Auflaufform einfetten, Boden mit den zerteilten Weißbrotscheiben auslegen. Käse kleinschneiden und darüber verteilen.
Milch mit Salz, Gewürzen und Eigelb verquirlen. Die Hälfte der Eiermilch über Weißbrot und Käse gießen und mindestens $^1/_2$ Stunde stehen lassen.
Kurz vor dem Backen Eiweiß steif schlagen, locker unter die restliche Eiermilch rühren und in die Form gießen. Butterflöckchen darauf verteilen und backen.
Beilage: Salat.

Einsetzen:
Auf dem Rost, mittlere Einschubleiste.

Backen:

225—250 °C	25—35 Minuten
0	5—10 Minuten

Was ist zu beachten?
- Der Auflauf steigt sehr hoch, fällt beim Herausnehmen aber wieder etwas zusammen. Daher nicht in der Nachwärme stehen lassen, sondern gleich servieren.

Nudelauflauf mit Käse

$^3/_4$ l	**Wasser**
	Salz
1 TL	**Öl**
200 g	**Vollkornnudeln** beliebiger Art
Soße:	
30 g	**Butter**
40 g	**Vollkornmehl**
$^3/_8$ l	**saure Sahne** oder Milch
125 g	**geriebener Käse**
	Salz · Paprika
2	**Eigelb**
2 EL	**Wasser**
2	**Eiweiß**

Wasser mit Salz und Öl **ankochen,** Nudeln einlegen, umrühren und etwa **15 Minuten** in der **Nachwärme** quellen lassen. Abgießen und abtropfen lassen.
Für die Soße Butter **erhitzen,** Mehl zugeben und unter ständigem Rühren **andünsten.** Mit Sahne unter Rühren ablöschen, **aufkochen,** Käse, Salz und Paprika zugeben und abschmecken.
Eigelb mit etwas Wasser verquirlen und in die nicht mehr kochende Soße rühren.

Eiweiß steif schlagen und locker unterheben. Die Soße mit den Nudeln vermengen. Auflaufform einfetten, Nudeln einfüllen und backen.
Beilage: Salat.

Einsetzen:
Auf dem Rost, mittlere Einschubleiste.

Backen:

225—250 °C	25—35 Minuten
0	5—10 Minuten

Spinatauflauf mit Käse

1 kg	**Spinat** oder 450 g gefrorener Spinat
1	**Zwiebel**
20 g	**Butter**
1 EL	**Vollkornmehl**
1—2 EL	**Vollkornpaniermehl**
1	**Ei**
	Salz · Schnittlauch
65 g	**geriebener Käse**
Belag:	
	Vollkornpaniermehl · geriebener Käse · Butter

Spinat verlesen, waschen, ohne Wasserzugabe **ankochen** und in der **Nachwärme** zusammenfallen lassen. Pürieren oder hacken.
Zwiebel schälen und in Würfel schneiden. Butter **erhitzen,** Zwiebel, Mehl und Paniermehl zugeben und unter Rühren **andünsten.** Mit Spinat, Ei, Salz und zerkleinertem Schnittlauch vermengen.
Auflaufform einfetten, Spinat und Käse abwechselnd einschichten.
Paniermehl und Käse überstreuen, Butterflöckchen darauf verteilen und backen.
Beilage: Spiegel- oder Rühreier oder Frikadellen und Salzkartoffeln.

Einsetzen:
Auf dem Rost, mittlere Einschubleiste.

Backen:

225—250 °C	25—35 Minuten
0	5—10 Minuten

Eierkuchenauflauf

Eierkuchenteig:

2	**Eier**
1/8 l	**Milch**
1/8 l	**Wasser**
1 Prise	**Salz**
100 g	**Mehl**
1 Msp	**Backpulver**
	Fett zum Backen
	Spinatgemüse oder Pilzgemüse oder Fleischreste mit Soße
1/8 l	**saure Sahne** oder Milch
1	**Ei**
	Salz
Belag:	
	Paniermehl · geriebener Käse **Butter**

Für den Teig alle Zutaten verrühren und 4—5 Eierkuchen backen.
Gegartes Gemüse darauf verstreichen und Eierkuchen zusammenrollen.
Auflaufform einfetten, Rollen einlegen.
Sahne mit Ei und Salz verquirlen und darübergießen.
Paniermehl und Käse überstreuen. Butterflöckchen darauf verteilen und backen.
Beilage: Salat.

Einsetzen:
Auf dem Rost, mittlere Einschubleiste.

Backen:

225—250 °C	25—35 Minuten
0	5—10 Minuten

Beim Backen mit Umluft die Temperatur um etwa 30 °C niedriger einstellen

Überbackene Grießtaler

1/2 l	**Wasser**
1/2 l	**Milch**
20 g	**Butter** oder Margarine
	Salz
200 g	**grober Grieß**
3 EL	**Tomatenmark**
2 EL	**Öl**
4 EL	**Wasser**
	Salz · Paprika · Zwiebelpulver
50 g	**geriebener Käse**
	Butter

Wasser, Milch, Butter und Salz **ankochen,** Grieß einrühren und etwa **10 Minuten** in der **Nachwärme** quellen lassen.
Den Brei etwa 1 cm dick auf ein angefeuchtetes Brett oder Alufolie streichen und auskühlen lassen.
Tomatenmark, Öl, Wasser, Salz, Paprika und Zwiebelpulver vermengen und auf die Grießplatte streichen.
Mit Käse bestreuen.
Mit einem Glas etwa talergroße Plätzchen ausstechen.
Auflaufform einfetten, zuerst die Grießplattenreste einlegen, darauf die Taler schuppenförmig anrichten.
Butterflöckchen darauf verteilen und backen.
Beilage: Salat, roher Schinken oder Kurzgebratenes.

Einsetzen:
Auf dem Rost, mittlere Einschubleiste.

Backen:

225—250 °C	25—35 Minuten
0	5—10 Minuten

Quarkauflauf mit Schinken und Pilzen

250 g	**Quark**
1/8 l	**Milch**
1 1/2 EL	**Grieß**
2	**Eigelb**
200 g	**gekochter Schinken**
1 Dose	**Champignons**
	Abtropfgewicht etwa 250 g
1	**Zwiebel**
	Petersilie · Schnittlauch
	Salz · Pfeffer
2	**Eiweiß**
Belag:	
	Paniermehl · Butter

Quark mit Milch, Grieß und Eigelb glattrühren.
Schinken in Würfel schneiden.
Champignons abtropfen lassen und blättrig schneiden. Zwiebel schälen und in Würfel schneiden. Schinken, Champignons und Zwiebel mit zerkleinerten Kräutern und der Quarkmasse vermengen, mit Salz und Pfeffer abschmecken.
Eiweiß steif schlagen und locker unterheben.
Auflaufform einfetten, Masse einfüllen. Paniermehl überstreuen, Butterflöckchen darauf verteilen und backen.
Beilage: Reis und Salat.

Einsetzen:
Auf dem Rost, mittlere Einschubleiste.

Backen:

210—225 °C	25—35 Minuten
0	5—10 Minuten

Beim Backen mit Umluft die Temperatur um etwa 30 °C niedriger einstellen

Süße Aufläufe

Grießauflauf

oder Hirseauflauf

1 l	**Milch**
1	**Vanillezucker**
1 Prise	**Salz**
150 g	**Grieß** oder 75 g Hirse
2—3	**Eigelb**
80 g	**Zucker**
30 g	**gehackte Mandeln**
3—4	**Tropfen Bittermandelöl**
2—3	**Eiweiß**
750 g	**Obst** Äpfel, Aprikosen oder Pflaumen **Zucker**

Milch mit Vanillezucker und Salz **ankochen,** Grieß unter Rühren einstreuen und **10—20 Minuten** in der **Nachwärme** quellen lassen. Abkühlen lassen.
Eigelb und Zucker schaumig rühren, Mandeln und Mandelöl zugeben und Brei löffelweise unterrühren.
Eiweiß steif schlagen und locker unterheben.
Äpfel waschen, schälen, Kerngehäuse entfernen, Äpfel zerkleinern. Oder Aprikosen oder Pflaumen waschen, entsteinen. Obst einzuckern.
Auflaufform einfetten, die Hälfte des Breies einfüllen, darauf das abgetropfte Obst und wieder Grießbrei geben, dann backen.
Mit Vanillesoße reichen.

Einsetzen:
Auf dem Rost, untere Einschubleiste.

Backen:

200—210 °C	40—50 Minuten
0	5—10 Minuten

Veränderung:

- 250 g getrocknete Aprikosen mit 3 EL Zucker in ½ l warmem Wasser einweichen, einige Stunden quellen lassen. Herausnehmen, zerkleinern und mit der Flüssigkeit anstelle von frischem Obst verwenden.

Quarkauflauf

80 g	**Butter** oder Margarine
100 g	**Zucker**
2	**Eigelb**
	abgeriebene Zitronenschale
1 Prise	**Salz**
375 g	**Quark**
3 EL	**Milch** oder Sahne
80 g	**Mehl**
30 g	**gehackte Mandeln**
80 g	**Sultaninen**
2	**Eiweiß**
Belag:	**Paniermehl · Zucker · Butter**

Butter mit Zucker, Eigelb, Zitronenschale, Salz, Quark, Milch, Mehl und Mandeln zu einer cremigen Masse verrühren, zuletzt die Sultaninen kurz untermengen.
Eiweiß steif schlagen und locker unterheben.
Auflaufform einfetten, Masse einfüllen, Paniermehl und Zucker überstreuen, Butterflöckchen darauf verteilen und backen.
Mit Kompott, Fruchtsaft oder Vanillesoße reichen.

Einsetzen:
Auf dem Rost, untere Einschubleiste.

Backen:

200—210 °C	30—40 Minuten
0	5—10 Minuten

Veränderung:

- **Quarkauflauf mit Obst**
  Nur die Hälfte der Quarkmasse in die gefettete Auflaufform füllen, 500—750 g vorbereitetes und abgetropftes Obst — frisch oder gedünstet — darüberfüllen, dann den restlichen Quark und den Belag. Die Backdauer verlängert sich um etwa 10 Minuten.

Tip:

- Der Auflauf schmeckt auch kalt gut.

Obstmichl
Ofenschlupfer

5	**Brötchen**
3/8 l	**Milch**
60 g	**Butter** oder Margarine
50 g	**Zucker**
2	**Eigelb**
1 EL	**Mehl**
1 Msp	**Backpulver**
30 g	**geriebene Mandeln**
	abgeriebene Zitronenschale
1 Prise	**Salz**
2	**Eiweiß**
750 g	**Obst** Sauerkirschen, Aprikosen, Äpfel oder Pflaumen
Belag:	**Paniermehl · Zucker · Butter**

Brötchen grob zerkleinern und in Milch einweichen.
Weiche Butter, Zucker und Eigelb schaumig rühren. Mehl, Backpulver, Mandeln, Zitronenschale, Salz und Brötchenmasse zugeben.
Eiweiß steif schlagen und locker unterheben.
Vorbereitetes Obst roh oder gedünstet abtropfen lassen und untermischen.
Auflaufform einfetten, Masse einfüllen.
Paniermehl und Zucker überstreuen, Butterflöckchen darauf verteilen und backen.
Mit Vanille- oder Weinschaumsoße oder flüssiger süßer Sahne reichen.

Einsetzen:
Auf dem Rost, untere Einschubleiste.

Backen:

200—210 °C	40—50 Minuten
0	5—10 Minuten

Veränderung:

- Die Hälfte der Brötchenmasse in eine gefettete Auflaufform geben. Obst darauf verteilen, die restliche Brötchenmasse darüberfüllen und glattstreichen. Belag darauf verteilen und backen.

Pfitzauf
Kuchenmichl

1/2 l	**Milch**
1/2 TL	**Salz**
4	**Eier**
250 g	**Mehl**
50 g	**Butter** oder Margarine
	Puderzucker

Milch, Salz und Eier verquirlen, nach und nach Mehl zugeben und glattrühren. Zuletzt die zerlassene aber nicht heiße Butter unterrühren.
Spezialförmchen, siehe Bilder 74 und 75, Seite 297, gut einfetten.
Da die Masse hochsteigt, Teig nur bis zur Hälfte einfüllen und backen.

Einsetzen:
Auf dem Rost, untere Einschubleiste.

Backen:

200—210 °C	40—50 Minuten
0	5—10 Minuten

Nach dem Backen
Pfitzauf aus den Förmchen lösen, stürzen und mit Puderzucker bestreuen.
Heiß mit Kompott oder Fruchtsaft reichen.

Tip:

- Stehen keine Spezialförmchen zur Verfügung, können auch ausgefettete Becher, Tassen oder Eierkochförmchen ohne Deckel verwendet werden.

Veränderung:

- Pfitzauf erinnern ein wenig an Windbeutel und können auch wie diese aufgeschnitten und nach dem Erkalten mit süßer geschlagener Sahne gefüllt zum Kaffee gereicht werden.
- Pfitzaufgebäck nach dem Backen aufschneiden, mit Käsecreme, Ragout oder Gemüse füllen und warm als Vorspeise oder als Hauptgericht mit Salat reichen.

Beim Backen mit Umluft die Temperatur um etwa 30 °C niedriger einstellen

Bild 74: Die Spezialformen werden nur zur Hälfte mit dem flüssigen Pfitzauf-Teig gefüllt, Rezept Seite 296.

Bild 75: Das Pfitzaufgebäck, Rezept Seite 296, ist über das Doppelte aufgegangen.

Reisauflauf

1 l	**Milch**
1 Prise	**Salz**
250 g	**Reis**
80 g	**Zucker**
2—3	**Eigelb**
	abgeriebene Zitronenschale
1	**Vanillezucker**
2—3	**Eiweiß**
Belag:	
	Paniermehl · Zucker · Butter

Milch mit Salz **ankochen,** Reis hineinschütten, umrühren und etwa **30 Minuten quellen** lassen. Abkühlen lassen.
Zucker und Eigelb schaumig rühren, Gewürze zugeben, Reisbrei unterrühren. Eiweiß steif schlagen und locker unterheben.
Auflaufform einfetten, Masse einfüllen, Paniermehl und Zucker überstreuen, Butterflöckchen darauf verteilen und backen.
Mit Fruchtsaft oder Kompott reichen.

Einsetzen:
Auf dem Rost, untere Einschubleiste.

Backen:

200—210 °C	35—45 Minuten
0	5—10 Minuten

Veränderung:

- **Reisauflauf mit Baiserdecke**
  Reisbrei nur mit Eigelb verrühren, die Hälfte in die Auflaufform füllen, gedünstetes Obst einschichten, mit Brei abschließen. Eiweiß mit 50 g Zucker steif schlagen und auf die Masse spritzen. Bei 175 °C etwa 60 Minuten und 5—10 Minuten 0 backen.

Brotauflauf

65 g	**Zartbitterschokolade**
250 g	**dunkles Graubrot** oder Vollkornbrot
100 g	**Butter** oder Margarine
100 g	**Zucker**
1	**Vanillezucker**
2—3	**Eier**
1 Msp	**Zimt**
1 Prise	**Salz**
$^{1}/_{8}$ l	**Milch**
2 EL	**Rum**

Schokolade und Brot reiben.
Weiche Butter mit Zucker, Vanillezucker und Eiern schaumig rühren, die übrigen Zutaten untermengen.
Auflaufform einfetten, Masse einfüllen und backen.
Mit Vanillesoße reichen.

Einsetzen:
Auf dem Rost, untere Einschubleiste.

Backen:

200—210 °C	35—45 Minuten
0	5—10 Minuten

Was ist zu beachten?

- Altes Brot verwenden, der Auflauf schmeckt dann kräftiger.

Pflaumenauflauf mit Haferflockenkruste

$^1/_2$	**Vanilleschote**
75 g	**Butter**
3	**Eigelb**
70 g	**Honig**
250 g	**Magerquark**
100 g	**kernige Haferflocken**
75 g	**gemahlene Mandeln**
2 EL	**Speisestärke**
2 TL	**Backpulver**
3	**Eiweiß**
500 g	**Pflaumen** roh oder gedünstet
50 g	**Butter**
25 g	**Honig**
50 g	**kernige Haferflocken**
25 g	**gemahlene Mandeln**

Vanilleschote längs halbieren und Mark herausschaben.
Butter, Eigelb und Honig schaumig rühren. Quark, Haferflocken, Mandeln, Speisestärke, Backpulver und Vanillemark unter den Teig rühren.
Eiweiß steif schlagen und locker unterheben.
Auflaufform einfetten, Masse einfüllen.
Vorbereitete Pflaumen abtropfen lassen und auf den Teig geben.
Butter und Honig **schmelzen,** Haferflokken und Mandeln darin wenden, auf die Pflaumen geben und backen.

Einsetzen:
Auf dem Rost, mittlere Einschubleiste.

Backen:

200—210 °C	30—35 Minuten
0	5—10 Minuten

Savarin
Hefering

Hefeteig:

200 g	**Mehl**
20 g	**Hefe**
3 EL	**Milch**
2	**Eier**
1	**Eigelb**
1 Prise	**Salz**
50 g	**Zucker**
50 g	**Butter** oder Margarine
$^1/_8$ l	**Fruchtsaft** oder Wein
3—4 EL	**Rum** oder Kirschwasser oder Cointreau

Hefeteig bereiten und gehen lassen, siehe Seite 342/340.
Ringform einfetten und Teig einfüllen.
Im Backofen 10 Minuten bei 50 °C, 10—20 Minuten in der Nachwärme gehen lassen, dann backen.

Einsetzen:
Auf dem Rost, untere Einschubleiste.

Backen:

200—210 °C	25—35 Minuten
0	5—10 Minuten

Nach dem Backen
Hefering auf eine Servierplatte stürzen, mit einem Hölzchen mehrmals einstechen.
Mit Fruchtsaft und Alkohol tränken und etwas durchziehen lassen.
Innen mit Kompott füllen oder mit Weinschaumsoße warm servieren.

Tip:
- Der Savarin schmeckt auch kalt sehr gut.

Beim Backen mit Umluft die Temperatur um etwa 30 °C niedriger einstellen

Gefüllte Rohrnudeln

Gefüllte Buchteln
Für 8 Personen

Hefeteig:

1 kg	**Mehl**
40 g	**Hefe**
1/2 l	**Milch**
100 g	**Zucker**
1 Prise	**Salz**
2	**Eier**
	abgeriebene Zitronenschale oder Vanillezucker
100 g	**Butter**
500—750 g	**Obst** Kirschen, Aprikosen oder Pflaumen
50 g	**Butter**
	Puderzucker

Hefeteig bereiten und gehen lassen, siehe Seite 342/340.
Obst waschen und entsteinen.
Teig zu einer Rolle formen und in etwa 16 gleichmäßig große Stücke schneiden.
Jedes Teigstück in der Hand flachdrükken, je 3—4 Kirschen, 1 Aprikosenhälfte oder 1 Pflaume in die Mitte geben, mit Teig umhüllen und einen Kloß formen.
Fettpfanne einfetten, Klöße nebeneinander einsetzen und mit weicher Butter bestreichen. Im Backofen 10 Minuten bei 50 °C, 10—20 Minuten in der Nachwärme gehen lassen, dann backen.

Einsetzen:
Mittlere Einschubleiste.

Backen:

200—210 °C	30—40 Minuten
0	5—10 Minuten

Nach dem Backen
Rohrnudeln voneinander lösen und mit Puderzucker bestäuben.
Mit Vanillesoße reichen.

Was ist zu beachten?

- Für 4 Personen ist die Hälfte der Teigmasse ausreichend. Dann die Buchteln in eine gefettete Auflaufform geben und backen: Auf dem Rost, untere Einschubleiste, bei 180—190 °C etwa 30 Minuten und 5—10 Minuten 0.

Veränderung:

- Rohrnudeln mit etwas Konfitüre anstelle von Obst füllen.

Tip:

- Rohrnudeln schmecken auch kalt anstelle von Kuchen.
- Rohrnudeln können eingefroren werden.

Schokokirschauflauf

500 g	**entsteinte Sauerkirschen** frisch oder gedünstet
1—2 EL	**Rum**
4	**Eier**
100 g	**Honig**
175 g	**Weizenvollkornmehl**
1/4 l	**Milch**
50 g	**gehackte Zartbitterschokolade**
1/2 TL	**Nelkenpulver**
1/2 TL	**Zimt**
	Puderzucker

Sauerkirschen abtropfen lassen und mit Rum beträufeln.
Eier und Honig schaumig rühren. Nach und nach Mehl und Milch zugeben. Schokolade, Gewürze und Sauerkirschen unterrühren.
Auflaufform einfetten, Teig einfüllen und backen.

Einsetzen:
Auf dem Rost, mittlere Einschubleiste.

Backen:

200—210 °C	45—50 Minuten
0	5—10 Minuten

Nach dem Backen
Auflauf mit Puderzucker bestäuben.

Diplomatenauflauf

5	**Brötchen**
50 g	**Zitronatwürfel**
50 g	**geriebene Nüsse**
100 g	**Sultaninen**
½ l	**Milch**
2	**Eier**
50 g	**Zucker**
	abgeriebene Zitronenschale
1 Prise	**Salz**

Brötchen in kleine Würfel schneiden, mit Zitronat, Nüssen und Sultaninen vermengen.
Auflaufform einfetten, Masse einfüllen.
Milch mit Eiern, Zucker, Zitronenschale und Salz verquirlen, darübergießen und backen.
Mit Vanille- oder Weinschaumsoße reichen.

Einsetzen:
Auf dem Rost, untere Einschubleiste.

Backen:

200—210 °C	35—45 Minuten
0	5—10 Minuten

Veränderung:
- Anstelle der Brötchen etwa 250 g Kuchenreste verwenden und die Milch ohne Zucker verrühren.

Gebackene Dampfnudeln

500 g	**Mehl**
20 g	**Hefe**
¼ l	**Milch**
75 g	**Zucker**
1 Prise	**Salz**
	abgeriebene Zitronenschale
1	**Ei**
100 g	**Butter** oder Margarine
¼ l	**Milch**
25 g	**Zucker**
40 g	**Butter**

Hefeteig bereiten und gehen lassen, siehe Seite 342/340.
Auflaufform einfetten, Klöße formen, einen in die Mitte der Form, die anderen ringsherum legen. Im Backofen 10 Minuten bei 50 °C, 10—20 Minuten in der Nachwärme gehen lassen.
Milch **erwärmen,** mit Zucker und Butter verrühren, über die Klöße gießen und backen.
Warm mit Weinschaum- oder Vanillesoße oder Kompott servieren.

Einsetzen:
Auf dem Rost, untere Einschubleiste.

Backen:

200—210 °C	25—35 Minuten
0	5—10 Minuten

Bild 76: Gebackene Dampfnudeln, Rezept Seite 300.

Quarkauflauf mit Äpfeln

3	**Eier**
100 g	**Zucker**
500 g	**Quark**
	abgeriebene Zitronenschale
1 Prise	**Salz**
75 g	**Grieß**
2 TL	**Backpulver**
500 g	**Äpfel**

Eier, Zucker, Quark, Zitronenschale, Salz, Grieß und Backpulver zu einer cremigen Masse verrühren.
Äpfel waschen, schälen, Kerngehäuse entfernen, Äpfel in feine Scheiben schneiden oder grob raspeln. Zur Quarkmasse geben und untermengen.
Auflaufform einfetten, Masse einfüllen und backen.
Mit Vanillesoße reichen.

Einsetzen:
Auf dem Rost, untere Einschubleiste.

Backen:

200—210 °C	35—45 Minuten
0	5—10 Minuten

Veränderung:

- Anstelle von Äpfeln eignen sich auch andere frische, eingefrorene oder eingemachte Obstarten. Eingefrorenes Obst angetaut, eingemachtes Obst abgetropft verwenden.

Nußauflauf
oder Mandelauflauf

80 g	**Butter** oder Margarine
80 g	**Zucker**
1 Prise	**Salz**
3	**Eier**
100 g	**geriebene Nüsse** oder Mandeln
1	**Vanillezucker**
3/8 l	**Milch**
200 g	**Mehl**
2 EL	**Rum**

Rührteig bereiten, siehe Seite 362.
Auflaufform einfetten, Masse einfüllen und backen.
Mit Weinschaum- oder Aprikosensoße, flüssiger süßer Sahne oder gesüßter Milch reichen.

Einsetzen:
Auf dem Rost, untere Einschubleiste.

Backen:

200—210 °C	30—40 Minuten
0	5—10 Minuten

Schlummeräpfel

150 g	**kernige Haferflocken**
8 EL	**warme Milch**
4—5	**Äpfel**
	Konfitüre · Rum
100 g	**Butter** oder Margarine
100 g	**Zucker**
1 Prise	**Salz**
2	**Eigelb**
250 g	**Quark**
1	**Zitrone**
1 Msp	**Backpulver**
2	**Eiweiß**

Haferflocken in Milch einweichen.
Äpfel waschen, schälen, Kerngehäuse ausstechen, Äpfel mit Konfitüre füllen und mit Rum beträufeln.
Weiche Butter mit Zucker, Salz, Eigelb, Quark, abgeriebene Schale und Saft einer Zitrone cremig rühren, Backpulver und Haferflockenmasse untermengen.
Eiweiß steif schlagen und locker unterheben.
Auflaufform einfetten, Masse einfüllen, Äpfel hineindrücken und backen.
Mit Vanillesoße reichen.

Einsetzen:
Auf dem Rost, untere Einschubleiste.

Backen:

200—210 °C	35—45 Minuten
0	5—10 Minuten

Süßspeisen und Getränke

Das Angebot an Süßspeisen und Getränken, die kalt serviert werden, bietet viele Möglichkeiten geschmacklicher Variation. Je nach Zusammenstellung der Zutaten und Zubereitungsart unterscheidet man folgende Süßspeisen:

- **Flammeris,** siehe Seite 304
- **Abgeschlagene Cremespeisen,** siehe Seite 307
- **Cremespeisen und Gelees,** siehe Seite 309
- **Obstgrützen,** siehe Seite 317
- **Kompott,** siehe Seite 318
- **Eisspeisen,** siehe Seite 323

Kalte Getränke wie Mischgetränke oder Bowlen sind zu jeder Jahreszeit willkommen. Sie bieten für jeden Geschmack Abwechslung und sind leicht und ohne viel Aufwand herzustellen, siehe Seite 328.

Zubereitung

Die Zubereitung der Süßspeisen und Getränke ist in den jeweiligen Kapiteln ausführlich beschrieben. Folgende Hinweise allgemeingültiger Art sind aber bei der Zubereitung zu beachten:

- **Eier** müssen, wenn im Rezept angegeben, getrennt werden. Eiweiß wird nur steif, wenn kein Eigelb hineingerät. Sollte dies trotz aller Sorgfalt passieren, fischt man es am besten mit der scharfkantigen Eischalenhälfte heraus.
- **Eigelb,** das einer heißen Speise zugefügt wird, mit 1—2 EL kalter Flüssigkeit verquirlen und in die nicht mehr kochende Speise rühren. Ein nochmaliges Aufkochen kann Eigelb zum Gerinnen bringen.
  Ausnahme: Eigelb gerinnt nicht, wenn es mit Speisestärke und 3—4 EL kalter Flüssigkeit verquirlt in die kochende Speise gerührt wird.
- **Eiweiß** läßt sich durch Zugabe von einigen Tropfen Zitronensaft oder 1 Prise Salz schneller steif schlagen.
  Steifgeschlagenes Eiweiß nicht unterrühren, sondern mit dem Schneebesen locker unterheben.
  Steifgeschlagenes Eiweiß muß in heiße Speisen schnell untergehoben werden, damit es in der Wärme der Speise sofort garen kann. Dadurch wird vermieden, daß das Eiweiß sich absetzt und so die Speise verflüssigt.
- **Süße Sahne** sowie das Gefäß, in dem sie steifgeschlagen wird, erst kurz vor der Verwendung aus dem Kühlschrank nehmen. Geschlagene Sahne mit einem Schneebesen locker unter die Speise heben, nicht unterrühren.
- **Vanilleschote** längs halbieren, Mark herausschaben und an die Speise geben.
  Ausgeschabte Vanilleschoten können auch zusätzlich bei Süßspeisen, die gekocht werden, zugegeben werden. Vanilleschoten, die mitgekocht wurden, vor dem Abschmecken der Speise herausnehmen.
  Ausgeschabte Vanilleschoten können auch mit reichlich Zucker gemischt in einem Schraubglas aufbewahrt werden. Diesen Vanillezucker für Kuchenteige, Süßspeisen oder Kompott verwenden.
- **Zitronen-** oder **Orangenschale** von ungespritzten Früchten dünn abreiben oder dünn abschälen.
  Zitronen- oder Orangenschale, die mitgekocht wurde, vor dem Abschmecken der Speise herausnehmen.

- Als **Bindemittel** wird je nach Art der Süßspeise verwendet:
  — **Speisestärke,** vorwiegend für Flammeris, abgeschlagene Cremespeisen und Obstgrützen.
  Speisestärke mit 3—4 EL der abgemessenen kalten Flüssigkeit verrühren.
  Die in den Rezepten angegebenen Zutaten aufkochen. Kochstelle ausschalten, angerührte Speisestärke zugeben und in der Nachwärme unter ständigem Rühren $^{1}/_{2}$ Minute fertig garen.
  Bei einer längeren Gardauer verliert Speisestärke ihre Bindefähigkeit.
  — **Grieß, Reis, Sago** oder **Grütze,** vorwiegend für Flammeris.
  Die in den Rezepten angegebenen Zutaten aufkochen. Grieß, Reis, Sago oder Grütze unter ständigem Rühren einstreuen und quellen lassen. Das Quellen von Grieß und Grütze geschieht in der Nachwärme.
  — **Gelatine,** vorwiegend für Cremespeisen und Gelees.
  Es gibt weiße und rote Gelatine, in Blattform oder gemahlen.
  Gelatine nach Herstellerangabe einweichen, gegebenenfalls quellen lassen. Gelatine nach Herstellerangabe aufgelöst oder ungelöst an die Speise geben.
  Arbeiten mit Gelatine, siehe Seite 309.

Was ist zu beachten?
- Alle Süßspeisen vor dem Einfüllen in eine Schüssel oder in Portionsschälchen abschmecken.
- Sollen Süßspeisen schnell abgekühlt werden, stellt man das Gefäß in kaltes Wasser, dem Eiswürfel zugesetzt werden.
- Heiße Speisen nicht in den Kühlschrank setzen, um eine Reifbildung am Verdampfer zu vermeiden.

Tip:
- Durch 1 Prise Salz gewinnen fast alle Süßspeisen an Geschmack.
- Der Einsatz eines Handrührgerätes oder einer Küchenmaschine erleichtert die Zubereitung von Süßspeisen.

Garnierung und Beigaben für Süßspeisen

- Zutaten, die auch in der Speise enthalten sind, z. B. Orangen- oder Mandarinenfilets für Orangenspeise, ganze oder zerkleinerte Nüsse für Nußcreme
- Sahnetupfer, Schokoladenraspel, zerkleinerte Borkenschokolade oder Krokant
- Kalte oder warme Soße, flüssige oder geschlagene Sahne, Fruchtsaft
- Waffeln, Hörnchen oder Kleingebäck

Tip:
- Bei Fruchtspeisen immer einige Früchte zurückbehalten, um sie für die Garnierung zu verwenden.

Süßspeisen können auch im Mikrowellengerät zubereitet werden, siehe Seite 496.

Flammeris

Ein Flammeri, fälschlich auch als Pudding bezeichnet, wird aus Milch oder Fruchtsaft bereitet und meist als Nachspeise nach einfacheren Gerichten wie Suppe oder Eintopf gereicht. Die Bindung erfolgt durch Speisestärke, Grieß, Reis, Sago oder Grütze. Flammeri wird abgekühlt in einer Schüssel oder in Portionsschälchen serviert.

Tip:
- Soll der Flammeri gestürzt serviert werden, vor dem Einfüllen der Flammerimasse Schüssel oder Portionsschälchen mit kaltem Wasser ausspülen, Masse einfüllen und kalt stellen. Vor dem Stürzen Servierplatte mit kaltem Wasser abspülen; der Flammeri kann dadurch leichter in den Mittelpunkt der Platte bewegt werden.

Beigaben

- Süße Soße, siehe Seite 92 ff.
- flüssige Sahne, gesüßte Milch
- Fruchtsaft
- Kompott, siehe Seite 318 ff.

Vanilleflammeri

1/2	**Vanilleschote** oder 1 Vanillezucker
1/2 l	**Milch**
2 EL	**Zucker**
1 Prise	**Salz**
40 g	**Speisestärke**
1	**Eigelb**
1	**Eiweiß**

Vanilleschote längs halbieren und Mark herausschaben.
Milch — etwas zum Anrühren der Speisestärke zurücklassen — mit Zucker, Salz, Vanillemark und -schote **ankochen.** Vanilleschote herausnehmen.
Speisestärke mit Milch und Eigelb verquirlen, einrühren und in der **Nachwärme** fertig garen.
Eiweiß steif schlagen und locker unterheben. In eine Schüssel füllen und erkalten lassen.
Mit Fruchtsaft, Kompott oder Schokoladensoße reichen.

Veränderung:
- Nach Belieben gezuckerte rohe oder gedünstete Früchte in eine Glasschüssel legen und den Flammeri vorsichtig darüberfüllen. Bei Verwendung von gefrorenem Obst den Flammeri über die unaufgetauten Früchte füllen.
- **Äpfel in Vanilleflammeri**
  Eine tiefe Servierplatte mit Keksen oder Biskuits auslegen. Kekse mit Rum beträufeln. 6—8 in Weißwein gedünstete abgetropfte Apfelhälften mit der Rundung nach oben auf die Kekse legen. Zwischenräume mit Vanilleflammeri auffüllen, die Äpfel sollen noch herausschauen. Nach dem Erkalten die Äpfel mit etwas Konfitüre garnieren.

Schokoladenflammeri

50 g	**Schokolade** oder 30 g Kakao
1 TL	**Pulverkaffee**
40—50 g	**Zucker**
1 Prise	**Salz**
2—3	**Tropfen Bittermandelöl**
1 EL	**gehackte Mandeln**
$^1/_2$ l	**Milch**
40 g	**Speisestärke**

Schokolade, Kaffee, Zucker, Salz, Mandelöl und Mandeln in einen Kochtopf geben. Milch — etwas zum Anrühren der Speisestärke zurücklassen — unter Rühren zugießen und **ankochen.**
Speisestärke mit Milch verquirlen, einrühren und in der **Nachwärme** fertig garen.
In eine Schüssel füllen, erkalten lassen.
Mit Sahnetupfen garnieren oder mit Vanillesoße reichen.

Orangenflammeri

2—3	**Orangen**
1	**Zitrone**
40 g	**Speisestärke**
1	**Eigelb**
$^3/_8$ l	**Milch**
100 g	**Zucker**
1 Prise	**Salz**
1	**Eiweiß**

Schale einer Orange abreiben. Früchte auspressen, den Saft — etwa $^1/_8$ l — mit Speisestärke und Eigelb verquirlen.
Milch mit Orangenschale, Zucker und Salz **ankochen.**
Angerührte Speisestärke einrühren und in der **Nachwärme** fertig garen.
Eiweiß steif schlagen und locker unterheben. In eine Schüssel füllen und erkalten lassen.
Mit Sahnetupfen, Orangenscheiben oder Schokoladenraspel garnieren.

Veränderung:
- Flammeri etwas abkühlen lassen, $^1/_8$ l geschlagene süße Sahne unterheben und kalt stellen.

Karamelflammeri

100 g	**Zucker**
4 EL	**heißes Wasser**
$^1/_2$ l	**Milch**
40 g	**Zucker**
1 Prise	**Salz**
1	**Vanillezucker**
40 g	**Speisestärke**
1	**Eigelb**
1	**Eiweiß**

Zucker in einen breiten Kochtopf streuen und unter Rühren **bräunen.** Topf von der Kochstelle ziehen und vorsichtig das heiße Wasser zugießen.
Milch — etwas zum Anrühren der Speisestärke zurücklassen — **ankochen,** mit Zucker, Salz und Vanillezucker zu dem gebräunten Zucker geben, **aufkochen.**
Speisestärke mit Milch und Eigelb verquirlen, einrühren und in der **Nachwärme** fertig garen.
Eiweiß steif schlagen und locker unterheben. In eine Schüssel füllen und erkalten lassen.
Mit Vanillesoße, ungeschlagener süßer Sahne oder Milch reichen.

Was ist zu beachten?
- Der Zucker muß eine schöne braune Farbe haben. Wird er zu dunkel, schmeckt die Speise bitter, bleibt er zu hell, ist der Geschmack nicht kräftig genug.
- Das Angießen von Wasser und Milch muß sehr vorsichtig geschehen, da sich viel Dampf entwickelt. Eventuell Topfdeckel schräg auflegen und Flüssigkeit durch den Spalt angießen.

STROM-SPAR-TIP

Kochgeschirr immer passend zur Kochstellengröße wählen

Rhabarberflammeri

500 g	**Rhabarber**
125 g	**Zucker**
1 Stück	**Zitronenschale**
¼ l	**Wasser**
50 g	**Speisestärke**
¼ l	**Apfelwein** oder Apfelsaft
2	**Eigelb**
2	**Eiweiß**

Rhabarber waschen, beide Enden abschneiden, von dicken Stangen Haut abziehen, Rhabarber in Stücke schneiden.
Mit Zucker, Zitronenschale und Wasser **ankochen,** Zitronenschale herausnehmen.
Speisestärke mit Wein und Eigelb verquirlen, einrühren und in der **Nachwärme** fertig garen.
Eiweiß steif schlagen und locker unterheben. In eine Schüssel füllen und kalt stellen.
Mit Vanillesoße oder gesüßter Milch reichen.

Grießflammeri

½ l	**Milch**
2 EL	**Zucker**
	abgeriebene Zitronenschale
1 Prise	**Salz**
1 EL	**gehackte Mandeln**
2—3	**Tropfen Bittermandelöl**
50 g	**Grieß**
1	**Eigelb**
1 EL	**Wasser**
1	**Eiweiß**

Milch mit Zucker, Zitronenschale, Salz, Mandeln und Mandelöl **ankochen,** Grieß unter Rühren einstreuen und **5—10 Minuten** in der **Nachwärme** quellen lassen.
Eigelb mit Wasser verrühren und unter den heißen Brei rühren.
Eiweiß steif schlagen und locker unterheben. In eine Schüssel füllen oder zum Stürzen in eine mit kaltem Wasser ausgespülte Form geben und erkalten lassen.
Mit Fruchtsaft, Kompott oder Schokoladensoße reichen.

Tutti-Frutti

Vielerlei Früchte

125 g	**Kekse** oder Biskuits
2 EL	**Rum**
250—375 g	**gezuckerte Beerenfrüchte** oder gedünstetes Obst oder einige Rumfrüchte
Flammeri:	
½ l	**Milch**
40 g	**Zucker**
1 Prise	**Salz**
1	**Vanillezucker**
30 g	**Speisestärke**
2	**Eigelb**
2	**Eiweiß**

Kekse, auch Reste sind geeignet, in eine Glasschüssel legen und mit Rum beträufeln.
Darauf vorbereitetes Obst, möglichst verschiedene Arten, mit etwas Saft geben.
Für den Flammeri Milch — etwas zum Anrühren der Speisestärke zurücklassen — mit Zucker, Salz und Vanillezucker **ankochen.**
Speisestärke mit Milch und Eigelb verquirlen, einrühren und in der **Nachwärme** fertig garen.
Eiweiß steif schlagen und locker unterheben.
Flammeri mit einem Löffel auf das Obst füllen, nicht gießen, dann kalt stellen.
Mit Früchten und Kleingebäck garnieren.

! STROM-SPAR-TIP
Nachwärme ausnutzen

Abgeschlagene Cremespeisen

Abgeschlagene Cremespeisen haben eine lockere Beschaffenheit und werden nicht gestürzt.
Die Zutaten werden in einem hohen Kochtopf so lange schaumig gerührt, bis sich der Zucker gelöst hat. Danach wird der Kochtopf auf die Kochstelle gestellt und die Masse bei geringer Wärmezufuhr unter ständigem Rühren dickschaumig abgeschlagen. „Abschlagen“ ist ein schonendes Garverfahren, bei dem die Masse nicht kochen darf, da das Eigelb sonst gerinnen würde.
Die Bindung erfolgt meist durch Eigelb und Speisestärke oder durch Gelatine.

Was ist zu beachten?

- Abgeschlagene Cremespeisen nicht in einem Aluminiumtopf bereiten, da sie sonst grau werden und unangenehm schmecken.

Abgeschlagene Weincreme

oder Apfelsaftcreme

3/8 l	**Wasser**
1/8 l	**Weißwein**
	oder nur 1/2 l Apfelsaft
	abgeriebene Zitronenschale
2 EL	**Zitronensaft**
4	**Eigelb**
100 g	**Zucker**
1 Prise	**Salz**
6 Blatt	**Gelatine** weiß
4	**Eiweiß**
	Makronen

Wasser und Wein mit Zitronenschale und -saft, Eigelb, Zucker und Salz in einem hohen Kochtopf verrühren.
Mit den Rührbesen eines Handrührgerätes schaumig **abschlagen,** bis die Masse hochsteigt, Kochtopf sofort von der Kochstelle nehmen.
Gelatine nach Herstellerangabe in der heißen Creme auflösen. Ab und zu umrühren, bis die Creme etwas abgekühlt ist, dann kalt stellen.
Wenn die Masse anfängt, dicklich zu werden, siehe Bild 77, Seite 308, Eiweiß steif schlagen und locker unterheben. In Portionsschälchen oder eine große Schüssel füllen.
Nach dem Erstarren mit Makronen oder Sahnetupfen garnieren.

Abgeschlagene Orangencreme

2—3	**Orangen**
30 g	**Speisestärke**
100 g	**Zucker**
1 Prise	**Salz**
3	**Eigelb**
3	**Eiweiß**
	Sahnetupfen
	Borkenschokolade

Schale einer Orange abreiben, Saft von allen Orangen auspressen, beides mit Wasser bis zu 1/2 l auffüllen.
Mit Speisestärke, Zucker, Salz und Eigelb in einem hohen Kochtopf verrühren und schaumig **abschlagen,** bis die Masse hochsteigt. Kochtopf sofort von der Kochstelle nehmen, kurze Zeit weiterrühren.
Eiweiß steif schlagen und locker unterheben. In eine Schüssel, Portionsschalen oder Gläser füllen und kalt stellen.
Nach dem Erstarren mit Sahnetupfen und Borkenschokolade garnieren.

Veränderung:

- Dem ausgepreßten Saft 4 EL Weißwein zufügen und erst dann mit Wasser bis zu 1/2 l auffüllen.
- **Abgeschlagene Zitronencreme**
  Statt Orangen Zitronen verwenden: Schale von 1 Zitrone abreiben und Saft von 4 Zitronen auspressen.

Kirsch-Chaudeau

Kirsch-Weinschaum

250—375 g	**entsteinte Sauerkirschen** aus dem Glas
2 EL	**Rum**

Weinschaum:

2	**Eier**
60 g	**Zucker**
	abgeriebene Zitronenschale
¹/₄ l	**Weißwein**
2 EL	**Zitronensaft**
1	**Vanillesoßenpulver** oder 15 g Speisestärke

	Hörnchen oder Eiswaffeln

Kirschen abtropfen lassen und mit Rum beträufeln.
Für den Weinschaum alle Zutaten in einem hohen Kochtopf mit den Rührbesen eines Handrührgerätes verrühren und **abschlagen,** bis die Masse hochsteigt. Kochtopf sofort von der Kochstelle nehmen. Weinschaum kalt stellen.
Kirschen und den Weinschaum abwechselnd in Gläser oder Portionsschalen füllen.
Mit Hörnchen garnieren.

Welfencreme

Vanillecreme:

¹/₂	**Vanilleschote**
¹/₂ l	**Milch**
2 EL	**Zucker**
1 Prise	**Salz**
30 g	**Speisestärke**
3—4	**Eiweiß**

Weinschaum:

3—4	**Eigelb**
80 g	**Zucker**
¹/₄ l	**Weißwein**
	abgeriebene Zitronenschale
1 EL	**Zitronensaft**
1 EL	**Speisestärke**

Für die Vanillecreme Vanilleschote längs halbieren und Mark herausschaben. Milch — etwas zum Anrühren der Speisestärke zurücklassen — Zucker, Salz, Vanillemark und -schote **ankochen.** Vanilleschote herausnehmen.
Speisestärke mit Milch verquirlen, einrühren, in der **Nachwärme** fertig garen.
Eiweiß steif schlagen und locker unterheben. Die heiße Masse in eine Glasschüssel oder Gläser füllen und kalt stellen.
Für den Weinschaum alle Zutaten in einem hohen Kochtopf mit den Rührbesen eines Handrührgerätes verrühren und schaumig **abschlagen,** bis die Masse hochsteigt. Kochtopf sofort von der Kochstelle nehmen, den Weinschaum abkühlen lassen, löffelweise auf die Vanillecreme füllen und kalt stellen.

Was ist zu beachten?

- Die große Eiweißmenge muß schnell unter die heiße Masse gehoben werden und darin garen, da sonst die Speise nach längerem Stehen wieder flüssig wird.
- Den Weinschaum nicht auf die abgekühlte Vanillecreme gießen, sondern vorsichtig mit einem Löffel oder einer Kelle auffüllen, damit er sich nicht mit der Vanillecreme vermengt.

Bild 77: Wenn sich eine „Spur" ziehen läßt, ist die Creme dicklich genug, um steifgeschlagenes Eiweiß oder steifgeschlagene Sahne unterzuheben.

Cremespeisen und Gelees

Cremespeisen und Gelees werden vorwiegend kalt gerührt und meist mit Gelatine gebunden.
Je nach gewünschtem Aussehen wird der Speise rote oder weiße Gelatine oder eine Mischung daraus zugesetzt. Gelatine gibt es in Blattform oder gemahlen als Pulver. 6 Blatt Gelatine entsprechen 1 Päckchen Gelatinepulver, also 10 g gemahlener Gelatine.

Arbeiten mit Gelatine

Möglichkeit 1

- Gelatine nach Herstellerangabe einweichen und gegebenenfalls quellen lassen,
- nach Herstellerangabe auflösen oder ungelöst an die Speise geben

Möglichkeit 2

- Gelatine einweichen und gegebenenfalls quellen lassen:
  Blattgelatine bedeckt mit kaltem Wasser 5—10 Minuten einweichen. Nach dem Einweichen das Wasser abgießen.
  Gelatinepulver in kaltem Wasser (5—6 EL auf 1 Päckchen) einweichen und quellen lassen,
- Gelatine auflösen und zugeben:
  bei heißen Speisen
  — Gelatine unter schnellem Rühren mit dem Handrührgerät oder dem Schneebesen in die heiße Flüssigkeit oder Masse einrühren
  — rühren bis sich die Gelatine vollständig aufgelöst und verteilt hat.
  bei kalten Speisen
  — Gelatine in einen kleinen Kochtopf geben und auf der Kochstelle bei geringer Einstellung auflösen, bis sie flüssig ist, siehe Bild 78, Seite 310, oder
  Gelatine im Mikrowellengerät nach Angabe des Geräteherstellers auflösen,
  — aufgelöste Gelatine unter ständigem Rühren mit dem Handrührgerät oder dem Schneebesen in die Flüssigkeit oder Masse einrühren. Die Flüssigkeit oder Masse darf nicht zu kalt sein, da die Gelatine sonst sofort erstarrt und Klümpchen bildet.

Was ist zu beachten?

- Gelatine immer in einem geschlossenen Behälter aufbewahren, um die Löslichkeit lange zu erhalten.
- Gelatine darf nicht kochen, da ihre Gelierkraft dann nachläßt und die Speise an Geschmack verliert.
- Frische Kiwi und Ananas enthalten ein eiweißspaltendes Enzym, das das Gelieren verhindert. Sollen Gelatinespeisen mit diesen Früchten bereitet werden, müssen konservierte oder gegarte Früchte verwendet werden, die dieses Enzym nicht mehr enthalten.
- Gelatinespeisen benötigen einige Stunden zum Erstarren. Sie sollten deshalb rechtzeitig zubereitet und im Kühlschrank bis zum Servieren kalt gestellt werden.
- Soll eine Gelatinespeise gestürzt werden, vor dem Stürzen die Schüssel kurz in heißes Wasser tauchen.

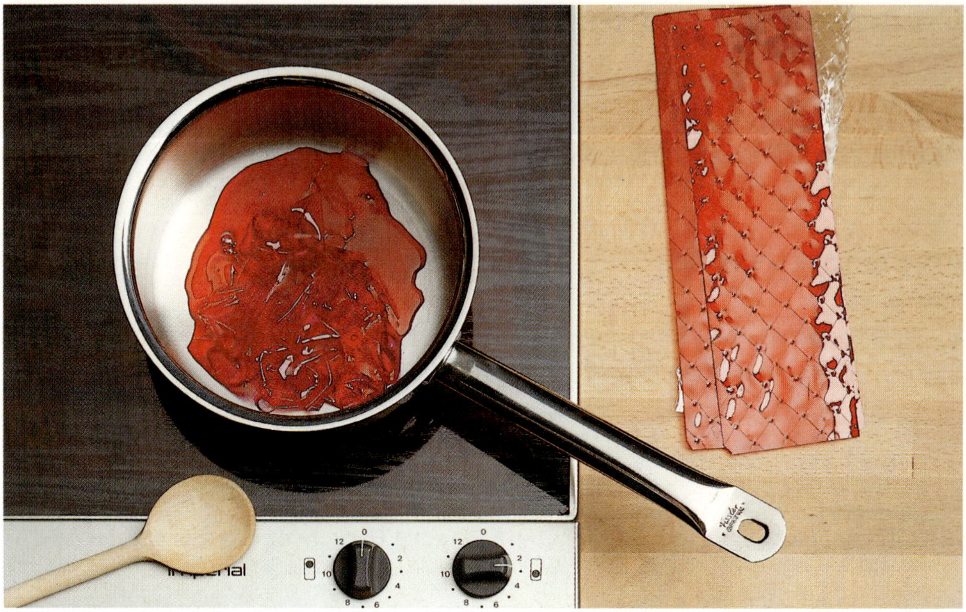

Bild 78: Eingeweichte Gelatine wird bei geringer Einstellung aufgelöst.

Aprikosencreme

100 g	**getrocknete Aprikosen**
$^{3}/_{8}$ l	**Wasser**
50 g	**Zucker**
1	**Vanillezucker**
4 Blatt	**Gelatine** weiß
1 Blatt	**Gelatine** rot
$^{1}/_{4}$ l	**süße Sahne**
	Schokoladenraspel oder Krokant

Aprikosen waschen, mit Wasser, Zucker und Vanillezucker mehrere Stunden einweichen, am besten über Nacht.
Zusammen **ankochen,** etwa **20 Minuten fortkochen,** bis die Aprikosen weich sind und **10 Minuten** in der **Nachwärme** fertig garen.
Gelatine nach Herstellerangabe im heißen Aprikosenkompott auflösen, Masse pürieren und kalt stellen.
Wenn die Masse anfängt dicklich zu werden, Sahne steif schlagen und die Hälfte der Sahne locker unterheben. In eine Schüssel füllen und kalt stellen.
Nach dem Erstarren mit der restlichen Sahne und Schokoladenraspel garnieren.

Kaltgerührte Zitronencreme

oder Orangencreme

3	**Zitronen** oder 2 Orangen
4	**Eigelb**
80 g	**Zucker**
1 Prise	**Salz**
$^{1}/_{4}$ l	**Weißwein** oder Apfelsaft
1	**Gelatinepulver** weiß
4	**Eiweiß**
	Sahnetupfen · Makronen

Schale von einer Zitrone abreiben, alle Zitronen auspressen.
Eigelb, Zucker und Salz schaumig rühren. Zitronenschale, -saft und Wein zufügen und abschmecken.
Gelatine nach Herstellerangabe auflösen, unter schnellem Rühren zugeben und kalt stellen.
Wenn die Masse anfängt dicklich zu werden, Eiweiß steif schlagen und locker unterheben. In eine Schüssel füllen und kalt stellen.
Nach dem Erstarren mit Sahnetupfen und Makronen garnieren.

Erdbeercreme
oder Himbeercreme

375 g	**Erdbeeren** oder Himbeeren
	Zucker
1	**Vanillezucker**
2 Blatt	**Gelatine** weiß
2 Blatt	**Gelatine** rot
¼ l	**süße Sahne**

Beeren waschen, putzen und pürieren. Fruchtmasse mit Zucker und Vanillezucker abschmecken.
Gelatine nach Herstellerangabe auflösen, unter schnellem Rühren zugeben und kalt stellen.
Wenn die Masse anfängt dicklich zu werden, Sahne steif schlagen und die Hälfte der Sahne locker unterheben. In eine Schüssel füllen und kalt stellen.
Nach dem Erstarren mit der restlichen Sahne und Beeren garnieren.

Tip:
- Anstelle von frischen Beeren können eingefrorene Früchte verwendet werden. Sie werden angetaut püriert.
- Wird die Creme innerhalb ½ Stunde nach der Zubereitung gegessen, kann die Gelatine entfallen. Dann die Speise bis zum Verzehr kalt stellen.

Ananascreme

1 Dose	**Ananasscheiben**
	Abtropfgewicht etwa 420 g
⅛ l	**Weißwein**
	Zucker
	abgeriebene Zitronenschale
1	**Gelatinepulver** weiß
¼ l	**süße Sahne**
	Schokoladenraspel

Ananasscheiben abtropfen lassen. Den Saft mit Wein und nach Bedarf mit Wasser bis zu ⅜ l auffüllen, mit Zucker und Zitronenschale abschmecken.
Gelatine nach Herstellerangabe auflösen, unter schnellem Rühren zugeben und kalt stellen.
Wenn die Masse anfängt dicklich zu werden, Sahne steif schlagen und die Hälfte der Sahne locker unterheben.
4—5 Ananasscheiben in kleine Stücke schneiden und untermengen. In eine Schüssel füllen und kalt stellen.
Nach dem Erstarren mit der restlichen Sahne, Ananasstücken und Schokoladenraspel garnieren.

Nußcreme

2	**Eigelb**
60 g	**Zucker**
1	**Vanillezucker**
1 Prise	**Salz**
½ l	**Milch**
1	**Gelatinepulver** weiß
100 g	**geriebene Nüsse**
2	**Eiweiß**
¼ l	**süße Sahne**
	Nüsse

Eigelb mit Zucker, Vanillezucker und Salz schaumig rühren, nach und nach die Milch unter Rühren zugeben.
Gelatine nach Herstellerangabe auflösen, unter schnellem Rühren zugeben und kalt stellen.
Wenn die Masse anfängt dicklich zu werden, Nüsse unterrühren.
Zuerst Eiweiß, dann Sahne steif schlagen. Eischnee und die Hälfte der Sahne locker unterheben. In eine Schüssel füllen und kalt stellen.
Nach dem Erstarren mit der restlichen Sahne und Nüssen garnieren.

Tip:
- Nüsse rösten und abgekühlt unter die Masse mischen, dadurch gewinnt die Creme an Geschmack.

Schwarzwaldbecher

375 — 500 g	**entsteinte Sauerkirschen** aus dem Glas
4 EL	**Kirschwasser**
100 g	**Bitterschokolade**
500 g	**Quark**
$^1/_8$—$^1/_4$ l	**Milch**
100 g	**Zucker**
1	**Vanillezucker**
1 Prise	**Salz**
	Kirschen · Sahnetupfen

Kirschen abtropfen lassen, mit Kirschwasser beträufeln und durchziehen lassen.
Schokolade raspeln oder reiben.
Quark mit Milch, Zucker, Vanillezucker und Salz schaumig rühren.
In Gläser oder eine Glasschüssel abwechselnd Quarkmasse, Kirschen und Schokolade einschichten, kalt stellen.
Mit Kirschen und Sahnetupfen garnieren.

Veränderung:

- **Westfälische Quarkspeise**
  Quarkmasse abwechselnd mit geriebenem Pumpernickel und Himbeeren einschichten.
- **Götterspeise**
  Quarkmasse, mit $^1/_8$ l geschlagener Sahne vermischt, im Wechsel mit eingemachten Preiselbeeren und geriebenem Pumpernickel einschichten.

Bild 79: Schwarzwaldbecher, Rezept Seite 312.

Mokkacreme

2	**Eigelb**
4—5 TL	**Pulverkaffee**
½ l	**Milch**
50 g	**Zucker**
1	**Vanillezucker**
1 Prise	**Salz**
1	**Gelatinepulver** weiß
2	**Eiweiß**
¼ l	**süße Sahne**
	Mokkabohnen

Eigelb und Pulverkaffee mit etwas Milch verrühren. Restliche Milch mit Zucker, Vanillezucker und Salz **ankochen** und Kochtopf von der Kochstelle nehmen.
Gelatine nach Herstellerangabe in der heißen Flüssigkeit auflösen, das angerührte Eigelb zugeben. Masse abschmecken und kaltstellen.
Wenn die Masse anfängt dicklich zu werden, zuerst Eiweiß, dann Sahne steif schlagen. Eischnee und die Hälfte der Sahne locker unterheben.
In eine Schüssel füllen und kalt stellen.
Nach dem Erstarren mit der restlichen Sahne und Mokkabohnen garnieren.

Quark-Mokkacreme

250 g	**Quark**
½ l	**Milch**
100 g	**Zucker**
1 Prise	**Salz**
3—4 TL	**Pulverkaffee**
1	**Gelatinepulver** weiß
¼ l	**süße Sahne**
	Mokkabohnen

Quark mit Milch, Zucker, Salz und Kaffee verrühren.
Gelatine nach Herstellerangabe auflösen, unter schnellem Rühren zugeben und kalt stellen.
Sobald die Masse dicklich wird, Sahne steif schlagen und die Hälfte der Sahne locker unterheben. in Schälchen füllen und kalt stellen.
Mit restlicher Sahne und Mokkabohnen garnieren.

Ambrosiacreme

½ l	**saure Sahne** oder Joghurt
100 g	**Zucker**
1	**Vanillezucker**
1 Prise	**Salz**
2—3 EL	**Rum**
5 Blatt	**Gelatine** weiß
1 Blatt	**Gelatine** rot
	Rumfrüchte · Makronen

Sahne mit Zucker, Vanillezucker, Salz und Rum schaumig rühren.
Gelatine nach Herstellerangabe auflösen und unter schnellem Rühren zugeben. In eine Schüssel füllen und kalt stellen.
Nach dem Erstarren mit abgetropften Rumfrüchten und kleinen Makronen garnieren.

Herrencreme

2	**Eigelb**
80 g	**Zucker**
1	**Vanillezucker**
¼ l	**Sherry**
1	**Gelatinepulver** weiß
100 g	**Bitterschokolade**
50 g	**Nüsse**
2	**Eiweiß**
¼ l	**süße Sahne**
	Borkenschokolade

Eigelb mit Zucker und Vanillezucker schaumig rühren, nach und nach Sherry unterrühren.
Gelatine nach Herstellerangabe auflösen, unter schnellem Rühren zugeben und kalt stellen.
Schokolade und Nüsse fein reiben, unter die Masse rühren, wenn diese anfängt dicklich zu werden.
Zuerst Eiweiß, danach Sahne steif schlagen. Eischnee und die Hälfte der Sahne locker unterheben. In eine Schüssel füllen und kalt stellen.
Nach dem Erstarren mit der restlichen Sahne und zerkleinerter Borkenschokolade garnieren.

Russische Creme

3	**Eigelb**
1 Prise	**Salz**
150 g	**Zucker**
	abgeriebene Zitronenschale
4 EL	**Orangensaft**
2 EL	**Zitronensaft**
1/4 l	**Weißwein**
2—4 EL	**Rum**
8 Blatt	**Gelatine** weiß
3	**Eiweiß**
1/4 l	**süße Sahne**
	Orangenscheiben

Eigelb mit Salz, Zucker und Zitronenschale schaumig rühren. Saft, Wein und Rum zufügen und abschmecken.
Gelatine nach Herstellerangabe auflösen, unter schnellem Rühren zugeben und kalt stellen.
Wenn die Masse anfängt dicklich zu werden, zuerst Eiweiß, dann Sahne steif schlagen. Eischnee und die Hälfte der Sahne locker unterheben.
In eine Schüssel füllen und kalt stellen.
Nach dem Erstarren mit Orangenscheiben und restlicher Sahne garnieren.

Joghurtcreme

2	**Eigelb**
2 EL	**warmes Wasser**
100 g	**Zucker**
1	**Vanillezucker**
1 Prise	**Salz**
1	**Zitrone**
400 g	**Joghurt**
1	**Gelatinepulver** weiß
2	**Eiweiß**
	Krokant oder Obst

Eigelb mit Wasser, Zucker, Vanillezucker und Salz schaumig rühren.
Schale der Zitrone abreiben, Saft auspressen, beides zugeben und Joghurt unterrühren, bis die Masse glatt ist.
Gelatine nach Herstellerangabe auflösen, unter schnellem Rühren zugeben und kalt stellen.
Wenn die Masse anfängt dicklich zu werden, Eiweiß steif schlagen und locker unterheben. In eine Schüssel füllen und kalt stellen.
Nach dem Erstarren mit Krokant bestreuen oder mit Obst garnieren.

Bild 80: Weingelee, Rezept Seite 315.

Schokoladencreme

50 g	**Bitterschokolade**
50 g	**Zucker**
1	**Vanillezucker**
1 Prise	**Salz**
1 TL	**Kakao**
2—3	**Eigelb**
½ l	**Milch**
6 Blatt	**Gelatine** weiß
2—3	**Eiweiß**
¼ l	**süße Sahne**
	Schokoladenraspel

Schokolade zerbrechen und **schmelzen.** Zucker, Vanillezucker, Salz, Kakao und Eigelb zur Schokolade geben und schaumig rühren. Milch nach und nach unterrühren.
Gelatine nach Herstellerangabe auflösen, unter schnellem Rühren zugeben und kalt stellen.
Wenn die Masse anfängt dicklich zu werden, zuerst Eiweiß, dann Sahne steif schlagen. Eischnee und die Hälfte der Sahne locker unterheben.
In eine Schüssel füllen und kalt stellen.
Nach dem Erstarren mit restlicher Sahne und Schokoladenraspel garnieren.

Weingelee

⅛ l	**Wasser**
50 g	**Zucker**
	abgeriebene Zitronenschale
3 Blatt	**Gelatine** rot
4 Blatt	**Gelatine** weiß
⅜ l	**Wein**
1—2 EL	**Zitronensaft**

Wasser mit Zucker und Zitronenschale **ankochen,** Kochtopf von der Kochstelle nehmen.
Gelatine nach Herstellerangabe in der heißen Flüssigkeit auflösen. Wein und Zitronensaft zugeben, abschmecken, in eine Schüssel füllen und kalt stellen.
Nach dem Erstarren mit Vanillesoße oder gesüßter Sahne reichen.

Veränderung:

- 375 g vorbereitete Äpfel grob raspeln und unter die abgeschmeckte Speise mischen.
- **Weingelee mit Obst**
  Die Hälfte der Flüssigkeit in eine Glasschüssel gießen, kalt stellen und fest werden lassen. Mit gedünsteten oder gefrorenen Oststücken belegen und den Rest der Flüssigkeit übergießen. Ist der Rest der Flüssigkeit zum Gießen zu fest, ihn auf der Kochstelle bei geringer Einstellung unter Rühren nochmals verflüssigen.

Kaiserreis

½ l	**Milch**
1 Prise	**Salz**
1	**Vanillezucker**
50 g	**Zucker**
100 g	**Reis**
4 Blatt	**Gelatine** weiß
¼ l	**süße Sahne**
500 g	**entsteinte Sauerkirschen** aus dem Glas

Milch mit Salz, Vanillezucker und Zucker **ankochen,** Reis unter Rühren einstreuen und etwa **30 Minuten quellen** lassen.
Gelatine nach Herstellerangabe im heißen Reisbrei auflösen. Reisbrei kalt stellen.
Sahne steif schlagen und die Hälfte der Sahne locker unter den Reisbrei heben.
In eine Glasschüssel abwechselnd Reis und abgetropfte Kirschen füllen, Speise kalt stellen.
Mit Kirschen und restlicher Sahne garnieren.

Veränderung:

- Anstelle von Kirschen eignen sich Aprikosen, Mandarinen oder vorbereitete gezuckerte Beerenfrüchte.

Kopenhagener Schnee

2	**Zitronen**
1/4 l	**Rotwein**
1/4 l	**Wasser**
125 g	**Zucker**
1	**Gelatinepulver** weiß
1/4 l	**süße Sahne**
	Krokant

Schale von 1 Zitrone abreiben, Saft aus beiden Früchten pressen. Schale und Saft mit Wein, Wasser und Zucker verrühren.
Gelatine nach Herstellerangabe auflösen, unter schnellem Rühren zugeben und kalt stellen.
Nach dem Erstarren Masse mit einem Löffel in Stücke zerteilen.
Sahne steif schlagen und die Hälfte der Sahne vorsichtig unter die stückige Masse heben. In eine Schüssel füllen, mit restlicher Sahne und Krokant garnieren.

Was ist zu beachten?

- Die Sahne darf nicht mit der roten Masse vermischt werden, damit die Farben rot und weiß deutlich erkennbar bleiben.

Quarkschnee

375 g	**Quark**
1	**Vanillezucker**
50 g	**Zucker**
	abgeriebene Zitronenschale
1 Prise	**Salz**
1/8 l	**Milch**
1/8 l	**süße Sahne**
	Früchte roh, gefroren oder gedünstet oder Rumfrüchte

Quark mit Vanillezucker, Zucker, Zitronenschale, Salz und Milch schaumig rühren.
Sahne steif schlagen, locker unterheben.
Vorbereitete Früchte abtropfen lassen, abwechselnd mit der Quarkmasse in eine Glasschüssel schichten und kalt stellen.
Mit Früchten garnieren, bald servieren.

Erdbeerschnee

oder Himbeerschnee

250 g	**Erdbeeren** oder Himbeeren
	Zucker
1	**Vanillezucker**
1—2	**Eiweiß**
2 Blatt	**Gelatine** rot und weiß
	Sahnetupfen **Schokoladenraspel**

Beeren waschen, putzen und pürieren.
Fruchtmasse mit Zucker und Vanillezucker abschmecken.
Eiweiß steif schlagen, zugeben und schaumig rühren.
Gelatine nach Herstellerangabe auflösen, unter schnellem Rühren zugeben.
In eine Schüssel füllen und kalt stellen.
Nach dem Erstarren mit Sahnetupfen, Beeren und Schokoladenraspel garnieren.

Veränderung:

- Anstelle von Erdbeeren oder Himbeeren eignen sich vorbereitete Brombeeren, Heidelbeeren oder reife Stachelbeeren.
- Eingefrorene Beerenfrüchte anstelle von frischen Beeren verwenden. Sie werden angetaut püriert.

STROM-SPAR-TIP

Automatik-Kochstelle benutzen oder rechtzeitig umschalten auf „fortkochen/weitergaren"

Obstgrützen

Obstgrütze kann aus ganzen oder zerkleinerten, frischen oder gefrorenen Früchten wie z. B. Himbeeren, Johannisbeeren, Brombeeren, Kirschen, Rhabarber oder Mischungen daraus bereitet werden. Geeignet sind auch Obstsaft oder die mit Wasser aufgekochten und passierten Rückstände der Saft- und Geleebereitung. Zum Binden für 500 g Obst bzw. ½ l Obstsaft:

30—40 g **Speisestärke** mit etwas kalter Flüssigkeit anrühren, in die kochenden Zutaten einrühren und ½ Minute in der Nachwärme fertig garen oder

40 g **Sago** in die kochenden Zutaten einstreuen, umrühren und etwa 20 Minuten quellen lassen, bis er glasig aussieht.

Obstgrütze wird kalt mit Milch, Vanillesoße, flüssiger oder geschlagener Sahne serviert.

Obstgrütze kann auch im Mikrowellengerät bereitet werden, Rezept Seite 497.

Kirschgrütze

oder Pflaumengrütze

500 g	**Sauerkirschen** oder Pflaumen
¼ l	**Wasser**
80 g	**Zucker**
	abgeriebene Zitronenschale oder Zimtstange
40 g	**Sago**

Obst waschen, entsteinen, mit Wasser, Zucker und Zitronenschale **ankochen,** Sago einstreuen, umrühren und etwa **20 Minuten quellen** lassen, bis er glasig aussieht.
In eine Schüssel füllen, erkalten lassen.
Mit Milch oder Vanillesoße reichen.

Rote Grütze von Saft

½ l	**roter Obstsaft**
	Zucker · Zitronensaft
40 g	**Speisestärke**

Saft — etwas zum Anrühren der Speisestärke zurücklassen — nach Geschmack mit Zucker und Zitronensaft abschmekken und **ankochen.**
Speisestärke mit Saft verquirlen, einrühren, und in der **Nachwärme** fertig garen.
In eine Schüssel füllen, erkalten lassen.
Mit reichlich Milch, flüssiger süßer Sahne oder Vanillesoße reichen.

Rhabarbergrütze

oder Stachelbeergrütze

500 g	**Rhabarber** oder Stachelbeeren
¼ l	**Wasser**
1	**Vanillezucker**
100 g	**Zucker**
40 g	**Sago**

Rhabarber waschen, beide Enden abschneiden, von dicken Stangen Haut abziehen, Rhabarber in Stücke schneiden.
Oder von Stachelbeeren Blüte und Stiel entfernen und waschen.
Rhabarber mit Wasser, Vanillezucker und Zucker **ankochen,** Sago einstreuen, umrühren und etwa **20 Minuten quellen** lassen, bis er glasig aussieht.
In eine Schüssel füllen, erkalten lassen.
Mit Vanillesoße oder Milch reichen.

Tip:

- Zur Verfeinerung der Grütze und Milderung der Säure eine in Scheiben geschnittene Banane oder 1—2 EL Erdbeeren mitkochen.
- 1 Eiweiß, steif geschlagen unter die noch heiße Grütze gerührt, mildert die Säure des Rhabarbers.

Kompott

Obst ist reich an Mineralstoffen sowie Vitaminen und neben dem Gemüse die wichtigste Quelle für Vitamin C; das gilt vor allem für Beerenobst. Frucht- und Traubenzucker sind schnell löslich, dadurch für den Körper schnell verwertbar, und die Fruchtsäuren regen den Stoffwechsel an. Eine schonende Vor- und Zubereitung des Obstes ist wichtig, um die Mineralstoffe und Vitamine weitgehend zu erhalten.

Vorbereitung

- Obst kurz in reichlich Wasser waschen und in einem Sieb abtropfen lassen,
- je nach Obstart entstielen, entkernen oder entsteinen.
- Saftreiches Obst, wie Beeren, Kirschen und Rhabarber, zuckern und kurze Zeit stehen lassen, bis sich etwas Saft gebildet hat.
- Zum Schälen von Obst wie Äpfel oder Birnen einen Sparschäler verwenden.
- Soll die Haut von Pfirsichen, Aprikosen oder dickschaligen Pflaumen abgezogen werden, die Früchte mit kochendheißem Wasser überbrühen und etwa 2 Minuten darin liegen lassen. Wasser abgießen, Früchte mit kaltem Wasser abschrecken, darin auskühlen lassen und die Haut abziehen.

Zubereitungsarten

- **Saftreiches Obst** im eigenen Saft ohne oder mit geringer Wasserzugabe — max. $^1/_8$ l — ankochen, Kochstelle ausschalten und Kompott in der Nachwärme fertig garen. Beim Dünsten im eigenen Saft bleiben Form, Farbe, Aroma und Geschmack der Früchte weitgehend erhalten.
- **Weniger saftreiches Obst** oder Früchte, die ihre helle Farbe verlieren, wie Äpfel, Birnen oder Pfirsiche mit wenig Wasser — $^1/_8$ bis $^1/_4$ l — und Zucker ankochen, Kochstelle ausschalten und Kompott in der Nachwärme fertig garen.

Was ist zu beachten?

- Obst darf nicht zum sprudelnden Kochen kommen, da es leicht überkocht und die Früchte musig werden.
- Vorsicht mit der Zuckergabe! Abgekühltes Kompott schmeckt süßer als heißes, deshalb Kompott erst nach dem Abkühlen nachsüßen.

Geschmackszutaten

- Zum Mitkochen, je nach Fruchtart:
  Aufgeschnittene Vanilleschote, dünn abgeschälte oder abgeriebene Zitronenschale, Zimtstange oder -pulver, Nelken oder -pulver, Ingwer oder -pulver.
  Vanilleschote, Zitronenschale, Zimtstange und Nelken vor dem Servieren herausnehmen.
- Zum Abschmecken aller Kompotte:
  Zitronensaft, Wein oder der Fruchtart entsprechender Alkohol wie Kirschwasser oder Himbeergeist.

Tip:

- Kompott kann auch im Backofen gleichzeitig mit anderen Gerichten gedünstet werden, siehe Kapitel „Garen mit Hilfe der Zeitschaltautomatik", Seite 457.

Kompott kann auch im Mikrowellengerät bereitet werden, Rezept Seite 497.

Beerenkompott

500 g	**Beeren**
3—4 EL	**Zucker**

Reichlich Wasser in das Spülbecken einlaufen lassen, dann erst die Beeren hineingeben, damit sie nicht unnötig zerdrückt werden und Saft verlieren.
Schnell waschen und abtropfen lassen. Beeren je nach Art putzen, in einen Kochtopf geben und mit Zucker bestreuen.
Erst wenn sich etwas Saft gebildet hat, Beeren ohne oder mit etwa $^{1}/_{8}$ l Wasser **ankochen** und **5—10 Minuten** in der **Nachwärme** fertig garen.

Anmerkung:
Geeignet sind Erdbeeren, Himbeeren, Brombeeren, Heidelbeeren, Johannisbeeren oder Mischungen daraus.
Es können auch gefrorene Beeren verwendet werden.

Birnenkompott

500—750 g	**Birnen**
$^{1}/_{4}$ l	**Wasser**
2—3 EL	**Zucker**
1 Stück	**Zitronenschale** oder Zimtstange

Birnen waschen, Stiel sowie Blüte entfernen und Birnen schälen. Erst kurz vor der Zubereitung halbieren oder vierteln und das Kerngehäuse nach Belieben entfernen.
Birnen mit Wasser, Zucker und Zitronenschale **ankochen** und je nach Birnensorte, Reifegrad und Stückgröße **10—20 Minuten fortkochen** und **10 Minuten** in der **Nachwärme** fertig garen. Zitronenschale herausnehmen.

Veränderung:
- Anstelle von Zitronenschale oder Zimt die Birnen mit 1 Stück aufgeschnittener Vanilleschote, 4—5 Nelken oder 1 Stück Ingwer kochen.
- Birnen in $^{1}/_{8}$ l Weißwein und $^{1}/_{8}$ l Wasser mit beliebigen Geschmackszutaten zubereiten.

Tip:
- Falls größere Mengen als im Rezept vorgesehen zubereitet werden, empfiehlt es sich, die noch unzerteilten Birnen in schwaches Essigwasser zu legen — auf 1 l Wasser etwa 2 EL Essig —, um eine Braunfärbung zu verhindern.

Kirschkompott

500—750 g	**Kirschen**
3—4 EL	**Zucker**

Kirschen waschen, entstielen und nach Belieben entsteinen. In einen Kochtopf geben, mit Zucker bestreuen und durchschütteln.
Erst wenn sich etwas Saft gebildet hat, Kirschen ohne oder mit etwa $^{1}/_{8}$ l Wasser **ankochen** und **5 Minuten** in der **Nachwärme** fertig garen.

Anmerkung:
Geeignet sind saure oder süße Kirschen oder Mischungen daraus.

Tip:
- Bei Süßkirschen 1 Stück Zimtstange, bei entsteinten Sauerkirschen einige Steine mitkochen, das Kompott schmeckt dadurch aromatischer.

Preiselbeerkompott mit Äpfeln

250 g	**Preiselbeeren**
500 g	**Äpfel** oder Birnen
$^{1}/_{4}$ l	**Wasser**
100 g	**Zucker**

Preiselbeeren verlesen, schnell waschen, abtropfen lassen und in einen Kochtopf geben.
Äpfel waschen, schälen, in Viertel schneiden und Kerngehäuse entfernen.
Preiselbeeren und Äpfel mit Wasser und Zucker **ankochen** und **5—10 Minuten** in der **Nachwärme** fertig garen.

Was ist zu beachten?
- Feste Apfel- oder Birnensorten in feine Scheiben schneiden.

Pflaumenkompott

oder Aprikosenkompott
oder Pfirsichkompott

500—750 g	**Pflaumen** oder Aprikosen oder Pfirsiche
1/8—1/4 l	**Wasser**
3—4 EL	**Zucker**

Früchte waschen, abtropfen lassen, je nach Größe halbieren und entsteinen.
Mit Wasser und Zucker **ankochen** und **5—10 Minuten** in der **Nachwärme** fertig garen.

Tip:
- Sollen die Früchte ohne Haut gegart werden, überbrüht man sie mit kochendheißem Wasser, läßt sie etwa 2 Minuten darin liegen und schüttet das Wasser ab. Dann die Früchte in einer Schüssel mit kaltem Wasser abschrecken, darin abkühlen lassen, abgießen und die Haut abziehen.
- Bei Pflaumenkompott 1 Stück Zimtstange mitkochen, bei Aprikosen und Pfirsichen 1 Stück Zitronenschale.

Backobstkompott

250 g	**Backobst**
1/2—3/4 l	**Wasser**
1 Stück	**Zitronenschale**
	Zucker nach Belieben

Backobst waschen, in Wasser mit Zitronenschale mehrere Stunden einweichen, am besten über Nacht. Alles **ankochen** und etwa **10 Minuten** in der **Nachwärme** fertig garen.
Zitronenschale entfernen. Nach Belieben mit Zucker abschmecken.

Anmerkung:
Geeignet sind getrocknete Pflaumen, Aprikosen, Äpfel oder Birnen, auch Mischungen daraus.

Tip:
- Abgekühltes Backobstkompott mit Zitronensaft, Wein oder Rum abschmecken.

Preiselbeerkompott

500 g	**Preiselbeeren**
1/8 l	**Wasser**
150 g	**Zucker**
1	**Vanillezucker**

Preiselbeeren verlesen, schnell waschen und abtropfen lassen.
Mit Wasser, Zucker und Vanillezucker **ankochen** und **5—10 Minuten** in der **Nachwärme** fertig garen.

Apfelmus

3/4—1 kg	**Äpfel**
1/4 l	**Wasser**
	abgeriebene Zitronenschale
	Zucker

Äpfel waschen, schälen, in Viertel schneiden, Kerngehäuse entfernen.
Äpfel mit Wasser und Zitronenschale **ankochen** und etwa **10 Minuten** in der **Nachwärme** fertig garen.
Die musig gekochten Äpfel pürieren und mit Zucker abschmecken.

Anmerkung:
Geeignet sind mürbe Apfelsorten, die leicht zerkochen, z. B. Klarapfel, Boskop, Cox Orange (nach Lagerzeit).

Veränderung:
- **Apfelschnee**
  500 g Apfelmus mit Rum abschmekken. 2 Eiweiß steifschlagen und kurz vor dem Servieren locker unterheben.
- **Rohes Apfelmus**
  Vorbereitete Apfelstücke mit 4—5 EL Wasser und etwas Zitronensaft oder einer geschälten Apfelsine im Mixer pürieren; der Mixbecher darf nur zur Hälfte gefüllt werden. Apfelmus in eine Schüssel füllen, Zitronenschale und Zucker unterrühren und sofort servieren, da es sich schnell braun färbt.

Tip:
- Schälen und Entkernen entfallen, wenn die Äpfel nach dem Kochen passiert werden.
- Gekochtes oder rohes Apfelmus mit Rum abschmecken.

Apfelkompott

500—
750 g Äpfel
¼—⅜ l Wasser
3—4 EL Zucker
1 Stück Zitronenschale
oder Zimtstange
1—2 EL Sultaninen

Äpfel waschen, schälen, Kerngehäuse entfernen, Äpfel in Scheiben schneiden. Äpfel mit Wasser, Zucker, Zitronenschale und Sultaninen **ankochen** und **5—10 Minuten** in der **Nachwärme** fertig garen. Zitronenschale herausnehmen.

Anmerkung:
Geeignet sind Apfelsorten, die nicht so leicht zerkochen, z. B. Boskop (jung), Ingrid Marie, Glockenapfel.

Tip:
- Geschälte, zerkleinerte Äpfel mit Zitronensaft beträufeln oder etwa 5 Minuten in Salzwasser — auf 1 l Wasser ½ TL Salz — legen, dann behalten sie ihre helle Farbe.
- Apfelkompott mit Weißwein oder Rum abschmecken.

Kürbiskompott

1½ kg Kürbis
¼ l Wasser
3—4 EL Zucker
3 EL Essig oder Zitronensaft
1 Stück Zitronenschale
Zimtstange oder Ingwer

Kürbis oder Kürbisstück mit einem langen Messer zerteilen und mit einem Löffel die Kerne sowie das schwammig-weiche Innere entfernen.
Kürbis unter fließendem Wasser kurz abspülen, in etwa 3 cm breite Segmente teilen und schälen. Kürbisfleisch in gleichmäßige Würfel oder Streifen schneiden.
Kürbis mit Wasser, Zucker, Essig, Zitronenschale und Zimt **ankochen,** je nach Festigkeit der Kürbissorte **5—10 Minuten fortkochen** und in der **Nachwärme** fertig garen, bis die Kürbisstücke glasig aussehen und weich sind.
Zitronenschale und Zimt herausnehmen.

Tip:
- Größere Kürbismengen portionsweise und nacheinander in derselben Flüssigkeit zubereiten. Die Kürbisstücke garen dann gleichmäßiger.

Kürbiskompott mit Preiselbeeren

500 g Kürbis
500 g Preiselbeeren
abgeriebene Zitronenschale
100 g Zucker

Kürbis vorbereiten, siehe Rezept Kürbiskompott, Seite 321.
Preiselbeeren verlesen, schnell waschen und abtropfen lassen
Preiselbeeren und Kürbis in einen Kochtopf geben, mit Zucker und Zitronenschale bestreuen und durchschütteln.
Erst wenn sich reichlich Saft gebildet hat, **ankochen,** je nach Festigkeit der Kürbissorte **5—10 Minuten fortkochen** und in der **Nachwärme** fertig garen, bis die Kürbisstücke weich sind.

Quittenkompott

¾—1 kg Quitten
Wasser
3—4 EL Zucker

Quitten in lauwarmem Wasser waschen. Stiel und Blüte entfernen. Quitten schälen, in Viertel oder Achtel schneiden und Kerngehäuse entfernen.
Quitten mit Wasser bedecken, Zucker zugeben und **ankochen**. Je nach Festigkeit und Stückgröße **45—60 Minuten fortkochen** und in der **Nachwärme** fertig garen.

Veränderung:
- **Quittenmus**
  Das Kompott pürieren und nach Belieben mit Apfelmus mischen.

Rhabarberkompott

1 kg Rhabarber
150 g Zucker

Rhabarberstangen waschen, beide Enden abschneiden. Haut von dicken Stangen abziehen, bei dünnem Rhabarber ist das nicht erforderlich. Dicke Stangen längs teilen, dann in Stücke schneiden.
In einen Kochtopf geben, mit Zucker bestreuen und durchschütteln.
Erst wenn sich etwas Saft gebildet hat, Rhabarber ohne oder mit etwa ⅛ l Wasser **ankochen** und **5 Minuten** in der **Nachwärme** fertig garen.

Tip:
- 1 Stück aufgeschnittene Vanilleschote, Zitronenschale oder Stangenzimt mitkochen.
- Da das Kompott trotz reichlicher Zukkerzugabe sehr herb ist — Rhabarber enthält viel Oxalsäure — empfiehlt es sich, andere Früchte mitzugaren. Geeignet sind: Eine in Scheiben geschnittene Banane, 2 EL Erdbeeren oder 1—2 Äpfel. Auch einige eingeweichte Trockenpflaumen oder 2 EL Sultaninen binden die Säure und mildern den Geschmack.
- Rhabarberkompott mit Vanillesoße, gesüßter Milch oder flüssiger Sahne reichen, um den herben Geschmack zu mildern.

Stachelbeerkompott

500—
750 g Stachelbeeren
¼ l Wasser
150 g Zucker
1 Stück Zitronenschale

Von den Stachelbeeren Stiel und Blüte entfernen, Beeren waschen und abtropfen lassen.
Beeren mit Wasser, Zucker und Zitronenschale **ankochen** und **10—15 Minuten** in der **Nachwärme** fertig garen.
Zitronenschale entfernen.

Anmerkung:
Geeignet sind kleine unreife Stachelbeeren, die größeren reifen haben meist zu feste Schalen.

Tip:
- Stachelbeerkompott mit Vanillesoße oder gesüßter Milch reichen, um den herben Geschmack zu mildern.

STROM-SPAR-TIP Nur Kochgeschirr mit ebenem und trockenem Boden und gut schließendem Deckel wählen

Eisspeisen

Eisspeisen erfreuen sich zu jeder Jahreszeit großer Beliebtheit. Sie können zum Abschluß einer Mahlzeit oder als kleine Zwischenmahlzeit gereicht werden.
Speiseeis kann mühelos im Gefriergerät, im Verdampferfach des Kühlschrankes oder in einem Speiseeisbereiter bereitet werden. Je nach Zutaten und Zubereitungsweise unterscheidet man:

- **Cremeeis**
  Cremeeis ist ein Speiseeis, das aus Milch, Sahne, Eigelb, Zucker und Geschmackszutaten besteht. Es muß während des Gefrierens 2—3mal umgerührt werden, damit es gleichmäßig gefriert und sich nicht absetzt.
- **Fruchteis/Safteis**
  Fruchteis ist ein Speiseeis, das aus pürierten Früchten, Zucker, Eiweiß und Sahne besteht. Bei Safteis werden die pürierten Früchte durch Fruchtsaft ersetzt.
  Safteis sollte während des Gefrierens ständig gerührt werden, deshalb empfiehlt sich der Einsatz eines Speiseeisbereiters.
- **Parfait**
  Parfait ist ein Speiseeis aus Eigelb, Zucker, Geschmackszutaten und süßer Sahne. Es gefriert ohne Umrühren.
- **Sorbet**
  Sorbet ist ein halbgefrorenes Eis aus Fruchsaft, Zucker, Geschmackszutaten und eventuell süßer Sahne. Es wird als Erfrischung zwischen zwei Gängen einer Mahlzeit oder als Dessert serviert.
  Sorbet kann mit Wein oder Sekt aufgefüllt auch als erfrischendes Getränk gereicht werden.

Was ist zu beachten?
- Die angegebene Zuckermenge unbedingt beachten, denn bei zuviel Zucker in der Grundmasse wird das Eis nicht fest.
- Bei der Eisbereitung im Verdampferfach am Kühlschrankregler die „kälteste“ Einstellung wählen, damit das Eis schnell gefriert.
- Speiseeis mit Sahne bereitet ist in ca. 2—3 Stunden gefroren. Eis mit geringerem Sahneanteil benötigt eine längere Gefrierdauer.

Tip:
- Die gefrorene Eismasse kann leichter aus dem Gefäß gelöst werden, wenn das Gefäß kurz in kaltes Wasser getaucht wird.
- Speiseeis läßt sich leichter in Portionen teilen, wenn die Eiskugelzange oder das Messer zwischendurch immer wieder in kaltes Wasser getaucht wird.

Vanille-Cremeeis

Grundrezept Cremeeis

$^1/_2$	**Vanilleschote**
$^1/_4$ l	**Milch**
75 g	**Zucker**
2	**Eigelb**
1 Blatt	**weiße Gelatine**
$^1/_4$ l	**süße Sahne**

Vanilleschote längs halbieren, Mark herausschaben, mit Milch, Zucker und Eigelb in einen hohen Kochtopf geben, verrühren und **abschlagen,** bis die Masse hochsteigt.
Gelatine nach Herstellerangabe in der heißen Creme auflösen. Creme kalt stellen.
Sahne steif schlagen und locker unterheben. In flache Schalen oder in eine mit Butterbrotpapier ausgelegte Kuchenform füllen und in das Verdampferfach des Kühlschrankes oder in das Gefriergerät stellen.
Eismasse während des Gefrierens zweibis dreimal umrühren.

Veränderung:
Das Grundrezept kann durch die Zugabe weiterer Geschmackszutaten verändert werden:

Schokoladeneis
100 g Zartbitterschokolade schmelzen und in die heiße Creme rühren.

Mokkaeis
2 EL Pulverkaffee in die heiße Creme rühren.

Nußeis
50 g geröstete, geriebene Haselnußkerne in die heiße Creme rühren.

Krokanteis
1 TL Butter schmelzen, 2 EL gehackte Mandeln und Vanillezucker dazugeben, hellbraun rösten und abkühlen lassen. Mit der Sahne unterheben.

Fruchteis

Grundrezept

500 g	**pürierte Früchte**
	Saft von 1 Zitrone
150 g	**Zucker**
1 Blatt	**Gelatine** weiß
1	**Eiweiß**
$^1/_4$ l	**süße Sahne**

Früchte, Saft und Zucker verrühren.
Gelatine nach Herstellerangabe auflösen und unterrühren.
Zuerst Eiweiß, dann Sahne steifschlagen und unterheben. In flache Schalen oder in eine mit Butterbrotpapier ausgelegte Kuchenform füllen und einfrieren.

Anmerkung:
Fruchteis läßt sich aus fast allen Fruchtsorten, auch exotischen, herstellen, z. B. aus Himbeeren, Erdbeeren, Bananen, Pfirsichen, Kiwis, Maracujas.

Veränderung:

- **Safteis**
  Statt pürierter Früchte wird $^1/_4$ l Fruchtsaft verwendet. Safteis in einem Speiseeisbereiter herstellen, da es während des Gefrierens ständig gerührt werden sollte.
  Safteis läßt sich aus fast allen Fruchtsäften herstellen, z. B. aus Grapefruit-, Kirsch- oder Orangensaft. Zitroneneis wird aus nur $^1/_8$ l Zitronensaft und $^1/_8$ l Wasser bereitet.

Sauerrahmeis

300 g	**Sauerrahm**
	Schmand
75 g	**Zucker**
	Saft von $^1/_2$ Zitrone
3 EL	**Himbeergeist**

Sauerrahm mit Zucker und Zitronensaft steif schlagen.
Himbeergeist unterrühren und Masse einfrieren.

Pfirsich Melba

Erdbeersoße Melba:

250 g	**Erdbeeren**
150 g	**Zucker**
500 ml	**Vanilleeis**
4	**Pfirsischhälften** gedünstet
1/8 l	**süße Sahne**

Erdbeeren mit Zucker pürieren.
Eis in Würfel schneiden und in Glasschalen verteilen. Je eine Pfirsichhälfte mit der Wölbung nach oben darauflegen und mit Soße überziehen.
Sahne steif schlagen und Pfirsiche mit Sahnetupfern garnieren.

Birne Helene

Schokoladensoße:

100 g	**Zartbitterschokolade**
150 g	**süße Sahne**
500 ml	**Vanilleeis**
4 große	**Birnenhälften** gedünstet

Schokoladensoße bereiten, siehe Seite 93 oder 480.
Eis in Würfel schneiden und in Glasschalen verteilen. Je eine Birnenhälfte mit der Wölbung nach oben darauflegen, mit heißer Schokoladensoße überziehen und sofort servieren.

Bild 81: Birne Helene, Rezept Seite 325.

Avocado-Becher
für 4—6 Personen

Avocadocreme:

2	**Avocados**
100 g	**Zucker**
	Saft von 2 Zitronen
2—3 EL	**Weinbrand**
500 ml	**Vanilleeis**
250 g	**Himbeeren**
1/8 l	**Sahne**
1	**Vanillezucker**
1	**Sahnesteif**
3 EL	**Akazienhonig**
	gehackte Walnüsse
	Hörnchen oder Eiswaffeln

Avocado halbieren, Kern entfernen, Avocado aushöhlen. Fruchtfleisch und Zucker pürieren, mit Zitronensaft und Weinbrand abschmecken.
Eis in Würfel schneiden, in Eisbecher geben und die Zwischenräume mit Himbeeren ausfüllen. Avocadocreme darübergeben.
Sahne mit Vanillezucker und Sahnesteif steif schlagen. Sahne locker auf das Eis geben.
Honig über einen Löffel in Fäden auf die Sahne fließen lassen, Walnüsse darüberstreuen, mit Hörnchen garnieren und sofort servieren.

Orangen-Parfait
für 6—8 Personen

4	**Eigelb**
100 g	**Zucker**
2	**Vanillezucker**
1 Prise	**Salz**
3 EL	**heißes Wasser**
1/4 l	**Blutorangensaft**
1/2 l	**süße Sahne**
2 EL	**gehackte Mandeln**
1/8 l	**süße Sahne**

Eigelb, Zucker, Vanillezucker, Salz und Wasser schaumig rühren. Orangensaft dazugeben.
Sahne steif schlagen. Flüssigkeit nach und nach unterrühren. Mandeln unterheben.
Masse in eine Rodonkuchenform geben und einfrieren.
Vor dem Servieren Form in heißes Wasser tauchen, Parfait auf eine Platte stürzen und etwa 20 Minuten antauen lassen.
Sahne steif schlagen und Parfait mit Sahnetupfen garnieren.

Zitronensorbet

1/4 l	**Wasser**
1/4 l	**Weißwein**
125 g	**Zucker**
	Saft von 4—5 Zitronen
2	**Eiweiß**

Wasser, Wein und Zucker **ankochen** und in der **Nachwärme** fortkochen, bis der Zucker geschmolzen ist. Zitronensaft zugießen, kalt stellen und einfrieren.
Zitroneneismasse im Mixer zerkleinern. Eiweiß steif schlagen und unterheben. Noch einmal 3—4 Stunden einfrieren.
Sorbet in Würfel schneiden und in Gläser geben.

Tip:
- Zitroneneis auf Vorrat bereiten und einfrieren.

Veränderung:
- Sorbet mit kaltem Sekt auffüllen und mit Trinkhalm als erfrischendes Getränk servieren.

Rotwein-Granité
für 8 Personen

180 g	**Zucker**
1/8 l	**Wasser**
	Saft von 1 Zitrone
	Saft von 1 Orange
	einige Blättchen Zitronenmelisse
3/4 l	**Rotwein** Burgunder
1/4 l	**süße Sahne**

Zucker, Wasser, Zitronen-, Orangensaft und Zitronenmelisse **aufkochen, 3 Minu-**

ten in der **Nachwärme** fortkochen, Zitronenmelisse entfernen und Flüssigkeit kalt stellen.
Wein hinzufügen und umrühren. Flüssigkeit in eine weite Schale gießen und einfrieren. Stündlich umrühren, bis die gewünschte Körnung entsteht.
Sahne steif schlagen. Granité in kalte Gläser geben und mit Sahne garnieren.
Als Nachtisch oder Zwischengang reichen.

Geeiste Baisertorte

Mürbeteig:

100 g	**Mehl**
1 Msp	**Backpulver**
30 g	**Zucker**
1	**Eigelb**
50 g	**Butter** oder Margarine
1 Prise	**Salz**

Baisermasse:

3	**Eiweiß**
2 TL	**Zitronensaft**
150 g	**Zucker**
1	**Vanillezucker**

100 g	**Kuvertüre**

Füllung:

1/2 l	**süße Sahne**
100 g	**geriebene Schokolade**
1 EL	**Zucker**
1—2 EL	**Kirschwasser**

Aus den angegebenen Zutaten einen Mürbeteig bereiten, siehe Seite 381/379 und kalt stellen.
Boden einer Springform ohne Rand einfetten. Teig darauf ausrollen. Mit einer Gabel mehrmals in den Teigboden stechen und backen.

Einsetzen:
Auf den Rost, untere Einschubleiste.

Backen:
200—225 °C 15—20 Minuten

Für die Baisermasse Eiweiß mit Zitronensaft steif schlagen. Zucker und Vanillezucker nach und nach unterrühren, bis die Masse cremig ist.
Zwei Baiserböden daraus herstellen: Zweimal Backpapier in der Größe der Springform ausschneiden und auf das Backblech legen. Baisermasse aufspritzen und backen.

Einsetzen:
Mittlere Einschubleiste.

Backen:
100—125 °C 90—100 Minuten

Nach dem Backen
Von den Baiserböden Papier abziehen. Kuvertüre nach Herstellerangabe schmelzen und einen Baiserboden damit bestreichen.
Für die Füllung Sahne steif schlagen. Schokolade, Zucker und Kirschwasser unterheben.
Torte zusammensetzen: Mürbeteigboden mit der Hälfte der Sahnefüllung bestreichen, Baiserboden mit Kuvertüre aufsetzen und mit dem Rest der Sahnefüllung bestreichen, zweiten Baiserboden aufsetzen.
Torte unverpackt 2—3 Stunden vorfrieren, dann verpacken und einfrieren.
Die Torte wird angetaut serviert.

Tip:
- Die Torte läßt sich gut schneiden, wenn die Messerklinge zwischendurch in heißes Wasser getaucht wird.

STROM-SPAR-TIP
Backofentür nicht unnötig öffnen

Kalte Getränke

Mischgetränke

Alkoholfreie Mischgetränke sind eine gesunde Ergänzung der Ernährung, da sie aus frischen Zutaten kurz vor dem Verzehr zubereitet werden. Sie enthalten als Grundzutat meist Obst- oder Gemüsesaft und werden nach Belieben durch Zugabe von Geschmackszutaten abgewandelt.
Besonders bekömmlich sind **Milch-Mischgetränke,** deren Grundzutaten wie Milch, Kefir oder Buttermilch mit Saft oder Püree von Obst und Gemüse gemischt werden. Mit rohen Eiern oder mit Eigelb bereitete Milch-Mischgetränke nennt man **Flips,** mit Eiscreme bereitete Getränke werden **Shakes** genannt. **Eiscremesoda** ist ein Milch-Mischgetränk, das aus Eiscreme bereitet und mit Mineralwasser aufgefüllt wird.

Zubereitung

- Feste Zutaten je nach Rezept zerkleinern, pürieren oder auspressen,
- mit gut gekühlten flüssigen Zutaten und Geschmackszutaten vermischen,
- sofort servieren oder je nach Rezeptangabe kalt stellen.

Was ist zu beachten?
- Zutaten sehr kalt und schnell verarbeiten, da die Milch sonst gerinnt.
- Bei Frucht-Milchgetränken, die mit den Rührbesen der Küchenmaschine oder dem Schneebesen zubereitet werden, zuerst die Milch verrühren, dann nach und nach den Fruchtsaft unter ständigem Rühren zugeben, damit die Milch nicht gerinnt.
- Milch-Mischgetränke sofort servieren, da sie sich sonst absetzen.

Tip:
- Im Mixbecher einer Küchenmaschine oder mit Hilfe eines Mixstabes steht in Sekunden ein gut emulgiertes Mischgetränk zur Verfügung.

Bowlen

Bowlen sind Getränke, die aus Wein oder Süßmost unter Zusatz von Früchten bereitet und mit Sekt oder Mineralwasser aufgefüllt werden.

Zubereitung

- Vorbereitete, in Stücke geschnittene Früchte mit wenig Zucker bestreuen und 30 Minuten kalt stellen,
- Flüssigkeit zugeben und Bowle kalt stellen,
- Sekt oder Mineralwasser erst kurz vor dem Servieren zugeben.

Was ist zu beachten?
- Nur einwandfreie Gefäße und Löffel benutzen, da sonst das Aroma leidet.
- Zu stark gezuckerte Bowle ist wenig bekömmlich. Bei der Zuckerzugabe deshalb auch den Zuckergehalt der Früchte berücksichtigen.
- Naturreine und leichte Weine verwenden, damit die Bowle gut bekommt.
- Falls fertige Bowle nachgesüßt werden muß, nur Zuckerlösung verwenden. Für die Zuckerlösung 100 g Zucker mit $^1/_8$ l Wasser aufkochen und rühren, bis der Zucker aufgelöst ist.

Erdbeermilch

375 g	**Erdbeeren** frisch oder gefroren
100 g	**Zucker**
1	**Vanillezucker**
	Saft von 1 Zitrone
1/8 l	**süße Sahne**
3/4 l	**Milch**

Erdbeeren waschen, Blütenstiele entfernen, gefrorene Früchte antauen.
Im Mixer Erdbeeren mit Zucker, Vanillezucker, Zitronensaft und Sahne pürieren. Milch dazugießen, abschmecken und kalt servieren.

Veränderung:
- Anstelle von Erdbeeren Himbeeren oder Bananen verwenden.

Flip Mona Lisa

1 l	**Milch**
1	**Ei**
2	**Bananen**
3 EL	**gesüßter Sanddornsaft**
	Zitronensaft

Etwas Milch, Ei, Bananen und Sanddornsaft in einen Mixer geben und pürieren, mit der restlichen Milch auffüllen, mit Zitronensaft abschmecken und kalt servieren.

Orangen-Milchshake

3–4	**Orangen**
3/4 l	**kalte Milch**
2 EL	**Puderzucker**
3 EL	**Orangenlikör**
150 ml	**Vanilleeis**

Eine Orange abreiben. Alle Früchte auspressen, ergibt etwa 1/4 l Saft.
Orangenschale und -saft, Milch, Zucker, Likör und Eis mixen oder verrühren und sofort servieren.

Eiscremesoda
mit Erdbeereis

250 ml	**Erdbeereis**
	Saft von 1 Zitrone
6 EL	**Himbeersirup**
1/4–1/2 l	**Mineralwasser**

Eis in Würfel schneiden, in Gläser geben. Zitronensaft, Sirup und kaltes Mineralwasser verrühren, auf das Eis gießen und mit Trinkhalm sofort servieren.

Veränderung:
- Vanilleeis und Orangenlikör statt Erdbeereis und Himbeersirup verwenden.

Eiskaffee
Eisschokolade

3/8 l	**starker Kaffee** oder Kakao
1/8 l	**süße Sahne**
250 ml	**Vanilleeis**
	Pulverkaffee oder Schokoladenraspel

Kaffee zubereiten und kalt stellen.
Sahne steif schlagen.
Vanilleeis in Würfel schneiden und in Gläser geben, Kaffee darübergießen. Mit Sahne garnieren, Pulverkaffee überstreuen und mit Trinkhalm sofort servieren.

Sportler-Cocktail

1–2	**Tomaten**
1/2	**Salatgurke**
250 g	**Möhren**
250 g	**Äpfel**
4 EL	**süße Sahne**
	Petersilie
	Eiswürfel nach Belieben

Tomaten, Gurke, Möhren und Äpfel waschen, kleinschneiden, in einem Entsafter entsaften. Saft in Gläser gießen. Sahne zufügen, zerkleinerte Petersilie überstreuen. Nach Belieben mit Eiswürfel servieren.

Bild 82: Erfrischende Getränke ohne Alkohol: Sportlercocktail, Kräuterkefir und Tomatencocktail, Rezepte Seite 329 und 330.

Kräuterkefir

500 g	**Kefir**
je 2 EL	**Dill · Petersilie · Schnittlauch**
1 TL	**Zitronenmelisse**
2 EL	**Zitronensaft**
je1Prise	**Salz · Zucker**
	Knoblauchpulver
	weißer Pfeffer
2	**Spritzer Worcestersoße**

Kefir mit den fein zerkleinerten Kräutern und den übrigen Zutaten verrühren, abschmecken und kalt servieren.

Tomaten-Cocktail

5—6	**Tomaten**
4 EL	**süße Sahne**
	Saft von 1 Orange
je1Prise	**Salz · Zucker · Paprika**
2	**Spritzer Tabasco**

Reife Tomaten waschen, überbrühen, abschrecken, abziehen, kleinschneiden und pürieren.
Mit Sahne, Orangensaft, Salz, Zucker und Gewürzen verrühren und kalt servieren.

Pfirsichbowle

375–500 g	**Pfirsiche**
50 g	**Zucker**
3/8 l	**Weißwein**
1 1/4 l	**Weißwein**
3/4 l	**Sekt** oder Mineralwasser

Pfirsiche waschen, überbrühen, abschrecken, abziehen, halbieren, entsteinen und in Stücke schneiden.
Früchte in ein Bowlengefäß geben, Zukker und Wein zugeben, 1—2 Stunden kalt stellen.
Früchte und Wein verrühren, bis der Zukker aufgelöst ist. Wein und Sekt darübergießen und Bowle kalt servieren.

Veränderung:

- Statt Pfirsiche Erdbeeren, Himbeeren, Aprikosen oder Ananas — frisch, gedünstet oder gefroren — verwenden. Gefrorene Früchte mit Wein bedekken und nach etwa 30 Minuten, wenn sie fast aufgetaut sind, den übrigen Wein angießen. Mit Zuckerlösung abschmecken und Sekt oder Mineralwasser zugeben.

Apfelsaftbowle mit Orangen

4	**Orangen**
	Saft von 1/2 Zitrone
50 g	**Zucker**
3/4 l	**Apfelsaft**
1/2–3/4 l	**Mineralwasser**

Eine Orange abreiben. Alle Orangen schälen, die weiße Haut entfernen. Orangen in dünne Scheiben schneiden, evtl. vorhandene Kerne entfernen, Scheiben halbieren.
Orangenschale, Orangen, Zitronensaft und Zucker in ein Bowlengefäß geben, umrühren, etwa 30 Minuten kalt stellen.
Apfelsaft und Mineralwasser übergießen und Bowle kalt servieren.

Kalte Ente

2	**Zitronen**
1 1/2 l	**Weißwein**
3/4 l	**Sekt** oder Mineralwasser

Zitronenschale hauchdünn spiralförmig abschälen und in ein Gefäß legen. Wein dazugießen, etwa 30 Minuten kalt stellen. Kalten Sekt zufügen.

Sangria

1 l	**Rotwein**
	Saft von 2 Orangen
	Eiswürfel
1	**Zitrone**
1	**Orange**

Wein, Saft und Eiswürfel in ein Gefäß geben.
Zitronen- und Orangenschale hauchdünn spiralförmig abschälen und an den inneren Gefäßrand hängen.
20 Minuten ziehen lassen, kalt servieren.

Teelimonade

3/4 l	**starker Schwarzer Tee**
80 g	**Zucker**
	Saft von 2 Zitronen
1/4 l	**Weißwein** oder Apfelsaft

Tee zubereiten, Zucker darin auflösen und Tee kalt stellen.
Zitronensaft und Wein hinzufügen und kalt servieren.

Backwerk

Selbsthergestelltes Gebäck wird auch heute sehr geschätzt. Rationelle Küchentechniken helfen, den Zeit- und Kraftaufwand für das Backen niedrig zu halten. Elektrische Hand- und Standküchenmaschinen erledigen die Rühr- und Knetarbeiten mühelos. In Elektrobacköfen gelingen sämtliche Gebäckarten sicher und mit besten Ergebnissen.
Gutes Gelingen ist jedoch an einige Voraussetzungen gebunden. Deshalb sollen folgende Anleitungen und Rezepte ein Helfer sein.

Backzutaten

Die Auswahl, Menge, Reihenfolge und Verarbeitung der Zutaten bestimmen Art und Beschaffenheit des Gebäcks.
Deshalb

- nur einwandfreie Zutaten verwenden
- benötigte Zutaten genau abwiegen und abmessen
- Zutaten in der in den Rezepten angegebenen Reihenfolge verarbeiten.

Fett

Die Fettart beeinflußt Beschaffenheit, Güte und Geschmack des Gebäcks. Geeignet sind Butter und Margarine, für manche Rezepte reines Schweineschmalz oder Öl.
Butter oder Margarine läßt sich in weichem Zustand besser verarbeiten; deshalb rechtzeitig aus dem Kühlschrank nehmen. Zur Herstellung von Knetteigen Fett vorher kalt stellen.

Zucker

Zucker beeinflußt den Geschmack des Gebäcks. Damit sich der Zucker bei der Teigbereitung leichter löst, sind feinkörnige Sorten zu bevorzugen.
Puderzucker ist für Glasuren und spezielle Rezepte nötig. Sollte er klumpig geworden sein, muß er durch ein Sieb gegeben werden.

Eier

Sie wirken bindend und lockernd. Entscheidend dabei ist das Gesamtgewicht der Eier. In den Rezepten wird von der Gewichtsklasse 2 ausgegangen, d. h. von Eiern mit einem Gewicht von 65—70 g. Finden wesentlich kleinere oder größere Eier Verwendung, muß die Stückzahl entsprechend geändert werden.
Möglichst frische Eier verwenden. Man erkennt sie daran, daß ihr Eiweiß den Dotter als festen Rand umschließt. Um prüfen zu können, ob die Eier einwandfrei sind, sollten sie einzeln über einer Tasse aufgeschlagen werden. Eier niemals unmittelbar in den Teig geben, denn ein schlechtes kann das ganze Gebäck verderben.
Das Trennen von Eigelb und Eiweiß sollte mit aller Sorgfalt geschehen. Eiweiß wird nur steif, wenn kein Eigelb hineingerät. Eventuelle Eigelbreste mit einer scharfkantigen Eierschale herausholen.

Mehl

Es bildet die Grundlage bei der Teigbereitung. Vorwiegend wird Mehl aus dem Weizenkorn hergestellt, aber auch aus den Getreidearten Roggen, Hafer, Gerste, Mais, Hirse, Buchweizen.
Weizen- und Roggenmehl werden mit unterschiedlichen Ausmahlungsgraden angeboten und sind mit Typenzahlen gekennzeichnet. Diese geben den unverbrennbaren, mittleren Mineralstoffgehalt in mg pro 100 g Mehl-Trockensubstanz an.
Beispiel: Weizenmehl Type 405 enthält nach der Veraschung pro 100 g Mehl 405 mg unverbrennbare Mineralstoffe.

- Je weniger Mineralstoffe aus den Rand- und Schalenschichten dem Korn belassen werden, desto niedriger ist die Typenzahl und das Aschegewicht und desto heller wirkt das Mehl.
  Niedrige Typenzahl: für Weizenmehl Type 405; für Roggenmehl Type 610.
- Je mehr Mineralstoffe belassen werden, desto höher ist die Typenzahl und desto dunkler wirkt das Mehl.
  Hohe Typenzahl: für Weizenmehl Type 2000; für Roggenmehl Type 1800.

Übersicht über die gesetzlich vorgeschriebenen Mehltypen und Ausmahlgrade in %

Weizenmahlerzeugnisse

Bezeichnung	Type	zulässiger Mineralstoffgehalt in mg pro 100 g	Ausmahlungsgrad in %
Vollkornmehl, -schrot	—	unbegrenzt	100
Weizenmehl	2000	1850—2200	98—100
Weizenbackschrot	1700	1600—1900	92—100
Weizenmehl	1600	1550—1750	91— 95
Weizenmehl	1200	1160—1350	85— 88
Weizenmehl	1050	1000—1150	82— 85
Weizenmehl	812	750— 870	76— 79
Weizenmehl	630	600— 700	72— 75
Weizenmehl	550	400— 580	64— 71
Weizenmehl	405	380— 440	10— 54

Roggenmahlerzeugnisse

Bezeichnung	Type	zulässiger Mineralstoffgehalt in mg pro 100 g	Ausmahlungsgrad in %
Vollkornmehl, -schrot	—	unbegrenzt	100
Roggenbackschrot	1800	1650—2000	91—100
Roggenmehl	1740	1640—1840	91— 95
Roggenmehl	1590	1530—1630	89— 91
Roggenmehl	1370	1300—1450	83— 87
Roggenmehl	1150	1100—1250	78— 82
Roggenmehl	997	950—1070	74— 78
Roggenmehl	815	790— 870	69— 72
Roggenmehl	610	580— 650	ca. 60

entnommen aus Koerber, Männle, Leitzmann: Vollwert-Ernährung

Vollkornmahlerzeugnisse enthalten sämtliche Bestandteile der gereinigten Getreidekörner. Der Ausmahlungsgrad beträgt 100 %. Sie haben keine Typennummern und werden als Vollkornschrot oder als Vollkornmehl angeboten. Vollkornmahlerzeugnisse sollten sofort nach dem Mahlen verwendet werden. Bei zerkleinertem Getreide tritt kurz nach dem Mahlen durch Abbau der Wirkstoffe eine Qualitätsminderung ein.

Weizenmehl Type 405 und 550 sind für alle hellen Kuchenteige, Brötchen und Brote geeignet.

Dunkles Weizenmehl und Roggenmehl werden vorwiegend für Brötchen und Brote verwendet.

Flüssigkeit

Sie ist notwendig für die Bildung eines lockeren Teiggerüsts. Die in den Rezepten angegebene Flüssigkeitsmenge sollte genau beachtet werden. Zu viel Flüssigkeit macht den Teig schwer, so daß er beim Backen zusammenfällt, und bei zu wenig Flüssigkeit wird der Teig fest und trocken.

Für die Teigbereitung sind alle Milchsorten — auch gesäuerte oder dicke Milch — geeignet.

Teiglockerungsmittel

Die Wirkung der Teiglockerungsmittel beruht darauf, daß sie im Teig Gase erzeugen, meist Kohlendioxid. Diese dehnen sich aus und heben die Teigmasse, so daß sich kleine Hohlräume bilden. Durch die Einwirkung der Backtemperatur wird das Teiggefüge fest und es entsteht eine porige Gebäckkrume.

Teiglockerungsmittel

Lockerungsmittel	wirkt bei Zugabe von	Lockerung durch	Menge für 500 g Mehl	Beispiele
Hefe	Flüssigkeit Wärme (25—37 °C) Zucker	Kohlendioxyd Alkohol	40 g Hefe	Hefeteig, süß oder salzig Brotteig aus Weizenmehl
Sauerteig	Flüssigkeit Wärme (30—35 °C)	Kohlendioxyd Alkohol	250 g Sauerteig oder 15 g Sauerteig-Extrakt	Brotteig aus Roggenmehl
Backpulver	Flüssigkeit Wärme	Kohlendioxyd	18 g Backpulver ≙ 1 Päckchen	Rührteig Quarkölteig
Pottasche	Säure, z. B. Milchsäure, Ameisensäure (Honig), Zitronensäure	Kohlendioxyd	5—7 g Pottasche, in Flüssigkeit gelöst	Honigteig
Hirschhornsalz	Flüssigkeit Wärme	Kohlendioxyd Ammoniak	5 g Hirschhornsalz, in Flüssigkeit gelöst	flaches Lebkuchengebäck

Geschmackszutaten

Zitronen- und Orangenschalen nur von ungespritzten Früchten abreiben. Früchte waschen und abtrocknen. Mit einer feinen Reibe nur die Randschichten der Zitrusfrüchte abreiben. Das Weiße unter der Schale ist bitter. In den Rezepten ist abgeriebene Zitronen- oder Orangenschale angegeben.

Zitronat und Orangeat sind kandierte und häufig glasierte Schalen der Zedrat-Zitrone und der Bitterorange. Zitronat und Orangeat werden überwiegend in zerkleinerter Form angeboten. Sonst in feine Würfel oder Streifen schneiden.

Sultaninen und Korinthen in warmem Wasser waschen, auf einem Sieb abtropfen lassen und in einem Tuch abtrocknen. Eventuell vorhandene Stiele entfernen.

Nüsse und Mandeln werden für einen dunklen Teig mit der dunklen Haut verwendet. Nüsse und Mandeln in einem Tuch abreiben, damit der Staub entfernt wird.
Haselnüsse häuten: Haselnüsse in einer Pfanne oder auf dem Backblech im vorgeheizten Backofen trocken erhitzen. Die Haut läßt sich dann in einem Tuch leicht abreiben.
Mandeln häuten: Mandeln in kochendes Wasser geben, aufkochen, abgießen, mit kaltem Wasser abschrecken und auf einem Sieb abtropfen lassen. Die Haut läßt sich dann leicht abziehen. Mandeln in einem Tuch trocken reiben.
Nüsse und Mandeln können mühelos mit einer Küchenmaschine oder im Mixer zerkleinert werden. Erst vor dem Gebrauch zerkleinern, da sie sonst schneller ranzig werden.

Vanilleschote der Länge nach aufschneiden und das Mark herausschaben.

Vanillezucker kann selbst hergestellt werden: Vanilleschote der Länge nach aufschneiden und das Mark herausschaben. Vanillemark und Vanilleschote mit Zucker vermengen; dicht verschlossen aufbewahren.

Vanillinzucker ist Zucker mit Beimischung von synthetischem Vanillin. Bei längerer Lagerdauer kann ein Aromaverlust eintreten.

Teigbereitung

Durch den Einsatz von Hand- und Standküchenmaschinen werden bei der Teigbereitung Zeit und Kraft eingespart.
Beim Einsatz einer Kompaktküchenmaschine muß die Flüssigkeitszugabe und die Teigbereitung nach der Gebrauchsanweisung des Geräteherstellers erfolgen.
Für die Teigbereitung haben sich Rührschüsseln aus Kunststoff oder Edelstahl bewährt. Ein Griffrand und ein rutschfester Gummiring am äußeren Boden erleichtern die Arbeit der Teigbereitung.
Zutatenmengen und Bereitung der verschiedenen Teigarten sind bei den einführenden Kapiteln ausführlich erläutert:

Hefeteig, Seite 340

Brot- und Brötchenteig, Seite 354

Rührteig, Seite 362

Quarkölteig, Seite 369

Biskuitteig, Seite 372

Mürbeteig, Seite 379

Blätterteig, Seite 385

Strudelteig, Seite 388

Honig- und Sirupteig, Seite 392

Brandteig, Seite 396

Backformen

Voraussetzungen für ein gutes Backergebnis sind geeignete Backformen. Sie sollen:

- eine gute Wärmeleitung haben
- eine gleichmäßige Bräunung gewährleisten
- sich leicht vom Gebäck lösen lassen
- einfach zu reinigen sein.

Vorbereiten der Backformen und Backbleche

Napfkuchen-, Ring- und **Tortenformen** mit gewelltem Rand mit weichem Fett einfetten und je nach Teigart mit Paniermehl ausstreuen.

Kastenformen mit Backpapier oder Butterbrotpapier auslegen. Das Einfetten entfällt dann.

Springformen nur am Boden einfetten oder mit Backpapier auslegen. Die unerwünschte Wölbung in der Mitte der Torte wird so vermieden. Den Formenrand nach dem Backen mit einem Messer lösen.

Backbleche und **Fettpfannen** mit weichem Fett einfetten oder je nach Teigart mit Backpapier oder Butterbrotpapier belegen.
Fettpfannen haben einen höheren Rand als Backbleche. Sie sind beim Backen von Obst-, Quark-, Mohn- und Honigkuchen dem Backblech vorzuziehen, denn Fett, Obstsaft oder Guß können dann nicht mehr in den Backofen tropfen.

Was ist zu beachten?

- Backformen nur zu dreiviertel füllen, da der Teig beim Backen aufgeht.

Bild 83: Backergebnisse bei gleichen Bedingungen in hellen und dunklen Backformen.

Backformenmaterial — Anforderungen/Eignung

Material	Wärme-leitung	Bräu-nung	Lösen aus der Form	Reini-gung	Bemerkungen
Weißblechformen (verzinntes Stahlblech)	○	○	○	○	Falzränder und Schnittkanten gut abtrocknen, da sie leicht rosten. Nicht widerstandsfähig gegen Säuren.
Stahlblech, schwarzgebrannt	●	●	◐	◐	Gebrauchsanweisung beachten, speziell für die Reinigung.
Stahlblech, antihaftbeschichtet (PTFE)	●	●	●	●	Besonders für Gebäck mit viel Zucker, Eiern oder Früchten geeignet.
Stahlblech, Silikon antihaft-beschichtet	●	●	●	●	Nicht mit kratzenden Gegenständen bearbeiten, Schutzschicht kann zerstört werden.
Kupfer, mit Schutzlack überzogen	●	●	◐	◐	Nicht mit kratzenden Gegenständen bearbeiten, bei längerer Benutzung löst sich der Schutzlack, dann muß die Form mit Spezialmittel poliert werden.
Glas	○	○	◐	●	
Keramik	○	○	◐	●	
Porzellan, ofenfest	○	○	◐	●	

● — sehr gut   ◐ — gut   ○ — befriedigend

Hinweis zur Backform-Tabelle

Glänzende und helle Oberflächen reflektieren die Backofenwärme stark und geben sie nur langsam an das Backgut weiter.
Backformen aus Weißblech sollten deshalb vor der ersten Benutzung etwa 30 Minuten bei Backtemperatur leer erhitzt werden. Die Oberfläche wird dadurch matter und das Backergebnis besser.
Matte und dunkle Oberflächen nehmen die Wärme schnell auf und leiten sie je nach Material schnell oder langsam an das Backgut weiter.

Backen

In den Rezepten wird vom Einsetzen in den kalten Backofen ausgegangen. Nur in Ausnahmefällen, auf die in den Rezepten hingewiesen wird, ist das Einsetzen in den vorgeheizten Backofen zu empfehlen.
Die Temperaturangaben, z. B. 200—225 °C, tragen individuellen Anforderungen Rechnung, grundsätzlich sollte immer die geringere Temperatur eingestellt werden.
Erst bei Bedarf, falls die Bräunung nicht ausreichend erscheint, wird die höhere Temperatur gewählt.

Backofen mit Ober- und Unterhitze

Einsetzen der Backformen und -bleche nach Herstellerangabe. Im allgemeinen gilt:

- **Kuchen auf dem Backblech** oder in der Fettpfanne auf die mittlere Einschubleiste setzen. Immer nur ein Backblech in den Backofen setzen. Bei mehreren Backblechen würde das eine zuwenig Oberhitze und das andere zuwenig Unterhitze erhalten.
- **Kuchen in der Backform** immer auf den Rost stellen und auf die untere Einschubleiste des Backofens setzen.
  Glänzende Backformen können mit dem Rost direkt auf den Boden des Backofens gesetzt werden, um so ein besseres Backergebnis zu erzielen.
  Um Zeit und Energie zu sparen, können mehrere Backformen zusammen auf den Rost gesetzt werden, siehe Bild 84.

Backofen mit Umluft

- Die jeweilige Temperatur liegt im allgemeinen **etwa 30 °C unter** dem Einstellbereich der Backöfen mit Ober- und Unterhitze.
- Die Einschubhöhen sind in den Gebrauchsanweisungen des Herstellers nachzulesen.
- Es können mehrere Ebenen gleichzeitig beschickt werden.

Bild 84: Zeit- und energiesparend: mehrere Kuchen in Formen gleichzeitig backen, auch im Backofen mit Ober- und Unterhitze.

Backdauer

Die Backdauer ist mit einer Zeitspanne angegeben, z. B. 30—40 Minuten. Grundsätzlich sollte immer die geringere Backdauer angenommen und eine Garprobe gemacht werden. Die Backdauer kann sich gelegentlich etwas verändern, da die Größe der Eier und die Bindefähigkeit des Mehles sowie das Material und die Abmessung von Backformen unterschiedlich sind.

Was ist zu beachten?

- Teigmengen, die größer sind als in den Rezepten angegeben, erfordern eine längere Backdauer.
- Teigmengen, die entgegen der Rezeptangabe auf zwei Formen verteilt werden, benötigen eine geringere Backdauer, da eine größere Oberfläche vorhanden ist.

Garprobe

Bei allen Gebäcken ist es zweckmäßig, vor dem Ausschalten des Backofens mit einem Holzstäbchen einzustechen. Es muß beim Herausziehen trocken und ohne anhaftende Teigspuren sein.

Was ist zu beachten?

- Ist das Hölzchen beim Herausziehen trocken, den Backofen ausschalten und das Gebäck herausnehmen,
- haftet am Hölzchen beim Herausziehen noch etwas Teig, den Backofen ausschalten und die Nachwärme 5—10 Minuten nutzen.

Nach dem Backen

- Kuchen 5—10 Minuten in der Form stehen lassen,
- Kuchen aus der Form oder vom Blech lösen und auf einem Kuchengitter auskühlen lassen,
- Gebäck vor dem Anschneiden völlig erkalten lassen.

Hefeteig

Hefeteig gehört zu den ältesten bekannten Teigarten. Die Lockerung des Teiges erfolgt durch Hefe. Hefeteig kann sehr vielseitig, süß oder salzig, hergestellt werden und z. B. zu Gugelhupf, Stollen, Hefezopf, Kuchen auf dem Blech, Pizza und Brot weiterverarbeitet werden.

Was ist zu beachten?

- Nur frische Hefe, die hell aussieht und einen weinähnlichen Geruch hat, verwenden. Braun aussehende Hefe ist zum Backen ungeeignet.
- Hefe ist vorwiegend in 42-g-Päckchen erhältlich. Werden in den Rezepten geringere Mengen angegeben, können die Reste der Hefe einige Tage im Kühlschrank aufbewahrt werden.
- Trockenhefe muß nach Herstellerangabe verwendet werden.
- Die Triebkraft der Hefe entwickelt sich am besten bei einer Temperatur von 25—37 °C. Bei Temperaturen über 55 °C geht sie verloren. Deshalb muß der Teig während des Aufgehens warm gehalten werden. Meist reicht die Raumtemperatur, ansonsten den Hefeteig im Backofen gehen lassen.
- Die Triebkraft der Hefe wird unterstützt, wenn die Flüssigkeit warm zugegeben wird.
- Hefeteig ist gut aufgegangen, wenn man ihn mit der Fingerkuppe eindrückt und die Einbuchtung sich sofort wieder zurückbildet.
- Zutaten wie Sultaninen, Korinthen, Zitronat, Orangeat, Belegkirschen, Mandeln und Nüsse immer erst in den bereits gegangenen glatten Teig geben und kurz untermengen.
- Hefeteige dürfen nach dem Backen nicht zu lange im Backofen stehen bleiben, da sie sonst austrocknen.

Teigbereitung

ohne Hefevorteig — nur für Hand- oder Standküchenmaschinen

- Mehl in die Rührschüssel geben,
- Hefe fein zerbröckeln und zum Mehl geben.
- Flüssigkeit, eventuell vorgesehene Eier, Zucker, Salz und Geschmackszutaten zugeben,
- zum Schluß weiches Fett zufügen.
- Alle Zutaten mit den Knethaken zu einem glatten Teig vermengen. Anfangs auf kleinster Schaltstufe alles miteinander verarbeiten, und erst später, wenn das Mehl nicht mehr herausstäuben kann, auf eine höhere Einstellung umschalten. Teig so lange durcharbeiten, bis er sich von der Schüsselwand löst, siehe Bild 85, Seite 341.
- Hefeteig abgedeckt gehen lassen, entweder bei Raumtemperatur oder im Backofen. Dazu Schüssel mit dem Rost auf die untere Einschubleiste des Backofens setzen. Im Backofen bei 50 °C 5—10 Minuten gehen lassen, Backofen ausschalten und den Hefeteig weitere 10—20 Minuten in der Nachwärme gehen lassen.
- Schüssel herausnehmen. Der Hefeteig ist doppelt aufgegangen und sieht porig aus. Noch einmal durchkneten, dann nach Rezeptangabe weiterverarbeiten.

Was ist zu beachten?

- Bei der Hefeteigbereitung in einer Kompaktküchenmaschine für die Flüssigkeitsmenge und -zugabe die Herstellerangabe beachten.

mit Hefevorteig

- Mehl in eine Schüssel geben und in die Mitte eine faustgroße Vertiefung eindrücken,
- Hefe fein zerbröckelt in die Vertiefung geben,
- 1 TL Zucker über die Hefe streuen, den Rest des Zuckers auf dem Mehlrand verteilen.
- Hefe mit Flüssigkeit und etwas Mehl zu einem dicklichen Brei verrühren.
- Salz, Geschmackszutaten und Fett am Schüsselrand verteilen. Dabei darauf achten, daß diese Zutaten nicht mit der Hefe in Berührung kommen, sie würde sonst die Fähigkeit der Teigauflockerung verlieren.
- Hefevorteig abgedeckt bei Raumtemperatur gehen lassen.

Wenn der Vorteig doppelt aufgegangen ist und porig aussieht, kann er weiterverarbeitet werden:

- Vorteig mit den restlichen Zutaten mit den Knethaken einer elektrischen Handküchenmaschine oder einem Teiglöffel vermengen, bis sich der Teig glatt und glänzend von der Schüsselwand löst, siehe Bild 85, Seite 341.
- Hefeteig abgedeckt gehen lassen, entweder bei Raumtemperatur oder im Backofen. Dazu Schüssel mit dem Rost auf die untere Einschubleiste des Backofens setzen. Im Backofen bei 50 °C 5—10 Minuten gehen lassen, Backofen ausschalten und den Hefeteig weitere 10—20 Minuten in der Nachwärme gehen lassen.
- Schüssel herausnehmen. Der Hefeteig ist doppelt aufgegangen und sieht porig aus. Noch einmal durchkneten, dann nach Rezeptangabe weiterverarbeiten.

Gebäcke und Gerichte aus Hefeteig, die in anderen Kapiteln stehen:

Berliner Pfannkuchen, Seite 400

Hefeküchle, Seite 401

Räderkuchen, Seite 402

Hefepflaumenkuchen, Seite 432

Piroggen, Seiten 284 f.

Pizza, Seite 282

Zwiebelkuchen, Seite 283

Hefepfannkuchen, Seite 207

Apfelplinsen, Seite 207

Quarkkeulchen, Seite 208

Savarin, Seite 298

Rohrnudeln, Seite 299

Dampfnudeln, Seite 110 und 300

Hefepudding, Seite 272

Kleingebäck, Seite 418 ff.

Brot und Brötchen, Seite 354

Buchweizenplinsen, Seite 207

Bild 85: Hefeteig so lange mit den Knethaken durcharbeiten, bis sich der Teig von der Schüsselwand löst.

Hefeteig

Grundrezept

500 g	**Mehl**
40 g	**Hefe**
1/8—1/4 l	**Milch**
1	**Ei**
75—100 g	**Zucker**
1 Prise	**Salz**
100 g	**Butter** oder Margarine

Maschinelle Teigbereitung

Mehl, feinzerbröckelte Hefe, Milch, Ei, Zucker, Salz und weiche Butter in die Rührschüssel geben.

Alle Zutaten mit den Knethaken einer Küchenmaschine zu einem glatten Teig verarbeiten. Anfangs auf kleinster Schaltstufe, erst wenn das Mehl nicht mehr herausstäuben kann, auf eine höhere Einstellung umschalten.

Hefeteig abgedeckt gehen lassen. Dazu Schüssel mit dem Rost auf die untere Einschubleiste des Backofens setzen. Im Backofen bei 50 °C 5—10 Minuten gehen lassen, Backofen ausschalten und den Hefeteig weitere 10—20 Minuten in der Nachwärme gehen lassen. Schüssel herausnehmen. Der Hefeteig ist doppelt aufgegangen und sieht porig aus.

Noch einmal durchkneten, dann nach Rezeptangabe weiterverarbeiten.

Das Grundrezept eignet sich für Blechkuchen und geformte Gebäcke.

Was ist zu beachten?
für Blechkuchen:

- Die Teigmenge reicht für Backbleche und Fettpfannen von etwa 40 × 47 cm.
- Die folgenden Rezepte sind auf eine Mehlmenge von 375 g umgerechnet, da man oft dünnere Teigschichten wünscht oder wesentlich kleinere Backbleche zur Verfügung stehen.

bei geformtem Gebäck:

- Die geringere Flüssigkeitsmenge zufügen.
- Das Backblech nur in Größe des Gebäckes einfetten oder das Gebäck auf Backpapier legen.
- Ist der Backofen bereits auf Backtemperatur vorgeheizt, muß der Teig vor dem Einsetzen bereits gut aufgegangen sein.

Butterkuchen

375 g	**Mehl**
30 g	**Hefe**
1/8 l	**Milch**
1	**Ei**
50 g	**Zucker**
1 Prise	**Salz**
50 g	**Butter**

Belag:

125 g	**Butter**
3 EL	**Zucker**
1	**Vanillezucker**

Aus den angegebenen Zutaten einen Hefeteig bereiten und gehen lassen, siehe Seite 342/340.

Backblech einfetten, Teig gleichmäßig darauf verteilen.

Mit den Fingern in kleinen Abständen Vertiefungen eindrücken und Butterflöckchen aufsetzen. Zucker und Vanillezucker mischen und überstreuen. Teig gehen lassen und backen.

Einsetzen:
Mittlere Einschubleiste

Backen:

210—225 °C	20—30 Minuten
0	5—10 Minuten

Vollkorn-Butterkuchen

375 g	**Weizenvollkornmehl**
30 g	**Hefe**
1/8 l	**Milch**
1	**Ei**
50 g	**Honig**
1 Prise	**Meersalz**
50 g	**Butter**

Belag:

4 EL	**Honig**
100 g	**Butter**
1 EL	**Zimt**
150 g	**Mandelblätter**

Aus den angegebenen Zutaten einen Hefeteig bereiten und gehen lassen, siehe Seite 342/340.

Backblech einfetten und Teig gleichmäßig darauf verteilen.

Mit Honig bestreichen, Butterflöckchen darübergeben, mit Zimt bestreuen und die Mandeln darauf verteilen. Teig gehen lassen und backen.

Einsetzen:
Mittlere Einschubleiste

Backen:

210—225 °C	20—30 Minuten
0	5—10 Minuten

Mandelkuchen

375 g	**Mehl**
30 g	**Hefe**
1/8 l	**Milch**
1	**Ei**
50 g	**Zucker**
1 Prise	**Salz**
1	**Vanillezucker**
50 g	**Butter** oder Margarine
Belag:	
200 g	**gehackte Mandeln**
100 g	**Zucker**
100 g	**Butter** oder Margarine

Aus den angegebenen Zutaten einen Hefeteig bereiten und gehen lassen, siehe Seite 342/340.
Backblech einfetten, Teig gleichmäßig darauf verteilen.
Für den Belag Mandeln und Zucker vermengen und auf den Teig streuen. Butterflöckchen darauf verteilen. Teig gehen lassen und backen.

Einsetzen:
Mittlere Einschubleiste

Backen:

210—225 °C	20—30 Minuten
0	5—10 Minuten

Veränderung:

- **Mandelkuchen mit Zuckerguß**
  Teig mit Mandeln bestreuen, Butterflöckchen aufsetzen.
  Nach dem Backen einen Zuckerguß von 125 g Puderzucker und 4—5 EL Wasser bereiten und mit dem Messer auf dem Kuchen verstreichen.
- **Fladenkuchen**
  2 Eiweiß verquirlen und auf den Teig streichen. Mandeln und Zucker darüberstreuen und Butterflöckchen aufsetzen.

Streuselkuchen

375 g	**Mehl**
30 g	**Hefe**
1/8 l	**Milch**
1	**Ei**
50 g	**Zucker**
1 Prise	**Salz**
1	**Vanillezucker**
50 g	**Butter** oder Margarine
30 g	**Butter**
Streusel:	
375 g	**Butter** oder Margarine
500 g	**Mehl**
250 g	**Zucker**
1 Msp	**Zimt**
50 g	**geriebene Mandeln**
1 Prise	**Salz**

Aus den angegebenen Zutaten einen Hefeteig bereiten und gehen lassen, siehe Seite 342/340.
Backblech einfetten, Teig gleichmäßig darauf verteilen.
Mit weicher Butter bestreichen.
Für die Streusel Fett **schmelzen.** Mehl und die übrigen Zutaten vermischen. Fett tropfenweise zugeben und mit den Knethaken der Hand- oder Standküchenmaschine vermengen, so daß Klümpchen entstehen. Streusel auf dem Teig verteilen, Teig gehen lassen und backen.

Einsetzen:
Mittlere Einschubleiste

Backen:

210—225 °C	20—30 Minuten
0	5—10 Minuten

Beim Backen mit Umluft die Temperatur um etwa 30 °C niedriger einstellen

Zuckerkuchen auf Hannoversche Art

375 g	**Mehl**
30 g	**Hefe**
1/8 l	**Milch**
1	**Ei**
50 g	**Zucker**
1 Prise	**Salz**
1	**Vanillezucker**
50 g	**Butter** oder Margarine

Belag:

75 g	**Butter**
75 g	**Schweineschmalz**
150 g	**Zucker**

Aus den angegebenen Zutaten einen Hefeteig bereiten und gehen lassen, siehe Seite 342/340.
Backblech einfetten, Teig gleichmäßig darauf verteilen.
Butter- und Schmalzflöckchen darauf verteilen und Zucker darüberstreuen. Teig gehen lassen.
Backofen vorheizen. Kuchen einsetzen und backen.

Einsetzen:
Mittlere Einschubleiste

Backen:
210—225 °C 10—15 Minuten

Braunschweiger Hefekuchen

750 g	**Mehl**
60 g	**Hefe**
1/4 l	**Milch**
2	**Eier**
100 g	**Zucker**
1 Prise	**Salz**
	abgeriebene Zitronenschale
125 g	**Butter** oder Margarine

125 g	**Sultaninen**
125 g	**Korinthen**
1 EL	**Mehl**

Belag:

100 g	**Butter**
100 g	**Zucker**
1 Prise	**Zimt**

Aus den angegebenen Zutaten einen Hefeteig bereiten und gehen lassen, siehe Seite 342/340. Sultaninen und Korinthen mit Mehl vermischen und untermengen.
Fettpfanne einfetten, Teig gleichmäßig darauf verteilen. Butterflöckchen aufsetzen. Zucker und Zimt mischen, überstreuen. Teig gehen lassen und backen.

Einsetzen:
Mittlere Einschubleiste

Backen:
210—225 °C 25—35 Minuten
0 5—10 Minuten

Bienenstich

375 g	**Mehl**
30 g	**Hefe**
1/8 l	**Milch**
1	**Ei**
50 g	**Zucker**
1 Prise	**Salz**
1	**Vanillezucker**
50 g	**Butter** oder Margarine

Belag:

100 g	**Butter** oder Margarine
150 g	**Zucker**
2 EL	**Honig**
1	**Vanillezucker**
200 g	**gehackte Mandeln**
5—6 EL	**Milch**

Aus den angegebenen Zutaten einen Hefeteig bereiten und gehen lassen, siehe Seite 342/340.
Fettpfanne einfetten, Teig gleichmäßig darauf verteilen.
Für den Belag Zutaten verrühren, **aufkochen** und solange **fortkochen,** bis die Masse glasig und glänzend ist. Masse auskühlen lassen und auf den Teig streichen. Teig gehen lassen und backen.

Einsetzen:
Mittlere Einschubleiste

Backen:
210—225 °C 20—30 Minuten
0 5—10 Minuten

Veränderung:

- **Gefüllter Bienenstich**
  Erkalteten Kuchen in breite Längsstreifen schneiden. In der Höhe quer durchschneiden. Buttercreme, Re-

zept Seite 452, in doppelter Menge zubereiten. Kuchenstreifen damit füllen und in Portionsstücke schneiden.

Zwetschenkuchen

375 g	**Mehl**
30 g	**Hefe**
1/8 l	**Milch**
1	**Ei**
50 g	**Zucker**
1 Prise	**Salz**
1	**Vanillezucker**
50 g	**Butter** oder Margarine

Belag:

3 EL	**Paniermehl**
2 kg	**Zwetschen**
	Zucker

Aus den angegebenen Zutaten einen Hefeteig bereiten und gehen lassen, siehe Seite 342/340.
Fettpfanne einfetten, Teig gleichmäßig darauf verteilen.
Paniermehl überstreuen.
Zwetschen waschen, aufschneiden, entsteinen, gleichmäßig einschneiden und schuppenförmig auflegen. Teig gehen lassen und backen.

Einsetzen:
Mittlere Einschubleiste

Backen:

210—225 °C	35—45 Minuten
0	5—10 Minuten

Nach dem Backen
Mit Zucker bestreuen

Veränderung:

- **Obstkuchen**
  Anstelle von Zwetschen Äpfel oder Kirschen oder 1 1/2 kg Heidelbeeren verwenden. Gedünstetes Obst ohne Saft verwenden.
- **Obstkuchen mit Streusel**
  Auf dem Obst Hälfte des Rezeptes Streusel, Seite 343, verteilen und mitbacken.
- **Obstkuchen mit Guß**
  Auf dem Obst Grieß-, Biskuit- oder Sahneguß, Rezepte Seite 456, verteilen und mitbacken.

Gedeckter Apfelkuchen

500 g	**Mehl**
40 g	**Hefe**
1/8—1/4 l	**Milch**
1	**Ei**
75 g	**Zucker**
1 Prise	**Salz**
1	**Vanillezucker**
75 g	**Butter** oder Margarine

Füllung:

1 kg	**Äpfel**
1/8 l	**Wasser**
75 g	**Zucker**
1 Msp	**Zimt**
1 EL	**Rum**
100 g	**Rosinen**
50 g	**geriebene Nüsse** oder Mandeln

Zuckerguß:

200 g	**Puderzucker**
1—2 EL	**Rum**
1 EL	**heißes Wasser**

Aus den angegebenen Zutaten einen Hefeteig bereiten und gehen lassen, siehe Seite 342/340.
Äpfel waschen, schälen, in Viertel schneiden und Kerngehäuse entfernen. Äpfel in Scheiben schneiden und mit Wasser, Zucker und Zimt **dünsten.** Abtropfen lassen, Rum und Rosinen hinzufügen und auskühlen lassen.
Fettpfanne einfetten, gut die Hälfte des Teiges gleichmäßig darauf verteilen.
Nüsse darüberstreuen und Äpfel darauf verteilen.
Restlichen Teig auf einer bemehlten Arbeitsfläche in der Größe der Fettpfanne ausrollen. Die Äpfel damit bedecken, den Teig am Rand andrücken. Teig gehen lassen und backen.

Einsetzen:
Mittlere Einschubleiste

Backen:

210—225 °C	30—40 Minuten
0	5—10 Minuten

Nach dem Backen
Für den Zuckerguß Puderzucker mit der Flüssigkeit verrühren und das warme Gebäck damit bestreichen.

Thüringer Obstkuchen

375 g	**Mehl**
30 g	**Hefe**
1/8 l	**Milch**
1	**Ei**
50 g	**Zucker**
1 Prise	**Salz**
1	**Vanillezucker**
50 g	**Butter** oder Margarine

Quarkbelag:

500 g	**Quark**
50 g	**Zucker**
	abgeriebene Zitronenschale
1 EL	**Speisestärke**
20 g	**gehackte Mandeln**
3	**Eier**

Belag:

1 kg	**Äpfel,** Pflaumen oder Kirschen

Guß:

1/4 l	**süße Sahne** oder saure Sahne
2	**Eigelb**
2 EL	**Zucker**
	abgeriebene Zitronenschale
1 TL	**Speisestärke**
2	**Eiweiß**

Aus den angegebenen Zutaten einen Hefeteig bereiten und gehen lassen, siehe Seite 342/340.
Fettpfanne einfetten, Teig gleichmäßig darauf verteilen.
Für den Quarkbelag alle Zutaten verrühren und auf den Teig streichen.
Äpfel waschen, schälen, in Viertel schneiden, Kerngehäuse entfernen und in Scheiben schneiden. Auf den Quarkbelag legen.
Für den Guß Sahne mit Eigelb, Zucker, Zitronenschale und Speisestärke verrühren.
Eiweiß steifschlagen, locker unterheben und den Guß gleichmäßig auf den Äpfeln verstreichen. Teig gehen lassen und backen.

Einsetzen:
Mittlere Einschubleiste

Backen:

210—225 °C	35—45 Minuten
0	5—10 Minuten

Käsekuchen

375 g	**Mehl**
30 g	**Hefe**
1/8 l	**Milch**
1	**Ei**
50 g	**Zucker**
1 Prise	**Salz**
1	**Vanillezucker**
50 g	**Butter** oder Margarine

Quarkbelag:

125 g	**Zucker**
3	**Eigelb**
	abgeriebene Zitronenschale
2 EL	**Speisestärke**
1/8 l	**süße Sahne**
1 kg	**Quark**
3	**Eiweiß**
100 g	**Sultaninen**

Streusel:

200 g	**Butter** oder Margarine
300 g	**Mehl**
200 g	**Zucker**

Aus den angegebenen Zutaten einen Hefeteig bereiten und gehen lassen, siehe Seite 342/340.
Fettpfanne einfetten, Teig gleichmäßig darauf verteilen.
Für den Quarkbelag, Zucker und Eigelb verrühren. Zitronenschale, Speisestärke, Sahne und Quark unterrühren.
Eiweiß steifschlagen und mit den Sultaninen unterheben. Auf den Teig verteilen.
Für die Streusel Zutaten vermengen und auf den Quark verteilen. Teig gehen lassen und backen.

Einsetzen:
Mittlere Einschubleiste

Backen:

200—210 °C	30—40 Minuten
0	5—10 Minuten

Veränderung:

- **Käsekuchen mit Vollkornmehl**
  Statt Mehl und Zucker Weizenvollkornmehl und Honig verwenden.

Thüringer Mohnkuchen

375 g	**Mehl**
30 g	**Hefe**
1/8 l	**Milch**
1	**Ei**
50 g	**Zucker**
1 Prise	**Salz**
1	**Vanillezucker**
50 g	**Butter** oder Margarine
Belag:	
1 l	**Milch**
150 g	**Zucker**
1 Prise	**Salz**
125 g	**Grieß**
375 g	**gemahlener blauer Mohn**
1/4 l	**heiße Milch**
100 g	**geriebene Mandeln**
50 g	**Sultaninen**
	abgeriebene Zitronenschale
1—2 EL	**Rum**
2	**Eigelb**
2	**Eiweiß**
Guß:	
1/4 l	**heiße Milch**
50 g	**Puderzucker**

Aus den angegebenen Zutaten einen Hefeteig bereiten und gehen lassen, siehe Seite 342/340.
Fettpfanne einfetten, Teig gleichmäßig darauf verteilen.
Für den Belag Milch mit Zucker und Salz **ankochen,** Grieß einrühren und **10 Minuten quellen** lassen.
Mohn mit Milch überbrühen, die Hälfte des warmen Grießbreies dazugeben. Mandeln, Sultaninen, Zitronenschale und Rum unterrühren, alles auf dem Teig verstreichen.
Den restlichen Grießbrei mit Eigelb verrühren.
Eiweiß steifschlagen und locker unterheben. Auf den Mohnbelag streichen, Teig gehen lassen und backen.

Einsetzen:
Mittlere Einschubleiste

Backen:

200—210 °C	35—45 Minuten
0	5—10 Minuten

Nach dem Backen
Den Kuchen mit einem Hölzchen mehrmals einstechen. Heiße Milch darübergießen und mit Puderzucker bestäuben.

Muskranz

375 g	**Mehl**
30 g	**Hefe**
1/8 l	**Milch**
1	**Ei**
50 g	**Zucker**
1 Prise	**Salz**
1	**Vanillezucker**
50 g	**Butter** oder Margarine
50 g	**weiche Butter**
Füllung:	
500 g	**Pflaumenmus**
3 EL	**Puderzucker**

Aus den angegebenen Zutaten einen Hefeteig bereiten und gehen lassen, siehe Seite 342/340.
Teig auf einer bemehlten Arbeitsfläche zu einem Rechteck ausrollen. Teigfläche mit Butter bestreichen. Mus darauf verstreichen. Teig von der längeren Seite her aufrollen.
Kranzkuchenform einfetten. Teigrolle hineinlegen und mit einer Gabel mehrmals einstechen. Teig gehen lassen und bakken.

Einsetzen:
Auf dem Rost, untere Einschubleiste

Backen:

190—200 °C	30—40 Minuten
0	5—10 Minuten

Nach dem Backen
Das abgekühlte Gebäck mit Puderzucker bestäuben.

Beim Backen mit Umluft die Temperatur um etwa 30 °C niedriger einstellen

Gefüllter Hefekranz

500 g	**Mehl**
40 g	**Hefe**
1/8—1/4 l	**Milch**
1	**Ei**
75 g	**Zucker**
1 Prise	**Salz**
1	**Vanillezucker**
75 g	**Butter** oder Margarine
50 g	**weiche Butter**
Füllung:	
50 g	**Zucker**
125 g	**Sultaninen**
125 g	**Korinthen**
50 g	**Zitronat**
100 g	**gehackte Mandeln**
3—4 EL	**Milch**
Guß:	
200 g	**Puderzucker**
2 EL	**Zitronensaft**
1—2 EL	**heißes Wasser**

Aus den angegebenen Zutaten einen Hefeteig bereiten und gehen lassen, siehe Seite 342/340.
Teig auf einer bemehlten Arbeitsfläche zu einem Rechteck ausrollen. Teig mit Butter bestreichen und in der Mitte der Länge nach durchschneiden.
Für die Füllung alle Zutaten vermengen und auf jedem Teigstück so verteilen, daß an der durchgeschnittenen Seite 2 cm Teig frei bleiben. Jede Teighälfte von der längeren Seite her von außen nach innen aufrollen. Beide Teigrollen umeinander schlingen und zu einem Kranz formen. Backblech in der Größe des Teigkranzes einfetten. Kranz auflegen und mit Milch bestreichen. Teig gehen lassen und backen.

Einsetzen:
Mittlere Einschubleiste

Backen:

190—210 °C	25—35 Minuten
0	5—10 Minuten

Nach dem Backen
Für den Guß Puderzucker mit Zitronensaft und Wasser verrühren. Das warme Gebäck mit dem Guß bestreichen.

Veränderung:

- **Hefekranz mit Vollkornmehl**
  Anstelle von Mehl und Zucker Weizen-Vollkornmehl und Honig verwenden.

Bild 86: Für den gefüllten Hefekranz, Rezept Seite 348, werden zwei gleich große Teigstücke mit der Füllung belegt und von der längeren Seite her aufgerollt, . . .

Bild 87: . . . die Rollen werden umeinandergeschlungen und zu einem Kranz geformt.

STROM·SPAR·TIP

Nachwärme ausnutzen

Bienenstichkranz

500 g	**Mehl**
40 g	**Hefe**
1/8—1/4 l	**Milch**
1	**Ei**
75 g	**Zucker**
1 Prise	**Salz**
1	**Vanillezucker**
75 g	**Butter** oder Margarine

Füllung:

100 g	**Butter** oder Margarine
150 g	**Zucker**
1	**Vanillezucker**
200 g	**gehackte Mandeln**
5—6 EL	**Milch**

Guß:

200 g	**Puderzucker**
2 EL	**Zitronensaft**
1—2 EL	**heißes Wasser**

Aus den angegebenen Zutaten einen Hefeteig bereiten und gehen lassen, siehe Seite 342/340.
Für die Füllung Butter, Zucker, Vanillezucker und Mandeln **aufkochen,** unter Rühren **fortkochen,** bis die Masse glänzt. Milch unterrühren und auskühlen lassen.
Teig auf einer bemehlten Arbeitsfläche zu einem Rechteck ausrollen. Füllung gleichmäßig darauf verteilen. Teig von der längeren Seite her aufrollen und zu einem Kranz formen.
Backblech in der Größe des Teigkranzes einfetten. Kranz auflegen und mit einer Gabel mehrmals einstechen. Teig gehen lassen und backen.

Einsetzen:
Mittlere Einschubleiste

Backen:

190—210 °C	25—35 Minuten
0	5—10 Minuten

Nach dem Backen
Für den Guß Puderzucker mit Zitronensaft und Wasser verrühren. Das warme Gebäck mit dem Guß bestreichen.

Nußkranz

Mandelkranz

500 g	**Mehl**
40 g	**Hefe**
1/8—1/4 l	**Milch**
1	**Ei**
75 g	**Zucker**
1 Prise	**Salz**
	abgeriebene Zitronenschale
75 g	**Butter** oder Margarine

Füllung:

3	**Eiweiß**
150 g	**Zucker**
1	**Vanillezucker**
	Saft von 1 Zitrone
150 g	**geriebene Haselnüsse** oder geriebene Mandeln

Glasur:

2 EL	**Aprikosenkonfitüre**

Guß:

200 g	**Puderzucker**
2—3 EL	**Rum**
1 EL	**heißes Wasser**

Aus den angegebenen Zutaten einen Hefeteig bereiten und gehen lassen, siehe Seite 342/340.
Für die Füllung Eiweiß steifschlagen, Zucker und Vanillezucker einrieseln lassen und so lange schlagen, bis der Zukker gelöst ist. Zitronensaft zufügen und Nüsse unterheben.
Teig auf einer bemehlten Arbeitsfläche zu einem Rechteck ausrollen. Die Füllung darauf verstreichen. Teig von der längeren Seite her aufrollen und zu einem Kranz formen.
Backblech in der Größe des Teigkranzes einfetten. Kranz auflegen und mit einer Gabel mehrmals einstechen. Teig gehen lassen und backen.

Einsetzen:
Mittlere Einschubleiste

Backen:

190—210 °C	25—35 Minuten
0	5—10 Minuten

Nach dem Backen
Für die Glasur Konfitüre erwärmen und den Kranz damit bestreichen.
Für den Guß Puderzucker mit Rum und Wasser verrühren. Das warme Gebäck damit bestreichen.

Rosenkuchen

Wickelkuchen

500 g	**Mehl**
40 g	**Hefe**
¼ l	**Milch**
100 g	**Zucker**
1 Prise	**Salz**
	abgeriebene Zitronenschale
2	**Eier**
100 g	**Butter** oder Margarine
50 g	**weiche Butter**
Füllung:	
125 g	**Sultaninen**
125 g	**Korinthen**
100 g	**Zucker**
50 g	**Zitronat**
50 g	**gehackte Mandeln**
4—5 EL	**Milch**
Guß:	
100 g	**Puderzucker**
1 EL	**Zitronensaft**
1 EL	**heißes Wasser**

Aus den angegebenen Zutaten einen Hefeteig bereiten und gehen lassen, siehe Seite 342/340.
Teig auf einer bemehlten Arbeitsfläche zu einem Rechteck etwa ½ cm dick ausrollen. Mit Butter bestreichen.
Für die Füllung Zutaten vermengen und auf dem Teig verteilen. Teig von der längeren Seite her aufrollen und in 8 Stücke schneiden.
Springform am Boden einfetten. Teigstücke mit der Schnittfläche nach oben in die Form setzen, zwischen den Teigstükken bleiben Lücken. Teig gehen lassen und backen.

Einsetzen:
Auf dem Rost, untere Einschubleiste

Backen:

190—200 °C	35—45 Minuten
0	5—10 Minuten

Nach dem Backen
Für den Guß Puderzucker mit Zitronen-

Bild 88: Der Rosenkuchen, Rezept Seite 350, muß nach dem Backen noch mit Guß bestrichen werden.

saft und Wasser verrühren. Den warmen Kuchen damit bestreichen.

Veränderung:

- **Rosenkuchen mit Vollkornmehl**
  Anstelle von Mehl und Zucker Weizen-Vollkornmehl und Honig verwenden.

Hefenapfkuchen

500 g	**Mehl**
40 g	**Hefe**
1/4 l	**Milch**
3	**Eigelb**
1	**Ei**
125 g	**Zucker**
1 Prise	**Salz**
	abgeriebene Zitronenschale
200 g	**Butter** oder Margarine
100 g	**gehackte Mandeln**
100 g	**Sultaninen**
100 g	**Korinthen**
50 g	**Zitronat**
1—2 EL	**Rum**
2 EL	**Puderzucker**

Aus den angegebenen Zutaten einen Hefeteig bereiten und gehen lassen, siehe Seite 342/340.
Mandeln, Sultaninen, Korinthen und Zitronat vermengen und mit Rum beträufeln. Alles unter den Teig mengen.
Napfkuchenform einfetten. Teig einfüllen, gehen lassen und backen.

Einsetzen:
Auf dem Rost, untere Einschubleiste

Backen:

175—190 °C	45—55 Minuten
0	5—10 Minuten

Nach dem Backen
Den warmen Kuchen mit Puderzucker bestäuben.

Beim Backen mit Umluft die Temperatur um etwa 30 °C niedriger einstellen

Mohnstriezel

Mohnstollen

375 g	**Mehl**
30 g	**Hefe**
1/8 l	**Milch**
1	**Ei**
50 g	**Zucker**
1 Prise	**Salz**
1	**Vanillezucker**
50 g	**Butter** oder Margarine
Füllung:	
1/4 l	**Milch**
375 g	**gemahlener blauer Mohn**
100 g	**geriebene Mandeln**
100 g	**Zucker**
1	**Vanillezucker**
2	**Eier**
50 g	**Sultaninen**
3—4 EL	**Rum**
1/8 l	**heiße Milch**
Guß:	
125 g	**Puderzucker**
1—2 EL	**Rum**
1 EL	**heißes Wasser**

Aus den angegebenen Zutaten einen Hefeteig bereiten und gehen lassen, siehe Seite 342/340.
Für die Füllung Milch **ankochen,** Mohn, Mandeln, Zucker und Vanillezucker dazugeben. Die Masse abkühlen lassen und Eier, Sultaninen und Rum unterrühren.
Backpapier in der Größe des Backbleches zuschneiden. Teig auf dem Backpapier ausrollen und Füllung gleichmäßig darauf verteilen. Teig mit Hilfe des Backpapiers von der längeren Seite her aufrollen und mit dem Backpapier auf das Backblech legen. Teig mit einer Gabel mehrmals einstechen. Teigrolle gehen lassen und backen.

Einsetzen:
Mittlere Einschubleiste

Backen:

180—190 °C	45—55 Minuten
0	5—10 Minuten

Nach dem Backen
Das warme Gebäck mit einem Holzstäbchen mehrmals einstechen und mit heißer Milch begießen.
Für den Guß Puderzucker mit Rum und Wasser verrühren. Das warme Gebäck damit bestreichen.

Dresdner Stollen

1 kg	**Mehl**
80 g	**Hefe**
¼ l	**Milch**
125 g	**Zucker**
1 Prise	**Salz**
2	**Vanillezucker**
	abgeriebene Zitronenschale
1 Msp	**Kardamom**
500 g	**Butter**
500 g	**Sultaninen**
125 g	**Korinthen**
150 g	**Zitronat**
125 g	**gehackte Mandeln**
125 g	**weiche Butter**
50 g	**feiner Zucker**
3 EL	**Puderzucker**

Aus den angegebenen Zutaten einen Hefeteig bereiten und gehen lassen, siehe Seite 342/340.
Sultaninen, Korinthen, Zitronat und Mandeln untermengen. Dem Teig die Länge des Stollens geben.
Backblech mit Alufolie auslegen, Teig auflegen und abgedeckt gehen lassen. Den Stollen formen. Mit der bemehlten Hand der Länge nach in der Mitte eine Mulde eindrücken. Die eine Seite zu dreiviertel über die andere schlagen und nach innen einrollen, so daß der Stollen an dieser Seite hoch wird und dadurch die charakteristische Form erhält.
Den geformten Stollen gehen lassen.
Backofen auf 250 °C vorheizen, Stollen einsetzen und backen.

Einsetzen:
Mittlere Einschubleiste

Backen:
180—200 °C 50—60 Minuten

Nach dem Backen
Stollen mit weicher Butter bestreichen, mit Zucker bestreuen und mit Puderzucker bestäuben.

Tip:
- Damit der Stollen beim Backen seine typische Form behält, ist es günstig, ihn über Nacht oder wenigstens für mehrere Stunden im Kühlschrank ruhen zu lassen. Erst ½—1 Stunde vor dem Einsetzen in den Backofen herausnehmen.
- Der Stollen kann gleich auf der Alufolie gebacken werden, sie dient nach dem Auskühlen zum Verpacken. So kann der Stollen in der Raumtemperatur nicht austrocknen. Für die längerfristige Aufbewahrung wird er in der Folienumhüllung eingefroren.
- Den Stollen vor dem Anschneiden mindestens 8—14 Tage ruhen lassen.

Bild 89: Stollen wird geformt, indem man die eine Seite zu dreiviertel über die andere schlägt und nach innen einrollt.

Bild 90: Das Backblech wird mit dem aufgegangenen Stollen in den vorgeheizten Backofen gesetzt.

Bild 91: Die charakteristische Form des Stollens, hier ein Dresdner Stollen, Rezept Seite 352, ist deutlich zu erkennen.

Mandelstollen

1 kg	**Mehl**
60 g	**Hefe**
¼ l	**Milch**
125 g	**Zucker**
1 Prise	**Salz**
	abgeriebene Zitronenschale
200 g	**Butter**
250 g	**geriebene Mandeln**
100 g	**Zitronat**
250 g	**Sultaninen**
125 g	**weiche Butter**
50 g	**feiner Zucker**
3 EL	**Puderzucker**

Aus den angegebenen Zutaten einen Hefeteig bereiten und gehen lassen, siehe Seite 342/340.
Stollen formen, siehe Rezept Dresdner Stollen, Seite 352, und gehen lassen.

Backofen auf 250 °C vorheizen. Stollen einsetzen und backen.

Einsetzen:
Mittlere Einschubleiste

Backen:
180—200 °C 45—55 Minuten

Nach dem Backen
Stollen mit Butter bestreichen, mit Zucker bestreuen und mit Puderzucker bestäuben.

Beim Backen mit Umluft die Temperatur um etwa 30 °C niedriger einstellen

Brot und Brötchen

Selber Brot backen wird immer beliebter. Wichtigste Grundlage für das Backen von Brot sind Mehl, Wasser und Teiglockerungsmittel.

Mehl

Weizenmehl Type 405 und **Type 550** sind für Weißbrote geeignet.

Weizenmehl Type 1050 und **Weizenvollkornschrot Type 1700** werden für Mischbrote bevorzugt.

Roggenmehl Type 815 und **Type 1150** werden für Mischbrot verwendet.

Vollkornmehle aus Weizen oder Roggen sollten sofort nach dem Mahlen verarbeitet werden, denn durch Luftsauerstoff werden Vitamine und Mineralstoffe abgebaut, Geschmack und Aroma des Mehles werden vermindert.

Teiglockerungsmittel

Hefe wird als Teiglockerungsmittel für Weizenmehlbrote verwendet.

Sauerteig wird als Teiglockerungsmittel für Roggenmehlbrote verwendet.

Für die Herstellung von Mischbroten wird Hefe und Sauerteig oder Hefe und Buttermilch und/oder Quark benötigt.

Sauerteig gibt es pulverisiert als Trockenprodukt oder im Beutel eingeschweißt als Flüssigsauerteig im Handel; diese Produkte müssen nach Herstellerangabe weiterverarbeitet werden. Sauerteig ist beim Bäcker erhältlich oder kann selbst hergestellt werden:

Sauerteigbereitung

1. Stufe (1. Tag)
100 g Roggen, fein gemahlen, 100 g warmes Wasser etwa 37 °C, 1 EL Dickmilch.
Roggenmehl mit Wasser und Dickmilch gut vermengen, in ein hohes Porzellangefäß geben, mit einem Tuch abdecken und 24 Stunden bei etwa 30 °C, der idealen Teigtemperatur für Roggen, warm halten.

2. Stufe (2. Tag)
Abends umrühren, wieder abdecken, weitere 24 Stunden warm halten.

3. Stufe (3. Tag)
300 g Roggen, fein gemahlen, 200 g warmes Wasser etwa 37 °C.
Sauerteigansatz mit Roggenmehl und Wasser gut vermengen, abdecken und 10 bis 12 Stunden warm halten.

4. Stufe (4. Tag)
Am Morgen stehen 700 g Vollsauerteig zum Backen zur Verfügung.

Tip:

- 40 bis 50 g Sauerteig sollten für das nächste Brotbacken zurückbehalten werden.
- Sauerteig kann in einem Schraubglas einige Tage im Kühlschrank aufbewahrt werden, oder er muß mit soviel Roggenmehl vermengt werden, bis er krümelig ist. In dieser Beschaffenheit kann der Sauerteig bis zu 3 Wochen aufbewahrt werden.

Teigbereitung

Teigbereitung von Hefeteigbrot:

- Zutaten zu einem Teig verarbeiten.
- Brotteig so lange kneten, bis ein geschmeidiger Teigkloß entstanden ist, der nicht mehr klebt.
- Nach dem Kneten den Teig abdecken, am besten mit Klarsichtfolie und Küchentuch, da sonst ein Austrocknen den Gärvorgang stört,
- Teig bei Raumtemperatur 15—20 Minuten gehen lassen,
- Brotteig nochmals gut durchkneten und nach Rezeptangabe weiterverarbeiten.

Teigbereitung von Sauerteigbrot:

- 35 bis 40 % des zu verarbeitenden Roggenmehls mit der notwendigen Sauerteigmenge mischen,
- Teig mit Klarsichtfolie und Küchentuch abdecken und über Nacht, längstens 12 Stunden bei einer Temperatur von 30 °C warm halten.
- Warmes Wasser etwa 35 °C, Salz und vorgegorenen Sauerteig mit restlichem Mehl verkneten.
- Teige mit hohem Roggenanteil kleben sehr leicht, deshalb etwa 10 Minuten quellen lassen und dann so lange kneten, bis ein geschmeidiger Teig entsteht,
- Teig abdecken und bei Raumtemperatur 50—60 Minuten gären lassen,
- Teig nochmals gut durchkneten und nach Rezeptangabe weiterverarbeiten.

Tip:

- Brotteig muß gut geknetet werden. Standküchenmaschinen erleichtern diese Arbeit. Beim Einsatz von Handküchenmaschinen die Angabe für Kurzzeitbetrieb (KB) beachten, um eine zu starke Belastung des Motors zu vermeiden.

Backen

- Brot immer in den vorgeheizten und mit „Schwaden" gefüllten Backofen einsetzen, um das Breitlaufen zu vermeiden und eine bessere Krustenbildung zu erzielen.
- „Schwaden" wird der feuchte Dampf genannt, der zum Backen von Brot notwendig ist. Er bewirkt eine gleichmäßige Verteilung der Backhitze. Die Feuchtigkeit verzögert die Krustenbildung und so kann der Teig besser aufgehen. Der Schwaden fördert die gleichmäßige Bräunung des Gebäcks und gibt ihm eine glänzende Kruste.
- Schwadenbildung wird erzielt, wenn während des Vorheizens und Backens ein mit etwa ¼ l heißem Wasser gefülltes, hitzebeständiges flaches Gefäß auf dem Boden des Backofens steht.
  Einige Backöfen haben eine Dampfeinsprühvorrichtung. Bei diesen Backöfen Gebrauchsanweisung des Herstellers beachten.
- Weizenmehlbrot bei 250 °C mit kräftigem Schwaden etwa 15 Minuten backen und bei 200—220 °C mit Schwaden 40—50 Minuten ausbacken.
- Roggenmisch- und Roggenmehlbrote bei 250 °C mit Schwaden etwa 15 Minuten backen und bei 200—225 °C ohne Schwaden ausbacken.

Was ist zu beachten?

- Bei Roggenmisch- und Roggenmehlbrot nach dem Backen mit Schwaden Gefäß mit Wasser aus dem Backofen nehmen.
- Brot ist ausgebacken, wenn es eine Kerntemperatur von 95 °C hat (Speisenthermometer) oder wenn es beim Klopfen mit den Fingerknöcheln auf die untere Seite des Brotes einen hohlen Klang gibt. →

- Brot, in der Form gebacken, erst 5 Minuten in der Form auskühlen lassen. Es löst sich so besser aus der Form.
- Brot immer auf einem Backrost abkühlen lassen, damit die Feuchtigkeit rundherum entweichen kann.

Tip:

- Brot bekommt einen kräftigen Glanz, wenn man es nach dem Backen sofort mit einer Lösung aus 1 TL Speisestärke, in $^1/_4$ l Wasser aufgekocht, bestreicht.

Bild 92: Attraktiver Mittelpunkt eines Partybuffets: Das Schmausebrot, Rezept Seite 358.

Mischbrot mit Sauerteig

750 g	**Roggenbackschrot** Type 1800
375 g	**Sauerteig**
³/₄ l	**Wasser** 35 °C
750 g	**Weizenbackschrot** Type 1700
2 EL	**Salz**

Am Vorabend des Backens Roggenbackschrot mit Sauerteig und Wasser vermengen. Teig abdecken und 12 Stunden ruhen lassen.
Am nächsten Tag Weizenbackschrot und Salz dazugeben und verkneten, Teig abgedeckt 1 Stunde gehen lassen.
Backblech mit Backpapier belegen.
Teig durchkneten, zu einem länglichen Brot formen, auf das Backblech legen und abgedeckt 1 Stunde gehen lassen.
Brot mit Wasser bestreichen, mit einer Gabel mehrfach einstechen, in den vorgeheizten Backofen setzen und backen.

Einsetzen:
Mittlere Einschubleiste

Backen:

mit Schwaden	
225—250 °C	10—15 Minuten
ohne Schwaden	
180—200 °C	40—50 Minuten
0	5—10 Minuten

Rustikales Sauerteigbrot

500 g	**Roggenbackschrot** Type 1800
600 g	**Weizenbackschrot** Type 1700
2 EL	**Salz**
1 EL	**Koriander**
40 g	**Hefe**
¹/₂ l	**Wasser** 35 °C
700 g	**Sauerteig**

Alle Zutaten zu einem glatten Teig verkneten. Teig abgedeckt 30—40 Minuten gehen lassen.
Backblech mit Backpapier belegen.
Teig durchkneten, zu einem runden Brot formen, auf das Backblech legen und abgedeckt 1 Stunde gehen lassen.
Brot mit Wasser bestreichen, mehrfach mit einer Gabel einstechen, in den vorgeheizten Backofen setzen und backen.

Einsetzen:
Mittlere Einschubleiste

Backen:

mit Schwaden	
225—250 °C	10—15 Minuten
ohne Schwaden	
180—200 °C	40—50 Minuten
0	5—10 Minuten

Gewürzbrot

250 g	**Sauerteig**
³/₈ l	**Wasser** 35 °C
300 g	**Roggenmehl** Type 1150
300 g	**Roggenmehl** Type 1150
300 g	**Weizenbackschrot** Type 1700
¹/₄ l	**Wasser** 35 °C
1—2 EL	**Salz**
1—2 EL	**Kümmel**
1 EL	**grob gemahlener Fenchel**
1 EL	**Koriander**

Am Vorabend des Backens Sauerteig, Wasser und Roggenmehl verrühren. Diesen Vorteig abdecken und 12 Stunden ruhen lassen.
Am nächsten Tag Roggenmehl, Weizenbackschrot, Wasser, Salz, Gewürze mit dem Vorteig verkneten. Teig abdecken und 1 Stunde ruhen lassen.
Backblech mit Backpapier belegen.
Teig durchkneten, zu einem runden Brot formen, auf das Backblech legen und abgedeckt 1 Stunde ruhen lassen.
Brot mit Wasser bestreichen. Mit einem Messer das Brot mehrmals schräg einschneiden. In den vorgeheizten Backofen setzen und backen.

Einsetzen:
Mittlere Einschubleiste

Backen:

mit Schwaden	
225—250 °C	10—15 Minuten
ohne Schwaden	
180—200 °C	40—50 Minuten
0	5—10 Minuten

Mischbrot mit Hefe

750 g	**Roggenmehl** Type 1150
750 g	**Weizenmehl** Type 550
60 g	**Hefe**
3/4 l	**Wasser**
2 EL	**Salz**
2 EL	**Wasser**
3 EL	**Kümmel**

Am Vorabend des Backens Mehl in eine Schüssel geben. In die Mitte eine Mulde eindrücken, zerbröckelte Hefe hineingeben und mit Wasser verrühren. Abgedeckt gehen lassen.
Am nächsten Tag Salz mit Wasser verrühren, mit dem Kümmel zum Teig geben und verkneten. Abgedeckt 1 Stunde gehen lassen.
Backblech mit Backpapier belegen. Teig durchkneten, zu einem länglichen Brot formen, auf das Backblech legen und abgedeckt 30—40 Minuten gehen lassen.
Brot mit Wasser bestreichen, mit einer Gabel mehrfach einstechen, in den vorgeheizten Backofen setzen und backen.

Einsetzen:
Mittlere Einschubleiste

Backen:

mit Schwaden	
225—250 °C	10—15 Minuten
ohne Schwaden	
180—200 °C	40—50 Minuten
0	5—10 Minuten

Weizenschrotbrot

500 g	**Weizen** grob geschrotet
500 g	**Weizen** fein gemahlen
40 g	**Hefe**
1/8 l	**Milch**
3/8 l	**Wasser**
1—2 EL	**Salz**
1 EL	**Koriander**

Aus den angegebenen Zutaten einen Hefeteig bereiten und gehen lassen, siehe Seite 342/340.
Backblech mit Backpapier auslegen.
Teig durchkneten, zu einem länglichen Brot formen, auf das Backblech legen und abgedeckt 30—40 Minuten gehen lassen.
Brot mit Wasser bestreichen, mit einer Gabel mehrfach einstechen, in den vorgeheizten Backofen setzen und backen.

Einsetzen:
Mittlere Einschubleiste

Backen:

mit Schwaden	
225—250 °C	10—15 Minuten
mit Schwaden	
200—220 °C	40—50 Minuten
0	5—10 Minuten

Schmausebrot

Brötchenrosette/Partybrot

375 g	**Weizenmehl** Type 550
375 g	**Roggenmehl** Type 1150
80 g	**Hefe**
1/2 l	**Buttermilch**
250 g	**Quark**
2 EL	**Salz**
	Buttermilch
	Mohn · Sesam · Kümmel

Aus den angegebenen Zutaten einen Hefeteig bereiten und gehen lassen, siehe Seite 342/340.
Backblech mit Backpapier belegen.
Teig durchkneten und zu Rollen formen. Rollen in 19 gleich große Stücke teilen. Mit bemehlten Händen Teigstücke zu runden Brötchen formen. Ein Teigstück in die Mitte des Backbleches setzen, die anderen Teigstücke in zwei Reihen kreisförmig darum verteilen. Teigstücke mit Buttermilch bestreichen, abwechselnd mit Mohn, Sesam und Kümmel bestreuen.
Teig abgedeckt 30 Minuten gehen lassen. In den vorgeheizten Backofen setzen und backen.

Einsetzen:
Mittlere Einschubleiste

Backen:

mit Schwaden	
200—225 °C	12—15 Minuten
ohne Schwaden	
180—200 °C	10—15 Minuten
0	5—10 Minuten

Dreikornbrot

250 g	**Weizen** grob geschrotet
400 g	**Weizen** fein gemahlen
100 g	**Leinsamen**
100 g	**Sesam**
60 g	**Hefe**
½ l	**Wasser**
1 EL	**Salz**

Aus den angegebenen Zutaten einen Hefeteig bereiten und gehen lassen, siehe Seite 342/340.
Backblech in der Größe des Brotes einfetten und mit Mehl bestäuben.
Teig durchkneten, zu einem länglichen Brot formen, auf das Backblech legen und abgedeckt 30—40 Minuten gehen lassen.
Brot mit Wasser bestreichen, mit einer Gabel mehrfach einstechen, in den vorgeheizten Backofen setzen und backen.

Einsetzen:
Mittlere Einschubleiste

Backen:

mit Schwaden 225—250 °C	10—15 Minuten
mit Schwaden 200—220 °C	40—50 Minuten
0	5—10 Minuten

Mohnbrot

Sesambrot

375 g	**Weizenmehl** Type 550
30 g	**Hefe**
⅛ l	**Wasser**
½ TL	**Zucker**
1 TL	**Salz**
50 g	**Butter** oder Margarine
2 EL	**Mohn** oder Sesam

Aus den angegebenen Zutaten einen Hefeteig bereiten und gehen lassen, siehe Seite 342/340.
Backblech mit Backpapier belegen.
Teig durchkneten und einen länglichen Laib formen. Auf das Backblech legen und 30 Minuten abgedeckt gehen lassen.
Brot mit Wasser bestreichen und mit Mohn bestreuen. Mit einem Messer die Oberfläche dreimal schräg einschneiden.
In den vorgeheizten Backofen setzen und backen.

Einsetzen:
Mittlere Einschubleiste

Backen:

210—225 °C	10—15 Minuten
180—200 °C	25—35 Minuten
0	5—10 Minuten

Zwiebelbrot

400 g	**Weizenmehl** Type 550
100 g	**Roggenmehl** Type 1150
40 g	**Hefe**
¼ l	**Wasser**
1 TL	**Zucker**
1 TL	**Salz**
50 g	**Butter** oder Margarine
4	**Zwiebeln**
40 g	**Butter** oder Margarine
1	**Eigelb**
1 EL	**Wasser**

Aus den angegebenen Zutaten einen Hefeteig bereiten und gehen lassen, siehe Seite 342/340.
Zwiebeln schälen und in Würfel schneiden. Butter **erhitzen,** Zwiebeln darin hellgelb **dünsten** und abkühlen lassen.
Teig durchkneten, Zwiebeln untermengen und Teig zu einem runden Brot formen.
Backblech mit Backpapier belegen und Brot auflegen.
Eigelb mit Wasser verrühren. Brot damit bestreichen und mit einer Gabel mehrmals einstechen. Brot abgedeckt 30 Minuten gehen lassen. In den vorgeheizten Backofen setzen und backen.

Einsetzen:
Mittlere Einschubleiste

Backen:

mit Schwaden 210—225 °C	15—20 Minuten
ohne Schwaden 180—200 °C	20—25 Minuten
0	5—10 Minuten

Dampfbrötchen

250 g	**Weizenmehl** Type 550
20 g	**Hefe**
4 EL	**Milch**
4 EL	**Wasser**
½ TL	**Salz**
20 g	**Butter** oder Margarine
20 g	**Butter** oder Margarine

Aus den angegebenen Zutaten einen Hefeteig bereiten und gehen lassen, siehe Seite 342/340.
Teig durchkneten, zu einer Rolle formen und in 8 Stücke schneiden. Mit bemehlten Händen zu runden länglichen Brötchen formen. Mit einem Holzstiel in der Mitte längs tief eindrücken, umdrehen und das Eindrücken wiederholen.
Backblech mit Backpapier auslegen und Brötchen darauflegen. Butter **erwärmen,** Brötchen damit bepinseln und abgedeckt 30 Minuten gehen lassen. In den vorgeheizten Backofen setzen und backen.

Einsetzen:
Mittlere Einschubleiste

Backen:
mit Schwaden

225—240 °C	15—20 Minuten
0	5—10 Minuten

Weizenschrotbrötchen

250 g	**Weizenmehl** Type 550
250 g	**Weizenbackschrot** Type 1700
40 g	**Hefe**
⅛ l	**Milch**
⅛ l	**Wasser**
1 TL	**Zucker**
2 TL	**Salz**

Aus den angegebenen Zutaten einen Hefeteig bereiten und gehen lassen, siehe Seite 342/340.
Teig durchkneten, mit Wasser bestreichen und abgedeckt 1 Std. gehen lassen.
Teig durchkneten, zu einer Rolle formen, in 16 Stücke schneiden. Mit bemehlten Händen zu länglichen Brötchen formen.
Backblech einfetten, Brötchen darauflegen, mit Wasser bestreichen und abgedeckt 30 Minuten gehen lassen. In den vorgeheizten Backofen setzen, backen.

Einsetzen:
Mittlere Einschubleiste

Backen:
mit Schwaden

225—240 °C	15—20 Minuten
0	5—10 Minuten

Berliner Schusterjungs

Roggenbrötchen

350 g	**Roggenmehl** Type 1800
150 g	**Weizenmehl** Type 550
40 g	**Hefe**
⅜ l	**Wasser**
2 TL	**Salz**

Aus den angegebenen Zutaten einen Hefeteig bereiten und gehen lassen, siehe Seite 342/340.
Teig durchkneten, zu einer Rolle formen und in 16 Stücke schneiden. Mit bemehlten Händen zu runden Brötchen formen und mit Roggenmehl bestäuben.
Backblech einfetten, Brötchen darauflegen und der Länge nach einschneiden. Brötchen abgedeckt 30 Minuten gehen lassen. In den vorgeheizten Backofen setzen und backen.

Einsetzen:
Mittlere Einschubleiste

Backen:

210—225 °C	20—30 Minuten
0	5—10 Minuten

Bild 93: Von der Teigrolle werden für die Rosinenbrötchen, Rezept Seite 361, gleich große Stücke abgeschnitten.

Rosinenbrötchen

250 g	**Weizenmehl** Type 405
20 g	**Hefe**
1/8 l	**Milch**
30 g	**Zucker**
1 Prise	**Salz**
50 g	**Butter** oder Margarine
50 g	**Rosinen**
	Milch

Aus den angegebenen Zutaten einen Hefeteig bereiten und gehen lassen, siehe Seite 342/340.
Teig durchkneten und Rosinen untermengen. Teig zu einer Rolle formen, in 8 Stücke teilen und diese mit bemehlten Händen rund formen.
Backblech einfetten. Teigstücke auflegen, mit Milch bestreichen und 30 Minuten abgedeckt gehen lassen. In den vorgeheizten Backofen setzen und backen.

Einsetzen:
Mittlere Einschubleiste

Backen:

210—225 °C	20—30 Minuten
0	5—10 Minuten

Kuchenbrot

Stuten

1 kg	**Weizenmehl** Type 405
60 g	**Hefe**
1/2 l	**Milch**
125 g	**Zucker**
1 Prise	**Salz**
	abgeriebene Zitronenschale
200 g	**Butter** oder Margarine
250 g	**Sultaninen**
	Milch

Aus den angegebenen Zutaten einen Hefeteig bereiten und gehen lassen, siehe Seite 342/340.
Teig durchkneten, Sultaninen untermengen.
Eine große Kastenform (Stutenform) einfetten, Teig einfüllen und mit Milch bestreichen. Teig abgedeckt gehen lassen und backen.

Einsetzen:
Auf dem Rost, untere Einschubleiste

Backen:

200—210 °C	30—40 Minuten
0	5—10 Minuten

Hefezopf

500 g	**Weizenmehl** Type 405
40 g	**Hefe**
1/8 l	**Milch**
2	**Eier**
60 g	**Zucker**
1	**Vanillezucker**
1 Prise	**Salz**
50 g	**Butter** oder Margarine
50 g	**Butter** oder Margarine
2 EL	**Mohn**

Aus den angegebenen Zutaten einen Hefeteig bereiten und gehen lassen, siehe Seite 342/340.
Teig durchkneten und in drei Teile schneiden, drei Rollen formen und lose zu einem Zopf flechten.
Backblech in der Größe des Teigzopfes einfetten, Zopf auflegen, mit weicher Butter bestreichen und mit Mohn bestreuen. Teig gehen lassen und backen.

Einsetzen:
Mittlere Einschubleiste

Backen:

190—210 °C	20—30 Minuten
0	5—10 Minuten

Bild 94: Der Hefezopf, Rezept Seite 361, wird aus drei gleichmäßig großen Teigrollen geflochten.

Rührteig

Die Grundbestandteile eines Rührteiges sind Fett — Butter oder Margarine —, Zucker oder Honig, Eier und Mehl. Diese Zutaten müssen durch gleichmäßiges Rühren vermischt werden, was durch den Einsatz einer Hand- oder Standküchenmaschine erleichtert und auf wenige Minuten verkürzt wird. Bei der Herstellung erhält der Teig durch die eingerührte Luft eine lockere Beschaffenheit. Durch Zugabe verschiedener Geschmackszutaten ist der Rührteig vielfältig abzuändern.

Was ist zu beachten?

- Fettart und Fettmenge beeinflussen den Geschmack und die Beschaffenheit des Gebäcks. Weiches, streichfähiges Fett erleichtert die Verarbeitung, deshalb das Fett rechtzeitig aus dem Kühlschrank nehmen.
- Zucker sollte feinkörnig sein, das verkürzt die Rührzeit.
  Wird der Rührteig mit Vollkornmehl bereitet, kann der Zucker gegen Honig ausgetauscht werden. Dabei reicht häufig die halbe Menge Honig aus.
- Eier sind im Rührteig als Binde- und Lockerungsmittel notwendig. Je mehr Eier zugegeben werden, desto geringer kann die Backpulvermenge und die Flüssigkeitszugabe sein. Wird das Ei getrennt und das Eiweiß steifgeschlagen zugegeben, wird das Gebäck lockerer.
- Als Mehl wird meist Weizenmehl Type 405 verwandt; es können aber auch alle anderen Typen bis hin zum Vollkornmehl verarbeitet werden. Ein Teil der Mehlmenge kann durch Speisestärke ersetzt werden, das Gebäck wird dadurch sehr feinporig.
- Backpulver ist bei Rührteig das Lockerungsmittel. Durch Flüssigkeit und Wärme entsteht Kohlendioxyd. Die entstehenden Gasbläschen lockern den Teig.
- Flüssigkeit, meist Milch, Buttermilch oder Sahne, immer kalt verwenden, da sonst das Backpulver seine Wirkung verliert.

Teigbereitung

Maschinelle Verarbeitung — nur für Hand- oder Standküchenmaschinen —

- Mehl, Backpulver und Zucker in eine Rührschüssel geben,
- übrige Zutaten darübergeben.
- Mit den Rührbesen zunächst auf kleinster Schaltstufe vermengen. Erst wenn das Mehl nicht mehr herausstäuben kann, auf der höchsten Schaltstufe alles schnell verrühren.

Manuelle Verarbeitung

- Fett in eine Rührschüssel geben und mit einem Teiglöffel cremig rühren,
- Zucker und Eier abwechselnd unterrühren.
- Geschmackszutaten hinzugeben,
- Mehl und Backpulver mischen und abwechselnd mit kalter Flüssigkeit unterrühren.

Was ist zu beachten?

- Teig nicht zu lange rühren, da er sonst zäh wird.

Gebäcke aus Rührteig, die in anderen Kapiteln stehen:

Torten und Spezialgebäck, Seite 431

Kleingebäck und Plätzchen, Seite 405

Rodonkuchen

Grundrezept Rührteig

375 g	**Mehl**
125 g	**Speisestärke**
1	**Backpulver**
200 g	**Zucker**
1	**Prise Salz**
	abgeriebene Zitronenschale
250 g	**Butter** oder Margarine
4	**Eier**
1—2 EL	**Rum**
1/8 l	**Milch**

Mehl, Speisestärke, Backpulver und Zucker in eine Rührschüssel geben. Darauf die übrigen Zutaten.
Mit den Rührbesen zunächst auf kleinster Schaltstufe vermengen. Erst wenn das Mehl nicht mehr herausstäuben kann, auf der höchsten Schaltstufe alles schnell verrühren.
Napfkuchenform einfetten, Teig einfüllen und backen.

Einsetzen:
Auf dem Rost, untere Einschubleiste.

Backen:

175—190 °C	50—60 Minuten
0	5—10 Minuten

Quarknapfkuchen

300 g	**Mehl**
1	**Backpulver**
200 g	**Zucker**
1	**Vanillezucker**
1 Prise	**Salz**
65 g	**geriebene Mandeln**
150 g	**Butter** oder Margarine
2	**Eier**
200 g	**Quark**
2—3 EL	**Milch**
100 g	**Sultaninen**

Aus den angegebenen Zutaten einen Rührteig bereiten, siehe Seite 363/362.
Sultaninen untermengen.
Napfkuchenform einfetten, Teig einfüllen und backen.

Einsetzen:
Auf dem Rost, untere Einschubleiste.

Backen:

175—190 °C	50—60 Minuten
0	5—10 Minuten

Marmorkuchen

375 g	**Mehl**
125 g	**Speisestärke**
1	**Backpulver**
150 g	**Zucker**
1	**Vanillezucker**
1 Prise	**Salz**
250 g	**Butter** oder Margarine
4	**Eier**
1/8 l	**Milch**
100 g	**Zucker**
50 g	**Kakao**
50 g	**geriebene Mandeln**
2—3 EL	**Milch**

Aus den angegebenen Zutaten einen Rührteig bereiten, siehe Seite 363/362.
Napfkuchenform einfetten und die Hälfte des Teiges einfüllen.
Den restlichen Teig mit Zucker, Kakao, Mandeln und Milch verrühren und auf den hellen Teig füllen.
Mit einer Gabel beide Teigschichten miteinander vermengen, um eine Marmorierung zu erzielen, und backen.

Einsetzen:
Auf dem Rost, untere Einschubleiste.

Backen:

175—190 °C	50—60 Minuten
0	5—10 Minuten

Beim Backen mit Umluft die Temperatur um etwa 30 °C niedriger einstellen

Bild 95: Napfkuchen mit Sultaninen und Korinthen, Rezept Seite 364.

Napfkuchen mit Sultaninen und Korinthen

500 g	**Mehl**
1	**Backpulver**
200 g	**Zucker**
1	**Vanillezucker**
1 Prise	**Salz**
50 g	**geriebene Mandeln**
250 g	**Butter** oder Margarine
4	**Eier**
2—3 EL	**Rum**
$^1/_8$ l	**Milch**
100 g	**Sultaninen**
100 g	**Korinthen**
100 g	**Zitronatwürfel**

Aus den angegebenen Zutaten einen Rührteig bereiten, siehe Seite 363/362.
Sultaninen, Korinthen und Zitronat untermengen.
Napfkuchenform einfetten, Teig einfüllen und backen.

Einsetzen:
Auf dem Rost, untere Einschubleiste.

Backen:

175—190 °C	50—60 Minuten
0	5—10 Minuten

Veränderung:

- **Napfkuchen mit Mandeln**
  Anstelle von Sultaninen, Korinthen und Zitronat 150 g geriebene Mandeln untermengen. Den Napfkuchen mit einem Kakao-Zuckerguß, Rezept Seite 455, bestreichen.
- **Schokoladenkuchen**
  Anstelle von Sultaninen, Korinthen und Zitronat 75 g Kakao und $^1/_8$ l Milch hinzufügen. Den Napfkuchen mit einem Zuckerguß, Rezept Seite 455, bestreichen.

Sandkuchen

200 g	**Mehl**
100 g	**Speisestärke**
½ TL	**Backpulver**
250 g	**Zucker**
1	**Vanillezucker**
1 Prise	**Salz**
250 g	**Butter** oder Margarine
4	**Eier**
2 EL	**Rum**

Aus den angegebenen Zutaten einen Rührteig bereiten, siehe Seite 363/362. Er muß eine besonders cremig-sahnige Beschaffenheit haben.
Kastenform mit Backpapier oder Butterbrotpapier auslegen, Teig einfüllen und sofort backen.

Einsetzen:
Auf dem Rost, untere Einschubleiste.

Backen:

165—170 °C	65—75 Minuten
0	5—10 Minuten

Veränderung:

- **Zitronen-Sandkuchen**
  Abgeriebene Schale einer Zitrone in den Teig geben.
  Den gestürzten warmen Kuchen mit einem Hölzchen mehrfach tief einstechen. 150 g Puderzucker mit dem Saft von 3—4 Zitronen glattrühren und den Kuchen damit beträufeln. 2—3 Tage durchziehen lassen.
- **Orangen-Sandkuchen**
  Anstelle von Zitronen die gleiche Menge Orangenschale und -saft verwenden.
- **Sandkuchentorte**
  Teig in eine nur am Boden gefettete Springform füllen.
  Auf dem Rost, untere Einschubleiste, bei 180—190 °C in 30—35 Minuten backen, 5—10 Minuten 0. Eventuell die noch warme Torte mit 200 g geschmolzener Kuvertüre bestreichen oder die abgekühlte Torte mit Puderzucker bestäuben.

Königskuchen

200 g	**Mehl**
50 g	**Speisestärke**
1 Msp	**Backpulver**
150 g	**Zucker**
1	**Vanillezucker**
1 Prise	**Salz**
	abgeriebene Zitronenschale
50 g	**geriebene Mandeln**
250 g	**Butter** oder Margarine
3	**Eier**
1—2 EL	**Rum**
125 g	**Korinthen**

Aus den angegebenen Zutaten einen Rührteig bereiten, siehe Seite 363/362.
Korinthen untermengen.
Kastenform mit Backpapier oder Butterbrotpapier auslegen, Teig einfüllen und sofort backen.

Einsetzen:
Auf dem Rost, untere Einschubleiste.

Backen:

165—175 °C	65—75 Minuten
0	5—10 Minuten

Englischer Teekuchen

250 g	**Mehl**
½ TL	**Backpulver**
150 g	**Zucker**
4	**Eier**
1 Prise	**Salz**
	abgeriebene Schale einer Zitrone
250 g	**Butter** oder Margarine
1—2 EL	**Rum**
250 g	**Sultaninen**
100 g	**Zitronatwürfel**
100 g	**Orangeatwürfel**
100 g	**kandierte rote Kirschen**
50 g	**Mehl**

Aus den angegebenen Zutaten einen Rührteig bereiten, siehe Seite 363/362. →

Beim Backen mit Umluft die Temperatur um etwa 30 °C niedriger einstellen

Sultaninen, Zitronat, Orangeat und die geviertelten Kirschen mit dem Mehl mischen und unter den Teig mengen.
Kastenform mit Backpapier auslegen, Teig einfüllen und sofort backen.

Einsetzen:
Auf dem Rost, untere Einschubleiste.

Backen:

165—175 °C	80—90 Minuten
0	5—10 Minuten

Gewürzkuchen

300 g	**Mehl**
1 TL	**Backpulver**
150 g	**Zucker**
3	**Eier**
1 Prise	**Salz**
100 g	**geriebene Schokolade**
1 TL	**Zimt**
1 TL	**Nelkenpulver**
200 g	**Butter** oder Margarine
1/8 l	**Milch**
Guß:	
200 g	**Puderzucker**
1—2 EL	**Zitronensaft**
1 EL	**heißes Wasser**

Aus den angegebenen Zutaten einen Rührteig bereiten, siehe Seite 363/362.
Kastenform mit Backpapier oder Butterbrotpapier auslegen, Teig einfüllen, glattstreichen und backen.

Einsetzen:
Auf dem Rost, untere Einschubleiste.

Backen:

175—190 °C	50—60 Minuten
0	5—10 Minuten

Nach dem Backen
Für den Guß Puderzucker mit Zitronensaft und Wasser verrühren. Den warmen Kuchen damit bestreichen.

Tip:
- Dieser Kuchen hält sich lange frisch und sollte möglichst 3—4 Tage vor dem Anschnitt gebacken werden, da das Aroma der Gewürze dann besser durchzieht.

Früchtebrot

100 g	**Mehl**
3 TL	**Backpulver**
100 g	**Zucker**
1 Prise	**Salz**
1 Msp	**Zimt**
125 g	**Butter** oder Margarine
3	**Eier**
125 g	**gehackte Mandeln**
125 g	**gehackte Nüsse**
125 g	**Sultaninen**
125 g	**Zitronatwürfel**
125 g	**getrocknete Feigen**
125 g	**kandierte Kirschen**

Aus den angegebenen Zutaten einen Rührteig bereiten, siehe Seite 363/362.
Mandeln, Nüsse, Sultaninen, Zitronat, grob zerkleinerte Feigen und Kirschen untermengen.
Kastenform mit Backpapier oder Butterbrotpapier auslegen, Teig einfüllen und backen.

Einsetzen:
Auf dem Rost, untere Einschubleiste.

Backen:

165—175 °C	55—65 Minuten
0	5—10 Minuten

Nußkuchen

100 g	**Paniermehl**
1 TL	**Backpulver**
200 g	**Zucker**
1 Prise	**Salz**
200 g	**geriebene Schokolade**
300 g	**geriebene Nüsse**
200 g	**Butter** oder Margarine
6	**Eier**
Guß:	
150 g	**Kuvertüre**

Aus den angegebenen Zutaten einen Rührteig bereiten, siehe Seite 363/362.
Kastenform mit Backpapier auslegen, Teig einfüllen und backen.

Einsetzen:
Auf dem Rost, untere Einschubleiste.

Backen:

165—175 °C	60—70 Minuten
0	5—10 Minuten

Nach dem Backen
Den warmen Kuchen mit geschmolzener Kuvertüre bestreichen.

Altdeutscher Kuchen

375 g	**Mehl**
2 TL	**Backpulver**
150 g	**Zucker**
1	**Vanillezucker**
1 Prise	**Salz**
250 g	**Butter** oder Margarine
3	**Eigelb**
1 EL	**Rum**
5 EL	**Milch**
Füllung:	
200 g	**geriebene Mandeln**
150 g	**Zucker**
100 g	**Zitronat**
½ TL	**Zimt**
40 g	**Paniermehl**
2 EL	**Milch**
3	**Eiweiß**

Aus den angegebenen Zutaten einen Rührteig bereiten, siehe Seite 363/362.
Für die Füllung alle Zutaten vermengen. Kasten- oder Springform einfetten, die Hälfte des Kuchenteiges einfüllen, darauf die Hälfte der Füllung verteilen, dann den übrigen Teig.
Eiweiß steif schlagen, mit der restlichen Füllmasse locker vermengen, auf den Teig streichen und backen.

Einsetzen:
Auf dem Rost, untere Einschubleiste.

Backen:

175—190 °C	60—70 Minuten
0	5—10 Minuten

Rotwein-Nußkuchen

250 g	**Weizenvollkornmehl**
3 TL	**Backpulver**
200 g	**Honig**
100 g	**geraspelte Schokolade**
200 g	**geriebene Haselnüsse**
2 TL	**Zimt**
200 g	**Butter**
4	**Eigelb**
⅛ l	**Rotwein**
4	**Eiweiß**

Aus den angegebenen Zutaten einen Rührteig bereiten, siehe Seite 363/362.
Eiweiß steif schlagen und unterheben.
Kastenform mit Backpapier oder Butterbrotpapier auslegen, Teig einfüllen und backen.

Einsetzen:
Auf dem Rost, untere Einschubleiste.

Backen:

175—190 °C	50—60 Minuten
0	5—10 Minuten

Sauerkirschschnitten

200 g	**Mehl**
125 g	**Speisestärke**
1 TL	**Backpulver**
200 g	**Zucker**
1	**Vanillezucker**
1 Prise	**Salz**
	abgeriebene Zitronenschale
250 g	**Butter** oder Margarine
4	**Eier**
Belag:	
1 ½ kg	**Sauerkirschen**
	Zucker

Aus den angegebenen Zutaten einen Rührteig bereiten, siehe Seite 363/362.→

Beim Backen mit Umluft die Temperatur um etwa 30 °C niedriger einstellen

Fettpfanne einfetten, Teig gleichmäßig darauf verteilen.
Sauerkirschen waschen, entsteinen, auf dem Teig verteilen und backen.

Einsetzen:
Mittlere Einschubleiste.

Backen:

200—210 °C	25—30 Minuten
0	5—10 Minuten

Nach dem Backen
Kuchen gleich nach dem Herausnehmen mit Zucker bestreuen.

Veränderung:
- 900 g gedünstete, abgetropfte Sauerkirschen auf dem Teig verteilen.
- **Obstschnitten**
  Anstelle von Sauerkirschen Aprikosen oder Rhabarber verwenden.

Nußblechkuchen

250 g	**Mehl**
1	**Backpulver**
200 g	**Zucker**
1	**Vanillezucker**
1 Prise	**Salz**
300 g	**geriebene Nüsse**
175 g	**Butter** oder Margarine
4	**Eier**
2 EL	**Rum**
$^{1}/_{8}$ l	**Milch**

Guß:

200 g	**Puderzucker**
2—3 EL	**heiße Flüssigkeit**

Aus den angegebenen Zutaten einen Rührteig bereiten, siehe Seite 363/362.
Backblech einfetten, Teig aufstreichen und backen.

Einsetzen:
Mittlere Einschubleiste.

Backen:

200—210 °C	18—22 Minuten
0	5—10 Minuten

Nach dem Backen
Für den Guß Puderzucker und Flüssigkeit verrühren. Den warmen Kuchen damit bestreichen.

Weicher Blitzkuchen

250 g	**Mehl**
1 TL	**Backpulver**
200 g	**Zucker**
1	**Vanillezucker**
1 Prise	**Salz**
250 g	**Butter** oder Margarine
5	**Eier**

Belag:

50 g	**Zucker**
50 g	**Mandelstifte**
50 g	**Butter**

Aus den angegebenen Zutaten einen Rührteig bereiten, siehe Seite 363/362.
Backblech einfetten. Teig gleichmäßig darauf streichen, mit Zucker und Mandeln bestreuen, Butterflöckchen darauf verteilen und backen.

Einsetzen:
Mittlere Einschubleiste.

Backen:

200—210 °C	20—25 Minuten

Nach dem Backen
Den Kuchen noch warm in Stücke schneiden.

Was ist zu beachten?
- Teig gleichmäßig auf dem Backblech verteilen, damit er gleichmäßig braun wird.
- Blitzkuchen nicht zu scharf backen, da er sonst austrocknet und hart wird.

STROM-SPAR-TIP
Backofentür nicht unnötig öffnen

Beim Backen mit Umluft die Temperatur um etwa 30 °C niedriger einstellen

Quarkölteig

Quarkölteig ist ein Knetteig, der statt Butter Quark und Öl enthält und mit Backpulver bereitet wird. Quarkölteig ist schnell und einfach herzustellen und sehr vielseitig, süß oder salzig, zu verarbeiten, z. B. für Kuchen auf dem Blech, Pizza, geformtes Gebäck oder Kleingebäck mit verschiedenen Füllungen. Gebäck aus Quarkölteig schmeckt frisch am besten.

Was ist zu beachten?

- Quark, falls er sehr feucht ist, in einem Tuch gut auspressen.
- Öl ist bei dieser Teigart von ausschlaggebender Bedeutung und darf durch keine andere Fettart ersetzt werden. Jedes Speiseöl, das neutral im Geschmack ist, kann verwendet werden.
- Ei kann eingespart werden, dafür muß dann die Milchmenge um 3 Eßlöffel erhöht werden.

Teigbereitung

— nur für Hand- oder Standküchenmaschinen —

- Mehl und Backpulver vermischt in eine Rührschüssel geben,
- übrige Zutaten darübergeben.
- Mit den Knethaken zunächst auf niedriger Schaltstufe vermengen, und erst wenn das Mehl nicht mehr herausstäuben kann, kurz auf der höchsten Stufe zu einem glatten Teig verarbeiten. Nach Rezeptangabe weiterverarbeiten.

Was ist zu beachten?

- Teig nicht zu lange kneten, da er sonst klebt.

Quarkölteig

Grundrezept süß

300 g	**Mehl**
1	**Backpulver**
150 g	**Quark**
6 EL	**Milch**
6 EL	**Öl**
75 g	**Zucker**
1	**Vanillezucker**

Mehl und Backpulver vermischt in eine Rührschüssel geben, übrige Zutaten darübergeben.
Mit den Knethaken zunächst auf niedriger Schaltstufe vermengen, und erst wenn das Mehl nicht mehr herausstäuben kann, kurz auf der höchsten Stufe zu einem glatten Teig verarbeiten.
Teig nach Rezeptangabe weiterverarbeiten.

Anmerkung:
Süßer Quarkölteig kann zu Gebäck wie Brötchen, Kränze oder Kleingebäck mit verschiedenen Füllungen verarbeitet werden oder für Blechkuchen verwandt werden. Als Belag für Blechkuchen eignen sich Streusel, Obst, Mandel- oder Quarkmasse.

Apfelkuchen

300 g	**Mehl**
1	**Backpulver**
150 g	**Quark**
6 EL	**Milch**
6 EL	**Öl**
75 g	**Zucker**
1	**Vanillezucker**
50 g	**Butter**
Belag:	
1 1/2 kg	**Äpfel**
Guß:	
3	**Eigelb**
100 g	**Zucker**
75 g	**Mehl**
400 g	**saure Sahne**
3	**Eiweiß**

Aus den angegebenen Zutaten einen Quarkölteig bereiten, siehe Seite 370/369.

Fettpfanne einfetten, Teig gleichmäßig darauf verteilen und mit weicher Butter bestreichen.
Äpfel waschen, schälen, in Viertel schneiden, Kerngehäuse entfernen und Äpfel in Stücke schneiden. Teig mit den Äpfeln belegen.
Für den Guß Eigelb und Zucker schaumig rühren. Mehl und Sahne unterrühren.
Eiweiß steif schlagen und unterheben. Guß auf den Äpfeln verteilen und den Teig backen.

Einsetzen:
Mittlere Einschubleiste

Backen:

190—200 °C	25—35 Minuten
0	5—10 Minuten

Nußkranz

300 g	**Mehl**
1	**Backpulver**
150 g	**Quark**
6 EL	**Milch**
6 EL	**Öl**
75 g	**Zucker**
1	**Vanillezucker**
Füllung:	
200 g	**Marzipanrohmasse**
1/8 l	**Milch**
2 EL	**Rum**
200 g	**Sultaninen**
100 g	**Korinthen**
200 g	**gehackte Haselnüsse**
1	**Eigelb**
2 EL	**Wasser**
Guß:	
200 g	**Puderzucker**
2—3 EL	**Zitronensaft**
1 EL	**heißes Wasser**

Aus den angegebenen Zutaten einen Quarkölteig bereiten, siehe Seite 370/369.
Teig auf einer bemehlten Arbeitsfläche zu einem Rechteck ausrollen.
Für die Füllung Marzipan mit Milch und Rum cremig rühren und auf den Teig streichen.
Sultaninen, Konrinthen und Nüsse gleichmäßig darüberstreuen.

Teig von der längeren Seite her aufrollen und zu einem Kranz formen.
Eigelb mit Wasser verrühren und den Kranz damit bestreichen.
Backblech in der Größe des Teigkranzes einfetten, Kranz auflegen und backen.

Einsetzen:
Mittlere Einschubleiste.

Backen:

190—200 °C	25—30 Minuten
0	5—10 Minuten

Nach dem Backen
Für den Guß Puderzucker mit Zitronensaft und Wasser verrühren und den warmen Kranz damit bestreichen.

Kirschkuchen mit Rahmguß

300 g	**Weizenvollkornmehl**
1	**Backpulver**
150 g	**Quark**
6 EL	**Milch**
6 EL	**Öl**
3 EL	**Honig**
Belag:	
2 EL	**Weizenschrot**
1 kg	**Sauerkirschen**
Guß:	
3	**Eigelb**
3 EL	**Honig**
50 g	**Weizenvollkornmehl**
400 g	**saure Sahne**
3	**Eiweiß**

Aus den angegebenen Zutaten einen Quarkölteig bereiten, siehe Seite 370/369.
Fettpfanne einfetten, Teig gleichmäßig darauf verteilen.
Weizenschrot auf den Teig streuen. Kirschen waschen, entsteinen und auf dem Teig verteilen.
Für den Guß Eigelb, Honig, Mehl und Sahne verrühren.
Eiweiß steif schlagen und unterheben.
Guß auf den Kirschen verteilen und den Teig backen.

Einsetzen:
Mittlere Einschubleiste.

Backen:

190—200 °C	25—35 Minuten
0	5—10 Minuten

Aprikosenkuchen

300 g	**Weizenvollkornmehl**
1	**Backpulver**
150 g	**Quark**
6 EL	**Milch**
6 EL	**Öl**
3 EL	**Honig**
Belag:	
1 1/2 kg	**Aprikosen**
Guß:	
5 EL	**Haselnußmus**
3 EL	**Aprikosenkonfitüre**
	Saft von 2 Zitronen
3	**Eier**
3 EL	**gehackte Haselnüsse**

Aus den angegebenen Zutaten einen Quarkölteig bereiten, siehe Seite 370/369.
Fettpfanne einfetten, Teig gleichmäßig darauf verteilen.
Aprikosen waschen, halbieren, entsteinen und auf dem Teig verteilen.
Für den Guß Haselnußmus, Konfitüre, Zitronensaft, Eier und Nüsse verrühren.
Guß auf den Aprikosen verteilen und den Teig backen.

Einsetzen:
Mittlere Einschubleiste.

Backen:

190—200 °C	25—35 Minuten
0	5—10 Minuten

Beim Backen mit Umluft die Temperatur um etwa 30 °C niedriger einstellen

Biskuitteig

Biskuitteig wird aus einer großen Eiermenge, wenig Zucker und wenig Mehl, das eventuell mit Speisestärke und Backpulver gemischt ist, zubereitet und enthält in der Regel kein Fett.
Die Zahl der Eier bestimmt die Mengen der übrigen Zutaten, bei Eiern der Gewichtsklasse 2 gilt als Berechnungsgrundlage für

Biskuitteig

2	Eier
50 g	Zucker
50 g	Mehl

Wasserbiskuitteig

1	Ei
1 EL	Wasser
50 g	Zucker
30 g	Mehl
20 g	Speisestärke
1 Msp	Backpulver

Im Vergleich zum Biskuitteig wird beim Wasserbiskuitteig 1 Ei durch 1 EL Wasser ersetzt. Damit trotz des geringeren Eianteils ein feinporiges Gebäck wie beim Biskuitteig entsteht, wird ein Teil des Mehls durch Speisestärke ersetzt und Backpulver zugefügt. Beide Varianten können wie in der Teigbereitung beschrieben mit ganzen oder getrennten Eiern bereitet werden.

Beispiel
Für eine Springform (∅26 cm) wird der Biskuitteig aus 6 Eiern, der Wasserbiskuitteig aus 4 Eiern bereitet.

Aus gebackenem Biskuit werden durch Füllen mit Creme, Sahne, Quark oder Marmelade Torten, Rollen oder Schnitten hergestellt.

Was ist zu beachten?
- Durch die Eier bekommt der Teig die schaumige Beschaffenheit und es entsteht ein feinporiges, elastisches Gebäck.
- Eigelb und Eiweiß werden schaumig geschlagen und nehmen dabei sehr viel Luft auf, wodurch der Teig gelockert wird.
- Zucker muß feinkörnig sein, damit er sich schnell löst.
- Mehl kann bis zur Hälfte durch Speisestärke ersetzt werden. Der Biskuit wird dadurch feinporiger.
- Durch Zugabe von Schokolade, Kakao, Nüssen oder Mandeln kann die Mehlmenge zum Teil ersetzt werden.
- Bei Butterbiskuit wird der Teig durch die Zugabe von flüssiger Butter geschmeidiger. Die feinporige Beschaffenheit geht zum Teil verloren.
- Biskuitteig muß sofort gebacken werden, deshalb vor der Teigbereitung Backform oder -blech vorbereiten:
  Für Torten Springform nur am Boden einfetten oder mit Backpapier oder Butterbrotpapier auslegen. Am ungefetteten Rand kann der Teig nicht abgleiten, er geht gleichmäßig nach oben auf.
  Für Rollen und Schnitten Backblech mit Backpapier oder Butterbrotpapier auslegen.

Teigbereitung

mit ganzen Eiern — für Hand- oder Standküchenmaschinen

- Ganze Eier, je nach Rezeptangabe ohne oder mit warmem Wasser, in eine Rührschüssel geben,
- mit den Rührbesen schaumig rühren.
- Bei höchster Einstellung Zucker und Geschmackszutaten langsam einrieseln lassen. Die Masse so lange rühren, bis sie cremig und glänzend ist.
- Mehl, eventuell mit Backpulver, Speisestärke oder Kakao gemischt, auf die Masse sieben und bei niedriger Einstellung kurz untermengen, bis der Teig glatt ist.

mit getrennten Eiern — für maschinelle oder manuelle Verarbeitung

- Eiweiß ohne oder mit kaltem Wasser in eine Rührschüssel geben,
- mit den Rührbesen einer Hand- oder Standküchenmaschine oder mit einem Schneebesen steif schlagen.
- Zucker und Geschmackszutaten unter ständigem Schlagen einrieseln lassen. Die Masse so lange schlagen, bis sie cremig und glänzend ist.
- Eigelb verrühren und unterheben.
- Mehl, eventuell mit Backpulver, Speisestärke oder Kakao gemischt, auf die Masse sieben und bei niedriger Einstellung kurz untermengen, bis der Teig glatt ist.

Was ist zu beachten?

- Beide Teigbereitungsarten ergeben einen lockeren Biskuit; wichtig ist, daß das Mehl nur locker untergemengt und nicht untergerührt wird.

Backen

- Biskuitteig sofort backen, da die eingeschlagene Luft sonst vorzeitig entweicht. Teig in die vorbereitete Form oder auf ein Backblech geben, glattstreichen und backen.
- Biskuitteig für Rollen und Schnitten in den vorgeheizten Backofen einsetzen, da nur so die kurze Backdauer eingehalten werden kann und das flache Gebäck nicht austrocknet.

Gebäcke aus Biskuitteig, die in anderen Kapiteln stehen:

Biskuitplätzchen, Seite 413

Torten und Spezialgebäck, Seite 431 ff.

Biskuit-Boden

Grundrezept Biskuitteig

6 Eier
150 g Zucker
1 Vanillezucker
150 g Mehl

Maschinelle Teigbereitung
Springform am Boden mit Backpapier oder Butterbrotpapier auslegen.
Eier in eine Rührschüssel geben und mit den Rührbesen schaumig rühren. Zucker und Vanillezucker einrieseln lassen und so lange rühren, bis die Masse cremig und glänzend ist. Mehl darauf sieben und kurz untermengen.
Teig einfüllen und sofort backen.

Einsetzen:
Auf dem Rost, untere Einschubleiste

Backen:
175—190 °C 25—30 Minuten
0 5—10 Minuten

Nach dem Backen
Biskuitboden einige Minuten in der Springform stehen lassen. Mit einem Messer vom Rand lösen und die Form öffnen. Boden auf ein Kuchengitter stürzen und das Papier abziehen, damit er ausdünsten kann.
Biskuitboden ein- oder zweimal durchschneiden. Nach Belieben füllen und garnieren.

Veränderung:
- 1 TL Kakao, 1/2 TL Backpulver und 50 g geriebene Schokolade hinzufügen.

Wasserbiskuit-Boden

Grundrezept

4 Eier
4 EL Wasser
200 g Zucker
1 Vanillezucker
120 g Mehl
80 g Speisestärke
1 TL Backpulver

Springform am Boden mit Backpapier oder Butterbrotpapier auslegen.
Aus den angegebenen Zutaten einen Biskuitteig bereiten, siehe Seite 374/372.
Teig einfüllen und sofort backen.

Einsetzen:
Auf dem Rost, untere Einschubleiste

Backen:
175—190 °C 25—35 Minuten
0 5—10 Minuten

Nach dem Backen
Biskuitboden einige Minuten in der Springform stehen lassen. Mit einem Messer vom Rand lösen und die Form öffnen. Boden auf ein Kuchengitter stürzen und das Papier abziehen, damit er ausdünsten kann.
Biskuitboden ein- oder zweimal durchschneiden. Nach Belieben füllen und garnieren.

Butterbiskuit-Boden

6 Eier
150 g Zucker
1 Vanillezucker
150 g Mehl
50 g Speisestärke

---

80 g Butter

Springform am Boden mit Backpapier oder Butterbrotpapier auslegen.
Aus den angegebenen Zutaten einen Biskuitteig bereiten, siehe Seite 374/372.
Butter **schmelzen,** auf den Teig träufeln und unterheben.
Teig einfüllen und sofort backen.

Einsetzen:
Auf dem Rost, untere Einschubleiste

Backen:
175—190 °C 30—40 Minuten
0 5—10 Minuten

Nach dem Backen
Biskuitboden einige Minuten in der Springform stehen lassen. Mit einem Messer vom Rand lösen und die Form öffnen. Boden auf ein Kuchengitter stürzen und das Papier abziehen, damit er ausdünsten kann.
Biskuitboden ein- oder zweimal durchschneiden. Nach Belieben füllen und garnieren.

Schokoladenbiskuit-Tortenboden

4	**Eier**
5 EL	**Wasser**
175 g	**Zucker**
1	**Vanillezucker**
100 g	**Mehl**
100 g	**Speisestärke**
2 TL	**Backpulver**
30 g	**Kakao**

Springform nur am Boden einfetten oder mit Backpapier oder Butterbrotpapier auslegen.
Aus den angegebenen Zutaten einen Biskuitteig bereiten, siehe Seite 374/372.
Teig einfüllen und sofort backen.

Einsetzen:
Auf dem Rost, untere Einschubleiste

Backen:

175—190 °C	25—30 Minuten
0	5—10 Minuten

Nach dem Backen
Biskuitboden einige Minuten in der Springform stehen lassen. Mit einem Messer vom Rand lösen und die Form öffnen. Boden auf ein Kuchengitter stürzen und das Papier abziehen, damit er ausdünsten kann.
Biskuitboden ein- oder zweimal durchschneiden. Nach Belieben füllen und garnieren.

Biskuit-Apfeltorte

3	**Eier**
3 EL	**Wasser**
150 g	**Zucker**
1	**Vanillezucker**
200 g	**Mehl**
2 TL	**Backpulver**
Belag:	
750 g	**Äpfel**
	Puderzucker

Springform nur am Boden einfetten.
Aus den angegebenen Zutaten einen Biskuitteig bereiten, siehe Seite 374/372.
Teig einfüllen.
Für den Belag Äpfel waschen, schälen, halbieren, Kerngehäuse entfernen.
Die gewölbte Seite in gleichmäßigen Abständen ½ cm tief einschneiden und diese Seite nach oben auf den Teig legen.
Mit Puderzucker bestäuben und backen.

Einsetzen:
Auf dem Rost, untere Einschubleiste

Backen:

175—190 °C	30—35 Minuten
0	5—10 Minuten

Anmerkung:
Beim Backen steigt der Teig hoch, so daß die Äpfel zum Teil damit bedeckt werden.

Veränderung:
- Anstelle von Äpfeln eignen sich auch Aprikosen oder Kirschen.

Anisbrot

1	**Ei**
5	**Eigelb**
250 g	**Zucker**
1 Prise	**Salz**
	abgeriebene Zitronenschale
1 EL	**Anispulver**
5	**Eiweiß**
1—2 TL	**Zitronensaft**
250 g	**Mehl**

Kastenform mit Backpapier auslegen.
Ei und Eigelb mit dem Zucker schaumig rühren. Salz, Zitronenschale und Anispulver untermengen.
Eiweiß mit Zitronensaft steif schlagen und auf die Eigelbmasse geben.
Mehl darübersieben und alles locker vermengen, der Teig darf keine Mehlklümpchen haben.
Teig einfüllen und backen.

Einsetzen:
Auf dem Rost, untere Einschubleiste

Backen:

175—190 °C	40—50 Minuten
0	5—10 Minuten

Nach dem Backen
Das erkaltete Brot in 1 cm dicke Scheiben schneiden. Scheiben dicht nebeneinander auf ein Backblech legen und auf der mittleren Einschubleiste im Backofen bei 210—225 °C goldbraun rösten.

Biskuitrolle

4	**Eier**
4 EL	**Wasser**
150 g	**Zucker**
1	**Vanillezucker**
75 g	**Mehl**
75 g	**Speisestärke**
1 TL	**Backpulver**
Füllung:	
450 g	**Konfitüre**
	Puderzucker

Backofen vorheizen. Backblech mit Backpapier oder Butterbrotpapier auslegen.
Aus den angegebenen Zutaten einen Biskuitteig bereiten, siehe Seite 374/372.
Teig etwa 1 cm dick auftragen. In den Backofen setzen und sofort backen.

Einsetzen:
Mittlere Einschubleiste

Backen:
200—225 °C 10—12 Minuten

Nach dem Backen
Biskuitplatte sofort auf ein mit Zucker bestreutes Geschirrtuch stürzen, Papier mit kaltem Wasser bestreichen und abziehen.

Konfitüre verrühren, Biskuitplatte damit bestreichen und sofort von der Schmalseite her aufrollen. Dazu die Kante überschlagen, andrücken und die Platte durch Anheben des Tuches locker aufrollen.
Mit Puderzucker bestäuben.

Was ist zu beachten?
- Füllt die Teigmenge ein großes Backblech nicht ganz aus, das Papier unmittelbar vor dem Teig zur Falte knikken, so daß ein Rand entsteht. Der Teig kann dann nicht verlaufen.
- Backdauer nicht überschreiten, da der Rand sonst trocken wird und die Biskuitplatte beim Rollen zerbricht.
- Soll die Biskuitrolle mit Creme oder Sahne gefüllt werden: Das abgezogene Papier wieder auflegen und die Biskuitplatte sofort von der Schmalseite her durch Anheben des Tuches locker aufrollen. Rolle erkalten lassen. Füllung fertigstellen, die Rolle vorsichtig aufrollen, Papier entfernen, Biskuit mit Füllung bestreichen und wieder aufrollen.

Bild 96: Die Biskuitplatte wird auf ein mit Zucker bestreutes Geschirrtuch gestürzt, . . .

Bild 97: . . . das Papier mit kaltem Wasser bestrichen . . .

Schokoladen-Biskuitrolle mit Preiselbeersahne

4	**Eier**
5 EL	**Wasser**
150 g	**Zucker**
75 g	**Mehl**
75 g	**Speisestärke**
1 TL	**Backpulver**
20—30 g	**Kakao**

Füllung:

3 EL	**Rum**
125 g	**Preiselbeeren** aus dem Glas
¹/₄ l	**süße Sahne**
1	**Sahnefestiger**
1 TL	**Zucker**
	Puderzucker

Backofen vorheizen. Backblech mit Backpapier oder Butterbrotpapier auslegen.
Aus den angegebenen Zutaten einen Biskuitteig bereiten, siehe Seite 374/372.
Teig etwa 1 cm dick auftragen, in den Backofen setzen und sofort backen.

Einsetzen:
Mittlere Einschubleiste

Backen:
200—225 °C 10—12 Minuten

Nach dem Backen
Biskuitplatte sofort auf ein mit Zucker bestreutes Geschirrtuch stürzen, Papier mit kaltem Wasser bestreichen und abziehen.
Papier wieder auflegen und den Biskuit sofort von der Schmalseite her durch Anheben des Tuches locker aufrollen. Rolle erkalten lassen.
Biskuit vorsichtig zurückrollen, Papier entfernen. Rum über den Biskuit träufeln. Preiselbeeren verrühren und aufstreichen. Sahne mit Sahnefestiger und Zukker nach Herstellerangabe steif schlagen und darüberstreichen.
Biskuit aufrollen. Dazu die untere Kante überschlagen, andrücken und Biskuit durch Anheben des Tuches aufrollen.
Mit Puderzucker bestäuben.

Was ist zu beachten?
- Füllt die Teigmenge ein großes Backblech nicht ganz aus, das Papier unmittelbar vor dem Teig zur Falte knikken, so daß ein Rand entsteht. Der Teig kann dann nicht verlaufen.
- Backdauer nicht überschreiten, da der Rand sonst trocken wird und die Biskuitplatte beim Rollen zerbricht.

Bild 98: . . . und vorsichtig abgezogen.

Bild 99: Die Biskuitplatte wird mit dem lose aufliegenden Papier durch Anheben des Tuches aufgerollt.

Biskuitrolle mit Buttercremefüllung

4	**Eier**
100 g	**Zucker**
100 g	**Mehl**

Füllung:

250 g	**Butter**
250 g	**Puderzucker**
1 Prise	**Salz**
1–2	**Eigelb**
	abgeriebene Zitronenschale
2–3 EL	**Zitronensaft**
	Puderzucker

Backofen vorheizen. Backblech mit Backpapier oder Butterbrotpapier auslegen.
Aus den angegebenen Zutaten einen Biskuitteig bereiten, siehe Seite 374/372.
Teig etwa 1 cm dick auftragen. In den Backofen setzen und sofort backen.

Einsetzen:
Mittlere Einschubleiste

Backen:
200–225 °C 10–12 Minuten

Nach dem Backen
Biskuitplatte sofort auf ein mit Zucker bestreutes Geschirrtuch stürzen, Papier mit kaltem Wasser bestreichen und abziehen.
Papier wieder auflegen und den Biskuit sofort von der Schmalseite her durch Anheben des Tuches locker aufrollen. Rolle erkalten lassen.
Für die Füllung weiche Butter sahnig rühren, Puderzucker nach und nach unterrühren. Salz, Eigelb, Zitronenschale und -saft hinzufügen.
Biskuit vorsichtig zurückrollen. Papier entfernen, Buttercreme gleichmäßig aufstreichen. Biskuit aufrollen, dabei die untere Kante überschlagen, andrücken und Biskuit durch Anheben des Tuches aufrollen.
Mit Puderzucker bestäuben.

Biskuitrolle mit Erdbeerquark

4	**Eier**
4 EL	**Wasser**
125 g	**Honig**
150 g	**Weizenvollkornmehl**
1 TL	**Backpulver**

Füllung:

500 g	**Erdbeeren**
4 EL	**Ahornsirup**
1/4 l	**süße Sahne**
1	**Sahnefestiger**
250 g	**Quark**
3 EL	**Orangensaft**

Backofen vorheizen. Backblech mit Backpapier oder Butterbrotpapier auslegen.
Aus den angegebenen Zutaten einen Biskuitteig bereiten, siehe Seite 374/372.
Teig etwa 1 cm dick auftragen, in den Backofen setzen und sofort backen.

Einsetzen:
Mittlere Einschubleiste

Backen:
200–225 °C 10–12 Minuten

Nach dem Backen
Biskuitplatte sofort auf ein mit Zucker bestreutes Geschirrtuch stürzen. Papier mit kaltem Wasser bestreichen und abziehen. Das abgezogene Backpapier auf die Teigplatte legen und mit einrollen.
Für die Füllung Erdbeeren waschen, entstielen, in Stücke schneiden und mit Sirup beträufeln.
Sahne mit Sahnefestiger steifschlagen.
Quark und Orangensaft verrühren, Sahne und Erdbeeren unterheben.
Die kalte Rolle vorsichtig zurückrollen, Papier entfernen, Biskuit mit der Füllung bestreichen und wieder aufrollen.

Beim Backen mit Umluft die Temperatur um etwa 30 °C niedriger einstellen

Mürbeteig

Mürbeteig ist ein fettreicher, gekneteter Teig, der seine mürbe Beschaffenheit durch Fettart und Fettmenge erhält. Mürbeteig eignet sich besonders für süßes und salziges Gebäck, z. B. Obsttorten und -kuchen sowie für Kleingebäck und Torteletts.

Was ist zu beachten?

- Butter oder Margarine bewirken einen feinen Geschmack. Um die typische mürbe Beschaffenheit des Gebäckes zu erreichen
  — bei maschineller Teigbereitung weiches Fett
  — bei manueller Teigbereitung kaltes Fett verwenden.
  Das Fett nie flüssig zugeben, da das Gebäck sonst fest wird.
- Weizenmehl kann von Type 405 bis zu Vollkornmehl zur Teigbereitung verwendet werden. Ein Austausch mit Stärkemehl empfiehlt sich nicht, da der Teig sonst leicht brüchig wird.
- Backpulver ist nur in kleinen Mengen (1 Messerspitze auf 250 g Mehl) notwendig. Fettreicher Mürbeteig benötigt kein Backpulver.
- Zucker muß sehr feinkörnig sein. Die Zuckermenge beträgt in der Regel $\frac{1}{4}$ der Mehlmenge, kann aber verringert oder erhöht werden. Mürbeteig mit hohem Zuckeranteil bräunt sehr stark.
  Wird der Mürbeteig mit Vollkornmehl bereitet, wird der Zucker gegen Honig ausgetauscht.
- Ei und Flüssigkeit müssen nicht zugefügt werden, die Verarbeitung des Teiges wird aber dadurch erleichtert.
  Eigelb macht den Teig mürber. Durch Eiweiß wird das Mürbeteiggebäck knusperig. Eifreier Mürbeteig bräunt sehr schwer.

Teigbereitung

Maschinelle Verarbeitung — nur für Hand- oder Standküchenmaschinen

- Mehl, mit Backpulver gemischt, und Zucker in die Rührschüssel geben,
- übrige Zutaten darauf verteilen. Das Fett muß weich sein, damit es sich besser verkneten läßt.
- Mit den Knethaken zunächst auf kleinster Schaltstufe vermengen. Erst wenn das Mehl nicht mehr herausstäuben kann, auf der höchsten Stufe zu einem glatten geschmeidigen Teig verarbeiten.
- Teig zu einer Kugel formen, in Folie wickeln und mindestens $\frac{1}{2}$—1 Stunde kalt stellen.

Manuelle Verarbeitung

- Mehl und Backpulver vermischt auf eine glatte Arbeitsfläche oder ein Backbrett geben,
- Zucker in die Mitte streuen. Geschmackszutaten daraufgeben und in der Mitte eine faustgroße Vertiefung eindrücken.
- Eier in die Vertiefung geben,
- mit einer Gabel Eier, Zucker, Geschmackszutaten und etwas Mehl zu einem dicken Brei verrühren. Mit der Gabel nicht zu tief gehen, damit der Brei nicht mit der Arbeitsfläche in Berührung kommt und dort festklebt.
- Brei mit Mehl bedecken,
- kalte Fettflöckchen daraufgeben.
- Fett mit Mehl bedecken und alles mit zwei Messern zerhacken, bis das Fett fein zerteilt ist. →

- Mit kalten Händen den Teig schnell kneten. Zu langes Kneten macht den Teig brüchig und zäh.
- Teig zu einer Kugel formen, in Folie wickeln und mindestens ½—1 Stunde kalt stellen.

Weiterverarbeitung

- Mürbeteig immer nur portionsweise ausrollen, um ihn nicht unnötig zu erwärmen.
- Rollholz leicht mit Mehl bestäuben, ebenso die Arbeitsfläche, die frei von Teigresten sein muß, damit die Masse nicht festklebt; oder den Teig zwischen bemehlten Folien ausrollen.
- Rollholz nur leicht über den Teig führen.
- Mit einem dünnen großen Messer oder dem Pfannenmesser den Teig von der Arbeitsfläche abheben bzw. Folie abziehen. Teig nach Rezeptangabe weiterverarbeiten.

Was ist zu beachten?

- Nicht zuviel Mehl beim Ausrollen verwenden, da die Qualität des Teiges sonst leidet.
- Klebt der Teig, ihn noch einige Zeit kaltstellen.
- Tortenformen mit gewelltem Rand sorgfältig einfetten und mit Paniermehl bestreuen, damit der Tortenboden sich besser aus der Form stürzen läßt.

Gebäcke aus Mürbeteig, die in anderen Kapiteln stehen:

Torten und Spezialgebäck, Seite 431

Kleingebäck und Plätzchen, Seite 405

Pasteten und ähnliche Spezialitäten, Seite 274

Bild 100: Mit dem Löffelstiel ein Muster in den Rand des Mürbeteig-Tortenbodens eindrücken oder . . .

Bild 101: . . . mit dem Küchenmesser den Rand einschneiden und die Ecken umklappen, so daß ein Zackenrand entsteht oder . . .

Mürbeteig
Grundrezept salzig

300 g **Mehl**
1 Prise **Salz**
2 **Eigelb**
3 EL **Wasser**
150 g **Butter** oder Margarine

Mehl, Salz, Eigelb und Wasser in die Rührschüssel geben, weiche Butter darauf verteilen.
Mit den Knethaken zunächst auf kleinster Schaltstufe vermengen. Erst wenn das Mehl nicht mehr herausstäuben kann, auf höchster Schaltstufe zu einem glatten geschmeidigen Teig verarbeiten.
Teig zu einer Kugel formen, in Folie wickeln und mindestens $1/2$—1 Stunde kalt stellen. Teig nach Rezeptangabe weiterverarbeiten.

Anmerkung:
Salziger Mürbeteig kann für Pasteten und Pies verwendet werden, siehe Seite 274, ebenso für salziges Kleingebäck, siehe Seite 423 ff.

Bild 102: . . . den Rand mit den Gabelzinken formen.

Mürbeteig
Grundrezept süß

250 g **Mehl**
1 Msp **Backpulver**
65 g **Zucker**
1 Prise **Salz**
1 **Ei** nach Belieben
125 g **Butter** oder Margarine

Mehl mit Backpulver gemischt und Zucker in die Rührschüssel geben. Salz, Ei und weiche Butter darauf verteilen.
Mit den Knethaken zunächst auf kleinster Schaltstufe vermengen. Erst wenn das Mehl nicht mehr herausstäuben kann, auf höchster Schaltstufe zu einem glatten geschmeidigen Teig verarbeiten.
Teig zu einer Kugel formen, in Folie wickeln und mindestens $1/2$—1 Stunde kalt stellen. Teig nach Rezeptangabe weiterverarbeiten.

Anmerkung:
Süßer Mürbeteig kann für Tortenböden verwendet oder zu Plätzchen und Kleingebäck, siehe Seite 405, verarbeitet werden.

Mürbeteig-Tortenboden

250 g **Mehl**
1 Msp **Backpulver**
65 g **Zucker**
1 Prise **Salz**
1 **Ei** nach Belieben
125 g **Butter** oder Margarine

Aus den angegebenen Zutaten einen Mürbeteig bereiten, siehe Seite 381/379, und kalt stellen.
Teig auf einer bemehlten Arbeitsfläche ausrollen.
Springform einfetten und mit $2/3$ des Teiges auslegen. Aus dem restlichen Teig eine Rolle formen und an den Springformrand legen.
Mit den Fingern in gleichmäßigen Abständen andrücken oder, wie in Bild 100 bis 102 auf Seite 380/381 beschrieben, ein Muster formen. Der Rand sollte etwa 2 cm hoch werden.
Mit einer Gabel mehrmals in den Teigboden stechen, damit sich beim Backen keine Blasen bilden, und backen. →

Einsetzen:
Auf dem Rost, untere Einschubleiste

Backen:

210—225 °C	20—25 Minuten
0	5—10 Minuten

Nach dem Backen
Den Tortenboden auf einen Kuchenrost geben und auskühlen lassen.
Weitere Verarbeitung siehe Kapitel „Torten und Spezialgebäck", Seite 431.

Anmerkung:
Die Teigmenge reicht für Boden und Rand einer Springform von 26 bis 30 cm Durchmesser oder für 6 Tortelettförmchen.

Veränderung:
- 50 g Mehl durch fein geriebene Mandeln oder Nüsse ersetzen, der Teig wird dann besonders mürbe.
- **Mürbeteig-Tortenboden mit Vollkornmehl**
  Anstelle von Mehl und Zucker Weizenvollkornmehl und Honig verwenden.

Tip:
- Um ein Abrutschen des Teigrandes zu verhindern, den Tortenboden an der Stelle, an der die Teigrolle aufgelegt wird, und den geformten Rand mit Eiweiß bestreichen.
- Das Formen des Randes entfällt, wenn Tortenformen mit gewelltem Rand oder Tortelettförmchen verwendet werden. Besonders die Vertiefungen am Rand dieser Formen müssen sorgfältig eingefettet und mit Paniermehl ausgestreut werden, damit sich der Tortenboden gut aus der Form löst und sich ein gleichmäßig geformter Rand ergibt, siehe Bild 103, Seite 382.

Bild 103: Eine Spezialform erspart das Formen des Randes.

Gedeckter Obstblechkuchen

750 g	**Mehl**
2 TL	**Backpulver**
200 g	**Zucker**
1	**Vanillezucker**
1 Prise	**Salz**
3	**Eier**
375 g	**Butter** oder Margarine
50 g	**geriebene Mandeln**
Füllung:	
2 1/2 kg	**Äpfel**
75 g	**Sultaninen**
1/2 TL	**Zimt**
Zuckerguß:	
200 g	**Puderzucker**
2 EL	**Rum**
1—2 EL	**heißes Wasser**

Aus den angegebenen Zutaten einen Mürbeteig bereiten, siehe Seite 381/379, und kalt stellen.
Die Hälfte des Teiges auf einer bemehlten Arbeitsfläche in Größe der Fettpfanne ausrollen und leicht mit Mehl bestreuen. Backpapier, Butterbrotpapier oder Klarsichtfolie auflegen und Teig aufrollen. Fettpfanne einfetten.

Beim Backen mit Umluft die Temperatur um etwa 30 °C niedriger einstellen

Den restlichen Teig ausrollen und die Fettpfanne damit auslegen. Teigboden mit einer Gabel mehrmals einstechen.
Mit Mandeln bestreuen.
Für die Füllung Äpfel waschen, schälen, in Viertel schneiden und Kerngehäuse entfernen. Teig dicht mit Äpfeln belegen, Sultaninen und Zimt überstreuen.
Aufgerollte Teigdecke vorsichtig über dem Obstbelag ausrollen. Teigränder andrücken, mit einer Gabel den Teig mehrfach einstechen und backen.

Einsetzen:
Mittlere Einschubleiste.

Backen:

200—210 °C	40—45 Minuten
0	5—10 Minuten

Nach dem Backen
Für den Guß Puderzucker mit Rum und Wasser verrühren und den noch warmen Kuchen damit bestreichen.

Was ist zu beachten?
- Das Obst darf nicht gezuckert werden, da es sonst zu stark saftet.

Veränderung:
- Anstelle von Äpfeln, Sultaninen und Zimt 2 kg Kirschen oder Pflaumen verwenden.

Bild 104: Gedeckter Obstblechkuchen, Rezept Seite 382.

Apfelkuchen mit Bienenstichbelag

500 g	**Mehl**
1 TL	**Backpulver**
125 g	**Zucker**
1	**Vanillezucker**
1 Prise	**Salz**
2	**Eier**
250 g	**Butter** oder Margarine

Füllung:

1—1 1/2 kg	**Äpfel**
2 EL	**Wasser**
50—75 g	**Zucker**
1/2 TL	**Zimt**
75 g	**Sultaninen**
3 EL	**Rum**

Belag:

100 g	**Butter** oder Margarine
150 g	**Zucker**
3 EL	**Honig**
200 g	**gehackte Mandeln**
5—6 EL	**Milch**

Aus den angegebenen Zutaten einen Mürbeteig bereiten, siehe Seite 381/379, und kalt stellen.
Die Hälfte des Teiges auf einer bemehlten Arbeitsfläche in der Größe des Backblechs ausrollen und leicht mit Mehl bestreuen. Backpapier, Butterbrotpapier oder Klarsichtfolie auflegen und aufrollen.
Backblech einfetten.
Den restlichen Teig ausrollen, Backblech damit auslegen und vorbacken.

Einsetzen:
Mittlere Einschubleiste.

Vorbacken:
200 °C 15 Minuten

Für die Füllung Äpfel waschen, schälen, in Achtel schneiden, Kerngehäuse entfernen. Äpfel mit Wasser, Zucker, Zimt und Sultaninen **ankochen** und **5 Minuten** in der **Nachwärme** fertig garen, erkalten lassen, mit Rum abschmecken. Füllung auf dem kalten Teigboden verteilen.

Aufgerollte Teigdecke vorsichtig über dem Obstbelag ausrollen. Teigränder andrücken und mit einer Gabel den Teig mehrfach einstechen.
Für den Belag Zutaten verrühren, **aufkochen** und so lange **fortkochen,** bis die Masse glasig und glänzend ist. Masse auskühlen lassen. Lauwarm auf die Teigdecke streichen und backen.

Einsetzen:
Mittlere Einschubleiste.

Backen:

210—225 °C	25—30 Minuten
0	5—10 Minuten

STROM-SPAR-TIP

Nachwärme ausnutzen

Beim Backen mit Umluft die Temperatur um etwa 30 °C niedriger einstellen

Blätterteig

Blätterteig ist ein zuckerfreier, sehr fettreicher Teig. Er besteht aus einem Nudelteig, in den in sogenannten „Touren“ ein kaltes Buttermehlstück schichtweise eingearbeitet wird. Durch diese Arbeitsweise entstehen zahlreiche feinste, voneinander getrennte Butter- und Teigschichten. Zwischen den einzelnen Schichten liegt etwas Luft. Beim Backen schmilzt das Fett und wird von den Teigschichten aufgenommmen. Der entstehende Wasserdampf und die Luft heben die einzelnen Teigschichten und bewirken so das Blättrigwerden des Gebäckes.
Die Herstellung von Blätterteig ist sehr zeit- und arbeitsaufwendig. Es empfiehlt sich daher, auf Tiefkühl-Blätterteige zurückzugreifen, die in zahlreichen Varianten, z. B. Vollkorn-Blätterteig, angeboten werden.
Blätterteig wird süß oder salzig verarbeitet, z. B. zu Kleingebäck, Garnierungen, Torten, gefüllten Pasteten, pikanten Teigtaschen oder als Teigmantel für Braten.

Was ist zu beachten?

- Alle Zutaten müssen kalt sein. Die Verarbeitung muß mit kalten Händen und möglichst auf Marmor-, Kunststein- oder Kunststoffplatten durchgeführt werden.
- Mehlmenge und Fettmenge sind gleich groß. Für die Blätterteigherstellung wird Mehl mit der Type 405 bevorzugt sowie Butter.
- Blätterteig nie verkneten, da die Teigschichten sonst zerstört werden. Auch Teigreste legt man übereinander und drückt oder rollt sie flach.
- Beim Bestreichen mit Eiweiß oder verdünntem Eigelb darf nichts über die Teigränder laufen, denn sonst verkleben die Teigschichten an diesen Stellen und der Teig kann nicht aufgehen.
- Geschnittenen und geformten Blätterteig vor dem Backen 20—30 Minuten kalt stellen.

Teigbereitung

Für das Buttermehlstück

- Mehl auf eine Arbeitsfläche sieben,
- feste, kalte Butter in dünne Scheiben schneiden und auflegen.
- Alles verkneten, zu einem Ziegel formen und kalt stellen.

Für den Nudelteig

- Mehl, Ei, Wasser und Salz in eine Rührschüssel geben,
- mit den Knethaken zunächst auf niedriger Einstellung vermengen. Erst wenn das Mehl nicht mehr herausstäuben kann, auf höchster Einstellung so lange kneten, bis ein glatter Teig entstanden ist.
- Teig auf einer bemehlten Arbeitsfläche dünn ausrollen.

Für den Blätterteig

- das Buttermehlstück auf den Nudelteig legen,
- Teigseiten von rechts und links überschlagen und die Ränder andrücken,
- das Paket vorsichtig in eine Richtung ausrollen, dabei das Rollholz immer wieder absetzen.
- Die Teigseiten wieder von rechts und links übereinanderschlagen und das Paket kalt stellen.
- Diese sogenannte „Tour“ dreimal wiederholen, zwischen den Touren den Teig kalt stellen. Den Blätterteig nach Rezeptangabe weiterverarbeiten. →

Hefeblätterteig

Er besteht aus einem Hefeteig, in den das Buttermehlstück lagenweise eingearbeitet wird. Hefeblätterteig, auch Plunderteig genannt, wird zu Kleingebäck oder Kranzkuchen weiterverarbeitet.

Quarkblätterteig

Quarkblätterteig ist für alle Gebäcke und Gerichte aus Blätterteig geeignet, außer für die Herstellung von Pasteten. Die Teigbereitung ist wie beim Mürbeteig. Die Schichtbildung ist beim Quarkblätterteig allerdings ungleichmäßig, da das Fett bei der Teigbereitung untergeknetet und nicht schichtweise eingearbeitet wird.

Gebäcke und Gerichte aus Blätterteig, die in anderen Kapiteln stehen:

Süßes Kleingebäck, Seite 418

Salziges Kleingebäck, Seite 423

Pasteten, Seite 274

Fleisch im Teigmantel, Seite 278 f

Bild 105: Blätterteig-Touren: Das Teigpaket, das in den Nudelteig eingeschlagene Buttermehlstück, wird immer in eine Richtung ausgerollt.

Bild 106: Das zwischendurch kalt gestellte Teigpaket wird nach der dritten Tour zu einem dünnen Blätterteig ausgerollt.

Blätterteig

Grundrezept

Buttermehlstück:

120 g	**Mehl**
280 g	**Butter**

Nudelteig:

160 g	**Mehl**
1	**Ei**
2 EL	**Wasser**
1 Prise	**Salz**

Für das Buttermehlstück Mehl auf eine Arbeitsfläche sieben. Feste, kalte Butter in dünne Scheiben schneiden und auflegen. Alles verkneten, zu einem Ziegel formen und kalt stellen.
Für den Nudelteig Mehl, Ei, Wasser und Salz in eine Rührschüssel geben.
Mit den Knethaken zunächst auf niedriger Einstellung vermengen. Erst wenn das Mehl nicht mehr herausstäuben kann, auf höchster Einstellung so lange kneten, bis ein glatter Teig entstanden ist.
Nudelteig auf einer bemehlten Arbeitsfläche dünn ausrollen, das Buttermehlstück auf den Nudelteig legen, Teigseiten von rechts und links überschlagen und die Ränder andrücken. Das Paket vorsichtig in eine Richtung ausrollen, dabei das Rollholz immer wieder absetzen. Die Teigseiten wieder von rechts und links übereinanderschlagen. Diese soge-

nannte „Tour" dreimal wiederholen, zwischen den Touren den Teig kalt stellen. Den Blätterteig nach Rezeptangabe weiterverarbeiten.

Anmerkung:
Süßes Kleingebäck: Durch das Ausrollen auf Zucker, durch süße Füllungen oder durch einen Zuckerguß nach dem Backen erhält das Gebäck genug Süße.
Salziges Kleingebäck: In zierliche Formen ausgestochen als Garnierung verwenden, z. B. zum Umlegen von Frikassee.

Hefeblätterteig

Plunderteig
Grundrezept

Hefeteig:

375 g	**Mehl**
20 g	**Hefe**
$^1/_8$ l	**Milch**
40 g	**Zucker**
1 Prise	**Salz**
40 g	**Butter**

Buttermehlstück:

50 g	**Mehl**
200 g	**Butter**

Hefeteig bereiten, siehe Seite 342/340.
Für das Buttermehlstück Mehl auf eine Arbeitsfläche sieben. Feste, kalte Butter in dünne Scheiben schneiden und auflegen. Alles verkneten, zu einem Ziegel formen und kalt stellen.
Hefeteig ausrollen, Buttermehlstück auflegen, Teigseiten von rechts und links überschlagen und die Ränder andrücken. Das Paket vorsichtig in eine Richtung ausrollen, dabei das Rollholz immer wieder absetzen. Dabei den Teig mehr klopfen und drücken als rollen, da sich der weiche Hefeteig sonst verschiebt. Nochmals die Teigseiten von rechts und links übereinanderschlagen.
Diese sogenannte „Tour" dreimal wiederholen, zwischen den Touren den Teig kalt stellen.
Zu Kleingebäck, siehe Seite 424, oder Kranzkuchen, siehe Seite 348, weiterverarbeiten.

Quarkblätterteig

Grundrezept

250 g	**Mehl**
1 Msp	**Backpulver**
250 g	**trockener Quark**
250 g	**Butter** oder Margarine
1 Prise	**Salz**

Mehl mit Backpulver gemischt in eine Rührschüssel geben. Quark, weiche Butter und Salz darauf verteilen.
Mit den Knethaken zunächst auf kleinster Schaltstufe vermengen. Erst wenn das Mehl nicht mehr herausstäuben kann, auf höchster Schaltstufe zu einem glatten Teig verarbeiten und kalt stellen.
Teig ausrollen. Teigseiten von rechts und links überschlagen und die Ränder andrücken. Das Paket vorsichtig in eine Richtung ausrollen, dabei das Rollholz immer wieder absetzen. Nochmals die Teigseiten von rechts und links übereinanderschlagen.
Diese sogenannte „Tour" dreimal wiederholen, zwischen den Touren den Teig kalt stellen.
Zu Kleingebäck, siehe Seite 418 und 425, weiterverarbeiten.

Was ist zu beachten?
- Quarkblätterteig kann bereits 1—2 Tage vor dem Backen bereitet werden und gerät besonders gut, wenn er lange im Kühlschrank ruht, schnell verarbeitet und gleich gebacken wird.

Veränderung:
- Für süßes Gebäck 1 Vanillezucker zufügen.

Strudelteig

Strudelteig ist ein zäher, glatter Teig, der aus Mehl, Fett, Ei, Salz und Wasser zubereitet wird. Der Teig wird sehr dünn ausgerollt bzw. ausgezogen, bis er durchscheinend wird. Mit süßen oder salzigen Füllungen wird er zu einer Rolle geformt.

Was ist zu beachten?

- Die Elastizität des Teiges wird vom Klebergehalt des Mehles bestimmt, deshalb Weizenmehl Type 405 verwenden.
- Nach dem Füllen muß der Teig sofort gebacken werden.

Teigbereitung

Maschinelle Verarbeitung — nur für Hand- oder Standküchenmaschinen

- Mehl, Salz, Fett, Ei und Wasser in eine Rührschüssel geben.
- Mit den Knethaken zunächst auf niedriger Einstellung vermengen. Erst wenn das Mehl nicht mehr herausstäuben kann, auf höchster Einstellung so lange kneten, bis ein glatter, geschmeidiger und glänzender Teig entstanden ist.

Manuelle Verarbeitung

- Mehl auf eine Arbeitsfläche sieben, Salz hinzugeben.
- In die Mitte eine Mulde drücken, zerlassenes Fett, Ei und Wasser hineingeben und verrühren.
- Zu einem weichen und geschmeidigen Teig verarbeiten,
- Teig gut verkneten, in die Hand nehmen und längere Zeit auf die Arbeitsfläche schlagen, bis er glänzend ist.

Weiterverarbeitung

- Teig glatt formen und mit zerlassener Butter bestreichen.
- In einem Kochtopf wenig Wasser erhitzen, ausgießen und den Kochtopf über den Teig stülpen,
- Teig darunter 30 Minuten ruhen lassen.
- Ein großes Küchentuch mit Mehl bestreuen.
- Strudelteig darauf ausrollen und dann dünn ausziehen: dabei mit den Händen unter den Teig fassen und über den Handrücken von der Mitte aus den Teig dehnen.
- Zu einem länglichen Rechteck ausziehen und nach Rezeptangabe weiterverarbeiten.

Beim Backen mit Umluft die Temperatur um etwa 30 °C niedriger einstellen

Strudelteig

Grundrezept

250 g	**Mehl**
	Salz
20 g	**zerlassene Butter** oder Margarine
1	**Ei**
6—8 EL	**Wasser** lauwarm
10 g	**zerlassene Butter** oder Margarine
	Füllung süß oder salzig
	zerlassene Butter oder Margarine

Mehl, Salz, Butter, Ei und Wasser in eine Rührschüssel geben.
Mit den Knethaken zunächst auf niedriger Einstellung vermengen. Erst wenn das Mehl nicht mehr herausstäuben kann, auf höchster Einstellung so lange kneten, bis ein glatter, geschmeidiger und glänzender Teig entstanden ist.
Teig glatt formen und mit zerlassener Butter bestreichen.
In einem Kochtopf wenig Wasser **erhitzen,** ausgießen und den Kochtopf über den Teig stülpen. Teig 30 Minuten darunter ruhen lassen.
Ein großes Küchentuch mit Mehl bestreuen, Strudelteig darauf ausrollen und dann dünn ausziehen.
Füllung auf den Teig streichen. Teigränder einschlagen und Teig mit Hilfe des Tuches zu einer Rolle formen.
Backblech oder Fettpfanne nur in der Mitte einfetten. Teig auflegen, mit Butter bestreichen und sofort backen.

Füllungen
für süße Strudel: Obst oder Quark.
Süße Strudel werden heiß oder kalt mit Schlagsahne, Vanillesoße oder Vanilleeis als Nachspeise oder anstelle von Kuchen serviert.
für salzige Strudel: Fleisch, Gemüse oder Fisch.
Salzige Strudel werden heiß mit einer passenden Soße, z. B. Tomaten- oder Senfsoße, und Salat serviert.

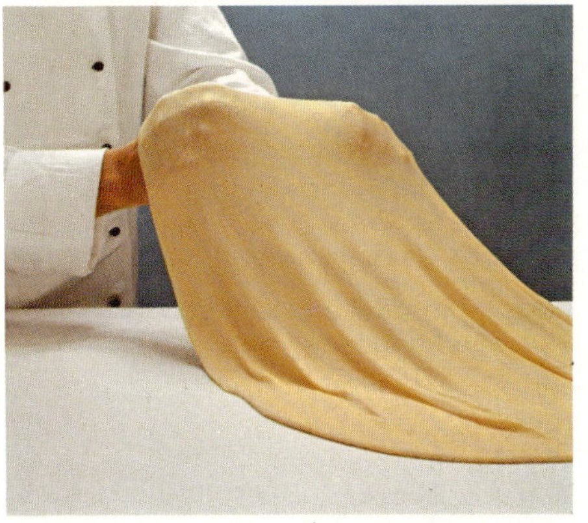

Bild 107: Strudelteig wird über dem Handrücken so dünn ausgezogen, daß er durchscheinend wird.

Bild 108: Der Teigrand wird über die Füllung geschlagen und der Strudel von dieser Seite aus durch Anheben des Tuches aufgerollt.

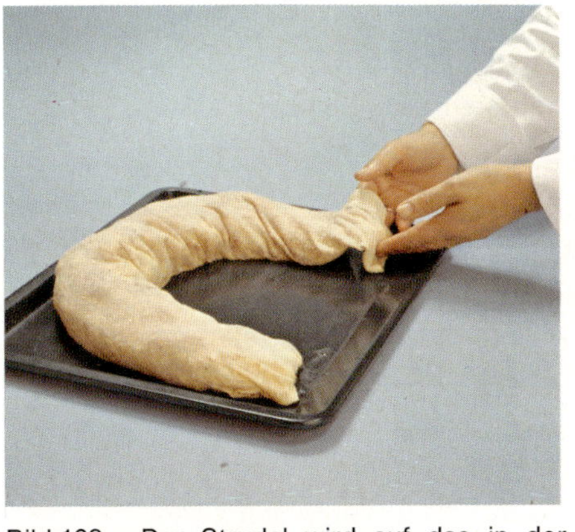

Bild 109: Der Strudel wird auf das in der Mitte gefettete Backblech gelegt und die Teigenden umgeschlagen.

Apfelstrudel

250 g	**Mehl**
	Salz
20 g	**zerlassene Butter** oder Margarine
1	**Ei**
6—8 EL	**Wasser** lauwarm
10 g	**zerlassene Butter** oder Margarine
Füllung:	
1—1 ½ kg	**mürbe Äpfel**
80 g	**Zucker**
½ TL	**Zimt**
50 g	**gehackte Mandeln**
100 g	**Sultaninen**
50 g	**Butter** oder Margarine
50 g	**Paniermehl**
	zerlassene Butter oder Margarine

Aus den angegebenen Zutaten einen Strudelteig bereiten, siehe Seite 389/388, und dünn ausziehen.
Für die Füllung Äpfel waschen, schälen, Kerngehäuse entfernen, Äpfel in dünne Scheiben schneiden oder grob raspeln. Zucker, Zimt, Mandeln und Sultaninen untermischen und 15 Minuten durchziehen lassen.
Butter **erhitzen,** Paniermehl darin **rösten.** Paniermehl auf den Strudelteig streuen, Äpfel darüber verteilen und den Teig aufrollen.
Backblech oder Fettpfanne nur in der Mitte einfetten. Teig auflegen, mit Butter bestreichen und sofort backen.

Einsetzen:
Mittlere Einschubleiste.

Backen:

220—225 °C	35—40 Minuten
0	5—10 Minuten

Veränderung:

- **Apfelstrudel mit Vollkornmehl**
  Anstelle von Mehl Weizen-Vollkornmehl verwenden. Für die Füllung anstelle von Zucker 100 g Honig verwenden.

Quarkstrudel

250 g	**Mehl**
	Salz
20 g	**zerlassene Butter** oder Margarine
1	**Ei**
6—8 EL	**Wasser** lauwarm
10 g	**zerlassene Butter** oder Margarine
Füllung:	
500 g	**Quark**
2	**Eigelb**
60 g	**Zucker**
1 Prise	**Salz**
	abgeriebene Zitronenschale
50 g	**Sultaninen**
30 g	**zerlassene Butter** oder Margarine
	zerlassene Butter oder Margarine

Aus den angegebenen Zutaten einen Strudelteig bereiten, siehe Seite 389/388, und dünn ausziehen.
Für die Füllung Quark mit Eigelb, Zucker, Salz, Zitronenschale und Sultaninen verrühren.
Strudelteig mit Butter bestreichen. Eine Teighälfte mit Füllung bestreichen. Teig so aufrollen, daß die unbestrichene Teighälfte zuletzt aufgerollt wird.
Backblech oder Fettpfanne nur in der Mitte einfetten. Teig auflegen, mit Butter bestreichen und sofort backen.

Einsetzen:
Mittlere Einschubleiste.

Backen:

200—225 °C	35—40 Minuten
0	5—10 Minuten

Was ist zu beachten?

- Quark dehnt sich beim Backen aus. Damit der Strudel beim Backen nicht reißt, darf er nur zur Hälfte mit Quarkfüllung bestrichen werden.

Kirschstrudel

250 g	**Mehl**
	Salz
20 g	**zerlassene Butter** oder Margarine
1	**Ei**
6—8 EL	**Wasser** lauwarm
10 g	**zerlassene Butter** oder Margarine
Füllung:	
500 g	**Kirschen** entsteint und abgetropft
80 g	**Zucker**
1 Prise	**Zimt**
30 g	**Butter** oder Margarine
30 g	**Paniermehl**
	zerlassene Butter oder Margarine

Aus den angegebenen Zutaten einen Strudelteig bereiten, siehe Seite 389/388, und dünn ausziehen.
Für die Füllung Kirschen mit Zucker und Zimt mischen.
Butter **erhitzen,** Paniermehl darin **rösten.** Paniermehl auf den Strudelteig streuen, Kirschen darüber verteilen und den Teig aufrollen.
Backblech oder Fettpfanne nur in der Mitte einfetten. Teig auflegen, mit Butter bestreichen und sofort backen.

Einsetzen:
Mittlere Einschubleiste.

Backen:

220—225 °C	35—40 Minuten
0	5—10 Minuten

Veränderung:

- **Zwetschenstrudel**
  Anstelle der Kirschen 500 g entsteinte Zwetschen verwenden.

Fleischstrudel

250 g	**Mehl**
	Salz
20 g	**zerlassene Butter** oder Margarine
1	**Ei**
6—8 EL	**Wasser** lauwarm
10 g	**zerlassene Butter** oder Margarine
Füllung:	
375 g	**gekochter Schinken** oder Fleisch
1	**Zwiebel**
1	**Eigelb**
	Salz
2 EL	**Kräuter**
30 g	**zerlassene Butter** oder Margarine
4 EL	**saure Sahne**

Aus den angegebenen Zutaten einen Strudelteig bereiten, siehe Seite 389/388, und dünn ausziehen.
Für die Füllung Schinken in feine Würfel schneiden. Mit Eigelb, Salz und zerkleinerten Kräutern vermengen.
Strudelteig mit Butter bestreichen. Füllung auf dem Teig verteilen und den Teig aufrollen.
Backblech oder Fettpfanne nur in der Mitte einfetten. Teig auflegen, mit Sahne bestreichen und sofort backen.

Einsetzen:
Mittlere Einschubleiste.

Backen:

200—225 °C	35—40 Minuten
0	5—10 Minuten

Beim Backen mit Umluft die Temperatur um etwa 30 °C niedriger einstellen

Honig- und Sirupteig

Honig- und Sirupteige sind meist feste, gewürzreiche Teige, die durch die Zugabe von Honig oder Sirup ihre dunkle Farbe erhalten. Sie sind für weihnachtliches Gebäck besonders beliebt und werden gern zu Figuren ausgestochen und figürlich geformt.

Was ist zu beachten?

- Wird Honig für die Teigbereitung erwärmt, bei Bienenhonig Temperaturen über 60 °C vermeiden, da sonst das Aroma leidet und Fermente zerstört werden.
- Honig immer gut abkühlen lassen, bevor er mit dem Mehl vermengt wird.
- Als Mehl eignen sich Weizen- oder Roggenmehl oder auch Mischungen daraus.
- Lockerungsmittel für Honig- oder Sirupteig ist häufig Pottasche oder Hirschhornsalz.
- Pottasche nur bei Teigen mit Bienenhonig verwenden. Die Lockerung durch Pottasche ist nur in Verbindung mit Säuren möglich (Ameisensäure bei Honig). Pottasche immer in Flüssigkeit gelöst dem Teig zusetzen.
- Aus Hirschhornsalz entsteht bei Einwirkung von Wärme Kohlendioxyd und Ammoniak. Es ist nur für flache Gebäcke geeignet, weil Ammoniak nur bei geringer Teighöhe gut entweichen kann und so keine Geschmacksrückstände verbleiben. Hirschhornsalz immer in Flüssigkeit auflösen.
- Teige mit Hirschhornsalz oder Pottasche zubereitet können vor dem Backen einige Tage ruhen. Gewürze ziehen so besser durch.
- Honigteiggebäck vor dem Austrocknen schützen. Nach dem Erkalten in Blechdosen kühl lagern. Honigteiggebäck etwa 2—4 Wochen vor Gebrauch herstellen. Längeres Liegen macht das Gebäck weich und aromatischer.

Teigbereitung

- Honig und Zucker, Fett und Flüssigkeit unter Rühren erwärmen, aber nicht kochen.
- Mehl, Gewürze und die übrigen Geschmackszutaten in eine Rührschüssel geben und mischen,
- Honigmasse und Eier hinzufügen.
- Pottasche oder Hirschhornsalz in Flüssigkeit auflösen und zugeben.
- Mit den Knethaken einer Hand- oder Standküchenmaschine alle Zutaten zu einem glatten Teig verarbeiten. Teig nach Rezeptangabe weiterverarbeiten.

Backen

- Für Honig- und Sirupteige Backbleche, Fettpfannen und Backformen einfetten und mit Mehl bestreuen. Sehr zuckerhaltige Plätzchen werden am besten auf Oblaten oder Backpapier gebacken.
- Honigteig ist sehr zuckerhaltig und bräunt deshalb sehr schnell. Nur bei den angegebenen Temperaturen backen. Zu stark gebackener Honigteig wird hart und trocken.

Gebäcke aus Honig- und Sirupteig, die in anderen Kapiteln stehen:

Pfefferkuchenplätzchen, Rezept Seite 413

Siruppprinten, Rezept Seite 413

Honigkuchenhäufchen, Rezept Seite 414

Feiner weicher Honigkuchen

500 g	**Honig**
100 g	**Zucker**
500 g	**Mehl**
5 g	**Nelkenpulver**
5 g	**Zimt**
1 Prise	**Salz**
100 g	**Zitronatwürfel**
100 g	**gehackte Mandeln**
2	**Eier**
10 g	**Pottasche** in 1 EL Rum gelöst
1	**Ei**
1 EL	**Wasser**
	ganze abgezogene Mandeln

Aus den angegebenen Zutaten einen Honigteig bereiten, siehe Seite 392, und 24 Stunden ruhen lassen.
Backblech oder Fettpfanne einfetten und mit Mehl bestreuen. Teig darauf ausrollen oder mit den Händen eindrücken.
Ei mit Wasser verrühren und den Teig damit bestreichen.
Form und Größe der Stücke durch leichtes Einschneiden andeuten. Mit Mandeln belegen und backen.

Einsetzen:
Mittlere Einschubleiste.

Backen:

160—180 °C	25—30 Minuten
0	5—10 Minuten

Nach dem Backen
Honigkuchen noch warm in Stücke schneiden.

Schokoladenhonigkuchen

500 g	**Honig**
150 g	**Zucker**
50 g	**Butter** oder Margarine
750 g	**Mehl**
150 g	**geraspelte Schokolade**
2 TL	**Kakao**
150 g	**gehackte Mandeln**
150 g	**Zitronatwürfel**
1 Prise	**Salz**
1 TL	**Zimt**
1 Prise	**Nelkenpulver**
2	**Eier**
7 g	**Hirschhornsalz** in 2 EL Rum gelöst
	Rosenwasser
Guß:	
200 g	**Kuvertüre**

Aus den angegebenen Zutaten einen Honigteig bereiten, siehe Seite 392.
Backblech oder Fettpfanne einfetten und mit Mehl bestreuen. Teig einfüllen, glattstreichen, mit Rosenwasser bestreichen und backen.

Einsetzen:
Mittlere Einschubleiste.

Backen:

160—180 °C	35—40 Minuten
0	5—10 Minuten

Nach dem Backen
Für den Guß Kuvertüre nach Herstellerangabe **schmelzen** und den Kuchen damit bestreichen.
Wenn die Kuvertüre getrocknet ist, Kuchen in Streifen schneiden.

Bild 110: Feiner weicher Honigkuchen, Rezept Seite 393.

Großmutters Honig-Kuchen

200 g	**Honig**
100 g	**Zucker**
100 g	**Butter** oder Margarine

400 g	**Mehl**
1 TL	**Zimt**
1 TL	**Ingwerpulver**
1 Prise	**Kardamom**
1 Prise	**Nelken**
1 Prise	**Salz**
150 g	**Sultaninen**
100 g	**Zitronatwürfel**
100 g	**grob gehackte Mandeln**
100 g	**feingeschnittene entsteinte Backpflaumen**
4	**Eier**
6 g	**Hirschhornsalz** in 2 EL Rum gelöst

Guß:

150 g	**Kuvertüre**

Aus den angegebenen Zutaten einen Honigteig bereiten, siehe Seite 392. Kastenform einfetten und mit Mehl bestreuen. Teig einfüllen und backen.

Einsetzen:
Auf dem Rost, untere Einschubleiste.

Backen:

160—180 °C	90—100 Minuten
0	5— 10 Minuten

Nach dem Backen
Für den Guß Kuvertüre nach Herstellerangabe **schmelzen** und den Kuchen damit überziehen.

Honigkuchen in der Kastenform

250 g	**Honig**
175 g	**Zucker**
1/4 l	**Milch**

500 g	**Mehl**
1	**Backpulver**
2 EL	**Kakao**
3 g	**Nelkenpulver**
3 g	**Kardamom**
3 g	**Zimt**
1 Prise	**Salz**
1	**Vanillezucker**
1 TL	**abgeriebene Zitronenschale**

Zuckerguß:

200 g	**Puderzucker**
3 EL	**starker heißer Kaffee**

Aus den angegebenen Zutaten einen Honigteig bereiten, siehe Seite 392. Kastenform einfetten und mit Mehl bestreuen. Teig einfüllen und backen.

Einsetzen:
Auf dem Rost, untere Einschubleiste.

Backen:

160—180 °C	55—65 Minuten
0	5—10 Minuten

Nach dem Backen
Für den Guß Puderzucker mit Kaffee verrühren, den Kuchen damit überziehen.

Tip:
- Der Kuchen schmeckt besser, wenn er erst nach 2—3 Tagen verzehrt wird.

Beim Backen mit Umluft die Temperatur um etwa 30 °C niedriger einstellen

Liegnitzer Bombe

300 g	**Honig**
200 g	**Zucker**
125 g	**Butter** oder Margarine
6 EL	**Öl**

500 g	**Mehl**
1 TL	**Backpulver**
1 Prise	**Salz**
2 TL	**abgeriebene Orangenschale**
1 TL	**abgeriebene Zitronenschale**
100 g	**Zitronatwürfel**
125 g	**gehackte Mandeln**
5 g	**Zimt**
5 g	**Nelkenpulver**
2 g	**Kardamom**
6	**Eier**
4 EL	**Rum**

Füllung:

250 g	**Sultaninen**
200 g	**Marzipan**

Guß:

250 g	**Kuvertüre**

Aus den angegebenen Zutaten einen Honigteig bereiten, siehe Seite 392. Springform einfetten und mit Mehl bestreuen. Die Hälfte des Teiges einfüllen. Sultaninen und die in kleine Stückchen geteilte Marzipanmasse darauf verteilen, den restlichen Teig darübergeben und sofort backen.

Einsetzen:
Auf dem Rost, untere Einschubleiste.

Backen:

160—180 °C	110—120 Minuten
0	5— 10 Minuten

Nach dem Backen
Für den Guß Kuvertüre nach Herstellerangabe **schmelzen** und den Kuchen damit überziehen.

Sirupkuchen

1	**Ei**
200 g	**Zucker**
250 g	**Sirup**
$^1/_4$ l	**Milch**
100 g	**gehackte Nüsse**
1 Prise	**Salz**
2 TL	**Zimt**
$^1/_2$ TL	**Anispulver**
$^1/_2$ TL	**abgeriebene Zitronenschale**
500 g	**Mehl**
1	**Backpulver**

Zuckerguß:

150 g	**Puderzucker**
1 EL	**Rum**
1 EL	**heißes Wasser**

Für den Teig Ei mit Zucker verrühren, Sirup und Milch zugeben, Nüsse, Salz und Gewürze und zuletzt das mit Backpulver gemischte Mehl unterrühren.
Kastenform einfetten und mit Mehl bestreuen. Teig einfüllen und backen.

Einsetzen:
Auf dem Rost, untere Einschubleiste.

Backen:

160—180 °C	55—65 Minuten
0	5—10 Minuten

Nach dem Backen
Für den Guß Puderzucker mit Rum und heißem Wasser verrühren und den Kuchen damit überziehen.

STROM-SPAR-TIP **Platz im Backofen sinnvoll ausnutzen**

Brandteig

Brandteig ist ein eierreicher, ungesüßter Teig, der zweimal gegart wird. Zuerst werden Flüssigkeit, Fett und Mehl im Kochtopf auf der Kochstelle zu einem Teigkloß abgebrannt. Nach Zugabe der Eier wird der geformte Teig gebacken oder im Fettbad oder in Brühe gegart.

Was ist zu beachten?

- Flüssigkeitsmenge genau abmessen.
- Fett — Butter oder Margarine — genau abwiegen. Fettmenge nicht verringern. Fett verhindert das Klumpen des Mehls und macht den Teig beim Abbrennen geschmeidig.
- Weizenmehl oder Grieß verwenden. Mehl kann nicht durch Speisestärke ersetzt werden. Beim Abbrennen verkleistert die Stärke des Mehls und kann beim Backen keine Feuchtigkeit mehr aufnehmen. Beim Backen entsteht im Gebäck Dampf, das Gebäck wird gelockert, und es entstehen große Hohlräume.
- Eier sind im Brandteig als Binde- und Lockerungsmittel notwendig. Die Zahl der Eier ist von ihrer Größe abhängig.
- Backpulver in nur geringen Mengen zugeben. Die Teiglockerung wird dadurch unterstützt. Backpulver erst nach den Eiern zum Teig geben, da sonst die Lockerungswirkung verlorengeht.
- Brandteig geht beim Backen sehr stark auf; deshalb auf dem Backblech genügend Raum zwischen den einzelnen Teigstücken lassen.
- Während des Backvorganges die Backofentür nicht öffnen, da Brandteig leicht zusammenfällt.
- Brandteiggebäck, das gefüllt werden soll, noch lauwarm aufschneiden, ausdampfen und abkühlen lassen.

Gebäcke und Gerichte aus Brandteig, die in anderen Kapiteln stehen:

Spritzkuchen, Rezept Seite 401

Quarktorte, Rezept Seite 435

Käseküchle, Rezept Seite 402

Schwemm- und Grießklößchen, Rezepte Seite 78

Grießklöße, Rezept Seite 115

Käsewindbeutel, Rezept Seite 426

Bild 111: Für den Brandteig werden Wasser, Butter und Salz angekocht, . . .

Bild 112: . . . das Mehl auf einmal hineingeschüttet . . .

Brandteig

Grundrezept

$^{1}/_{4}$ l	**Wasser**
60 g	**Butter** oder Margarine
1 Prise	**Salz**
150 g	**Mehl**
1	**Ei**
3—4	**Eier**
1 TL	**Backpulver**

Wasser, Butter und Salz **ankochen.** Kochstelle ausschalten.
Kochtopf von der Kochstelle nehmen und das Mehl auf einmal hineinschütten. Mit den Knethaken eines Handrührgerätes oder mit einem Teiglöffel zu einem glatten Teig verarbeiten.
Kochtopf wieder auf die noch warme Kochstelle setzen und Teig in der **Nachwärme** abbrennen, d. h. so lange rühren, bis sich die Masse als Kloß vom Topf löst und sich am Topfboden eine weiße Teighaut anlegt.
Kochtopf von der Kochstelle nehmen und ein Ei unter die heiße Masse rühren. Nach und nach die übrigen Eier unterrühren. Nach jeder Eizugabe gut glattrühren. Der Teig muß glatt und glänzend sein.
Zuletzt Backpulver hinzufügen. Den Brandteig nach Rezeptangabe weiterverarbeiten.

Windbeutel

$^{1}/_{4}$ l	**Wasser**
60 g	**Butter** oder Margarine
1 Prise	**Salz**
150 g	**Mehl**
1	**Ei**
3—4	**Eier**
1 TL	**Backpulver**
Füllung:	
$^{3}/_{8}$ l	**süße Sahne**
1 TL	**Zucker**
	Puderzucker

Backofen vorheizen. Aus den angegebenen Zutaten einen Brandteig bereiten, siehe Seite 397/396.
Backblech anfeuchten oder mit Backpapier auslegen und anfeuchten.
Mit zwei Teelöffeln in genügendem Abstand 12—15 gleichmäßige Teighäufchen aufsetzen und backen.

Einsetzen:
Mittlere Einschubleiste.

Backen:

200—225 °C	35—40 Minuten
0	5—10 Minuten

→

Bild 113: . . . und der Teig in der Nachwärme abgebrannt.

Bild 114: Die Eier werden nach und nach untergerührt.

Was ist zu beachten?

- Während des Backvorgangs die Backofentür nicht öffnen, da die Windbeutel leicht zusammenfallen.

Nach dem Backen

Warme Windbeutel mit einer Schere aufschneiden und erkalten lassen.
Für die Füllung Sahne mit Zucker steif schlagen und untere Hälfte der Windbeutel damit füllen.
Obere Hälfte aufsetzen und mit Puderzucker bestäuben.

Veränderung:

- Gedünstete, abgetropfte Sauerkirschen, Mandarinen oder frische Erdbeeren unter die Sahne geben oder als untere Schicht in die Windbeutel füllen.
- **Windbeutel mit Zimt-Sahne-Füllung** Anstelle von Mehl Weizen-Vollkornmehl verwenden. Die Sahne mit 1 EL Honig und 1 TL Zimt mischen.

Bild 115: Mit einer Schere werden die noch warmen Windbeutel, Rezept Seite 397, aufgeschnitten.

Beim Backen mit Umluft die Temperatur um etwa 30 °C niedriger einstellen

Eclairs

Liebesknochen

1/4 l	**Wasser**
60 g	**Butter** oder Margarine
1 Prise	**Salz**
150 g	**Mehl**
1	**Ei**
3—4	**Eier**
1 TL	**Backpulver**
Buttercreme-Füllung:	
200 g	**Butter**
200 g	**Puderzucker**
1	**Eigelb**
2—3 TL	**Pulverkaffee**
Zuckerguß:	
150 g	**Puderzucker**
2—3 EL	**starker heißer Kaffee**

Backofen vorheizen. Aus den angegebenen Zutaten einen Brandteig bereiten, siehe Seite 397/396.
Backblech anfeuchten oder mit Backpapier auslegen und anfeuchten.
Teig in einen Spritzbeutel mit weiter Tülle füllen. Fingerlange Stangen, immer zwei dicht nebeneinander und eine dritte obenauf, auf das Backblech spritzen und backen.

Einsetzen:

Mittlere Einschubleiste.

Backen:

200—225 °C	30—45 Minuten
0	5—10 Minuten

Was ist zu beachten?

- Während des Backvorgangs die Backofentür nicht öffnen, da die Eclairs leicht zusammenfallen.

Nach dem Backen

Warme Eclairs mit einer Schere aufschneiden und erkalten lassen.
Für die Füllung weiche Butter verrühren, nach und nach Puderzucker, Eigelb und Pulverkaffee zufügen.
Die untere Hälfte der Eclairs mit Buttercreme füllen, obere Hälfte aufsetzen.
Für den Guß Puderzucker mit Kaffee verrühren und Eclairs damit bestreichen.

Fettgebackenes

Für das Backen im Fettbad sind verschiedene Teigarten geeignet, vor allem Hefe- oder Brandteig, aber auch Pfannkuchen- und Knetteig mit verschiedenen Füllungen. Ebenso können im Fettbad Obst und Gemüse, im ganzen oder zerteilt, nach Belieben in Ausbackteig getaucht; unpanierte, panierte oder in Ausbackteig getauchte Fleisch- und Fischstücke sowie Pommes frites, Kroketten und Kartoffelbällchen bereitet werden.

Die Herstellung von Fettgebackenem ist möglich

- auf der Kochstelle in Kochtöpfen oder Pfannen mit hohem Rand, am besten mit einem Drahtsieb zur Aufnahme des Fritiergutes
- in einer Friteuse, einem beheizten Gerät mit eingebautem Temperaturregler.

Geeignete Fettarten sind feste Fettarten ohne Wassergehalt, z. B. weiße Plattenfette aus Kokosfett, Palmkernfett, Erdnußfett oder gehärtete Öle verschiedener Ölpflanzen oder Schweine- oder Butterschmalz.

Was ist zu beachten?

- Fett nicht überhitzen, sonst verkrustet die Oberfläche des Gargutes, und das Innere wird nicht gar.
- Das Fritiergut muß im Fett schwimmen, damit es gleichmäßig bräunt. Die erforderliche Fettmenge liegt bei 1 bis 3 kg.
- Fette nie mischen, denn der Siedepunkt der Fette ist sehr unterschiedlich.
- Altes Fett nie mit frischem mischen.
- Fritierfett darf nur zwei- bis viermal gebraucht werden. Durch mehrfaches Erhitzen wird die Fettqualität vermindert und das Fett zersetzt sich.
  Gebrauchtes Fett vorsichtig durch ein mit Filterpapier ausgelegtes Sieb gießen und nach dem Erkalten im geschlossenen Gefäß im Kühlschrank aufbewahren.
- Nicht mehr gebrauchsfähiges Fett nie in den Abguß gießen, sondern abkühlen lassen, in ein Gefäß geben und verschlossen in den Müll geben.

Backen im Fettbad

- Fritiergefäß nur bis zur Hälfte mit Fett füllen, denn beim Einlegen des Fritiergutes schäumt das Fett.
- Fett erhitzen,
- Fettemperatur kontrollieren:
  Im Kochtopf die Fettemperatur durch Eintauchen eines Holzlöffelstiels prüfen. Bildet sich beim Eintauchen sofort ein Bläschenkranz um den Holzlöffelstiel, ist die Backtemperatur erreicht.
  Bei der Friteuse die Temperaturanzeige beachten.
- Nur wenig Gargut einlegen, da das Fettbad sonst zu stark abkühlt und zuviel Fett in das Gargut einzieht.
- Fritiertes Gargut auf einem Kuchengitter, das mit saugfähigem Küchenpapier belegt ist, abtropfen lassen.

Was ist zu beachten?

- Teige zum Ausbacken sollen nur wenig Zucker enthalten, da sie sonst bräunen, bevor das Gargut durchgegart ist.

Berliner Pfannkuchen

Kräppel oder Krapfen

500 g	**Mehl**
40 g	**Hefe**
1/8 l	**Milch**
100 g	**Zucker**
1 Prise	**Salz**
2	**Eier**
2 EL	**Rum**
100 g	**Butter** oder Margarine
	Pflaumenmus oder Konfitüre
	Fett zum Backen
	Zucker oder Zuckerguß

Aus den angegebenen Zutaten einen Hefeteig bereiten, siehe Seite 342/340.

1. Art der Weiterverarbeitung

Aus dem Teig eine Rolle formen und in 22 bis 24 Teile schneiden. In die linke Hand ein Teigstück nehmen, eine Vertiefung eindrücken, etwas Mus einfüllen und den Teig zusammendrehen, daß er wieder glatt wird. Teigbällchen mit der gedrehten Seite nach unten auf einer bemehlten Arbeitsfläche gehen lassen.

Fett **erhitzen,** Teigbällchen mit der Oberseite einlegen und im Fettbad backen, siehe Seite 399. Sobald die eine Seite braun ist, den Pfannkuchen wenden.

2. Art der Weiterverarbeitung

Den gegangenen Hefeteig 1 cm dick ausrollen, mit einem Ausstecher runde Teigstücke von etwa 6 cm Durchmesser markieren, jeweils in die Mitte einen Klecks Mus geben. Die zweite Teighälfte darüberlegen und Krapfen ausstechen, siehe Bild 116 und 117. Nochmals gehen lassen und backen wie bei der 1. Art der Weiterverarbeitung.

3. Art der Weiterverarbeitung

Den gegangenen Hefeteig 2 cm dick ausrollen und runde Teigstücke von etwa 6 cm Durchmesser ausstechen. Auf eine bemehlte Arbeitsfläche legen, gehen lassen und backen wie bei der 1. Art der Weiterverarbeitung.

Nach dem Backen

Auf einem mit Küchenpapier belegten Kuchengitter abtropfen lassen. Für 1. und 2. Art Pfannkuchen in Zucker wälzen oder mit Zuckerguß überziehen. Für 3. Art Pflaumenmus glattrühren, in einen Spritzbeutel mit langer Tülle füllen und in die Pfannkuchen spritzen. Pfannkuchen in Zucker wälzen oder mit Zuckerguß überziehen.

Bild 116: Für Berliner Pfannkuchen, Rezept Seite 400, 2. Art, wird ein Klecks Mus auf jedes mit dem Ausstecher markierte Teigstück gegeben.

Bild 117: Nachdem die zweite Teighälfte darübergelegt wurde, werden die Teigstücke ausgestochen.

Hefeküchle

500 g	**Mehl**
40 g	**Hefe**
1/8 l	**Milch**
75 g	**Zucker**
1 Prise	**Salz**
1	**Vanillezucker**
1	**Eigelb**
1	**Ei**
75 g	**Butter** oder Margarine
	Fett zum Backen
	Puderzucker

Aus den angegebenen Zutaten einen Hefeteig bereiten, siehe Seite 342/340, und gehen lassen.
Aus dem Teig Nudeln oder Kugeln formen und mit den Fingern ausziehen.
Fett **erhitzen,** Teigteile einlegen und im Fettbad von beiden Seiten goldbraun backen, siehe Seite 399.

Nach dem Backen
Auf einem mit Küchenpapier belegten Kuchengitter abtropfen lassen und mit Puderzucker bestäuben.

Bild 118: Fettgebackenes wird im Fett schwimmend gebacken, z. B. in einer Friteuse, wie hier Berliner Pfannkuchen, Rezept Seite 400.

Spritzkuchen
Strauben

1/4 l	**Wasser**
60 g	**Butter** oder Margarine
1 Prise	**Salz**
1	**Vanillezucker**
150 g	**Mehl**
1	**Ei**
3	**Eier**
1 TL	**Backpulver**
	Fett zum Backen

Zuckerguß:

200 g	**Puderzucker**
2—3 EL	**heißes Wasser**
1 EL	**Zitronensaft** oder Rum

Aus den angegebenen Zutaten einen Brandteig bereiten, siehe Seite 397/396.
Fett **erhitzen.** Ein Stück Butterbrotpapier in der Größe des Topfes schneiden, in das heiße Backfett tauchen und auf eine Platte legen.
Teig in einen Spritzbeutel mit weiter Tülle füllen und je Topffüllung 3—5 Kränze von 1 1/2 bis 2 cm Höhe auf das Papier spritzen. Mit dem Papier in das heiße Fett gleiten lassen, dabei das Papier an einer Ecke festhalten, bis die Kränze abgleiten, dann herausziehen.
Kränze am Anfang hin und her bewegen, damit das Fett über den Teig fließt, dann gehen die Spritzkuchen besser auf.
Gebäck im Fettbad von beiden Seiten goldbraun backen, siehe Seite 399.

Nach dem Backen
Auf einem mit Küchenpapier belegten Kuchengitter abtropfen lassen.
Für den Guß Puderzucker mit Flüssigkeit verrühren. Die Oberseite der Spritzkuchen damit bestreichen.

Tip:
- Spritzkuchen schmecken am besten frisch.

Käseküchle

1/8 l	**Wasser**
1/2 TL	**Salz**
30 g	**Butter** oder Margarine
75 g	**Mehl**
1	**Ei**
2	**Eier**
50 g	**Schmelzkäse**
2 EL	**Schnittlauch**
1 Prise	**Paprika**
	Fett zum Backen

Aus den angegebenen Zutaten einen Brandteig bereiten, siehe Seite 397/396.
Käse in kleine Würfel schneiden und mit zerkleinertem Schnittlauch und Paprika unter den Teig rühren.
Fett **erhitzen.** Mit zwei Teelöffeln vom Teig Kugeln von etwa 3 cm Durchmesser formen und im Fettbad goldbraun backen, siehe Seite 399.

Nach dem Backen
Auf einem mit Küchenpapier belegten Kuchengitter abtropfen lassen.

Tip:
- Als Beilage zu Gemüse oder als Garnitur für eine Bratenplatte geeignet.

Rheinische Mutzen

500 g	**Mehl**
25 g	**Zucker**
4	**Eier**
2 EL	**Milch**
2 EL	**Rum**
1 Prise	**Salz**
	Fett zum Backen
	Puderzucker

Aus den angegebenen Zutaten einen Nudelteig bereiten, siehe Seite 118.
Teig sehr dünn ausrollen und etwa 20 Minuten ruhen lassen.
Teig in schräge Rechtecke (Rhomben) von 4 × 5 cm schneiden und mit einer Gabel mehrfach einstechen.
Fett **erhitzen,** Teigteile einlegen und im Fettbad hellbraun backen, siehe S. 399.

Nach dem Backen
Auf einem mit Küchenpapier belegten Kuchengitter abtropfen lassen. Mit Puderzucker dick bestäuben.

Anmerkung:
Die Rechtecke biegen sich beim Ausbacken unterschiedlich. Dadurch sieht das Gebäck sehr dekorativ aus.
Rheinische Mutzen werden gern zur Karnevalszeit gegessen. Sie passen zu Punsch, Rotwein, Tee oder Kaffee.

Räderkuchen
Schürzkuchen

500 g	**Mehl**
1	**Backpulver**
100 g	**weiche Butter** oder Margarine
100 g	**Zucker**
1 Prise	**Salz**
2 EL	**Rum**
3	**Eier**
3 EL	**Milch**
3 EL	**Wasser**
	Fett zum Backen
	Zucker

Für den Teig Zutaten mit den Knethaken einer Hand- oder Standküchenmaschine zu einem glatten Teig verkneten und kalt stellen.
Teig portionsweise auf einer bemehlten Arbeitsfläche ausrollen.
Teigstreifen von 8—9 cm Länge und 3 cm Breite schneiden und ausrädern.
An einem Ende, etwa 1/2 cm vom Rand entfernt, in den Streifen einen Schlitz schneiden und das lange Ende durchziehen.
Fett **erhitzen,** Teigteile einlegen und im Fettbad von beiden Seiten goldbraun backen, siehe Seite 399.

Nach dem Backen
Auf einem mit Küchenpapier belegten Kuchengitter abtropfen lassen. Noch warm in Zucker wälzen.

Tip:
- Räderkuchen halten sich einige Tage frisch, wenn sie in einem geschlossenen Behälter aufbewahrt werden.

Bild 119: Fettgebackenes kann auch im Kochtopf auf der Kochstelle gebacken werden, wie hier die Räderkuchen, Rezept Seite 402.

Quarkspitzen

200 g	**Mehl**
1/2 TL	**Backpulver**
125 g	**Quark**
50 g	**Zucker**
1 Prise	**Salz**
1	**Ei**
4—6 EL	**Milch**
	Fett zum Backen
	Zucker oder Zucker und Zimt

Für den Teig Zutaten mit den Knethaken einer Hand- oder Standküchenmaschine zu einem glatten Teig verkneten und kalt stellen.
Fett **erhitzen.** Mit einem Teelöffel glatte Stücke vom Teig abstechen, in das Fettbad einlegen und goldbraun backen, siehe Seite 399.

Nach dem Backen
Auf einem mit Küchenpapier belegten Kuchengitter abtropfen lassen und noch warm in Zucker wälzen.

Apfelscheiben in Rumteig

4	**mittelgroße Äpfel**
Ausbackteig:	
75 g	**Mehl**
1	**Ei**
2 EL	**Rum**
1 Prise	**Salz**
2—3 EL	**Milch**
	Fett zum Backen
	Zucker · Zimt

Äpfel waschen, Kerngehäuse entfernen, Äpfel schälen und in 1—1½ cm dicke Ringe schneiden.
Für den Ausbackteig Zutaten miteinander verrühren.
Fett **erhitzen.** Jede Apfelscheibe einzeln mit einer Gabel durch den Teig ziehen und im Fettbad von beiden Seiten goldbraun backen, siehe Seite 399.

Nach dem Backen
Auf einem mit Küchenpapier belegten Kuchengitter abtropfen lassen. Zucker

und Zimt mischen und die Apfelscheiben damit bestreuen.

Veränderung:

- Statt Apfelscheiben können auch Birnen- oder Aprikosenhälften oder Ananasscheiben gebacken werden.

Überraschungsbananen

4	**kleine Bananen**
	Curaçao

Ausbackteig:

75 g	**Mehl**
1 TL	**Backpulver**
2	**Eier**
2 EL	**Milch**
1 Prise	**Salz**
	Fett zum Backen
	geriebene bittere Schokolade

Bananen schälen, mit einer Gabel vorsichtig einstechen, mit Curaçao beträufeln und durchziehen lassen.
Für den Ausbackteig Zutaten miteinander verrühren.
Fett **erhitzen.** Jede Banane einzeln mit einer Gabel durch den Teig ziehen und im Fettbad goldbraun backen, siehe S. 399.

Nach dem Backen
Auf einem mit Küchenpapier belegten Kuchengitter abtropfen lassen und mit Schokolade bestreuen.

Was ist zu beachten?

- Gleich servieren, da die Schokolade schnell schmilzt.

STROM-SPAR-TIP

Kochgeschirr immer passend zur Kochstellengröße wählen

Gebackene Frikadellen

2	**Brötchen**
4	**Sardellen**
1 EL	**Kapern**
500 g	**Hackfleisch** halb und halb
2	**Eigelb**
	Pfeffer · Salz
	Mehl
1	**Eiweiß**
	Paniermehl
	Fett zum Backen

Brötchen in Wasser einweichen und ausdrücken. Sardellen und Kapern fein zerkleinern. Hackfleisch, Eigelb, Pfeffer und Salz zugeben, zu einer geschmeidigen Masse verarbeiten und abschmecken.
Mit nassen Händen kleine flache Frikadellen formen, in Mehl, verschlagenem Eiweiß und Paniermehl wenden.
Fett **erhitzen,** Frikadellen hineingeben und im Fettbad 3—4 Minuten goldbraun backen, siehe Seite 399.

Nach dem Backen
Auf einem mit Küchenpapier belegten Kuchengitter abtropfen lassen.

Paniertes Fischfilet

750 g	**Fischfilet**
	Zitronensaft · Salz
	Mehl
2	**Eier**
	Paniermehl
	Fett zum Backen

Fischfilet säubern, säuern, salzen. Trockentupfen und nacheinander in Mehl, verschlagenen Eiern und Paniermehl wenden. Das Filet soll mit einer dicken Panade bedeckt sein.
Fett **erhitzen,** Fisch einlegen und im Fettbad 3—4 Minuten goldbraun backen, siehe Seite 399.

Nach dem Backen
Auf einem mit Küchenpapier belegten Kuchengitter abtropfen lassen.

Plätzchen und Kleingebäck

Plätzchen und Kleingebäck können süß oder salzig aus verschiedenen Teigarten hergestellt werden. Kleingebäck kann zusätzlich süß oder salzig gefüllt werden.

Teigbereitung

Geeignet sind Hefe-, Rühr-, Biskuit-, Mürbe-, Brand- und Blätterteig sowie Honig- und Sirupteig. Die Zubereitung der Teigarten ist unter den betreffenden Kapiteln ausführlich beschrieben:

Hefeteig, Seite 340

Rührteig, Seite 362

Biskuitteig, Seite 372

Mürbeteig, Seite 379

Blätterteig, Seite 385

Honig- und Sirupteig, Seite 392

Brandteig, Seite 396

Füllungen, Seite 451

Backen

- Backbleche oder Fettpfannen mit Backpapier auslegen, sie brauchen dann nicht gefettet zu werden und bleiben sauber.
- Backdauer und Bräunungsgrad öfter prüfen: Dünn oder dick ausgerollter Teig, die Größe der Ausstechformen, die Schnittstärke oder die Spritztüllengröße haben Einfluß auf die Backdauer. Durch ihre unterschiedliche Höhe und Größe bräunen Kleingebäck und Plätzchen nicht so gleichmäßig wie ein Teig, der im ganzen auf dem Backblech gebacken wird.

  Die bei den Rezepten angegebene Backdauer dient als Anhaltspunkt.
- Bereits gebräuntes Gebäck herausnehmen und das übrige fertigbacken.
- Süße Plätzchen und Kleingebäck mit einem geeigneten Guß überziehen, Vorschläge dafür sind bei den Rezepten angegeben.

Was ist zu beachten?

- Bei den nachfolgenden Rezepten bezieht sich die angegebene Backdauer auf den vorgeheizten Backofen, da meist mehrere Backbleche mit Kleingebäck oder Plätzchen hintereinander gebacken werden.
- **Beim Einsetzen in den kalten Backofen muß die in den Rezepten angegebene Backdauer um 5—10 Minuten verlängert werden.**

Tip:

- Das Gebäck erhält eine glänzende Oberfläche, wenn es vor dem Backen mit verdünntem Eigelb bestrichen wird. Dazu Eigelb mit Wasser verquirlen und gleichmäßig dünn auftragen.
- Bei mehreren Blechfüllungen ist es empfehlenswert, das Backpapier auf einer Arbeitsfläche zu belegen und auf das freigewordene Backblech zu ziehen.

Plätzchen

Hosenknöpfchen

125 g	**Mehl**
40 g	**Zucker**
1	**Vanillezucker**
1 Prise	**Salz**
75 g	**Butter** oder Margarine
2	**Eiweiß**

Aus den angegebenen Zutaten einen Rührteig bereiten, siehe Seite 363/362.
Backblech einfetten oder mit Backpapier auslegen.
Teig in einen Spritzbeutel mit weiter Tülle füllen, walnußgroße Tupfen auf das Backblech spritzen und backen.

Einsetzen:
Mittlere Einschubleiste.

Backen:
200—210 °C 8—10 Minuten

Was ist zu beachten?

- Hosenknöpfchen nicht zu dicht nebeneinander setzen, da sie beim Backen breitlaufen.

Veränderung:

- Zwischen zwei gebackene Hosenknöpfchen eine Nougatmasse streichen.

Haferflocken-Nußgebäck

150 g	**kernige Haferflocken**
50 g	**Weizenvollkornmehl**
1 TL	**Backpulver**
75 g	**Honig**
1	**Vanillezucker**
1 Prise	**Salz**
125 g	**Butter**
1	**Ei**
100 g	**geriebene Nüsse**

Aus den angegebenen Zutaten einen Rührteig bereiten, siehe Seite 363/362, und kalt stellen.

Aus dem Teig kleine Kugeln formen.
Backblech einfetten oder mit Backpapier auslegen. Teigkugeln aufsetzen, flachdrücken und backen.

Einsetzen:
Mittlere Einschubleiste.

Backen:
180—200 °C 10—15 Minuten

Knasterkuchen

150 g	**Mehl**
100 g	**Zucker**
1	**Vanillezucker**
1 Prise	**Salz**
150 g	**Butter** oder Margarine
2	**Eiweiß**
50 g	**zerlassene Butter**
Belag:	
250 g	**Mehl**
150 g	**Zucker**
125 g	**Butter**
1 Prise	**Salz**

Aus den angegebenen Zutaten einen Rührteig bereiten, siehe Seite 363/362.
Backblech einfetten. Teig dünn und gleichmäßig aufstreichen und mit Butter bestreichen.
Für den Belag Mehl, Zucker, Butter und Salz mit den Knethaken einer Hand- oder Standküchenmaschine zu Streuseln verarbeiten, auf dem Teig verteilen und backen.

Einsetzen:
Mittlere Einschubleiste.

Backen:
210—225 °C 15—20 Minuten
0 5 Minuten

Nach dem Backen
Den Kuchen sofort in schräge Rechtecke (Rhomben) schneiden, da das krosse Gebäck später dabei bricht.

Mandelkränze

500 g	**Mehl**
2 TL	**Backpulver**
200 g	**Zucker**
1	**Vanillezucker**
1 Prise	**Salz**
150 g	**Butter** oder Margarine
4	**Eier**
200 g	**geriebene Mandeln**
2	**Eigelb**
2 EL	**Wasser**

Aus den angegebenen Zutaten einen Rührteig bereiten, siehe Seite 363/362. Backblech einfetten oder mit Backpapier auslegen.
Weichen Teig durch die Teigspritze oder den Fleischwolf mit Spritzgebäck-Vorsatz drücken. Von den Teigstreifen gleichmäßige Teile schneiden, zu Kränzen formen und auf das Backblech legen. Eigelb mit Wasser verrühren, Kränze damit bestreichen und backen.

Einsetzen:
Mittlere Einschubleiste.

Backen:
210—225 °C 12—15 Minuten

S-Gebäck

375 g	**Mehl**
1 Msp	**Backpulver**
150 g	**Zucker**
1	**Vanillezucker**
1 Prise	**Salz**
250 g	**Butter** oder Margarine
1	**Ei**
1	**Eigelb**
Guß:	
100—150 g	**Kuvertüre**

Aus den angegebenen Zutaten einen Rührteig bereiten, siehe Seite 363/362, und kalt stellen.
Backblech einfetten oder mit Backpapier auslegen.
Teig durch den Fleischwolf mit Spritzgebäck-Vorsatz oder durch eine Teigspritze mit Sterntülle drücken. Kleine Teile abschneiden, zu „S" drehen, auf das Backblech legen und backen.

Einsetzen:
Mittlere Einschubleiste.

Backen:
210—225 °C 12—15 Minuten

Nach dem Backen
Für den Guß Kuvertüre nach Herstellerangabe **schmelzen.** Eine Gebäckhälfte darin eintauchen.

Veränderung:
- Unter die Hälfte des Teiges 40—50 g geriebene Nüsse mengen, kleine Kränze formen.
- Teig durch eine flache Vorsatzscheibe geben und etwa 5 cm lange Teile schräg abschneiden.

Heidesand

250 g	**Butter**
250 g	**Zucker**
1	**Vanillezucker**
1 Prise	**Salz**
1 EL	**Milch**
375 g	**Mehl**

Butter gut **bräunen** und kalt stellen.
Butter sahnig rühren, nach und nach Zucker, Vanillezucker, Salz und Milch zugeben, danach eßlöffelweise das Mehl unterkneten.
Aus dem Teig 2 Rollen von etwa 4 cm Durchmesser formen, in Folie wickeln und kalt stellen.
Backblech einfetten oder mit Backpapier auslegen. Teig in 1/2 cm dicke Scheiben schneiden, auf das Blech legen und hellgelb backen. →

Beim Einsetzen in den kalten Backofen muß die in den Rezepten angegebene Backdauer um 5—10 Minuten verlängert werden

Einsetzen:
Mittlere Einschubleiste.

Backen:
200—210 °C 10—15 Minuten

Tip:
- Rollen nach dem Kaltstellen mit Wasser bestreichen, in Zucker wälzen und nochmal kalt stellen. In Scheiben schneiden und backen.

Gewürzplätzchen

500 g	**Mehl**
1 TL	**Backpulver**
30 g	**Kakao**
200 g	**Zucker**
je 2 Msp	**Kardamom · Zimt · Nelkenpulver**
100 g	**geriebene Mandeln**
3	**Eier**
175 g	**Butter** oder Margarine
1 Prise	**Salz**

Zuckerguß:

200 g	**Puderzucker**
2 EL	**Rum**
1—2 EL	**heißes Wasser**

Aus den angegebenen Zutaten einen Mürbeteig bereiten, siehe Seite 381/379, und kalt stellen.
Backblech einfetten oder mit Backpapier auslegen.
Teig auf einer bemehlten Arbeitsfläche dünn ausrollen, Plätzchen ausstechen, auflegen und backen.

Einsetzen:
Mittlere Einschubleiste.

Backen:
210—225 °C 10—15 Minuten

Nach dem Backen
Für den Guß Puderzucker mit Rum und Wasser verrühren und Plätzchen damit bestreichen.

Orangentäschchen

200 g	**Mehl**
75 g	**Speisestärke**
1 TL	**Backpulver**
1 Prise	**Salz**
1	**Vanillezucker**
1	**Ei**
150 g	**Butter** oder Margarine

Füllung:

125 g	**geriebene Mandeln**
100 g	**Zucker**
	abgeriebene Schale einer Orange
	Saft einer Orange

Zuckerguß:

100 g	**Puderzucker**
1 EL	**Orangensaft**
1 EL	**Zitronensaft**

Aus den angegebenen Zutaten einen Mürbeteig bereiten, siehe Seite 381/379, und kalt stellen.
Für die Füllung Mandeln mit Zucker, Orangenschale und -saft verrühren. Die Masse muß streichfähig sein.
Teig auf einer bemehlten Arbeitsfläche 3 mm dick ausrollen, Plätzchen von 5—6 cm Durchmesser ausstechen. Auf die eine Hälfte etwas Füllung streichen, die andere Hälfte darüberklappen, andrücken und mit der Gabel kleine Vertiefungen in den Rand drücken.
Backblech einfetten oder mit Backpapier auslegen, Teigtäschchen auflegen und backen.

Einsetzen:
Mittlere Einschubleiste.

Backen:
200—210 °C 15—20 Minuten

Nach dem Backen
Für den Guß Puderzucker mit Saft verrühren und die noch warmen Plätzchen damit bestreichen.

Beim Backen mit Umluft die Temperatur um etwa 30 °C niedriger einstellen

Bild 120: Haselnuß-Dreispitze, „S“-Gebäck und Schokoladenbrezeln, Rezepte Seite 409, 407 und 410.

Haselnuß-Dreispitze
Bauernhütchen

250 g	**Mehl**
1 Msp	**Backpulver**
100 g	**Zucker**
1 Prise	**Salz**
	abgeriebene Zitronenschale
2	**Eigelb**
125 g	**Butter** oder Margarine
Füllung:	
2	**Eiweiß**
80 g	**Zucker**
1	**Vanillezucker**
125 g	**geriebene Haselnüsse**
1	**Eiweiß**
1	**Eigelb**
1 EL	**Wasser**

Aus den angegebenen Zutaten einen Mürbeteig bereiten, siehe Seite 381/379, und kalt stellen.

Für die Füllung Eiweiß steif schlagen, Zucker nach und nach unterrühren und Nüsse unterheben.
Teig auf einer bemehlten Arbeitsfläche messerrückendick ausrollen und mit einem gezackten Ring nicht zu kleine Plätzchen ausstechen. Auf die Mitte einen Teelöffel Füllung geben. Den Rand mit Eiweiß dünn bestreichen und ihn an drei Stellen fassen, zur Mitte hin zusammendrücken, so daß ein Dreispitz entsteht, der auch wie ein Hut aussieht.
Backblech einfetten oder mit Backpapier auslegen und Teighütchen daraufsetzen. Eigelb mit Wasser verrühren, Teighütchen damit bestreichen und backen.

Einsetzen:
Mittlere Einschubleiste.

Backen:
200—210 °C 15—20 Minuten

Bayerisches Buttergebäck

500 g	**Mehl**
1 TL	**Backpulver**
200 g	**Zucker**
2	**Vanillezucker**
1 Prise	**Salz**
3 EL	**Rum**
2	**Eier**
250 g	**Butterschmalz**
2	**Eigelb**
2 EL	**Wasser**
	Hagelzucker

Aus den angegebenen Zutaten einen Mürbeteig bereiten, siehe Seite 381/379, und kalt stellen.
Backblech einfetten oder mit Backpapier auslegen.
Teig auf einer bemehlten Arbeitsfläche ausrollen, Plätzchen ausstechen und auflegen.
Eigelb mit Wasser verrühren. Plätzchen damit bestreichen, mit Zucker bestreuen und backen.

Einsetzen:
Mittlere Einschubleiste.

Backen:
210—225 °C 10—12 Minuten

Spekulatius

500 g	**Mehl**
2 TL	**Backpulver**
200 g	**Zucker**
1 Prise	**Salz**
100 g	**geriebene Mandeln**
je 2 Msp	**Kardamom · Nelkenpulver**
1 TL	**Zimt**
	abgeriebene Zitronenschale
2	**Eier**
250 g	**Butter** oder Margarine

Aus den angegebenen Zutaten einen Mürbeteig bereiten, siehe Seite 381/379, und kalt stellen.
Backblech einfetten oder mit Backpapier auslegen.
Teig portionsweise auf einer bemehlten Arbeitsfläche messerrückendick ausrollen und mit Spekulatius-Model oder anderen Formen Plätzchen ausstechen.
Teigteile auflegen und backen.

Einsetzen:
Mittlere Einschubleiste.

Backen:
210—225 °C 10—12 Minuten

Schokoladenbrezeln

500 g	**Mehl**
1	**Backpulver**
50 g	**Kakao**
200 g	**Zucker**
1	**Vanillezucker**
1 Prise	**Salz**
2	**Eier**
3—4 EL	**Milch**
125 g	**Butter** oder Margarine
Guß:	
150 g	**Kuvertüre**

Aus den angegebenen Zutaten einen Mürbeteig bereiten, siehe Seite 381/379, und kalt stellen.
Teig zu bleistiftdicken Rollen formen, in Stücke schneiden, zu Brezeln schlingen.
Backblech einfetten oder mit Backpapier auslegen. Teigbrezeln auflegen und backen.

Einsetzen:
Mittlere Einschubleiste.

Backen:
200—210 °C 12—15 Minuten

Nach dem Backen
Für den Guß Kuvertüre nach Herstellerangabe **schmelzen.** Eine Brezelhälfte darin eintauchen.

Beim Einsetzen in den kalten Backofen muß die in den Rezepten angegebene Backdauer um 5—10 Minuten verlängert werden

Nußstangen

150 g	**Mehl**
1 Prise	**Salz**
125 g	**geriebene Nüsse**
100 g	**Zucker**
1	**Vanillezucker**
2	**Eigelb**
125 g	**Butter** oder Margarine

Zuckerguß:

1/2	**Eiweiß**
65 g	**Puderzucker**
	Zitronensaft

Aus den angegebenen Zutaten einen Mürbeteig bereiten, siehe Seite 381/379, und kalt stellen.
Aus dem Teig 1 cm dicke runde Stangen von etwa 6 cm Länge formen und etwas flachdrücken.
Backblech einfetten oder mit Backpapier auslegen. Teigstangen auflegen und backen.

Einsetzen:
Mittlere Einschubleiste.

Backen:
200—210 °C 10—12 Minuten

Nach dem Backen
Für den Guß Eiweiß mit Puderzucker verrühren und nur soviel Zitronensaft zufügen, daß ein spritzfähiger Guß entsteht.
Mit einem Gefrierbeutel, von dem die Spitze abgeschnitten ist, den Zuckerguß als Streifen oder im Zickzack auf das noch warme Gebäck spritzen.

Vanillehörnchen

Vanillekipferl

250 g	**Mehl**
100 g	**geriebene Mandeln**
100 g	**Zucker**
150 g	**Butter** oder Margarine
1	**Vanillezucker**
2—3 EL	**Puderzucker**

Aus den angegebenen Zutaten einen Mürbeteig bereiten, siehe Seite 381/379, und kalt stellen.
Aus dem Teig daumendicke Rollen formen und etwa 2 cm breite Stücke abschneiden. Jedes Stück erneut so rollen, daß es 5 cm lang und an den Enden dünner ist.
Backblech einfetten oder mit Backpapier auslegen. Teigrollen in Hörnchenform auflegen und nur hellgelb backen.

Einsetzen:
Mittlere Einschubleiste.

Backen:
200—210 °C 10—12 Minuten

Nach dem Backen
Vanillezucker und gesiebten Puderzucker mischen. Warme Kipferl darin wälzen.

Bewag-Sterne

500 g	**Mehl**
1 TL	**Backpulver**
200 g	**Zucker**
1	**Vanillezucker**
1 Prise	**Salz**
3	**Eier**
250 g	**Butter** oder Margarine
	Konfitüre
2	**Eigelb**
2 EL	**Wasser**

Aus den angegebenen Zutaten einen Mürbeteig bereiten, siehe Seite 381/379, und kalt stellen.
Teig auf einer bemehlten Arbeitsfläche dünn ausrollen und fünfzackige mittelgroße Sterne ausstechen. In die Mitte etwas Konfitüre setzen, einen zweiten Stern auflegen, und zwar so, daß seine Zacken zwischen denen des ersten Sternes liegen. Etwas zusammendrücken, damit keine Konfitüre herausläuft.
Backblech einfetten oder mit Backpapier auslegen. Teigteile auflegen.
Eigelb mit Wasser verrühren, Sterne damit bestreichen und backen.

Einsetzen:
Mittlere Einschubleiste.

Backen:
200—210 °C 12—15 Minuten

Husarenkrapfen

Mürbeteigkugeln

400 g	**Mehl**
50 g	**Zwiebackbrösel**
150 g	**Zucker**
	abgeriebene Zitronenschale
1 Prise	**Salz**
4	**Eigelb**
250 g	**Butter**
	Eiweiß · geriebene Mandeln
	Konfitüre

Aus den angegebenen Zutaten einen Mürbeteig bereiten, siehe Seite 381/379, und kalt stellen.
Teig zu einer Rolle von 3 cm Durchmesser formen, davon gleichmäßige Stücke abschneiden. Zu Kugeln drehen, in Eiweiß tauchen und in Mandeln wälzen.
Backblech einfetten oder mit Backpapier auslegen. Teigkugeln aufsetzen, in die Mitte der Kugeln eine Vertiefung drükken, etwas Konfitüre hineingeben und backen.

Einsetzen:
Mittlere Einschubleiste.

Backen:
210—225 °C 10—12 Minuten

Haselnußkugeln

300 g	**Mehl**
200 g	**geriebene Haselnüsse**
200 g	**Zucker**
1	**Vanillezucker**
1 Prise	**Salz**
1	**Ei**
200 g	**Butter** oder Margarine
	Haselnüsse
1	**Eiweiß**

Aus den angegebenen Zutaten einen Mürbeteig bereiten, siehe Seite 381/379, und kalt stellen.

Aus dem Teig eine Rolle von 3 cm Durchmesser formen, davon gleichmäßige Stücke abschneiden und zu Kugeln drehen.
Backblech einfetten oder mit Backpapier auslegen. Teigkugeln aufsetzen. Je eine Nuß in Eiweiß tauchen, in die Kugeln drücken und backen.

Einsetzen:
Mittlere Einschubleiste.

Backen:
210—225 °C 12—15 Minuten

Mürbe Schnitten

200 g	**Mehl**
100 g	**Speisestärke**
1 TL	**Backpulver**
100 g	**Zucker**
2	**Eigelb**
125 g	**Butter** oder Margarine
2	**Eiweiß**
	Hagelzucker
150 g	**gehackte Mandeln**

Aus den angegebenen Zutaten einen Mürbeteig bereiten, siehe Seite 381/379, und kalt stellen.
Backblech einfetten. Teig darauf ausrollen, mit verschlagenem Eiweiß bestreichen, Hagelzucker und Mandeln überstreuen und goldgelb backen.

Einsetzen:
Mittlere Einschubleiste.

Backen:
200—210 °C 15—20 Minuten
0 5 Minuten

Nach dem Backen
Gebäck sofort in Stücke schneiden, da es später dabei bricht.

Beim Backen mit Umluft die Temperatur um etwa 30 °C niedriger einstellen

Biskuitplätzchen

5	**Eier**
2 EL	**Wasser**
200 g	**Zucker**
1	**Vanillezucker**
1 Prise	**Salz**
250 g	**Mehl**

Backblech einfetten oder mit Backpapier auslegen.
Aus den angegebenen Zutaten einen Biskuitteig bereiten, siehe Seite 374/372.
Mit zwei Teelöffeln kleine Teighäufchen auf das Backblech setzen und goldgelb backen.

Einsetzen:
Mittlere Einschubleiste.

Backen:
180—200 °C 10—12 Minuten

Was ist zu beachten?

- Teighäufchen nicht zu dicht nebeneinandersetzen, da sie beim Backen breitlaufen.

Pfefferkuchenplätzchen

500 g	**Honig**
250 g	**Zucker**
750 g	**Mehl**
200 g	**gehackte Mandeln**
150 g	**Zitronatwürfel**
1 Prise	**Salz**
	abgeriebene Zitronenschale
1 Msp	**weißer Pfeffer**
5 g	**Nelkenpulver**
3 g	**Ingwerplulver**
2	**Eier**
5 g	**Hirschhornsalz**
5 g	**Pottasche** zusammen in 3 EL Rosenwasser gelöst
2	**Eigelb**
2 EL	**Wasser**
	ganze abgezogene Mandeln

Aus den angegebenen Zutaten einen Honigteig bereiten, siehe Seite 392, und einen Tag ruhen lassen.
Teig auf einer bemehlten Arbeitsfläche gleichmäßig ausrollen und Plätzchen ausstechen.
Backblech einfetten und mit Mehl bestreuen oder mit Backpapier auslegen.
Teigteile auflegen.
Eigelb mit Wasser verrühren. Plätzchen damit bestreichen, mit Mandeln belegen und backen.

Einsetzen:
Mittlere Einschubleiste.

Backen:
160—180 °C 15—20 Minuten

Sirupprinten

500 g	**Sirup**
150 g	**Zucker**
600 g	**Mehl**
5 g	**Kardamom**
5 g	**Nelkenpulver**
2 g	**Ingwerpulver**
1 Prise	**Salz**
	abgeriebene Zitronenschale
200 g	**gehackte Nüsse** oder Mandeln
1 TL	**Hirschhornsalz** in 1 EL Rosenwasser gelöst

Zuckerguß:

200 g	**Puderzucker**
2—3 EL	**heißes Wasser**

Aus den angegebenen Zutaten einen Honigteig bereiten, siehe Seite 392, und 1—2 Tage an einem warmen Ort ruhen lassen.
Teig auf einer bemehlten Arbeitsfläche messerrückendick ausrollen und in Streifen schneiden.
Backblech einfetten und mit Mehl bestreuen oder mit Backpapier auslegen.
Teigstreifen auflegen und backen.

Einsetzen:
Mittlere Einschubleiste.

Backen:
160—180 °C 15—20 Minuten

Nach dem Backen
Puderzucker mit Wasser zu einem dünnflüssigen Guß verrühren und die Printen damit bestreichen.

Elisenlebkuchen

5	**Eier**
500 g	**Zucker**
1 Prise	**Muskat**
2 TL	**Zimt**
1 Prise	**Salz**
2	**Orangen**
2	**Zitronen**
500 g	**geriebene Mandeln**
Rosa Zuckerguß:	
100 g	**Puderzucker**
1—2 EL	**heißer roter Saft**
Weißer Zuckerguß:	
100 g	**Puderzucker**
1 EL	**Zitronensaft**
1 EL	**heißes Wasser**

Eier und Zucker schaumig rühren, je schaumiger, um so besser wird das Gebäck. Gewürze und Salz untermengen.
Ungespritzte Orangen und Zitronen dünn abschälen. Schalen fein hacken und mit den Mandeln unterheben.
Backblech mit Oblaten oder Backpapier auslegen. Mit zwei Teelöffeln kleine Teighäufchen aufsetzen und mehr trocknen als backen.

Einsetzen:
Mittlere Einschubleiste.

Backen:
160—175 °C 15—20 Minuten

Nach dem Backen
Für den rosa Zuckerguß Puderzucker mit Saft verrühren.
Für den weißen Zuckerguß Puderzucker mit Zitronensaft und Wasser verrühren.
Die noch warmen Lebkuchen mit rosa und mit weißem Zuckerguß bestreichen.

Was ist zu beachten?
- Elisenlebkuchen dürfen nicht zu lange gebacken werden, sie werden sonst trocken und hart und verlieren den Wohlgeschmack.
- Die Backdauer ist je nach Höhe der Plätzchen verschieden.

Honigkuchenhäufchen

250 g	**Honig**
200 g	**Zucker**
50 g	**Butter** oder **Margarine**
450 g	**Mehl**
125 g	**Sultaninen**
100 g	**Zitronatwürfel**
100 g	**Orangeatwürfel**
150 g	**gehackte Mandeln**
	abgeriebene Zitronenschale
1 TL	**Zimt**
1/2 TL	**Nelkenpulver**
je 1 Msp	**Kardamom · Ingwerpulver**
1 Prise	**Salz**
2 EL	**Kakao**
1/8 l	**heißes Wasser**
1	**Ei**
50 g	**Mehl**
2 TL	**Backpulver**
Zuckerguß:	
200 g	**Puderzucker**
2 EL	**Rum**
1 EL	**heißes Wasser**
	bunter Zucker

Aus den angegebenen Zutaten einen Honigteig bereiten, siehe Seite 392.
Kakao im Wasser auflösen, abkühlen lassen, mit Ei verquirlen und an den Teig gießen.
Mehl mit Backpulver mischen, zugeben und untermengen.
Backblech einfetten und mit Mehl bestreuen oder mit Backpapier auslegen. Mit zwei Teelöffeln kleine Teighäufchen aufsetzen und backen.

Einsetzen:
Mittlere Einschubleiste.

Backen:
160—180 °C 25—30 Minuten

Nach dem Backen
Für den Guß Puderzucker mit Rum und Wasser verrühren. Das warme Gebäck damit bestreichen und sofort mit buntem Zucker bestreuen.

Beim Einsetzen in den kalten Backofen muß die in den Rezepten angegebene Backdauer um 5—10 Minuten verlängert werden

Was ist zu beachten?

- Teighäufchen nicht zu dicht nebeneinandersetzen, da sie beim Backen breitlaufen.
- Honigkuchenhäufchen schmecken weich am besten. Sie dürfen deshalb nicht zu lange backen.

Nürnberger Lebkuchen auf Oblaten

3	**Eier**
200 g	**Zucker**
100 g	**Zitronatwürfel**
150 g	**gehackte Mandeln**
250 g	**Mehl**
	abgeriebene Zitronenschale
1 Prise	**Nelken**
1 Prise	**Kardamom**
1 TL	**Zimt**
1 Prise	**Salz**

Guß:

200 g	**Puderzucker**
2 EL	**Zitronensaft**
1—2 EL	**heißes Wasser**

Eier und Zucker schaumig rühren. Zitronat und Mandeln hinzufügen. Mehl sieben, mit Gewürzen und Salz nach und nach zu der schaumigen Eimasse geben. Auf einem Backblech runde Oblaten von 6 cm Durchmesser auslegen, mit 2 Teelöffeln kleine Teighäufchen aufsetzen und goldgelb backen.

Einsetzen:
Mittlere Einschubleiste.

Backen:
160—180 °C 15—20 Minuten

Nach dem Backen
Für den Guß Puderzucker mit Zitronensaft und Wasser verrühren. Die warmen Plätzchen dünn damit bestreichen.

Beim Backen mit Umluft die Temperatur um etwa 30 °C niedriger einstellen

Russisches Brot

4	**Eiweiß**
1 TL	**Zitronensaft**
75 g	**Puderzucker**
1 Prise	**Salz**
2 Msp	**Zimt**
2 EL	**Sirup**
100 g	**Mehl**
50 g	**Speisestärke**

Glasur:

3 TL	**Zucker**
3 TL	**Wasser**

Eiweiß und Zitronensaft steif schlagen. Puderzucker sieben, mit Salz und Zimt mischen, nach und nach unter den Eischnee rühren, Sirup zufügen. Mehl und Speisestärke auf die Schneemasse sieben und kurz untermengen.
Backblech einfetten oder mit Backpapier auslegen. Teig in einen Spritzbeutel mit glatter Tülle füllen. Buchstaben aufspritzen und backen.

Einsetzen:
Mittlere Einschubleiste.

Backen:
200—210 °C 6—8 Minuten

Nach dem Backen
Für die Glasur Zucker und Wasser **aufkochen** und auf das Gebäck streichen. Backblech nochmals in den Backofen setzen und die Glasur trocknen lassen.

Glasur trocknen:
200—210 °C 3—5 Minuten

Makronen

2	**Eiweiß**
1 TL	**Zitronensaft**
160 g	**Zucker**
160 g	**geriebene Mandeln**

Eiweiß mit Zitronensaft steif schlagen. Zucker nach und nach unterrühren, bis die Masse cremig ist. Zum Schluß Mandeln unterheben.
Backblech mit runden Oblaten oder Backpapier belegen, mit zwei Teelöffeln kleine Teighäufchen aufsetzen. Bis zum

nächsten Tag stehen lassen, dann mehr trocknen als backen.

Einsetzen:
Mittlere Einschubleiste.

Backen:

140—160 °C	30—45 Minuten
0	10 Minuten

Veränderung:

- **Gewürzmakronen**
  Abgeriebene Zitronenschale, 1 Messerspitze Zimt, 1 Prise Nelkenpulver, je 25 g kleingeschnittenes Orangeat und Zitronat zufügen.
- **Haselnußmakronen**
  Die Hälfte der Mandeln durch geriebene Haselnüsse ersetzen.
- **Schokoladenmakronen**
  Aus 2 Eiweiß, 1 TL Zitronensaft, 100 g Zucker, 1 Vanillezucker, 125 g ungeschälten, geriebenen Mandeln und 50 g geriebener Schokolade bereiten.
- **Suppenmakronen**
  Aus 1 Eiweiß, 80 g Zucker, 60 g geriebenen Mandeln und 1 gestrichenen EL Paniermehl bereiten. Nur kleine, haselnußgroße Teighäufchen auf ein mit Backpapier ausgelegtes Backblech setzen. Sie benötigen zum Trocknen eine kürzere Zeit.

Zimtsterne

3	**Eiweiß**
2 EL	**Zitronensaft**
1 Prise	**Salz**
375 g	**Puderzucker**
1 EL	**Zimt**
500 g	**ungeschälte geriebene Mandeln**

Eiweiß mit Zitronensaft und Salz steif schlagen, nach und nach Zucker unterrühren, bis die Masse cremig ist. Drei Eßlöffel davon abnehmen und kalt stellen.
Zimt und Mandeln kurz untermengen.
Teig 1/2—3/4 cm dick auf einer mit Puderzucker bestreuten Arbeitsfläche ausrollen. Sterne ausstechen, mit einem Tupfen der zurückgelassenen Baisermasse garnieren oder dünn damit bestreichen.
Backblech einfetten oder mit Backpapier auslegen. Sterne auflegen und sofort backen.

Einsetzen:
Mittlere Einschubleiste.

Backen:

150—175 °C	15—20 Minuten

Bild 121: Der aus dem Springerlemodel gelöste Teig wird auseinandergeschnitten und zum Trocknen auf das mit Anissamen bestreute Backblech gelegt.

Bild 122: Die hübschen Motive der Holzmodel sind auf den Springerle, Rezept Seite 416, deutlich zu erkennen.

Pomeranzen-Nüsse

3	**Eier**
250 g	**Zucker**
1 Prise	**Salz**
275 g	**Mehl**
1 TL	**Backpulver**
50 g	**Orangeatwürfel**
50 g	**Zitronatwürfel**

Eier, Zucker und Salz schaumig rühren. Mehl mit Backpulver mischen, sieben und unterheben. Orangeat und Zitronat untermengen.
Aus dem Teig kleine Kugeln formen. Backblech einfetten oder mit Backpapier auslegen. Teigkugeln aufsetzen, backen.

Einsetzen:
Mittlere Einschubleiste.

Backen:
160—175 °C 15—20 Minuten

Tip:
- Ist der Teig zu weich, ihn vor dem Formen kalt stellen.

Anisplätzchen

3	**kleine Eier**
250 g	**Zucker**
1 Prise	**Salz**
250 g	**Mehl**
1 TL	**Anispulver**

Eier, Zucker und Salz schaumig rühren. Mehl auf die Schaummasse sieben, Anis zugeben und unterheben.
Backblech einfetten oder mit Backpapier belegen. Mit zwei Teelöffeln kleine Teighäufchen aufsetzen und über Nacht an einen warmen Ort stellen, bis sich oben ein Häutchen gebildet hat, dann backen.

Einsetzen:
Mittlere Einschubleiste.

Backen:
150—160 °C 25—30 Minuten

Anmerkung:
Beim Backen entstehen zwei Schichten, unten das sogenannte „Füßchen", oben die getrocknete Schaummasse.

Springerle

4	**Eier**
500 g	**Zucker**
1	**Vanillezucker**
1 Prise	**Salz**
500 g	**Mehl**
1 Msp	**Hirschhornsalz** in 1 TL Rum gelöst
1—2 EL	**Anissamen**

Eier, Zucker, Vanillezucker und Salz schaumig rühren. 2/3 der Mehlmenge sieben, mit Hirschhornsalz vermengen und nach und nach unterrühren. Restliches Mehl unterkneten. Teig abdecken und kalt stellen.
Teig portionsweise etwa 3/4 cm dick ausrollen, in den mit Mehl bestäubten Springerlemodel pressen, diesen wenden und mit dem Teig fest auf die Arbeitsfläche drücken, damit das Muster gut herauskommt. Model abheben, Stücke auseinanderschneiden.
Backblech mit Anis bestreuen, Springerle auflegen und 12—20 Stunden zum Trocknen an einen mäßig warmen Ort stellen. Dann mehr trocknen als backen.

Einsetzen:
Mittlere Einschubleiste.

Backen:
150—160 °C 25—30 Minuten

Anmerkung:
Beim Backen entstehen zwei Schichten: unten das sogenannte „Füßchen", oben die getrocknete Schaummasse, die weiß aussieht.

Beim Backen mit Umluft die Temperatur um etwa 30 °C niedriger einstellen

Gefülltes Blätterteig-Kleingebäck

120 g	**Mehl**
280 g	**Butter**
160 g	**Mehl**
1	**Ei**
2 El	**Wasser**
1 Prise	**Salz**
Füllung:	
	Konfitüre oder Früchte
1	**Eiweiß**
1	**Eigelb**
1 EL	**Wasser**
	Puderzucker

Aus den angegebenen Zutaten einen Blätterteig bereiten, siehe Seite 386/385, und kalt stellen.
Backofen vorheizen.
Teig auf einer bemehlten Arbeitsfläche ausrollen, Teigstücke ausrädeln und auf jedes Teil etwas Konfitüre geben. Die freibleibenden Ränder dünn mit Eiweiß bestreichen, übereinanderschlagen und zusammendrücken. Die Teigteile formen, z. B. zu Hahnenkämmen, Hörnchen, Halbmonden oder Windmühlen, siehe Bild 123, Seite 418.
Backblech anfeuchten oder mit Backpapier auslegen und anfeuchten. Teigteile auflegen.
Eigelb mit Wasser verrühren. Teigteile damit bestreichen und backen.

Einsetzen:
Mittlere Einschubleiste.

Backen:
200—225 °C 15—20 Minuten

Nach dem Backen
Mit Puderzucker bestäuben.

Was ist zu beachten?
- Beim Bestreichen mit Eigelb vorsichtig arbeiten, damit nichts am Rand

Bild 123: Blätterteig-Kleingebäck, Rezept Seite 418, kann z. B. mit Obst belegt oder mit Konfitüre gefüllt und zu Hahnenkämmen oder Windmühlen geformt werden.

herunterläuft, weil der Teig sonst an dieser Stelle nicht aufgeht.

- Die Backdauer richtet sich nach Höhe und Füllung des Gebäcks.

Veränderung:

- Das Gebäck aus Quark- oder Hefeblätterteig, Rezepte Seite 387, bereiten.
- Statt Konfitüre Mandel- oder Quarkfüllung, Rezepte Seite 454, verwenden.

Schnecken aus Hefeteig

500 g	**Mehl**
40 g	**Hefe**
1/4 l	**Milch**
40 g	**Zucker**
1	**Ei**
1 Prise	**Salz**
40 g	**Butter** oder Margarine
Füllung:	
50 g	**Butter**
50 g	**Zucker**
75 g	**Korinthen**
75 g	**Sultaninen**
50 g	**gehackte Mandeln**
50 g	**Zitronatwürfel**
75 g	**Butter**

Aus den angegebenen Zutaten einen Hefeteig bereiten, siehe Seite 342/340, und gehen lassen.
Teig auf einer bemehlten Arbeitsfläche zu einem Rechteck ausrollen, mit weicher Butter bestreichen und die Füllung gleichmäßig darauf verteilen.
Teig zu einer großen Rolle formen und davon 1 cm dicke Scheiben abschneiden.
Backblech einfetten oder mit Backpapier auslegen. Teigscheiben nicht zu dicht nebeneinander auf das Backblech setzen, gehen lassen und backen.

Einsetzen:
Mittlere Einschubleiste.

Backen:
210—225 °C 20—25 Minuten

Nach dem Backen
Noch warm mit weicher Butter bestreichen.

Hefekleingebäck mit Mandelfüllung

500 g	**Mehl**
40 g	**Hefe**
1/4 l	**Milch**
100 g	**Zucker**
1 Prise	**Salz**
100 g	**Butter** oder Margarine
Mandelfüllung:	
3	**Eiweiß**
1 TL	**Zitronensaft**
200 g	**Zucker**
250 g	**geriebene Mandeln** oder Haselnüsse
1	**Eiweiß**
1	**Eigelb**
1 EL	**Wasser**

Aus den angegebenen Zutaten einen Hefeteig bereiten, siehe Seite 342/340, und gehen lassen.
Für die Füllung Eiweiß mit Zitronensaft steif schlagen, Zucker nach und nach unterrühren, Mandeln unterheben.
Teig auf einer bemehlten Arbeitsfläche ausrollen, runde oder rechteckige Formen ausstechen oder -schneiden.
Füllung in die Mitte geben, Ränder mit verschlagenem Eiweiß bestreichen, überklappen und fest andrücken.
Backblech einfetten oder mit Backpapier auslegen und Teigteile auflegen.
Eigelb mit Wasser verrühren, Teile bestreichen, gehen lassen und backen.

Einsetzen:
Mittlere Einschubleiste.

Backen:
200—210 °C 15—25 Minuten

Veränderung:

- Anstelle von Mandel- Quarkfüllung, Rezept Seite 454, verwenden.

Beim Einsetzen in den kalten Backofen muß die in den Rezepten angegebene Backdauer um 5—10 Minuten verlängert werden

Nußhörnchen

300 g	**Mehl**
20 g	**Hefe**
5 EL	**Milch**
50 g	**Zucker**
1	**Ei**
1 Prise	**Salz**
100 g	**Butter** oder Margarine

Füllung:

20 g	**Butter**
75 g	**Zucker**
1	**Vanillezucker**
1 Prise	**Salz**
100 g	**geriebene Haselnüsse**
30 g	**Sultaninen**
3 EL	**Milch**

1	**Eigelb**
1 EL	**Wasser**

Aus den angegebenen Zutaten einen Hefeteig bereiten, siehe Seite 342/340, und gehen lassen.
Teig auf einer bemehlten Arbeitsfläche ausrollen. Mit einer Tortenform eine Platte ausstechen und diese in 8—12 „Tortenstücke“ schneiden.
Für die Füllung weiche Butter und Zucker sahnig rühren, Vanillezucker, Salz, Nüsse, Sultaninen und Milch zufügen und verrühren.
Auf das breite Teigende etwas Füllung geben und Hörnchen formen.
Backblech einfetten oder mit Backpapier auslegen und Teighörnchen auflegen.
Eigelb mit Wasser verrühren. Teighörnchen damit bestreichen, gehen lassen und backen.

Einsetzen:
Mittlere Einschubleiste.

Backen:
200—225 °C 15—20 Minuten

Wiener Hörnchen

10 g	**Hefe**
1 EL	**Milch**
1 Prise	**Zucker**

300 g	**Mehl**
100 g	**Zucker**
1	**Vanillezucker**
1 Prise	**Salz**
1	**Ei**
1	**Eigelb**
200 g	**Butter** oder Margarine

Füllung:

	Konfitüre

1	**Eiweiß**

Hefe mit Milch und Zucker verrühren. Von den anderen Zutaten einen Mürbeteig bereiten, siehe Seite 381/379. Die angerührte Hefe zugeben. Wenn der Teig zu weich ist, vor der Weiterverarbeitung kalt stellen.
Teig auf einer bemehlten Arbeitsfläche ausrollen. Mit einer Tortenform eine Platte ausstechen und diese in 8—12 „Tortenstücke“ schneiden.
Auf das breite Ende etwas Konfitüre geben. Teig von der breiten Seite her zu gleichmäßig geformten Hörnchen aufrollen.
Backblech einfetten oder mit Backpapier auslegen. Teighörnchen auflegen, mit Eiweiß bestreichen und backen.

Einsetzen:
Mittlere Einschubleiste.

Backen:
200—225 °C 15—20 Minuten

Beim Backen mit Umluft die Temperatur um etwa 30 °C niedriger einstellen

Amerikaner

500 g	**Mehl**
3 TL	**Backpulver**
175 g	**Zucker**
3	**Eier**
	abgeriebene Zitronenschale
1 Prise	**Salz**
125 g	**Butter** oder Margarine
1/8 l	**Milch**
1 EL	**Rum**

Zuckerguß:

250 g	**Puderzucker**
1 EL	**Rum**
3—4 EL	**heißes Wasser**

Aus den angegebenen Zutaten einen Rührteig bereiten, siehe Seite 363/362. Backblech einfetten oder mit Backpapier auslegen. Mit einem Eßlöffel Teighäufchen aufsetzen und backen.

Einsetzen:
Mittlere Einschubleiste.

Backen:

200—210 °C	15—20 Minuten
0	5—10 Minuten

Nach dem Backen
Für den Guß Puderzucker mit Rum und Wasser verrühren. Die Unterseite der Amerikaner dick damit bestreichen.

Was ist zu beachten?

- Teighäufchen nicht zu dicht nebeneinander setzen, da sie beim Backen breitlaufen.

Bild 124: Ein originelles Mitbringsel: Selbstgebackene Amerikaner und Schnecken aus Hefeteig, Rezepte Seite 421 und 419.

Äpfel im Schlafrock

250 g	**Mehl**
1 Msp	**Backpulver**
65 g	**Zucker**
1 Prise	**Salz**
1	**Ei**
125 g	**Butter** oder Margarine

Füllung:

6—8	**kleine Äpfel**
	Konfitüre oder Sultaninen und gehackte Mandeln

1	**Eiweiß**

Zuckerguß:

200 g	**Puderzucker**
2 EL	**Rum**
1—2 EL	**heißes Wasser**

Aus den angegebenen Zutaten einen Mürbeteig bereiten, siehe Seite 381/379, und kalt stellen.
Äpfel waschen, Kerngehäuse ausstechen. Äpfel schälen und mit Konfitüre füllen.
Teig auf einer bemehlten Arbeitsfläche dünn ausrollen und Quadrate, passend zu der Größe der Äpfel, ausrädern. Je einen Apfel in die Mitte des Teiges setzen und die Ränder mit Eiweiß bestreichen. Ecken über dem Apfel zusammenfassen und auch die Seiten aneinanderdrücken. Obenauf ein kleines rundes ausgestochenes Teigplätzchen legen.
Backblech einfetten oder mit Backpapier auslegen. Äpfel aufsetzen und backen.

Einsetzen:
Mittlere Einschubleiste.

Backen:

200—210 °C	20—25 Minuten
0	5—10 Minuten

Nach dem Backen
Für den Guß Puderzucker mit Rum und Wasser verrühren. Das noch warme Gebäck damit bestreichen.

Baisers
Meringen

2	**Eiweiß**
1 TL	**Zitronensaft**
160 g	**Zucker**
1	**Vanillezucker**

Eiweiß mit Zitronensaft steif schlagen. Zucker und Vanillezucker nach und nach unterrühren, bis die Masse cremig ist.
Backblech mit Backpapier belegen, mit zwei Teelöffeln oder dem Spritzbeutel kleine Teighäufchen aufsetzen und backen.

Einsetzen:
Mittlere Einschubleiste.

Backen:

100—125 °C	100—120 Minuten
0	20— 30 Minuten

Was ist zu beachten?
- Frische, kalte Eier und feinkörnigen Zucker verwenden.
- Durch Zusatz von Zitronensaft wird das Festwerden der Baisermasse beschleunigt, da Eiweiß durch Säure quillt.
- Baisers müssen mehr trocknen als backen. Die Oberfläche soll weiß bis gelblich aussehen.

STROM-SPAR-TIP
Nachwärme ausnutzen

Beim Einsetzen in den kalten Backofen muß die in den Rezepten angegebene Backdauer um 5—10 Minuten verlängert werden

Salziges Kleingebäck

Kümmelstangen

Salzstangen

100 g	**Butter** oder Margarine
280 g	**Mehl**
1 TL	**Backpulver**
7 EL	**Milch**
1 Prise	**Salz**
1	**Eigelb**
1 EL	**Wasser**
	Kümmel oder Salz

Butter sahnig rühren, Mehl, Backpulver, Milch und Salz zugeben, durchkneten und kalt stellen.
Teig auf einer bemehlten Arbeitsfläche ausrollen, in Streifen schneiden oder ausrädern und von den Enden aus in die entgegengesetzte Richtung zu einer Spirale drehen.
Eigelb mit Wasser verühren. Teigstangen damit bestreichen und mit Kümmel bestreuen.
Backblech einfetten oder mit Backpapier auslegen. Stangen auflegen und backen.

Einsetzen:
Mittlere Einschubleiste.

Backen:
210—220 °C 10—12 Minuten

Käseknusperchen

150 g	**Haferflocken**
50 g	**Mehl**
1 TL	**Backpulver**
50 g	**geriebener Käse**
je 1 Prise	**Salz · Paprika**
1	**Ei**
4 EL	**Wasser**
150 g	**Butter** oder Margarine

Haferflocken mit Mehl, Backpulver, Käse, Salz und Paprika mischen.
Ei mit Wasser verquirlen, unterrühren.
Butter **schmelzen** und lauwarm unter die Masse mengen. Den Teig durchkneten und kalt stellen. Backblech einfetten oder mit Backpapier auslegen.
Aus dem Teig kleine Kugeln formen, flachdrücken, auf das Blech legen und backen.

Einsetzen:
Mittlere Einschubleiste.

Backen:
210—225 °C 12—15 Minuten

Specktäschchen

250 g	**Mehl**
20 g	**Hefe**
4 EL	**Milch**
1 TL	**Zucker**
1 Prise	**Salz**
50 g	**Butter** oder Margarine
Füllung:	
250 g	**Schinkenspeckwürfel**
1	**Eiweiß**
1	**Eigelb**
1 EL	**Wasser**

Aus den angegebenen Zutaten einen Hefeteig bereiten, siehe Seite 342/340, und gehen lassen.
Teig auf einer bemehlten Arbeitsfläche nicht zu dünn ausrollen und runde Plätzchen von etwa 8 cm Durchmesser ausstechen. In die Mitte etwas Füllung geben. Eine Hälfte des Teigplätzchens am Rand dünn mit Eiweiß bestreichen, die andere Hälfte darüberklappen und Rand auf Rand leicht andrücken.
Backblech einfetten oder mit Backpapier auslegen und Teigtäschchen auflegen. Eigelb mit Wasser verrühren. Teigtäschchen damit bestreichen, gehen lassen und backen.

Einsetzen:
Mittlere Einschubleiste.

Backen:
200—210 °C 25—30 Minuten

Schinkenhörnchen

Hefeteig:

375 g	**Mehl**
30 g	**Hefe**
1/8 l	**Milch**
1 Prise	**Salz**
40 g	**Schweineschmalz** oder Butter

Buttermehlstück:

200 g	**Butter**
50 g	**Mehl**

Füllung:

250 g	**gekochter Schinken**
30 g	**Butter**
1	**geriebene Zwiebel**
3—4 EL	**Sahne**
	Petersilie

2	**Eiweiß**

1	**Eigelb**
1 EL	**Wasser**

Aus den angegebenen Zutaten einen Hefeblätterteig bereiten, siehe Seite 387/385, und kalt stellen.
Für die Füllung Schinken in Würfel schneiden. Butter sahnig rühren, Schinken, Zwiebel, Sahne und zerkleinerte Petersilie zugeben und verrühren.
Backofen vorheizen.
Teig auf einer bemehlten Arbeitsfläche dünn ausrollen, mit einer Tortenform eine Platte ausstechen und diese in 8—12 „Tortenstücke" schneiden.
Auf das breite Ende etwas Füllung geben und Teigränder dünn mit Eiweiß bestreichen.
Teig von der breiten Seite her zu gleichmäßig geformten Hörnchen aufrollen.
Backblech anfeuchten oder mit Backpapier auslegen und anfeuchten. Teighörnchen auflegen.
Eigelb mit Wasser verrühren. Teighörnchen damit bestreichen und backen.

Einsetzen:
Mittlere Einschubleiste.

Backen:

200—225 °C	20—25 Minuten
0	5—10 Minuten

Hefeblätterteigtaschen mit Pilzfüllung

Hefeteig:

400 g	**Weizenvollkornmehl**
100 g	**Mehl** Type 1050
40 g	**Hefe**
1/2 TL	**Honig**
1/4 l	**Wasser**
1 TL	**Meersalz**
50 g	**Butter**

Buttermehlstück:

100 g	**Mehl**
250 g	**Butter**

Füllung:

2	**Zwiebeln**
500 g	**Champignons**
20 g	**Butter**
	Pfeffer · Salz
2 Bund	**Petersilie**

1	**Eigelb**
1 EL	**Wasser**

Aus den angegebenen Zutaten einen Hefeblätterteig bereiten, siehe Seite 387/385.
Für die Füllung Zwiebeln schälen und in Würfel schneiden. Champignons putzen, waschen und in Scheiben schneiden.
Butter **erhitzen,** Zwiebeln darin **andünsten,** Pilze zufügen und **10 Minuten dünsten.** Salz, Pfeffer und zerkleinerte Petersilie zufügen.
Teig auf einer bemehlten Arbeitsfläche ausrollen, runde Teigstücke von 11 cm Durchmesser ausstechen, Füllung in die Mitte geben, Teigränder mit Wasser bestreichen, Teigstücke zusammenklappen und die Ränder festdrücken.
Backblech anfeuchten oder mit Backpapier belegen und anfeuchten. Teigstücke auflegen.
Eigelb mit Wasser verrühren. Teigstücke damit bestreichen und backen.

Einsetzen:
Mittlere Einschubleiste.

Backen:

200—225 °C	20—25 Minuten
0	5—10 Minuten

Veränderung:
- Anstelle von Hefeblätterteig 300 g TK-Vollkorn-Blätterteig verwenden.

Würstchen im Blätterteig

250 g	**Mehl**
1 Msp	**Backpulver**
250 g	**trockener Quark**
250 g	**Butter**
1 Prise	**Salz**
6—8	**Würstchen**
1	**Eiweiß**
1	**Eigelb**
1 EL	**Wasser**

Aus den angegebenen Zutaten einen Quarkblätterteig bereiten, siehe Seite 387/385, und kalt stellen.
Backofen vorheizen.
Teig auf einer bemehlten Arbeitsfläche dünn ausrollen und Rechtecke in der Größe der Würstchen schneiden. Teigrand dünn mit Eiweiß bestreichen, Würstchen auflegen, die eine Teighälfte über die andere klappen und die Ränder leicht aufeinanderdrücken, damit der Teig beim Backen zusammenhält.
Backblech anfeuchten oder mit Backpapier auslegen und anfeuchten. Teigteile auflegen.
Eigelb mit Wasser verrühren. Teigteile damit bestreichen und backen.

Einsetzen:
Mittlere Einschubleiste.

Backen:

225 °C	20—25 Minuten
0	5—10 Minuten

Veränderung:
- Anstelle von Quarkblätterteig 300 g TK-Blätterteig verwenden.

Käse im Blätterteig

250 g	**Mehl**
1 Msp	**Backpulver**
250 g	**trockener Quark**
250 g	**Butter** oder Margarine
1 Prise	**Salz**
250 g	**Chesterkäse** oder anderer Schnitt- bzw. Schmelzkäse
1	**Eiweiß**
1	**Eigelb**
1 EL	**Wasser**

Aus den angegebenen Zutaten einen Quarkblätterteig bereiten, siehe Seite 387/385, und kalt stellen.
Backofen vorheizen.
Käse in etwa 1 cm dicke und 8 cm lange Streifen schneiden.
Teig auf einer bemehlten Arbeitsfläche dünn ausrollen und Rechtecke passend zu den Käsestangen schneiden. Teigränder dünn mit Eiweiß bestreichen, Käse auflegen, eine Teighälfte über die andere klappen und die Ränder leicht aufeinanderdrücken, damit der Teig beim Backen zusammenhält.
Backblech anfeuchten oder mit Backpapier auslegen und anfeuchten. Gebäck auflegen.
Eigelb mit Wasser verrühren. Gebäck damit bestreichen und backen.

Einsetzen:
Mittlere Einschubleiste.

Backen:

200—225 °C	20—25 Minuten
0	5—10 Minuten

Veränderung:
- Anstelle von Quarkblätterteig 300 g TK-Vollkorn-Blätterteig verwenden. Blätterteig antauen lassen und dann wie oben beschrieben weiterverarbeiten.

Beim Backen mit Umluft die Temperatur um etwa 30 °C niedriger einstellen

Käseplätzchen

125 g	**Mehl**
125 g	**geriebener Schweizer Käse**
1 Msp	**Backpulver**
125 g	**Butter** oder Margarine
1	**Eigelb**
1 EL	**Wasser**

Aus den angegebenen Zutaten einen Mürbeteig bereiten, siehe Seite 381/379, und kalt stellen.
Teig auf einer bemehlten Arbeitsfläche dünn ausrollen, Streifen ausrädern oder zierliche Formen ausstechen.
Backblech einfetten oder mit Backpapier auslegen und Teigteile auflegen.
Eigelb mit Wasser verrühren. Teigteile damit bestreichen und backen.

Einsetzen:
Mittlere Einschubleiste.

Backen:
200—210 °C 10—12 Minuten

Roggenplätzchen
nach Knäckebrotart

125 g	**Butter** oder Margarine
500 g	**Roggenmehl**
$^1/_8$ l	**Milch**
1 TL	**Salz**
$^1/_2$ TL	**Kümmel**

Butter sahnig rühren, Mehl, Milch, Salz und Kümmel zugeben und durchkneten, bis der Teig glänzend aussieht.
Teig auf einer bemehlten Arbeitsfläche dünn ausrollen, in Streifen von 1 × 6 cm schneiden.
Backblech einfetten oder mit Backpapier auslegen. Teigstreifen auflegen und backen.

Einsetzen:
Mittlere Einschubleiste.

Backen:
210—225 °C 8—10 Minuten

Käsewindbeutel

$^1/_8$ l	**Wasser**
30 g	**Butter** oder Margarine
1 Prise	**Salz**
75 g	**Mehl**
1	**Ei**
2—3	**Eier**
$^1/_2$ TL	**Backpulver**
2 EL	**geriebener Käse**
Füllung:	
$^1/_4$ l	**süße Sahne**
1 Prise	**Salz**
	Paprikapulver · Petersilie
40 g	**geriebener Käse**

Backofen vorheizen.
Aus den angegebenen Zutaten einen Brandteig bereiten, siehe Seite 397/396.
Zum Schluß den geriebenen Käse unterrühren.
Backblech anfeuchten oder mit Backpapier auslegen und anfeuchten.
Mit zwei Teelöffeln etwa 12 Teighäufchen darauf setzen und backen.

Einsetzen:
Mittlere Einschubleiste.

Backen:
200—225 °C 15—20 Minuten

Nach dem Backen
Warme Windbeutel mit einer Schere aufschneiden und erkalten lassen.
Für die Füllung Sahne steif schlagen und mit Salz, Paprika, zerkleinerter Petersilie und Käse vermengen. Die Windbeutel damit füllen.

Tip:
- Als Vorspeise oder Beilage zu Gemüse reichen.

Beim Einsetzen in den kalten Backofen muß die in den Rezepten angegebene Backdauer um 5—10 Minuten verlängert werden

Waffeln und Hörnchen

Die Waffel- und Hörnchenbäckerei ist in manchen Gegenden eine uralte Tradition und das Gebäck eine sehr geschätzte Spezialität.
Waffeln und Hörnchen werden in sogenannten „Waffeleisen“ oder „Hörncheneisen“ gebacken.
Die elektrischen Backgeräte sind direkt beheizt und leicht zu bedienen. Da sie einen Regler haben, der für eine gleichbleibende Temperatur sorgt, werden die Geräte als Waffel- oder Hörnchenautomat bezeichnet.

Teigbereitung

Für **Waffelgebäck** eignen sich Eierkuchen-, Rühr- und Hefeteig. Waffelteige können süß oder salzig zubereitet werden.

Für **Hörnchengebäck** eignen sich dünnflüssige Rührteige.

Die Zubereitung der Teigarten ist unter den betreffenden Kapiteln ausführlich beschrieben.

Was ist zu beachten?
- Bei Verwendung von Wasser für den Teig werden Waffeln knuspheriger, bei Milch weicher.

Backen

- Waffel- oder Hörncheneisen nach Gebrauchsanweisung vorheizen.
- Backflächen eventuell einfetten,
- Teig nach Gebrauchsanweisung einfüllen,
- beim Schließen des Waffel- oder Hörncheneisens die obere Backfläche andrücken, der Teig verteilt sich so gleichmäßiger.
- Je nach Teigart und Größe des Waffel- oder Hörncheneisens dauert das Backen einer Waffel 2—5 Minuten, das eines Hörnchens ½—1 Minute. →

Bild 125: 1—2 EL des Waffelteiges werden in die Mitte des vorgeheizten Waffeleisens gegeben.

Bild 126: Für Hörnchen genügt 1 EL des dünnflüssigen Teiges.

Was ist zu beachten?

- Teige, die mit Milch angerührt sind, bräunen stärker, deshalb bei der ersten Backfüllung prüfen, ob das Gebäck innen gar ist.
- Die Backdauer richtet sich nach der Teigart. Im allgemeinen gilt:
  — Höhere Temperatur und kurze Backdauer für flüssige Teige,
  — geringere Temperatur und längere Backdauer für schwere Teige.

Nach dem Backen

Waffeln

- Nach dem Öffnen des Gerätes Waffeln sofort mit einer Gebäckzange oder zwei Gabeln herausheben und auf einen Kuchenrost nebeneinander legen, damit die Feuchtigkeit abdampfen kann,
- mit einer Schere oder einem Messer auseinanderschneiden und warm oder kalt servieren.

Hörnchen

- Hörnchen sofort auf der Backfläche, siehe Bild 127, Seite 430, oder auf einer Arbeitsfläche formen, da das Gebäck sonst zu hart dazu wird: Gebäck mit Gabel und Kochlöffel zu einem Hörnchen oder einer Tüte drehen oder Gebäck mit der Hand oder einem Kochlöffelstiel zu einem Röllchen formen oder Gebäck in einen Trichter setzen.

Tip:

- Waffeln oder Hörnchen können nach dem Abkühlen einige Wochen in einer gut schließenden Dose aufbewahrt werden.

Vanillewaffeln

300 g	**Mehl**
2 TL	**Backpulver**
50 g	**Zucker**
2	**Vanillezucker**
1 Prise	**Salz**
200 g	**Butter** oder Margarine
6	**Eier**
1 EL	**Rum**
1/8 l	**Milch**
	Puderzucker

Aus den angegebenen Zutaten einen Rührteig bereiten, siehe Seite 363/362.
Teig im Waffeleisen nach Gebrauchsanweisung goldbraun backen.
Mit Puderzucker bestäuben und warm oder kalt servieren.

Sandwaffeln

200 g	**Mehl**
1/2 TL	**Backpulver**
100 g	**Zucker**
1 Prise	**Salz**
1	**Vanillezucker**
200 g	**Butter** oder Margarine
4	**Eier**
1 EL	**Rum**

Aus den angegebenen Zutaten einen Rührteig bereiten, siehe Seite 363/362.
Teig im Waffeleisen nach Gebrauchsanweisung goldbraun backen.
Warm oder kalt servieren.

Apfelwaffeln

200 g	**Mehl**
1 TL	**Backpulver**
50 g	**Zucker**
1 Prise	**Salz**
½ TL	**Zimt**
1 Msp	**Nelkenpulver**
50 g	**gehackte Mandeln**
200 g	**Butter** oder Margarine
3	**Eier**
⅛ l	**lauwarmes Wasser**
1 EL	**Rum**
250 g	**Äpfel**
	Puderzucker

Aus den angegebenen Zutaten einen Rührteig bereiten, siehe Seite 363/362.
Äpfel waschen, schälen, Kerngehäuse entfernen. Äpfel in kleine Würfel schneiden und unter den Teig ziehen.
Teig im Waffeleisen nach Gebrauchsanweisung goldbraun backen.
Mit Puderzucker bestäuben und warm servieren.

Käsewaffeln

200 g	**Mehl**
½ TL	**Backpulver**
1 Prise	**Salz**
200 g	**Butter** oder Margarine
4	**Eier**
4 EL	**lauwarmes Wasser**
3 EL	**geriebener Käse** Schweizer oder Parmesan **Paprika**

Aus den angegebenen Zutaten einen Rührteig bereiten, siehe Seite 363/362.
Zuletzt den Käse hinzufügen und mit Paprika abschmecken.
Teig im Waffeleisen nach Gebrauchsanweisung goldbraun backen.
Warm oder kalt servieren.

Tip:

- Geeignet als Beilage zu Wein, Bier oder gebundenen Suppen.

Sesamwaffeln

125 g	**Weizen-Vollkornmehl**
¼ l	**Milch**
1 EL	**Honig**
4	**Eigelb**
100 g	**Crème fraîche**
65 g	**Butter**
6 EL	**Sesam**

Mehl mit Milch und Honig verrühren und 60 Minuten quellen lassen.
Eigelb und Crème fraîche unterrühren.
Butter **schmelzen** und zufügen.
Waffeleisen vorheizen, untere Backfläche mit Sesam bestreuen, Teig einfüllen, Sesam darüberstreuen und Teig goldbraun backen.

Pikante Schinkenwaffeln

250 g	**Mehl**
2 TL	**Backpulver**
1 Prise	**Salz**
125 g	**Butter** oder Margarine
4	**Eier**
⅛ l	**lauwarmes Wasser**
1	**Zwiebel**
125 g	**gekocher Schinken** oder Schinkenspeck
je 1 Prise	**Salz · Zucker · Paprika · Piment · Pfeffer**

Aus den angegebenen Zutaten einen Rührteig bereiten, siehe Seite 363/362.
Zwiebel schälen. Schinken und Zwiebel in feine Würfel schneiden, hinzufügen und den Teig mit den Gewürzen abschmecken.
Teig im Waffeleisen nach Gebrauchsanweisung goldbraun backen.
Noch warm servieren.

Bild 127: Hörnchen werden nach dem Backen sofort geformt, hier mit Hilfe einer Gabel und eines Kochlöffelstiels zu einer Tüte.

Zimthörnchen

350 g	**Mehl**
1 TL	**Backpulver**
150 g	**Zucker**
1 TL	**Zimt**
150 g	**Butter** oder Margarine
2	**Eier**
1/4 l	**Wasser**

Aus den angegebenen Zutaten einen Rührteig bereiten, siehe Seite 363/362.
Teig im Hörncheneisen nach Gebrauchsanweisung goldbraun backen.

Nach dem Backen
Zu Hörnchen formen.

Mandelhörnchen

250 g	**Mehl**
100 g	**geriebene Mandeln**
150 g	**Zucker**
1	**Vanillezucker**
1 Prise	**Salz**
150 g	**Butter** oder Margarine
4	**Eier**
1/8 l	**lauwarmes Wasser**
1 EL	**Rum**

Aus den angegebenen Zutaten einen Rührteig bereiten, siehe Seite 363/362.
Teig im Hörncheneisen nach Gebrauchsanweisung goldbraun backen.

Nach dem Backen
Zu Hörnchen formen.

Veränderung:
- Die Hörnchen können mit Schlagsahne, Mokka- oder Schokoladencreme, Rezepte Seite 452, gefüllt werden.

Zimtröllchen mit Kandis

200 g	**brauner Kandis**
1/4 l	**Wasser**
50 g	**Butter** oder Margarine
2	**Eier**
250 g	**Mehl**
1 Prise	**Salz**
1 TL	**Zimt**
2 TL	**Rum**

Kandiszucker mit Wasser **aufkochen,** auflösen und erkalten lassen.
Butter und Eier schaumig rühren. Zuckerwasser abwechselnd mit Mehl einrühren. Salz, Zimt und Rum zufügen.
Teig im Hörncheneisen nach Gebrauchsanweisung goldbraun backen.

Nach dem Backen
Zu Röllchen formen.

Neujahrskuchen

200 g	**weißer Kandis**
1/2 l	**Wasser**
125 g	**Butter** oder Margarine
2	**Eier**
375 g	**Mehl**
1 Prise	**Salz**
	Zimt · Kardamom · Anis

Kandiszucker mit Wasser **aufkochen,** auflösen und erkalten lassen.
Butter und Eier schaumig rühren. Zuckerwasser abwechselnd mit Mehl einrühren. Salz und Gewürze zufügen.
Teig im Hörncheneisen nach Gebrauchsanweisung goldbraun backen.

Nach dem Backen
Zu Hörnchen formen.

Torten und Spezialgebäck

Torten sind in der Form gebackene Kuchen, die mit Obst belegt, mit Creme oder Sahne gefüllt oder mit Guß überzogen werden. Sie können aus verschiedenen Teigarten hergestellt werden.
Die Zubereitung von Füllung und Guß ist im gleichnamigen Kapitel ausführlich beschrieben.

Teigbereitung

Für die Herstellung von Torten und Tortenböden sind Hefe-, Rühr-, Biskuit- oder Mürbeteige geeignet. Die Zubereitung der Teigarten ist unter dem betreffenden Kapitel ausführlich beschrieben.

Tip:
- Man erhält einen gleichmäßig aufgegangenen Tortenboden mit glatter Oberfläche, wenn der Rand der Springform nicht gefettet wird.
- Tortenböden, die in hellen, blanken Formen gebacken werden, sollte man mit dem Rost direkt auf den Boden des Backofens setzen.

Weiterverarbeitung zu gefüllten Torten

Tortenböden, die gefüllt werden sollen, lassen sich besser aufschneiden, wenn sie am Vortag gebacken werden.

- Tortenboden in gleichmäßige Platten schneiden. Dazu mit einem spitzen Messer den Tortenboden in Höhe der Platte am Rand etwas einschneiden, einen Faden in die Kerbe hineinlegen und ihn über Kreuz zusammenziehen.
- Platten mit Füllung bestreichen und wieder aufeinandersetzen.
- Torte auf der Oberseite und am Rand garnieren oder sie mit einem Guß überziehen.

Tip:
- Die Platten oder Böden können mit Hilfe von Backpapier oder Butterbrotpapier mühelos abgehoben und wieder zusammengesetzt werden. →

Bild 128: Der Tortenboden wird mit einem Faden in gleichmäßige Platten geteilt.

Bild 129: Die Tortenplatten werden einzeln mit Hilfe von Backpapier aufgesetzt.

Garnierungen

- Gespritzte Schlagsahne oder Crememasse
- Nüsse, zerkleinerte geröstete Mandeln, Krokant oder Pistazien
- Borkenschokolade, Schokoladenraspel oder Mokkabohnen
- Früchte
- Belegkirschen, Orangeat, Zitronat oder Ingwer, Konfekt oder Zuckerwerk.

Torten und Spezialgebäcke, die in anderen Kapiteln stehen:

Apfelkuchen mit Bienenstichbelag, Rezept Seite 384

Baumkuchentorte, Rezept Seite 267

Hefepflaumenkuchen mit Sahneguß

200 g	**Mehl**
20 g	**Hefe**
6 EL	**Milch**
50 g	**Zucker**
1 Prise	**Salz**
1	**Eigelb**
50 g	**Butter** oder Margarine
2 EL	**Paniermehl**
Belag:	
750 g	**Pflaumen**
Sahneguß:	
2	**Eigelb**
75 g	**Zucker**
50 g	**Mehl**
$^1/_4$ l	**saure Sahne**
2	**Eiweiß**

Aus den angegebenen Zutaten einen Hefeteig bereiten, siehe Seite 342/340, und gehen lassen.
Springform einfetten.
Teig auf einer bemehlten Arbeitsfläche ausrollen und Springform damit auslegen. Einen 2 cm hohen Rand formen und Paniermehl auf den Teigboden streuen.
Für den Belag Pflaumen waschen, halbieren, entsteinen und schuppenförmig mit der Hautseite nach oben auf den Teig legen. Teig gehen lassen.
Für den Guß Eigelb und Zucker schaumig rühren, Mehl und Sahne zugeben. Eiweiß steif schlagen und locker unterheben. Sofort auf das Obst gießen und backen.

Einsetzen:
Auf dem Rost, untere Einschubleiste.

Backen:

190—200 °C	30—35 Minuten
0	5—10 Minuten

Veränderung:

- Anstelle von Pflaumen können Stachelbeeren, Kirschen, Heidelbeeren oder Äpfel verwendet werden.

Beim Backen mit Umluft die Temperatur um etwa 30 °C niedriger einstellen

Köstliche Obsttorte

Mürbeteig:

100 g	**Mehl**
1 Msp	**Backpulver**
30 g	**Zucker**
1	**Vanillezucker**
1 Prise	**Salz**
1	**Eigelb**
50 g	**Butter** oder Margarine

Biskuitteig:

3	**Eier**
2 EL	**Wasser**
125 g	**Zucker**
50 g	**Mehl**
50 g	**Speisestärke**
1 TL	**Backpulver**

Belag:

	Gelee oder Konfitüre
6 EL	**Obstsaft**
750 g	**gedünstetes Obst** Kirschen, Aprikosen, Pfirsiche oder Stachelbeeren

Guß:

$\frac{1}{4}$ l	**Obstsaft**
	Zucker
1	**Tortenguß**

100 g	**gehackte Mandeln** oder Mandelblätter

Aus den angegebenen Zutaten einen Mürbeteig bereiten, siehe Seite 381/379, und kalt stellen.
Springform einfetten oder mit Backpapier auslegen. Teig gleichmäßig auf den Boden drücken und backen.

Einsetzen:
Auf dem Rost, mittlere Einschubleiste.

Backen:
210—200 °C 15—20 Minuten

Aus den angegebenen Zutaten einen Biskuitteig bereiten, siehe Seite 374/372.
Springform nur am Boden einfetten oder mit Backpapier auslegen. Teig einfüllen und sofort backen.

Einsetzen:
Auf dem Rost, mittlere Einschubleiste.

Backen:
175—190 °C 20—25 Minuten

Nach dem Backen
Böden erkalten lassen.
Mürbeteigboden mit Gelee bestreichen und den Biskuitboden aufsetzen. Mit Obstsaft beträufeln und mit abgetropften Früchten belegen.
Für den Guß Tortenguß nach Herstellerangabe mit Obstsaft und Zucker bereiten und von der Mitte aus über das Obst füllen.
Nach dem Erkalten des Gusses den Rand der Torte mit Mandeln garnieren.

Mürbeteig-Obsttorte mit Schlagsahne

250 g	**Mehl**
1 Msp	**Backpulver**
65 g	**Zucker**
1 Prise	**Salz**
1	**Ei**
125 g	**Butter** oder Margarine

Belag:

250 g	**Gelee**
500 g	**Kirschen**

$\frac{1}{4}$ l	**süße Sahne**
1	**Vanillezucker**
1	**Sahnefestiger**

Aus den angegebenen Zutaten einen Mürbeteig bereiten, siehe Seite 381/379, und kalt stellen.
Springform einfetten.
Teig auf einer bemehlten Arbeitsfläche ausrollen und Springform damit auslegen. Einen niedrigen Rand formen und backen.

Einsetzen:
Auf dem Rost, untere Einschubleiste.

Backen:
210—225 °C 20—25 Minuten
0 5—10 Minuten

Nach dem Backen
Tortenboden dünn mit Gelee bestreichen.
Kirschen waschen, entsteinen und etwa $\frac{1}{2}$—1 Stunde vor dem Verzehr auflegen.
Restliches Gelee mit etwas Wasser verrühren, Kirschen damit überziehen.
Sahne mit Vanillezucker und Sahnefestiger nach Herstellerangabe steif schlagen und die Torte damit garnieren. →

Veränderung:

- Aprikosen, Pfirsiche, Kiwis oder Erdbeeren statt Kirschen verwenden.
- Gedünstetes, abgetropftes Obst statt frischer Früchte verwenden.

Träubeletorte

Johannisbeertorte

250 g	**Mehl**
1 Msp	**Backpulver**
65 g	**Zucker**
1 Prise	**Salz**
1	**Ei**
125 g	**Butter** oder Margarine
	geriebener Zwieback

Belag:

500 g	**Johannisbeeren**
4—6	**Eiweiß**
250 g	**Zucker**
150 g	**geriebene Mandeln**

Aus den angegebenen Zutaten einen Mürbeteig bereiten, siehe Seite 381/379, und kalt stellen.
Springform einfetten. Teig in die Form drücken und einen kleinen Rand formen. Mit Zwieback bestreuen.
Beeren waschen, abzupfen und abtropfen lassen.
Eiweiß steif schlagen, Zucker und Mandeln unterheben.
Die Hälfte mit den Beeren leicht vermengen und auf den Teigboden streichen.
Restliche Mandelmasse darüber verteilen und sofort backen.

Einsetzen:
Auf dem Rost, untere Einschubleiste.

Backen:

190—200 °C	45—55 Minuten
0	5—10 Minuten

Veränderung:

- Anstelle von Johannisbeeren halbierte, entkernte Weintrauben verwenden.

Beim Backen mit Umluft die Temperatur um etwa 30 °C niedriger einstellen

Stachelbeertorte

Baisertorte

250 g	**Mehl**
1 Msp	**Backpulver**
65 g	**Zucker**
1 Prise	**Salz**
2	**Eigelb**
125 g	**Butter** oder Magarine

Belag:

750 g	**Stachelbeeren** gedünstet

Baisermasse:

2	**Eiweiß**
1 TL	**Zitronensaft**
100 g	**Zucker**
1	**Vanillezucker**

Aus den angegebenen Zutaten einen Mürbeteig bereiten, siehe Seite 381/379, und kalt stellen.
Springform einfetten.
Teig auf einer bemehlten Arbeitsfläche ausrollen und Springform damit auslegen. Einen kleinen Rand formen und backen.

Einsetzen:
Auf dem Rost, mittlere Einschubleiste.

Backen:

210—225 °C	20—25 Minuten
0	5—10 Minuten

Nach dem Backen
Stachelbeeren abtropfen lassen und auf den Tortenboden geben.
Für die Baisermasse Eiweiß mit Zitronensaft steif schlagen, Zucker und Vanillezucker nach und nach unterrühren, bis die Masse cremig ist. In einen Spritzbeutel füllen und Muster auf das Obst spritzen.
Torte nochmals in den Backofen setzen und die Baiserdecke hellgelb überbacken.

Überbacken:

150—175 °C	12—15 Minuten

Veränderung:

- Unter den Eischnee die Hälfte des Zuckers rühren, den Rest mit 100 g geriebenen Mandeln mischen und unterheben. Masse aufstreichen und überbacken.

Quarktorte mit gekochter Masse
Käsetorte

Mürbeteig:

200 g	**Mehl**
1 Msp	**Backpulver**
50 g	**Zucker**
1 Prise	**Salz**
1	**Ei**
100 g	**Butter** oder Margarine

Brandteig:

¼ l	**Wasser**
60 g	**Butter** oder Margarine
125 g	**Mehl**
1 Prise	**Salz**
1	**Ei**

Füllung:

1 kg	**Quark** oder Schichtkäse
175 g	**Zucker**
1	**Vanillezucker**
3	**Eier**
50 g	**Sultaninen**

Aus den angegebenen Zutaten einen Mürbeteig bereiten, siehe Seite 381/379, und kalt stellen.
Aus den angegebenen Zutaten einen Brandteig bereiten, siehe Seite 397/396, und kalt stellen.
Springform einfetten.
Mürbeteig auf einer bemehlten Arbeitsfläche ausrollen, Springform damit auslegen und einen 3 cm hohen Rand formen.
Für die Füllung Quark, Zucker, Vanillezucker und Eier verrühren, nach und nach den Brandteig unterrühren, zuletzt Sultaninen hinzufügen.
Füllung auf dem Teigboden verteilen und backen.

Einsetzen:
Auf dem Rost, untere Einschubleiste.

Backen:

180—190 °C	65—70 Minuten
0	10—15 Minuten

Nach dem Backen
Springform am Rand etwas lockern, Torte auskühlen lassen, auf ein engmaschiges rundes Kuchengitter stürzen und erkalten lassen. Dadurch bleibt die Torte gleichmäßig hoch, und der Boden wird nicht so leicht weich. Das Gittermuster zeichnet sich obenauf etwas ab.

Veränderung:
- Statt Brandteig eine gekochte Grießmasse verwenden von ¼ l Milch, 1 EL Zucker, 25 g Grieß und 1 Prise Salz.

Quarktorte mit Gitter
Käsetorte

250 g	**Mehl**
1 Msp	**Backpulver**
65 g	**Zucker**
1 Prise	**Salz**
1	**Ei**
125 g	**Butter** oder Margarine

Belag:

1 kg	**Quark**
200 g	**Zucker**
1	**Vanillezucker**
4	**Eier**
80 g	**Mehl**

1	**Eigelb**
1 EL	**Wasser**

Aus den angegebenen Zutaten einen Mürbeteig bereiten, siehe Seite 381/379, und kalt stellen.
Springform einfetten.
Etwa ein Drittel des Teiges auf einer bemehlten Arbeitsfläche ausrollen und schmale Streifen ausrädern oder schneiden.
Restlichen Teig ausrollen, Springform damit auslegen und einen Rand formen.
Für den Belag Quark, Zucker, Vanillezukker, Eier und Mehl zu einer glatten Masse verrühren.
Auf den Teigboden streichen, Teigstreifen gitterförmig darüberlegen und bakken.
Eigelb mit Wasser verrühren und damit Teigstreifen 10 Minuten vor Ende der Backdauer bestreichen.

Einsetzen:
Auf dem Rost, untere Einschubleiste.

Backen:

190—200 °C	50—60 Minuten
0	5—10 Minuten

Anmerkung:
Das Gitter gibt der Torte Halt, so daß sie nicht so leicht zusammenfällt wie andere Quarktorten.

Apfeltorte mit Decke

300 g	**Mehl**
1 Msp	**Backpulver**
100 g	**Zucker**
1	**Vanillezucker**
1 Prise	**Salz**
1	**Ei**
150 g	**Butter** oder Margarine

Füllung:

1—1½ kg	**Äpfel**
4—6 EL	**Wasser** oder Weißwein
50 g	**Zucker**
100 g	**Sultaninen**

2 EL	**Rum**
50 g	**gehackte Mandeln**

1	**Eigelb**
1 EL	**Wasser**

Aus den angegebenen Zutaten einen Mürbeteig bereiten, siehe Seite 381/379, und kalt stellen.
Für die Füllung Äpfel waschen, schälen und in Viertel schneiden, Kerngehäuse entfernen.
Äpfel mit Wasser, Zucker und Sultaninen **ankochen** und in der **Nachwärme** fertig garen. Die Apfelstücke müssen noch fest sein. Abtropfen und erkalten lassen.
Springform einfetten.
Die Hälfte des Teiges auf einer bemehlten Arbeitsfläche ausrollen. Teigdecke in der Größe der Springform ausschneiden, mit Klarsichtfolie oder Butterbrotpapier aufrollen und kalt stellen.
Den restlichen Teig auf dem Springformboden ausrollen, Springformrand wieder aufsetzen. Teig mehrmals mit einer Gabel einstechen, vorbacken und erkalten lassen.

Einsetzen:
Auf dem Rost, untere Einschubleiste.

Vorbacken:
200 °C — 15—20 Minuten

Vom Teigrest einen Rand formen. Apfelstücke mit Rum und Mandeln mischen, in der Form verteilen und Teigdecke darüberrollen.
Eigelb mit Wasser verrühren. Teigdecke damit bestreichen, mehrmals mit einer Gabel durchstechen, damit beim Backen die Feuchtigkeit entweichen kann, und backen.

Einsetzen:
Auf dem Rost, untere Einschubleiste.

Backen:

180—190 °C	45—50 Minuten
0	5—10 Minuten

Veränderung:
- Feingeschnittene rohe Äpfel verwenden. Dann entfällt das Vorbacken.
- Anstelle von Äpfeln eignen sich entsteinte Kirschen oder Pflaumen.

Makronentorte

250 g	**Mehl**
1 Msp	**Backpulver**
50 g	**Zucker**
1 Prise	**Salz**
1—2	**Eigelb**
125 g	**Butter** oder Margarine

Füllung:

	Gelee oder Konfitüre

Makronenmasse:

3	**Eiweiß**
1 TL	**Zitronensaft**
250 g	**Zucker**
250 g	**geriebene Mandeln** oder Kokosraspel

Aus den angegebenen Zutaten einen Mürbeteig bereiten, siehe Seite 381/379, und kalt stellen.
Springform einfetten. Teig in die Form drücken und einen niedrigen Rand formen.
Teig mehrmals mit einer Gabel einstechen und vorbacken.

Einsetzen:
Auf dem Rost, untere Einschubleiste.

Vorbacken:
200 °C — 15—20 Minuten

Tortenboden erkalten lassen und mit Gelee bestreichen.
Für die Makronenmasse Eiweiß mit Zitronensaft steif schlagen, nach und nach Zucker unterrühren, bis die Masse cre-

mig ist. Mandeln unterheben. Tortenboden mit der Masse bestreichen und backen.

Einsetzen:
Auf dem Rost, untere Einschubleiste.

Backen:

180—190 °C	20—30 Minuten
0	5—10 Minuten

Linzer Torte

200 g	**Mehl**
100 g	**geriebene Mandeln**
3—4	**Tropfen Bittermandelöl**
100 g	**Zucker**
1 Prise	**Salz**
2 Msp	**Zimt**
1 Msp	**Nelkenpulver**
1	**Ei**
200 g	**Butter** oder Margarine
450 g	**Johannisbeerkonfitüre** oder Preiselbeeren aus dem Glas
1	**Eigelb**
1 EL	**Wasser**
100 g	**Mandelstifte**
	Puderzucker

Aus den angegebenen Zutaten einen Mürbeteig bereiten, siehe Seite 381/379, und kalt stellen.
Springform einfetten. Die Hälfte des Teiges in die Form drücken und einen kleinen Rand formen. Konfitüre aufstreichen. Vom Teigrest bleistiftdünne Rollen drehen und gitterförmig aufsetzen, auch eine Rolle als Einfassung um die Torte legen und etwas flachdrücken.
Eigelb mit Wasser verrühren. Gitter damit bestreichen, Mandeln überstreuen und backen.

Einsetzen:
Auf dem Rost, untere Einschubleiste.

Backen:

200—210 °C	30—35 Minuten
0	5—10 Minuten

Nach dem Backen
Mit Puderzucker bestäuben.

Kirschtorte

Mürbeteig:

200 g	**Mehl**
1 Msp	**Backpulver**
50 g	**Zucker**
1	**Vanillezucker**
1 Prise	**Salz**
1	**kleines Ei**
100 g	**Butter** oder Margarine

Füllung:

500 g	**Sauerkirschen** gedünstet

Rührteig:

100 g	**Mehl**
25 g	**Speisestärke**
1/2 TL	**Backpulver**
100 g	**Zucker**
100 g	**Butter** oder Margarine
2	**Eier**
50 g	**gehackte Mandeln**
	Zucker

Aus den angegebenen Zutaten einen Mürbeteig bereiten, siehe Seite 381/379, und kalt stellen.
Springform einfetten.
Die Hälfte des Teiges auf einer bemehlten Arbeitsfläche ausrollen und elf 1 cm breite und, je nach Durchmesser der Springform, 24—26 cm lange Streifen ausrädern.
Den restlichen Teig ausrollen, einen Teigboden in Größe der Springform ausschneiden und Form damit auslegen. Vom Teigrest eine Rolle formen und als 3 cm hohen Rand andrücken.
Für die Füllung Sauerkirschen abtropfen lassen und auf dem Teigboden verteilen.
Aus den angegebenen Zutaten einen Rührteig bereiten, siehe Seite 363/362.
Rührteig über die Sauerkirschen füllen und glattstreichen.
8 Teigstreifen als Gitter und die 3 anderen als Rand auflegen.
In die entstandenen Quadrate Mandeln und Zucker streuen und backen.

Einsetzen:
Auf dem Rost, untere Einschubleiste.

Backen:

190—200 °C	55—60 Minuten
0	5—10 Minuten

Kirsch-Krümelkuchen

500 g	**Mehl**
1	**Backpulver**
250 g	**Zucker**
1 Prise	**Salz**
1	**Vanillezucker**
2	**Eier**
150 g	**Butter** oder Margarine
500—750 g	**Kirschen** frisch oder gedünstet

Für den Teig alle Zutaten in eine Rührschüssel geben und mit den Knethaken einer Hand- oder Standküchenmaschine zu Streusel verarbeiten.
Springform einfetten. 2/3 der Streusel in die Springform krümeln und etwas andrücken.
Kirschen waschen und entsteinen oder gedünstete Kirschen abtropfen lassen. Auf die Streusel geben, restliche Streusel überkrümeln und backen.

Einsetzen:
Auf dem Rost, untere Einschubleiste.

Backen:

190—200 °C	35—40 Minuten
0	5—10 Minuten

Veränderung:
- Anstelle von Kirschen können Aprikosen oder Stachelbeeren verwendet werden.

Apfel-Quarktorte

125 g	**weiche Butter** oder Margarine
250 g	**Zucker**
3	**Eigelb**
1 Prise	**Salz**
1 kg	**Quark**
75 g	**Grieß**
1	**Vanille-Soßenpulver**
1 TL	**Backpulver**
750 g	**Äpfel**
50 g	**Sultaninen**
3	**Eiweiß**

Zutaten in eine Rührschüssel geben und mit dem Rührbesen der Hand- oder Standküchenmaschine zu einem glatten Teig verrühren.
Äpfel waschen, schälen, in Viertel schneiden, Kerngehäuse entfernen, Äpfel in feine Blättchen schneiden und mit Sultaninen unter den Teig geben.
Eiweiß steif schlagen und locker unterheben.
Springform einfetten. Teig einfüllen, zur Mitte hin etwas höher streichen und backen.

Einsetzen:
Auf dem Rost, untere Einschubleiste.

Backen:

180—190 °C	55—65 Minuten
0	5—10 Minuten

Veränderung:
- Anstelle von Äpfeln 500 g entsteinte, abgetropfte Kirschen verwenden.

Quark-Sahnetorte mit Kirschen

125 g	**Mehl**
1 TL	**Backpulver**
125 g	**Zucker**
1	**Vanillezucker**
1 Prise	**Salz**
125 g	**Butter** oder Margarine
2	**Eier**
Füllung:	
3	**Eigelb**
150 g	**Zucker**
2—3 EL	**Zitronensaft**
500 g	**Quark**
6 EL	**Milch**
6 Blatt	**weiße Gelatine**
1/4 l	**süße Sahne**
750 g	**entsteinte, gedünstete Sauerkirschen**
	Puderzucker

Aus den angegebenen Zutaten einen Rührteig bereiten, siehe Seite 363/362.
Springform nur am Boden einfetten oder mit Backpapier auslegen. Teig einfüllen und backen.

Einsetzen:
Auf dem Rost, untere Einschubleiste.

Backen:

180—190 °C	25—30 Minuten
0	5—10 Minuten

Nach dem Backen
Tortenboden erkalten lassen und einmal durchschneiden.
Für die Quarkfüllung Eigelb, Zucker, Zitronensaft, Quark und Milch schaumig rühren.
Gelatine nach Herstellerangabe auflösen und unterrühren.
Sahne steif schlagen und locker unterheben. Quarkmasse kalt stellen.
Unteren Boden auf eine Tortenplatte legen. Rand der Springform umgekehrt darumsetzen.
Kirschen abtropfen lassen und darauf verteilen, darüber die Quarkmasse streichen. Zweiten Boden auflegen, Torte kalt stellen und Füllung fest werden lassen.
Den Rand mit einem Messer lösen. Vor dem Anschneiden mit Puderzucker bestäuben.

Veränderung:
- Anstelle von Kirschen Ananasstückchen oder Mandarinen aus der Dose verwenden.

Rührkuchen-Apfeltorte
Versunkene Obsttorte

150 g	**Mehl**
50 g	**Speisestärke**
2 TL	**Backpulver**
125 g	**Zucker**
1 Prise	**Salz**
2 EL	**Zitronensaft**
125 g	**Butter** oder Margarine
2—3	**Eier**

Belag:

750 g	**Äpfel**
	Puderzucker

Aus den angegebenen Zutaten einen Rührteig bereiten, siehe Seite 363/362.
Springform nur am Boden einfetten und Teig einfüllen.
Für den Belag Äpfel waschen, schälen, halbieren, Kerngehäuse entfernen. Die gewölbte Seite in gleichmäßigen Abständen ½ cm tief einschneiden. Mit dieser Seite nach oben nebeneinander auf den Teig legen. Dünn mit Puderzucker bestäuben und backen.

Einsetzen:
Auf dem Rost, untere Einschubleiste.

Backen:

190—200 °C	45—50 Minuten
0	5—10 Minuten

Anmerkung:
Der Teig steigt beim Backen hoch, so daß die Äpfel zum Teil bedeckt werden.

Veränderung:
- Anstelle von Speisestärke kann auch nur Mehl verwendet werden.
- Anstelle von Äpfeln eignen sich frische oder gedünstete abgetropfte Kirschen, Pflaumen, Aprikosen oder Pfirsiche.

Aprikosentorte mit Nußteig

100 g	**Mehl**
50 g	**Speisestärke**
2 TL	**Backpulver**
125 g	**Zucker**
1 TL	**abgeriebene Zitronenschale**
1 Prise	**Salz**
125 g	**Butter** oder Margarine
3	**Eier**
100 g	**geriebene Nüsse**

Belag:

1 Dose	**Aprikosen**
	Abtropfgewicht etwa 480 g

Aus den angegebenen Zutaten einen Rührteig bereiten, siehe Seite 363/362.
Springform nur am Boden einfetten und Teig einfüllen.
Für den Belag Aprikosen abtropfen lassen und mit der gewölbten Seite nach oben gleichmäßig verteilt auf den Teig legen und backen.

Einsetzen:
Auf dem Rost, untere Einschubleiste.

Backen:

180—200 °C	45—50 Minuten
0	5—10 Minuten

Anmerkung:
Der Teig steigt beim Backen hoch, so daß die Aprikosen zum Teil bedeckt werden.

Sandkuchen mit Apfelbelag

125 g	**Mehl**
125 g	**Speisestärke**
200 g	**Zucker**
1 Prise	**Salz**
250 g	**Butter** oder Margarine
3	**Eier**
2 EL	**Rum** oder 2 TL Backpulver

Belag:

750 g	**Äpfel**
2 EL	**Zucker**
	Mandelstifte

Aus den angegebenen Zutaten einen Rührteig bereiten, siehe Seite 363/362.
Springform nur am Boden einfetten und Teig einfüllen.
Für den Belag Äpfel waschen, schälen, Kerngehäuse entfernen, Äpfel in dicke Scheiben schneiden und auf den Teig legen. Zucker und Mandeln überstreuen und backen.

Einsetzen:
Auf dem Rost, untere Einschubleiste.

Backen:

175—190 °C	45—50 Minuten
0	5—10 Minuten

Mandelsandtorte

250 g	**Mehl**
200 g	**Zucker**
1 Prise	**Salz**
1 TL	**abgeriebene Zitronenschale**
250 g	**Butter** oder Margarine
4	**Eier**
100 g	**geriebene Mandeln**
1 EL	**Rum**
100 g	**Mandelstifte**
25 g	**Zucker**
5 EL	**Orangenlikör**
350 g	**Orangenmarmelade**
	Puderzucker

Aus den angegebenen Zutaten einen Rührteig bereiten, siehe Seite 363/362.
Springform nur am Boden einfetten und Teig einfüllen.
Mandeln mit Zucker vermengen, über den Teig streuen und backen.

Einsetzen:
Auf dem Rost, untere Einschubleiste.

Backen:

180—190 °C	40—45 Minuten
0	5—10 Minuten

Nach dem Backen
Torte einmal durchschneiden. Unteren Boden mit Likör beträufeln. Marmelade verrühren und überstreichen. Zweiten Boden aufsetzen. Mit Puderzucker bestäuben.

Tip:
- Die Torte schmeckt besser, wenn sie erst nach 2—3 Tagen verzehrt wird. Dann erst vor dem Servieren mit Puderzucker bestäuben.

Baumstamm

250 g	**Mehl**
2 TL	**Backpulver**
125 g	**Zucker**
1 Prise	**Salz**
125 g	**Butter** oder Margarine
3	**Eier**
1/8 l	**Milch**

Füllung:

1/2 l	**Milch**
75 g	**Zucker**
1 Prise	**Salz**
40 g	**Kakao**
50 g	**Kokosfett**
1	**Vanille-Puddingpulver** oder 50 g Speisestärke
1	**Eigelb**
125 g	**Butter**

Aus den angegebenen Zutaten einen Rührteig bereiten, siehe Seite 363/362.
Rehrücken- oder Kastenform einfetten. Teig einfüllen und backen.

Einsetzen:
Auf dem Rost, untere Einschubleiste.

Backen:

190—200 °C	35—40 Minuten
0	5—10 Minuten

Nach dem Backen
Kuchen erkalten lassen und zweimal längs durchschneiden.
Für die Füllung Milch, etwas zum Anrühren des Puddingpulvers zurücklassen, mit Zucker, Salz, Kakao und Kokosfett **ankochen.**
Puddingpulver mit Milch und Eigelb verquirlen, einrühren und in der **Nachwärme** fertig garen. Creme kalt stellen, dabei öfter umrühren, damit sich keine Haut bildet.
Butter sahnig rühren, Creme löffelweise unterrühren.
Zwei Böden mit je einem Drittel der Creme bestreichen, aufeinandersetzen. Oberen Boden aufsetzen und rundum mit der restlichen Creme bestreichen. Mit einer Gabel Rillen ziehen.

Was ist zu beachten?

- Butter und Creme für die Füllung müssen etwa die gleiche Temperatur haben, damit die Creme nicht gerinnt.
- Bei Benutzung einer Kastenform nach dem Erkalten des Kuchens die Kuchenecken und -ränder ringsum etwas abrunden, damit eine „Baumstammform" entsteht.

Tip:

- Der Kuchen ist am schmackhaftesten, wenn er erst am Tag nach der Fertigstellung verzehrt wird.

Sachertorte

150 g	**Schokolade**
150 g	**Butter** oder Margarine
1 Prise	**Salz**
150 g	**Zucker**
6	**Eigelb**
6	**Eiweiß**
30 g	**Puderzucker**
150 g	**Mehl**
1 TL	**Backpulver**
Füllung und Überzug:	
500 g	**Aprikosenkonfitüre**
200 g	**Kuvertüre**

Schokolade zerkleinern und unter Rühren **schmelzen.** Schokolade, Butter und Salz schaumig rühren. Nach und nach Zucker und Eigelb zufügen.
Eiweiß mit Puderzucker steif schlagen, Mehl mit Backpulver sieben. Beides zu der Schokolade geben und locker unterheben.
Springform nur am Boden einfetten oder mit Backpapier auslegen. Teig einfüllen und backen.

Einsetzen:
Auf dem Rost, untere Einschubleiste.

Backen:

175—190 °C	50—55 Minuten
0	5—10 Minuten

Nach dem Backen
Tortenboden erkalten lassen und einmal durchschneiden.
Aprikosenkonfitüre verrühren. Unteren Boden mit der Hälfte bestreichen. Zweiten Boden aufsetzen, mit der restlichen Konfitüre Torte rundum bestreichen.
Kuvertüre **schmelzen** und Torte damit überziehen.

Schokoladentorte

250 g	**Mehl**
2 TL	**Backpulver**
50 g	**Kakao**
125 g	**Zucker**
1 Prise	**Salz**
125 g	**Butter** oder Margarine
3	**Eier**
1 EL	**Rum**
1/8 l	**Milch**
Füllung:	
1/2 l	**Milch**
60 g	**Zucker**
1 Prise	**Salz**
50 g	**Butter**
30 g	**Speisestärke**
2	**Eigelb**
2 Blatt	**Gelatine**
Schwarz-Weiß-Guß:	
200 g	**Puderzucker**
2—3 EL	**heißes Wasser**
30 g	**Kakao**
1 EL	**heißes Wasser**

Aus den angegebenen Zutaten einen Rührteig bereiten, siehe Seite 363/362.→

Bild 130: Der weiße Guß wird schneckenförmig auf den Kakaoguß gespritzt.

Bild 131: Mit dem Messer werden abwechselnd Streifen von außen zur Tortenmitte und von der Tortenmitte nach außen gezogen.

Springform nur am Boden einfetten oder mit Backpapier auslegen. Teig einfüllen und backen.

Einsetzen:
Auf dem Rost, untere Einschubleiste.

Backen:

190—200 °C	25—30 Minuten
0	5—10 Minuten

Nach dem Backen
Tortenboden erkalten lassen und zweimal längs durchschneiden.
Für die Füllung Milch, etwas zum Anrühren der Speisestärke zurücklassen, mit Zucker, Salz und Butter **ankochen.**
Speisestärke mit Milch und Eigelb verquirlen, einrühren und in der **Nachwärme** fertig garen.
Gelatine nach Herstellerangabe in der warmen Creme auflösen. Erkalten lassen, dabei öfter umrühren, damit sich keine Haut bildet.
Zwei Böden mit der Creme bestreichen, aufeinandersetzen, dritten Boden aufsetzen.
Für den Schwarz-Weiß-Guß Puderzucker mit Wasser verrühren. 2 EL Guß zum Spritzen abnehmen. Unter den restlichen Guß Kakao und Wasser rühren.
Tortendecke mit Kakaoguß überziehen.
Weißen Guß in einen Spritzbeutel mit feiner Tülle geben. Oder aus Butterbrotpapier eine kleine Tüte drehen und Spitze abschneiden, Guß hineingeben.
Weißen Guß schneckenförmig auf den Kakaoguß spritzen, siehe Bild 130. Den weißen Guß zu einem Spinnwebmuster ausziehen. Dazu mit dem Messer oder einem Holzstäbchen abwechselnd Streifen von außen zur Tortenmitte und von der Tortenmitte nach außen ziehen, siehe Bild 131.

Bild 132: Einfach, aber wirkungsvoll: Das dekorative Spinnwebmuster, mit dem die Schokoladentorte, Rezept Seite 441, verziert wurde.

Kirsch-Schokoladentorte

125 g	**Mehl**
1 TL	**Backpulver**
1 TL	**Kakao**
100 g	**Zucker**
1 Prise	**Salz**
100 g	**Butter** oder Margarine
4	**Eier**
100 g	**geriebene Nüsse**
100 g	**geriebene Schokolade**
500 g	**entsteinte Sauerkirschen** frisch oder gedünstet
Guß:	
¼ l	**Kirschsaft**
1	**roter Tortenguß**
¼ l	**süße Sahne**
1	**Vanillezucker**
1	**Sahnefestiger**
	Schokoladenraspel oder Borkenschokolade
	Sahnetupfen

Aus den angegebenen Zutaten einen Rührteig bereiten, siehe Seite 363/362. Kirschen abtropfen lassen. Springform nur am Boden einfetten, Teig einfüllen, Kirschen daraufgeben und backen.

Einsetzen:
Auf dem Rost, untere Einschubleiste.

Backen:

180—190 °C	45—55 Minuten
0	5—10 Minuten

Nach dem Backen
Tortenboden erkalten lassen.
Für den Guß Tortenguß nach Herstellerangabe mit Kirschsaft bereiten und über die Torte gießen. Nach dem Erstarren ein Glas auf die Tortenmitte setzen, siehe Bild 133, Seite 443.
Sahne mit Vanillezucker und Sahnefestiger steif schlagen. Überstehende Decke und Rand damit bestreichen und mit Schokoladenraspel bestreuen. Glas vorsichtig abnehmen. Torte mit Sahnetupfen garnieren.

Bild 133: Kleine Ursache, große Wirkung: Damit ein Teil des Gusses frei bleibt, deckt ein Glas die Tortenmitte ab, bis die Torte mit Sahne bestrichen und mit Schokoladenraspel bestreut ist.

Bild 134: Nachdem das Glas abgenommen wurde, wird die Torte mit Sahnetupfen garniert. Die unter dem Guß sichtbaren Früchte der Kirsch-Schokoladentorte, Rezept Seite 443, sind ein hübscher Blickfang.

Beim Backen mit Umluft die Temperatur um etwa 30 °C niedriger einstellen

Schokoladen-Nußtorte

250 g	**Mehl**
1 TL	**Backpulver**
200 g	**Zucker**
1	**Vanillezucker**
1 Prise	**Salz**
200 g	**Butter** oder Margarine
4	**Eier**
2—3 EL	**Milch**
200 g	**geriebene Nüsse**
200 g	**geraspelte Schokolade**

Füllung:

¼ l	**süße Sahne**
1 TL	**Zucker**
1	**Sahnefestiger**

Guß:

200 g	**Kuvertüre**
	Walnußhälften

Aus den angegebenen Zutaten einen Rührteig bereiten, siehe Seite 363/362. Zuletzt die Schokolade unterrühren. Springform nur am Boden einfetten oder mit Backpapier auslegen, Teig einfüllen und backen.

Einsetzen:
Auf dem Rost, untere Einschubleiste.

Backen:

165—175 °C	60—70 Minuten
0	5—10 Minuten

Nach dem Backen
Tortenboden erkalten lassen und einmal durchschneiden.
Für die Füllung Sahne mit Zucker und Sahnefestiger steif schlagen. Unteren Boden mit Sahne bestreichen, oberen Boden aufsetzen.
Für den Guß Kuvertüre **schmelzen,** die Torte damit überziehen und mit Nüssen garnieren.

Beim Backen mit Umluft die Temperatur um etwa 30 °C niedriger einstellen

Gefüllte Bienenstichtorte

150 g	**Mehl**
50 g	**Speisestärke**
3 TL	**Backpulver**
75 g	**Zucker**
1 Prise	**Salz**
75 g	**Butter** oder Margarine
2	**Eier**
4 EL	**Milch**

Belag:

75 g	**Butter** oder Margarine
100 g	**Zucker**
1	**Vanillezucker**
100 g	**Mandelblätter**
1 EL	**Milch**

Füllung:

¼ l	**Milch**
25 g	**Zucker**
1 Prise	**Salz**
5 TL	**Vanille-Puddingpulver** oder 25 g Speisestärke
1	**Eigelb**
40 g	**Butter**
10 g	**Kokosfett**

Aus den angegebenen Zutaten einen Rührteig bereiten, siehe Seite 363/362.
Springform nur am Boden einfetten oder mit Backpapier auslegen. Teig einfüllen.
Für den Belag Butter, Zucker, Vanillezukker und Mandeln **ankochen.** Milch unterrühren und Belag kalt stellen.
Belag gleichmäßig auf den Teig streichen und backen.

Einsetzen:
Auf dem Rost, untere Einschubleiste.

Backen:

190—200 °C	35—40 Minuten
0	5—10 Minuten

Nach dem Backen
Sofort den Tortenrand mit einem in heißes Wasser getauchten Messer lösen und den Springformrand öffnen. Der Mandelbelag wird sonst am Rand hart und reißt dann.
Torte erkalten lassen und einmal durchschneiden.
Für die Füllung Milch, etwas zum Anrühren des Puddingpulvers zurücklassen, mit Zucker und Salz **ankochen.**
Puddingpulver mit Milch und Eigelb verquirlen, einrühren und in der **Nachwärme** fertig garen.

In die heiße Masse Butter und Kokosfett geben und bis zum Erkalten immer wieder durchrühren, damit die Creme glatt bleibt.
Unteren Boden mit Creme bestreichen, oberen Boden aufsetzen.
Zwei Böden mit je einem Drittel der Creme bestreichen, aufeinandersetzen. Oberes Kranzteil aufsetzen. Kranz rundum mit der restlichen Creme bestreichen und mit Mandeln bestreuen.

Tip:
- Der Kranz schmeckt am besten, wenn er einen Tag vor dem Verzehr bereitet wird.

Feiner Kranz mit Schokoladencreme

200 g	**Mehl**
100 g	**Speisestärke**
3 TL	**Backpulver**
150 g	**Zucker**
1	**Vanillezucker**
1 Prise	**Salz**
125 g	**Butter** oder Margarine
2	**Eier**
4—6 EL	**Milch**

Füllung:

100 g	**Schokolade**
10 g	**Kokosfett**

100 g	**Butter**
1 TL	**dunkler Kakao**
100 g	**Puderzucker**
2 EL	**starker Kaffee**
1	**Eigelb**

	gehackte Mandeln oder Pistazien

Aus den angegebenen Zutaten einen Rührteig bereiten, siehe Seite 363/362.
Kranzform einfetten, Teig einfüllen und backen.

Einsetzen:
Auf dem Rost, untere Einschubleiste.

Backen:

190—200 °C	35—40 Minuten
0	5—10 Minuten

Nach dem Backen
Kranz erkalten lassen und zweimal längs durchschneiden.
Für die Füllung Schokolade zerkleinern und mit Kokosfett unter Rühren **schmelzen.**
Butter zufügen und schaumig rühren. Kakao, Zucker, Kaffee und Eigelb unterrühren und kalt stellen.

Frankfurter Kranz

150 g	**Mehl**
50 g	**Speisestärke**
2 TL	**Backpulver**
125 g	**Zucker**
1 Prise	**Salz**
125 g	**Butter** oder Margarine
3	**Eier**
1 EL	**Zitronensaft**
2 EL	**Milch**

Füllung:

½ l	**Milch**
100 g	**Zucker**
1	**Vanillezucker**
1 Prise	**Salz**
30 g	**Kokosfett**
1	**Vanille-Puddingpulver**
1	**Eigelb**

200 g	**Butter**
50 g	**Puderzucker**

Krokant:

30 g	**Butter**
50 g	**Zucker**
125 g	**Mandelblätter**

	Sahnetupfen · Belegkirschen

Aus den angegebenen Zutaten einen Rührteig bereiten, siehe Seite 363/362.
Kranzform einfetten, Teig einfüllen und backen.

Einsetzen:
Auf dem Rost, untere Einschubleiste.

Backen:

180—190 °C	35—40 Minuten
0	5—10 Minuten

→

Nach dem Backen
Kranz erkalten lassen und zweimal längs durchschneiden.
Für die Füllung Milch, etwas zum Anrühren des Puddingpulvers zurücklassen, mit Zucker, Vanillezucker, Salz und Kokosfett **ankochen.**
Puddingpulver mit Milch und Eigelb verquirlen, einrühren und in der **Nachwärme** fertig garen.
Creme kalt stellen, dabei öfter umrühren, damit sich keine Haut bildet.
Weiche Butter mit Puderzucker sahnig rühren, Creme löffelweise unterrühren.
Für den Krokant Butter, Zucker und Mandeln unter ständigem Rühren goldbraun **rösten.** Erkalten lassen.
Zwei Böden mit je einem Drittel der Creme bestreichen, aufeinandersetzen. Oberes Kranzteil aufsetzen, Kranz rundum mit der restlichen Creme bestreichen und mit Krokant bestreuen. Auf dem Kranz 16 Tortenstücke markieren und jedes Stück mit Sahnetupfen und Belegkirschen garnieren.

Was ist zu beachten?

- Butter und Creme müssen ungefähr die gleiche Temperatur haben, damit die Creme nicht gerinnt.

Tip:

- Der Kranz schmeckt am besten, wenn er 1—2 Tage vor dem Verzehr bereitet wird.

Französische Apfeltorte

300 g	**TK-Blätterteig**
Belag:	
4—5	**säuerliche Äpfel**
2—3 EL	**Aprikosenkonfitüre**
	Puderzucker

Blätterteig auftauen.
Backofen vorheizen.
Teig nicht zu dünn ausrollen. Für das Gitter Streifen abschneiden. Mit dem übrigen Teig eine Springform auslegen und einen 2 cm hohen Rand formen.
Für den Belag Äpfel waschen, schälen, Kerngehäuse entfernen, Äpfel in dicke Scheiben schneiden, auf den Teig legen. Teigstreifen darüberlegen und backen.

Einsetzen:
Auf dem Rost, untere Einschubleiste.

Bild 135: Der original Frankfurter Kranz, Rezept Seite 445, wird mit Sahnetupfen und Belegkirschen garniert.

Backen:

200—225 °C	20—30 Minuten
0	5—10 Minuten

Nach dem Backen
Konfitüre **erwärmen,** Torte damit bestreichen und mit Puderzucker bestäuben.

Mokka-Buttercremetorte

4	**Eier**
4 EL	**Wasser**
150 g	**Zucker**
1	**Vanillezucker**
100 g	**Mehl**
100 g	**Speisestärke**
2 TL	**Backpulver**
Füllung:	
$^1/_4$ l	**Milch**
50 g	**Zucker**
1 Prise	**Salz**
20 g	**Kokosfett**
25 g	**Speisestärke** oder 5 TL Puddingpulver
1	**Eigelb**
100 g	**Butter**
25 g	**Puderzucker**
2—3 TL	**Pulverkaffee**
Guß:	
200 g	**Puderzucker**
3 EL	**starker, heißer Kaffee**
	Mokkabohnen

Springform nur am Boden einfetten oder mit Backpapier auslegen.
Aus den angegebenen Zutaten einen Biskuitteig bereiten, siehe Seite 374/372.
Teig einfüllen und backen.

Einsetzen:
Auf dem Rost, untere Einschubleiste.

Backen:

190—200 °C	25—35 Minuten
0	5—10 Minuten

Nach dem Backen
Tortenboden erkalten lassen und zweimal längs durchschneiden.
Für die Füllung Milch, etwas zum Anrühren der Speisestärke zurücklassen, mit Zucker, Salz und Kokosfett **ankochen.**
Speisestärke mit Milch und Eigelb verquirlen, einrühren und in der **Nachwärme** fertig garen.
Creme kalt stellen, dabei öfter umrühren, damit sich keine Haut bildet.
Butter mit Puderzucker und Pulverkaffee sahnig rühren. Creme löffelweise unterrühren.
Zwei Böden mit Creme bestreichen, aufeinandersetzen. Oberen Boden aufsetzen.
Für den Guß Puderzucker mit Kaffee verrühren. Torte rundum damit überziehen und mit Mokkabohnen garnieren.

Was ist zu beachten?

- Butter und Creme müssen ungefähr die gleiche Temperatur haben, damit die Creme nicht gerinnt.

Feine Schokoladen-Buttercremetorte

6	**Eier**
150 g	**Zucker**
1	**Vanillezucker**
150 g	**Mehl**
Füllung:	
$^1/_4$ l	**Kaffee**
100 g	**Zucker**
20 g	**Kakao**
200 g	**geriebene Schokolade**
1	**Vanillezucker**
1 Prise	**Salz**
40 g	**Kokosfett**
$^1/_4$ l	**Milch**
50 g	**Speisestärke**
2	**Eigelb**
200 g	**Butter**
25 g	**Puderzucker**
16	**Schokoladenblätter**

Springform nur am Boden einfetten oder mit Backpapier auslegen.
Aus den angegebenen Zutaten einen Biskuitteig bereiten, siehe Seite 374/372.
Teig einfüllen und backen.

Einsetzen:
Auf dem Rost, untere Einschubleiste.

Backen:

175—190 °C	25—35 Minuten
0	5—10 Minuten

Nach dem Backen
Tortenboden erkalten lassen und zweimal durchschneiden.
Für die Füllung Kaffee mit Zucker, Kakao, Schokolade, Vanillezucker, Salz, Kokosfett und Milch, etwas zum Anrühren der Speisestärke zurücklassen, **ankochen.**
Speisestärke mit Milch und Eigelb verquirlen, einrühren und in der **Nachwärme** fertig garen.
Creme kalt stellen, dabei öfter umrühren, damit sich keine Haut bildet.
Butter mit Puderzucker sahnig rühren, Creme löffelweise unterrühren.
Zwei Böden mit etwa der Hälfte der Creme bestreichen, aufeinandersetzen. Oberen Boden aufsetzen. Torte rundum dünn mit Creme bestreichen. Restliche Creme aufspritzen und mit Schokoladenblättern garnieren.

Was ist zu beachten?
- Butter und Creme müssen ungefähr die gleiche Temperatur haben, damit die Creme nicht gerinnt.

Tip:
- Wer mit dem Spritzen nicht geübt ist, kann die Böden etwas dicker bestreichen und die ganze Torte mit Schokoladenraspel bestreuen.
- Zu Festen kann die Torte entsprechend garniert werden, z. B. mit kleinen Ostereiern, Maikäfern und zu Weihnachten mit Marzipankugeln oder -sternchen.

Rehrücken

4	**Eier**
100 g	**Zucker**
1 Prise	**Salz**
75 g	**Speisestärke**
1 TL	**Backpulver**
75 g	**geriebene Mandeln**
100 g	**geriebene Schokolade**
1 TL	**Kakao**
100 g	**Butter** oder Margarine
150 g	**Kuvertüre**
50 g	**Mandelstifte**

Rehrückenform einfetten.
Aus den angegebenen Zutaten einen Butterbiskuitteig bereiten, s. S. 374/372.
Teig einfüllen und sofort backen.

Einsetzen:
Auf dem Rost, untere Einschubleiste.

Backen:

175—190 °C	40—50 Minuten
0	5—10 Minuten

Nach dem Backen
Kuchen erkalten lassen.
Kuvertüre **schmelzen,** den Kuchen damit überziehen und mit Mandeln spicken.

Feine Nußtorte

6	**Eier**
100 g	**Zucker**
1	**Vanillezucker**
1 Prise	**Salz**
40 g	**Paniermehl**
150 g	**geriebene Nüsse**
1 EL	**Rum**
Füllung:	
½ l	**süße Sahne**
2	**Sahnefestiger**
2 TL	**Zucker**
3 EL	**Weinbrand**
	Walnußhälften oder ganze Haselnüsse

Springform nur am Boden einfetten oder mit Backpapier auslegen.
Aus den angegebenen Zutaten einen Biskuitteig bereiten, siehe Seite 374/372.
Teig einfüllen und backen.

Einsetzen:
Auf dem Rost, untere Einschubleiste.

Backen:

180—190 °C	30—35 Minuten
0	5—10 Minuten

Nach dem Backen
Tortenboden erkalten lassen und einmal durchschneiden.
Für die Füllung Sahne mit Sahnefestiger und Zucker steif schlagen. Weinbrand unterrühren.
Unteren Boden mit einem Drittel der Sahne bestreichen. Zweiten Boden aufsetzen.
Oberfläche und Rand dünn mit Sahne bestreichen. Mit der restlichen Sahne und den Nüssen garnieren.

Biskuit-Sahnetorte mit Kirschen

4	**Eier**
5 EL	**Wasser**
175 g	**Zucker**
1	**Vanillezucker**
100 g	**Mehl**
100 g	**Speisestärke**
2 TL	**Backpulver**
30 g	**Kakao**
Füllung:	
500 g	**Kirschen** gedünstet
4 EL	**Kirschwasser** oder Weinbrand
½ l	**süße Sahne**
2 TL	**Zucker**
2	**Sahnefestiger**
	Schokoladenraspel

Springform nur am Boden einfetten oder mit Backpapier auslegen.
Aus den angegebenen Zutaten einen Biskuitteig bereiten, siehe Seite 374/372.
Teig einfüllen und backen.

Einsetzen:
Auf dem Rost, untere Einschubleiste.

Backen:

190—200 °C	25—35 Minuten
0	5—10 Minuten

Nach dem Backen
Tortenboden erkalten lassen und zweimal durchschneiden.
Für die Füllung Kirschen abtropfen lassen, einige für die Garnierung zurückbehalten. Mit Alkohol beträufeln.
Sahne mit Zucker und Sahnefestiger steif schlagen.
Unteren Boden mit einem Viertel der Sahne bestreichen, Kirschen darauf verteilen. Zweiten Boden mit einem weiteren Viertel der Sahne bestreichen, auf den ersten Boden setzen. Dritten Boden daraufsetzen.
Torte rundum dünn mit Sahne bestreichen und Rand mit Schokoladenraspel bestreuen.Mit der restlichen Sahne Tupfen aufsetzen und mit Kirschen garnieren.

Sanddorntorte

4	**Eier**
4 EL	**Wasser**
130 g	**Honig**
125 g	**Weizenvollkornmehl**
50 g	**geriebene Nüsse**
1 TL	**Backpulver**
40 g	**Butter**
Füllung:	
500 g	**Quark**
120 g	**Honig**
120 g	**Sanddorn**
	abgeriebene Orangenschale
6	**Blatt weiße Gelatine**
¼ l	**süße Sahne**
¼ l	**süße Sahne**
1	**Sahnefestiger**
100 g	**gehackte Pistazien**

Springform mit Butterbrotpapier auslegen.
Aus den angegebenen Zutaten einen Butterbiskuitteig bereiten, s. S. 374/372, in die Springform füllen und backen.

Einsetzen:
Auf dem Rost, untere Einschubleiste.

Backen:

190—200 °C	25—35 Minuten
0	5—10 Minuten

Nach dem Backen
Tortenboden erkalten lassen und einmal durchschneiden.
Für die Füllung Quark, Honig, Sanddorn und Orangenschale verrühren.
Gelatine nach Herstellerangabe auflösen und unterrühren.
Sahne steifschlagen und locker unterheben. Quarkmasse kaltstellen.
Sahne und Sahnefestiger steifschlagen.
Unteren Boden auf eine Tortenplatte legen, Rand der Springform darumsetzen, Quarkmasse darauf verstreichen und den zweiten Boden auflegen. Sahne darauffüllen und mit Pistazien bestreuen. Torte kaltstellen und Füllung fest werden lassen.
Den Rand mit einem Messer lösen.

Beim Backen mit Umluft die Temperatur um etwa 30 °C niedriger einstellen

Wickeltorte

4	**Eier**
4 EL	**Wasser**
150 g	**Zucker**
75 g	**Mehl**
75 g	**Speisestärke**
1 TL	**Backpulver**
20—30 g	**Kakao**
1 EL	**Öl**
Füllung:	
3—4 EL	**Rum**
125 g	**Preiselbeeren** aus dem Glas
1/2 l	**Schlagsahne**
1 TL	**Zucker**
	Schokoladenraspel

Backofen vorheizen.
Backblech mit Backpapier oder Butterbrotpapier auslegen.
Aus den angegebenen Zutaten einen Biskuitteig bereiten, siehe Seite 374/372.
Teig etwa 1 cm dick aufstreichen und backen.

Einsetzen:
Mittlere Einschubleiste.

Backen:
200—225 °C 8—10 Minuten

Nach dem Backen
Biskuitplatte sofort auf ein mit Zucker bestreutes Geschirrtuch stürzen. Papier mit kaltem Wasser bestreichen und abziehen. Papier wieder auflegen, den Biskuit von der Schmalseite her durch Anheben des Tuches locker aufrollen und erkalten lassen.
Biskuit vorsichtig zurückrollen, Papier entfernen und Biskuit mit Rum beträufeln.
Preiselbeeren verrühren und aufstreichen.
Sahne mit Zucker steif schlagen.
Zwei Drittel der Sahnemenge auf die Preiselbeeren geben und glattstreichen. Biskuit in sechs gleichmäßig breite Streifen schneiden.
Den ersten Streifen aufrollen und in die Mitte einer Tortenplatte setzen. Die weiteren Streifen um die erste Rolle wickeln.
Torte auf der Oberseite mit der restlichen Sahne bestreichen und mit Schokoladenraspel bestreuen.

Veränderung:
- Mürbeteig, halbe Menge des Grundrezeptes Seite 381, als Boden ohne Rand in der Springform backen und als Unterlage für die aufgerollten Biskuitstreifen verwenden.

Schokoladentorte mit Sahnenußcreme

4	**Eier**
5 EL	**Wasser**
175 g	**Zucker**
1	**Vanillezucker**
100 g	**Mehl**
100 g	**Speisestärke**
2 TL	**Backpulver**
30 g	**Kakao**
Füllung:	
1/4 l	**süße Sahne**
2—3 EL	**Zucker**
125 g	**geriebene Walnüsse** oder Haselnüsse
2 Blatt	**weiße Gelatine**
Guß:	
150 g	**Kuvertüre**
	Nüsse

Springform nur am Boden einfetten oder mit Backpapier auslegen.
Aus den angegebenen Zutaten einen Biskuitteig bereiten, siehe Seite 374/372.
Teig einfüllen und backen.

Einsetzen:
Auf dem Rost, untere Einschubleiste.

Backen:
190—200 °C 25—35 Minuten
0 5—10 Minuten

Nach dem Backen
Tortenboden erkalten lassen und zweimal durchschneiden.
Für die Füllung Sahne mit Zucker steif schlagen und mit Nüssen vermengen. Gelatine nach Herstellerangabe auflösen und zugeben. Creme kalt stellen.
Mit der Creme zwei Böden bestreichen, aufeinandersetzen und den dritten obenaufsetzen.
Kuvertüre zerkleinern, unter Rühren **schmelzen,** die Torte damit überziehen und mit Nüssen garnieren.

Füllung und Guß für Torten, Kuchen und Kleingebäck

Füllung wird entweder aus einfacher Creme, Buttercreme oder Sahne bereitet und zum Füllen und Garnieren von Torten und Kleingebäck verwendet, oder sie wird für Kleingebäck süß oder pikant bereitet und mitgebacken.

Guß wird entweder als Überzugsmasse für fertiges Gebäck verwendet oder mitgebakken. Der einfachste Guß besteht aus Puderzucker und Flüssigkeit, der über das fertige Gebäck gezogen wird. Biskuit-, Grieß- oder Sahneguß wird gern für Obstkuchen verwendet, da er den Kuchen saftig hält und die Säure des Obstes mildert. Er wird über das Obst gefüllt und mitgebacken.

Was ist zu beachten?

Bei der Bereitung von Tortenfüllung:
- Die Mengenangaben der Rezepte reichen zum Füllen einer Torte. Soll die Torte außerdem außen bestrichen und garniert werden, muß die doppelte Rezeptmenge bereitet werden.

Bei der Bereitung von Guß:
- Die Mengenangaben der Rezepte reichen beim Guß als Überzugsmasse für eine Torte von 24—26 cm Durchmesser, beim Guß zum Mitbacken für einen Obstkuchen in der Springform. Für einen Obstkuchen auf dem Backblech oder in der Fettpfanne müssen die angegebenen Mengen verdoppelt werden.
- Guß als Überzugsmasse muß dickflüssig sein. Den letzten Löffel der Flüssigkeit deshalb nur tropfenweise zugeben.
- Guß als Überzugsmasse sofort über das noch warme Gebäck geben. Er haftet besser, wenn das Gebäck vorher mit erwärmter heller Konfitüre bestrichen wird.

Tip:
- Guß erhält ein glänzendes Aussehen und splittert beim Schneiden nicht, wenn ein Teil der Flüssigkeit durch geschmolzenes Kokosfett ersetzt wird.
- Einfach und schnell läßt sich Kuvertüre im Mikrowellengerät schmelzen, siehe Seite 474, oder man läßt sie in einem Kochtopf bei niedriger Temperatureinstellung oder im heißen Wasserbad schmelzen und rührt so lange, bis die Masse glänzend aussieht.

Einfache Creme

Grundrezept

½ l	**Milch**
60 g	**Zucker**
1 Prise	**Salz**
50 g	**Butter**
30 g	**Speisestärke**
2	**Eigelb**
2 Blatt	**weiße Gelatine**

Milch, etwas zum Anrühren der Speisestärke zurücklassen, mit Zucker, Salz und Butter **ankochen.**

Speisestärke mit Milch und Eigelb verquirlen, einrühren und in der **Nachwärme** fertig garen.
Topf von der Kochstelle nehmen.
Gelatine nach Herstellerangabe in der heißen Creme auflösen.
Creme kalt stellen, dabei öfter umrühren, damit sich keine Haut bildet.
Torte damit füllen.

Veränderung:
- Geschmackszutat zufügen, siehe Veränderung Buttercreme Seite 452.

Einfache Buttercreme
Grundrezept

1/4 l	**Milch**
50 g	**Zucker**
1 Prise	**Salz**
20 g	**Kokosfett**
25 g	**Speisestärke** oder 5 TL Puddingpulver
1	**Eigelb**
100 g	**Butter**
25 g	**Puderzucker**

Milch, etwas zum Anrühren der Speisestärke zurücklassen, mit Zucker, Salz und Kokosfett **ankochen.**
Speisestärke mit Milch und Eigelb verquirlen, einrühren und in der **Nachwärme** fertig garen.
Kalt stellen, dabei öfter umrühren, damit sich keine Haut bildet.
Weiche Butter mit Puderzucker sahnig rühren, Creme löffelweise unterrühren.
Torte damit füllen.

Was ist zu beachten?

- Butter und Creme müssen ungefähr die gleiche Temperatur haben, damit die Creme nicht gerinnt. Geronnene Buttercreme läßt sich im warmen Wasserbad oder durch Zugabe von geschmolzenem, warmem Pflanzenfett wieder glattrühren.

Veränderung:

- Geschmackszutat zufügen, siehe Veränderung Buttercreme Seite 452.

Buttercreme
Grundrezept

250 g	**Butter**
250 g	**Puderzucker**
1 Prise	**Salz**
1—2	**Eigelb**
	Geschmackszutat

Weiche Butter sahnig rühren, nach und nach Puderzucker und zuletzt Salz, Eigelb und Geschmackszutat unterrühren.
Torte damit füllen.

Veränderung:
Für einfache Creme, einfache Buttercreme oder Buttercreme eine der folgenden Geschmackszutaten unter die fertige Creme rühren:

Vanille
Herausgeschabtes Mark einer Vanilleschote oder 1 Päckchen Vanillezucker

Zitrone
1 TL abgeriebene Zitronenschale und 2—3 EL Zitronensaft

Orange
1 TL abgeriebene Orangenschale und 3—4 EL Orangensaft

Mokka
2—3 EL Pulverkaffee und 1 EL Weinbrand

Schokolade
1—2 EL Kakao und/oder 1—2 EL Schokoladenraspel

Rum
2—3 EL Rum

Nuß
100 g geriebene Hasel- oder Walnüsse und 1 EL Rum.
Nußcreme mit einem Spritzbeutel mit großer Tülle aufspritzen oder aufstreichen.

Tip:

- Buttercreme erhält Festigkeit und Glanz durch Zugabe von etwa 20 g gehärtetem Pflanzenfett, z. B. Kokosfett, das geschmolzen und untergerührt wird.

Preiselbeer-Sahnefüllung

2—3 EL	**Rum**
250 g	**Preiselbeeren** gedünstet
1/4 l	**süße Sahne**
	Zucker
1	**Sahnefestiger**

Gebäck mit Rum beträufeln. Preiselbeeren abtropfen lassen und darauf verteilen.
Sahne und Zucker mit Sahnefestiger nach Herstellerangabe steif schlagen und darüber streichen.
Windbeutel, Biskuitrolle oder Torte damit füllen.

Erdbeer-Sahnefüllung

250—375 g	**Erdbeeren**
$\frac{1}{4}$—$\frac{3}{8}$ l	**süße Sahne**
1 EL	**Zucker**
1	**Sahnefestiger**

Erdbeeren waschen, putzen und in Viertel schneiden. Evtl. einige Früchte zum Garnieren zurückstellen.
Sahne und Sahnefestiger mit Zucker nach Herstellerangabe steif schlagen.
Früchte vorsichtig unterheben.
Biskuitrolle oder Torte damit füllen.

Veränderung:
- Anstelle von Erdbeeren eignen sich Himbeeren, Ananas- oder Pfirsichstücke oder Mandarinen aus der Dose.

Nußcremefüllung mit Sahne

$\frac{1}{4}$ l	**süße Sahne**
2—3 EL	**Zucker**
125 g	**geriebene Walnüsse** oder Haselnüsse
2 Blatt	**weiße Gelatine**

Sahne steif schlagen, Zucker und Nüsse unterrühren.
Damit die Füllung länger fest bleibt, Gelatine nach Herstellerangabe auflösen und tropfenweise zusetzen.
Torte damit füllen.

Zitronen-Sahnefüllung

$\frac{1}{8}$ l	**Wasser**
$\frac{1}{8}$ l	**Zitronensaft**
1 TL	**abgeriebene Zitronenschale**
125 g	**Zucker**
4 Blatt	**weiße Gelatine**
$\frac{1}{4}$ l	**süße Sahne**
1	**Vanillezucker**

Wasser, Zitronensaft, Zitronenschale und Zucker verrühren, bis der Zucker aufgelöst ist.
Gelatine nach Herstellerangabe auflösen und unterrühren.
Masse so lange kalt stellen, bis sie anfängt steif zu werden.
Sahne mit Vanillezucker steif schlagen und locker unterheben.
Biskuitrolle oder Torte damit füllen.

Bild 136: Schokoladen-Biskuitrolle mit Preiselbeersahne, Rezepte Seite 377 und 452.

Weincremefüllung

¼ l	**Weißwein**
100 g	**Zucker**
2 TL	**abgeriebene Orangenschale**
	Saft einer ½ Zitrone
2	**Eigelb**
15 g	**Speisestärke**
3 Blatt	**weiße Gelatine**
2	**Eiweiß**

Wein, Zucker, Orangenschale, Zitronensaft, Eigelb und Speisestärke in einen hohen Kochtopf geben, verrühren und **abschlagen,** bis die Masse hochsteigt, sofort von der Kochstelle nehmen.
Gelatine nach Herstellerangabe in der heißen Creme auflösen.
Eiweiß steif schlagen, locker unterheben und Creme kalt stellen.
Kleingebäck oder Torte damit füllen, bevor die Creme ganz steif geworden ist.

Quarkfüllung

1	**Eigelb**
40 g	**Zucker**
1	**Vanillezucker**
	abgeriebene Zitronenschale
250 g	**Quark**
25 g	**Korinthen**

Zutaten verrühren, zuletzt Korinthen unterheben.
Kleingebäck damit füllen und backen.

Mandelfüllung

3	**Eiweiß**
1 TL	**Zitronensaft**
150 g	**Zucker**
250 g	**geriebene Mandeln**
	oder Nüsse
	oder Kokosraspel

Eiweiß mit Zitronensaft steif schlagen, Zucker nach und nach unterrühren, bis die Masse cremig ist. Mandeln unterheben.
Kleingebäck damit füllen und backen.

Veränderung:
- 80—100 g Mandeln können durch geriebenen Zwieback oder Paniermehl ersetzt werden.

Schinkenfüllung

250 g	**gekochter Schinken**
30 g	**Butter**
1	**geriebene Zwiebel**
3—4 EL	**Sahne**
	Petersilie

Schinken in Würfel schneiden.
Butter sahnig rühren, Schinken, Zwiebel, Sahne und zerkleinerte Petersilie zugeben und verrühren.
Kleingebäck damit füllen und backen.

Käsefüllung

¼ l	**süße Sahne**
1 Prise	**Salz**
	Paprikapulver · Petersilie
40 g	**geriebener Käse**

Sahne steif schlagen und mit Salz, Paprika, zerkleinerter Petersilie und Käse vermengen.
Windbeutel damit füllen.

Pilzfüllung

2	**Zwiebeln**
500 g	**Champignons**
20 g	**Butter**
	Pfeffer · Salz
2 Bund	**Petersilie**

Zwiebeln schälen und in Würfel schneiden. Champignons putzen, waschen und in Scheiben schneiden.
Butter **erhitzen,** Zwiebel darin **andünsten,** Champignons zufügen und **10 Minuten dünsten.** Salz, Pfeffer und zerkleinerte Petersilie zufügen.
Kleingebäck damit füllen und backen.

Zuckerguß
Grundrezept

200 g **Puderzucker**
2—3 EL **heiße Flüssigkeit**
Wasser oder Milch

Puderzucker nach und nach mit der heißen Flüssigkeit glattrühren.
Sofort auf das Gebäck streichen oder das Gebäck damit überziehen.

Anmerkung:
Für Kleingebäck genügt meist die Hälfte der Menge, der Guß kann dazu etwas flüssiger sein.

Veränderung:
Puderzucker mit folgenden Flüssigkeiten glattrühren:

Roter Zuckerguß
2—3 EL heißer roter Fruchtsaft oder in der heißen Flüssigkeit zusätzlich 1 Messerspitze rotes Gelatinepulver gequollen auflösen

Zitronen-Zuckerguß
1—2 EL Zitronensaft und 1 EL heißes Wasser

Frucht-Zuckerguß
2—3 EL heißer klarer oder roter Fruchtsaft

Kaffee-Zuckerguß
2—3 EL heißer starker Kaffee

Kakao-Zuckerguß
3—4 EL heiße Milch und zusätzlich 30 g Kakao

Rum-Zuckerguß
1—2 EL Rum und 1 EL heißes Wasser

Eiweiß-Zuckerguß

1 **Eiweiß**
1—2 EL **Zitronensaft**
100 g **Puderzucker**

Eiweiß mit Zitronensaft steif schlagen, nach und nach Puderzucker unterrühren, bis die Masse cremig und glänzend ist.
Diesen Guß mit einem Messer sofort auf das Gebäck streichen und im Backofen trocknen.

Einsetzen:
Auf dem Blech, mittlere Einschubleiste.

Trocknen:
50 °C 5—10 Minuten

Was ist zu beachten?
- Nur an der Luft getrocknet, verliert der Guß seinen Glanz.

Eiweiß-Spritzguß

200 g **Puderzucker**
1 **Eiweiß**
1 EL **Zitronensaft**

Puderzucker und Eiweiß schaumig und glänzend rühren, Saft zugeben.
In den Spritzbeutel füllen und damit Gebäck garnieren.

Tip:
- Reste mit Rosenwasser oder Zitronensaft verdünnen und zum Aufstreichen verwenden.
- Der Guß eignet sich besonders für Honigkuchengebäck.

Kakao-Zuckerguß mit Fett

200 g **Puderzucker**
30 g **Kakao**
3 EL **heiße Milch**
25 g **geschmolzene Butter**
oder Kokosfett

Puderzucker mit Kakao sieben und mit Milch und Butter glattrühren.
Sofort auf das Gebäck streichen.

Kuvertüre

150—200 g **Kuvertüre**
10 g **Kokosfett** nach Belieben

Kuvertüre zerkleinern, Kokosfett zufügen und unter Rühren **schmelzen.**
Gebäck ganz oder zum Teil in Kuvertüre tauchen oder damit bestreichen.

Schokoladen-Zuckerguß mit Fett

150 g	**Zucker**
15 g	**Kakao**
4—5 EL	**Wasser**
75 g	**zerkleinerte Schokolade**
10 g	**Butter**

Zucker und Kakao mischen, mit Wasser verrühren und **ankochen.** Schokolade und Butter zufügen und **fortkochen,** bis sich oben eine Haut bildet.
Sofort auf das Gebäck streichen.

Sahneguß für Obsttorten

2	**Eigelb**
75 g	**Zucker**
50 g	**Mehl**
¹/₄ l	**saure Sahne**
	abgeriebene Zitronenschale
2	**Eiweiß**

Eigelb und Zucker schaumig rühren. Abwechselnd Mehl und Sahne, zuletzt Zitronenschale zufügen.
Eiweiß steif schlagen und unterheben.
Guß sofort auf das Obst füllen und von Anfang an mitbacken.

Grießguß für Obsttorten

¹/₄ l	**Milch**
¹/₂ TL	**abgeriebene Zitronenschale**
1 Prise	**Salz**
25 g	**Zucker**
20 g	**Grieß**
1—2	**Eigelb**
4 EL	**saure Sahne**
1—2	**Eiweiß**

Milch, Zitrone, Salz und Zucker **ankochen.** Grieß unter Rühren einstreuen und **3—5 Minuten quellen** lassen.
Eigelb mit Sahne verquirlen und unter den Grießbrei rühren.
Eiweiß steif schlagen und unterheben.
Guß auf das Obst füllen und von Anfang an mitbacken.

Biskuitguß für Obsttorten

2	**Eiweiß**
1 EL	**Wasser**
50 g	**Zucker**
1	**Vanillezucker**
2	**Eigelb**
40 g	**Mehl**

Eiweiß mit Wasser sehr steif schlagen. Zucker nach und nach unterrühren, bis die Masse cremig ist. Vanillezucker unterrühren.
Eigelb unterrühren, Mehl darüber sieben und unterheben.
Guß sofort auf das Obst füllen und von Anfang an mitbacken.

Mandelguß für Obsttorten

3	**Eiweiß**
80 g	**Zucker**
60 g	**geriebene Mandeln**
1 EL	**Rum**

Eiweiß steif schlagen, langsam Zucker einrieseln lassen und weiterschlagen.
Mandeln unterheben und Rum zufügen.
Guß vorsichtig auf das Obst streichen und im Backofen oder unter dem Grill leicht überbräunen.

Einsetzen in den Backofen:
Auf dem Rost, mittlere Einschubleiste.

Überbräunen:
200—225 °C 10—15 Minuten

Einsetzen unter den Grill:
Auf dem Rost, untere oder mittlere Einschubleiste.

Überbräunen: etwa 4—5 Minuten

Garen mit Hilfe der Zeitschaltautomatik

Die Zeitschaltautomatik am Elektroherd ist je nach Geräteausstattung eine Schaltuhr oder ein Zeitschalter, siehe Seite 26. Sie übernimmt nach vorgewählten Zeiten das Aus- bzw. Ein- und Ausschalten selbsttätig. Voraussetzung für den Einsatz der Zeitschaltautomatik ist eine Temperaturregelung bzw. eine automatische Leistungssteuerung, so daß die Wärmezufuhr selbsttätig reguliert wird.
Diese Voraussetzungen haben die Automatik-Kochstelle und der Backofen s. Kapitel „Elektroherd“ Seite 18.

Die Zeitschaltautomatik kann also für die Automatik-Kochstelle, den Backofen oder für beides gleichzeitig genutzt werden. Bei gleichzeitiger Nutzung müssen die Gerichte auf der Automatik-Kochstelle und die Gerichte im Backofen die gleiche Gardauer haben, da die Zeitschaltautomatik beides gleichzeitig ein- und ausschaltet.

Der Einsatz der Zeitschaltautomatik in Verbindung mit der **Automatik-Kochstelle** ist besonders bei Gerichten mit längerer Gardauer geeignet, wie Eintöpfe, Schmorgerichte oder Puddinge im Wasserbad.

Der Einsatz der Zeitschaltautomatik in Verbindung mit dem **Backofen** ist nicht nur für das Backen und Braten von Gerichten mit längerer Gardauer, sondern auch für das Garen kompletter Menüs geeignet.

Folgende Arbeitsschritte sind zu tätigen:

- Gerichte nach Rezeptangabe vorbereiten.
- Vorbereitete Gerichte auf die Automatik-Kochstelle oder/und in den Backofen stellen,
- Zeitschaltautomatik laut Gebrauchsanweisung des Herdherstellers in Betrieb setzen,
- Schalterknebel von Automatik-Kochstelle oder/und Backofen nach Angabe im Rezept und Tabelle „Einstellungsempfehlungen zu den in den Rezepten angegebenen Garvorgängen“, Seite 527, einstellen.
- Gegarte Gerichte von der Kochstelle und/oder aus dem Backofen nehmen und alle Bedienungselemente des Herdes wieder in die Ausgangsstellung bringen.

Der Einsatz der Zeitschaltautomatik bedeutet für den Benutzer:

- **zeitliche Unabhängigkeit,** denn Garzeitbeginn und Gardauer werden im voraus eingestellt
- **gedankliche Entlastung,** denn die Wärmezufuhr wird nach Ablauf der Gardauer selbsttätig ausgeschaltet.

Geschirrauswahl

- Für die Zubereitung auf der Automatik-Kochstelle sollte für den Elektroherd geeignetes Kochgeschirr benutzt werden.
- Für die Zubereitung im Backofen können fast alle Kochtöpfe, auch ältere mit unebenem Boden, benutzt werden. Die Griffe müssen bis mindestens 250 °C hitzebeständig sein.
- Beim Garen von Menüs im Backofen zuvor ausprobieren, ob alle Gefäße zusammen in den Backofen passen.
- Für den Backofen ist Geschirr aus Edelstahl, Keramik, Porzellan und Glas, in dem das Gericht gleich serviert werden kann, besonders geeignet.
- Das Kochgeschirr muß einen Deckel haben.

Vorbereiten der Gerichte

Da das Garen mit Hilfe der Zeitschaltautomatik in einigen Punkten vom gewohnten Garen auf der Kochstelle oder im Backofen abweicht, hier noch wichtige Hinweise zur Vorbereitung der Speisen:

Suppen und Soßen

Alle vorbereiteten Zutaten roh in den Kochtopf geben.
Für gebundene Suppen und Soßen das Fett — Butter oder Magarine — mit dem Bindemittel wie Mehl oder Grieß verkneten und kleine Klöße formen. Diese in die Flüssigkeit legen, von der sie bedeckt sein müssen. Im geschlossenen Gefäß auf die Automatik-Kochstelle oder in den Backofen stellen.
Nach dem Garen der Suppe oder Soße die Klößchen mit dem Schneebesen verrühren.

Fleischbraten

Fleisch waschen, abtrocknen, nur von unten würzen, damit es saftig bleibt und besser bräunt. Auf magere Braten Butter- oder Margarineflöckchen oder Speckstreifen geben.
Den Braten in ein Gefäß legen und 2—3 Eßlöffel Wasser zugeben. Vorbereitete Zwiebeln und Tomaten für die Soße in dicke Scheiben schneiden, neben das Fleisch legen. Gefäß ohne Abdeckung in den Backofen setzen.
Falls Bratensoße gewünscht wird, den Bratenfond mit abgegossenem Kartoffelwasser, Brühe oder Wasser auffüllen. Auf der Kochstelle aufkochen, mit angerührtem Mehl binden, Sahne zufügen und abschmecken.

Schmorgerichte

Schmorgerichte im Kochtopf auf der Kochstelle in heißem Fett anbraten, würzen und mit heißem Wasser ablöschen.
Mehl mit Butter oder Margarine verkneten, zu kleinen Klößchen formen und in die abgekühlte Flüssigkeit geben; sie müssen damit bedeckt sein.
Schmorgerichte im geschlossenen Gefäß auf die Automatik-Kochstelle oder in den Backofen stellen.

Fleisch in Soße

Fleisch und alle anderen Zutaten, es können auch gefrorene sein, in den Kochtopf geben.
Butter oder Margarine mit Mehl verkneten, zu kleinen Klößchen formen und in die Flüssigkeit geben; sie müssen damit bedeckt sein.
Im geschlossenen Gefäß auf die Automatik-Kochstelle oder in den Backofen stellen.
Die Soße nach dem Garen glattrühren und abschmecken, nach Belieben mit einem verrührten Eigelb legieren.

Geflügel

Vorbereitetes Geflügel — Hähnchen, Fasan, Ente — von innen würzen, nach Belieben füllen, zustecken und mit Speckstreifen belegen.
Das Geflügel ohne Flüssigkeitszugabe in ein flaches Gefäß ohne Abdeckung in den Backofen einsetzen.

Fisch

Fisch wie üblich säubern, säuern, salzen und in ein Gefäß oder auf eine Platte geben.
Für die Zubereitung im Backofen: Fisch zum Dünsten im geschlossenen Gefäß unten einsetzen, Fisch zum Braten im offenen Gefäß so hoch wie möglich einsetzen.
Fisch sollte nicht länger als 2 Stunden vor dem Garen in den Backofen gestellt werden, da er sonst verderben könnte.

Gemüse

Gemüse waschen, putzen, zerkleinern. Frisches Gemüse mit Salz, Gewürzen und 1/4 l Wasser ansetzen. Bei Verwendung von gefrorenem Gemüse reicht 1/8 l Wasser.
Mit nassem Butterbrotpapier abdecken, damit das Gemüse auch bei längerem Stehen die Farbe behält.
Gemüse im geschlossenem Gefäß auf die Automatik-Kochstelle oder in den Backofen stellen.
Butter oder Margarine erst nach dem Garen hinzufügen. Soll das Gemüse mit Speck zubereitet werden, Speckwürfel auslassen, Zwiebelwürfel darin dünsten und zu dem rohen Gemüse geben.

Kartoffeln

Geschälte Kartoffeln in gleichmäßig große Stücke schneiden, mit 1/4 l Wasser und Salz in den Kochtopf geben.
Da einige Stunden bis zum Kochbeginn vergehen können, die Kartoffeln mit nassem Butterbrotpapier abdecken, um ein Verfärben zu verhindern. Bei Pellkartoffeln entfällt das Abdecken. Kartoffeln im geschlossenen Gefäß auf die Automatik-Kochstelle oder in den Backofen stellen.
Nach dem Garen das Kartoffelwasser abgießen, die Kartoffeln abdämpfen.

Kompott

Kompott im geschlossenen Gefäß auf der Automatik-Kochstelle oder im Backofen garen. Obst, das leicht braun wird, wie Äpfel, Birnen und Pfirsiche, mit nassem Butterbrotpapier abdecken.

Aufläufe und Puddinge

Auflauf oder Pudding nach Rezeptangabe vorbereiten, dabei die Eier im ganzen verwenden, da sonst die Masse durch längeres Stehen dünn wird. Aufläufe im geschlossenen Gefäß in den Backofen stellen, sie bräunen sonst zu stark.
Pudding kann auf der Automatik-Kochstelle im Wasserbad oder im Backofen ohne Wasserbad gegart werden.

Gebäck

Geeignet sind Rühr-, Mürbe- und Hefeteige.
Geformten oder belegten Hefeteig vor dem Einsetzen in den Backofen nicht mehr gehen lassen.
Nach Ausschalten der Zeitschaltautomatik muß die Garprobe gemacht werden. Ist das Gebäck gar, sofort herausnehmen, da es sonst trocken wird.

Fertigmenüs

Gefrorene Fertigmenüs im Backofen auftauen und erwärmen.

Einsetzen der Gerichte in den Backofen

Entsprechend vorbereitete Speisen werden wie folgt in den Backofen gesetzt:

- Alle Gerichte, die kochen sollen —Gemüse, Kartoffeln, Suppen — werden nahe der Unterhitze eingesetzt, entweder direkt auf den Backofenboden oder auf einen daraufgelegten Rost. Suppen mit kurzer Gardauer oder fast garen Zutaten können bei Platzmangel auch oben in den Backofen eingesetzt werden.
- Alle Speisen, die gebräunt oder überbacken werden sollen oder eine kurze Gardauer haben — Braten, Aufläufe, Kompott usw. —, werden nahe der Oberhitze eingesetzt, entweder auf den in der Mitte eingesetzten Rost oder direkt auf einen darunterstehenden Kochtopf.
- Braten werden offen in flachen Gefäßen oder auf Porzellanplatten eingesetzt.
- Alle anderen Speisen werden in geschlossenen Gefäßen gegart.

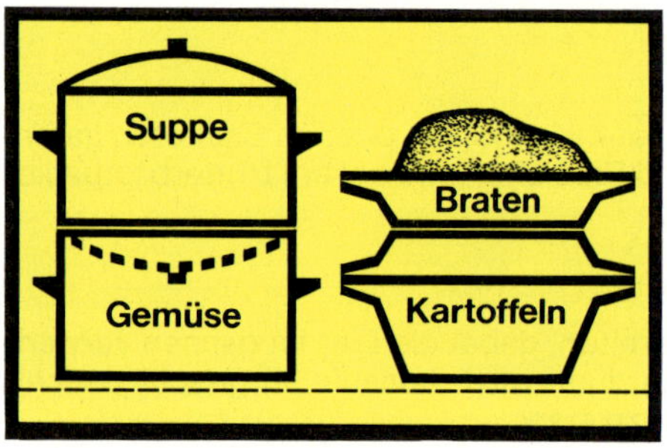

Bild 137: Das Einsetzen der Gerichte wird durch die Schemazeichnung veranschaulicht.

Einstellung

- Die Temperaturen beim Garen im Backofen liegen zwischen 200—225 °C. Dabei richtet sich die Temperaturwahl nach dem Gericht, das die höchste Temperatur verlangt, z. B. für Fleisch und Geflügel 225 °C, für Fisch und Menüs ohne Fleisch reichen 200 °C.
- Die Einstellung der Automatik-Kochstelle für die unterschiedlichen Garvorgänge sind der Tabelle „Einstellungsempfehlungen zu den in den Rezepten angegebenen Garvorgängen", Seite 527, zu entnehmen.

Gardauer

- Die Gardauer für die Gerichte, die auf der Automatik-Kochstelle zubereitet werden, ist in den einzelnen Rezepten angegeben.
- Die Gardauer für das Garen im Backofen weicht erheblich von der auf der Kochstelle ab. Der Kochpunkt für Kartoffeln und Gemüse wird auf der Kochstelle schon nach etwa 5 Minuten erreicht, im Backofen dagegen, durch die andere Art der Wärmeübertragung, nach 40 Minuten und bei Suppen erst nach etwa 60 Minuten. Die Gardauer für Menüs, die im Backofen gegart werden, sind den Menüvorschlägen Seite 461 ff. zu entnehmen.

Menüvorschläge für das Garen im Backofen

Es folgen Menüvorschläge, die sich besonders bewährt haben. Die Angaben für Gardauer und Temperatur beziehen sich auf Mengen für etwa 4 Personen.
Natürlich können Fleisch, Gemüse, Kompott und andere Speisen nach Belieben und der Jahreszeit entsprechend kombiniert werden. Manches läßt sich auch für den Abend oder den nächsten Tag mitgaren, z. B. Kartoffeln für Salat oder Bratkartoffeln oder Gemüse für Salat oder ein Kompott.

Was ist zu beachten?

- Die Gardauer eines Menüs richtet sich nach der Speise mit der längsten Gardauer. Kartoffeln und Gemüse zerfallen im Backofen nicht, wenn sie etwas länger als nötig gegart werden.
- Unterschiedliche Gardauer der gleichzeitig eingesetzten Speisen kann durch grobes oder feines Zerkleinern von Gemüse oder Kartoffeln angeglichen werden.
- Trotzdem sollte bei der Zusammenstellung eines Menüs darauf geachtet werden, daß die Speisen eine annähernd gleiche Gardauer benötigen.
- Beim Garen im Backofen mit Umluft ist die Gebrauchsanweisung des Herstellers zu beachten.
- Es empfiehlt sich, die Nachwärme von etwa 15 Minuten bei der Gardauer mit zu berücksichtigen.
  Gerichte, die nach Beendigung des Garvorganges nicht sofort aus dem Backofen genommen werden können, bleiben noch für einige Zeit in der Nachwärme heiß.

Menü 1 — Eisbein, Sauerkraut, Erbspüree, Salzkartoffeln

unten einsetzen:

Kartoffeln mit Salz und 3/8 l Waser, mit nassem Butterbrotpapier abgedeckt, im geschlossenen Gefäß garen.

Eisbein: 1—1,5 kg gepökelte Eisbeine mit 3/4—1 l Wasser, 1 Zwiebel, 1 Lorbeerblatt, 5 Piment- und 3 Pfefferkörnern im geschlossenen Gefäß garen.

oben einsetzen:

Erbspüree: 250 g geschälte gelbe Erbsen mit 3/4 l Wasser, Salz und 1 EL Fett im geschlossenen Gefäß garen.
Vor dem Anrichten glattrühren und nach Belieben mit Röstzwiebeln bestreuen.

Sauerkraut, Rezept Seite 132
mit 3/4 l Wasser im geschlossenen Gefäß garen.

Temperatur: 225 °C, Gardauer: 120—150 Minuten

Menü 2

Schweine-Rollbraten, Rotkohl oder Erbsen und Möhren, Salzkartoffeln, Obstmichel

unten einsetzen:

Kartoffeln mit Salz und $^{1}/_{4}$ l Wasser, mit nassem Butterbrotpapier abgedeckt, im geschlossenen Gefäß garen.

Rotkohl oder **Erbsen und Möhren,** Rezepte Seite 132 und 135, mit $^{1}/_{4}$ l Wasser im geschlossenen Gefäß garen.

oben einsetzen:

Schweine-Rollbraten, Rezept Seite 238
mit 2—3 EL Wasser, Zwiebel- und Tomatenwürfeln im flachen Gefäß ohne Deckel garen.

Obstmichel, Rezept Seite 296
$^{1}/_{2}$ Rezeptmenge mit 1 ganzen Ei bereiten und im geschlossenen Gefäß garen.

Temperatur: 225 °C, Gardauer: 75—90 Minuten

Menü 3

Kasseler, Ananaskraut, Salzkartoffeln, Quarkauflauf mit Obst

unten einsetzen:

Kartoffeln mit Salz und $^{1}/_{4}$ l Wasser, mit nassem Butterbrotpapier abgedeckt, im geschlossenen Gefäß garen.

Ananaskraut, Rezept Seite 132 mit $^{1}/_{4}$ l Wasser im geschlossenen Gefäß garen.

oben einsetzen:

Kasseler, Rezept Seite 238
mit 2—3 EL Wasser, Zwiebel- und Tomatenwürfeln im flachen Gefäß ohne Deckel garen.

Quarkauflauf mit Obst, Rezept Seite 295
$^{1}/_{2}$ Rezeptmenge im geschlossenen Gefäß garen.
Mit Vanillesoße reichen.

Temperatur: 225 °C, Gardauer: 75—90 Minuten

Menü 4

Selleriecremesuppe, Nudelauflauf mit Schinken, Bratäpfel

unten einsetzen:

Selleriecremesuppe, Rezept Seite 57
40 g Butter oder Margarine mit 40 g Mehl verkneten, zu einem Kloß formen, in die Flüssigkeit geben, mit Gemüse und Gewürzen im geschlossenen Gefäß garen.
Im Mixer pürieren oder durch ein Sieb streichen.

Bratäpfel: 4—6 ungeschälte Äpfel waschen, Kerngehäuse ausstechen, mit Sultaninen, gehackten Mandeln und Konfitüre füllen. Butter in Flöckchen darauf verteilen und mit 3—4 EL Weißwein oder Wasser im offenen Gefäß garen.

oben einsetzen:

Nudelauflauf, Rezept Seite 291
im geschlossenen Gefäß garen.

Temperatur: 200 °C, Gardauer: 60—75 Minuten

Menü 5

Tomaten- oder Blumenkohlsuppe, Falscher Hase, Möhren oder grüne Bohnen, Salzkartoffeln, Apfelreis

unten einsetzen:

Kartoffeln mit Salz und 1/4 l Wasser, mit nassem Butterbrotpapier abgedeckt, im geschlossenen Gefäß garen.

Möhren oder **grüne Bohnen,** Rezepte Seite 134
mit 1/4 l Wasser im geschlossenen Gefäß garen.

Apfelreis, Rezept Seite 124
1/2 Rezeptmenge im geschlossenen Gefäß garen.

oben einsetzen:

Falscher Hase, Rezept Seite 234
im flachen Gefäß ohne Deckel garen.

Tomaten- oder **Blumenkohlsuppe,** Rezepte Seite 56 und 57
40 g Butter oder Margarine und 40 g Mehl verkneten, zu einem Kloß formen, in die Flüssigkeit geben und im geschlossenen Gefäß garen.

Temperatur: 225 °C, Gardauer: 75—90 Minuten

Bild 138: Menü 3, Rezept Seite 462, wird im Backofen in einem Arbeitsgang bereitet: Das Ananaskraut und die Kartoffeln werden unten eingesetzt, darüber kommen das Kasseler und der Quarkauflauf mit Obst.

Garen mit Mikrowellen

Neben den Garverfahren auf der Kochstelle, im Backofen und mit dem Grill wird zunehmend die Wärmebehandlung von Lebensmitteln durch Mikrowellen angewandt. Hierbei wird nicht nur an der Oberfläche, sondern gleichzeitig im Inneren des Gargutes Wärme erzeugt, die für Auftau-, Erwärmungs- und Garvorgänge genutzt wird. Durch diese Art der Wärmebehandlung können bei kleineren und mittleren Mengen kürzere Zubereitungszeiten und ein geringerer Stromverbrauch erzielt werden.

Mikrowellen sind ebenso wie Wärmestrahlen (Strahlungsgrill) elektromagnetische Wellen.

Beim Zusammentreffen mit bestimmten Stoffen haben Mikrowellen folgende Wirkungen, die für die küchentechnische Anwendung von Bedeutung sind:

- Von Lebensmitteln werden Mikrowellen **absorbiert.** Lebensmittel enthalten nämlich Bausteine, die auf Mikrowellen mit kleinen, raschen Bewegungen reagieren und dabei Mikrowellenenergie in Wärme umwandeln.
  Die Mikrowellen schwächen sich zwar dabei ab, dringen aber dennoch in das Innere des Lebensmittels vor. So entsteht die Wärme gleichzeitig in den äußeren und den tiefer liegenden Schichten des Lebensmittels. Die Intensität der Wärmeentwicklung im gesamten Gargut ist abhängig von z. B. Beschaffenheit, Temperatur, Dicke und Menge des Lebensmittels.

- Mikrowellen **durchdringen** Glas, Porzellan, Steingut, Keramik, Pappe, Papier und Kunststoff (s. Geschirrtabelle S. 469). Deshalb können die Speisen direkt im Serviergeschirr zubereitet werden.

- Treffen Mikrowellen auf Metalle, so werden sie **reflektiert.** Lebensmittel, die sich in Metallgefäßen befinden, werden demnach nicht von Mikrowellen erreicht, so daß dieser Werkstoff für die Verwendung als Geschirr ungeeignet ist.

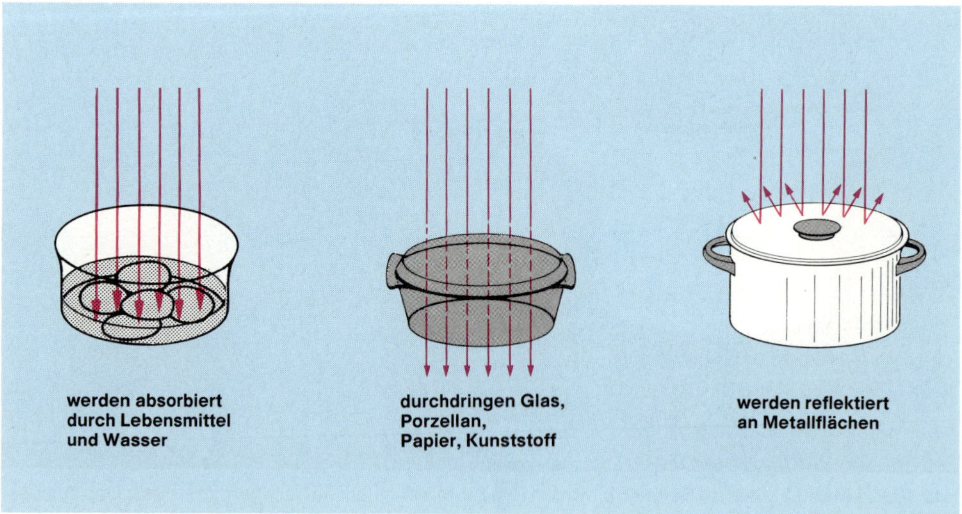

Bild 139: Wirkungen der Mikrowellen.

Mikrowellengerät

Das wichtigste Bauteil des Mikrowellengerätes ist das **Magnetron,** ein Sender, der ähnlich wie bei Rundfunk- und Fernsehgeräten, die elektromagnetischen Wellen erzeugt und aussendet. Diese werden entweder direkt oder über einen **Hohlleiter** zum Garraum geführt, in den sie durch eine Öffnung (Einkopplung) eintreten.

Der **Garraum** besteht vollkommen aus metallischen Wänden, die zur leichten Reinigung mit Kunststoff, Emaille oder Lack überzogen sein können.
Die **Garraumtür** hat ein mehrschichtiges Sichtfenster, welches mit einem Drahtgitter oder einem Lochblech versehen ist. Somit wird eine Reflexion der auftretenden Mikrowellen erzielt und ihr Austritt aus dem Gerät verhindert.

Der gleichmäßige Einfluß der Mikrowellen wird durch **Reflektorflügel,** rotierende **Antennen** oder **Drehteller** erreicht.

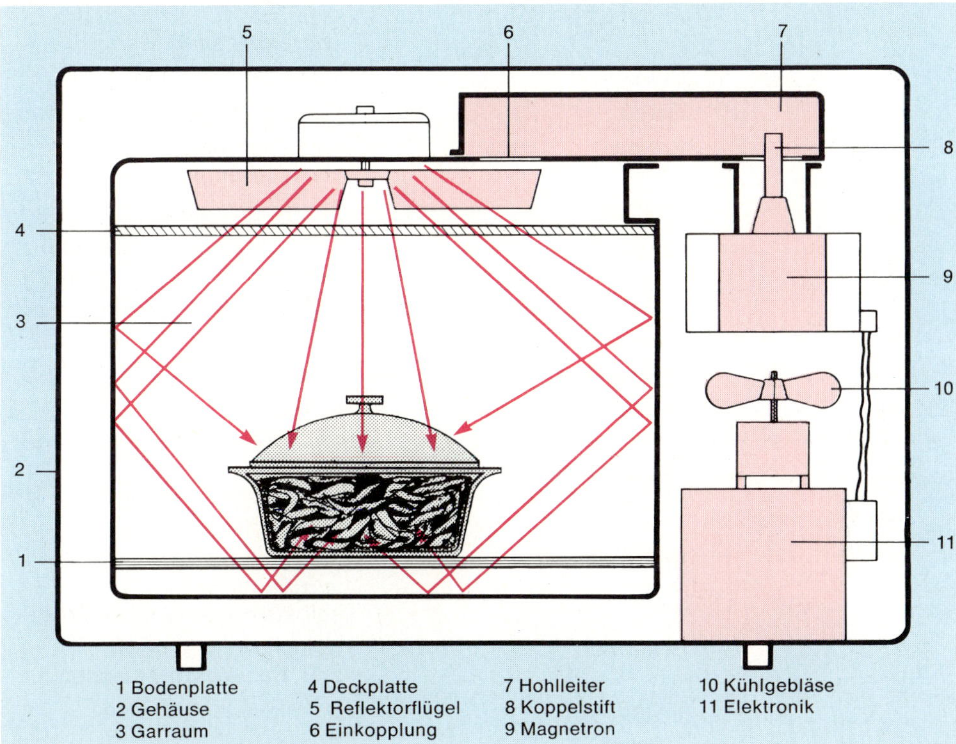

Bild 140: Mikrowellengerät (Schnittbild).

Das Angebot von Mikrowellengeräten für den Haushalt ist vielfältig:

- **Mikrowellengeräte** für den Solobetrieb
- **Mikrowellen-Kombinationsgeräte**

Sie unterscheiden sich dadurch, daß die Kombinationsgeräte zusätzlich mit Ober- und Unterhitze und/oder Umluft und/oder Grill ausgestattet sind. Mikrowellenteil und Beheizungsmöglichkeiten lassen sich einzeln oder kombiniert in Betrieb nehmen. Die Vorteile der Mikrowellenanwendung erhöhen sich dadurch um das Backen, Braten und Grillen.

Mikrowellengeräte können auf einer Arbeitsplatte frei aufgestellt werden und sind dadurch ortsveränderlich, was universelle Einsatzmöglichkeiten gestattet. Einige Geräte können auch mit einer Halterung an der Wand oder unter einem Oberschrank befestigt werden. Ferner können sie in einen Hochschrank in Sichthöhe oder in einen Oberschrank mit 33 cm Tiefe oder unter der Arbeitsfläche eingebaut werden.

Verschiedene Leistungsstufen und ihre Anwendungen bei Geräten mit unterschiedlicher Ausgangsleistung

Ausgangsleistung 780 W ↔ 500 W	Anwendungen	Beispiele
780 ↔ 500	**geeignet zum schnellen**	
	Ankochen	Eintöpfe, Suppen, Soßen
	Andünsten	Gemüse, Getreideerzeugnisse
	Dünsten	Fisch, Gemüse, Obst
	Garen	Eintöpfe, Suppen, Beilagen
	Braten	einzelne Fleisch- und Hackfleischgerichte
	Erhitzen	Getränke, Suppen
	Erwärmen	Tellergerichte, vorgefertigte Speisen
	Auflösen	Gelatine
	Auslassen	Speck
	Überbacken	Toast
	Schmelzen	Butter
480 ↔ 300	**geeignet zum schonenden**	
	Braten	vornehmlich größere Fleischstücke
	Erhitzen	größere Mengen vorgefertigter und selbsteingefrorener Gerichte
	Erwärmen	empfindliche Speisen z. B. Babykost in Flaschen
	Schmelzen	Schokolade, Glasuren
	Stocken	Eierstich
240 ↔ 150	**geeignet zum schnellen**	
	Auftauen	Fleisch, Geflügel, Brot, Obst
	Fortkochen	Eintöpfe, Reis, Grieß
120 ↔ 60	**geeignet zum schonenden**	
	Auftauen	empfindliche Speisen, z. B. Butter, Quark, Käse oder kleine Fleischportionen
	Fortkochen	kleine Mengen bis 750 g

Die **Eingangsleistung** bei den meisten Mikrowellengeräten liegt zwischen 1000 und 1400 Watt. Die **Ausgangsleistung,** d. h. die maximale Leistung für die Anwendungen im Garraum, liegt zwischen 500 und 780 Watt.

Entscheidend für ein gutes Ergebnis bei den verschiedenen Anwendungen ist die richtige Wahl von Leistung und Dauer, abhängig von Gargut und Garvorgang.

Die Wahl der **Leistung** erfolgt über zwei bis neun Leistungsstufen mit fest vorgegebener Leistung für das Erwärmen, Garen, Auftauen und Fortkochen oder über die stufenlose Leistungseinstellung von 10 bis 100 % der maximalen Ausgangsleistung.

Die Wahl der **Einschaltdauer** erfolgt über einen Zeitschalter, der bis zu 100 Minuten einstellbar ist.

Leistungs- und Zeitschalter müssen beide für den Betrieb betätigt werden.
Dies geschieht über Drucktasten, Dreh- oder Schiebeschalter, Kurzhub- oder Sensortasten. Mit der **Starttaste** wird das Gerät eingeschaltet. Betriebsanzeigen geben optisch den Betriebszustand des Gerätes an. Nach Beendigung des Vorganges ertönt ein akustisches Signal.

Zusatzeinrichtungen

Durch die Ausstattung der Mikrowellengeräte mit folgenden Zusatzeinrichtungen entfällt die Einstellung von Leistung und Einschaltdauer.

Bei Geräten mit **Programmautomatik** können die Betriebsarten Auftauen, Garen und Erwärmen mit einem Programmwähler eingegeben werden. Ferner lassen sich mehrere Leistungs-/Zeitkombinationen vorwählen, die automatisch nacheinander ablaufen, z. B.:

Auftauen:	kleine Leistung,	längere Dauer
Ankochen:	hohe Leistung,	kurze Dauer
Fortkochen:	mittlere Leistung,	längere Dauer

Sind die Geräte mit einer **Gewichtsautomatik** ausgestattet, muß zusätzlich zu den Betriebsarten Auftauen und Garen das jeweilige Gewicht des Lebensmittels eingegeben werden. Nach Bedienen der Starttaste ermittelt ein elektronisches Bauteil die erforderliche Auftau- und Gardauer, die in der Digitalanzeige erscheint.

Bei der **Temperaturwahl** läßt sich die gewünschte Kerntemperatur im Lebensmittel wählen. Für den Garvorgang wird das **Speisenthermometer** mit seinem spießförmigen Temperaturfühler, über eine Steckvorrichtung mit dem Gerät verbunden. Sobald der Tempe-

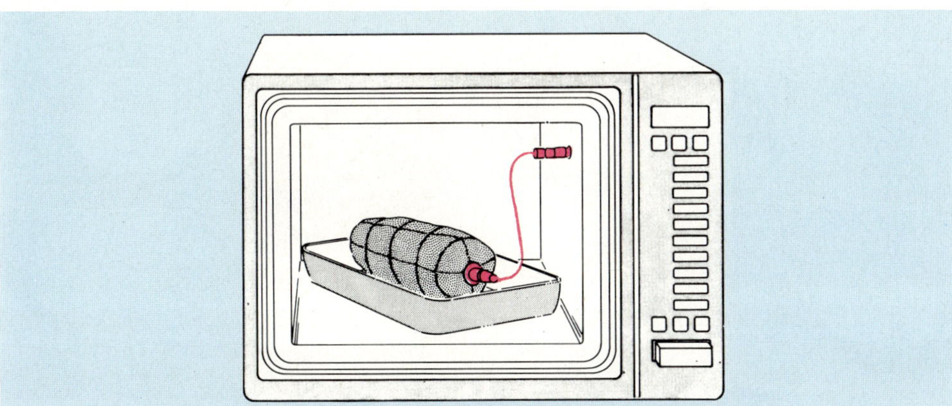

Bild 141: Ein mit einem Speisenthermometer ausgestattetes Mikrowellengerät.

raturfühler in das Lebensmittel eingesteckt wird, mißt er dessen Temperatur. Stimmt diese mit der eingestellten Temperatur überein, schaltet das Gerät aus oder auf Warmhalten um.
Das Speisenthermometer eignet sich besonders beim Erwärmen von Babykost, Getränken und Suppen sowie bei der Zubereitung von Fleisch.

Ist im Garraum des Mikrowellengerätes ein **Feuchtigkeitsfühler** vorhanden, wird der Dampf, der von den Speisen während des Erwärmens ausgeht, erfaßt und analysiert. Bei Erreichen eines bestimmten Luftfeuchtigkeitswertes ermittelt ein elektronisches Bauteil die erforderliche Leistung und Dauer.

Sonderzubehör

Spezielles **Bräunungsgeschirr** ermöglicht einen Bräunungseffekt bei kleinen Fleischportionen. Dieses Glaskeramikgeschirr, dessen Boden eine Spezialbeschichtung aus Zinkoxyd aufweist, kann Mikrowellen absorbieren und in Wärme umwandeln. Dafür muß das leere Bräunungsgeschirr bis zu 8 Minuten im Gerät vorgeheizt werden. Die Bräunung des Gargutes erfolgt anschließend durch Kontaktwärme.

Geschirr

Aus den genannten Eigenschaften der Mikrowellen lassen sich allgemeine Regeln für die Auswahl von Kochgeschirr im Mikrowellengerät ableiten.

Geeignet sind Gefäße und Behälter, deren Material von Mikrowellen

- fast verlustlos durchdrungen wird, das sich also nicht oder nur wenig erwärmt, z. B. Glas, Porzellan, Keramik, Pappe, Papier, hitzebeständiger Kunststoff.

Werkstoffe, die einen Teil der Mikrowellenenergie aufnehmen und sich dadurch selbst erhitzen, sind ungeeignet. Es kommt zu einer Verlängerung der Gardauer.

Bild 142: Geschirrauswahl für das Mikrowellengerät; von links nach rechts: hitzebeständiges Glas, Porzellan, Keramik, spezielles Kunststoffgeschirr für das Mikrowellengerät.

Geschirreignung für das Mikrowellengerät

Geschirr	Solobetrieb: Auftauen	Solobetrieb: Erwärmen	Solobetrieb: Garen	Kombinierter Betrieb: Backen, Braten, Grillen	Anmerkungen
Für die Anwendungen wird empfohlen:		Speisen abdecken	Speisen abdecken, hitzebeständige Geschirre verwenden	Angaben der Gerätehersteller beachten	
Glas	●	●	●	●	Ohne Gold- und Silberrand oder -glasur. Ohne Metalleinschlüsse, wie z. B. Bleikristall, Jenaer 2000.
Porzellan	●	●	●	●	Ohne Gold- und Silberrand oder -glasur. Bei farbigen Dekoren Geschirrtest durchführen.
Glaskeramik	●	●	●	●	Geschirr trägt z. T. die Aufschrift „mikrowellengeeignet".
Keramik, Steingut	●	●	●	●	Geschirrtest durchführen, wenn nicht die Aufschrift „mikrowellengeeignet" aufgebracht ist.
Ton glasiert	●	●	●	●	Rundum glasiert, ohne angerauhte Flächen, Geschirrtest wird empfohlen.
unglasiert (Römertopf)	—	○	○	○	Vor Einsatz Geschirr 10 Minuten in Wasser legen. Während des Garvorganges kein kaltes Wasser zugießen; Geschirr könnte springen.
Kunststoffgeschirr					Kein Melamin- und Ornamin-Kunststoffgeschirr verwenden. Temperaturbeständigkeit beachten.
ohne Kennzeichnung	○	○	○	—	Geschirrtest durchführen.
hitzebeständig bis 95° C	●	○	—	—	Fetthaltige Speisen können bei diesem Geschirr zu Verformungen führen.
hitzebeständig von 140° C bis 200° C	●	●	●	○	Oft mit Vermerk „mikrowellengeeignet" versehen.
Kunststoffolien Mikrowellenfolie	●	●	●	—	temperaturbeständig bis 140° C
Frischhaltefolien	●	○	○	—	Beim Erwärmen oder Garen Folie nicht direkt mit der Speise in Kontakt bringen, sondern zum Abdecken verwenden und einstechen.
Gefrierbeutel	○	—	—	—	
Pappe, Papier, Pergament	○	○	—	—	Bei fetthaltigen Speisen besteht die Gefahr des Überhitzens.
Metall					Speisen dürfen nicht vollständig von Metall umschlossen sein.
Alufolie	○	○	○	—	Zum Abdecken empfindlicher Teile: z. B. Flossen, Flügel.
Aluschalen	○	○	○	●	Flache geöffnete Aluschalen von Tiefkühl- und Fertiggerichten.
Backformen	—	—	—	○	Form darf Innenwände des Gerätes nicht berühren, da dann Gefahr der Funkenbildung.
emaillierter Stahl, Edelstahl	—	—	—	—	Einschaltzeiten zu lange.

● empfohlenes Geschirr ○ bedingt geeignetes Geschirr — nicht geeignetes Geschirr

Die Eignung von Werkstoffen im Mikrowellengerät kann durch einen Geschirrtest ermittelt werden: das leere Geschirr bei höchster Einstellung etwa 20 Sekunden in das Gerät stellen. Das Geschirr sollte beim Herausnehmen kalt sein.

Eine gewisse Erwärmung des Kochgeschirrs kann durch die Abwärme des Lebensmittels entstehen, die an das Geschirr übertragen wird. Dieser Nebeneffekt hält die Speisen länger auf Eßtemperatur.

Ungeeignet sind Geschirre aus Metall, z. B. Kupfer, Aluminium, Emaille oder Gußeisen sowie mit metallischem Dekor, z. B. Gold-, Silber- oder Platinrand. Lebensmittel werden in Metallgefäßen nicht von Mikrowellen erreicht, und Metalldekore können Spannungsüberschläge hervorrufen und schmelzen.

Neben der Materialauswahl sind für ein gutes Zubereitungsergebnis Größe und Form des Geschirrs entscheidend. Das Fassungsvermögen sollte so gewählt werden, daß das Geschirr zu ca. 2/3 gefüllt ist. Flache runde oder ovale Formen ermöglichen ein besseres Eindringen der Mikrowellen als hohe mit geringem Durchmesser. Eine Ausnahme ergibt sich beim Erhitzen von Flüssigkeiten.

Vorteile der Nutzung des Mikrowellengerätes

Durch die Erzeugung der Wärme direkt im Gargut ergeben sich positive Veränderungen in ernährungsphysiologischer Hinsicht sowie im Arbeitszeitbedarf und Stromverbrauch.

Ernährungsphysiologisch vorteilhaft durch:

- weitgehenden Erhalt von Vitaminen und Mineralstoffen bei kurzen Gar- und Erwärmungsprozessen
- Garen ohne zusätzliche Fett- und Wasserzugabe
- Erhalt von Farbe, Geruch, Konsistenz und Eigengeschmack
- gezielte Zubereitung zum Zeitpunkt des Bedarfs

Geringerer Arbeitszeitbedarf durch:

- geringen Geschirraufwand
- kurze Zubereitungsdauer
- geringen Reinigungsaufwand

Geringer Stromverbrauch durch:

- kurze Zubereitungsdauer
- Fortfall von Warmhaltezeiten bei unterschiedlichen Essenszeiten.

10 Regeln für die richtige Nutzung des Mikrowellengerätes

1. Vor Inbetriebnahme des Mikrowellengerätes die Gebrauchsanweisung lesen.

   So werden Fehler vermieden und die Sicherheit im Umgang mit dem Gerät wird vermittelt.

2. Für die Zubereitung der Speisen nur mikrowellengeeignetes Kochgeschirr verwenden.

   So werden die Lebensmittel von Mikrowellen erreicht.

3. Fast alle Speisen abgedeckt in das Gerät stellen.

   So wird ein Austrocknen der Lebensmittel und eine Verschmutzung des Garraumes verhindert.

4. Die Einschaltdauer abhängig von der Menge wählen: doppelte Menge — fast doppelte Gardauer, halbe Menge — fast halbe Gardauer.

   So wird ein Überhitzen der Speisen vermieden.

5. Die Einschaltdauer — insbesondere beim Auftauen — knapp bemessen.

   So kann der Wärmeausgleich innerhalb der Lebensmittel genutzt werden.

6. Die Leistungseinstellung den Lebensmitteln und der Zubereitungsart anpassen.

   So werden die Lebensmittel richtig und schonend gegart.

7. Bei größeren Mengen die Speisen zwischendurch umrühren oder wenden.

   So wird die Wärme gleichmäßig verteilt.

8. Lebensmittel mit fester Schale oder Haut wie Äpfel, Würstchen usw. (keine Eier) vorher mit der Gabel einstechen.

   So kann die Schale während des Garens nicht platzen, und der Garraum bleibt sauber.

9. Möglichst Speisen in gleicher Konsistenz und Dicke zubereiten.

   So werden die günstigsten Zubereitungszeiten und Ergebnisse erzielt.

10. Gerät nur einschalten, wenn sich Speisen im Garraum befinden.

    So wird das Gerät geschützt und seine Nutzungsdauer erhöht.

Auftauen im Mikrowellengerät

Das Auftauen von Lebensmitteln im Mikrowellengerät ist schnell und schonend. Das Lebensmittel wird ohne Flüssigkeitszugabe aufgetaut. Vitamine und Nährstoffe, ebenso Farbe und Geschmack bleiben weitgehend erhalten.

Praktische Hinweise

- Lebensmittel möglichst flach verpackt einfrieren. Keine zu großen Portionen einfrieren. Mehrere kleine, flache Portionen sind schneller und gleichmäßiger aufgetaut als eine große Portion.
- Empfindliche, dünne Teile von Lebensmitteln (z. B. Keulen und Flügel von Hähnchen, Flossen von ganzen Fischen) mit Alufolie umwickeln. Die Folie schirmt die Mikrowellenenergie ab, so daß ein stellenweises Angaren verhindert wird. Nach der Hälfte der Auftaudauer Folie entfernen.
- Feste, kompakte Lebensmittel während des Auftauens einmal wenden, flüssige Speisen ein- bis zweimal umrühren. Das Auftauergebnis ist gleichmäßiger.
- Fleisch oder Geflügel auf eine umgedrehte Untertasse oder einen Spezialrost in ein Gefäß legen. Der austretende Fleischsaft kann ablaufen und erwärmt das Lebensmittel nicht.
- Empfindliche Lebensmittel (z. B. Sahne, Käse, Butter) im Mikrowellengerät nur antauen und bei Raumtemperatur vollständig auftauen.
- Sahne im angetauten Zustand schlagen.
- Fertiggerichte 1—2 Minuten in der Verpackung antauen, im Serviergeschirr auftauen und garen. Keine geschlossenen Aluminiumbehälter ins Gerät stellen.

Auftau-Tabelle

Lebensmittel	Menge	Leistung in Watt	Dauer in Minuten	Ausgleichs-dauer ohne Energiezufuhr
Fleisch und Wurst				
Fleisch	500 g	180	14—18	5—10
Schnitzel, Steak, Kotelett	250 g	180	5— 8	5—10
Gulasch	500 g	180	12—15	5—10
Hackfleisch	250 g	180	6—10	5—10
Innereien (wie Leber, Nieren)	250 g	180	5— 6	5—10
Brat- und Bockwurst	250 g	180	5— 7	5—10
Geflügel und Wild				
Hähnchen	1000 g	180	30—35	10
Huhn, Poularde	1400 g	180	40—45	10—15
Ente	2000 g	180	45—50	10
Geflügelteile	500 g	180	12—18	5—10
Hasenrücken/Hasenkeulen	600 g	180	12—18	10—15
Reh, Hirsch und Wildschweinrücken	1000 g	180	20—25	15—20
Wildgeflügel (wie Fasan, Rebhühner)	1000 g	180	15—20	20—25

Auftau-Tabelle (Fortsetzung)

Lebensmittel	Menge	Leistung in Watt	Dauer in Minuten	Ausgleichsdauer ohne Energiezufuhr
Fisch				
Krabben, Shrimps	250 g	180	6— 9	5—10
Forelle	300 g	180	8—10	5—10
Fischfilet	400 g	180	12—14	5
Fisch im Ganzen	500 g	180	12—14	10
Obst und Gemüse				
Beerenobst	250 g	180	5— 8	5—10
Steinobst	250 g	180	8—12	5—10
Paprika, Tomaten, Gurken	250 g	180	7—10	5
Kohlgemüse	250 g	180	6— 8	5—10
Bohnen, Erbsen	250 g	180	5— 7	5—10
Milchprodukte				
Schlagsahne	$^1/_4$ l	90	7— 9	2— 4
Butter	250 g	90	10—12	5— 8
Quark	250 g	180	8—10	5—10
Käse	250 g	90	6— 8	10—15
Kuchen, Gebäck und Brot				
Brötchen, 2 Stück	100 g	180	$^3/_4$— 1	3
Weißbrot	500 g	180	7—10	5— 7
Vollkorn- und Graubrot	500 g	180	8—10	8—10
Creme- oder Sahnetorte	1 Stück	90	2— 3$^1/_2$	8—12
Torte im Ganzen	1200 g	90	10—12	2— 3 Std.
Obst- und Käsekuchen	1 Stück	180	3— 4	3— 8
Sandkuchen	1 Stück	180	1— 2	1— 2
	500 g	180	5— 7	5—10

Hinweise zur Auftautabelle

Nach Ausschalten des Gerätes steigt die Kerntemperatur der Lebensmittel noch etwas an. Diese Zeit wird als Ausgleichs- oder Stehdauer bezeichnet. Sie ist in der Tabelle angegeben.

Die Auftaudauer ist von der Menge, der Größe, der Beschaffenheit und der Zusammensetzung der Lebensmittel abhängig. Die in der Tabelle angegebene Dauer ist ein Richtwert. Abweichungen nach oben oder unten sind möglich.

Lebensmittel wie Gemüse oder Fisch können in einem Arbeitsgang aufgetaut und gegart werden. Hierbei kann häufig mit der höchsten Einstellung für Auftauen/Garen gearbeitet werden. In den Rezepten sind die günstigsten Leistungseinstellungen angegeben.

Schnelle Tips und Anregungen

Die Einschaltdauer bezieht sich auf Mikrowellengeräte mit 600 Watt Ausgangsleistung.

Gemüse blanchieren

500 g gewaschenes, zerkleinertes Gemüse mit 4—5 EL Wasser im geschlossenen Gefäß 4—7 Minuten erhitzen. Zwischendurch 1—2mal umrühren. Mit kaltem Wasser abkühlen.

Karamel herstellen

50 g Zucker und 1 EL Wasser in einem hitzebeständigen Gefäß vermischen, 2—3 Minuten erhitzen. Zwischendurch den Bräunungsgrad prüfen.

Kräuter trocknen

Ein Bund gewaschene Kräuter zerkleinern. Zwischen Haushaltspapier flach verteilen, 2—4 Minuten trocknen. Zwischendurch den Trocknungsgrad kontrollieren.

Lebensmittel rösten

Zutaten flach verteilt auf einen Teller geben. Während der Röstdauer 1—2mal wenden bzw. umrühren.

75 g Kokosraspel	1—1½ Minuten
25 g Mandelstifte	3—4 Minuten

Lebensmittel schmelzen/auflösen

100 g Kuchenglasur	45 Sekunden
100 g Butter	1 Minute
100 g Schokolade in Stücken	1—1½ Minuten
1 Päckchen gemahlene Gelatine, gequollen	25—30 Sekunden
6 Blatt Gelatine, eingeweicht	12 Sekunden

Mandeln häuten

50 g Mandeln mit Wasser bedeckt in einem tiefen Teller in 2 Minuten aufkochen. Etwa 2—3 Minuten stehen lassen. Haut von den Mandeln abziehen.

Marmelade herstellen

250 g fein zerkleinerte, eventuell pürierte Früchte mit 250 g Gelierzucker verrühren, in 6—9 Minuten aufkochen, zwischendurch umrühren. Heiß in saubere Gläser füllen und verschließen.

Pellkartoffeln garen

250 g gewaschene, gleich große Kartoffeln anstechen und zwischen Haushaltspapier oder im geschlossenen Gefäß 4—5 Minuten garen.

Popcorn herstellen

40 g getrocknete Maiskörner mit 1 EL Wasser in einem hohen, breiten Gefäß in 8—11 Minuten aufspringen lassen. Mit Puderzucker oder Gewürzen bestäuben.

Speck rösten

50 g Speckscheiben oder -würfel zwischen Haushaltspapier legen, 2½—3 Minuten garen. Zwischendurch den Garzustand kontrollieren.

Teller erwärmen

4 Teller zusammen mit einer Schale mit etwas Wasser 3—4 Minuten erhitzen.

10 Punkte zur Erläuterung des Rezeptteils

1. Wenn nicht anders angegeben, sind die aufgeführten Rezepte jeweils für **4 Portionen** berechnet.

2. Die Leistungseinstellung ist auf die Zubereitung der Rezepte abzustimmen.

   Die Gardauer der Rezepte für das Mikrowellengerät bezieht sich auf eine **Ausgangsleistung von 600 Watt.** Bei Geräten mit niedrigerer (500 Watt) oder höherer (780 Watt) Ausgangsleistung verändert sich die Gardauer um 1—2 Minuten nach oben bzw. unten.

3. Bei Geschirren ohne passenden Deckel können Teller und Abdeckhauben zum Abdecken verwendet werden.

4. Lebensmittel mit festen Schalen vor dem Garen einstechen, damit diese durch Dampfbildung während des Garens nicht aufplatzen.

5. Lebensmittel mit Kühlschranktemperatur haben eine längere Gardauer als solche mit Zimmertemperatur. Die hier angegebenen Zeiten basieren auf Zimmertemperaturen.

6. Ein gleichmäßiges Ergebnis wird erreicht durch:
   - Verwendung von Lebensmitteln gleicher Größe und Struktur
   - flaches Einfüllen der Speisen
   - Umrühren bzw. Wenden der Lebensmittel während des Garens.

7. Speisen mit hohem Fett- oder Zuckeranteil bräunen schneller und erreichen höhere Temperaturen als solche mit hohem Wasseranteil.

8. Nach dem Ausschalten des Gerätes garen die Speisen noch etwas nach, es findet ein Wärmeausgleich statt. Die sogenannte Ausgleichs- oder Stehdauer beträgt etwa 10 % der Gesamtgardauer.

9. Bei Mengenveränderungen in den Rezepten ist eine einfache Faustregel anzuwenden:

   doppelte Menge — fast doppelte Dauer
   halbe Menge — fast halbe Dauer

10. Viele herkömmliche Rezepte können zeit- und energiesparend im Mikrowellengerät zubereitet werden. Arbeitsweise und Gardauer lassen sich von vorhandenen Rezepten für das Mikrowellengerät ableiten. Der Gebrauchsnutzen wird so auf sinnvolle und interessante Weise gesteigert.

Suppen

Die Zubereitung von Suppen im Mikrowellengerät ist schnell und einfach.
Gemüsesuppen garen in kurzer Zeit im geschlossenen Gefäß, so bleiben Vitamine, Nährstoffe und Farbe weitgehend erhalten. Durch die gute Geschmackserhaltung können weniger Salz und Gewürze verwendet werden.
Fertigsuppen, tiefgefrorene wie auch Dosensuppen gelingen ohne anzusetzen bzw. anzubrennen. Die Zubereitung kann direkt im Serviergeschirr erfolgen.

Praktische Hinweise

- Suppen mit angerührtem Bindemittel während der Gardauer ein- bis zweimal umrühren. So verteilt sich das Bindemittel gleichmäßig, es setzt sich nicht ab, und es entstehen keine Klümpchen.
- Bei der Zubereitung von gebundenen Suppen ist die Verwendung eines Fett-Mehl-Kloßes günstig, es bilden sich keine Mehlklümpchen: Für 1 l Flüssigkeit 40 g Butter oder Margarine und 40 g Mehl zu einem Kloß verarbeiten, in die Flüssigkeit geben und 8—10 Minuten garen. Verrühren, bis die Suppe glatt ist.
- Nach Zugabe von Eigelb, Crème fraîche oder Sahne die Suppe nicht mehr kochen, sie könnte gerinnen.
- Tiefgefrorene Fertigsuppen 1 Minute in der Verpackung antauen. Mit entsprechender Flüssigkeit auffüllen, im geschlossenen Gefäß auftauen und erhitzen. Während der Auftau- bzw. Gardauer ein- bis zweimal umrühren, um ein gleichmäßiges Erwärmen zu erreichen.

Tomatensuppe mit Lauch

1	**Zwiebel**
30 g	**Butter** oder Margarine
500 g	**Tomaten**
1 Stg	**Lauch**
40 g	**Butter** oder Margarine
30 g	**Mehl**
½ l	**Brühe**
	Salz
1 Prise	**Zucker**
	Schnittlauch oder Petersilie

Zwiebel schälen und in grobe Würfel schneiden. Mit Butter im geschlossenen Gefäß **1—2 Minuten andünsten,** bis sie glasig sind.
Tomaten waschen und in grobe Würfel schneiden. Lauch putzen, waschen und in Ringe schneiden. Beides zu den Zwiebeln geben, und im geschlossenen Gefäß **8—10 Minuten dünsten.** Gemüse passieren.

Butter **2 Minuten erhitzen,** Mehl einrühren und **1 Minute andünsten.** Mit Gemüsebrühe und Brühe unter Rühren ablöschen, abdecken und **8 Minuten garen.** Mit Salz und Zucker abschmecken.
Mit zerkleinertem Schnittlauch bestreuen.

Suppeneinlagen: Eierstich, Reis.

Veränderung:
- Verfeinern mit süßer oder saurer Sahne oder Crème fraîche.

Einstellung:	Mikrowelle in Watt
andünsten	600
dünsten	600
erhitzen	600
garen	600

Würzige Spinatsuppe

2—3 Portionen

1	**Zwiebel**
20 g	**Butter**
2—3	**Knoblauchzehen**
300 g	**TK-Spinat**
1/2 l	**Brühe**
1 Ecke	**Schmelzkäse** 62,5 g
	Salz · schwarzer Pfeffer
	Muskat · Thymian
3—4 EL	**süße Sahne**

Zwiebel schälen und in feine Würfel schneiden. Mit Butter **2 Minuten dünsten.**
Knoblauchzehen schälen, zerdrücken und mit Spinat zugeben. Im geschlossenen Gefäß **7—8 Minuten garen.**
Brühe zugießen, Schmelzkäse in Stückchen, Salz und Gewürze zugeben und im geschlossenen Gefäß in **7—8 Minuten aufkochen.** Umrühren, bis der Käse vollständig geschmolzen ist.
Sahne unterrühren und abschmecken.

Einstellung:	Mikrowelle in Watt
dünsten	600
garen	600
aufkochen	600

Helgoländer Suppe

2 Portionen

250 g	**TK-Erbsen**
1/8 l	**Brühe**
20 g	**Butter**
1/8 l	**Brühe**
2 EL	**süße Sahne**
	Salz
1 Prise	**Zucker**
	Sahnetupfer · Paprika

Erbsen mit Brühe und Butter im geschlossenen Gefäß **8 Minuten dünsten.**
Abkühlen lassen und pürieren.
Erbsbrei mit Brühe und Sahne verrühren, mit Salz und Zucker abschmecken, in Suppentassen füllen und **2—3 Minuten erwärmen.**
Sahnetupfer auf die heiße Suppe geben und mit Paprika bestreuen.

Einstellung:	Mikrowelle in Watt
dünsten	600
erwärmen	600

Käsecremesuppe mit frischen Kräutern

40 g	**Fett**
40 g	**Mehl**
1/2 l	**Brühe**
1/4 l	**Milch**
1/8 l	**Sahne**
200 g	**Schmelzkäse,** 50 % Fettgehalt
	Salz · Pfeffer
	Dill · Schnittlauch

Für den Fett-Mehl-Kloß Fett und Mehl mit einer Gabel vermengen und zu einem Kloß formen.
Für die Suppe Brühe, Milch und Sahne in ein hohes Gefäß gießen. Fett-Mehl-Kloß, Schmelzkäse, Salz und Pfeffer zugeben und im geschlossenen Gefäß **8—10 Minuten garen.**
Fett-Mehl-Kloß und Käse verrühren, bis die Suppe glatt ist. Abdecken, in **2 Minuten aufkochen** und abschmecken.
Mit zerkleinerten Kräutern bestreuen.

Veränderung:

- Zugabe von 1 EL Kräutercreme-Schmelzkäse.
- Abschmecken mit Weißwein.

Einstellung:	Mikrowelle in Watt
garen	600
aufkochen	600

Kartoffelcremesuppe

500 g	**Kartoffeln**
1/8 l	**Gemüsebrühe**
3/4 l	**heiße Gemüsebrühe**
150 g	**gekochter Schinken**
2 TL	**geriebener Käse**
	Salz · Pfeffer · Majoran · Muskat
2	**Eigelb**
1 EL	**süße Sahne**
	Petersilie · Schnittlauch

Kartoffeln schälen, waschen und in Stücke schneiden. Mit Gemüsebrühe im geschlossenen Gefäß **11—12 Minuten garen.**
Kartoffeln passieren oder pürieren, wieder in das Gefäß geben und mit heißer Brühe auffüllen.
Schinken in feine Streifen schneiden. Mit Käse, Salz und Gewürzen in die Suppe geben, **3—4 Minuten erhitzen** und abschmecken.
Eigelb mit Sahne verquirlen und in die nicht mehr kochende Suppe rühren.
Mit zerkleinerten Kräutern bestreuen.

Einstellung:	Mikrowelle in Watt
garen	600
erhitzen	600

Bild 143: Käsecremesuppe mit frischen Kräutern, Rezept Seite 477.

Eierstich

2	**Eier**
1/8 l	**Milch**
1 Prise	**Muskat**
	Salz

Flaches Gefäß einfetten.
Zutaten verquirlen, einfüllen und **7 Minuten stocken** lassen.
Eimasse stürzen und in kleine Würfel schneiden.

Tip:
- Sollte die Masse in der Mitte nicht ganz fest sein, vor dem Stürzen wenige Minuten ruhen lassen.
- Geeignet zum Einfrieren.

Veränderung:
- Anstelle von Milch 5 EL Sahne verwenden.
- Zerkleinerten Schnittlauch oder Petersilie zugeben.

Einstellung:	Mikrowelle in Watt
stocken	360

Croûtons

2	**Toastscheiben**

Toast in Würfel schneiden. Toastwürfel zwischen Haushaltspapier legen und **1—1½ Minuten rösten.**

Veränderung:
- Toastscheiben zuerst mit Kräuterbutter bestreichen.

Einstellung:	Mikrowelle in Watt
rösten	600

Soßen

Die Zubereitung von Soßen im Mikrowellengerät ist einfach und schnell. Soßen gelingen ohne Ansetzen bzw. Anbrennen. Das ständige Rühren, wie bei der herkömmlichen Zubereitung auf der Kochstelle, reduziert sich auf ein- bis zweimal Umrühren während der Gardauer.
Das Erwärmen von Soßen bietet dieselben Vorteile.

Praktische Hinweise

- Für Soßen, die mit Milch zubereitet werden, hohe Gefäße nur zur Hälfte füllen, um ein Überkochen zu vermeiden.
- Bindemittel wie Mehl, Speisestärke oder Soßenbinder, unter Rühren in die kalte oder heiße Flüssigkeit geben. Während der Gardauer ein- bis zweimal umrühren. So verteilt sich das Bindemittel gleichmäßig, es setzt sich nicht ab, und es entstehen keine Klümpchen.
- Bei der Zubereitung von gebundenen Suppen ist die Verwendung eines Fett-Mehl-Kloßes günstig, es bilden sich keine Mehlklümpchen. Für 1/4 l Flüssigkeit 25 g Butter oder Margarine und 1 1/2 EL Mehl zu einem Kloß verarbeiten, in die Flüssigkeit geben und 3 Minuten garen. Verrühren, bis die Soße glatt ist.
- Nach Zugabe von Eigelb, Crème fraîche oder Sahne die Soße nicht mehr aufkochen, sie könnte gerinnen.

Sahnesoße

30 g	**Butter**
20 g	**Mehl**
1/8 l	**Milch**
1/8 l	**süße Sahne**
	Salz · Pfeffer · Muskat
1/2 TL	**gekörnte Brühe**
2 EL	**saure Sahne**

Butter 1/2—1 **Minute schmelzen.** Mit Mehl verrühren und **1 Minute erhitzen.** Mit Milch und Sahne unter Rühren ablöschen. Salz, Gewürze und Brühe zufügen und im geschlossenen Gefäß in **2—3 Minuten aufkochen.**
Abschmecken und mit Sahne verfeinern. Soße kräftig umrühren.

Veränderung:
- Mit Zitronensaft abschmecken.
- Geriebenen Käse oder Kochschinkenwürfel oder zerkleinerte Kräuter zugeben.
- Mit Eigelb legieren.

Einstellung:	Mikrowelle in Watt
schmelzen	600
erhitzen	600
aufkochen	600

Die Soße zum Überbacken von Gemüse verwenden oder zu Fleisch, Fisch oder Pellkartoffeln reichen.

Holländische Soße

100 g	**Butter**
4	**Eigelb**
	Salz · Pfeffer · Zitronensaft

Butter ½—**1 Minute schmelzen.**
Eigelb verquirlen, heiße Butter unter Rühren langsam zugießen. Soße **1 Minute erhitzen** und kräftig schlagen. Mit Salz, Pfeffer und Zitronensaft abschmecken.

Einstellung:	Mikrowelle in Watt
schmelzen	600
erhitzen	360

Die Soße zu gekochtem Fleisch oder Fisch, zu Reis oder Gemüse, wie Spargel, Blumenkohl oder Schwarzwurzeln, reichen.

Paprika-Tomaten-Soße

100 g	**durchwachsener Speck**
⅛ l	**Sahne**
⅛ l	**Wasser**
2 EL	**Tomatenmark**
	Tabasco
½ EL	**Paprika**
1 TL	**Speisestärke**
3 EL	**Rotwein**

Speck in Würfel schneiden und im geschlossenen Gefäß **2—3 Minuten auslassen.**
Sahne, Wasser, Tomatenmark und Gewürze einrühren, in **2½—3½ Minuten aufkochen.**
Speisestärke mit Rotwein verquirlen, einrühren und in ½—**1 Minute aufkochen.**

Einstellung:	Mikrowelle in Watt
auslassen	600
aufkochen	600

Die Soße zu pikanten Fleischterrinen, Teigwaren oder Reis, Fisch-, Hackfleisch- oder Eiergerichten oder salzigen Puddingen reichen.

Vanillesoße

1	**Vanille-Soßenpulver**
1 EL	**Zucker**
½ l	**Milch**

Soßenpulver mit Zucker mischen. Milch unter Rühren zugießen. In **5—6 Minuten aufkochen** und umrühren.

Einstellung:	Mikrowelle in Watt
aufkochen	600

Die Soße warm oder kalt zu Cremespeisen, Rote Grütze oder Dampfnudeln reichen.

Schokoladensoße

100 g	**Zartbitterschokolade**
150 g	**süße Sahne**

Schokolade in Stückchen brechen und in ein hohes Gefäß geben. Sahne zugießen und **1¾ Minuten erhitzen.**
Soße kräftig schlagen, bis die Schokolade aufgelöst ist.

Einstellung:	Mikrowelle in Watt
erhitzen	600

Die Soße warm oder kalt zu Cremespeisen, gekochten Birnen oder Eisspeisen reichen.

Aprikosensoße

1 Dose	**Aprikosen** Abtropfgewicht 250 g
¼ l	**Aprikosensaft**
1 TL	**Zitronensaft**
20 g	**Zucker**
1	**Vanille-Soßenpulver**
1 EL	**Aprikosenlikör**

Aprikosen abtropfen lassen und pürieren.
Mit Aprikosen- und Zitronensaft, Zucker und Vanille-Soßenpulver verrühren und im geschlossenen Gefäß **5—6 Minuten garen,** dabei ein- bis zweimal kräftig durchrühren.
Aprikosenlikör zufügen und abschmekken.

Einstellung:	Mikrowelle in Watt
garen	600

Die Soße warm oder kalt zu Dampfnudeln, Flammeris, süßen Aufläufen oder Puddingen reichen.

Weinschaumsoße

1	**Ei**
1 EL	**Zucker**
1 TL	**Speisestärke**
¼ l	**Weißwein**

Ei, Zucker und Speisestärke verquirlen. Wein unter Rühren zugeben. **3—4 Minuten garen,** dabei einmal kräftig durchrühren; anschließend aufschlagen.

Einstellung:	Mikrowelle in Watt
garen	600

Die Soße warm oder kalt zu Mehlspeisen, süßen Puddingen oder süßen Aufläufen reichen.

Bild 144: Bratäpfel mit Kiwisoße, Rezept Seite 498.

Vorspeisen

Vorspeisen aller Art sind schnell und problemlos im Mikrowellengerät zubereitet. Überbackenes wie Toast- und Muschelgerichte, gefüllte Gemüse sowie Aufläufe und Gratins sind mit wenig Arbeitsaufwand schnell gegart. Eierspeisen wie Omelett, Ei im Glas oder Rührei garen mit wenig Fett direkt im Serviergeschirr, Fleisch- oder Gemüseterrinen sind in einem Viertel der bisherigen Gardauer zubereitet, die Struktur ist besonders fein.

Praktische Hinweise

- **Überbacken von Toast**

  Zuerst trockenes Brot auf kleinster Stufe des Toasters rösten und ausdampfen lassen. Toast nach Rezeptangabe belegen und auf Papierserviette oder Haushaltspapier im Mikrowellengerät überbacken. Austretende Feuchtigkeit wird vom Papier aufgenommen.
  Überbackene Gerichte offen garen.

- **Garen von Eierspeisen**

  Das Garen und Erwärmen von Eiern mit Schale oder bereits gekochten, geschälten Eiern ist ohne Spezialgeschirr nicht möglich. Die Eier platzen.
  Die Dotter bei Spiegeleiern oder Eiern im Glas vor dem Garen vorsichtig mit einem Zahnstocher einstechen.
  Empfindliche Eierspeisen wie Omelett und Eierstich mit reduzierter Leistung garen.

- **Garen von Terrinen**

  Während des Einfüllens der Terrinenmasse das Gefäß mehrmals auf die Arbeitsfläche stoßen, damit Luftblasen entweichen.
  Terrinen bei höchster Leistung vorgaren und bei Auftauleistung stocken lassen.
  Terrinen sind gar, wenn der Fleischsaft an der Oberfläche klar ist.
  Nach Ausschalten des Gerätes Terrinen 5—10 Minuten ruhen lassen, eventuell Flüssigkeit abgießen, dann stürzen.
  Für Terrinen können Füllungen wie Gemüse und Fisch im Mikrowellengerät vorgegart werden.

Bild 145: Gemüseflan kann im Mikrowellengerät in Tassen, oder wie hier in Glasförmchen, gestockt werden.

Bild 146: Gemüseflan auf Kräutercreme, Rezept Seite 483.

Gemüseflan auf Kräutercreme

300 g	**TK-Mischgemüse**
4 EL	**Brühe**
2	**Eier**
1 EL	**Crème fraîche**
	Salz · Muskat · Pfeffer

Kräutercreme:

2—3 EL	**Crème fraîche**
1 EL	**Milch**
	Kräuter
	Petersilie, Schnittlauch

Mischgemüse mit Brühe im geschlossenen Gefäß **8—9 Minuten garen.**
Abkühlen lassen, zusammen mit Eiern und Crème fraîche pürieren und mit Salz und Gewürzen abschmecken.
Vier Tassen einfetten, Gemüsebrei einfüllen und **7—9 Minuten stocken** lassen.
Für die Kräutercreme Crème fraîche mit Milch und zerkleinerten Kräutern verrühren.
Gemüseflan auf Teller stürzen und mit Kräutercreme servieren. Dazu Toastbrot reichen.

Einstellung:	Mikrowelle in Watt
garen	600
stocken	360

Gefüllte Champignons

7—8	**große Champignons**
1 EL	**Zitronensaft**
1	**Zwiebel**
50 g	**roher Schinken**
10 g	**Butter**
100 g	**Sahne-Gorgonzola**
1 EL	**Petersilie**
1 EL	**saure Sahne**
	Pfeffer

Champignons putzen, Stiele herausdrehen und eventuell Lamellen entfernen. Champignons waschen und Köpfe mit Zitronensaft bestreichen.
Zwiebel schälen. Zwiebel, Champignonstiele und Schinken in feine Würfel schneiden. Mit Butter im geschlossenen Gefäß **2—2½ Minuten andünsten.**
Käse unterrühren, zerkleinerte Petersilie zufügen, mit Sahne verfeinern und mit Pfeffer abschmecken.
Käsemasse in Champignons füllen. Auflaufform einfetten, Champignons hineinsetzen und **6—7 Minuten garen.**

Einstellung:	Mikrowelle in Watt
andünsten	600
garen	600

Roqueforttoast

4	**Toastbrotscheiben**
	Butter
4	**Scheiben gekochter Schinken**
4	**halbe Birnen, gedünstet**
4 TL	**Preiselbeerkompott**
100 g	**Roquefort**

Toastbrot sehr trocken rösten.
Eine Seite mit Butter bestreichen und mit Schinken belegen. Birnenhälften in Scheiben schneiden und dachziegelartig darauflegen; Preiselbeerkompott darüber geben.
Roquefort in Stückchen schneiden und darauf verteilen.
Auf einer mit Haushaltspapier ausgelegten Platte **3—4 Minuten überbacken,** bis der Käse geschmolzen ist.

Einstellung:	Mikrowelle in Watt
überbacken	600

Emmentaler Auflauf

4	**Weißbrotscheiben**
3	**Eier**
1/8 l	**Sahne**
200 g	**geriebener Käse**
	Salz · Pfeffer · Muskat
75 g	**durchwachsener Speck**

Brotscheiben halbieren, schuppenartig in eine passende Form legen.
Eier und Sahne verquirlen, Käse und Gewürze hinzufügen und über das Weißbrot gießen.
Speck in Würfel schneiden, darüber verteilen und **5 Minuten garen.**

Einstellung:	Mikrowelle in Watt
garen	600

Krabbenpfanne

4	**hartgekochte Eier**
300 g	**Krabbenfleisch**
100 g	**gekochter Schinken**
100 g	**geriebener Käse**
150 g	**Crème fraîche**
1 TL	**Senf**
	Pfeffer · Petersilie

Auflaufform einfetten. Eier pellen, in Scheiben schneiden und einlegen. Krabben darauf verteilen. Schinken in kleine Würfel schneiden, darüber geben und mit Käse bestreuen.
Créme fraîche mit Senf verrühren, mit Pfeffer abschmecken, zerkleinerte Petersilie zugeben, über den Käse verteilen und **6—7 Minuten garen.**

Einstellung:	Mikrowelle in Watt
garen	600

Pikante Geflügelterrine

150 g	**Zucchini**
200 g	**Möhren**
100 g	**Broccoliröschen**
2—3 EL	**Wasser**
400 g	**Putenfleisch**
250 g	**gekochter Schinken**
2	**Eiweiß**
1/4 l	**süße Sahne**
	Salz · Pfeffer · Cayennepfeffer Paprika

Zucchini waschen, Stil und Spitze entfernen. Möhren schälen und waschen. Beides in feine Scheiben schneiden. Broccoliröschen waschen. Alles mit Wasser im geschlossenen Gefäß **3—4 Minuten garen** und abtropfen lassen.
Putenfleisch und Schinken durch den Fleischwolf geben oder fein pürieren.
Eiweiß steif schlagen, Fleischmasse und Sahne zufügen, mit Salz und Gewürzen abschmecken.
Kastenform aus Glas, Porzellan oder Kunststoff einfetten. Zucchini schuppenförmig zu einem mittleren Streifen einlegen. Die Hälfte der Möhren schuppenförmig als äußere Streifen einlegen. Die Hälfte der Fleischmasse darüber verteilen und fest andrücken. Broccoli längs in die Mitte legen, die restlichen Möhren beidseitig verteilen. Mit der restlichen Fleischmasse bestreichen, fest andrükken und abdecken. **6—7 Minuten garen** und **15 Minuten stocken** lassen.
Nach Ablauf der Gardauer die Terrine 10 Minuten ruhen lassen, eventuell Flüssigkeit abgießen, dann stürzen.

Einstellung:	Mikrowelle in Watt
garen	600
stocken	360

Gemüse

Das Garen von frischem wie gefrorenem Gemüse ist im Mikrowellengerät schnell und einfach. Es wird mit wenig Flüssigkeit im geschlossenen Gefäß gegart; Vitamine und Nährstoffe, ebenso Farbe und Form bleiben weitgehend erhalten. Durch die gute Geschmackserhaltung können weniger Salz und Gewürze verwendet werden.

Praktische Hinweise

- Gewaschenes, abgetropftes Gemüse gleichmäßig zerkleinern, desto besser ist das Garergebnis.
- Ganzes Gemüse mit fester Schale, z. B. Tomaten oder Auberginen, vor dem Garen anstechen, damit die Schale nicht platzt.
- Gemüse in ein breites, halbhohes Gefäß geben. Durch die große Oberfläche ist ein gutes Eindringen der Mikrowellen und gleichmäßiges Garen gewährleistet.
- Wasserhaltige, faserarme Gemüsesorten, z. B. Spinat, Gurken oder Paprika, ohne Flüssigkeit im geschlossenen Gefäß garen.
- Faserhaltige Gemüsesorten, z. B. Bohnen, Kohlrabi, Möhren oder Sellerie, mit wenig Flüssigkeit im geschlossenen Gefäß garen.
- Gefrorenes Gemüse zunächst mit reduzierter Leistung antauen und dann bei hoher Leistung ohne Flüssigkeit erhitzen, so wird ein gleichmäßiges Garen erreicht.
- Gemüse während des Garens ein- bis zweimal umrühren, so werden Temperaturunterschiede ausgeglichen.
- Konservengemüse mit 3—4 EL Gemüsewasser bei hoher Leistung im geschlossenen Gefäß erhitzen.

Bild 147: Möhren in Sahnesoße, Rezept Seite 487.

Erbsen Pariser Art

2	**Zwiebeln**
30 g	**Butter**
$^1/_8$ l	**Brühe**
100 g	**gekochter Schinken**
600 g	**TK-Erbsen**
	Salz
1 Prise	**Zucker**
	Petersilie

Zwiebeln schälen und in feine Würfel schneiden. Mit Butter im geschlossenen Gefäß **3 Minuten andünsten,** Brühe mit hineinstellen und gleichzeitig **erhitzen.**
Schinken in kleine Würfel schneiden und mit Erbsen zu den Zwiebeln geben. Brühe angießen, Salz und Zucker überstreuen und im geschlossenen Gefäß **12—14 Minuten garen.** Zwischendurch 1—2mal umrühren.
Abschmecken und mit zerkleinerter Petersilie bestreuen.

Einstellung:	Mikrowelle in Watt
andünsten	600
erhitzen	600
garen	600

Joghurt-Kohlrabi
2—3 Portionen

500 g	**junge Kohlrabi**
2—3 EL	**Wasser**
$^1/_8$ l	**süße Sahne**
150 g	**Joghurt**
1 TL	**gekörnte Brühe**
1 EL	**Paniermehl**
	Salz · Muskat
100 g	**gekochter Schinken**
	Petersilie

Kohlrabi schälen, waschen und in dünne Stifte schneiden.
Mit Wasser im geschlossenen Gefäß **12 Minuten garen.**
Sahne und Joghurt verquirlen, gekörnte Brühe, Paniermehl, Salz und Muskat zugeben und über die Kohlrabi gießen.
Schinken in feine Streifen schneiden, über die Kohlrabi verteilen und im geschlossenen Gefäß **5—6 Minuten garen.**
Mit zerkleinerter Petersilie bestreuen.

Einstellung:	Mikrowelle in Watt
garen	600

Broccoli mit Käsesoße
2 Portionen

500 g	**Broccoli**
30—40 g	**Butter**
	oder Margarine
	Salz
1 Prise	**Zucker**
5—6 EL	**Wasser**
Soße:	
1	**kleine Zwiebel**
20 g	**Butter**
$^1/_8$ l	**Milch**
$^1/_8$ l	**süße Sahne**
3 EL	**geriebener Käse**
	Salz · Pfeffer · Muskat
1 TL	**Speisestärke**

Broccoli putzen und waschen.
Mit Butter, Salz, Zucker und Wasser im geschlossenen Gefäß **6—8 Minuten dünsten.** Wasser abgießen, Broccoli warm halten.
Für die Soße Zwiebel schälen und in feine Würfel schneiden. Mit Butter im geschlossenen Gefäß **2—3 Minuten andünsten.**
Übrige Zutaten zugeben, verrühren, im geschlossenen Gefäß **2—3 Minuten garen.** Abschmecken und zu dem Broccoli reichen oder darübergießen.

Einstellung:	Mikrowelle in Watt
dünsten	600
andünsten	600
garen	600

Bild 148: Broccoli mit Käsesoße, Rezept Seite 486.

Möhren in Sahnesoße

2—3 Portionen

500 g	**Möhren**
4 EL	**Wasser**
15 g	**Butter**
	Salz · Pfeffer
1 Prise	**Zucker**
2 EL	**zerkleinerte Petersilie**
1/8 l	**süße Sahne**
1	**Eigelb**

Möhren schälen, waschen und in dünne Scheiben schneiden.
Mit Wasser, Butter, Salz, Pfeffer, Zucker und Petersilie im geschlossenen Gefäß **12—14 Minuten dünsten.** Zwischendurch 1—2mal umrühren.
Sahne zugeben und im geschlossenen Gefäß **1—2 Minuten garen.**
Eigelb mit etwas Soße verquirlen, zu den Möhren geben, umrühren und abschmecken.

Einstellung:	Mikrowelle in Watt
dünsten	600
garen	600

Kartoffel-Zucchini-Gratin

375 g	**Pellkartoffeln**
250 g	**Zucchini**
	Salz · Pfeffer
1/8 l	**süße Sahne**
1	**Ei**
50 g	**geriebener Käse**
	Butter
	Petersilie

Kartoffeln pellen und abkühlen lassen. Zucchini waschen. Zucchini und Kartoffeln in Scheiben schneiden.
Auflaufform einfetten, Kartoffeln und Zucchini dachziegelartig übereinander einschichten. Mit Salz und Pfeffer bestreuen.
Sahne und Ei verquirlen und darübergießen. Käse überstreuen, Butterflöckchen darauf verteilen und **15—16 Minuten garen.**
Mit zerkleinerter Petersilie bestreuen.

Einstellung:	Mikrowelle in Watt
garen	600

Fisch

Fisch wird im Mikrowellengerät ohne oder mit wenig Flüssigkeit gegart. So bleiben Geschmack, Form, Nähr- und Mineralstoffe weitgehend erhalten. Der Fisch wird besonders zart und saftig.

Praktische Hinweise

- Fisch nach der 3-S-Regel vorbereiten, d. h. säubern, säuern und salzen.
- Fischgerichte sparsam würzen, der Eigengeschmack bleibt gut erhalten.
- Fisch im eigenen Saft oder mit wenig Flüssigkeit im geschlossenen Gefäß garen.
- Fisch im Ganzen gegart erfordert eine etwas längere Gardauer als die gleiche Menge portioniert.
- Fisch bis zu 800 g Gewicht mit voller Leistung garen. Fisch über 800 g Gewicht zunächst mit voller Leistung, dann mit der Fortkochleistung garen.
- Fischgerichte, die zu flüssig erscheinen, können nach Belieben mit Soßenbinder angedickt werden.

Tip:

- Fischgerüche im Gerät beseitigen:
  In einem kleinen Gefäß 1 Zitronenscheibe oder 1 Schuß Essig mit wenig Wasser im Gerät aufkochen. Gerät danach trocken auswischen.

Forelle mit Sesamsoße

2 Portionen

1	**Zwiebel**
5 EL	**Wasser**
5 EL	**Essig**
	Salz
3—4	**Pfefferkörner**
½ Bund	**Dill**
2	**Forellen** je etwa 300 g
Soße:	
2 EL	**Sesam**
150 g	**saure Sahne**
50 g	**Joghurt**
1 EL	**geriebener Meerrettich**
1—2 EL	**Honig**
2 TL	**Zitronensaft**
	Salz

Zwiebel schälen und in Ringe schneiden. Mit Wasser, Essig, Salz, Pfeffer und zerkleinertem Dill im geschlossenen Gefäß in **3—4 Minuten ankochen.**

Forellen säubern, in den Sud geben und im geschlossenen Gefäß **6—7 Minuten dünsten.**
Für die Soße Sesam in der Pfanne trocken rösten.
Sahne mit Joghurt verrühren, mit Meerrettich, Honig, Zitronensaft und Salz abschmecken. Sesam unterrühren.
Fisch mit etwas Soße übergießen, restliche Soße getrennt dazu reichen.

Einstellung:	Mikrowelle in Watt
ankochen	600
dünsten	600

Fisch im grünen Bett

750 g	**Fisch** Merlan oder Schellfisch
	Zitronensaft · Salz
1	**Knoblauchzehe**
40 g	**Butter** oder Margarine
450 g	**TK-Blattspinat**
	Salz · Pfeffer
3—4 EL	**Weißwein**
1/8 l	**süße Sahne**
150 g	**geriebener Käse**

Fisch säubern, säuern und salzen.
Knoblauchzehe schälen und zerdrücken. Mit Butter **2—3 Minuten andünsten.** Spinat zufügen und **8—10 Minuten antauen** lassen. Mit Salz und Pfeffer bestreuen. Fisch darauflegen, Weißwein übergießen und im geschlossenen Gefäß **12—14 Minuten dünsten.**
Sahne und Käse verquirlen, auf den Fisch streichen und **3—4 Minuten dünsten.**

Einstellung:	Mikrowelle in Watt
andünsten	600
antauen	360
dünsten	600

Kabeljau mit Krabben

800 g	**Kabeljau**
	4 Scheiben à etwa 200 g
	Zitronensaft · Salz · Pfeffer
1	**Zwiebel**
1/2 Bund	**Petersilie**
20 g	**Butter**
4 EL	**Weißwein**
100 g	**Champignons**
150 g	**Krabben**
1 TL	**Soßenbinder**

Fisch säubern, säuern, mit Salz und Pfeffer bestreuen und in ein Gefäß geben.
Zwiebel schälen, in Ringe schneiden und mit zerkleinerter Petersilie zum Fisch geben. Butterflöckchen darauf verteilen, Wein zufügen und im geschlossenen Gefäß **8—10 Minuten dünsten.**
Champignons putzen, waschen und in Scheiben schneiden. Mit Krabben auf den Fisch geben und **4—5 Minuten dünsten,** Soßenbinder einrühren und abschmecken.

Einstellung:	Mikrowelle in Watt
dünsten	600

Heilbuttschnitten Mornay

800 g	**Heilbutt**
	4 Scheiben à etwa 200 g
	Zitronensaft · Salz
5—6 EL	**süße Sahne**
75 g	**geriebener Emmentaler Käse**
1	**Eigelb**
1—2 EL	**Paniermehl**
	Petersilie

Fisch säubern, säuern, salzen und in ein Gefäß geben.
Sahne mit Käse und Eigelb verquirlen und über den Fisch gießen. Mit Paniermehl bestreuen und **10—12 Minuten dünsten.**
Mit zerkleinerter Petersilie bestreuen.

Einstellung:	Mikrowelle in Watt
dünsten	600

Fleisch

Im Mikrowellengerät garen vor allem zarte Fleischstücke vom Kalb, Schwein, Lamm oder Wild am besten. Hackfleischgerichte, unterschiedlich zubereitet, gelingen schnell und einfach, Geflügel, Frikassee und Ragout bleiben zart und saftig.

Praktische Hinweise

- Fleisch kochen und dünsten: im geschlossenen Gefäß
  Fleisch braten: im offenen Gefäß
- Größere Fleischstücke während der Gardauer einmal wenden. Das Garergebnis ist so gleichmäßiger.
- Fleisch, das viel Saft zieht, auf einen Spezialrost oder auf eine umgedrehte Untertasse ins Bratgeschirr legen. Der Saft läuft ab, das Fleischstück gart nicht im eigenen Saft.
- Bei ungleichmäßig geformten Fleischstücken wie Geflügel oder Haxen dünnere Teile mit Alufolie abdecken. Kurz vor Ende der Gardauer die Folie abnehmen.
- Fleischstücke mit Knochen werden weniger gleichmäßig gegart.
- Braten vor dem Anschneiden 5—10 Minuten ruhen lassen. Der Fleischsaft verteilt sich gleichmäßig und läuft beim Anschneiden nicht so leicht aus.
- Bräunen von Fleisch im Mikrowellengerät:
  Die Bräunung entsteht durch Ausschmelzen des Fettes. Je länger die Gardauer ist, mindestens aber 15 Minuten, desto mehr Fett tritt aus und verstärkt die Bräunung. Fleischstücke bis zu 500 g Gewicht garen sehr schnell, eine Bräunung tritt kaum ein. Hier schafft ein vorgeheiztes Bräunungsgeschirr Abhilfe. Die aufgelegte Seite des Gargutes wird mittels Kontaktwärme braun. Leichte Bräunung wird durch Bestreichen mit Sojasoße oder Eiweiß oder durch Bestreuen mit Paprikapulver sowie durch Belegen mit Speckstreifen erreicht.

Bild 149: Kräuterroastbeef, mit Hilfe des Speisenthermometers zubereitet, Rezept Seite 491.

Anwendung des Speisenthermometers

Das Speisenthermometer mit seinem Temperaturfühler — zum Gerät gehörend oder als Spezialzubehör — ermöglicht eine Kontrolle der Kerntemperatur des Fleischstückes. Die Temperaturerfassung erfolgt an der Fühlerspitze.
Den Fühler in die Mitte des Fleischstückes einstechen, nicht in Knochennähe oder Fettpartien. Knochen und Fett erwärmen sich schneller als Muskelfleisch.

Kerntemperaturen für Fleischbraten

Schweinelende, -nacken und -schinken	70—90 °C
Kasselerbraten	70—80 °C
Hackbraten	80—90 °C
Roastbeef englisch	45—55 °C
Roastbeef medium	55—65 °C
Roastbeef durchgebraten	65—75 °C
Kalbfleisch	70—90 °C
Wild	70—85 °C
Lammfleisch	70—85 °C

Was ist zu beachten?

- Während der Ausgleichs- oder Stehdauer steigt die Temperatur im Fleischinneren noch um etwa 5 bis 10 °C an.

Kräuterroastbeef

500 g	**Roastbeef** flaches Stück **Salz**
2 Bund	**Petersilie**
1	**Knoblauchzehe**
1 TL	**Senf**
	Pfeffer
2 TL	**Basilikum**
2 TL	**Majoran**
2 TL	**Thymian**
6 EL	**Öl**

Roastbeef waschen, abtrocknen und mit Salz einreiben.
Petersilie zerkleinern, Knoblauchzehe schälen und zerdrücken. Mit Senf, Gewürzen und Öl zu einer Paste verrühren.

Roastbeef in ein Gefäß legen, mit der Paste bestreichen und **15—16 Minuten garen.**

Einstellung:	Mikrowelle in Watt
garen	600

Italienischer Hackbraten

½	**Brötchen**
500 g	**Hackfleisch** halb und halb
1	**Ei**
1 EL	**Kapern**
1	**zerdrückte Knoblauchzehe**
	Oregano · Basilikum
	Pfeffer · Salz

Brötchen in Wasser einweichen und ausdrücken.
Fleisch mit Brötchen, Ei, Kapern und Knoblauch vermengen und mit Gewürzen und Salz abschmecken.
Mit nassen Händen die Masse länglich formen, auf eine Platte legen und **13—14 Minuten garen.**

Einstellung:	Mikrowelle in Watt
garen	600

Gefüllter Schweinenacken

750 g	**Schweinenacken** ohne Knochen
	Salz · Pfeffer
Füllung:	
50 g	**Champignons**
½	**Paprikaschote**
50 g	**Schinkenspeck**
20 g	**Butter** oder Margarine
50 g	**Hackfleisch**
½—1 EL	**Mehl**
50 g	**süße Sahne**
	Salbei · Thymian

Fleisch waschen, abtrocknen, in die Längsseite eine Tasche schneiden und mit Salz und Pfeffer einreiben.
Für die Füllung Champignons putzen, waschen und in Scheiben schneiden. Aus der Paprikaschote Kerne entfernen, Paprika waschen, Paprika und Speck in Würfel schneiden.
Butter **1—2 Minuten erhitzen,** Speck und Hackfleisch zufügen und im geschlossenen Gefäß **4—5 Minuten dünsten.**
Mit Mehl, Sahne und Gewürzen mischen und abschmecken. Füllung in die Fleischtasche geben und zustecken oder -binden.
Fleisch in eine Auflaufform geben und **30—32 Minuten garen.**

Einstellung:	Mikrowelle in Watt
erhitzen	600
dünsten	600
garen	600

Putenrollen auf Weinsauerkraut

4	**Putenschnitzel** je etwa 150 g
	Salz · Pfeffer
4	**dünne Scheiben Schinkenspeck**
1	**Zwiebel**
500 g	**Weinsauerkraut**
2	**Wacholderbeeren**
1	**Lorbeerblatt**
3 EL	**Weißwein**
2 EL	**Öl**
150 g	**Ananasstücke**

Fleisch waschen, abtrocknen und mit Salz und Pfeffer bestreuen. Mit je 1 Scheibe Speck umwickeln und feststecken.
Zwiebel schälen und in Würfel schneiden. Sauerkraut lockern und mit Zwiebel und Gewürzen mischen.
Kraut in ein Gefäß füllen, Weißwein und Öl zugeben, Putenrollen darauflegen, Ananas darübergeben und im geschlossenen Gefäß **20—25 Minuten dünsten.**

Einstellung:	Mikrowelle in Watt
dünsten	600

Aufläufe

Aufläufe in den verschiedensten Kombinationen sind im Mikrowellengerät schnell gegart. Die übliche Gardauer wird um mehr als die Hälfte reduziert, das bedeutet Strom- und Zeitersparnis.

Praktische Hinweise

- Aufläufe in flachen Gefäßen garen, das Garergebnis wird gleichmäßiger.
- Zum Überbacken eignet sich fetthaltiger Käse gut. Er schmilzt schnell und bräunt bei längerer Gardauer.
- Aufläufe, die gratiniert werden, zunächst im Mikrowellengerät garen und dann unter einem vorgeheizten Grill überbacken oder in einem Arbeitsgang im Mikrowellen-Kombinationsgerät zubereiten.

Grüner Hackfleischpudding

750 g	**Wirsingkohl**
1	**Brötchen**
2	**Zwiebeln**
1	**Knoblauchzehe**
400 g	**Hackfleisch** halb und halb
2	**Eier**
	Salz · Pfeffer · Muskat
2	**Eier**
2—3 EL	**Kartoffelpüreepulver**
	Salz · Pfeffer

Wirsingblätter ablösen und waschen. 4—5 hellgrüne, große Blätter abnehmen. Restliche Blätter in dünne Streifen schneiden. Kohlblätter und -streifen **5—7 Minuten dünsten.**
Brötchen in Wasser einweichen und ausdrücken. Zwiebeln schälen und in Würfel schneiden, Knoblauchzehe schälen und zerdrücken. Mit Hackfleisch, Eiern, Salz und Gewürzen vermengen und abschmecken.
Wirsingblätter herausnehmen. Wirsingstreifen ausdrücken, die Hälfte der Streifen pürieren. Wirsingpüree und -streifen mit Eiern und Kartoffelpüreepulver mischen. Mit Salz und Pfeffer abschmecken.

Kranzkuchenform aus Glas oder Porzellan einfetten, mit Wirsingblättern auslegen, Hackfleisch- und Kohlmasse schichtweise einfüllen. Die Kohlmasse bildet den Abschluß. Mit Teller abdecken, **15—18 Minuten garen** und stürzen.
Mit Paprika-Tomaten-Soße reichen.

Einstellung:	Mikrowelle in Watt
dünsten	600
garen	600

Schwedischer Matjes-Auflauf

6—7	**Matjesfilets**
2 20 g	**große Zwiebeln** **Butter** oder Margarine
500 g	**Kartoffeln** **Pfeffer · Paniermehl** **geriebener Käse**
1/8 l 1/8 l	**Sahne** **Milch**

Matjesfilets wässern, in Streifen schneiden.
Zwiebeln schälen und in feine Ringe schneiden, mit Butter **2—3 Minuten dünsten,** bis sie glasig sind.
Kartoffeln schälen, waschen und in dünne Scheiben schneiden. Auflaufform einfetten, die Hälfte der Kartoffelscheiben hineinlegen, etwas Pfeffer darüber streuen. Zwiebeln und Fisch darauflegen, darüber die übrigen Kartoffelscheiben. Mit Paniermehl und Käse bestreuen.
Sahne und Milch verquirlen, darüber gießen und **18—20 Minuten garen.**

Tip:
- Matjesfilets in Buttermilch einlegen statt sie zu wässern.

Einstellung:	Mikrowelle in Watt
dünsten	600
garen	600

Camembert-Kartoffelgratin

375 g 2—3 4 250 g	**Pellkartoffeln** **Äpfel** **Tomaten** **Camembert**
4	**Eier** **Salz · Pfeffer**
100 g	**geräucherter, durchwachsener Speck**
	Schnittlauch

Kartoffeln pellen und abkühlen lassen. Äpfel und Tomaten waschen, Äpfel in Viertel schneiden und Kerngehäuse entfernen. Äpfel, Tomaten, Kartoffeln und Käse in Scheiben schneiden.
Auflaufform einfetten, Kartoffeln, Äpfel, Tomaten und Käse fächerartig übereinander einschichten.
Eier mit Salz und Pfeffer verquirlen und darübergießen.
Speck in dünne Scheiben schneiden, darauf verteilen und **14—16 Minuten garen.**
Mit zerkleinertem Schnittlauch bestreuen.

Einstellung:	Mikrowelle in Watt
garen	600

Lauchauflauf mit Schafskäse

500 g	**Lauch**
1 500 g 1	**Brötchen** **Hackfleisch** halb und halb **Ei** **Salz · Pfeffer · Paprika**
3 1/8 l 2 EL 100 g	**Eigelb** **Sahnejoghurt** **Crème fraîche** **milder Schafskäse**
3	**Eiweiß**
30 g	**Pinienkerne**

Lauch putzen, waschen, in feine Ringe schneiden und im geschlossenen Gefäß **5—7 Minuten dünsten.** Entstandene Flüssigkeit abgießen.
Brötchen in Wasser einweichen und ausdrücken. Mit Hackfleisch, Ei, Salz und Gewürzen vermengen und abschmekken.
Eigelb mit Sahnejoghurt, Crème fraîche und Schafskäse verrühren.
Eiweiß steif schlagen und locker unterheben.
Auflaufform einfetten, Lauch und Hackfleischmasse abwechselnd einfüllen. Die Eimasse darübergeben.
Pinienkerne darüberstreuen und **18—20 Minuten garen.**

Einstellung:	Mikrowelle in Watt
dünsten	600
garen	600

Grünkernauflauf mit Äpfeln

½ l	**Milch**
100 g	**Grünkernschrot**
50 g	**Butter**
2	**Eigelb**
70 g	**Honig**
50 g	**geriebene Nüsse**
50 g	**Sultaninen**
1 Prise	**Salz**
	abgeriebene Zitronenschale
2	**Eiweiß**
400 g	**Äpfel**
25 g	**Butter**
½ TL	**Zimt**

Milch und Grünkernschrot im geschlossenen Gefäß in **7—8 Minuten aufkochen.** Bei Raumtemperatur 20—25 Minuten quellen und abkühlen lassen.
Butter, Eigelb und Honig schaumig rühren. Grünkernbrei, Nüsse, Sultaninen, Salz und Zitronenschale unterrühren.
Eiweiß steif schlagen und locker unterheben.
Äpfel waschen, schälen, Kerngehäuse entfernen und Äpfel grob raspeln.
Auflaufform einfetten. Äpfel und Brei schichtweise einfüllen.
Butter ½—**1 Minute schmelzen,** Zimt dazugeben, über den Auflauf träufeln und **12—14 Minuten garen.**

Einstellung:	Mikrowelle in Watt
aufkochen	600
schmelzen	600
garen	600

Feiner Quarkauflauf

375 g	**Sauerkirschen** aus dem Glas
500 g	**Quark**
3	**Eigelb**
100 g	**Zucker**
2 EL	**Zitronensaft**
1	**Vanille-Puddingpulver**
½ TL	**Backpulver**
3	**Eiweiß**

Kirschen abtropfen lassen.
Quark mit Eigelb, Zucker, Zitronensaft, Vanille-Puddingpulver und Backpulver zu einer cremigen Masse verrühren.
Eiweiß steif schlagen und locker unterheben.
Runde Auflaufform, Durchmesser 26 cm, einfetten, Quarkmasse einfüllen. Sauerkirschen darauf verteilen und **18—20 Minuten garen.**

Einstellung:	Mikrowelle in Watt
garen	600

Bild 150: Feiner Quarkauflauf, Rezept Seite 495.

Süßspeisen

Viele Süßspeisen lassen sich im Mikrowellengerät zubereiten. Flammeris gelingen ohne Ansetzen, Cremes werden nur zwei- bis dreimal umgerührt. Fruchtspeisen wie Kompott oder Grütze garen im eigenen Saft; Geschmack, Farbe und Vitamine bleiben weitgehend erhalten. Quellgerichte, die mit Reis oder Sago zubereitet werden, setzen nicht an. Die Gardauer bleibt im Vergleich zur herkömmlichen Zubereitung aber unverändert.

Praktische Hinweise

- Für Süßspeisen, die mit Milch zubereitet werden, hohe Gefäße nur bis zur Hälfte füllen, um ein Überkochen zu vermeiden.
- Süßspeisen, die mit Bindemitteln wie Puddingpulver oder Speisestärke zubereitet werden, während der Gardauer ein- bis zweimal umrühren. So verteilt sich das Bindemittel gleichmäßig, es setzt sich nicht ab, und es entstehen keine Klümpchen.

Dänische Schokoladencreme

150 g	**weiße Schokolade**
2	**Eigelb**
1	**Ei**
50 g	**Zucker**
1 Prise	**Salz**
1 EL	**Weinbrand**
4 Blatt	**weiße Gelatine**
2	**Eiweiß**
$^1/_4$ l	**süße Sahne**
Soße:	
375 g	**Himbeeren**
3 EL	**Zucker**
3 EL	**Himbeergeist**
	Zitronenmelisse

Schokolade in Stücke brechen und in **2$^1/_2$ Minuten schmelzen,** umrühren.
Eigelb mit Ei, Zucker und Salz dickschaumig schlagen, Weinbrand hinzufügen.
Gelatine einweichen, ausdrücken, in **10 Sekunden auflösen,** unter die Eimasse rühren und Schokolade zugeben.
Eiweiß, dann Sahne steif schlagen. Sobald die Creme anfängt, dicklich zu werden, beides locker unterheben und kühl stellen.

Für die Soße Himbeeren passieren oder pürieren, mit Zucker und Himbeergeist abschmecken.
Himbeersoße auf Teller verteilen. Mit einem in warmes Wasser getauchten Eßlöffel aus der Creme Klöße stechen und auf der Himbeersoße anrichten.
Mit Zitronenmelisse garnieren.

Einstellung:	Mikrowelle in Watt
schmelzen	360
auflösen	600

Creme Rio

1/8 l	**süße Sahne**
2 EL	**Zucker**
1 1/2 TL	**Speisestärke**
50 g	**Zartbitterschokolade**
2 EL	**Schokoladenlikör**
1/4 l	**süße Sahne**
1 EL	**Weinbrand**
	gehackte Pistazien

Sahne, Zucker und Speisestärke verrühren. Schokolade in Stücke brechen, zugeben, **1 Minute erwärmen** und durchrühren. In **1—1 1/2 Minuten aufkochen,** umrühren und kalt stellen.
Schokoladenlikör zugeben, locker aufschlagen.
Sahne steif schlagen und mit Weinbrand unter die Creme heben. In Schälchen füllen und mit Pistazien garnieren.

Einstellung:	Mikrowelle in Watt
erwärmen	600
aufkochen	600

Pflaumenkompott

500 g	**Pflaumen**
80 g	**Zucker**
1 Prise	**Zimt**
1 Msp	**Nelkenpulver**
4—5 EL	**Rotwein**

Pflaumen waschen, halbieren und entsteinen.
Mit Zucker, Zimt, Nelken und Rotwein im geschlossenen Gefäß **5—6 Minuten garen.**

Einstellung:	Mikrowelle in Watt
garen	600

Rote Grütze

500 g	**Obst** Sauerkirschen, Himbeeren, Johannisbeeren, Erdbeeren, Brombeeren
1/4 l	**Johannisbeersaft**
80 g	**Zucker**
1	**Vanillezucker**
2 EL	**Zitronensaft**
	abgeriebene Zitronenschale
1 Msp	**Nelkenpulver**
1 Prise	**Zimt**
40 g	**Speisestärke**
1/8 l	**Rotwein** oder Wasser

Obst waschen und putzen.
Mit Johannisbeersaft, Zucker, Vanillezukker, Zitronensaft und -schale und Gewürzen im geschlossenen Gefäß **7—9 Minuten garen.**
Speisestärke mit Rotwein verquirlen und unter das Obst geben, in **1 1/2—2 Minuten aufkochen.** Grütze erkalten lassen.
Mit flüssiger Sahne oder Vanillesoße reichen.

Tip:
- Statt frischer Früchte kann auch gefrorenes Obst verwendet werden. Die Einschaltdauer verlängert sich dann um 2—3 Minuten.

Veränderung:
- Grütze mit 2 EL Kirschwasser abschmecken.

Einstellung:	Mikrowelle in Watt
garen	600
aufkochen	600

Bratäpfel mit Kiwi-Soße

1/4	**Vanilleschote**
4 EL	**Orangensaft**
2 EL	**Honig**
4	**Äpfel,** Boskop oder Cox Orange
Soße:	
3	**Kiwis**
3 EL	**trockener Weißwein**
1 Prise	**Zimt**
25 g	**geröstete Mandelstifte**

Vanilleschote längs halbieren und Mark herausschaben. Mit Orangensaft und Honig in **3—4 Minuten aufkochen.**
Äpfel waschen, Kerngehäuse ausstechen.
Auflaufform einfetten, Äpfel hineingeben, mit Orangensoße beträufeln und **7—8 Minuten garen.**
Für die Soße Kiwis schälen, in Würfel schneiden und mit Weißwein und Zimt pürieren.
Bratäpfel mit Kiwisoße übergießen und mit Mandelstiften bestreuen.

Was ist zu beachten?

- Die Gardauer der Bratäpfel ist abhängig von der Apfelsorte und dem Reifegrad. Nach etwa 4 Minuten sollte der Garzustand überprüft werden.

Einstellung:	Mikrowelle in Watt
aufkochen	600
garen	600

Bild 151: Füllen der Germknödel.

Germknödel

375 g	**Mehl**
30 g	**Hefe**
1/8 l	**Milch** knapp
50 g	**Zucker**
1 Prise	**Salz**
1	**Ei**
75 g	**Fett**
Füllung:	
100 g	**Pflaumenmus**
Belag:	
25 g	**gemahlener Mohn**
50 g	**Butter**
25 g	**Puderzucker**

Hefeteig bereiten und gehen lassen.
In 4 Portionen teilen und rund formen. Eine Vertiefung eindrücken, mit Pflaumenmus füllen, Teigränder zusammennehmen und zum Knödel formen.
Auflaufform einfetten, Knödel hineingeben und gehen lassen.
Auflaufform und eine Tasse mit 4 EL heißem Wasser in das Mikrowellengerät geben, **5—6 Minuten garen.**
Mohn **2 Minuten rösten,** Butter zugeben, **1 1/2 Minuten schmelzen** und über die Knödel geben.
Mit Puderzucker bestäuben.

Einstellung:	Mikrowelle in Watt
garen	600
rösten	600
schmelzen	600

Bild 152: Germknödel mit Mohn und Puderzucker angerichtet, Rezept Seite 498.

Backen, Braten und Grillen

Mikrowellen-Kombinationsgeräte sind Mikrowellengeräte mit integrierter Backofen- und/oder Grillbeheizung. Die Zubereitung darin bedeutet schnelles und schonendes Garen bei gleichzeitiger Bräunung sowie Strom- und Zeitersparnis.

Die Gardauer der Rezepte für das Mikrowellen-Kombinationsgerät bezieht sich auf eine Ausgangsleistung von 600 Watt und eine Auftau- bzw. Fortkochleistung von 180 Watt. Der Backofen ist mit Ober- und Unterhitze und Grill ausgestattet. Bei Geräten mit davon abweichender Mikrowellenleistung oder einer Backofenbeheizung mit Umluftbetrieb sind Einstellung und Bedienung den entsprechenden Herstellerangaben zu entnehmen.

Der kombinierte Betrieb eignet sich für:

- Aufläufe aller Art
- tiefgefrorene Fertiggerichte (z. B. Canelloni)
- vorgefertigte Backwaren (z. B. Pizza, Apfelstrudel)
- Fleisch, Geflügel, Fisch
- Kuchen mit feuchten Belägen (z. B. Quarkkuchen, Obstkuchen).

Das verwendete Geschirr muß temperaturbeständig und mikrowellendurchlässig sein, wie z. B. feuerfeste Formen aus Glas, Glaskeramik und Porzellan, glasierte Keramik und hitzebeständige Kunststoffe.
Zum Backen sind je nach Herstellerangaben Metallbackformen empfehlenswert, da damit eine bessere Bräunung erzielt wird. Es ist aber darauf zu achten, daß die Metallform nicht an die Innenwände des Gerätes stößt, da sonst eine Funkenbildung entstehen kann.

Zwiebelsuppe

500 g	**Zwiebeln**
50 g	**Butter**
	grob gemahlener Pfeffer
1 l	**Brühe**
$^1/_8$ l	**Weißwein**
	Salz · Zucker · Paprika
4	**Weißbrotscheiben**
100 g	**geriebener Käse**

Einstellung:	Mikrowelle in Watt	Grill
andünsten	600	—
erhitzen	600	—
überbacken	—	×

Zwiebeln schälen und in feine Scheiben schneiden.
Butter und Zwiebeln im geschlossenen Gefäß **6 Minuten andünsten.** In 4 Suppentassen verteilen und mit Pfeffer bestreuen.
Brühe im geschlossenen Gefäß **5 Minuten erhitzen.** Wein zugießen, mit Salz, Zucker und Paprika abschmecken und in die Suppentassen verteilen.
Weißbrotscheiben toasten, in Würfel schneiden und auf die Suppe geben. Mit Käse bestreuen und unter dem vorgeheizten Grill **3—4 Minuten überbacken.**

Kasseler auf Gärtnerinnen-Art

600 g	**Kasseler** ohne Knochen
5—6 EL	**Weißwein**
1	**rote Paprikaschote**
1	**grüne Paprikaschote**
1 Stg	**Porree**
1	**Zwiebel**
200 g	**Champignons**
20 g	**Butter** oder Margarine
1 EL	**Mehl**
40 g	**Tomatenmark**
	Salz · Pfeffer
	Majoran · Basilikum
100 g	**geriebener Käse**

Fleisch waschen, mit Wein **10—12 Minuten garen,** herausnehmen.
Paprikaschoten halbieren, Kerne entfernen, Paprika waschen und in Streifen schneiden. Porree putzen, waschen und in Ringe schneiden. Zwiebel schälen und in Würfel schneiden. Champignons putzen, waschen und blättrig schneiden.
Butter **1—2 Minuten erhitzen,** Gemüse zugeben und im geschlossenen Gefäß **8—9 Minuten dünsten.** Mehl überstäuben, mit Weinsud ablöschen, Tomatenmark zugeben und mit Salz und Gewürzen abschmecken.
Fleisch in Scheiben schneiden und in eine Auflaufform legen. Gemüsemischung darübergeben, mit Käse bestreuen und im offenen Gefäß **9—10 Minuten überbacken.**

Einstellung:	Mikrowelle in Watt	Grill
garen	600	—
erhitzen	600	—
dünsten	600	—
überbacken	—	×

Provenzalischer Fischauflauf

500 g	**Kartoffeln**
500 g	**Lauch**
2 EL	**Öl**
1	**Knoblauchzehe**
	Salz · Pfeffer
2 EL	**Wasser**
750 g	**Fischfilet**
	Seelachs
	Zitronensaft · Salz
750 g	**Fleischtomaten**
1	**Zitrone**
16	**schwarze Oliven**
	Rosmarin · Thymian
	Salz · Pfeffer
1 EL	**Olivenöl**

Kartoffeln schälen, waschen und in Scheiben schneiden. Lauch putzen, waschen und in Ringe schneiden.
In einer Auflaufform Öl **1 Minute erhitzen,** Kartoffeln und Lauch darin **5 Minuten andünsten.** Knoblauchzehe schälen, zerdrücken und dazugeben. Mit Salz und Pfeffer bestreuen, Wasser hinzufügen und **10 Minuten dünsten.**
Fisch säubern, säuern, salzen und auf das Gemüse legen.
Tomaten überbrühen, abschrecken, abziehen und in Scheiben schneiden. Zitrone schälen und in Scheiben schneiden. Tomaten, Zitrone und Oliven auf den Fisch geben. Mit Kräutern, Salz und Pfeffer bestreuen, mit Öl beträufeln. Form auf den Rost setzen und **20—25 Minuten garen.**

Einstellung:	Mikrowelle in Watt	Ober-/Unterhitze in °C
erhitzen	600	—
andünsten	600	—
dünsten	600	—
garen	180	190—200

Beim Einsatz von Umluft Herstellerangabe beachten

Calvados-Poularde

1	**Poularde** 1,2 bis 1,5 kg **Salz · Pfeffer · Thymian**
30 g	**Butter**
2 EL	**Wasser**
500 g	**Äpfel** Boskop oder Cox Orange
	Thymian
1/8 l	**süße Sahne**
4 EL	**Calvados**
	Soßenbinder **Calvados zum Flambieren**

Poularde waschen, halbieren, abtrocknen, mit Salz und Gewürzen bestreuen und in ein Gefäß geben. Mit Butter bestreichen, Wasser zugeben und im geschlossenen Gefäß **20—25 Minuten braten.**

Äpfel schälen, Kerngehäuse ausstechen, Äpfel in dicke Ringe schneiden.

Apfelringe zur Poularde geben, mit Thymian bestreuen. Sahne und Calvados übergießen und ohne Zuschalten der Mikrowellenleistung im offenen Gefäß **20—25 Minuten braten.**

Soße mit Soßenbinder binden, in **30 Sekunden aufkochen** und abschmecken.

Poularde mit Calvados übergießen und anzünden.

Einstellung:	Mikrowelle in Watt	Ober-/Unterhitze in °C
braten	180	250
braten	—	250
aufkochen	600	—

Bauerntopf

500 g	**Kartoffeln**
500 g	**Zwiebeln**
500 g	**Fleisch** Rind- und Schweinefleisch
	Salz · Pfeffer
300 g	**saure Sahne** **Butter**
	Petersilie

Kartoffeln schälen und waschen. Zwiebeln schälen. Fleisch waschen und abtrocknen. Kartoffeln und Zwiebeln in Scheiben, Fleisch in Würfel schneiden.

Auflaufform einfetten. Fleisch, Zwiebeln und Kartoffeln schichtweise einfüllen und jeweils mit Salz und Pfeffer bestreuen. Sahne übergießen, Butterflöckchen darauf verteilen und im geschlossenen Gefäß **55—60 Minuten garen.**

Mit zerkleinerter Petersilie bestreuen.

Einstellung:	Mikrowelle in Watt	Ober-/Unterhitze in °C
garen	180	200

Bild 153: Zwiebelsuppe, Rezept Seite 499.

Fächerkartoffeln

1 kg	**Kartoffeln** gleicher Größe
50 g	**Butter** oder Margarine **Salz · Pfeffer**
50 g	**geriebener Käse**

Kartoffeln schälen und waschen. Auf einen Eßlöffel legen und in dichten Abständen so weit einschneiden, daß sie unten noch zusammenhalten. In eine flache Auflaufform legen.
Butter **1 Minute erhitzen** und die Hälfte auf die Kartoffeln streichen. Mit Salz und Pfeffer bestreuen und **25—30 Minuten backen.** Nach 15 Minuten Gardauer mit der restlichen Butter bestreichen und Käse darüberstreuen.

Einstellung:	Mikrowelle in Watt	Ober-/Unterhitze in °C
erhitzen	600	—
backen	360	250

Kartoffelgratin

1	**Knoblauchzehe**
500 g **100 g**	**Kartoffeln** **Greyerzer Käse** **Muskat · Pfeffer · Salz**
1/8 l **1/8 l** **2**	**Milch** **süße Sahne** **Eier** **Butter**

Knoblauchzehe halbieren, Auflaufform damit einreiben und einfetten.
Kartoffeln schälen, waschen und in dünne Scheiben schneiden. Käse reiben. Kartoffeln in zwei Schichten in die Form geben. Jede Schicht mit Käse, Muskat, Pfeffer und Salz bestreuen.
Milch, Sahne und Eier verquirlen und über die Kartoffeln gießen. Butterflöckchen darauf verteilen und **18—20 Minuten garen.**
Nach 10 Minuten Gardauer Grill zuschalten und **überbacken.**

Was ist zu beachten?

- Eine mehlig kochende Kartoffelsorte verwenden.

Einstellung:	Mikrowelle in Watt	Grill
garen	600	—
überbacken	600	×

Champignon-Käse-Kuchen

125 g **1/2 TL** **1 Prise** **1** **75 g**	**Mehl** **Backpulver** **Salz** **Ei** **Butter** oder Margarine
250 g **250 g** **100 g**	**Tomaten** **Champignons** **gekochter Schinken**
1/8 l **4** **125 g** **1 Bund** **1 Prise**	**Sahne** **Eier** **geriebener Käse** **Schnittlauch** **Salz · Pfeffer · Paprika** **Muskat**

Mürbeteig bereiten und kalt stellen.
Springform einfetten. Teig auf einer bemehlten Arbeitsfläche ausrollen, Form damit auslegen und einen 4 cm hohen Rand andrücken. Form auf den Rost setzen und **20—25 Minuten vorbacken.**
Tomaten überbrühen, abschrecken, abziehen und in Achtel schneiden. Champignons putzen, waschen und in dünne Scheiben schneiden, Schinken in Würfel schneiden. Zutaten auf dem vorgebackenen Boden verteilen.
Sahne, Eier, Käse, zerkleinerten Schnittlauch, Salz und Gewürze verrühren, darübergießen und **30—35 Minuten backen.**

Einstellung:	Mikrowelle in Watt	Ober-/Unterhitze in °C
vorbacken	—	200
backen	180	225

Spinat-Pizza

250 g	**Weizenvollkornmehl**
20 g	**Hefe**
1/8 l	**Milch**
1 Prise	**Salz**
	Pfeffer · Zwiebelpulver
1	**große Zwiebel**
75 g	**gekochter Schinken**
50 g	**durchwachsener Speck**
600 g	**TK-Blattspinat**
1	**Knoblauchzehe**
	Salz · Zitronensaft
1 Prise	**Muskat**
250 g	**Fleischtomaten**
	Salz · Pfeffer · Oregano
150 g	**geriebener Gouda**

Hefeteig bereiten und gehen lassen. Zwiebel schälen. Zwiebel und Speck in Würfel schneiden. Zusammen im geschlossenen Gefäß **3 Minuten andünsten.** Spinat zugeben und **6 Minuten antauen.** Knoblauchzehe schälen, zerdrükken, zum Spinat geben und **12 Minuten garen.** Mit Salz, Zitronensaft und Muskat abschmecken und kalt stellen.
Glasfettpfanne einfetten, Teig darin verteilen, mit einer Gabel einstechen und den Spinat daraufgeben.
Tomaten waschen, in Scheiben schneiden und auf den Spinat geben. Mit Salz, Gewürzen und Käse bestreuen und **15—20 Minuten backen.**

Einstellung:	Mikrowelle in Watt	Ober-/Unterhitze in °C
andünsten	600	—
antauen	180	—
garen	600	—
backen	180	250

Beim Einsatz von Umluft Herstellerangabe beachten

Festtagspastete

250 g	**Mehl**
1 EL	**Kräuter der Provence**
1 Prise	**Salz**
150 g	**Quark**
150 g	**Butter**
2	**hartgekochte Eier**
1	**Zwiebel**
1	**rote Paprikaschote**
1	**grüne Paprikaschote**
200 g	**Champignons**
20 g	**Butter**
1	**Brötchen**
375 g	**Rindergehacktes**
1	**Ei**
	Beifuß · Majoran · Salz
100 g	**Kräuterleberpastete**
	Paniermehl

Mürbeteig bereiten und kalt stellen.
Eier pellen und in Würfel schneiden.
Zwiebel schälen, in Würfel schneiden. Paprikaschoten halbieren, Kerne entfernen, waschen und in Streifen schneiden. Champignons putzen, waschen, in Scheiben schneiden. Butter **1 Minute erhitzen,** Gemüse darin **6 Minuten andünsten.**
Brötchen in Wasser einweichen und ausdrücken. Gehacktes mit Brötchen, Ei, Kräutern und Salz verkneten. Leberpastete in Würfel schneiden und untermengen.
Pastetenform einfetten und mit Paniermehl ausstreuen. Teig auf einer bemehlten Arbeitsfläche ausrollen, zuerst eine Teigdecke für die Pastetenform ausschneiden, mit dem restlichen Teig Boden und Rand der Form auslegen. Auf den Teigboden Eier, die Hälfte des Hackfleischteiges, das Gemüse und den restlichen Hackfleischteig füllen. Teigdecke auflegen. Mit einer Gabel mehrmals einstechen und mit Wasser bestreichen. Form auf den Rost setzen und **25—30 Minuten backen.**

Einstellung:	Mikrowelle in Watt	Ober-/Unterhitze in °C
erhitzen	600	—
andünsten	600	—
backen	180	200

Haselnuß-Oliven-Tarte

100 g	**geriebene Haselnüsse**
150 g	**Weizenvollkornmehl**
1	**Ei**
100 g	**Butter** oder Margarine
1 Prise	**Salz**
1 TL	**Honig**
500 g	**Zucchini**
30 g	**Fett**
1 EL	**Essig**
	Thymian · Salz · Pfeffer
75 g	**schwarze Oliven**
½	**Pfefferschote**
75 g	**gehackte Haselnüsse**
100 g	**süße Sahne**
150 g	**Crème fraîche**
1	**Ei**
30 g	**geriebener Käse**
	Salz

Mürbeteig bereiten und kalt stellen.
Zucchini waschen und in ½ cm dicke Scheiben schneiden. In der Pfanne Fett erhitzen, Zucchini darin anbraten, mit Essig, Thymian, Salz und Pfeffer würzen und abkühlen lassen.
Tarteform einfetten. Teig auf einer bemehlten Arbeitsfläche ausrollen, einlegen, einen Rand formen und den Boden mit einer Gabel mehrmals einstechen. Zucchini auf den Teig legen.
Oliven entkernen. Oliven und Pfefferschote hacken, mit den Nüssen mischen und auf die Zucchini geben.
Sahne, Crème fraîche, Ei und Käse verrühren, mit Salz abschmecken, darübergießen. Form auf den Rost setzen und **25—30 Minuten backen.**

Einstellung:	Mikrowelle in Watt	Ober-/Unterhitze in °C
backen	180	180—200

Frühlingsrolle China-Art

300 g	**TK-Blätterteig**
2	**Zwiebeln**
20 g	**Butter** oder Margarine
200 g	**Hackfleisch** halb und halb
1 Stg	**Lauch**
250 g	**Weißkohl**
150 g	**Champignons**
1	**Eigelb**
	Sojasauce · Salz · Pfeffer
200 g	**geriebener Käse**
1	**Eigelb**
1 EL	**Wasser**

Blätterteig auftauen.
Zwiebeln schälen und in Würfel schneiden. Butter **1 Minute erhitzen.** Zwiebeln und Hackfleisch darin **6 Minuten andünsten.**
Lauch und Weißkohl putzen, waschen, in feine Streifen schneiden und **10 Minuten dünsten.**
Champignons putzen, waschen und in Scheiben schneiden, hinzufügen, **2 Minuten dünsten.** Mit Eigelb legieren, mit Sojasauce, Salz und Pfeffer abschmecken und kalt stellen.
Backofen **vorheizen.**
Blätterteig messerrückendick zu einem Rechteck ausrollen.
Fleisch-, Gemüsefüllung und Käse so darauf verteilen, daß ein Rand von 3 cm bleibt. Ränder über die Füllung schlagen und von der langen Seite her aufrollen. Glasfettpfanne anfeuchten, Rolle darauflegen.
Eigelb mit Wasser verrühren, Rolle damit bestreichen und **20—25 Minuten backen.**

Einstellung:	Mikrowelle in Watt	Ober-/Unterhitze in °C
erhitzen	600	—
andünsten	600	—
dünsten	600	—
vorheizen	—	250
backen	180	250

Schokoladen-Gewürzkuchen

100 g	**Bitterschokolade**
125 g	**Butter** oder Margarine
100 g	**Zucker**
5	**Eigelb**
150 g	**geriebene Mandeln**
100 g	**geriebener Zwieback**
½ TL	**Zimt**
2 Msp	**Kardamom**
1 Msp	**Muskatblüte**
5	**Eiweiß**
200 g	**Aprikosenkonfitüre**
200 g	**Kuvertüre**

Schokolade zerkleinern und **1½ Minuten schmelzen.**
Mit Butter schaumig rühren und die übrigen Zutaten hinzufügen.
Eiweiß steif schlagen und locker unterheben.
Springform nur am Boden einfetten oder mit Backpapier auslegen, Teig einfüllen. Form auf den Rost setzen und **25—30 Minuten backen.**
Aprikosenkonfitüre **1 Minute erwärmen** und den warmen Kuchen damit bestreichen.
Kuvertüre zerkleinern, **1½ Minuten schmelzen,** einmal umrühren und den Kuchen damit überziehen.

Einstellung:	Mikrowelle in Watt	Ober-/Unterhitze in °C
schmelzen	360	—
backen	180	190—200
erwärmen	600	—

Mailänder Apfeltorte

200 g	**Mehl**
1 TL	**Backpulver**
50 g	**Zucker**
1 Prise	**Salz**
1	**Ei**
1 EL	**Milch** oder Wasser
100 g	**Butter** oder Margarine

Quarkfüllung:

500 g	**Quark**
100 g	**Zucker**
1	**Vanillezucker**
	Saft einer Zitrone
1	**Ei**
20 g	**Speisestärke**

Apfelfüllung:

750 g	**Äpfel**
50 g	**Zucker**
1 TL	**Zimt**

Belag:

50 g	**Mandelblätter**

Aus den angegebenen Zutaten einen Mürbeteig bereiten und kalt stellen.
Springform einfetten. Teig in die Form drücken und einen 3 cm hohen Rand formen.
Für die Quarkfüllung Zutaten verrühren.
Für die Apfelfüllung Äpfel waschen, schälen, Kerngehäuse entfernen, grob raspeln und mit Zucker und Zimt vermischen.
Quark- und Apfelfüllung abwechselnd ringförmig auf den Teigboden geben und Mandeln darüberstreuen. Form auf den Rost setzen und **30—35 Minuten backen.**

Einstellung:	Mikrowelle in Watt	Ober-/Unterhitze in °C
backen	180	190—200

Beim Einsatz von Umluft Herstellerangabe beachten

Nuß-Quarkkuchen

150 g	**Butter** oder Margarine
250 g	**Zucker**
1 Prise	**Salz**
5	**Eier**
250 g	**Quark**
200 g	**geschmolzene Nougatmasse**
200 g	**geriebene Haselnüsse**
100 g	**gehackte Haselnüsse**
200 g	**Mehl**
1	**Backpulver**
	Paniermehl
2 EL	**Puderzucker**

Aus den angegebenen Zutaten einen Rührteig bereiten.
Springform einfetten und mit Paniermehl ausstreuen, Teig einfüllen. Form auf den Rost setzen und **30—35 Minuten backen.**

Einstellung:	Mikrowelle in Watt	Ober-/Unterhitze in °C
backen	180	190—200

Nach dem Backen
Den erkalteten Kuchen mit Puderzucker bestäuben.

Nuß-Möhren-Torte

120 g	**Honig**
5	**Eigelb**
½ TL	**Zimt**
3 EL	**Kirschwasser**
250 g	**fein geraspelte Möhren**
250 g	**gemahlene Haselnüsse**
5	**Eiweiß**
Guß:	
200 g	**Puderzucker**
2 EL	**Kirschwasser**
2 EL	**Zitronensaft**

Honig, Eigelb, Zimt und Kirschwasser verrühren, Möhren und Nüsse unterrühren.
Eiweiß steif schlagen und locker unterheben.

Springform nur am Boden einfetten oder mit Backpapier auslegen, Teig einfüllen. Form auf den Rost setzen und **25—30 Minuten backen.**

Einstellung:	Mikrowelle in Watt	Ober-/Unterhitze in °C
backen	180	190—200

Nach dem Backen
Torte erkalten lassen.
Für den Guß Puderzucker mit Kirschwasser und Zitronensaft verrühren. Torte rundum damit überziehen.

Birnenkuchen

200 g	**Mehl**
1 TL	**Backpulver**
50 g	**Zucker**
1 Prise	**Salz**
1	**Ei**
1 EL	**Milch** oder Wasser
100 g	**Butter** oder Margarine
Belag:	
50 g	**geriebene Mandeln**
1 Dose	**Birnen** Abtropfgewicht 750 g
Sahneguß:	
2	**Eier**
200 ml	**süße Sahne**
200 ml	**Crème fraîche**
1 Prise	**Salz**
½ TL	**Zimt**
50 g	**geriebene Mandeln**
2 EL	**Zucker**

Aus den angegebenen Zutaten einen Mürbeteig bereiten und kalt stellen.
Glas-Fettpfanne einfetten. Teig darauf ausrollen. Mandeln darüberstreuen. Birnen abtropfen lassen und darauf verteilen.
Für den Sahneguß die Zutaten miteinander verrühren, über die Birnen gießen, einsetzen und **25—30 Minuten backen.**

Einstellung:	Mikrowelle in Watt	Ober-/Unterhitze in °C
backen	180	190—200

Apfelkuchen mit Rahmguß

200 g	**Mehl**
1 TL	**Backpulver**
50 g	**Zucker**
1	**Vanillezucker**
1 Prise	**Salz**
1	**Ei**
100 g	**Butter** oder Margarine

Belag:

750 g	**Äpfel**
3 EL	**Zitronensaft**
3 EL	**Rum**
3 EL	**Zucker**

Guß:

125 g	**Quark**
100 g	**Zucker**
1	**Vanillezucker**
3	**Eier**
50 g	**Speisestärke**
1 EL	**Zitronensaft**
¼ l	**saure Sahne**

Aus den angegebenen Zutaten einen Mürbeteig bereiten und kalt stellen.

Glas-Fettpfanne einfetten. Teig darauf ausrollen.
Für den Belag Äpfel waschen, schälen, halbieren, Kerngehäuse entfernen. Die gewölbte Seite in gleichmäßigen Abständen ½ cm tief einschneiden. Mit dieser Seite nach oben auf den Teig legen. Zitronensaft, Rum und Zucker verrühren und die Äpfel damit bepinseln.
Für den Guß die Zutaten verrühren, über die Äpfel gießen, einsetzen und **25—30 Minuten backen.**

Einstellung:	Mikrowelle in Watt	Ober-/Unterhitze in °C
backen	180	190—200

Beim Einsatz von Umluft Herstellerangabe beachten

Bild 154: Birnenkuchen, Rezept Seite 506.

Vorratshaltung

Um Lebensmittel vor dem Verderb zu bewahren, müssen sie haltbar gemacht werden. Es gibt die verschiedensten Verfahren. Alle haben zum Ziel, mikrobiologische und biochemische Vorgänge, die in den Lebensmitteln nach der Ernte oder Schlachtung noch ablaufen, zu hemmen oder auszuschalten. Damit wird die Haltbarkeit und Genußfähigkeit der Lebensmittel verlängert.
Die im Haushalt üblichen Verfahren zur Haltbarmachung von Lebensmitteln lassen sich entsprechend der in der Lebensmitteltechnologie gebräuchlichen Einteilung in zwei Gruppen einordnen:

1. **Chemisches Verfahren,**
   z. B. Salzen, Pökeln, Räuchern, Zuckern, Säuern, Zusatz von Konservierungsstoffen, Einlegen in konservierende Flüssigkeiten wie Alkohol, Zuckerlösung, Salzlösung.
2. **Physikalisches Verfahren,**
   z. B. Sterilisieren, Dampfentsaften, Trocknen, Kühlen, Gefrieren.

Im Haushalt gibt es verschiedene Möglichkeiten, Obst und Gemüse, Fleisch und Wurst durch Wärme haltbar zu machen:

- In Gläsern, Flaschen und Blechdosen im Wasserbad eines Einkochkessels, der entweder auf eine Kochstelle des Elektroherdes gestellt wird oder direkt beheizt ist und unabhängig vom Herd benutzt werden kann;
- In Einzelgläsern in kochendem Wasser im Kochtopf auf der Kochstelle;
- In Gläsern im Schnellkochtopf;
- In Gläsern in der heißen Luft des Backofens;
- Haltbarmachen von Säften durch Dampfentsaften;
- Mus-, Konfitüren-, Marmeladen- und Geleebereitung.

Im Rahmen dieses Buches können nur einige Methoden des Haltbarmachens näher beschrieben werden. Die Darstellung aller Möglichkeiten mit ausführlichen Anweisungen und Rezeptbeispielen enthalten die Lehrschriften „ABC des Einmachens", „ABC des Einfrierens" und „ABC der Elektrokühlung", zu beziehen bei den zuständigen Energieversorgungsunternehmen (EVU) oder bei der Energie-Verlag GmbH, Postfach 10 21 40, 6900 Heidelberg 1; Anweisungen für das Kühlen und Gefrieren enthält auch der HEA-Bilderdienst, Serie „Kühl- und Gefriergeräte", zu beziehen bei den zuständigen EVU oder bei Verlags- und Wirtschaftsgesellschaft der Elektrizitätswerke mbH — VWEW, Stresemannallee 23, 6000 Frankfurt/Main 70.

Haltbarmachen durch Sterilisieren

„Einkochen" oder „Einmachen" sind die gebräuchlichen Bezeichnungen für das Sterilisieren, bei dem Lebensmittel auf Temperaturen bis 100 °C erhitzt werden.
Der Inhalt der Gläser und Flaschen wird durch Einwirken von Wärme innerhalb einer bestimmten Dauer auf eine Temperatur von 75—100 °C gebracht. Durch die zugeführte Wärme dehnen sich die im Glas befindliche Luft und der entstehende Wasserdampf aus, so daß ein Teil der Gase am federnd aufliegenden Deckel entweicht.
Beim Abkühlen zieht sich der Inhalt im Glas wieder zusammen, die festsitzende Klammer oder Feder drückt den Glasdeckel so auf den Gummiring, daß keine Luft mehr von außen in das Glas eindringen kann. Es entsteht im Glas ein luftverdünnter Raum über dem Einkochgut, so daß nach dem Abnehmen der Klammer der Deckel fest angesaugt auf dem Gummiring sitzen bleibt.

Die Haltbarkeit wird beim Sterilisieren jedoch nicht nur durch ein luftdichtes Verschließen der Nahrungsmittel, sondern gleichzeitig durch das Abtöten der Mikroorganismen bei entsprechenden Temperaturen innerhalb einer bestimmten Dauer erreicht.

Voraussetzung für ein sicheres Gelingen sind gute Qualität des Einmachgutes, einwandfreie Geräte und Gläser, Sauberkeit und Sorgfalt bei der Vorbereitung.

Folgende Grundregeln und Hinweise sollten deshalb beachtet werden:

- Die Lebensmittel möglichst sofort nach der Ernte oder dem Einkauf sterilisieren. Eine längere Lagerung vermindert den Vitamingehalt und führt leicht zu Gärung.
- Nur einwandfreies Obst und Gemüse verwenden. Überreifes, überdüngtes oder zu weiches Einmachgut allenfalls noch zu Saft verarbeiten.
- Einmachgläser und Deckel genau kontrollieren. Beschädigte Teile und poröse Gummiringe aussortieren, Klammern und Federn auf ausreichende Elastizität hin überprüfen und nur genau zueinander passende Teile verwenden.
- Flaschen, Gläser und Ringe werden in heißem Spülmittelwasser gereinigt und in heißem klaren Wasser nachgespült. Die Ringe bleiben bis zum Gebrauch im Wasser liegen. Die Gläser und Flaschen werden nicht abgetrocknet, da leicht Fasern des Tuches am Glas haften bleiben, sondern auf ein sauberes Tuch gestülpt, damit das Wasser abläuft.
- Gläser für Konfitüre, Gelee oder Marmelade können nach dem Spülen umgekehrt auf den Rost in den Backofen gestellt und bei 50 °C getrocknet und erwärmt werden, damit sie beim kochendheißen Einfüllen nicht platzen.

Obst

Die Früchte werden wie üblich vorbereitet und in die nach Vorschrift gereinigten und ausgetropften Gläser gefüllt. Man achte darauf, daß das Obst gut eingeschichtet wird, um den Rauminhalt auszunutzen. Zu diesem Zweck kann man das Glas während des Einfüllens ab und zu auf einem dicken, weichen Tuch aufstoßen. Auf diese Weise füllen sich die Zwischenräume besser. Ein Einpressen sollte jedoch vermieden werden.
Obst kann mit einer Zuckerlösung aufgefüllt oder mit Streuzucker eingeschichtet werden. Die Konzentration der Zuckerlösung bzw. die Menge des Streuzuckers richtet sich nach der Obstsorte, dem Reifegrad und der gewünschten Süße. Die Zuckermenge ist der Zuckertabelle auf Seite 520 zu entnehmen.
Für die Zuckerlösung werden Zucker und Wasser zum Kochen gebracht. Man rechnet etwa $^1/_4$ bis $^1/_3$ des Glasinhaltes, wenn das Obst bedeckt sein soll, d. h. auf sechs 1-l-Gläser $1^1/_2$ bis 2 l Zuckerlösung. Obst, das sich leicht verfärbt, wie Pfirsiche, Aprikosen, helle Pflaumensorten, Äpfel oder Birnen, wird mit der heißen Flüssigkeit bedeckt, andere Sorten mit der erkalteten, und bei saftreichem Obst, wie Kirschen oder Pflaumen, nur bis zur Hälfte des Glases aufgefüllt.
Zucker hebt das Aroma und verbessert den Wohlgeschmack der Früchte, hat aber keinen Einfluß auf die Haltbarkeit. Deshalb kann ohne weiteres für Diabetiker eine Süßstofflösung verwendet werden, oder die Früchte werden erst später beim Verzehr nach Belieben gesüßt.

Tip:

- Die Zuckerzugabe ist Geschmacksache, am besten notiert man sich auf der Zuckertabelle Seite 520 die verwendete Menge.

Die Gläser dürfen nicht zu voll gefüllt werden, da sonst der Inhalt überkochen könnte. Die Gummiringe würden dann durch den Zucker verkleben; bei solchen Gläsern besteht später leicht die Gefahr des Aufgehens. Nachdem der Rand der Gläser mit einem sauberen Tuch und heißem Wasser gründlich gereinigt ist, legt man den feuchten Gummiring und Deckel auf und spannt eine Klammer darüber. Ein zu straffes Spannen muß auf alle Fälle vermieden werden, weil dies ein Springen des Deckels zur Folge haben kann.

Gemüse

Gemüse sollte am Tage des Einkaufes oder der Ernte verarbeitet werden, da es bereits im rohen Zustand leicht zum Säuern neigt.
Das vorbereitete und entsprechend zerkleinerte Gemüse kann roh in die vorbereiteten Gläser gefüllt werden. Bei empfindlichem Gemüse, wie Bohnen und Erbsen, ist es jedoch sicherer, dieses zunächst portionsweise 5 bis 10 Minuten in reichlich kochendem Wasser abzukochen, kalt abzuspülen und erst dann in die Gläser zu geben. Das Gemüse wird mit abgekochtem, ungesalzenem Wasser bedeckt und möglichst sofort sterilisiert. Das Abkochwasser sollte zum Auffüllen nicht verwendet werden, da es das Säuern begünstigt.
Für die meisten Gemüsearten genügt ein einmaliges Sterilisieren. Bei stickstoffreichen Arten, z. B. Erbsen und Bohnen oder nicht abgekochtem Gemüse, kann das Sterilisieren nach 48 Stunden wiederholt werden, um besonders widerstandsfähige Bakterien, die Sporen, mit Sicherheit zu vernichten. Für das zweite Sterilisieren wird dann vom Perlen ab nur die Hälfte der Dauer gerechnet.

Fleisch und Wurst

Das Fleisch, das haltbar gemacht werden soll, muß von tadelloser Beschaffenheit sein. Vor dem Einlegen wird es knapp gargekocht oder gebraten. Man beachte, daß es nicht zu weich wird, da es sonst beim Gebrauch zerfällt und unansehnlich wird. Zur besseren Ausnutzung der Gläser empfiehlt es sich, die Knochen auszulösen.
Der Inhalt soll nur bis 2 cm unter den Rand reichen. Zum Auffüllen nimmt man das Bratfett, das mit etwas Wasser verlängert werden kann, oder die Brühe, in der das Fleisch gekocht wurde. Niemals Soße zugießen, die bereits mit Mehl gebunden ist, da letzteres die Haltbarkeit beeinträchtigen würde.

Was ist zu beachten?
- Den Glasrand frei von Fett halten.
- Gläser mit Wurst nur gut zur Hälfte füllen, da die Masse während des Kochens hochsteigt.
- Für Fleisch und Wurst ist das Sterilisieren im Wasserbad der Methode im Backofen vorzuziehen.

Sterilisieren in Gläsern im Wasserbad

Die bekannte Art des Sterilisierens im Wasserbad kann mit Einkochtopf oder Kochtopf auf der Kochstelle, oder im direkt beheizten Einkochtopf mit Anschluß an eine Schukosteckdose erfolgen.
Für den Sterilisiervorgang werden die gefüllten Gläser, möglichst in gleicher Größe und mit gleichem Inhalt, mit Federklammern am Einsatz festgehalten oder mit Klammern versehen auf einen Untersatz ins Wasser gestellt. Die Wasserhöhe sollte der des Glasinhaltes entsprechen, die Wassertemperatur etwa gleich sein.
Rundglasgläser mit Vertiefung im Deckel in unterschiedlichen Formen und Größen sind platzsparend und rutschsicher aufeinander zu stapeln. Bei Verwendung der neuen Einweck-Klammern aus Edelstahl passen in einen Einkochtopf 14 Stück 1-l-Rundrandgläser oder 21 Stück ½-l-Rundrandgläser. Die oberen Gläser sollten hierbei gut ¾ im Wasser stehen. Der Schließdruck der Klammern und die abdichtenden Gummiringe verhindern, daß während des Einkochvorganges Wasser von außen in die unteren Gläser eindringt.
Die Sterilisiertemperatur und -dauer müssen genau eingehalten werden (siehe Sterilisiertabelle Seite 514 oder Gebrauchsanweisung des Herstellers). Die eigentliche Sterilisierdauer beginnt nach Erreichen der für das Einmachgut bestimmten Temperatur.
Beim direkt beheizten Einkochtopf erfolgt die Einstellung der Heizleistung über einen Schalter mit Merkzahlen oder einen Temperaturwähler. Ein zusätzlich eingebauter Zeitschalter ermöglicht, daß automatisch, also ohne Überwachung, eingekocht werden kann.
Nach Beendigung des Sterilisiervorganges wird der Deckel des Einkochtopfes abgenommen, nach weiteren 15 Minuten sind die Gläser herauszunehmen. Ein langsames Abküh-

Rundrandglas, mit Gummiring und zwei Einweck®-Klammern verschlossen

Rundrandgläser und die dazugehörenden Deckel lassen sich rutschsicher und platzsparend stapeln

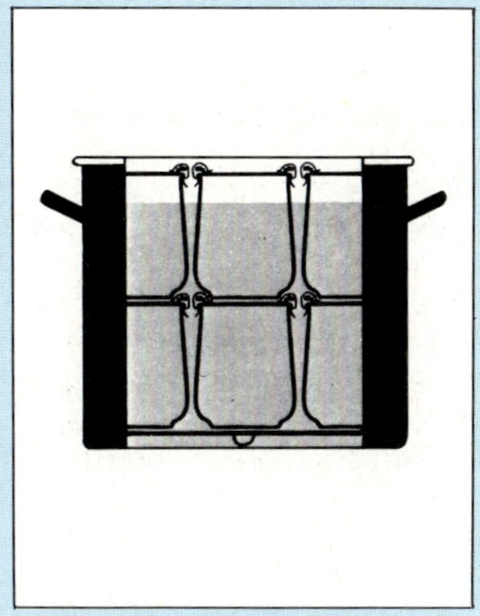

Bei Verwendung der Einweck®-Klammern können die Gläser im Einkochtopf aufeinandergesetzt werden; das oberste bzw. höchste Glas muß gut 3/4 im Wasser stehen

len im Wasserbad ist zu vermeiden, weil dadurch eine erneute Keimbildung und Säuerung des Einmachgutes begünstigt wird. Die Klammern sind erst nach völligem Erkalten abzunehmen.

Sterilisieren in einzelnen Gläsern im Kochtopf

Dazu wird das vorbereitete Glas auf einen Untersatz in einen hohen Kochtopf gestellt und so viel Wasser aufgefüllt, daß es dem Inhalt des Glases gleichsteht. Bei Verwendung von hohen Gläsern kann statt des Topfdeckels ein zweiter Kochtopf oder eine Schüssel zum Verschließen des Kochtopfes genommen werden.
Für das Einkochen einzelner Gläser mit **Obst** wird das Wasser bis zum Kochen gebracht. Danach wird die Kochstelle ausgeschaltet und 20 Minuten auf ausgeschalteter Kochstelle sterilisiert. Das Glas dann sofort herausnehmen.
Einzelne Gläser mit **Gemüse** werden nach dem Ankochen 60—90 Minuten fortgekocht und weitere 20 Minuten auf ausgeschalteter Kochstelle sterilisiert. Die Gläser dann sofort herausnehmen.

Sterilisieren in Gläsern im Schnellkochtopf

Für den Sterilisiervorgang im Schnellkochtopf werden die Gläser wie üblich vorbereitet und mit Klemmbügeln versehen. Der Schnellkochtopf wird mit 2 bis 3 Tassen Wasser gefüllt, Gläser oder Flaschen im gelochten Einsatz hineingestellt und mit dem Deckel verschlossen. Die Sterilisierdauer beginnt, wenn der Ventilstift hochkommt und die erste Rille sichtbar wird.
Für Obst beträgt die Sterilisierdauer je nach Obstsorte zwischen 8 und 12 Minuten, für Gemüse zwischen 15 und 20 Minuten und für Fleisch 20 Minuten.
Nach Beendigung des Sterilisiervorganges den Schnellkochtopf nicht mit Wasser abkühlen, sondern beiseite stellen und erst öffnen, wenn er vollständig drucklos ist.
Für das Sterilisieren im Schnellkochtopf empfiehlt sich das Arbeiten nach Herstellerangabe.

Sterilisieren in Blechdosen im Wasserbad

Für den Sterilisiervorgang von Blechdosen sind die vorbereiteten Dosen mit einer Verschlußmaschine zu schließen oder Dosen mit einem elastischen Spannring zu verwenden.
Blechdosen nur im Wasserbad im Einkochtopf sterilisieren. Sterilisierzeiten sind den Herstellerangaben oder der Sterilisiertabelle auf Seite 514 zu entnehmen.

Was ist zu beachten?

- Blechdosen dürfen nicht in heißer Luft im Backofen eingekocht werden. Dabei kann ein Überdruck entstehen, der ein Platzen der Dosen und unter Umständen eine Beschädigung des Backofens zur Folge haben kann.

Sterilisieren in Gläsern im Backofen mit Ober- und Unterhitze

Der Backofen hat durch seine Größe den Vorteil, daß sechs bis acht 1-l-Gläser in einem Vorgang eingekocht werden können. Es empfiehlt sich, nur gleich große Gläser mit gleichem Inhalt zu sterilisieren.
Dazu wird die Fettpfanne auf den Backofenboden oder auf die untere Einschubleiste gesetzt und 1 cm hoch mit heißem Wasser (1—1½ l) gefüllt. Die vorbereiteten Gläser werden in das heiße Wasser eingesetzt, der Backofen auf 175 °C eingestellt und die Gläser in der heißen Luft des Backofens sterilisiert.
Die Sterilisierdauer rechnet vom Perlen an, d. h. im Glas müssen in geringen Abständen nacheinander Bläschen aufsteigen. Bis zum Perlen dauert es bei 1-l-Gläsern bei

6 Gläsern etwa	70 Minuten
5 Gläsern etwa	65 Minuten
4 Gläsern etwa	60 Minuten.

Beim Einsetzen der Gläser in den vorgeheizten Backofen verkürzt sich die Dauer um etwa 10 Minuten.

Bei **Obst** wird der Backofen nach Erreichen des Perlens ausgeschaltet und zum Sterilisieren 25 bis 30 Minuten lang die Nachwärme ausgenutzt. Anschließend sind die Gläser sofort herauszunehmen.

Bei **Gemüse und Fleisch** ist der Backofen nach Erreichen des Perlens auf 125 bis 150 °C zurückzuschalten und 60 bis 90 Minuten bei dieser Temperatur weiter zu sterilisieren. Auch danach 25 bis 30 Minuten Nachwärme dazurechnen. Anschließend sind die Gläser sofort herauszunehmen.

Was ist zu beachten?

- Ein langsames Abkühlen im Backofen ist zu vermeiden, weil dadurch eine erneute Keimbildung und Säuerung des Einmachgutes begünstigt wird.

Die in der Sterilisiertabelle auf Seite 514 angeführten Zeiten geben nur Richtwerte, denn Außentemperatur, Anzahl der Gläser, Menge und Wärme des Glasinhalts sind unterschiedlich. Vor dem Um- und Abschalten sollte man sich immer überzeugen, ob es auch richtig in den Gläsern perlt.

Schaltung für Obst und Gemüse, siehe Sterilisiertabelle Seite 514.
Schaltung für Fleisch und Wurst, siehe Sterilisiertabelle Seite 514.

Gemüse und Fleisch sind empfindlicher als Obst und infolge des höheren Eiweißgehaltes schwieriger zu sterilisieren. Deshalb ist besonders für frisch gedüngtes Gemüse, für Fleisch und Wurst das Einkochen im Wasserbad oder das Einfrieren vorzuziehen.

Bild 155: Diese 6 Gläser werden im Backofen in der mit etwas heißem Wasser gefüllten Fettpfanne sterilisiert.

Sterilisieren im Backofen mit Umluft

Hier empfiehlt sich, nach Gebrauchsanweisung des Herstellers zu arbeiten, da die Temperatureinstellungen für das Einmachen je nach der Konstruktion der Backöfen zwischen 150 und 175°C variieren. Die Zeit bis zum Perlen liegt hierbei für sechs Gläser zwischen 30 und 50 Minuten.

Die Zeit bis zum Perlen richtet sich nach

- der Größe der Gläser
- der Anzahl der Gläser
- der Heizleistung des Backofens
- danach, wie dicht das Glas gefüllt und wieviel Flüssigkeit aufgegossen wird.

Lagerung

Die fertig eingekochten Gläser werden am besten in einem kühlen Raum luftig und trocken aufbewahrt und regelmäßig kontrolliert, ob sie noch geschlossen sind. Sollte ein Glas aufgehen, so haben die durch Schimmel und Fäulnis entstandenen Gase den Deckel losgedrückt. Der Inhalt ist ungenießbar geworden und ist auch durch Aufkochen nicht mehr zu retten; er muß weggeschüttet werden!

Sterilisiertabelle

Einkochgut	Gläser im Backofen mit Ober- und Unterhitze		Gläser im Wasserbad			Blechdosen im Wasserbad		
	vom Perlen an Minuten	Nachwärme Minuten	enge Gläser Minuten	weite Gläser Minuten	Temperatur ° Celsius	0,5-kg-Dosen vom Kochen an Minuten	1-kg-Dosen vom Kochen an Minuten	2-kg-Dosen vom Kochen an Minuten
Beerenobst								
Brombeeren	abschalten	25	20	25	75	18	20	25
Erdbeeren	"	25	20	25	75	20	20	25
Heidelbeeren	"	30	25	30	80	18	20	25
Himbeeren	"	30	25	30	75	18	20	25
Johannisbeeren	"	25	20	25	90	18	20	25
Preiselbeeren	"	25	20	25	90	18	20	25
Stachelbeeren	"	30	25	30	75—90	20	25	30
Steinobst								
Aprikosen	abschalten	30	25—30	30—35	75	22	23	28
Kirschen	"	30	30	35	80	22	25	30
Mirabellen	"	30	25	30	75	22	25	30
Pfirsiche	"	30	25—30	30—35	75	22	23	28
Pflaumen	"	35	25—30	30—35	90	22	25	30
Reineclauden	"	30	25	30	75	22	25	30
Kernobst								
Äpfel	abschalten	25	22—25	25—30	80	20	22	27
Apfelmus	"	35	30	35	90	22	25	30
Birnen	"	35	25—30	30—45	90	25	30	35
Quitten	"	30	25	30	90	25	30	35

Sterilisiertabelle (Fortsetzung)

Einkochgut	Gläser im Backofen mit Ober- und Unterhitze		Gläser im Wasserbad			Blechdosen im Wasserbad		
	vom Perlen an Minuten	Nachwärme Minuten	enge Gläser Minuten	weite Gläser Minuten	Temperatur ° Celsius	0,5-kg-Dosen vom Kochen an Minuten	1-kg-Dosen vom Kochen an Minuten	2-kg-Dosen vom Kochen an Minuten
Verschiedenes								
Rhabarber	abschalten	25	20	25	80	20	25	30
Mark und Mus	"	35	30	35	90	25	30	35
Saft	"	25	15	20	75	18	20	25
Gemüse								
Blumenkohl	80	30	90	110	98	70	90	150
Bohnen	80	30	90	110	98	100	120	180
Dicke Bohnen	60	30	60	90	98	80	100	160
Erbsen	90	30	90	120	98	100	120	180
Gurken	abschalten	25	20	25	75	10	25	40
Karotten	60—90	30	60—90	90—120	98	80	100	160
Kohlrabi	80	30	90	110	98	80	100	—
Pilze	80	30	90	110	98	100	120	—
Rosenkohl	70	30	90	100—110	98	115	135	—
Sellerie	80	30	90	110	98	80	100	—
Spargel	90	30	90	110	98	70	90	150
Spinat	80	30	90	110	98	80	100	150
Tomaten	abschalten	30	25	30	90	25	30	—
Tomatenmark	abschalten	30	25	30	90	25	30	—
Rotkohl	80	30	90	110	98	115	135	180
Fleisch								
Fleisch, vorgekocht oder gebraten	60	30	90	90	98	100	100	160
Fleischbrühe	30	30	60	60	98	60	60	120
Wurst und Pasteten	60	30	90	90	98	100	100	160

Haltbarmachen von Säften

Es gibt verschiedene Methoden der Saftgewinnung und -haltbarmachung. Die einfachste und gebräuchlichste Methode der Saftbereitung im Haushalt ist das Dampfentsaften. Es geschieht am besten in einem Spezialtopf, dem Dampfentsafter, der auf die Kochstelle gestellt oder direkt beheizt wird.

Dampfentsaften

Zur Saftgewinnung eignen sich alle Obstsorten. Auch aus Gemüse und Kräutern lassen sich gesunde Säfte zum Trinken und Würzen von Suppen und Soßen gewinnen.
Die Früchte werden verlesen, schnell und gründlich gewaschen. Großstückiges Obst, wie Rhabarber und Äpfel, wird kleingeschnitten, Steinobst entsteint, von den Beerenfrüchten nur die Holunderbeeren entstielt. Je reifer das Obst ist, desto ergiebiger und aromatischer wird der Saft. Zugesetzter Zucker erhöht die Saftmenge und verbessert das Aroma, wenn er in das Obst eingestreut wird und einige Stunden ziehen kann. Als Menge empfiehlt sich

auf 1 kg süßes Obst	100—150 g Zucker
auf 1 kg saures Obst	200—250 g Zucker.

Genaue Zuckermengen sind der Zuckertabelle Seite 520 zu entnehmen.

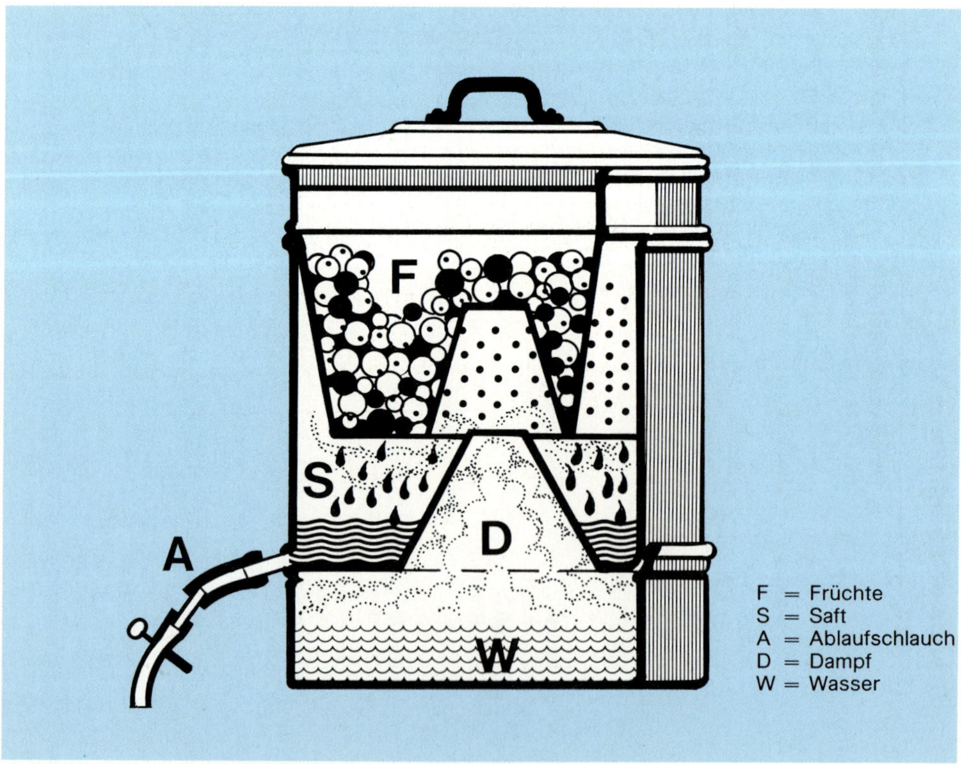

Bild 156: Schemazeichnung Saftgewinnung durch Dampfentsaften.

Saftgewinnung und Haltbarmachung erfolgen beim Dampfentsaften in einem Arbeitsgang. Der Wassertopf wird zunächst mit Wasser gefüllt, dann der Safttopf aufgesetzt. Darüber kommt der Fruchtkorb, in den die vorbereiteten Früchte und Zucker gegeben werden, und der mit einem Deckel zu schließen ist. Das Wasser wird erhitzt, bis der aufsteigende Dampf durch den gelochten Fruchtkorb an das Obst gelangt, die Zellwände der Früchte erweicht und schließlich zum Platzen bringt, so daß der Saft ausläuft und sich im Safttopf sammelt.

Die Entsaftungsdauer beträgt vom Dampfen an für

weiche Früchte, z. B. Beeren	45 Minuten
mittelharte Früchte, z. B. Äpfel	60 Minuten
harte Früchte, z. B. Rhabarber, Quitten	75 Minuten
Gemüse und Kräuter	60 Minuten

Der Saft muß kochendheiß in einwandfrei gereinigte, im Backofen bei 50 °C vorgewärmte Flaschen randvoll abgefüllt werden. Die Flaschen sind sofort mit den passenden, in Wasser ausgekochten Gummikappen zu verschließen.

Saftgewinnung auf andere Art

1. Die vorbereiteten Früchte werden knapp mit Wasser bedeckt weich gekocht. Die Masse einen Tag stehen lassen. Danach den Saft durch ein feines Sieb ablaufen lassen.
   Für diese Art der Saftgewinnung eignen sich besonders feste Früchte wie Äpfel und Quitten.
2. Vorbereitete Früchte ohne Wasser oder mit geringer Wasserzugabe durch langsames Erhitzen zum Kochen bringen. Danach den Saft durch ein feines Sieb ablaufen lassen.
   Geeignet für Beeren- und Steinobst, die durch das Erhitzen aufplatzen und ihren Saft schnell verlieren.
3. Die vorbereiteten Früchte durch die Fruchtpresse geben, z. B. als Vorsatzgerät einer Küchenmaschine. Den Saft bedeckt 10—15 Stunden kühl stehen lassen und dann durch ein feines Sieb geben.
   Für harte Obst- und Gemüsesorten eignet sich der elektrische Entsafter.

Zum Haltbarmachen wird der auf verschiedene Art gewonnene Fruchtsaft mit Zucker gemäß der Zuckertabelle Seite 520 vermengt, in Einmachflaschen gefüllt und wie Obst sterilisiert. Wenn es in den Flaschen zu perlen beginnt, den Backofen ausschalten und die Flaschen nach 20 Minuten herausnehmen.

Mus-, Konfitüren-, Marmeladen- und Geleebereitung

Bei der klassischen Mus-, Konfitüren-, Marmeladen- und Geleebereitung werden grob zerkleinerte Früchte, Fruchtbrei oder -saft mit Zucker bis zum Gelieren gekocht.
Zucker macht die Früchte nicht nur wohlschmeckender, sondern auch haltbarer. Bei einer Konzentration von 66 % tötet Zucker die Gärungserreger ab, die die Früchte ungenießbar machen. In Verbindung mit dem Pektin (Geliermittel) und der Fruchtsäure des Obstes sorgt der Zucker für die Gelierung. Bei Verringerung der Zuckermenge kann das Eindicken der Fruchtmasse durch längeres Kochen erreicht werden, was allerdings eine dunkle Färbung und Geschmacksveränderung mit sich bringt; zudem verringern sich Fruchtmasse, Nährstoffe und Vitamine.

Mus
Mus ist eine eingedickte Fruchtmasse aus zerkleinerten Früchten, der kein oder nur wenig Zucker zugesetzt wird. Es muß deshalb lange eingekocht werden.

Zur Herstellung von Mus werden vorzugsweise Zwetschen verwendet, aber auch Birnen, Äpfel, Kürbis und Holunder sind geeignet. Das Obst wird kleingeschnitten oder portionsweise im Mixer zerkleinert und evtl. mit wenig Zucker in breite Töpfe (kein Aluminium) gefüllt. Nach dem Ankochen wird unter Rühren langsam eingedickt.

Mus kann auch mühelos im Backofen zubereitet werden. Die Fruchtmasse in flache, breite Töpfe oder in die Fettpfanne geben, in den Backofen schieben und diesen auf 275 °C einstellen. Die Töpfe werden ohne Deckel direkt auf den Backofenboden gestellt, die Fettpfanne auf die untere Einschubleiste geschoben. Sobald die Fruchtmasse kocht, den Temperaturwähler auf 175 bis 200 °C zurückschalten und die Backofentür zum Abziehen des Dampfes einen Spalt offen lassen. Die Masse muß ständig leicht kochen, ab und zu umgerührt und von Topf- oder Pfannenrand gelöst werden. Das Mus in vorgewärmte Gläser oder Steintöpfe füllen und mit Schraubdeckeln oder Cellophan verschließen.

Konfitüre
Konfitüre kann aus einer oder mehreren Fruchtsorten bereitet werden. Die vorbereiteten Früchte werden zerdrückt oder im Mixer zerkleinert. Auch Rückstände der Saft- und Geleebereitung sind zu verwenden. Konfitüre kann auf der Kochstelle sowie im Backofen eingedickt werden. Die Zuckermenge ist der Zuckertabelle Seite 520 zu entnehmen.

1. Auf der Kochstelle bringt man die Früchte in einem breiten, möglichst nur bis zur Hälfte gefüllten Topf zum Kochen und setzt den Zucker nach und nach zu. Dabei ab und zu umrühren und auf kleinere Einstellung umschalten.
2. Beim Kochen im Backofen nimmt man 1 oder 2 flache, breite Töpfe, füllt die vorbereiteten Früchte mit dem Zucker vermengt hinein, setzt die Töpfe ohne Deckel auf den Rost, der auf dem Boden liegt, und stellt den Backofen auf 275 °C ein. Wenn der Inhalt kocht, umschalten auf 175—200 °C. Die Masse muß nur leicht am Kochen bleiben. Zum Abziehen des Dampfes die Backofentür einen Spalt offen lassen.

   Bei der Konfitürenbereitung im Umluftbackofen ist die Herstellerangabe zu beachten.

Sollen bei der Konfitüre Fruchtstücke oder ganze Früchte erhalten bleiben, fügt man mehr Zucker hinzu, um das Gelieren zu beschleunigen und kocht nicht zu lange.

Die Früchte mit einem Teil des Zuckers bestreuen und über Nacht kalt stellen. Den Saft abfüllen, mit dem Zuckerrest aufkochen und abschäumen. Dann das Obst darin bis zum Gelieren kochen. Die Gelierprobe machen.

Mit der Schaltung wie beim Geleekochen verfahren. Bei Verwendung von Geliermitteln ist die Herstellerangabe zu beachten. Die kochendheiße Konfitüre randvoll in heiße Gläser füllen, die auf einem feuchten Tuch stehen. Sie werden sofort mit einem Stück angefeuchtetem Einmach-Cellophan überspannt, das man mit einem Gummiring befestigt.

Dann legt man einen Teller mit der Oberseite darauf, hält ihn fest auf das Glas gepreßt und stülpt beides um. Jetzt steht das Glas bis zum Erkalten auf der Verschlußseite, das Cellophan wird ebenfalls keimfrei, und wenn das Glas wieder aufrecht steht, zieht sich die Folie luftdicht fest. Schraubgläser werden mit einem Schraubdeckel verschlossen.

Marmelade
Aufgrund eines EG-Beschlusses und der Konfitüren-Verordnung ist Marmelade ein ausschließlich aus Zitrusfrüchten hergestelltes Produkt.

Gelee
Zum Kochen von Gelee eignen sich nur Früchte, die nicht vollreif sind, da sie das Pektin, einen Stoff, der das Gelieren des Saftes beim Kochen mit Zucker verursacht, in reicherem Maße enthalten als ausgereiftes Obst. Die einzelnen Fruchtsorten enthalten diesen Gelierstoff in verschiedenen Mengen. So haben z. B. Johannis- und Preiselbeeren, unreife Äpfel und Quitten reichlich Pektine, während Kirschen, Erd- und Himbeeren nur wenig davon besitzen. Es ist deshalb vorteilhaft, pektinarmen Saft mit pektinreichem zu mischen, um ein schnelleres Gelieren zu erreichen.
Außerdem gibt es im Handel pektinhaltige Gelierzusätze in flüssiger oder pulverisierter Form und Gelierzucker, mit denen mühelos von jeder Sorte Obst Gelee, Konfitüre oder Marmelade bereitet werden kann. Das Gelingen ist allerdings davon abhängig, daß die Herstellerangabe und die Rezepte genau befolgt werden.

Den Saft gewinnt man entweder roh mit dem Fruchtpressenvorsatz der elektrischen Küchenmaschine oder dem elektrischen Entsafter, oder heiß durch Dampfentsaften ohne vorherige Zuckerzugabe. Der gewonnene Saft wird abgemessen; mit der Zuckerzugabe richtet man sich nach der Zuckertabelle Seite 520. Ohne Verwendung eines Geliermittels wird der Saft zum Kochen gebracht und abgeschäumt, d. h. man nimmt mit einem Schaumlöffel oben den Schaum herunter. Erst dann wird der Zucker unter Rühren zugegeben und auf kleinerer Einstellung bis zum Gelieren gekocht.

Wenn der Saft nach 10 bis 15 Minuten anfängt etwas dick zu werden, macht man die Gelierprobe. Auf einen kalten Teller tropft man etwas Saft. Wenn dieser gleich erstarrt, ist der Gelierpunkt erreicht. Zu langes Kochen zerstört die Gelierstoffe und beeinträchtigt das Aroma.

Die vorbereiteten Gläser werden mit dem heißen Gelee randvoll gefüllt und sofort mit einem Schraubdeckel oder angefeuchtetem Einmach-Cellophan und einem Gummiring verschlossen.

Bild 157: Mus kann in der Fettpfanne im Backofen zubereitet werden.

Zuckertabelle zum Einmachen

Fruchtart	Früchte mit Zuckerlösung in Gläsern und Dosen	Früchte mit Streuzucker in Gläsern und Dosen	Fruchtsäfte Zuckermenge für Sirup	Süßmost durch Dampfentsaftung	Gelee von rohem oder gekochtem Saft	Konfitüre Marmelade	Konfitüre mit ganzen Früchten	Mus
	auf 1 l Wasser	auf 1 kg Früchte	auf 1 l Saft	auf 1 kg Obst	auf 1 l Saft	auf 1 kg Fruchtmasse	auf 1 kg Früchte	auf 1 kg Mus
Beerenobst								
Brombeeren	500—600 g	200—350 g	500—1200 g	100—250 g	900—1000 g	600—750 g	750—1000 g	—
Erdbeeren	400—600 g	150—250 g	500—1200 g	200—300 g	—	600—750 g	1000 g	—
Heidelbeeren	400—500 g	250—350 g	400—1000 g	100—175 g	—	—	—	—
Himbeeren	500—600 g	150—200 g	400—1000 g	150—200 g	1000 g	600—750 g	1000 g	—
Holunderbeeren	—	—	300—750 g	100—200 g	1000 g	600—750 g	—	ohne
Johannisbeeren rot	750 g	500—750 g	600—1000 g	200—250 g	900—1000 g	500 g	900 g	—
Johannisbeeren weiß	600 g	300—500 g	500—1000 g	100—250 g	—	—	—	—
Johannisbeeren schwarz	500—600 g	300—400 g	400—750 g	100—200 g	500 g	400 g	—	—
Preiselbeeren	600—750 g	—	—	200—250 g	900—1000 g	500 g	—	—
Stachelbeeren unreif	500—750 g	—	—	—	—	—	—	—
Stachelbeeren reif	—	400—500 g	—	150—200 g	900—1000 g	600—750 g	750—1000 g	—

Zuckertabelle zum Einmachen (Fortsetzung)

Fruchtart	Früchte mit Zuckerlösung in Gläsern und Dosen	Früchte mit Streuzucker in Gläsern und Dosen	Fruchtsäfte Zuckermenge für Sirup	Süßmost durch Dampfentsaftung	Gelee von rohem oder gekochtem Saft	Konfitüre Marmelade	Konfitüre mit ganzen Früchten	Mus
	auf 1 l Wasser	auf 1 kg Früchte	auf 1 l Saft	auf 1 kg Obst	auf 1 l Saft	auf 1 kg Fruchtmasse	auf 1 kg Früchte	auf 1kg Mus
Steinobst								
Aprikosen	200—400 g	—	—	—	—	600—750 g	1000 g	—
Kirschen, süß	200—300 g	100—200 g	—	—	—	—	—	—
Kirschen, sauer	300—500 g	250—350 g	300—1200 g	150—250 g	—	600—750 g	750—1000 g	—
Mirabellen	250—400 g	—	—	—	—	600—750 g	750—1000 g	—
Pfirsiche	250—500 g	—	—	100—200 g	—	—	750—1000 g	—
Pflaumen	500—600 g	350—500 g	—	—	—	500—600 g	—	—
Reineclauden	400—500 g	—	—	—	—	500—600 g	750—1000 g	—
Zwetschen	400—600 g	300—500 g	—	150—200 g	—	500—600 g	—	50—75 g
Kernobst								
Äpfel	250—350 g	—	300—600 g	100—200 g	1000 g	—	—	—
Apfelmus	—	100—250 g	—	—	—	500—600 g	—	50—75 g
Birnen	250—500 g	—	—	50—100 g	—	—	—	ohne
Quitten	500—600 g	—	400—650 g	100—250 g	1000 g	600—750 g	—	ohne
Sonstige Früchte oder Fruchtgemüse								
Berberitzen	—	—	600—1200 g	100—300 g	—	—	—	—
Hagebutten	—	—	500—1200 g	100—250 g	—	600—700 g	—	—
Kürbis	—	—	—	—	—	500—600 g	—	50—100 g
Orangen	—	—	—	—	1000 g	600—750 g	—	—
Rhabarber	500—750 g	250—300 g	500—1200 g	150—250 g	—	—	—	—
Schlehen	—	—	500—1200 g	200—300 g	—	—	—	—
Zitronen	—	—	—	—	1000 g	600—750 g	—	—

Kurzfristiges Haltbarmachen durch Kühlen

Für die kurzfristige Lagerung von Lebensmitteln im Kühlschrank ist:

- die Temperatur auf + 15 °C bis 0 °C zu senken
- die Luftfeuchtigkeit herabzusenken
- der Luftsauerstoff durch richtige Abdeckung bzw. Verpackung auszuschließen.

Das Wachstum von Mikroorganismen und chemische Umsetzungen, die eine nachteilige Veränderung in den Lebensmitteln bewirken, werden unter diesen Bedingungen verzögert. Der Frischezustand bleibt während eines begrenzten Zeitraumes erhalten.

Verdampferfach (Sternefach)

Kühlschränke sind entweder ohne oder mit Verdampferfach ausgestattet. Kühlschränke ohne Verdampferfach haben einen größeren Kühlraum und sind günstiger im Stromverbrauch. Sie sind geeignet, wenn ein Gefriergerät vorhanden ist oder keine Tiefkühlkost gelagert werden soll.
Kühlschränke mit Verdampferfach eignen sich zur Lagerung von Tiefkühlkost und Gefriergut. Die Kennzeichnung auf dem Verdampferfach sagt aus, welche Temperaturen darin erreicht und wie lange Tiefkühlkost und Gefriergut darin gelagert werden können.

(*)	– 6 °C oder kälter: bis zu 3 Tagen
(**)	–12 °C oder kälter: bis zu 2 Wochen
(***)	–18 °C oder kälter: bis zu 3 Monaten
*(***)	–18 °C oder kälter: bis zu 3 Monaten; geeignet zum Einfrieren kleinerer Mengen Lebensmittel

10 Regeln für die richtige Nutzung des Kühlschrankes

❶ Vor dem Kauf eines Kühlschrankes die in den Produkt-Informationen (PI) angegebenen Ausstattungsmerkmale und Gebrauchseigenschaften vergleichen.

So wird das richtige Gerät für den eigenen Haushalt ausgewählt.

❷ Bei Aufstellung des Kühlschrankes die Wärmeeinwirkung durch Herd, Heizung und Sonne vermeiden.

So bleibt der Stromverbrauch gering.

❸ Vor Inbetriebnahme des Kühlschrankes die Gebrauchsanweisung lesen.

So werden Fehler vermieden und die Nutzungsdauer des Gerätes erhöht.

❹ Warme Speisen erst nach dem Abkühlen in den Kühlschrank stellen.

So wird unnötiger Stromverbrauch vermieden.

❺ Zur Aufbewahrung Speisen abdecken oder verpacken.

So werden Aroma, Farbe, Konsistenz und Frische weitgehend erhalten, Geschmacksübertragungen vermieden und der Reifansatz am Verdampfer verzögert.

❻ Kühlschranktemperatur nach Art und Empfindlichkeit der Lebensmittel einstellen und die Vorräte in die entsprechenden Fächer einordnen.

So bleiben die Lebensmittel während der möglichen Lagerdauer frisch.

❼ Häufiges und langes Öffnen der Kühlschranktür vermeiden.

So wird der Kühlraum nicht unnötig erwärmt und der Stromverbrauch bleibt gering.

❽ Lagerdauer der Lebensmittel im Kühlraum und Verdampferfach beachten.

So bleibt die Qualität der Lebensmittel erhalten.

❾ Stärkere Reifschicht am Verdampfer abtauen. Kühlraum regelmäßig reinigen, auch Kühlschränke mit automatischer Abtauvorrichtung.

So kann das Kältemittel im Verdampfer den Lebensmitteln schnell Wärme entziehen. Lebensmittel lagern hygienisch und es entstehen keine unerwünschten Gerüche.

❿ Bei Nichtbenutzung über längere Zeit, z. B. während des Urlaubs, Kühlschrank über Netzstecker oder Thermostat abschalten, leeren, reinigen und Tür geöffnet lassen.

So entstehen keine Gerüche im Gerät und unnötiger Stromverbrauch wird vermieden.

Langfristiges Haltbarmachen durch Gefrieren

Gefrieren dient der mittel- und langfristigen Haltbarmachung und Lagerung von Lebensmitteln. Bei diesem Verfahren wird die Temperatur des Gefriergutes auf —18 °C oder tiefer gesenkt. Durch die niedrigen Temperaturen und die damit verbundene Eisbildung (Bindung von Feuchtigkeit) werden den Mikroorganismen und Enzymen wichtige Lebensbedingungen entzogen. Ihre Aktivität ruht.

Lebensmittelgruppen und Vorbereitung

Zum Einfrieren eignen sich:

- Fleisch
- Fisch
- Gemüse
- Obst
- Backwaren, Teige
- Fertiggerichte
- Molkereiprodukte

Die Qualität der gefrorenen Lebensmittel ist vorwiegend abhängig von der Gefriereignung der einzelnen Lebensmittel, vom Zustand der Ware zum Zeitpunkt der Verarbeitung, von der Verarbeitung und der Lagerdauer.

Abgehangenes **Fleisch, auch Wild und Geflügel,** eignet sich sehr gut zum Einfrieren. Je nach Bedarf des Haushalts in einer Menge bis max. 3 kg portionieren und verpacken. Zwischen einzelne Fleischscheiben Gefrierfolie legen, damit sie gefroren einzeln dem Gesamtpaket entnommen werden können.

Fangfrischen **Fisch** schuppen und ausnehmen, im Ganzen oder in haushaltsgerechten Portionen verpacken und sofort einfrieren.
Soll die Schleimhaut erhalten bleiben, Fisch lose abgedeckt vorfrieren. Anschließend zweimal kurz in kaltes Wasser tauchen, dann verpacken.

Gemüse, das in gegartem Zustand verzehrt werden soll, ist besonders zum Einfrieren geeignet. Wichtig ist die richtige Sortenwahl, der Erntezeitpunkt sowie eine möglichst kurze Zeitspanne zwischen Ernte und Einfrieren.
Vor dem Einfrieren muß Gemüse blanchiert werden.

Blanchieren ist eine kurze Wärmebehandlung in kochendem Wasser oder Wasserdampf. Dadurch werden Enzyme unwirksam gemacht und Veränderungen in den Lebensmitteln wie Verfärbung, Geschmacksveränderungen und stärkerer Vitaminabbau vermieden.

Vorbereitetes, eventuell zerkleinertes Gemüse

- auf der Kochstelle blanchieren:
  in einem Blanchierkorb in einen Topf mit reichlich kochendem Wasser geben. Die Blanchierzeit beträgt je nach Gemüseart 1—4 Minuten.
- im Mikrowellengegerät blanchieren:
  im geschlossenen Gefäß mit 4—5 EL Wasser erhitzen, siehe Seite 474. Die Blanchierzeit beträgt im 600-Watt-Gerät für 500 g Gemüse je nach Art z. B. 4—7 Minuten.
- Danach Gemüse in kaltem Wasser schnell abkühlen und abtropfen lassen.

Blanchiertes Gemüse verpacken (max. 1 kg) und sofort einfrieren.

Bei **Obst** vollreife Früchte nach Möglichkeit gleich nach der Ernte einfrieren.
Früchte, die sich leicht verfärben, wie Pfirsiche und Aprikosen, kurz blanchieren.
Weiche Früchte für Tortenbelag, z. B. Erdbeeren, einzeln auf einem Blech vorfrieren, dann verpacken und sofort einfrieren.
Früchte, die als Belag für Kuchenteige verwendet und später mitgebacken werden, oder Früchte, die später zu Konfitüre oder Gelee verarbeitet werden sollen, ohne Zucker einfrieren. Für die Verwendung von Nachspeisen, Obst mit Zucker einfrieren.

Vorbereitetes Obst in Packungen bis max. 1 kg Menge einfrieren.

Je frischer das **Gebäck** eingefroren wird, desto besser und frischer schmeckt es nach dem Auftauen.
Garnierte Torten etwa 3 Stunden unverpackt vorfrieren, dann verpacken und einfrieren. So bleibt die Garnierung unbeschädigt. Kuchen und Torten evtl. portioniert einfrieren. Zwischen einzelne Stücke Gefrierfolie legen, damit Einzelportionen dem gefrorenen Gesamtpaket entnommen werden können.

Das Einfrieren **fertiger Gerichte** ist besonders vorteilhaft. Anstelle der Menge für eine Mahlzeit gleich mehrere Portionen zubereiten. Gerichte etwas kürzer garen, schwach würzen, schnell abkühlen und mahlzeitengerecht portioniert einfrieren.

Verpackung und Einlagerung

Zum Einfrieren müssen vorbereitete Lebensmittel verpackt werden. Das Verpacken ist notwendig, um Sauerstoffeinwirkung, Austrocknung, Farbveränderung und Geschmacksübertragung zu verhindern. Luft wirkt störend auf schnelles Einfrieren. Der Gefrierprozeß dauert länger, es kommt zu höheren Feuchtigkeitsverlusten. Es ist daher notwendig, flache Portionen mit wenig Lufteinschluß zu verpacken. Um den Platz im Gefriergerät auszunutzen, soll möglichst stapelbar verpackt werden.
An das Verpackungsmaterial sind besondere Anforderungen gestellt. Es soll feuchtigkeits- und luftundurchlässig, kälte-, fett- und säurebeständig, widerstandsfähig und geschmacksneutral sein. Es darf nur für Lebensmittel erlaubtes Material verwendet werden. Im wesentlichen kommen Folien, Beutel und feste Behälter in Betracht. Die im Handel unter dem Hinweis „gefriergeeignet" angebotenen Materialien haben die geforderte Qualität.
Besonders wichtig ist das einwandfreie Verschließen der Verpackung mit Hilfe von Folienschweißgeräten, Gummiringen, Klebebändern oder Verschlußclips. Behälter ohne Deckel können mit Alu- oder Gefrierfolie abgedeckt werden.
Die Gefrierware sollte mit der Angabe von Inhalt, Menge und Einfrierdatum beschriftet werden.

Zulagerung frischer Lebensmittel

Die Menge (Gefriervermögen), die in einem Gefriergerät in 24 Stunden von +25 °C auf —18 °C eingeforen werden kann ist auf dem Typschild der Produktinformation (PI) und in der Gebrauchsanweisung angegeben. Vor dem Einlagern größerer Mengen frischer Lebensmittel ist die Schaltung Dauerbetrieb (Super) notwendig, um in dem bereits gelagerten Gefriergut eine Kältereserve zu schaffen. Der Dauerbetriebsschalter ist immer nach Herstellerangabe (Gebrauchsanweisung) zu benutzen.
Zum Einfrieren sollten die Lebensmittel möglichst nur an die Stellen mit der höchsten Kälteleistung, d. h. in die Vorgefrierfächer, gelegt werden, damit die Wärme aus den Lebensmitteln schnell entzogen werden kann.

Lagerdauer

Veränderungen in den Lebensmitteln, wie Fettoxidation oder Eiweißdenaturierung werden durch die niedrigen Lagertemperaturen zwar verlangsamt, aber nicht aufgehoben; es gilt, je fettreicher das Lebensmittel, desto kürzerdie Lagerdauer.
Maximale Lagerdauer bei —18 °C und kälter im Gefriergut:

Fleisch, je nach Fettanteil	4 bis 12 Monate
Fisch, je nach Fettanteil	2 bis 6 Monate
Gemüse, sortenabhängig	6 bis 12 Monate
Obst, sortenabhängig	8 bis 12 Monate
Backwaren	2 bis 6 Monate
Fertiggerichte	2 bis 3 Monate
Milcherzeugnisse	2 bis 3 Monate

10 Regeln für die richtige Nutzung des Gefriergerätes

1. Vor dem Kauf eines Gefriergerätes die in den Produkt-Informationen (PI) abgegebenen Ausstattungsmerkmale und Gebrauchseigenschaften vergleichen.

   So wird das richtige Gerät für den eigenen Haushalt ausgewählt.

2. Bei Aufstellung des Gefriergerätes die Wärmeeinwirkung durch Herd, Heizung und Sonne vermeiden. Nach Möglichkeit einen kühlen, gut belüftbaren Raum wählen.

   So bleibt der Stromverbrauch gering.

3. Vor Inbetriebnahme des Gefriergerätes die Gebrauchsanweisung lesen.

   So werden Fehler und unnötige Kosten vermieden und die Nutzungsdauer des Gerätes erhöht.

4. Nur einwandfreie, frische Ware, gefriergeeignete Sorten und abgehangenes Fleisch einfrieren.

   So wird die Qualitätserhaltung gewährleistet.

5. Zum Verpacken bedarfsgerechter Portionen gefriergeeignetes Verpackungsmaterial verwenden.

   So werden Sauerstoffeinwirkung, Austrocknen, Farbveränderung, Geschmacksübertragung und Reifbildung im Gerät verhindert.

6. Vor Zulagerung größerer Mengen frischer Ware, Gerät vorher auf Dauerbetrieb (Superschaltung) schalten. Gebrauchsanweisung beachten.

   So wird eine Kältereserve im vorhandenen Gefriergut geschaffen.

7. Zum Einfrieren die angegebene Menge Frischware immer ins Vorgefrierfach bzw. an oder auf die Verdampferfläche legen.

   So wird die Wärme schnell entzogen und bereits gelagertes Gefriergut vor Temperaturschwankungen bewahrt.

8. Gefriergut sofort in die Lagerfächer einordnen. Maximale Lagerdauer nicht überschreiten.

   So werden Kälteverluste durch unnötig langes Öffnen des Gerätes vermieden und die Qualität der Lebensmittel bleibt erhalten.

9. Reifschicht im Gefriergerät mindestens ein- bis zweimal im Jahr abtauen, Gefrierraum reinigen.

   So kann das Kältemittel im Verdampfer den Lebensmitteln die Wärme schnell entziehen.

10. Bei einer Störung sofort die Ursache feststellen und Gefriergerät bei Stromunterbrechung geschlossen halten.

    So bleibt die Qualität der Lebensmittel über mehrere Stunden erhalten.

Auf den folgenden Seiten empfehlen namhafte Hersteller ihre Erzeugnisse, die Ihnen rund um

Das elektrische Kochen

wertvolle Hilfe leisten können:

SIEMENS
Unsere heißeste B

Energie sparen für unsere Zukunft

Die Broschüren aus der Reihe „Energie sparen für unsere Zukunft“ informieren über umweltschonende und kostensparende Energieanwendung im Haushalt und zeigen Wege auf, wie man den täglichen Stromverbrauch reduzieren kann, ohne auf Komfort und Lebensqualität zu verzichten.

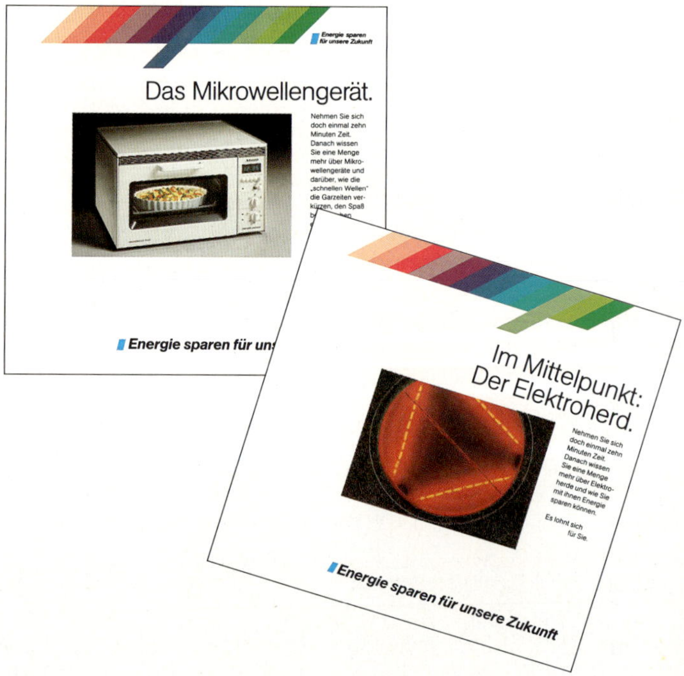

Folgende Titel sind lieferbar:
Energie sparen, so wird's gemacht
Das Mikrowellengerät
Warmes, heißes und kochendes Wasser
Heizen, Lüften, Dämmen
Kleines 1 x 1 für den Elektroherd
Backen macht Spaß
Alles über Kühl- und Gefriergeräte
Im Mittelpunkt: Der Elektroherd
Rund um den Geschirrspüler
Licht und Lampen
Waschmaschine und Trockner

Format 20 cm x 20 cm, 16 bzw. 20 Seiten mit zahlreichen, teils farbigen Fotos und Tabellen, broschiert, 16 Seiten je Stück DM 1,70 bis DM 1,35 je nach Abnahme, 20 Seiten je Stück DM 2,– bis DM 1,65 je nach Abnahme

VWEW

Verlags- und Wirtschaftsgesellschaft der Elektrizitätswerke m. b. H.
Stresemannallee 30, 6000 Frankfurt/Main 70, Tel. 069-630 43 25

Im

DAMM

Kleinen Großes tun.

Oft sind es gerade die kleinen, unscheinbaren Dinge, die zum Ziel führen. Auch und gerade in der Ökologie. Deshalb verstehen wir von AEG umweltbewußtes Denken und Handeln als Summe vieler kleiner Schritte. Der gesamte Lebenszyklus unserer Produkte ist ein Beweis dafür. Es fängt damit an, daß wir schon bei der Herstellung auf den Einsatz recycelbarer Rohstoffe achten. Geht über die Kennzeichnung von Kunststoffteilen für die spätere Wiederverwertung. Und hört bei einer umweltgerechten Verpackung der Geräte nicht auf: Beim Verbrauch von Strom, Wasser und Energie sind unsere Geräte auch noch besonders ökonomisch.

Vielleicht Nebensächlichkeiten. Aber wir von AEG meinen, für ein so großes Ziel wie eine intakte Umwelt, dafür kann man eigentlich nicht klein genug anfangen.

AEG—AUS ERFAHRUNG GUT.

AEG

KRUPS
KLEIN, HANDLICH, STARK.
KRUPS 3 MIX
DIE NR. 1 BEI
DEUTSCHLANDS
HAUSFRAUEN
KRUPS
er Klassiker unter den
ührgeräten, beliebt
ei Deutschlands Haus-
auen. Unentbehrlich
ür jede Küche. Mit
em starken 170-Watt
otor und dem ergo-
omisch geformten
Griff geht alles wie im
Handumdrehen. Selbst
schwerste Speisen wer-
den sekundenschnell
geknetet, gerührt oder
gequirlt. Mühelos und
ganz nach Wunsch
kann der Krups 3 Mix
4004 auch zum per-
fekten Küchensystem
ausgebaut werden.
Mit einem vielseitigen
Zubehör-Programm,
das jederzeit nach-
gekauft werden kann.
Nicht zuletzt ist der
Krups 3 Mix die Nr. 1
bei Deutschlands Haus-
frauen.
KRUPS

HEA-Bilderdienst

Der HEA-Bilderdienst ist ein informatives Sammelwerk, das von Fachleuten der Energieversorgung und der Elektrogeräte-Industrie in Zusammenarbeit mit Fachpädagogen erarbeitet wird.

Der HEA-Bilderdienst vermittelt aktuelles Wissen und ist ein ideales Medium zur Information, Schulung und Beratung von hauswirtschaftlichen Fachkräften, Lehrern und Schülern an allgemein- und berufsbildenden Schulen sowie in der Erwachsenenbildung.

Grundwerk (G) enthält alle HEA-Bilderdienst-Blätter und Serien, z. Z. etwa 620 Seiten, DIN A4, mehrfarbig, Ringbuchordner mit Register
Preis für das Grundwerk: DM 82,–
Sonderpreis für Schulen: DM 64,50
Ergänzungslieferungen (G) im Jahresabonnement: DM 36,50

Hauswirtschaftliche Fachkräfte (H) enthält eine fachliche Auswahl aus dem Grundwerk (G) z. Z. ca. 450 Seiten, DIN A4, mehrfarbig, Ringbuchordner mit Register
Preis für Sammelwerk (H): DM 54,50
Sonderpreis für Schulen: DM 43,50
Ergänzungslieferungen im Jahresabonnement: DM 34,50

Serie 6.2 Elektroherd
Die Broschüre vermittelt einen umfassenden Überblick über die Vielfalt der Aufbau-, Funktions- und Ausstattungsmöglichkeiten, die moderne Elektroherde bieten. Wichtige inhaltliche Akzente setzen auch die Kriterien für die richtige Wahl von Kochgeschirr, Backblechen und -formen sowie die unterschiedlichen Sicherheitseinrichtungen.

Serie 6.3 Mikrowellengeräte
Jeder 3. Haushalt besitzt ein Mikrowellengerät. Die Zuwachsraten sind beträchtlich. Zwei Broschüren informieren über die wichtigsten Eigenschaften von Mikrowellen, bei 6.3.1 steht die Funktion und Nutzung von Mikrowellen im Mittelpunkt, in 6.3.2 werden aktuelle Fragen zu Mikrowellen sachlich beantwortet.

Das ausführliche Inhaltsverzeichnis sendet Ihnen auf Anfrage gerne zu:

Verlags- und Wirtschaftsgesellschaft der Elektrizitätswerke m. b. H.
Stresemannallee 30 · 6000 Frankfurt (Main) 70
Frau Böhme · Telefon (0 69) 63 04-3 28 · Telefax (0 69) 63 04-3 59

OCEAN leistet einen besonderen Beitrag zur Sicherheit in der Küche: Einbaubacköfen, die mit einer Vollglastür ausgestattet sind, deren Oberflächentemperatur durch das System

OCEAN »Kalte Tür« innen heiß außen kühl Sicherheit durch Perfektion

»kalte Tür«

erheblich reduziert wird.

Einbauherde Einbaubacköfen

Es wird kalte Luft angesaugt, die zwischen den zwei Türglasscheiben für einen kalten Luftzug sorgt, so daß die Temperatur der Ofentür gesenkt wird. Bei einer Herdtemperatur von ca. 250° C beträgt die maximale Temperatur der Vollglastür 45° C – und dies sogar bei einem Dauerbetrieb von z. B. fünf Stunden. Bei einem Kontakt mit der Tür werden die Hände zwar instinktiv zurückgezogen, es erfolgen aber keine Verbrennungen.

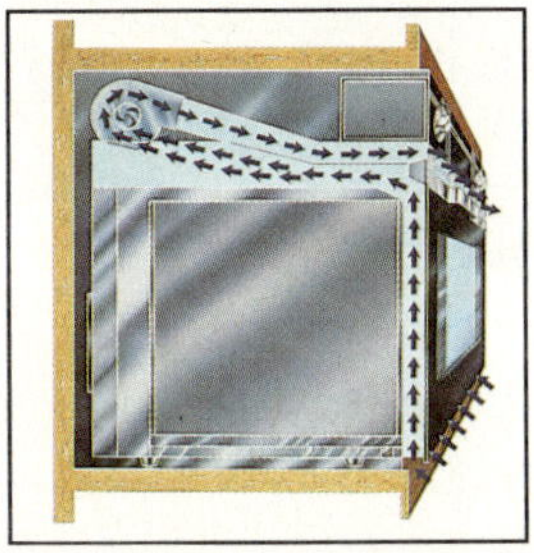

Der Einbaubackofen HE 7130 ist ein sogenannter **Multifunktion-Backofen**. Das wesentliche Merkmal dieser Geräte ist der kombinierte Betrieb mit Heißluft und Umluft. Man kann 8 verschiedene Funktionen einstellen und die jeweils gewünschte Temperatur von 50 bis 250° C regeln, um jede Speise genau nach Wunsch zu garen und zu servieren.

Ausgereifte Technik und modernes Design zeichnen die Geräte von OCEAN aus. Unsere Einbaubacköfen sind jeweils in verschiedenen Ausführungen lieferbar und können ganz nach individuellem Wunsch mit verschiedenen Kochmulden, Schaltkästen und Dunstabzugshauben kombiniert werden.
Sie können in Möbel aus Holz, Kunststoff und Metall bzw. in das Mauerwerk eingebaut werden, vorausgesetzt, es handelt sich um hitzebeständige Werkstoffe. Wie alle OCEAN-Elektro-Hausgeräte erfüllen auch die Einbaubacköfen und -herde die hohen Anforderungen des Verbrauchers. Das wird Ihnen mit einer Vollgarantie von 2 Jahren bestätigt.

Einbauherd HE 7130

8-Funktionsherd, Heißluft, Oberhitze, Unterhitze, Infragrill, Umluft ohne Heizung zum Auftauen, Innenbeleuchtung, Kochstellenregler, Backofenfunktionsregler, Temperaturregler, Kontrollampen, Elektronikuhr, Schalterblende Glas, abnehmbare Vollglastür, kalte Tür, Nutzinhalt: 56 l.

Energieverbrauch:	für Aufheizen	150°C	0,35 kWh
	bei Dauerbetrieb pro Std.	150°C	0,60 kWh
	Gesamtverbrauch		0,95 kWh
	Anschlußwert		9,50 kWh

Zubehör: Seitenrahmen, 2 Backbleche, Brat-Grillrost.

2 OCEAN Elektro-Hausgeräte Jahre Vollgarantie

OCEAN

Vertec Elektro-Hausgeräte Vertrieb GmbH
Bernhard-Raestrup-Platz 3
4740 Oelde 1
Telefon: 02522/63331+2
Telex: 89484 vert d
Telefax: 02522/63333

Der erste intell

Der Herd der nä

Der Kauf eines Herdes ist eine Entscheidung auf lange Sicht. Wer sich hier auf Kompromisse einläßt, spart am falschen Ende.

Beim neuen "Gourmet electronic" von Bosch ist Ihnen das Nonplusultra modernster Herdtechnik sicher.

In ihm steckt - vom Multifunktions-Backofen mit integrierter Mikrowelle bis zur Pyrolyse - einfach alles, was heute möglich ist. Kein Herd kann mehr. Vor allem: keiner bietet mehr Komfort. Dafür sorgt jetzt eine absolute Weltneuheit - die erste "intelligente" Programmautomatik zum Braten, Grillen und Auftauen.

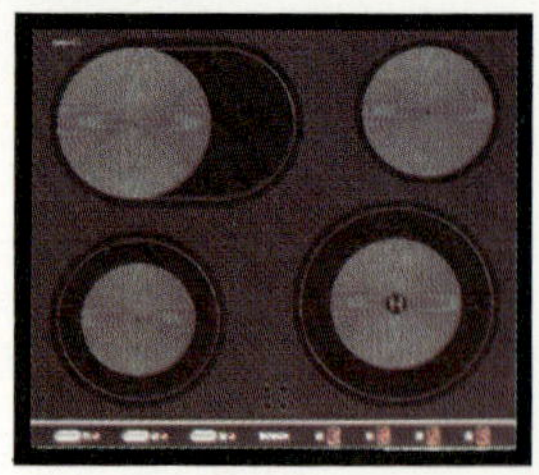

Ceran-Kochfeld mit Top-Control-Leuchtanzeige.

Alphabetisches Rezeptverzeichnis

○ Grundrezept □ Mikrowellen-Rezept

○ Grundrezept □ Mikrowellen-Rezept

○ Grundrezept □ Mikrowellen-Rezept

H

I

J

K

○ Grundrezept □ Mikrowellen-Rezept

○ Grundrezept □ Mikrowellen-Rezept

○ Grundrezept □ Mikrowellen-Rezept

○ Grundrezept □ Mikrowellen-Rezept

St

T

U

V

W

○ Grundrezept □ Mikrowellen-Rezept

Z

„10 Punkte, die Sie wissen sollten“ auf Seite V führen als Wegweiser durch das Buch.

Impressum

Fotos
Wolfgang Usbeck, Frankfurt/Main
Seite 52, 55, 62, 79, 81, 82, 83, 107, 109, 114, 118, 126, 128, 138, 145, 146, 169, 172, 177, 189, 205, 212, 218, 219, 222, 242, 244, 265, 267, 283, 289, 310, 312, 314, 325, 330, 356, 364, 376, 377, 383, 396, 397, 409, 421, 446, 453

Bosch Hausgeräte GmbH, München
Seite 36

Christian Teubner, Füssen
Seite 501

„Kochen und Backen lernen"
Schroedel Verlag, Hannover
Seite 380 und 381

alle anderen
BEWAG, Berlin; EWE, Oldenburg;
VWEW-Verlag, Frankfurt/Main

Redaktion
Katharina Reese, Langen

Herstellung
Gabriele Jungekrüger, Frankfurt/Main

Gesamtherstellung
H. Heenemann GmbH & Co, Berlin

47. Auflage 1992:
2,7 bis 2,8 Mill.

Verlags- und Wirtschaftsgesellschaft
der Elektrizitätswerke m. b. H. — VWEW
Stresemannallee 30
D-6000 Frankfurt/Main 70

ISBN 3-8022-0266-X